U0622199

本书配套APP使用说明
Instructions

配套教学
视频课程

配套章节
在线题库

免费

配套定期
在线公开课

配套在线
答疑论坛

各大应用市场搜索"对啊课堂"APP
或微信扫二维码下载

注意：部分内容需付费，付费系统班用户直接
登录班级，获得完整直播系统班学习内容，APP
功能随时更新，具体功能以新版本为准。

 对啊网官方APP

三种学习方式
Three Ways of Learning

https://www.duia.com

🌐 对啊网官方网站

 对啊网官方公众号

 对啊网官方微信小程序

对啊校训
Duia Motto

于迷茫中寻找方向
于孤独中收获希望
愿你不认命 心中所愿皆能实现
愿你不将就 不为世俗只为热爱

对啊网
专业在线职业教育品牌

职称/注会/CMA / 教师 / 自考学历 / 公务员 / 考研 / 证券/基金 / 设计 / 英语

下载"对啊课堂"app

对啊网2021年中级会计职称高分学霸

扫码听访谈

张秋红

成绩：总分276
财务管理95
经济法85
中级会计实务96
荣登北京银榜 对啊一等奖学金状元奖

职业：总账会计
人生信条：天道酬勤
学习班级：金牌保障班
授课老师：海伦老师、柠檬老师、
豆包老师

扫码听访谈

谭琴

成绩：总分268
财务管理94
经济法81
中级会计实务93

职业：财务助理
人生信条：如果你尽最大的努力去
实现一个目标，你就几乎一定能实
现。
学习班级：金牌保障班
授课老师：海伦老师、柠檬老师、
豆包老师、小阵老师

扫码听访谈

李静

成绩：总分262
财务管理85
经济法82
中级会计实务95

职业：宝妈
人生信条：顽强的毅力可以征服世
界上任何一座高峰！
学习班级：金牌保障班
授课老师：海伦老师、柠檬老师、
豆包老师、小阵老师

对啊网2020年中级会计职称高分学霸

扫码听访谈

赵东影

成绩：总分285
财务管理97
经济法94
中级会计实务94
荣登全国金榜、获得对啊奖学金

职业：会计
人生信条：走着走着花就开了
学习班型：中级会计—金牌保障班
授课老师：海伦老师、豆包老师、
小阵老师、柠檬老师

扫码听访谈

荣健

成绩：总分273
财务管理92
经济法87
中级会计实务94
荣登黑龙江银榜、获得对啊奖学金

职业：会计
人生信条：尽人事，听天命
学习班型：中级会计—金牌保障班
授课老师：海伦老师、豆包老师、
小阵老师、柠檬老师

扫码听访谈

温家贺

成绩：总分270
财务管理 93
经济法90
中级会计实务87
获得对啊返学费奖励

职业：全职妈妈
人生信条：踏踏实实认真走好每一步
学习班型：中级会计—金牌保障班
授课老师：海伦老师、豆包老师、
小阵老师、柠檬老师

对啊 2022 全国会计专业技术资格考试辅导教材

通关快车 2

中级

金题能力测试

中级会计实务

中级会计专业技术资格考试教辅编写组 编著

中国出版集团 现代出版社

图书在版编目（CIP）数据

中级会计实务·金题能力测试/中级会计专业技术
资格考试教辅编写组编著 .－－北京：现代出版社，
2020.7

ISBN 978－7－5143－8732－2

Ⅰ.①中… Ⅱ.①中… Ⅲ.①会计实务—资格考试—
习题集 Ⅳ.① F233－44

中国版本图书馆 CIP 数据核字（2020）第 130261 号

中级会计实务·金题能力测试

中级会计专业技术资格考试教辅编写组　编著

责任编辑： 田静华

装帧设计： 对啊网

出版发行： 现代出版社

地　　址： 北京市安定门外安华里 504 号

邮政编码： 100011

电　　话： (010)64251036

传　　真： (010)64251256

印　　刷： 河北赛文印刷有限公司

开　　本： 787mm×1092mm　1/16

印　　张： 24

字　　数： 335 千字

版　　次： 2022 年 4 月第 1 版

印　　次： 2022 年 4 月第 1 次印刷

书　　号： ISBN 978－7－5143－8732－2

定　　价： 92.00 元

前言

"在职备考时间紧张，知识点却繁多复杂""看的全没考，考的全没看"……抓不住重点和考点，是很多考生的心病。或许您此刻也正面临这样的问题，教材那么厚，考点那么多，究竟哪些才是重点？又该如何备考？

为了解决这一问题，对啊财会研发中心根据考试大纲和历年考试情况精心整理出了高频考点，并配备精选习题，设计、编撰了这本《金题能力测试》。帮助考生用最短的时间，迅速通过考试。

在本书中，编者通过设计【应试指导】【历年考情】【高频考点列表】【章逻辑树】【高频考点】【真题实战】【沙场练兵】【思路导航】【敲黑板】等模块，引领考生进行针对性训练，高效刷题、科学备考。

【应试指导】及【历年考情】以真题的设题思路和发展轨迹为基础，结合每章的特点，给予考生备考建议，使考生在备考中有的放矢。

【高频考点列表】通过分析历年真题命题规律，提炼出高频考题的知识点，提高复习备考的针对性和有效性。

【章逻辑树】不仅帮助考生复习整章考点，更带领考生梳理考点之间的知识架构和逻辑，对整个知识体系形成完整的认知，提升对考点的定位和掌握程度。

【高频考点】皆是干货，通过对比、总结等方式，对知识进行压缩提炼，并配有两大针对性练习题：【真题实战】直击历年经典考题，揭露考查形式与命题规律；【沙场练兵】对真题进行拓展与延伸，精心编撰模拟试题，进行全方位、多角度强化。更有【思路导航】传授解题技巧、分享记忆诀窍、点出易错易混点，提升考生审题、答题能力。

本书倡导高效备考，主要对必考的重点、难点进行巩固练习，让考生能以最短的时间通过考试。最后，愿大家以梦为马，莫负韶华。

对啊财会研发中心

创作团队成员

—— CREATIVE ——

主编老师：秦团委　　郭紫婧　　张云鹏

校审老师：赵美涛

设计老师：张晓琳　　邬　煜　　崔雅雯

策划老师：栾建莛

后勤老师：丁　贵

目录
Contents

Contents

Contents

Contents

Contents

Contents

Contents

Contents

第一章　存货

应试指导

本章属于基础性章节，内容比较简单，主要为存货的初始计量和期末计量。但是本章内容是所得税、合并财务报表等章节的基础。在学习过程中，应夯实基础，并注意对知识的运用。本章涉及的高频考点有：存货的初始计量、可变现净值的确定、期末减值的计提。预测2022年考试会从以上高频考点出题。

历年考情

本章考试难度不大，多以客观题形式出现，也可结合所得税、合并财务报表等内容在主观题中出现。本章在历年考试中涉及的分值较少，不出主观题的情况下，一般在3分左右。

题型	2021年（一）		2021年（二）		2020年（一）		2020年（二）		2019年（一）		2019年（二）	
	题量	分值	题量	分值	题量	分值	题量	分值	题量	分值	题量	分值
单选题	—	—	1	1.5分	—	—	1	1.5分	1	1.5分	—	—
多选题	1	2分	1	2分	—	—	1	2分	—	—	1	2分
判断题	—	—	1	1分	1	1分	1	1分	1	1分	—	—
计算分析题	—	—	—	—	—	—	—	—	—	—	—	—
综合题	—	—	—	—	—	—	—	—	—	—	—	—

高频考点列表

考点	单选题	多选题	判断题	计算分析题	综合题
存货的初始计量	2021年、2020年、2019年、2018年、2017年	2021年	—	—	—
存货的期末计量	—	—	2021年、2015年	—	—
存货跌价准备的计提与转回	2018年	2020年	2019年	2017年	2017年

🌲 章逻辑树

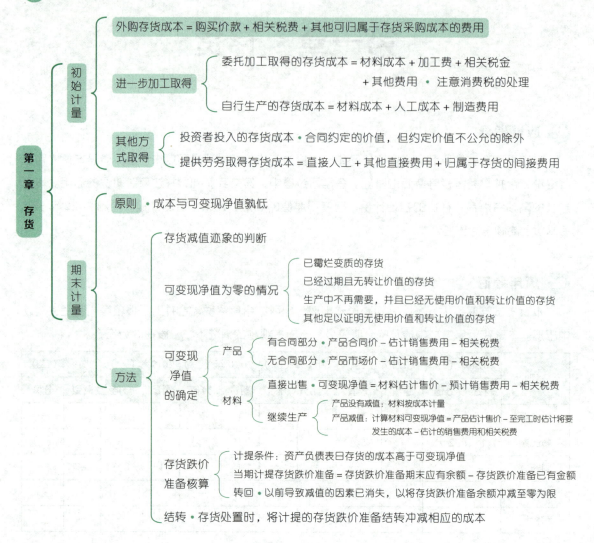

第一章 存货

初始计量
- 外购存货成本 = 购买价款 + 相关税费 + 其他可归属于存货采购成本的费用
- 进一步加工取得
  - 委托加工取得的存货成本 = 材料成本 + 加工费 + 相关税金 + 其他费用 · 注意消费税的处理
  - 自行生产的存货成本 = 材料成本 + 人工成本 + 制造费用
- 其他方式取得
  - 投资者投入的存货成本 · 合同约定的价值，但约定价值不公允的除外
  - 提供劳务取得存货成本 = 直接人工 + 其他直接费用 + 归属于存货的间接费用

期末计量
- 原则 · 成本与可变现净值孰低
- 方法
  - 存货减值迹象的判断
  - 可变现净值为零的情况
    - 已霉烂变质的存货
    - 已经过期且无转让价值的存货
    - 生产中不再需要，并且已经无使用价值和转让价值的存货
    - 其他足以证明无使用价值和转让价值的存货
  - 可变现净值的确定
    - 产品
      - 有合同部分 · 产品合同价 – 估计销售费用 – 相关税费
      - 无合同部分 · 产品市场价 – 估计销售费用 – 相关税费
    - 材料
      - 直接出售 · 可变现净值 = 材料估计售价 – 预计销售费用 – 相关税费
      - 继续生产
        - 产品没有减值：材料按成本计量
        - 产品减值：计算材料可变现净值 = 产品估计售价 – 至完工时估计将要发生的成本 – 估计的销售费用和相关税费
  - 存货跌价准备核算
    - 计提条件：资产负债表日存货的成本高于可变现净值
    - 当期计提存货跌价准备 = 存货跌价准备期末应有余额 – 存货跌价准备已有金额
    - 转回 · 以前导致减值的因素已消失，以将存货跌价准备余额冲减至零为限
  - 结转 · 存货处置时，将计提的存货跌价准备结转冲减相应的成本

高频考点 1 存货的初始计量

1. 外购存货初始成本

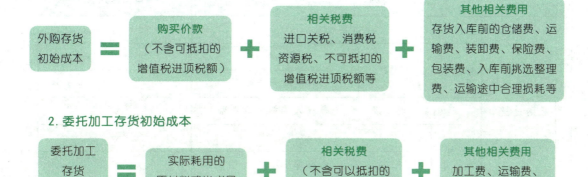

2. 委托加工存货初始成本

委托方在收回委托加工物资后，根据委托加工物资用途的不同，对委托加工环节支付的消费税进行不同的会计处理。相关处理如下表：

用途		说明	账务处理
连续生产应税消费品		出售时仍需要缴纳消费税，但允许抵扣收回委托加工物资时受托方代收代缴的消费税	借：委托加工物资　　　　【不含消费税】 　　应交税费——应交增值税（进项税额） 　　　　　　　　——应交消费税 贷：银行存款等
出售	售价＞受托方计税价格		
	售价≤受托方计税价格（直接出售）	出售时无需再次缴纳消费税	借：委托加工物资　　　　【含消费税】 　　应交税费——应交增值税（进项税额） 贷：银行存款等
连续生产非应税消费品			

3. 其他方式取得的存货成本

（1）提供劳务取得

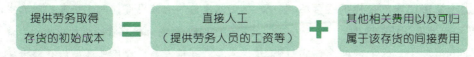

（2）投资者投入

①在合同或协议约定价值公允的情况下，按投资合同或协议约定的价值确定。

②在合同或协议约定价值不公允的情况下，应按该项存货的公允价值确定其成本。

第 1 章

[敲黑板]

（1）小规模纳税人购入货物相关的增值税不得抵扣，应计入存货成本。

（2）相关支出是否计入存货的总结

情况			是否计成本
采购过程中	购买价款		√
	增值税（进项税额）	准予抵扣	×
		不准予抵扣	√
	运输费、装卸费、保险费和入库前的挑选费		√
	损耗	合理	√
		非合理	×
	采购用于营销活动的特定商品		计入当期损益（销售费用）
生产过程中	直接材料、直接人工及制造费用	正常消耗	√
		非正常消耗	计入当期损益
	设计费	为特定客户设计产品发生的可直接确定的	√
		正常产品的	计入当期损益
	存储费用	为达到下一阶段所必需的	√
入库后		入库后发生的	计入当期损益
	自然灾害造成的存货净损失		计入营业外支出

【真题实战·多选题】下列各项关于企业存货会计处理的表述中，正确的有（　　）。（2021年）

A.收回用于直接销售的委托加工存货时，支付的消费税应计入存货的成本

B.存货采购过程中发生的合理损耗应从购买价款中予以扣除

C.采购的存货在入库前发生的必要仓储费应计入存货成本

D.以前计提存货减值的影响因素消失后，存货跌价准备应在原已计提减值的金额内转回

【解析】选项A正确，委托加工收回的存货直接用于销售，已经支付的消费税计入存货的成本中；选项B错误，存货采购过程中发生的合理损耗金额计入存货采购成本；选项C正确，入库前的仓储费用计入外购存货的成本；选项D正确，以前计提存货减值的影响因素消失后，存货跌价准备应在原已计提的金额内转回，转回的金额以将存货跌价准备的余额冲减至零为限。综上，本题应选ACD。

【答案】ACD

【真题实战·单选题】甲公司系增值税一般纳税人。2021年8月1日外购一批原材料，取得的增值税专用发票上注明的价款为100万

元，增值税税额为13万元。支付原材料运费取得的增值税专用发票上注明的价款为1万元，增值税税额为0.09万元，不考虑其他因素，该批原材料的初始入账金额为（   ）万元。（2021年）

A. 114.09
B. 113
C. 101
D. 100

【解析】可抵扣的增值税进项税额不计入存货的初始入账金额，则该批原材料的初始入账金额＝100＋1＝101（万元）。综上，本题应选C。

【答案】C

【真题实战·多选题】下列各项中，应当计入企业外购原材料初始入账金额的有（   ）。（2021年）

A. 入库前的装卸费用
B. 运输途中的保险费
C. 入库前的合理损耗
D. 入库后的仓储费用

【思路导航】本题考查的是外购存货的初始计量，较为基础，解答本题的关键在于区分哪些项目需要计入存货的成本，哪些项目不能计入存货的成本。在2020年考试中也考查了外购存货成本的辨析，其中进口商品支付的关税属于相关税费需要计入存货的成本中。

【解析】外购原材料的初始成本包括入库前的购买价款、相关税费、运输费、装卸费（选项A）、保险费（选项B）以及合理损耗（选项C）等，选项D入库后的仓储费不属于外购原材料的初始入账金额。综上，本题应选ABC。

【答案】ABC

【真题实战·单选题】某企业外购一批存货，购买价款为100万元，发生其他相关税费2万元，运输途中发生合理损耗5万元，则该批存货的入账价值为（   ）万元。（2020年）

A. 100
B. 102
C. 95
D. 97

【解析】外购存货的入账价值＝购买价款＋相

关税费＋其他可归属于存货采购成本的费用＝100＋2＝102（万元）。运输途中的合理损耗应计入存货采购成本，不应在计算存货成本时予以扣除。综上，本题应选B。

【答案】B

【真题实战·单选题】甲、乙公司均系增值税一般纳税人。2019年12月1日，甲公司委托乙公司加工一批应缴纳消费税的W产品，W产品收回后继续生产应税消费品。为加工该批W产品，甲公司耗用原材料的成本为120万元，支付加工费用33万元，发生增值税税额4.29万元、消费税税额17万元。不考虑其他因素，甲公司收回的该批W产品的入账价值为（   ）万元。（2020年）

A. 170
B. 174.29
C. 157.29
D. 153

【思路导航】委托外单位加工存货的初始计量，以实际耗用的原材料或半成品、加工费、运输费、装卸费等费用以及按规定应计入成本的税费作为实际成本。注意涉及委托加工环节增值税税额和消费税税额的处理。首先，看清公司类型小规模还是一般纳税人企业，小规模纳税人企业进项税额不能抵扣，需要计入成本中；一般纳税人进项税额可以抵扣，无须计入成本中。其次，收回的加工物资是继续加工还是直接出售，继续加工应税消费品的，消费税税额记入"应交税费——应交消费税"科目借方，不影响委托加工物资成本；收回后连续加工非应税消费品或直接出售的，消费税税额计入委托加工物资的成本中。

【解析】甲、乙公司均系增值税一般纳税人，其增值税进项税额可以抵扣，不计入委托加工物资成本中；委托加工物资收回后用于连续生产应税消费品的，加工环节中代收代缴的消费税不计入相关存货成本。则甲公司收回的W

产品的入账价值＝120＋33＝153（万元）。综上，本题应选D。

【答案】D

【真题实战·单选题】甲公司系增值税一般纳税人。2019年12月1日外购一批原材料，取得的增值税专用发票上注明的价款为80万元，增值税税额为10.4万元，入库前挑选整理费1万元。不考虑其他因素，该批原材料的入账价值为（　　）万元。（2019年改编）

A. 91.4 　　　　　　　 B. 80

C. 81 　　　　　　　　 D. 90.4

【解析】企业通过外购方式取得存货，存货的采购成本包括购买价款（不包括按照规定可以抵扣的增值税进项税额）、相关税费、运输费、装卸费、保险费以及其他可归属于存货采购成本的费用（如存货采购过程中发生的仓储费、包装费、运输途中的合理损耗、入库前的挑选整理费用等）。因此，本题中原材料的入账价值＝80＋1＝81（万元）。综上，本题应选C。

【答案】C

【真题实战·单选题】甲公司系增值税一般纳税人，2019年5月2日购买W商品1 000千克，运输途中合理损耗50千克，实际入库950千克。甲公司取得的增值税专用发票上注明的价款为95 000元，增值税税额为12 350元。不考虑其他因素，甲公司入库W商品的单位成本为（　　）元。（2018年改编）

A. 100 　　　　　　　 B. 95

C. 116 　　　　　　　 D. 110.2

【思路导航】存货单位成本＝存货总成本÷存货入库数量。计算入库数量时，无论损耗是否合理都要减去发生的损耗。计算存货总成本时，合理的损耗不需要从存货成本中扣减，不合理的损耗需要从存货成本中扣减。此外，采购人员的差旅费、可抵扣的增值税，不应计入存货

的成本。

【解析】合理损耗不影响存货的总成本，只会影响存货的入库数量。因此，甲公司存货的入账价值为95 000元不变，商品的单位成本＝95 000÷950＝100（元）。综上，本题应选A。

【答案】A

【真题实战·单选题】甲公司为增值税一般纳税人。2019年6月1日，甲公司购买Y产品获得的增值税专用发票上注明的价款为450万元，增值税税额为58.5万元。甲公司另支付不含增值税的装卸费7.5万元，不考虑其他因素。甲公司购买Y产品的成本为（　　）万元。（2017年改编）

A. 516 　　　　　　　 B. 457.5

C. 450 　　　　　　　 D. 508.5

【解析】企业外购存货的采购成本，包括购买价款、相关税费以及其他可归属于存货采购成本的费用。由于甲公司为一般纳税人，所以购入产品的增值税进项税额可以抵扣，不计入产品成本。结合本题，甲公司购买Y产品的成本＝450＋7.5＝457.5（万元）。综上，本题应选B。

【相关分录】（单位：万元）

借：库存商品 　　　　　　　　　　457.5

　　应交税费——应交增值税（进项税额）

　　　　　　　　　　　　　　　　　58.5

　　贷：银行存款 　　　　　　　　 516

【答案】B

【沙场练兵·单选题】甲公司向乙公司发出一批实际成本为30万元的原材料，另支付加工费6万元（不含增值税），委托乙公司加工成一批适用消费税税率为10%的应税消费品，加工完成收回后，全部用于连续生产应税消费品，乙公司代收代缴的消费税准予后续抵扣。甲公司和乙公司均系增值税一般纳税人，适用的增值税税率为13%。不考虑其他因素，

甲公司收回的该批应税消费品的实际成本为（　　）万元。

A.36　　　　　　　B.39.6

C.40　　　　　　　D.40.68

【解析】委托加工物资收回后用于连续加工应税消费品的，受托方代收代缴的消费税可抵扣，记入"应交税费——应交消费税"科目的借方，不计入委托加工物资的成本。所以甲公司收回的该批应税消费品的实际成本＝30＋6＝36（万元）。综上，本题应选A。

【答案】A

【沙场练兵·多选题】下列各项中，应当计入企业存货生产成本的有（　　）。

A. 生产过程中为达到下一生产阶段所必需的仓储费用

B. 日常修理期间的停工损失

C. 非正常消耗的直接材料成本

D. 生产车间管理人员的工资

【解析】自行生产的存货的初始成本包括投入的原材料或半成品成本、直接人工和按照一定方法分配的制造费用。选项A，生产过程中为达到下一生产阶段所必需的仓储费用计入存货生产成本，注意与入库后发生的仓储费用区分，后者不计入存货成本；选项B、D，日常修理期间发生的停工损失、生产车间管理人员的工资计入"制造费用"，期末结转计入生产成本；选项C，非正常消耗的直接材料成本计入当期损益，不计入存货成本。综上，本题应选ABD。

【答案】ABD

【沙场练兵·判断题】企业通过提供劳务取得存货的成本，按提供劳务人员的直接人工和其他直接费用以及可归属于该存货的间接费用确定。（　　）

【解析】根据企业会计准则规定，企业提供劳务的，所发生的从事提供劳务人员的直接人工和其他直接费用以及可归属的间接费用，计入

存货成本。因此，本题表述正确。

【答案】√

【沙场练兵·判断题】企业通过投资者投入取得的存货，如果合同或协议约定的价值不公允的，按合同或协议约定的价值确认存货成本。（　　）

【解析】企业通过投资者投入取得的存货，合同或协议约定的价值不公允的，按该项存货的公允价值确定存货成本。因此，本题表述错误。

【答案】×

【沙场练兵·单选题】甲公司为增值税小规模纳税人，适用的增值税征收率为1%，消费税税率为10%。2021年4月1日，甲公司委托乙公司加工一批实际成本为10万元的原材料，收回后以大于受托方计税价格的价格出售。2021年6月1日，甲公司收回该批材料，并支付加工费1万元，增值税0.01万元，消费税1.2万元。假定不考虑其他因素，甲公司收回该批材料的入账价值为（　　）万元。

A.11　　　　　　　B.11.01

C.12.2　　　　　　D.12.21

【解析】委托加工物资收回后用于出售（售价＞受托方计税价格）的，受托方代收代缴的消费税可抵扣，委托加工环节的消费税记入"应交税费——应交消费税"科目的借方，不计入委托加工物资的成本。增值税小规模纳税人购入货物相关的增值税不可抵扣，计入委托加工物资的成本。该批委托加工材料收回后的入账价值＝10＋1＋0.01＝11.01（万元）。综上，本题应选B。

【相关分录】支付加工费和税费（单位：万元）：

借：委托加工物资　　　　　　1.01

　　应交税费——应交消费税　1.20

　　贷：银行存款　　　　　　　2.21

【答案】B

高频考点 2 存货的期末计量

资产负债表日，存货应当按照成本与可变现净值孰低计量。

1. 确定可变现净值应考虑的因素：取得的确凿证据、持有存货的目的（出售 or 耗用）及资产负债表日后事项的影响。

2. 可变现净值的确定

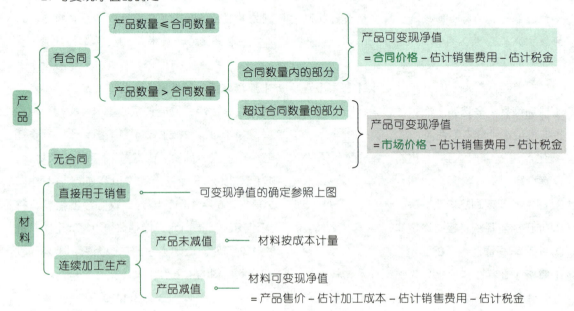

【真题实战 判断题】企业用于直接出售的无合同约定的原材料，其可变现净值应以该材料的市场价格为基础确定。（　　）（2021年）

【解析】对于企业存货可变现净值的确定，考虑存货的持有目的，企业用于直接出售的无合同约定的原材料，其可变现净值应以该材料的市场价格为基础确定；为执行销售合同或劳务合同而持有的存货，其可变现净值应当以合同价格为基础确定。因此，本题表述正确。

【答案】√

【真题实战·判断题】企业为执行销售合同而持有的存货，其可变现净值应以合同价格为基础计算。（　　）（2015年）

【解析】本题考查执行销售合同而持有的存货

的可变现净值的计算，存货可变现净值＝合同价－估计销售费用－估计税金。因此，本题表述正确。

【答案】√

【沙场练兵·单选题】2021年12月1日，甲公司与乙公司签订了一项不可撤销的销售合同，约定甲公司于2022年1月12日以每公斤2万元的价格（不含增值税）向乙公司销售M产品300公斤。2021年12月31日，甲公司库存该产品500公斤，单位成本为1.8万元/公斤，单位市场销售价格为1.5万元/公斤（不含增值税）。甲公司预计销售上述500公斤库存产品将发生销售费用和其他相关税费30万元。不考虑其他因素，2021年12月

31日，上述500公斤库存产品的账面价值为（　　）万元。

A.860　　　　　　　B.828

C.800　　　　　　　D.750

【思路导航】计算产品可变现净值时，应注意该产品是否有不可撤销的合同。企业持有产品的数量多于合同订购数量的（即部分有合同），应将有合同部分和无合同部分分别单独确定可变现净值。有合同部分产品的可变现净值以"合同价格"为基础计算，无合同部分产品的可变现净值，以"市场价格"为基础计算。

【解析】资产负债表日，存货应当按照成本与可变现净值孰低计量。由于甲公司与乙公司签订了不可撤销的销售合同，且甲公司库存M产品的数量500公斤大于合同数量300公斤，则合同数量内的300公斤M产品与超过合同数量的200公斤M产品应当分别以合同价格和市场价格为基础计算可变现净值，并与成本进行比较。

①合同数量内的M产品：可变现净值＝合同价格－估计销售费用－估计税金＝$300 \times 2 - 30 \div 500 \times 300 = 582$（万元）＞成本540万元（$300 \times 1.8$）。则2021年12月31日，合同数量内的M产品的账面价值为540万元（成本），未发生减值。

②超过合同数量的M产品：可变现净值＝市场价格－估计销售费用－估计税金＝$200 \times 1.5 - 30 \div 500 \times 200 = 288$（万元）＜成本360万元（$200 \times 1.8$）。则2021年12月31日，超过合同数量的M产品的账面价值为288万元（可变现净值），应计提存货跌价准备72万元（360－288）。因此，2021年12月31日，库存M产品的账面价值为828万元（540＋288）。综上，本题应选B。

【答案】B

【沙场练兵·判断题】确定存货的可变现净值时不考虑资产负债表日后期间发生的相关事项。（　　）

【解析】确定存货的可变现净值时，应考虑资产负债表日后期间发生的事项。因此，本题表述错误。

【答案】×

【沙场练兵·单选题】2021年12月31日，甲公司库存丙材料的实际成本为100万元。不含增值税的销售价格为80万元，拟全部用于生产1万件丁产品。该批材料加工成丁产品尚需投入的成本总额为40万元。由于丙材料市场价格持续下降，每件丁产品不含增值税的市场价格由原160元下降为110元。估计销售该批丁产品将发生销售费用及相关税费合计2万元。不考虑其他因素，2021年12月31日，甲公司该批丙材料的账面价值应为（　　）万元。

A.68　　　　　　　B.70

C.80　　　　　　　D.100

【思路导航】用于生产产品的材料，期末确定其账面价值时，应先比较产品的可变现净值与产品成本，判断产品是否发生减值。如果产品发生减值，则进一步计算该材料的可变现净值，材料的期末账面价值以成本与可变现净值孰低计量；如果产品未发生减值，则表明材料未发生减值，材料的期末账面价值以成本计量。

【解析】由于丙材料用于生产丁产品，在确定丙材料是否发生减值之前，需要先明确丁产品是否发生减值。（看清有无合同）

第一步：确定丁产品的减值情况。

丁产品可变现净值＝市场价格－估计销售费用－估计税金＝$110 - 2 = 108$（万元）＜丁产品成本140万元（100＋40），则丁产品发生减值。

第二步：明确丙材料的减值情况。

由于丙材料生产的丁产品发生了减值，则需要计算丙材料的可变现净值，与成本进行比较，确定丙材料的减值情况。丙材料可变现净值＝丁产品售价－估计加工成本－估计销售费用－

估计税金＝110－40－2＝68（万元）＜丙材料成本100万元，则丙材料的账面价值为68万元（可变现净值）。综上，本题应选A。

【答案】A

高频考点 3 存货跌价准备的计提与转回

1. 存货跌价准备的计提

| 期末可变现净值低于成本 | → | 计算应计提的存货跌价准备 | → | 与已计提数比较 | → | 若应提数＞已提数，补提存货跌价准备 |

2. 存货跌价准备的转回

（1）解铃还须系铃人 → 存货跌价准备的转回条件是以前**减记存货价值的影响因素已经消失**，而不是在当期造成存货可变现净值高于其成本的其他影响因素；

（2）项目、类别上 → 转回的存货跌价准备与计提该准备的存货项目或类别应当直接对应；

（3）金额上 → 转回的金额以将存货跌价准备的余额**冲减至零**为限。

3. 存货跌价准备的结转

企业计提了存货跌价准备，如果其中有部分存货已经销售，则企业在结转销售成本时，应同时结转对其已计提的存货跌价准备。

【真题实战·多选题】甲公司2019年11月1日外购一批存货，成本为3 000万元。2019年12月31日，对该批存货计提存货跌价准备500万元。2020年甲公司对外出售该批存货的40%，售价为1 100万元。不考虑其他因素，关于出售存货的账务处理，下列说法正确的有（　　）。（2020年）

A. 增加营业收入1 100万元

B. 增加营业成本1 200万元

C. 减少存货账面价值1 000万元

D. 冲减资产减值损失200万元

【解析】对外出售存货时，应将取得的收入确认为主营（其他）业务收入，将存货的成本结转至主营（其他）业务成本，如果存货计提了跌价准备，在结转销售成本时，应当同时结转

对应部分已计提的存货跌价准备。选项A正确，出售存货时，营业收入增加1 100万元；选项B错误、选项C正确，2019年12月31日存货的账面价值为2 500万元（3 000－500），2020年出售存货的40%，因此账面价值减少1 000万元（2 500×40%），增加营业成本1 000万元；选项D错误，出售存货不影响资产减值损失。综上，本题应选AC。

【答案】AC

【真题实战·判断题】企业的存货跌价准备一经计提，即使减记存货价值的影响因素消失，原计提的存货跌价准备也不得转回。（　　）（2019年）

【解析】以前减记存货价值的影响因素已经消失的，减记的金额应当予以恢复，并在原已计

提的存货跌价准备金额内转回，转回的金额计入当期损益。因此，本题表述错误。

【答案】×

【真题实战·单选题】2017 年 12 月 1 日，甲公司与乙公司签订一份不可撤销的销售合同，合同约定甲公司以 205 元/件的价格向乙公司销售 1 000 件 M 产品，交货日期为 2018 年 1 月 10 日。2017 年 12 月 31 日甲公司库存 M 产品 1 500 件，成本为 200 元/件。市场销售价格为 191 元/件，预计 M 产品的销售费用均为 1 元/件。不考虑其他因素，2017 年 12 月 31 日甲公司应对 M 产品计提的存货跌价准备金额为（　　）元。（2018 年）

A.0　　　　　　　B.15 000

C.5 000　　　　　D.1 000

【思路导航】期末对存货进行计量时，对于同一类存货，其中一部分有合同约定价格，另一部分没有合同约定价格，这种情况下，企业应分别根据有合同约定和没有合同约定确定其期末可变现净值，并与其相应的成本进行比较，从而分别确定是否需计提存货跌价准备。

【解析】甲公司库存 M 产品有 1 500 件，其中 1 000 件 M 产品签订了不可撤销的销售合同，合同价款为 205 元/件，可变现净值=（205－1）×1 000=204 000（元），大于 1 000 件 M 产品成本=200×1 000=200 000（元），不需要计提存货跌价准备；另外 500 件按市场价格计算的可变现净值=（191－1）×500=95 000（元），小于 500 件 M 产品的成本=200×500=100 000（元），发生了减值，所以，甲公司应对 M 产品计提的存货跌价准备金额=100 000－95 000=5 000（元）。综上，本题应选 C。

【答案】C

【沙场练兵·单选题】甲公司为增值税一般纳

税人，2021 年 12 月 31 日，甲公司期末存货账面余额为 950 万元，按照一般市场价格预计售价为 1 020 万元，预计销售费用和相关税金为 20 万元，已计提的存货跌价准备为 10 万元。假定存货价值的上升是由于以前减记存货价值的影响因素已消失。不考虑其他因素，甲公司对该批存货应转回的存货跌价准备为（　　）万元。

A.－40　　　　　　B.40

C.10　　　　　　　D.0

【解析】该批存货的可变现净值=1 020－20=1 000（万元），成本=账面余额=950（万元）。可变现净值＞成本，未发生减值，因此需要将已计提的存货跌价准备 10 万元全部转回。综上，本题应选 C。

【相关分录】（单位：万元）

借：存货跌价准备　　　　　　　　　　10

　　贷：资产减值损失　　　　　　　　　10

【答案】C

【沙场练兵·单选题】甲公司为增值税一般纳税人，适用的增值税税率为 13%。2021 年 4 月 30 日，甲公司将库存的一批存货以 1 000 万元的价格出售给乙公司，该批存货账面余额为 950 万元，已计提的存货跌价准备为 60 万元。存货已发出，款项已收到，甲公司该业务影响营业利润的金额为（　　）万元。

A.50　　　　　　　B.230

C.110　　　　　　D.0

【解析】企业已计提存货跌价准备的存货在结转销售成本时，应一并结转相关的存货跌价准备，则甲公司该业务影响营业利润的金额=1 000－（950－60）=110（万元）。综上，本题应选 C。

【答案】C

【真题实战·计算分析题】（2017年）

甲公司系生产销售机床的上市公司，期末存货按成本与可变现净值孰低计量，并按单个存货项目计提存货跌价准备。相关资料如下：

资料一：2016年9月10日，甲公司与乙公司签订了一份不可撤销的S型机床销售合同。合同约定，甲公司应于2017年1月10日向乙公司提供10台S型机床，单位销售价格为45万元/台。2016年9月10日，甲公司S型机床的库存数量为14台，单位成本为44.25万元/台，该机床的市场销售价格为42万元/台。估计甲公司向乙公司销售该机床的销售费用为0.18万元/台，向其他客户销售该机床的销售费用为0.15万元/台。2016年12月31日，甲公司对存货进行减值测试前，未曾对S型机床计提存货跌价准备。

资料二：2016年12月31日，甲公司库存一批用于生产W型机床的M材料。该批材料的成本为80万元，可用于生产W型机床10台，甲公司将该批材料加工成10台W型机床尚需投入50万元。该批M材料的市场销售价格总额为68万元，估计销售费用总额为0.6万元。甲公司尚无W型机床订单。W型机床的市场销售价格为12万元/台，估计销售费用为0.1万元/台。2016年12月31日，甲公司对存货进行减值测试前，"存货跌价准备——M材料"科目的贷方余额为5万元。假定不考虑增值税等相关税费及其他因素。

要求（答案中的金额单位用万元表示）：

（1）计算甲公司2016年12月31日S型机床的可变现净值。

（2）判断甲公司2016年12月31日S型机床是否发生减值，并简要说明理由。如果发生减值，计算应计提存货跌价准备的金额，并编制相关会计分录。

（3）判断甲公司2016年12月31日是否应对M材料计提或转回存货跌价准备，并简要说明理由。如果需要计提或转回存货跌价准备，计算应计提或转回存货跌价准备的金额，并编制相关会计分录。

（1）

【解析】 确定存货的可变现净值时，应考虑存货的持有目的（是继续加工还是对外出售），同时确定估计售价时要考虑该存货（或加工完成后的存货）是否已签订合同。本题中，期末存货的持有目的是对外出售，且一部分（10台）已签订不可撤销的合同，另一部分（4台）未签订合同。签订合同部分产品的可变现净值＝合同价格－估计销售费用－相关税费，无合同部分的可变现净值＝市场价格－估计销售费用－相关税费。

【答案】 对于有合同部分，S型机床可变现净值＝10×（45－0.18）＝448.2（万元）；对于无合同部分，S型机床可变现净值＝4×（42－0.15）＝167.4（万元）。所以，S型机床的可变现净值＝448.2＋167.4＝615.6（万元）。

（2）

【解析】 企业持有存货的数量多于合同订购数量的，应将有合同部分和无合同部分分别单独确定可变现净值，并与对应的成本进行比较，分别确定存货跌价准备的计提和转回金额，不得相互抵销。

【答案】S型机床中有合同部分未减值，无合同部分发生减值。

理由：对于有合同部分：S型机床成本＝44.25×10＝442.5（万元）＜可变现净值448.2万元，则有合同部分S型机床未发生减值；对于无合同部分：S型机床成本＝44.25×4＝177（万元）＞可变现净值167.4万元，则无合同部分S型机床发生减值，应计提存货跌价准备金额＝177－167.4＝9.6（万元）。

借：资产减值损失　　　　　　　　　　　　　　　　　　　　　9.6

　　贷：存货跌价准备　　　　　　　　　　　　　　　　　　　9.6

（3）

【解析】由于M材料用于生产W型机床，故在确定M材料是否发生减值之前，需要先明确其所生产的W型机床是否发生减值，若W型机床未发生减值，则M材料按成本计量；若W型机床发生减值，则需要计算M材料的可变现净值并与成本进行比较，确定其减值情况，并与存货跌价准备的期初数比较，计算当期应计提（或转回）的金额。

【答案】甲公司2016年12月31日应对M材料计提存货跌价准备。

理由：M材料用于生产10台W型机床，则应先确定W型机床是否发生减值。W型机床的可变现净值＝10×（12－0.1）＝119（万元），成本＝80＋50＝130（万元），W型机床可变现净值低于成本，发生减值。M材料的可变现净值＝（12－0.1）×10－50＝69（万元），M材料成本为80万元，所以存货跌价准备余额＝80－69＝11（万元）。因"存货跌价准备——M材料"科目贷方余额为5万元，所以本期末应计提存货跌价准备的金额为11－5＝6（万元）。

相关会计分录为：

借：资产减值损失　　　　　　　　　　　　　　　　　　　　　6

　　贷：存货跌价准备　　　　　　　　　　　　　　　　　　　6

【真题实战·综合题】（2017年节选改编）

甲公司系增值税一般纳税人，适用的增值税税率为13%，相关资料如下：

资料一：2019年6月30日，甲公司尚存无订单的W商品500件，单位成本为2.1万元/件，市场销售价格为2万元/件，估计销售费用为0.05万元/件。甲公司未曾对W商品计提存货跌价准备。

资料二：2019年10月15日，甲公司以每件1.8万元的销售价格将500件W商品全部销售给乙公司，并开具了增值税专用发票，商品已发出，付款期为1个月，甲公司此项销售业务满足收入确认条件。

要求（答案中的金额单位用万元表示）：

（1）计算甲公司2019年6月30日对W商品应计提存货跌价准备的金额，并编制相关会计分录。

（2）编制甲公司 2019 年 10 月 15 日销售 W 商品并结转成本的会计分录。

（1）

【解析】无合同产品的可变现净值＝估计售价－估计销售费用－相关税费，存货成本高于其可变现净值的，应当计提存货跌价准备，计入当期损益。

【答案】W 商品成本＝500×2.1＝1 050（万元）；

W 商品可变现净值＝500×（2－0.05）＝975（万元）；

计提存货跌价准备的金额＝1 050－975＝75（万元）。

相关分录如下：

借：资产减值损失   75

    贷：存货跌价准备   75

（2）

【解析】符合收入确认条件，应确认收入，结转成本时应同时结转已计提的存货跌价准备。

【答案】相关分录如下：

借：应收账款   1 017

    贷：主营业务收入   900【1.8×500】

        应交税费——应交增值税（销项税额）   117

借：主营业务成本   975

    存货跌价准备   75

    贷：库存商品   1 050

强化练习

一、单项选择题

1. 2021 年 11 月 15 日，甲公司与乙公司签订了一份不可撤销的商品购销合同，约定甲公司于 2022 年 1 月 15 日按每件 2 万元的价格向乙公司销售 W 产品 100 件。2021 年 12 月 31 日，甲公司库存该商品 100 件，每件实际成本和市场价格分别为 1.8 万元和 1.86 万元。甲公司预计向乙公司销售该批产品将发生相关税费 10 万元。假定不考虑其他因素，甲公司该批产品在 2021 年 12 月 31 日资产负债表中应列示的金额为（ ）万元。

   A.176　　　　　　　B.180　　　　　　　C.186　　　　　　　D.190

2. 下列项目中，不应作为存货在资产负债表中予以列报的是（ ）。

   A. 购入的一批用于包装本企业商品而储备的包装物

   B. 已经发出的委托加工材料

   C. 外购一批用于企业厂房建设的材料

   D. 已经发出的委托代销商品

3. 甲公司为增值税一般纳税人，本月购进原材料300公斤，货款为90 000元，增值税为11 700元，另支付保险费7 000元，运输费2 000元，采购人员差旅费1 000元，发生为达到下一生产阶段必需的仓储费用1 000元，验收入库时发生非合理损耗5%。甲公司该批原材料的实际单位成本为（ ）元／公斤。

   A.300　　　　　　　B.333.33　　　　　　　C.350.88　　　　　　　D.336.67

4. 某企业采用成本与可变现净值孰低的原则对存货进行期末计量，成本与可变现净值按单项存货进行比较。2021 年 12 月 31 日，甲、乙、丙三种存货成本与可变现净值分别为：甲存货成本 30 万元，可变现净值 26 万元；乙存货成本 15 万元，可变现净值 13 万元；丙存货成本 17 万元，可变现净值 19 万元。甲、乙、丙三种存货已计提的跌价准备分别为 1 万元、2 万元、1.5 万元。存货价值上升是由于以前减记存货价值的影响因素已经消失。假定该企业只有这三种存货，2021 年 12 月 31 日应补提的存货跌价准备总额为（ ）万元。

   A. － 0.5　　　　　　　B.4　　　　　　　C.1　　　　　　　D.1.5

5. 甲公司委托乙公司加工一批应税消费品，使用的原材料成本 50 万元。完工收回时支付加工费 10 万元，另支付增值税税额 1.3 万元，支付乙公司代收代缴的消费税 6.67 万元。该批材料加工收回后用于连续生产非应税消费品。假设甲、乙公司均为增值税一般纳税人，适用的增值税税率为 13%，消费税税率为 10%。不考虑其他因素，甲公司收回该批委托加工物资的入账价值是（ ）万元。

   A.66.67　　　　　　　B.67.97　　　　　　　C.60　　　　　　　D.61.3

6. 甲公司为增值税一般纳税人，适用的增值税税率为 13%，消费税税率为 10%。2021 年 5 月

1日，甲公司委托乙公司加工一批实际成本为10万元的原材料，收回后将用于继续加工应税消费品。2021年7月1日，甲公司收回该批材料，并支付加工费1万元，增值税进项税额0.13万元，消费税1.22万元。假定不考虑其他因素，甲公司收回该批材料的入账价值为（   ）万元。

A.11   B.11.13   C.12.22   D.12.35

7. 甲公司2021年12月31日库存配件200套，每套配件的账面成本为16万元，市场价格为14万元。该批配件用于加工200件W产品，将每套配件加工成W产品尚需投入19万元。W产品2021年12月31日的市场价格为每件36.6万元，估计销售过程中每件将发生销售费用及相关税费2万元。该配件此前未计提存货跌价准备，甲公司2021年12月31日对该配件应计提的存货跌价准备为（   ）万元。

A.0   B.80   C.160   D.400

8. 甲公司为增值税一般纳税人，适用的增值税税率为13%，2021年12月31日M库存商品的账面余额为300万元，已计提存货跌价准备50万元。2022年3月1日，甲公司将上述商品全部出售，售价为280万元，增值税销项税额为36.4万元，款项尚未收到。不考虑企业所得税，2022年3月1日，甲公司出售M商品影响利润总额的金额为（   ）万元。

A.－20   B.10   C.20   D.30

9. 下列情形中，不能表明存货的可变现净值为零的情况是（   ）。

A. 生产中已不再需要，并且已无使用价值和转让价值的存货

B. 已霉烂变质的存货

C. 已过期但是有转让价值的存货

D. 其他足以证明已无使用价值和转让价值的存货

10. 甲公司为生产制造企业，其在日常经营活动中发生的下列费用或损失，应当计入存货成本的是（   ）。

A. 采购人员的差旅费   B. 未使用管理用固定资产计提的折旧

C. 季节性停工期间发生的损失   D. 仓库保管工人的工资

二、多项选择题

1. 企业为购入存货发生的下列各项支出中，应计入存货成本的有（   ）。

A. 入库前的挑选整理费   B. 运输途中的合理损耗

C. 不能抵扣的增值税进项税额   D. 运输途中因自然灾害发生的损失

2. 下列各项中，应计入自行生产存货的制造费用的有（   ）。

A. 办公楼的折旧费   B. 生产车间管理人员的薪酬

C. 生产用机物料消耗   D. 季节性的停工损失

3. 通过劳务取得的存货，在确定存货成本的过程中，下列费用不计入存货成本的有（   ）。

A. 非正常消耗的直接材料、直接人工及制造费用

B. 从事劳务提供人员的直接人工和其他直接费用以及可归属于该存货的间接费用

C. 不能归属于使存货达到目前场所和状态的其他支出

D. 材料验收入库后发生的储存费用

4. 发生下列事项时，资产负债表日存货通常应按可变现净值计量的有（　　）。

A. 该存货的市场价格持续下跌，并且在可预见的未来无回升的希望

B. 企业使用该项原材料生产的产品成本大于产品的销售价格

C. 企业因产品更新换代，原有库存原材料已不适应新产品的需要，而该原材料的市场价格又低于其账面成本

D. 因企业所提供的商品或劳务过时或消费者偏好改变而使市场的需求发生变化，导致市场价格逐渐下跌

5. 2021 年 12 月 31 日，甲公司库存 M 材料的成本为 100 万元，已计提存货跌价准备 2 万元，当前市场售价为 88 万元，预计销售该批材料将发生的相关费为 3 万元；M 材料是专门用于生产 A 产品的，将 M 材料加工成 A 产品，尚需发生加工费用 50 万元，当前市场上相同的 A 产品售价为 150 万元，销售 A 产品预计将发生相关费用 6 万元。则 2021 年 12 月 31 日甲公司的下列会计处理正确的有（　　）。

A. 计提存货跌价准备 13 万元

B. 计提存货跌价准备 4 万元

C. M 材料期末以 94 万元在资产负债表中列示

D. M 材料期末以 85 万元在资产负债表中列示

6. 下列各项中，增值税一般纳税人企业应计入收回委托加工物资成本的有（　　）。

A. 随同加工费支付的增值税进项税额

B. 支付的收回后用于连续生产非应税消费品的消费税

C. 支付的加工费

D. 支付的运输费

7. 下列各项中，企业在判断存货成本与可变现净值孰低时，可作为存货可变现净值的确凿证据的有（　　）。

A. 外来原始凭证　　　　　　　　　B. 产成品的市场销售价格

C. 生产预算资料　　　　　　　　　D. 生产成本账簿记录

8. 2021 年 12 月 1 日，甲公司与乙公司签订了一项不可撤销的销售合同，约定甲公司于 2022 年 1 月 12 日以每箱 340 元的价格（不含增值税）向乙公司销售口罩 280 箱。2021 年 12 月 31 日，甲公司库存该口罩 500 箱，每箱成本为 360 元，每箱市场销售价格为 400 元（不含增值税）。甲公司预计销售上述 500 箱口罩将发生销售费用和其他相关税费 10 000 元。不考虑其他因素，2021 年 12 月 31 日，下列说法正确的有（　　）。

A. 甲公司与乙公司签订合同的 280 箱口罩的可变现净值为 89 600 元

B. 甲公司与乙公司签订合同的 280 箱口罩的可变现净值为 106 400 元

C. 甲公司 500 箱口罩的账面价值为 168 800 元

D. 甲公司 500 箱口罩的账面价值为 164 400 元

9. 下列关于存货会计处理的表述中，不正确的有（　　　）。

　　A. 结转商品销售成本时，无须将相关存货跌价准备结转调整主营业务成本

　　B. 存货采购过程中发生的合理损耗计入管理费用

　　C. 存货跌价准备通常应当按照单个存货项目计提，也可分类计提

　　D. 商品流通企业采购存货成本的进货费用，金额较小的可直接计入当期损益

10. 下列关于企业存货确认的说法中，正确的有（　　　）。

　　A. 委托代销商品，其所有权并未转移至受托方，因而委托代销的商品仍应当确认为委托方的存货

　　B. 在确认存货时，需要判断与该项存货相关的经济利益是否很可能流入企业

　　C. 企业在判断与存货相关的经济利益能否流入企业时，主要结合该项存货使用权的归属情况进行分析确定

　　D. 必须能够对存货成本进行可靠地计量

三、判断题

1. 持有存货的数量多于销售合同订购数量的，超出部分的存货可变现净值应当以产成品或商品的合同价格作为计量基础。（　　　）

2. 企业自行生产的存货的初始成本包括投入的原材料或半成品、直接人工和按照一定方法分配的制造费用。（　　　）

3. 投资者投入存货的成本，合同或协议约定价值不公允的，应按照投入存货的账面价值确定。（　　　）

4. 用于连续加工生产产品的原材料价格下降，但生产的产品没有发生减值，则期末原材料应按照其成本计量。（　　　）

5. 存货跌价准备一经计提，在持有期间内不得转回。（　　　）

四、计算分析题

1. 甲企业委托乙企业加工 M 材料一批（属于应税消费品的非黄金饰品），加工收回后的 M 材料用于连续生产非应税消费品 N 产品。甲、乙两企业均为增值税一般纳税人，适用的增值税税率均为 13%，适用的消费税税率为 10%，甲企业对存货按实际成本法进行核算，有关该业务的资料如下：

（1）2021 年 11 月 3 日，甲企业发出 M 材料一批，实际成本为 100 万元；

（2）2021 年 12 月 6 日，甲企业以银行存款支付乙企业加工费 17 万元（不含增值税）以及相应的增值税和消费税。假定受托方没有同类或类似消费品销售价格；

（3）2021 年 12 月 15 日，甲企业以银行存款支付往返运输费 2 万元（不含增值税，交通运输行业适用增值税税率 9%）；

（4）2021 年 12 月 31 日，M 材料加工完成，甲企业收回该委托加工物资并验收入库。收回的 M 材料用于生产合同所需的 N 产品 10 万件，N 产品合同价格为 15 元 / 件；

（5）2021 年 12 月 31 日，库存 M 材料的预计市场销售价格为 135 万元，加工成 N 产品估计至完工尚需发生加工成本 20 万元，预计销售 N 产品所需的税金及费用为 8 万元，预计销售库存 M 材料所需的销售税金及费用为 2 万元。

（假设不考虑其他因素，答案中的金额单位用万元表示）

要求：

（1）计算甲企业收回委托加工物资的实际成本。

（2）编制甲企业业务（1）～（4）中委托加工业务相关会计分录。

（3）计算甲企业 2021 年 12 月 31 日对 M 材料应计提的存货跌价准备，并编制有关会计分录。

答案与解析

一、单项选择题

1.【解析】由于甲公司与乙公司签订了不可撤销的销售合同，且合同数量刚好等于甲公司库存 W 产品的数量，则 W 产品计算可变现净值时，应当以合同价格为计量基础。W 产品可变现净值 = 合同价格 – 估计销售费用 – 估计税金 = 100×2 – 10 = 190（万元）> W 产品的成本 180 万元（100×1.8）。资产负债表日，存货应当按照成本与可变现净值孰低计量。则 2021 年 12 月 31 日，W 产品的账面价值为 180 万元（成本），未发生减值，应在报表中的列示金额为 180 万元。综上，本题应选 B。

【答案】B

2.【解析】存货是指企业在日常活动中持有以备出售的产成品或商品、处在生产过程中的在产品、在生产过程或提供劳务过程中耗用的材料、物料等。选项 A、B、D 应作为存货列报；选项 C 属于为建造固定资产等各项工程而储备的物资，应作为工程物资列报，不能作为企业的存货。综上，本题应选 C。

【答案】C

3.【解析】存货单位成本 = 存货总成本 ÷ 存货入库数量。购入存货的总成本包括货款、保险费、运输费、为达到下一生产阶段必需的仓储费用，不包括可抵扣的增值税进项税额、采购人员的差旅费、不合理损耗。购入原材料的实际总成本 =（90 000 + 7 000 + 2 000 + 1 000）×（1 – 5%）= 95 000（元）；实际入库数量 = 300×（1 – 5%）= 285（公斤）；该批原材料实际单位成本 = 95 000÷285 = 333.33（元/公斤）。综上，本题应选 B。

【答案】B

4.【解析】（1）甲存货期末成本 30 万元 > 可变现净值 26 万元，发生减值，即存货跌价准备余额应为 4 万元，已经计提存货跌价准备 1 万元，则应补提存货跌价准备 3 万元；（2）乙存货期末成本 15 万元 > 可变现净值 13 万元，发生减值，即存货跌价准备的期末余额应为 2 万元，已经计提存货跌价准备 2 万元，则不需补提存货跌价准备；（3）丙存货期末成本 17 万元 < 可

变现净值 19 万元，说明丙存货没有发生减值，即存货跌价准备的期末余额应为 0，则应将乙存货已计提的存货跌价准备 1.5 万元予以转回；因此，2021 年 12 月 31 日应补提的存货跌价准备总额 = 3 + 0 - 1.5 = 1.5（万元）。综上，本题应选 D。

【答案】D

5.【解析】收回的加工材料用于连续生产非应税消费品，受托方代收代缴的消费税应计入收回的委托加工物资成本中；增值税一般纳税人因支付委托加工业务加工费，所支付的增值税可作为进项税额抵扣，不计入收回的委托加工物资成本中。因此，该批委托加工物资的入账价值 = 50 + 10 + 6.67 = 66.67（万元）。综上，本题应选 A。

【答案】A

6.【解析】委托加工物资收回后用于继续加工应税消费品的，受托方代收代缴的消费税可抵扣，委托加工环节的消费税记入"应交税费——应交消费税"科目的借方，不计入委托加工物资的成本。可抵扣的增值税进项税额不计入委托加工物资的成本。该批委托加工材料收回后的入账价值 = 10 + 1 = 11（万元）。综上，本题应选 A。

【答案】A

7.【解析】配件是用于生产产品的，因此配件的可变现净值应以其生产的产品的可变现净值为基础来计算。W 产品可变现净值 = 200 ×（36.6 - 2）= 6 920（万元），W 产品成本 = 200 ×（16 + 19）= 7 000（万元），说明 W 产品发生了减值；配件的可变现净值 = 200 ×（36.6 - 19 - 2）= 3 120（万元），配件的成本 = 200 × 16 = 3 200（万元），配件应计提的存货跌价准备 = 3 200 - 3 120 = 80（万元）。综上，本题应选 B。

【答案】B

8.【解析】出售存货时，应将取得的收入确认为主营（其他）业务收入，将存货的成本结转至主营（其他）业务成本，需要注意的是，如果存货计提了跌价准备，在结转销售成本时，应当同时结转对应部分已计提的存货跌价准备。则影响利润总额的金额 = 280 -（300 - 50）= 30（万元）。综上，本题应选 D。

【答案】D

9.【解析】存货存在下列情形之一的，通常表明存货的可变现净值为零：（1）已霉烂变质的存货（选项 B）；（2）已过期且无转让价值的存货；（3）生产中已不再需要，并且已无使用价值和转让价值的存货（选项 A）；（4）其他足以证明已无使用价值和转让价值的存货（选项 D）。选项 C，已过期但是有转让价值的存货不能表明其可变现净值为零。综上，本题应选 C。

【答案】C

10.【解析】选项 A，采购人员的差旅费，不得增加存货的采购成本，应计入管理费用；选项 B，未使用管理用固定资产折旧计入管理费用，不计入存货成本；选项 C，季节性停工期间发生的损失计入制造费用，期末结转至生产成本，影响存货成本；选项 D，仓库保管人员的工资计入管理费用，不计入存货成本。综上，本题应选 C。

【答案】C

二、多项选择题

1. 【解析】选项 A、B、C 都应计入存货成本；选项 D 不应计入，运输途中因自然灾害发生的损失和尚待查明原因的途中损耗，不得增加存货的采购成本，应通过"待处理财产损溢"科目进行核算，查明原因后再作处理。综上，本题应选 ABC。
   【答案】ABC

2. 【解析】制造费用：是指企业为生产产品和提供劳务而发生的各项间接费用，包括企业生产部门（如生产车间）管理人员的职工薪酬（选项 B）、折旧费、办公费、水电费、机物料损耗（选项 C）、劳动保护费、季节性和修理期间停工损失（选项 D）、为生产产品发生的符合资本化条件的借款费用、产品生产用的自行开发或外购的无形资产摊销等。选项 A 应计入管理费用。综上，本题应选 BCD。
   【答案】BCD

3. 【解析】通过提供劳务取得的存货，其成本按从事劳务提供人员的直接人工和其他直接费用以及可归属于该存货的间接费用确定。选项 A、C、D 中涉及的费用和支出应当计入当期损益，不计入存货的成本中。综上，本题应选 ACD。
   【答案】ACD

4. 【解析】资产负债表日，存货应按照成本与可变现净值孰低计量。存货存在下列情况之一的，通常表明存货的可变现净值低于成本：（1）该存货的市场价格持续下跌，并且在可预见的未来无回升的希望（选项 A）；（2）企业使用该项原材料生产的产品成本大于产品的销售价格（选项 B）；（3）企业因产品更新换代，原有库存原材料已不适应新产品的需要，而该原材料的市场价格又低于其账面成本（选项 C）；（4）因企业所提供的商品或劳务过时或消费者偏好改变而使市场的需求发生变化，导致市场价格逐渐下跌（选项 D）；（5）其他足以证明该项存货实质上已经发生减值的情形。综上，本题应选 ABCD。
   【答案】ABCD

5. 【解析】因为 M 材料是专门用于生产 A 产品的，因此 M 材料的可变现净值应该以其生产的 A 产品的可变现净值为基础来计算。M 材料生产的 A 产品的成本 = 100 + 50 = 150（万元），可变现净值 = 150 - 6 = 144（万元），成本高于可变现净值，A 产品发生了减值，则 M 材料应该按照可变现净值计量，M 材料的可变现净值 = 150 - 50 - 6 = 94（万元），成本 100 万元，已计提存货跌价准备 2 万元，M 材料应计提的减值准备 = 100 - 94 - 2 = 4（万元），因此选项 A 错误，选项 B 正确；存货期末是以成本与可变现净值孰低计量，因此应当按照计提减值准备后的金额 94 万元列示在资产负债表当中，选项 C 正确，选项 D 错误。综上，本题应选 BC。
   【答案】BC

6. 【解析】选项 A，一般纳税人支付的增值税进项税额可以抵扣，不计入委托加工物资实际成本；选项 B，支付的收回后用于连续生产非应税消费品的消费税，应计入委托加工物资实际成本；选项 C、D，支付的加工费和负担的运杂费应计入委托加工物资实际成本。综上，本题应选

BCD。

【答案】BCD

7.**【解析】**存货可变现净值的确凿证据是指对确定存货的可变现净值有直接影响的客观证明，应当以取得外来原始凭证（选项 A）、生产成本资料、生产成本账簿记录（选项 D）等作为确凿证据；产成品或商品的市场销售价格（选项 B）、与产成品或商品相同或类似商品的市场销售价格、销售方提供的有关资料。选项 C，生产预算资料不能作为存货可变现净值的确凿证据。综上，本题应选 ABD。

【答案】ABD

8.**【解析】**计算存货的可变现净值和账面价值，应当区分有合同部分和无合同部分。（1）有合同部分：280 箱口罩可变现净值 = 340×280 − 10 000×280/500 = 89 600（元），其成本 = 360×280 = 100 800（元），可变现净值小于成本，发生减值，期末该部分商品按照可变现净值计量；（2）无合同部分：220 箱口罩可变现净值 = 220×400 − 10 000×220/500 = 83 600（元），其成本 = 220×360 = 79 200（元），可变现净值大于成本，所以该部分库存商品未减值，期末按照成本计量；上述 500 箱口罩的账面价值 = 89 600 + 79 200 = 168 800（元）。综上，本题应选 AC。

【答案】AC

9.**【解析】**选项 A 表述错误，结转商品销售成本时，需要同时将销售部分应负担的存货跌价准备金额结转至主营业务成本；选项 B 表述错误，存货采购过程中发生的合理损耗计入存货成本；选项 C 表述正确，企业通常应当按照单个存货项目计提存货跌价准备。对于数量繁多、单价较低的存货，可以按照存货类别计提存货跌价准备；选项 D 表述正确，企业采购商品成本的进货费用金额较小的可以在发生时直接计入当期损益（销售费用）。综上，本题应选 AB。

【答案】AB

10.**【解析】**选项 A、B、D 说法正确；选项 C 说法错误，企业在判断与存货相关的经济利益能否流入企业时，主要结合该项存货所有权的归属情况进行分析确定。综上，本题应选 ABD。

【答案】ABD

三、判断题

1.**【解析】**企业持有的存货数量超出合同订购数量的部分的可变现净值应当视为无合同，其可变现净值 = 产品的市场价格 − 估计销售费用 − 估计税金。因此，本题表述错误。

【答案】×

2.**【解析】**自行生产的存货的初始成本包括投入的原材料或半成品、直接人工和按照一定方法分配的制造费用。因此，本题表述正确。

【答案】√

3.**【解析】**投资者投入存货的成本，合同或协议约定价值不公允的，应按该项存货的公允价值确定其成本。因此，本题表述错误。

【答案】×

4.【解析】若材料用于连续加工生产产品，其所生产的产品没有减值，则材料期末按照成本计量。因此，本题表述正确。

【答案】√

5.【解析】资产负债表日，企业应当重新确定存货的可变现净值，如果以前减记存货价值的影响因素已经消失，则减记的金额应当予以恢复，并在原已计提的存货跌价准备的金额内转回。因此，本题表述错误。

【答案】×

四、计算分析题

1.（1）

【解析】收回委托加工物资的成本包括实际耗用的原材料或半成品成本、加工费、相关税费、其他相关费用等。委托加工物资收回后直接用于销售（售价不高于受托方计税价格）或者连续用于生产非应税消费品的，支付的消费税应计入委托加工物资成本。本题中，受托方代收代缴的消费税税额 =（100 + 17）÷（1 − 10%）× 10% = 13（万元）。

【答案】甲企业收回委托加工物资的实际成本 = 100 + 17 + 13 + 2 = 132（万元）。

（2）

【解析】支付加工费时应支付的增值税 = 17 × 13% = 2.21（万元）；支付运输费时应支付的增值税 = 2 × 9% = 0.18（万元）。

【答案】①发出委托加工材料时：

借：委托加工物资	100
贷：原材料	100

②支付加工费及相关税金时：

借：委托加工物资	30【17 + 13】
应交税费——应交增值税（进项税额）	2.21【17×13%】
贷：银行存款	32.21

③支付运输费时：

借：委托加工物资	2
应交税费——应交增值税（进项税额）	0.18【2×9%】
贷：银行存款	2.18

④收回委托加工材料时：

借：原材料	132【100 + 17 + 13 + 2】
贷：委托加工物资	132

（3）

【解析】资产负债表日，存货应当按照成本与可变现净值孰低计量，如存货的可变现净值低于成本，企业应当计提存货跌价准备。用于专门生产产品的材料，应先计算其所生产的产品是否发生减值，如果产品发生减值，该材料需要按其成本与可变现净值孰低计量，材料可变现净值 = 产品售价 – 估计加工成本 – 估计销售费用 – 估计税金；如果产品未发生减值，该材料以材料成本计量。

【答案】① N 产品可变现净值 = $10 \times 15 - 8 = 142$（万元），N 产品成本 = $132 + 20 = 152$（万元），N 产品可变现净值 < N 产品成本，N 产品发生减值，表明 M 材料也发生减值。

② M 材料可变现净值 = $10 \times 15 - 20 - 8 = 122$（万元），M 材料成本 = 132（万元），2021 年 12 月 31 日对 M 材料应计提的存货跌价准备 = $132 - 122 = 10$（万元）。

相关会计分录为：

借：资产减值损失   10

  贷：存货跌价准备   10

第二章　固定资产

🎯 应试指导

　　本章属于基础性章节，内容相对简单，主要为固定资产的初始计量、后续计量和处置。本章对后续学习资产负债表日后事项、会计差错更正、所得税、合并财务报表等章节也比较重要，一定要学扎实。本章涉及的高频考点有：外购及自行建造固定资产的初始计量、固定资产折旧的计算、固定资产处置时的会计处理。预测 2022 年考试会结合其他章节出客观题或主观题。

📈 历年考情

　　本章考试难度不大，但在历年考试中涉及的分值较多，一般在 7 分左右，并且各种题型均已有出现。除了考查客观题外，本章也经常结合投资性房地产、企业所得税、前期差错更正等考查主观题，考生应予以重视。

题型	2021 年（一）		2021 年（二）		2020 年（一）		2020 年（二）		2019 年（一）		2019 年（二）	
	题量	分值	题量	分值	题量	分值	题量	分值	题量	分值	题量	分值
单选题	—	—	—	—	1	1.5 分	1	1.5 分	—	—	—	—
多选题	1	2 分	—	—	1	2 分	1	2 分	1	2 分	—	—
判断题	—	—	—	—	1	1 分	—	—	1	1 分	1	1 分
计算分析题	1	10 分	1	10 分	1	2 分	—	—	—	—	1	3 分
综合题	—	—	—	—	—	—	—	—	—	—	—	—

✅ 高频考点列表

考点	单选题	多选题	判断题	计算分析题	综合题
固定资产确认条件的具体应用	—	2021 年	2017 年	—	—
固定资产的初始计量——外购	2020年、2018 年	—	—	—	—
固定资产的初始计量——自行建造	2020 年	2017 年	2020年、2019 年	—	—
存在弃置费用的固定资产	—	—	2018 年	—	—

考点	单选题	多选题	判断题	计算分析题	综合题
固定资产的后续计量——折旧	—	2020 年、2018 年	—	—	—
固定资产的后续支出	—	2020 年、2019 年、2018 年	—	—	—
固定资产的处置	2017 年	—	2019 年	2021 年	—

🌲 章逻辑树

第二章 固定资产

- **固定资产的确认** · 2 个条件

- **初始计量**
  - **外购**
    - 成本 = 购买价款 + 相关税费 + 运输费 + 装卸费 + 安装费 + 专业人员服务费（不含可抵扣的增值税进项税额、差旅费、员工培训费等）
    - 一笔款项购入多项没有单独标价的固定资产时，按照公允价值比例对总成本进行分配
  - **自行建造**
    - 自营 · 成本 = 实际发生的材料费 + 人工费 + 机械施工费 + 其他必要支出
    - 出包 · 成本 = 建筑工程支出 + 安装工程支出 + 待摊支出
  - **投资者投入等其他方式** · 按合同或协议约定的价值和相关税费入账，不公允时按公允价值入账
  - **存在弃置费用的固定资产** · 将弃置费用的现值计入固定资产成本

- **后续计量**
  - **折旧**
    - 折旧范围 · 应对所有的固定资产计提折旧，但已提足折旧的固定资产和单独计价入账的土地除外
    - 折旧方法 · 年限平均法、工作量法、双倍余额递减法、年数总和法
    - 固定资产的使用寿命、预计净残值、折旧方法**一经确定，不得随意变更**（若变更，则属于会计估计变更）
  - **后续支出**
    - 资本化 · 账面价值转入在建工程，停止计提折旧，被替换部分账面价值应该扣除
    - 费用化 · 日常维护支出，计入管理费用或销售费用等
  - **处置**
    - 正常出售、转让 → 净损益计入资产处置损益
    - 已丧失使用功能正常报废、因自然灾害发生毁损等原因 → 净损益计入营业外收支

高频考点 1 固定资产确认条件的具体应用

经济利益很可能流入企业

（1）环保设备、安全设施等虽然不能直接给企业带来未来经济利益，但有助于企业从其他相关资产的使用中获得未来经济利益或获得更多的未来经济利益，也应确认为固定资产；

（2）固定资产的各组成部分，如果具有不同使用寿命或者以不同方式为企业提供经济利益，表明这些组成部分实际上是以独立的方式为企业提供经济利益，企业应当将各组成部分确认为单项固定资产

成本能够可靠计量

如果企业能够根据所获得的最新资料，合理估计固定资产的成本，视同固定资产的成本能够可靠地计量

考虑成本效益原则

一项资产符合固定资产确认条件，但由于数量多、单价低，不确认为固定资产：

（1）工业企业所持有的工具、用具、备品备件、维修设备等资产（若需与相关固定资产组合发挥效用，作为固定资产核算）；

（2）施工企业所持有的模板、挡板、架料等周转材料；

（3）地质勘探企业所持有的管材等资产

【真题实战·多选题】为遵守国家有关环保法律的规定，2017年1月31日，甲公司对A生产设备进行停工改造，安装环保装置。3月25日，新安装的环保装置达到预定可使用状态并交付使用。A生产设备预计使用年限为16年，已使用8年，安装环保装置后还可使用8年；环保装置预计使用年限为5年。下列各项关于环保装置的会计处理中，正确的有（　　）。（2021年）

A. 环保装置不应作为单项固定资产单独确认

B. 环保装置应作为单项固定资产单独确认

C. 环保装置达到预定可使用状态后按A生产设备剩余使用年限计提折旧

D. 环保装置达到预定可使用状态后按环保装置的预计使用年限计提折旧

【解析】固定资产的各组成部分具有不同使用寿命或者以不同方式为企业提供经济利益，适用

不同折旧率或折旧方法的，应当分别将各组成部分确认为单项固定资产。综上，本题应选BD。

【答案】BD

【真题实战·判断题】企业为符合国家有关排污标准购置的大型环保设备，因其不能为企业带来直接的经济利益，因此不确认为固定资产。（　　）（2017年）

【解析】环保设备虽不能直接给企业带来经济利益，但能减少企业未来由于污染环境需要支付的环境治理费等，应确认为固定资产。因此，本题表述错误。

【答案】×

【沙场练兵·判断题】企业外购的房屋建筑物支付的价款包括土地使用权和建筑物的价值的，应当在地上建筑物与土地使用权之间分配，无法合理分配的，应全部确认为固定资产。（　　）

【解析】企业外购房屋建筑物所支付的价款中包括土地使用权以及建筑物的价值的，应当对实际支付的价款按照合理的方法（如公允价值比例）在地上建筑物和土地使用权之间进行分配，分别确认为固定资产与无形资产；确实无法在土地使用权和地上建筑物之间进行合理分配的，应当全部作为固定资产，按照固定资产确认和计量的原则进行处理。因此，本题表述正确。

【答案】√

【沙场练兵·多选题】下列项目中，不属于固定资产的有（   ）。

A. 房地产企业自用的房产

B. 房地产企业以销售为目的持有的房产

C. 与大型设备组合发挥效用的备品备件

D. 工业企业单独使用的单价较低的维修设备

【解析】选项 A 属于，选项 B 不属于，房地产开发企业自用的房地产属于固定资产，以出售目的持有的商品房属于存货；选项 C 属于，与大型设备组合发挥效用的备品备件作为固定资产核算；选项 D 不属于，单价较低的维修设备根据成本效益原则，作为存货核算。综上，本题应选 BD。

【答案】BD

高频考点 2 固定资产的初始计量——外购

1. 初始成本

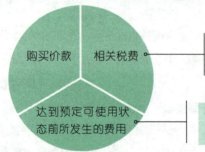

购买价款　相关税费　达到预定可使用状态前所发生的费用

相关税费
①包括关税、契税、车辆购置税、耕地占用税等
②不包括允许抵扣的增值税进项税额

达到预定可使用状态前所发生的费用
①包括运输费、装卸费、安装费、专业人员服务费等
②不包括为使用固定资产发生的员工培训费等

2. 账务处理（以增值税一般纳税人为例）

不需要安装	需要安装
借：固定资产 　　应交税费——应交增值税（进项税额） 　　贷：银行存款等	①购入时： 借：在建工程 　　应交税费——应交增值税（进项税额） 　　　贷：银行存款等 ②安装时： 借：在建工程 　　贷：原材料／应付职工薪酬等 ③达到预定可使用状态时： 借：固定资产 　　贷：在建工程

┃敲黑板┃ 企业以一笔款项购入多项没有单独标价的固定资产，按照各项固定资产公允价值比例对总成本进行分配，分别确定各项固定资产成本。

【真题实战·单选题】 甲公司系增值税一般纳税人。2020 年 1 月 10 日，购入一台需安装的生产设备，取得的增值税专用发票上注明的价款为 200 万元、增值税税额为 26 万元。支付设备安装费取得的增值税专用发票上注明的安装费为 2 万元、增值税税额为 0.18 万元。2020 年 1 月 20 日，该设备安装完毕并达到预定可使用状态。不考虑其他因素，该设备达到预定可使用状态时的入账价值为（　　）万元。（2020 年）

A.200　　　　　　　　B.226

C.202　　　　　　　　D.228.18

【思路导航】 购入的固定资产达到预定可使用状态前的支出（可抵扣的进项税额除外）一般均计入固定资产的成本，包括购买价款、相关税费、运输费、装卸费、安装费和专业人员服务费等。考试时列举的支出项一般不会超出这几种支出范畴，考生需熟记。

【解析】 增值税一般纳税人购入设备的增值税进项税额允许抵扣，不计入设备的入账价值，则该设备达到预定可使用状态时的入账价值＝200＋2＝202（万元）。综上，本题应选 C。

【答案】C

【真题实战·单选题】 甲公司为增值税一般纳税人，2019 年 6 月 15 日购入一项生产设备并立即投入使用。取得增值税专用发票上注明价款 500 万元，增值税税额 65 万元。当日甲公司预付了未来一年的设备维修费，取得增值税专用发票上注明的价款为 10 万元，增值税税额为 1.3 万元，不考虑其他因素，该设备的入账价值是（　　）万元。（2018 年改编）

A.500　　　　　　　　B.576.3

C.565　　　　　　　　D.575

【思路导航】 外购固定资产时，判断某项支出是否计入其入账价值时，需要考虑两方面：①是否为一般纳税人。如果是一般纳税人，则增值税进项税可以抵扣，不计入固定资产入账价值；如果是小规模纳税人，则增值税进项税不可抵扣，计入固定资产入账价值；②该项支出是否为达到预定可使用状态前所发生的合理、必要的支出。只有达到预定可使用状态前所发生的合理、必要的支出，才能计入固定资产的入账价值。

【解析】 甲公司为增值税一般纳税人，购入设备的增值税可以抵扣，不计入设备成本；当日预付未来一年的设备维修费于发生时计入当期损益，则该设备的入账价值为 500 万元。综上，本题应选 A。

【答案】A

【沙场练兵·单选题】 甲公司为增值税一般纳税人，购入一台需要安装的生产设备，取得增值税专用发票上注明的购买价款为 300 万元，增值税税额为 39 万元。自行安装期间耗用库存材料 20 万元（不含增值税），支付安装工人工资 5 万元，不考虑其他因素。2021 年 3 月 1 日，该设备安装完成并达到预定可使用状态，其入账价值为（　　）万元。

A.359　　　　　　　　B.364

C.320　　　　　　　　D.325

【解析】 增值税一般纳税人购入设备支付的增值税可以抵扣，不计入设备成本；安装过程中领用材料的增值税可以抵扣，不计入设备成本。

则设备安装完毕达到预定可使用状态后转入固定资产的入账价值＝300＋20＋5＝325（万元）。综上，本题应选D。

【答案】D

【沙场练兵·判断题】为购入固定资产发生的运输费、装卸费、专业人员服务费，和为使用固定资产发生的员工培训费等均计入固定资产成本。（ ）

【解析】为使用外购的固定资产发生的员工培训费不属于使资产达到预定可使用状态所发生的合理、必要支出，应计入当期损益而不是固定资产成本。因此，本题表述错误。

【答案】×

【沙场练兵·多选题】甲公司为增值税一般纳税人，适用的增值税税率为13%。2021年2月1日，甲公司购进3台不需要安装且未单独标价的生产设备X、Y、Z，共支付价款100万元，增值税专用发票注明的增值税进项税额为13万元，款项已支付，设备已送达；另支付装卸费1万元，运输费2万元，专业人员服务费3万元。3台设备公允价值分别为30万元、25万元、45万元。下列关于该事项表述不正确的有（   ）。

A.X设备的初始入账价值为31.8万元

B.Y设备的初始入账价值为26.5万元

C.Z设备的初始入账价值为45万元

D.购入固定资产总成本为100万元

【解析】为购入固定资产支付的装卸费、运输费、专业人员服务费计入固定资产成本，则X、Y、Z三台设备的总成本＝100＋1＋2＋3＝106（万元）；一笔款项购入多项没有单独标价的固定资产，按照各项固定资产公允价值比例对总成本进行分配，分别确定各项固定资产成本。因此，X设备的初始入账价值＝106×30/（30＋25＋45）＝31.8（万元），Y设备的初始入账价值＝106×25/（30＋25＋45）＝26.5（万元），Z设备的初始入账价值＝106×45/（30＋25＋45）＝47.7（万元）。综上，本题应选CD。

【答案】CD

高频考点 3 固定资产的初始计量——自行建造

1. 初始成本

自营方式	成本＝实际发生的材料费＋人工费＋机械施工费＋其他必要支出 其中，其他必要支出： ①包括应予资本化的借款费用、应分摊的间接费用等； ②不包括土地出让金
出包方式	成本＝建筑工程支出＋安装工程支出＋待摊支出 其中，待摊支出包括： 建造工程发生的管理费、可行性研究费、临时设施费、公证费、监理费、应负担的税金、符合资本化条件的借款费用、建设期间发生的工程物资盘亏、报废及毁损净损失等

┃**敲黑板**┃ 待摊支出，是指在建设期间发生的，不能直接计入某项固定资产价值、而应由所建造固定资产共同负担的相关费用。

$$待摊支出分摊率 = \frac{累计发生的待摊支出}{建筑工程支出 + 安装工程支出} \times 100\%$$

$$某工程应分摊的待摊支出 = \left(\begin{array}{c}该工程的\\建筑工程支出\end{array} + \begin{array}{c}该工程的\\安装工程支出\end{array}\right) \times 待摊支出分摊率$$

2. 账务处理（以增值税一般纳税人为例）

自营方式	出包方式
购入建造固定资产所需工程物资： 借：工程物资 　　应交税费——应交增值税（进项税额） 　　贷：银行存款等	①预付工程款： 借：预付账款 　　贷：银行存款等 ②结算工程价款： 借：在建工程——建筑工程 　　　　　　　——安装工程 　　应交税费——应交增值税（进项税额） 　　贷：预付账款 　　　　银行存款
归集建造期间满足固定资产确认条件的支出： 借：在建工程 　　贷：工程物资　　　　　　　【领用工程物资】 　　　　原材料 / 库存商品　　【领用原材料、库存产品】 　　　　应付职工薪酬　　　　【施工人员工资】 　　　　生产成本——辅助生产成本　【辅助生产部门劳务】 　　　　应付利息等　　　　　【满足资本化条件的利息】	①先归集待摊支出： 借：在建工程——待摊支出 　　贷：银行存款 ②再分配待摊支出： 借：在建工程——建筑工程 　　　　　　　——安装工程 　　贷：在建工程——待摊支出
达到预定可使用状态： 借：固定资产 　　贷：在建工程	

┃**敲黑板**┃

（1）已达到预定可使用状态但尚未办理竣工决算的固定资产，应当按照暂估价值确定其成本，并计提折旧；待办理竣工决算手续后，再按实际成本调整原来的暂估价值，但不需要调整原已计提的折旧额。

（2）企业将固定资产达到预定可使用状态前或者研发过程中产出的产品或副产品对外销售（以下统称试运行销售）的，应当按照《企业会计准则第14号——收入》《企业会计准则第1号——存货》等规定，对试运行销售相关的收入和成本分别进行会计处理，计入当期损益，不应将试运行销售相关收入抵销相关成本后的净额冲减固定资产成本或者研发支出。

（3）①盘盈、盘亏、报废、毁损的工程物资，减去残料价值以及保险公司、过失人等赔偿后的差额：

建设期间	净损失计入"在建工程"，净收益冲减"在建工程"
工程完工后	计入营业外收支

②非常原因造成的工程物资的盘亏、报废、毁损，直接计入营业外支出。

【真题实战·判断题】 企业为建造自用办公楼外购土地使用权支付的价款，应当计入办公楼的建造成本。（　　）（2020年）

【解析】 企业为建造自用办公楼外购的土地使用权应计入无形资产，不计入办公楼建造成本，在建造办公楼期间的累计摊销要资本化计入办公楼的建造成本中。因此，本题表述错误。

【答案】×

【真题实战·单选题】 2019年甲公司采用自营方式建造一条生产线，建造过程中耗用工程物资200万元，耗用生产成本为20万元、公允价值为30万元的自产产品，发生应付工程人员薪酬25万元。2019年12月31日，该生产线达到预定可使用状态。不考虑其他因素，该生产线的入账价值为（　　）万元。（2020年）

A.245　　　　　　B.220

C.255　　　　　　D.225

【思路导航】 自行建造固定资产入账价值的计算中，建造固定资产领用自产产品与生产产品领用半成品的原理类似，都是直接按照生产成本转移，与公允价值无关。自产产品在企业内部转移作为集体福利、个人消费时才按照视同销售处理，两种情形注意区分。

【解析】 领用自产产品用于建造生产线，应按照生产成本转入生产线入账价值，不视同销售。则该生产线的入账价值＝200＋20＋25＝

245（万元）。综上，本题应选A。

【答案】A

【真题实战·判断题】 企业自行建造的厂房达到预定可使用状态但尚未办理竣工决算的，应先按暂估价值入账，并按有关规定计提固定资产折旧，待办理竣工决算手续后再调整原来的暂估价值，但不需要调整原计提的折旧额。（　　）（2019年）

【解析】 已达到预定可使用状态但尚未办理竣工决算的固定资产，应当自达到预定可使用状态之日起，根据工程预算、造价等，按暂估价值确定其成本，并计提折旧；待办理竣工决算后再按实际成本调整原来的暂估价值，但不需要调整原已计提的折旧额。因此，本题表述正确。

【答案】√

【真题实战·多选题】 下列应计入自行建造固定资产成本的有（　　）。（2017年）

A.达到预定可使用状态前分摊的间接费用

B.为建造固定资产通过出让方式取得土地使用权而支付的土地出让金

C.达到预定可使用状态前发生满足资本化条件的借款费用

D.达到预定可使用状态前发生的工程物资成本

【解析】 自行建造的固定资产，其成本由建造该项资产达到预定可使用状态前所发生的必要支出构成，包括工程物资成本、人工成本、缴纳的相关税费、应予资本化的借款费用以及应分摊的间接费用等。选项A、C、D，计入固定资产成本；选项B，为建造固定资产通过支付土地出让金方式取得的土地使用权应确认为无形资产，不应计入固定资产成本。综上，本题应选ACD。

【答案】ACD

【沙场练兵·单选题】下列关于出包方式建造固定资产的说法正确的是（　　）。

A. 由于自然灾害造成的工程报废净损失计入长期待摊费用

B. 建设期间发生的需由各工程分摊的待摊支出在发生时计入长期待摊费用

C. 为建造固定资产以出让方式取得的土地使用权支付的土地出让金计入在建工程

D. 为建造工程发生的管理费应计入待摊支出

【解析】选项A说法错误，由于自然灾害造成的工程报废净损失计入营业外支出，同时冲减对应的在建工程项目；选项B说法错误，建设期间发生的需由各工程分摊的待摊支出在发生时计入在建工程；选项C说法错误，为建造固定资产以出让方式取得的土地使用权支付的土地出让金确认为无形资产；选项D说法正确，

待摊支出包括为建造工程发生的管理费、可行性研究费、临时设施费、公证费、监理费等。综上，本题应选D。

【答案】D

【沙场练兵·多选题】企业自行建造固定资产发生的下列支出应计入"在建工程——待摊支出"科目的有（　　）。

A. 发生的符合资本化条件的外币借款的汇兑差额

B. 支付给第三方监理公司的监理费

C. 由于自然灾害造成的工程物资报废净损失

D. 发生的工程管理费

【解析】待摊支出是指在建设期间发生的，不能直接计入某项固定资产价值、而应由所建造固定资产共同负担的相关费用，包括为建造工程发生的管理费（选项D）、可行性研究费、临时设施费、公证费、监理费（选项B）、应负担的税金、符合资本化条件的借款费用（选项A）、建设期间发生的工程物资盘亏、报废及毁损净损失等。选项C，由于自然灾害造成的工程物资报废净损失计入营业外支出，不通过"在建工程——待摊支出"科目核算。综上，本题应选ABD。

【答案】ABD

高频考点 4 存在弃置费用的固定资产

第2章

1. 与弃置费用相关的账务处理

时点	账务处理
初始计量	借：固定资产 　　贷：在建工程　　　　　　　　　　　【实际发生的建造成本】 　　　　预计负债　　　　　　　　　　　　【弃置费用的现值】
每期期末	借：财务费用　　　　　【每期期初预计负债摊余成本 × 实际利率】 　　贷：预计负债
实际发生弃置费用时	借：预计负债 　　贷：银行存款

┃敲黑板┃ 一般工商企业的固定资产发生的报废清理费用不属于弃置费用，应在发生时作为固定资产处置费用处理。

2. 弃置费用后续变动

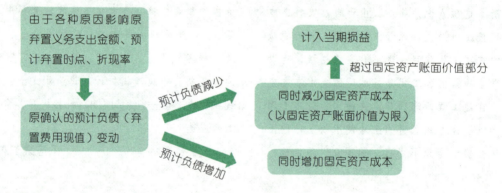

┃敲黑板┃ 按照上述原则调整的固定资产，在资产剩余使用年限内计提折旧。一旦该固定资产的使用寿命结束，预计负债的所有后续变动应在发生时确认为损益。

【真题实战·判断题】 特殊行业的特定固定资产存在弃置费用的，企业应将弃置费用的现值计入固定资产成本，同时确认相应的预计负债。（　　）（2018年）

【解析】 特殊行业的特定固定资产，对其进行初始计量时，应当考虑弃置费用。企业应当将

弃置费用的现值计入固定资产的成本，同时确认相应的预计负债。因此，本题表述正确。

【答案】 √

【沙场练兵·判断题】 甲公司一项固定资产确认的弃置费用因外部原因金额减少，减少相关预计负债的同时，应冲减固定资产账面价值，

固定资产账面价值不足冲减的,冲减资本公积。
(　　)

【解析】企业固定资产确认的弃置费用发生变动,减少相关预计负债的同时,应冲减固定资产账面价值,固定资产账面价值不足冲减的,计入当期损益。因此,本题表述错误。

【答案】×

【沙场练兵·单选题】某核电站以10 000万元购建一项核设施,现已达到预定可使用状态,预计在使用寿命届满时,为恢复环境将发生弃置费用1 000万元,该弃置费用按实际利率折现后的金额为620万元。该核设施的入账价值为(　　)万元。

A.9 000　　　　　　　B.10 000

C.10 620　　　　　　D.11 000

【解析】弃置费用以现值为基础计入固定资产入账价值,该设施的入账价值=10 000+620=10 620(万元)。综上,本题应选C。

【相关分录】(单位:万元)

借:固定资产　　　　　　　　　　10 620

　　贷:银行存款　　　　　　　　　　10 000

　　　　预计负债　　　　　　　　　　　620

【答案】C

高频考点 5　固定资产的后续计量——折旧

1.折旧范围

项目	内容
空间范围	企业应当对所有的固定资产计提折旧,但是下列情况除外: ①已提足折旧仍继续使用的固定资产; ②按规定单独计价入账的土地
时间范围	当月增加的固定资产,当月不计提折旧,次月起开始计提折旧; 当月减少的固定资产,当月仍计提折旧,次月起停止计提折旧
特殊事项	**不提折旧的固定资产** ①处于更新改造过程而停止使用; ②未提足折旧提前报废; ③持有待售的固定资产	**计提折旧的固定资产** ①因进行大修理而停用; ②已达到预定可使用状态,但尚未办理竣工决算

2.折旧方法

折旧方法		计算公式
一般	年限平均法(直线法)	年折旧率=(1-预计净残值率)÷预计使用寿命(年)×100% 月折旧率=年折旧率÷12 月折旧额=固定资产原价×月折旧率
	工作量法	单位工作量折旧额=固定资产原价×(1-预计净残值率)÷预计总工作量 某项固定资产月折旧额=该项固定资产的当月工作量×单位工作量折旧额

（续表）

折旧方法	计算公式
加速 双倍余额递减法	年折旧率 ＝ 2 ÷ 预计使用寿命（年）×100% 年折旧额 ＝（固定资产原价 – 累计折旧）× 年折旧率 月折旧额 ＝ 年折旧额 ÷12 最后两年的年折旧额 ＝（固定资产账面净值 – 预计净残值）÷2
年数总和法	年折旧率 ＝ 尚可使用寿命 ÷ 预计使用寿命的年数总和 ×100% 年折旧额 ＝（固定资产原价 – 预计净残值）× 年折旧率 月折旧额 ＝ 年折旧额 ÷12

┃**敲黑板**┃企业至少应当于每年年度终了，对固定资产的使用寿命、预计净残值和折旧方法进行复核。

3. 账务处理（受益原则）

借：制造费用 　　　　　　　　　　　　　　　　【生产车间使用的固定资产】
　　管理费用 　　　　　　　　　　　　　　【管理部门和未使用的固定资产】
　　销售费用 　　　　　　　　　　　　　　【专设销售部门使用的固定资产】
　　在建工程 　　　　　　　　　　　　　　　　【在建工程中使用的固定资产】
　　研发支出 　　　　　　　　　　　　　【研发无形资产时使用的固定资产】
　　贷：累计折旧

【真题实战·多选题】每年年末，企业应当对固定资产的下列项目进行复核的有（　　　）。（2020年）

A. 预计净残值　　　　B. 预计使用寿命

C. 折旧方法　　　　　D. 已计提折旧

【解析】根据《企业会计准则第4号——固定资产》规定，企业至少应当于每年年度终了，对固定资产的使用寿命、预计净残值和折旧方法进行复核。综上，本题应选ABC。

【答案】ABC

【真题实战·多选题】下列关于企业各项固定资产会计处理的表述中，正确的有（　　　）。（2018年改编）

A. 当月增加固定资产，当月计提折旧

B. 当月减少的未提足折旧的固定资产，当月仍计提折旧

C. 企业计提的固定资产折旧，应当根据用途计入相关资产的成本或者当期损益

D. 未使用的固定资产，其计提的折旧应计入制造费用

【解析】选项A表述错误，当月增加的固定资产，当月不计提折旧，下月开始计提折旧；选项B表述正确，当月减少的固定资产，当月仍计提折旧，次月起停止计提折旧；选项C表述正确，选项D表述错误，企业计提的固定资产折旧，应当根据用途计入相关资产的成本或者当期损益；未使用的固定资产，其计提的折旧应计入管理费用（而非制造费用）。综上，本题应选BC。

【答案】BC

【沙场练兵·单选题】甲公司一台用于生产 M 产品的设备预计使用年限为 5 年，预计净残值为 0。假定 M 产品各年产量基本均衡，下列折旧方法中，能够使该设备第一年计提折旧金额最多的是（　　）。

A. 工作量法　　　　B. 年限平均法

C. 年数总和法　　　D. 双倍余额递减法

【解析】在各年产量基本均衡的前提下，工作量法年折旧率＝年限平均法年折旧率＝ 1/5 ＝ 20％；年数总和法第一年的年折旧率＝ 5/15 ＝ 33.33％；双倍余额递减法第一年的年折旧率＝ 2/5 ＝ 40％。综上，本题应选 D。

【答案】D

【沙场练兵·单选题】下列关于固定资产折旧的表述中，不正确的是（　　）。

A. 固定资产在定期大修理期间应照提折旧

B. 处于更新改造过程而停用的固定资产应照提折旧

C. 企业应当根据与固定资产有关的经济利益的预期消耗方式合理选择折旧方法

D. 未提足折旧的闲置设备应当照提折旧

【解析】选项 A 表述正确，固定资产在大修理期间照提折旧；选项 B 表述错误，处于更新改造过程而停用的固定资产，将其账面价值转入在建工程，不再计提折旧；选项 C 表述正确，企业应当根据与固定资产有关的经济利益的预期消耗方式合理选择折旧方法；选项 D 表述正确，未提足折旧的闲置设备应当照提折旧。综上，本题应选 B。

【答案】B

高频考点 6　固定资产的后续支出

固定资产的后续支出，是指固定资产使用过程中发生的更新改造支出、修理费用等。

1. 处理原则

符合固定资产确认条件的，应当计入固定资产成本，同时将被替换的部分的账面价值扣除；不符合固定资产确认条件的，应当计入当期损益。

2. 账务处理

后续支出		账务处理
资本化	转入更新改造、改扩建	借：在建工程 　　累计折旧 / 固定资产减值准备 　贷：固定资产
	发生改扩建支出	借：在建工程 　　应交税费——应交增值税（进项税额） 　贷：银行存款等
	结转被替换部分的账面价值	借：营业外支出 　　银行存款等　　　　　　【被替换部分的残值收入】 　贷：在建工程　　　　　　　【被替换部分的账面价值】
	达到预定可使用状态时	借：固定资产 　贷：在建工程

（续表）

后续支出	账务处理	
费用化	借：管理费用 　　销售费用 　　贷：原材料/应付职工薪酬/银行存款等	【行政管理部门发生的固定资产修理费用等】 【专设销售机构发生的相关固定资产修理费用等】

【真题实战·多选题】下列各项关于固定资产后续计量会计处理的表述中,正确的有（　　）。（2020年）

A. 因更新改造停止使用的固定资产不再计提折旧

B. 已达到预定可使用状态但尚未办理竣工决算的固定资产应计提折旧

C. 专设销售机构发生的固定资产日常修理费用计入销售费用

D. 行政管理部门发生的固定资产日常修理费用计入管理费用

【解析】选项A表述正确,固定资产更新改造期间不计提折旧;选项B表述正确,已达到预定可使用状态但尚未办理竣工决算的固定资产应按暂估价值入账,并从下月起开始计提折旧;选项C、D表述正确,专设销售机构发生的固定资产日常修理费用计入销售费用,行政管理部门发生的固定资产日常修理费用计入管理费用。综上,本题应选ABCD。

【答案】ABCD

【真题实战·多选题】下列各项中,应当计入企业固定资产入账价值的有（　　）。（2019年）

A. 固定资产建造期间因安全事故连续停工4个月的借款费用

B. 满足资本化条件的固定资产改建支出

C. 固定资产的日常修理费

D. 固定资产的预计弃置费用的现值

【解析】选项A不计入,固定资产建造期间发生非正常中断且连续超过3个月的,应当暂停借款费用的资本化,本题中安全事故属于非正常中断且连续超过3个月,借款费用应费用化,不计入固定资产的入账价值;选项B计入,满足资本化条件的固定资产改建支出直接计入固定资产的入账价值;选项C不计入,固定资产的日常维护支出通常不满足固定资产的确认条件,应在发生时直接计入当期损益;选项D计入,对于特殊行业的特定固定资产,对其进行初始计量时,应当考虑弃置费用,将弃置费用的现值计入相关固定资产的成本,同时确认相应的预计负债。综上,本题应选BD。

【答案】BD

【真题实战·多选题】下列各项资产的后续支出中,应予费用化处理的有（　　）。（2018年）

A. 生产线的改良支出

B. 办公楼的日常修理费

C. 更新改造更换的新发动机成本

D. 机动车的交通事故责任强制保险费

【解析】选项A、C,固定资产的后续改良支出符合资本化的应计入固定资产的成本。选项B、D,应予以费用化。综上,本题应选BD。

【答案】BD

【沙场练兵·多选题】企业在固定资产发生资本化后续支出并达到预定可使用状态时进行的下列各项处理中,正确的有（　　）。

A. 重新预计净残值

B. 重新确定折旧方法

C. 重新确定入账价值

D. 重新预计使用寿命

【解析】在固定资产发生的资本化后续支出完工并达到预定可使用状态时，应将在建工程转为固定资产，并按重新确定的使用寿命、预计净残值、折旧方法计提折旧。综上，本题应选 ABCD。

【答案】ABCD

【沙场练兵·单选题】甲公司某项固定资产已完成改造，累计发生的改造成本为 400 万元，拆除部分的原价为 200 万元。改造前，该项固定资产原价为 800 万元，已计提折旧 250 万元，不考虑其他因素，甲公司该项固定资产改造后的账面价值为（　　）万元。

A. 750 B. 812.5
C. 950 D. 1 000

【解析】该项固定资产被替换部分的账面价值 = 200 − 200/800 × 250 = 137.5（万元），固定资产更新改造后的账面价值 =（800 − 250）− 137.5 + 400 = 812.5（万元）。综上，本题应选 B。

【答案】B

第2章

高频考点 7 固定资产的处置

项目			账务处理
转入清理			借：固定资产清理 　　累计折旧 　　固定资产减值准备 　贷：固定资产
发生清理费用			借：固定资产清理 　　应交税费——应交增值税（进项税额） 　贷：银行存款等
取得出售价款、残料价值和变价收入			借：银行存款　　　　　　　　　【出售固定资产收入 + 残料变价收入】 　　原材料等　　　　　　　　　　　　　　　　　　　【残料入库】 　贷：固定资产清理 　　　应交税费——应交增值税（销项税额）
保险、过失人赔偿			借：其他应收款 / 银行存款等 　贷：固定资产清理
结转净损益	正常出售、转让		借：资产处置损益 　贷：固定资产清理　　　　　　　　　【若为净收益，作相反会计分录】
	其他原因（正常报废、自然灾害）	净损失	借：营业外支出——处置非流动资产损失　　　【正常报废】 　　　　　　　　——非常损失　　　　　　　【自然灾害】 　贷：固定资产清理
		净收益	借：固定资产清理 　贷：营业外收入

【真题实战·判断题】企业的固定资产因自然灾害产生的净损失应计入资产处置损益。（　　）（2019年）

【解析】固定资产因自然灾害发生毁损而报废清理产生的净损失应计入营业外支出。相关账务处理为：

借：营业外支出——非常损失

　　贷：固定资产清理

因此，本题表述错误。

【答案】×

【真题实战·单选题】甲公司系增值税一般纳税人，2019年12月31日，甲公司出售一台原价为452万元，已提折旧364万元的生产设备，取得的增值税专用发票上注明的价款为150万元，增值税税额为19.5万元。出售该生产设备发生不含增值税的清理费用8万元。不考虑其他因素，甲公司出售该生产设备的利得为（　　）万元。（2017年改编）

A.54　　　　　　　　B.87.5

C.62　　　　　　　　D.79.5

【解析】企业出售固定资产时，应当将处置收入扣除账面价值和相关税费后的金额计入当期损益（资产处置损益）。结合本题，甲公司出售该生产设备的利得＝（150－8）－（452－364）＝54（万元）。综上，本题应选A。

【答案】A

【沙场练兵·单选题】甲公司系增值税一般纳税人，2021年3月31日以不含增值税的价格100万元售出2016年购入的一台生产用机床，增值税销项税额为13万元，该机床原价为200万元（不含增值税），已计提折旧120万元，已计提减值准备30万元。不考虑其他因素，甲公司处置该机床的利得为（　　）万元。

A.3　　　　　　　　B.20

C.33　　　　　　　　D.50

【解析】甲公司处置该机床的利得＝100－（200－120－30）＝50（万元）。综上，本题应选D。

【相关分录】（单位：万元）

借：固定资产清理　　　　　　　　50
　　累计折旧　　　　　　　　　　120
　　固定资产减值准备　　　　　　30
　　　贷：固定资产　　　　　　　　　200

借：银行存款等　　　　　　　　113
　　贷：固定资产清理　　　　　　　100
　　　　应交税费——应交增值税（销项税额）13

借：固定资产清理　　　　　　　　50
　　贷：资产处置损益　　　　　　　50

【答案】D

【真题实战·计算分析题】（2021年）

甲公司为增值税一般纳税人，2016年到2020年发生的与A设备相关的交易如下：

资料一：2016年12月15日，甲公司以银行存款购入需要安装的A设备，增值税专用发票上注明金额290万元，增值税费37.7万元，当日交付并移送安装过程。

资料二：2016年12月31日，甲公司以银行存款支付安装费用，收到增值税专用发票金额20万元，税费1.8万元，安装完毕并立即投入使用，使用年限5年，预计净残值为10万元，用年数总和法计提折旧。

资料三：2018年12月31日A设备存在减值迹象，经过减值测试后，公允价值减去处置费用后的金额为95万元,预计未来现金流量现值为90万元,当日预计A设备尚可使用3年,净残值为5万元,折旧方法不变。

资料四:2020年12月20日A设备因事故报废,取得报废价款2.26万元,其中包含0.26万元的增值税。

要求:

(1)编制2016年12月15日购入A设备的会计分录。

(2)编制甲公司支付安装费和A设备投入使用的会计分录。

(3)分别计算A设备在2017年和2018年的折旧金额。

(4)计算2018年A设备的减值金额并编制相关会计分录。

(5)编制A设备报废的会计分录。

(1)

【解析】外购需要安装的固定资产计入在建工程。

【答案】

借:在建工程	290
应交税费——应交增值税(进项税额)	37.7
贷:银行存款	327.7

(2)

【解析】支付的安装费用应计入在建工程,安装完毕投入使用后,应将在建工程余额转入固定资产。

【答案】

借:在建工程	20
应交税费——应交增值税(进项税额)	1.8
贷:银行存款	21.8
借:固定资产	310
贷:在建工程	310

(3)

【解析】年折旧率＝尚可使用寿命÷预计使用寿命的年数总和×100%

【答案】

2017年折旧金额＝(310－10)×[5/(1+2+3+4+5)]＝100(万元)

2018年折旧金额＝(310－10)×[4/(1+2+3+4+5)]＝80(万元)

(4)

【解析】当固定资产的可收回金额小于其账面价值时,应按照二者的差额计提固定资产减值准备。固定资产的可收回金额按照公允价值减去处置费用后的净额和预计未来现金流量现值二者孰高计量。

【答案】2018年12月31日A设备的账面价值＝310－100【2017年折旧费金额】－80【2018年折旧费金额】＝130（万元）。由于公允价值减去处置费用后的金额为95万元，预计未来现金流量现值为90万元，则A设备的可收回金额取两者孰高，为95万元。2018年A设备的减值金额＝130－95＝35（万元）。

借：资产减值损失 35

　　贷：固定资产减值准备 35

（5）

【解析】固定资产因自然灾害发生毁损、已丧失使用功能等原因而报废清理产生的利得或损失分别计入营业外收入、营业外支出。

【答案】2019年折旧金额＝（95－5）×[3/（1＋2＋3）]＝45（万元）

2020年折旧金额＝（95－5）×[2/（1＋2＋3）]＝30（万元）

2020年末A设备的账面价值＝95－45－30＝20（万元）

借：固定资产清理 20

　　累计折旧 255【100＋80＋45＋30】

　　固定资产减值准备 35

　　贷：固定资产 310

借：银行存款 2.26

　　贷：应交税费——应交增值税（销项税额） 0.26

　　　　固定资产清理 2

借：营业外支出 18

　　贷：固定资产清理 18【20－2】

【真题实战·计算分析题】（2021年）

2016年至2021年，甲公司发生的与环保设备相关的交易或事项如下：

资料一：2016年12月31日，甲公司以银行存款600万元购入一台环保设备并立即投入使用，预计使用年限5年，预计净残值为零，采用双倍余额递减法计提折旧。

资料二：2018年12月31日，甲公司应环保部门的要求对该环保设备进行改造以提升其环保效果。改造过程中耗用工程物资70万元，应付工程人员薪酬14万元。

资料三：2019年3月31日，甲公司完成了对该环保设备的改造并达到预定可使用状态，立即投入使用，预计尚可使用年限为4年，预计净残值为零，仍采用双倍余额递减法计提折旧。

资料四：2021年3月31日，甲公司对外出售该环保设备。出售价款120万元已收存银行。另以银行存款支付设备拆卸费用5万元。

本题不考虑增值税等相关税费及其他因素，答案中的金额单位用万元表示。

要求：

（1）编制甲公司 2016 年 12 月 31 日购入环保设备的会计分录。

（2）分别计算甲公司 2017 年和 2018 年对该环保设备应计提折旧的金额。

（3）编制甲公司 2018 年 12 月 31 日至 2019 年 3 月 31 日对该环保设备进行改造并达到预定可使用状态的相关分录。

（4）计算甲公司 2021 年 3 月 31 日对外出售该环保设备应确认损益的金额，并编制相关会计分录。

（1）

【解析】甲公司购入的环保设备是为生产商品、提供劳务、出租或经营管理而持有的使用寿命超过一个会计年度的有形资产，因此购入时记入"固定资产"科目。

【答案】

借：固定资产	600	
贷：银行存款		600

（2）

【解析】双倍余额递减法计提折旧公式为：

年折旧率＝2÷预计使用寿命（年）×100%

年折旧额＝（固定资产原价—累计折旧）× 年折旧率

月折旧额＝年折旧额 ÷12

最后两年的年折旧额＝（固定资产账面净值—预计净残值）÷2

【答案】

2017 年对环保设备计提的折旧＝600×2÷5＝240（万元）

2018 年对环保设备计提的折旧＝（600 — 240）×2÷5＝144（万元）

（3）

【解析】甲公司应环保部门的要求对该环保设备进行改造以提升其环保效果，提升了固定资产的性能或延长了有效使用期限，因此更新改造的后续支出符合资本化条件。将更新改造的固定资产账面价值转入在建工程中，发生的工程物资和职工薪酬支出应计入"在建工程"科目，达到预定可使用状态时，在建工程需要转为固定资产。

【答案】

借：在建工程	216	
累计折旧	384	
贷：固定资产		600
借：在建工程	84	
贷：工程物资		70

	应付职工薪酬		14

借：固定资产　　　　　　　　　　　　　　　　　　　300

　　贷：在建工程　　　　　　　　　　　　　　　　　300

（4）

【解析】对外出售固定资产，需要将固定资产账面价值、清理支出、变价收入和其他收入的取得记入"固定资产清理"科目。正常出售、转让的净收益记入"资产处置损益"科目的贷方。

【答案】

2019年3月31日至2020年3月31日的折旧金额＝300×2÷4＝150（万元）

2020年3月31日至2021年3月31日的折旧金额＝150×2÷4＝75（万元）

2021年3月31日固定资产的账面价值＝300－150－75＝75（万元）

出售该环保设备应确认损益的金额＝120－5－75＝40（万元）

借：固定资产清理　　　　　　　　　　　　　　　　75

　　累计折旧　　　　　　　　　　　　　　　　　　225

　　　贷：固定资产　　　　　　　　　　　　　　　　300

借：固定资产清理　　　　　　　　　　　　　　　　5

　　贷：银行存款　　　　　　　　　　　　　　　　　5

借：银行存款　　　　　　　　　　　　　　　　　　120

　　贷：固定资产清理　　　　　　　　　　　　　　　80

　　　资产处置损益　　　　　　　　　　　　　　　　40

强化练习

一、单项选择题

1. 下列项目中，应作为固定资产核算的是（ ）。

 A. 房地产企业目前正在开发的商品房

 B. 用于自行开发建造厂房的土地使用权

 C. 已达到预定可使用状态但尚未办理竣工手续的自用厂房

 D. 盘亏、毁损的固定资产

2. 甲公司为增值税一般纳税人，适用的增值税税率为 13%，2021 年 5 月初，自乙公司购入一台需要安装的生产设备，实际支付买价 120 万元，增值税 15.6 万元；另支付运输费 6 万元（不含增值税），途中保险费 16 万元；安装过程中，领用材料 12 万元，支付安装人员工资 10 万元，该设备在 2021 年 6 月 1 日达到预定可使用状态，则该项设备的入账价值为（ ）万元。

 A.164 B.152 C.154 D.179.6

3. 下列企业出包方式建造固定资产过程中发生的损失，应计入当期营业外支出的是（ ）。

 A. 在建工程进行负荷联合试车发生的费用

 B. 建设期间工程物资的盘亏净损失

 C. 建设期间工程物资的毁损净损失

 D. 完工后工程物资报废或毁损的净损失

4. 2021 年 12 月 31 日，甲公司安装的一台设备达到预定可使用状态并投入使用，累计发生的资本化支出为 100 000 万元，预计使用寿命 5 年，净残值为 0，采用年限平均法计提折旧。当日，甲公司预计该设备在使用寿命届满时为恢复环境将发生弃置费用 20 000 万元，假设折现率为 5%，该设备的入账价值为（ ）万元。【已知（P/F，5%，5）= 0.7835】

 A.115 670 B.100 000 C.120 000 D.135 670

5. 甲公司本期以 100 万元的价格出售设备一台，该设备的原价为 120 万元，已提折旧 25 万元，已计提减值准备 10 万元。假设不考虑相关税费，本期出售该设备影响当期损益的金额为（ ）万元。

 A.10 B.15 C.20 D.25

6. 甲公司的一台机器设备原价为 275 万元，预计生产产品的数量为 522.5 万件，预计净残值率为 5%，本月生产产品 6 万件。该台机器设备采用工作量法计提折旧，则该设备本月应计提折旧额为（ ）万元。

 A.2.8 B.3 C.3.1 D.3.2

7. 甲公司为增值税一般纳税人，适用的增值税税率为 13%。为提高 A 生产线的生产能力，于 2021 年 4 月 30 日进行改良，8 月份完工，改良期间领用外购原材料价款为 100 万元（不含税），发生其他符合资本化条件的相关支出共计 32 万元。估计能使 A 生产线延长使用寿命 3 年。根据 2021 年 4 月月末的账面记录，该生产线的账面原价为 400 万元，已提折旧 160 万元，已提减值准备 60 万元。若被替换部分的账面原值为 90 万元，该企业 2021 年 8 月份改良后该生产线的账面价值为（　　）万元。

A.222   B.235.5   C.271.5   D.284.5

8. 甲公司为增值税一般纳税人，该公司于 2020 年 6 月 10 日购入不需要安装的设备一台。该设备价款为 220 万元，增值税税额为 28.6 万元。为购买该设备发生运输费 3 万元，保险费 5 万元，设备投入使用前又发生相关员工培训费 8 万元。甲公司对该设备采用年数总和法计提折旧，预计使用年限为 5 年，预计净残值为零。假定不考虑其他因素，2021 年该设备应计提的折旧额为（　　）万元。

A.76.98   B. 76   C. 70.8   D.68.4

9. 下列关于固定资产会计处理的表述中，不正确的是（　　）。

A. 未投入使用的固定资产不应计提折旧

B. 特定固定资产弃置费用的现值应计入该资产的成本

C. 行政部门使用的固定资产的折旧应计入管理费用

D. 预期通过使用或处置不能产生经济利益的固定资产应终止确认

二、多项选择题

1. 下列关于固定资产确认和初始计量的表述中，正确的有（　　）。

A. 以一笔款项购入多项没有单独标价的固定资产，应当按照各项固定资产的账面价值比例对总成本进行分配，分别确定各项固定资产的成本

B. 为使固定资产达到预定可使用状态所发生的可归属于该项资产的安装费、专业人员服务费等应计入固定资产的成本

C. 投资者投入的固定资产，按照投资合同或协议约定的价值确定入账价值，但合同或协议约定的价值不公允的除外

D. 构成固定资产的各组成部分，如果各自具有不同的使用寿命，从而适用不同的折旧率或者折旧方法的，则企业应将其各组成部分分别确认为固定资产

2. 增值税一般纳税人购入生产经营用固定资产，其入账价值通常包括（　　）。

A. 员工培训费   B. 进口关税

C. 途中保险费   D. 与运费有关的增值税

3. 下列关于固定资产折旧的说法正确的有（　　）。

A. 已计提减值准备的固定资产在计提折旧时，应当按照减值后的账面价值以及尚可使用年限重新计算应确认的折旧额

B. 已达到预定可使用状态但尚未办理竣工决算的固定资产不需要计提折旧

C. 处于更新改造过程中的固定资产应当照提折旧

D. 大修理停用的固定资产仍需要计提折旧

4. 甲公司 2021 年 6 月 20 日出售一台管理用设备，开出的增值税专用发票中注明的价款为 180 万元，增值税税额为 23.4 万元，另以银行存款支付清理费用 2 万元。该设备原价为 500 万元，预计使用年限为 5 年，预计净残值率为 5%，已经使用 3 年，采用年限平均法计提折旧。甲公司为增值税一般纳税人，不考虑所得税等因素，下列有关该固定资产的表述中正确的有（　　）。

A. 2021 年该设备对公司利润总额的影响为 – 37 万元

B. 2021 年因处置该设备计入资产处置损益借方的金额为 37 万元

C. 2021 年该设备对公司利润总额的影响为 – 84.5 万元

D. 2021 年因处置该设备计入资产处置损益借方的金额为 33 万元

5. 下列关于固定资产的后续支出的处理，表述正确的有（　　）。

A. 符合固定资产确认条件的后续支出应计入固定资产成本，同时将被替换部分账面原值扣除

B. 不符合固定资产确认条件的后续支出应计入当期损益

C. 行政管理部门发生的固定资产修理费用，应当计入固定资产成本

D. 固定资产发生的可资本化的后续支出，应通过"在建工程"科目核算

6. 关于固定资产处置，下列说法中正确的有（　　）。

A. 因已丧失使用功能或因自然灾害发生毁损等原因而报废清理产生的损失应计入营业外支出

B. 企业报废固定资产时发生的清理费用，应通过"固定资产清理"科目核算

C. 固定资产满足"处于处置状态"条件时，应当予以终止确认

D. 固定资产满足"预期通过使用或处置不能产生经济利益"条件时，应当予以终止确认

7. 甲公司为一家口罩生产企业，为增值税一般纳税人，适用的增值税税率为 13%。2021 年 3 月 10 日，为降低采购成本，向乙公司一次购进了三套不同型号且有不同生产能力的设备 X、Y 和 Z。甲公司以银行存款支付货款 116 万元、增值税税额 15.08 万元、装卸费 1 万元、运输费 3 万元。X 设备在安装过程中领用生产用原材料账面成本 1.2 万元，支付安装费 1.8 万元。设备 Y 和 Z 不需要安装。假定设备 X、Y 和 Z 分别满足固定资产的定义及其确认条件，公允价值分别为 45 万元、67.5 万元、37.5 万元。假设不考虑其他相关税费，则下列说法正确的有（　　）。

A. X 设备的入账价值为 39 万元　　　　B. X 设备的入账价值为 36 万元

C. Y 设备的入账价值为 54 万元　　　　D. Z 设备的入账价值为 30 万元

8. 为遵守国家有关环保法律的规定，甲公司于 2021 年 3 月 2 日，对 M 生产设备进行停工改造，安装环保装置。4 月 5 日，新安装的环保装置达到预定可使用状态并交付使用。M 生产设备预计使用年限为 15 年，已使用 7 年，安装环保装置后还可使用 8 年；环保装置预计使用年限为 5 年。下列各项关于环保装置的会计处理中，不正确的有（　　）。

A. 环保装置不应作为固定资产确认

B. 环保装置应作为单项固定资产单独确认

C. 环保装置达到预定可使用状态后按环保装置的预计使用年限计提折旧

D. 环保装置达到预定可使用状态后按 M 生产设备预计使用年限计提折旧

9. 下列属于固定资产后续支出中费用化支出的有（   ）。

　　A. 不满足资本化条件的更新改造支出　　　　B. 固定资产日常修理费用

　　C. 专设销售机构相关的固定资产修理费用　　D. 生产线的改良支出

10. 甲公司为增值税一般纳税人。2020 年 4 月，甲公司开始自行建造一条生产线，购入与生产线相关的各种设备 200 万元，增值税进项税额为 26 万元，另外支付安装费用 20 万元，安装完工后发生负荷联合试车费 5 万元。2020 年 11 月 28 日，该生产线达到预定可使用状态并投入使用，对该生产线采用双倍余额递减法计提折旧，预计使用 5 年，预计净残值为 10 万元。下列相关会计处理正确的有（   ）。

　　A. 该生产线的初始入账金额为 225 万元

　　B. 该生产线的初始入账金额为 251 万元

　　C. 该生产线 2020 年应计提折旧 7.5 万元

　　D. 该生产线 2021 年应计提折旧 54 万元

三、判断题

1. 按暂估价值入账的固定资产在办理竣工决算后，企业应当根据暂估价值与竣工决算价值的差额调整原已计提的折旧金额。（   ）

2. 企业为建造厂房取得土地使用权而支付的土地出让金应当计入在建工程成本，并在完工后转入固定资产。（   ）

3. 接受固定资产投资的企业，应按照投资合同或者协议约定的价值加上应支付的相关税费作为固定资产的入账价值，但合同或协议约定价值不公允的除外。（   ）

4. 弃置费用即清理费用，任何企业都应该对所持有的固定资产预计其弃置费用，并将其现值计入固定资产成本。（   ）

5. 固定资产使用寿命、预计净残值一经确定，不得变更。（   ）

四、计算分析题

1. 甲公司系增值税一般纳税人，适用的增值税税率为 13%，与固定资产业务相关的资料如下：

资料一：2×16 年 12 月 25 日，甲公司以银行存款购入一套不需安装的大型生产设备，取得的增值税专用发票上注明的价款为 6 600 万元，增值税税额为 858 万元，款项以银行存款支付。

资料二：2×16 年 12 月 31 日，该设备投入使用，预计使用年限为 5 年，净残值率为 1%，采用年数总和法按年计提折旧。

资料三：2×18 年 12 月 31 日，甲公司因生产经营方向调整，决定采用出包方式对该设备进行更新改造，更新改造工程验收合格后支付工程价款。该设备于当日停止使用，开始进行更新改造。

资料四：2×19 年 2 月 18 日，更新改造完成并验收合格，甲公司以银行存款支付工程总价款 36 万元（不考虑相关税费）。当日，设备达到预定可使用状态并重新投入使用，预计尚可使用年限为 8 年，采用年限平均法计提折旧，预计净残值 18 万元。

资料五：2×21 年 6 月 20 日，甲公司出售该设备，开具的增值税专用发票上注明的价款为

1 900 万元，增值税税额为 247 万元，款项已收存银行，另以银行存款支付清理费用 3 万元。假定不考虑其他因素。

要求（答案中的金额单位用万元表示）：

（1）编制甲公司 2×16 年 12 月 25 日购入该设备的会计分录。

（2）分别计算甲公司 2×17 年度和 2×18 年度对该设备应计提的折旧金额。

（3）编制 2×18 年 12 月 31 日该设备转入更新改造时的会计分录。

（4）编制 2×19 年 2 月 18 日支付该设备更新改造工程款、结转更新改造后设备成本的会计分录。

（5）计算甲公司 2×19 年度和 2×20 年度对该设备应计提的折旧金额。

（6）编制 2×21 年 6 月 20 日处置该设备的会计分录。

答案与解析

一、单项选择题

1.【解析】选项 A，属于房地产企业的存货；选项 B，用于自行开发建造厂房等地上建筑物的土地使用权，应单独作为无形资产核算；选项 C，应按暂估价值记入固定资产；选项 D，盘亏、毁损的固定资产先转入"待处理财产损溢"，报相关部门批准之后记入"其他应收款"和"营业外支出"科目，不再属于企业的资产。综上，本题应选 C。

【答案】C

2.【解析】企业外购固定资产的成本，包括购买价款、相关税费（不包括允许抵扣的增值税进项税额）、使固定资产达到预定可使用状态前所发生的可归属于该项资产的运输费、装卸费、安装费和专业人员服务费等。则该设备的入账价值 = 120 + 6 + 16 + 12 + 10 = 164（万元）。综上，本题应选 A。

【答案】A

3.【解析】选项 A，应计入待摊支出，即借记"在建工程——待摊支出"科目，贷记"银行存款"等科目；选项 B、C，应计入待摊支出，即借记"在建工程——待摊支出"科目，贷记"工程物资"科目；选项 D，应计入营业外支出，即借记"营业外支出"科目，贷记"工程物资"科目。综上，本题应选 D。

【答案】D

4.【解析】当存在弃置费用时，应以现值为基础计入固定资产的入账价值，该设备的弃置费用现值 = 20 000 × 0.7835 = 15 670（万元），该设备的入账价值 = 100 000 + 15 670 = 115 670（万元）。

相关会计分录为：

借：固定资产　　　　　　　　　　　　　　　　　　　　115 670

　　贷：在建工程　　　　　　　　　　　　　　　　　　　100 000

预计负债	15 670

综上，本题应选 A。

【答案】 A

5. **【解析】** 甲公司出售该设备影响当期损益的金额 = 100 − （120 − 25 − 10）= 15（万元）。

综上，本题应选 B。

【答案】 B

6. **【解析】** 工作量法是根据实际工作量计算每期应计提折旧额的一种方法。每件产品的折旧额 = 固定资产原价 ×（1 − 净残值率）÷ 预计生产产品总件数 = 275 ×（1 − 5%）÷ 522.5 = 0.5（元／件），本月折旧额 = 该设备当月生产产品件数 × 每件产品折旧额 = 6 × 0.5 = 3（万元）。

综上，本题应选 B。

【答案】 B

7. **【解析】** 固定资产使用过程中发生的更新改造支出涉及替换原固定资产的某组成部分的，当发生的相关支出能满足固定资产确认条件的，应将其计入固定资产成本，同时将被替换部分账面价值扣除。本题中，给出被替换部分的账面原值，需要按原值比例计算出该部分应负担的折旧和减值准备金额，进而求得其账面价值 = 90 − 160 × 90/400 − 60 × 90/400 = 40.5（万元），则该企业 2021 年 8 月份改良后固定资产账面价值 =（400 − 160 − 60）+ 32 + 100 − 40.5 = 271.5（万元）。综上，本题应选 C。

【答案】 C

8. **【解析】** 企业外购固定资产的成本，包括购买价款、相关税费、使固定资产达到预定可使用状态前所发生的可归属于该项资产的运输费、装卸费、安装费和专业人员服务费等，不包括可以抵扣的增值税进项税额、员工培训费等。则该设备入账价值 = 220 + 3 + 5 = 228（万元）。甲公司对该设备采用年数总和法计提折旧，第一年（2020 年 7 月~2021 年 6 月）折旧额 = 228 × 5/（1 + 2 + 3 + 4 + 5）= 76（万元），第二年（2021 年 7 月~2022 年 6 月）折旧额 = 228 × 4/（1 + 2 + 3 + 4 + 5）= 60.8（万元），则 2021 年该设备应计提的折旧额 = 76 × 6/12 + 60.8 × 6/12 = 68.4（万元）。综上，本题应选 D。

【答案】 D

9. **【解析】** 选项 A 表述错误，已达到预定可使用状态但未投入使用的固定资产应计提折旧；选项 B、C、D 表述均正确。综上，本题应选 A。

【答案】 A

二、多项选择题

1. **【解析】** 选项 A 表述错误，以一笔款项购入多项没有单独标价的固定资产，应当按照各项固定资产的公允价值比例对总成本进行分配，分别确定各项固定资产的成本；选项 B、C、D 均表述正确。综上，本题应选 BCD。

【答案】 BCD

2. **【解析】** 企业购置的生产经营用固定资产，其入账价值包括购买价款、相关税费（选项 B）、达到预定可使用状态前所发生的合理、必要的支出（选项 C）。选项 A，员工培训费不计入固定资产成本；选项 D，增值税一般纳税人的进项税额可以抵扣，不计入固定资产成本。综上，本题应选 BC。

【答案】BC

3.【解析】选项 A 说法正确，已计提减值准备的固定资产在计提折旧时，应当按照减值后的账面价值以及尚可使用年限重新计算应确认的折旧额；选项 B 说法错误，已达到预定可使用状态但尚未办理竣工决算的固定资产，应当按照暂估价值转入固定资产，并计提折旧。竣工决算后调整暂估价值，但是不调整已计提的折旧额；选项 C 说法错误，处于更新改造过程中的固定资产应当转为在建工程，在更新改造期间需要停止计提折旧；选项 D 说法正确，大修理停用的固定资产按规定计提折旧。综上，本题应选 AD。

【答案】AD

4.【解析】甲公司该设备的年折旧额 = 500 × 95% ÷ 5 = 95（万元），2021 年 1~6 月的折旧额 = 95 × 6/12 = 47.5（万元），计入管理费用。因处置该设备计入资产处置损益借方的金额 = 500 − 95 × 3 − 180 + 2 = 37（万元），2021 年该设备对公司利润总额的影响 = − 37 − 47.5 = − 84.5（万元）。综上，本题应选 BC。

【答案】BC

5.【解析】选项 A 表述错误，被替换部分应扣除的是账面价值，而不是账面原值；选项 B 表述正确，费用化后续支出应计入当期损益；选项 C 表述错误，行政管理部门发生的固定资产修理费用等后续支出计入管理费用，不计入固定资产成本；选项 D 表述正确，固定资产发生的可资本化的后续支出，通过"在建工程"科目核算。综上，本题应选 BD。

【答案】BD

6.【解析】选项 A 说法正确，因自然灾害发生毁损、已丧失使用功能等原因而报废清理产生的利得或损失分别计入营业外收入、营业外支出；因出售等终止确认非流动资产产生的利得或损失计入资产处置损益；选项 B 说法正确，企业因出售、报废和毁损等原因转入清理的固定资产账面价值以及在清理过程中所发生的清理费用和取得的清理收入均应通过"固定资产清理"科目核算；选项 C、D 说法正确，固定资产满足下列条件之一的，应当予以终止确认：（1）该固定资产处于处置状态；（2）该固定资产预期通过使用或处置不能产生经济利益。综上，本题应选 ABCD。

【答案】ABCD

7.【解析】由于支付固定资产价款、装卸费、运输费时，X、Y、Z 设备未单独标价，应按照各项固定资产公允价值比例对总成本进行分配，分别确定各项固定资产成本。X、Y、Z 设备应分摊的总成本 = 116 + 1 + 3 = 120（万元）。X 设备在安装过程中的成本，计入 X 设备成本。X 设备的入账价值 = 120 × 45/（45 + 67.5 + 37.5）+ 1.2 + 1.8 = 39（万元），Y 设备的入账价值 = 120 × 67.5/（45 + 67.5 + 37.5）= 54（万元），Z 设备的入账价值 = 120 × 37.5/（45 + 67.5 + 37.5）= 30（万元）。综上，本题应选 ACD。

【答案】ACD

8. 【解析】选项A会计处理错误，环保装置虽然不能直接给企业带来未来经济利益，但有助于企业从其他相关资产的使用中获得未来经济利益或者获得更多的未来经济利益，也应确认为固定资产；选项B、C会计处理正确，选项D会计处理错误，固定资产的各组成部分具有不同使用寿命或者以不同方式为企业提供经济利益，适用不同折旧率或折旧方法的，应当分别将各组成部分确认为单项固定资产。环保装置和M生产设备实际上是以独立的方式为企业提供经济利益，按各自使用寿命计提折旧。综上，本题应选AD。

【答案】AD

9. 【解析】固定资产的后续支出，是指固定资产使用过程中发生的更新改造支出、修理费用等。符合固定资产确认条件的，应予以资本化，计入固定资产成本，不符合固定资产确认条件的，应费用化计入当期损益。区别这两类支出，主要抓住"该支出是否提升了固定资产的性能或延长了有效使用期限"。选项A，选项已经明确不符合资本化条件，即应当予以费用化；选项B、C，"日常修理"属于资产的简单维护，一般不会起到提升性能或延长寿命的作用，应当费用化；选项D，生产线的改良支出满足资本化条件，应予资本化。综上，本题应选ABC。

【答案】ABC

10. 【解析】选项A正确，选项B错误，自行建造固定资产的成本，包括工程用物资成本、人工成本、建造该项资产达到预定可使用状态前所发生的其他必要支出等，不包括可以抵扣的增值税进项税额。则该生产线的初始入账金额 = 200 + 20 + 5 = 225（万元）；选项C正确，甲公司对该生产线采用双倍余额递减法计提折旧，第一年（2020年12月~2021年11月）折旧额 = 225 × 2/5 = 90（万元），第二年（2021年12月~2022年11月）折旧额 = （225 − 90）× 2/5 = 54（万元），则2020年该生产线应计提的折旧额 = 90 × 1/12 = 7.5（万元）；选项D错误，2021年该生产线应计提的折旧额 = 90 × 11/12 + 54 × 1/12 = 87（万元）。综上，本题应选AC。

【答案】AC

三、判断题

1. 【解析】按暂估价值入账的固定资产在办理竣工决算后，企业应当根据暂估价值与竣工决算价值的差额调整其入账价值，而不需要调整已计提的折旧金额。因此，本题表述错误。

【答案】×

2. 【解析】为建造固定资产通过支付土地出让金方式取得土地使用权应确认为无形资产，不应计入固定资产成本。因此，本题表述错误。

【答案】×

3. 【解析】接受固定资产投资的企业，应按照投资合同或者协议约定的价值加上应支付的相关税费作为固定资产的入账价值，但合同或协议约定价值不公允的除外。因此，本题表述正确。

【答案】√

4. 【解析】弃置费用通常是指根据国家法律和行政法规、国际公约等规定，企业承担的环境保护和生态恢复等义务所确定的支出，如油气资产、核电站核设施等的弃置和恢复环境义务等。弃置费用不等同于清理费用，弃置费用仅适用于特定行业的特定固定资产，一般企业的固定资产不需预计其清理费用，也不应将其现值计入固定资产成本中。因此，本题表述错误。

【答案】×

5.【解析】固定资产使用寿命、预计净残值一经确定，不得随意变更。但若有确凿证据表明与原估计有差异的，应当调整其使用寿命和预计净残值。因此，本题表述错误。

【答案】×

四．计算分析题

1.（1）

【解析】外购固定资产的成本 = 买价 + 相关税费 + 装卸费 + 运输费 + 安装费 + 专业人员服务费等，甲公司属于增值税一般纳税人，支付的增值税进项税额可以抵扣，不计入固定资产的成本。

【答案】甲公司 2×16 年 12 月 25 日购入该设备的会计分录为：

借：固定资产　　　　　　　　　　　　　　　　　　　6 600
　　应交税费——应交增值税（进项税额）　　　　　　858
　　贷：银行存款　　　　　　　　　　　　　　　　　7 458

（2）

【解析】年数总和法下，年折旧率 = 尚可使用寿命 ÷ 预计使用年限的年数总和 ×100%，年折旧额 =（固定资产原价 – 预计净残值）× 年折旧率。

【答案】甲公司 2×17 年度对该设备应计提的折旧金额 =［6 600×（1 – 1%）］×5/（1 + 2 + 3 + 4 + 5）= 2 178（万元）；甲公司 2×18 年度对该设备应计提的折旧金额 =［6 600×（1 – 1%）］×4/（1 + 2 + 3 + 4 + 5）= 1 742.4（万元）。

（3）

【解析】因更新改造而停止使用的固定资产，应将其账面价值转入在建工程，不再计提折旧。2×18 年 12 月 31 日，该设备的账面价值 = 6 600 – 2 178 – 1 742.4 = 2 679.6（万元）。

【答案】2×18 年 12 月 31 日该设备转入更新改造时：

借：在建工程　　　　　　　　　　　　　　　　　　2 679.6
　　累计折旧　　　　　　　　　　　　　3 920.4【2 178 + 1 742.4】
　　贷：固定资产　　　　　　　　　　　　　　　　6 600

（4）

【解析】固定资产发生的可资本化的后续支出，通过"在建工程"科目核算。待更新改造等工程完工并达到预定可使用状态时，再从在建工程转为固定资产。

【答案】2×19 年 2 月 18 日支付该设备更新改造工程款：

借：在建工程　　　　　　　　　　　　　　　　　36
　　贷：银行存款　　　　　　　　　　　　　　　36

2×19年2月18日结转更新改造后设备成本:

借:固定资产　　　　　　　　　　　　　　　　　2 715.6【2 679.6 + 36】
　　贷:在建工程　　　　　　　　　　　　　　　　2 715.6

(5)

【解析】固定资产更新改造工程完工并达到预定可使用状态时,从在建工程转为固定资产,并按重新确定的使用寿命、预计净残值和折旧方法计提折旧。年限平均法下,年折旧额 =(固定资产入账价值 – 预计净残值)÷ 预计使用年限,月折旧额 = 年折旧额 ÷12。

【答案】甲公司2×19年度对该设备应计提的折旧金额 =(2 715.6 – 18)÷8×10/12 = 281(万元);甲公司2×20年度对该设备应计提的折旧金额 =(2 715.6 – 18)÷8 = 337.2(万元)。

(6)

【解析】企业固定资产出售、报废或毁损应通过"固定资产清理"科目进行核算。因自然灾害发生毁损、已丧失使用功能等原因而报废清理产生的利得或损失分别计入营业外收入、营业外支出;因出售、转让等原因终止确认非流动资产产生的利得或损失计入资产处置损益。

【答案】2×21年1~6月对该设备应计提的折旧金额 =(2 715.6 – 18)÷8×6/12 = 168.6(万元)

将该设备账面价值转入固定资产清理:

借:固定资产清理　　　　　　　　　　　　　　　1 928.8
　　累计折旧　　　　　　　　　　　　　　　　　786.8【281 + 337.2 + 168.6】
　　　贷:固定资产　　　　　　　　　　　　　　2 715.6

收到出售该设备价款:

借:银行存款　　　　　　　　　　　　　　　　　2 147
　　贷:固定资产清理　　　　　　　　　　　　　1 900
　　　　应交税费——应交增值税(销项税额)　　 247

以银行存款支付清理费用:

借:固定资产清理　　　　　　　　　　　　　　　3
　　贷:银行存款　　　　　　　　　　　　　　　3

出售该设备实现的净损益 = 1 900 – 1 928.8 – 3 = – 31.8(万元)

结转出售该设备实现的损益:

借:资产处置损益　　　　　　　　　　　　　　　31.8
　　贷:固定资产清理　　　　　　　　　　　　　31.8

第三章　无形资产

应试指导

本章属于基础章节，学习起来难度不大，但也是比较重要的章节，分数相对好拿。考生在复习时应重点掌握外购无形资产的初始计量、不同情况下土地使用权的确认、内部研究开发无形资产的相关规定及账务处理、无形资产的后续计量及处置等相关内容。

历年考情

本章是基础章节，内容相对简单，客观题与主观题中均有可能出现，在主观题中，可能会结合所得税等相关知识进行考查，但是整体难度不大。所占分值 8 分左右。

题型	2021 年（一）		2021 年（二）		2020 年（一）		2020 年（二）		2019 年（一）		2019 年（二）	
	题量	分值	题量	分值	题量	分值	题量	分值	题量	分值	题量	分值
单选题	1	1.5 分	—	—	1	1.5 分	1	1.5 分	—	—	1	1.5 分
多选题	—	—	1	2 分	—	—	1	2 分	—	—	1	2 分
判断题	1	1 分	1	1 分	1	1 分	—	—	—	—	—	—
计算分析题	—	—	—	—	—	—	—	—	1	10 分	—	—
综合	—	—	—	—	—	—	—	—	—	—	—	—

高频考点列表

考点	单选题	多选题	判断题	计算分析题	综合题
无形资产的特征和确认条件	—	2021 年	—	—	—
无形资产的初始计量	2019 年	—	—	—	—
土地使用权的确认	—	2020 年、2018 年	2018 年	—	—
内部研究开发费用的处理	2020 年	2018 年、2017 年	2020 年	—	—
无形资产的后续计量	2021 年、2020 年	2021 年、2019 年	2021 年	2019 年	2018 年

章逻辑树

第三章 无形资产

- **无形资产的确认** ➤ 没有实物形态的可辨认非货币性资产 ·（商誉不属于无形资产）

- **初始计量**
  - **外购**
    - 一般情况：成本 = 购买价款 + 相关税费 + 直接归属于该项资产达到预定用途所发生的其他支出
    - 具有融资性质：成本 = 购买价款现值
  - **投资者投入** · 按合同或者协议约定的价值入账，合同或协议不公允的按公允价值入账
  - **土地使用权的处理**
    - 一般情况：无形资产
    - 用于赚取租金或增值后转让：投资性房地产
    - 用于建造商品房（房地产开发企业）：存货（构成建筑物成本）
    - 与房屋一并购入的土地使用权：无形资产（合理分配）或固定资产（无法合理分配）

- **内部研发**
  - **研究阶段** · 全部费用化，计入当期损益
  - **开发阶段** · 符合条件的资本化，计入资产成本；不符合资本化条件的费用化，计入当期损益
  - **无法区分研究阶段还是开发阶段的费用** · 全部费用化，计入当期损益

- **后续计量**
  - **使用寿命有限：按期摊销**
    - 摊销期间：可供使用当月～终止确认前月
    - 摊销方法：直线法、产量法等
    - 净残值：一般无残值
    - 出现减值迹象时：进行减值测试，减值一经计提不得转回
  - **使用寿命不确定** · 不摊销，期末需减值测试

- **无形资产处置**
  - **出售**
  - **报废** · 将无形资产账面价值转销，计入营业外支出

高频考点 1 无形资产的特征和确认条件

特征	确认条件
①由企业拥有或者控制并能为其带来未来经济利益的资源； ②不具有实物形态； ③具有可辨认性，能够区别于其他资产可单独辨认； ④属于非货币性资产	在符合定义的前提下，同时满足以下 2 个条件： ①与该无形资产有关的经济利益很可能流入企业； ②该无形资产的成本能够可靠地计量

【敲黑板】企业内部产生的品牌、报刊名、刊头、客户名单和实质上类似项目的支出（成本无法可靠计量）、客户关系、人力资源（无法控制其带来的未来经济利益）、企业合并形成的商誉（不具有可辨认性）等，均不符合无形资产的定义，不应将其确认为无形资产。

【真题实战·多选题】下列各项中，应确认为企业无形资产的有（   ）。（2021年）

A. 内部产生但尚未申请商标权的品牌

B. 外购的用于建造自用厂房的土地使用权

C. 外购的专利权

D. 收到投资者投入的非专利技术

【解析】无形资产，是指企业拥有或者控制的没有实物形态的可辨认非货币性资产，通常包括专利权（选项C）、非专利技术（选项D）、商标权、著作权、特许权、土地使用权（选项B）等。企业自创但尚未申请商标权的品牌由于不具备可辨认性，不应确认为无形资产。综上，本题应选BCD。

【答案】BCD

【沙场练兵·多选题】下列各项中，（   ）不属于企业的无形资产。

A. 非同一控制下企业合并形成的商誉

B. 自创商誉

C. 企业经商标局核准注册的商标

D. 企业内部产生的品牌

E. 企业自行研发的专利技术

F. 企业与供应商之间的客户关系

G. 单独计价入账的土地

【解析】选项A、B不属于，因为商誉无法和企业自身相分离而存在，不具有可辨认性；选项C、E属于，经注册的商标和自行研发的专利技术，符合无形资产的特征和确认条件；选项D不属于，企业内部产生的品牌支出不能与整个业务开发成本相区分，成本无法可靠计量；选项F不属于，企业无法控制客户关系带来的经济利益，不符合无形资产的定义；选项G不属于，单独计价入账的土地，由于历史特殊原因，应确认为固定资产，不确认为无形资产。综上，本题应选ABDFG。

【答案】ABDFG

高频考点 2　无形资产的初始计量

1. 外购无形资产的初始成本＝购买价款＋相关税费＋达到预定用途前所发生的费用

（1）达到预定用途前所发生的费用包括：专业服务费、测试费用等；不包括：为引入新产品进行宣传发生的广告费、管理费用及其他间接费用、无形资产达到预定用途后发生的费用等。

（2）购买无形资产的价款超过正常信用条件延期支付，实质上具有融资性质：

①无形资产的成本，应以购买价款的**现值**为基础确定；

②实付价款与购买价款的现值之间的差额作为未确认融资费用，在付款期间内采用实际利率法进行摊销。

2. 投资者投入无形资产的初始成本，按投资合同或协议约定价值确定，但合同或协议约定价值不公允的，按无形资产的公允价值入账。

【真题实战·单选题】 2018年12月20日，甲公司以银行存款200万元外购一项专利技术用于W产品的生产，另支付相关税费1万元，达到预定用途前的专业服务费2万元，宣传W产品广告费4万元。2018年12月20日，该专利技术的入账价值为（　　）万元。（2019年）

A.203　　　　　　　B.201

C.207　　　　　　　D.200

【解析】 外购无形资产的成本包括购买价款、相关税费以及直接归属于使该项无形资产达到预定用途所发生的其他支出。其中，直接归属于使该项无形资产达到预定用途所发生的其他支出包括使无形资产达到预定用途发生的专业服务费用、测试无形资产是否能够正常发挥作用的费用等，但不包括为引入新产品进行宣传发生的广告费、管理费用及其他间接费用，也不包括无形资产已经达到预定用途以后发生的费用、为使用无形资产发生的有关人员培训费等。因此，该专利技术的入账价值＝200＋1＋2＝203（万元）。综上，本题应选A。

【答案】 A

【沙场练兵·单选题】 下列关于无形资产初始计量的表述，错误的是（　　）。

A. 投资者投入无形资产的成本，一定按照投资合同或协议约定的价值确定

B. 内部开发形成的无形资产，入账价值包括达到预定用途前所发生的满足资本化条件的支出总额，但对于以前期间已经费用化的支出不再调整

C. 为使用新技术（无形资产）发生的有关人员培训费计入当期损益，不构成无形资产的成本

D. 购买价款超过正常信用条件延期支付实质上具有融资性质的，无形资产的成本以购买价款的现值为基础确定

【解析】 选项A表述错误，投资者投入的无形资产的成本按投资合同或协议约定价值确定，约定价值不公允的，按公允价值入账；选项B、C、D表述均正确。综上，本题应选A。

【答案】 A

【沙场练兵·单选题】 甲公司为A、B两个股东共同投资设立的股份有限公司，经营一年后，A、B股东之外的另一个投资者C意图加入甲

公司。经协商，A、B 同意 C 以一项非专利技术入股，三方确认该非专利技术的价值为 260 万元。该项非专利技术在 C 公司的账面余额为 250 万元，已摊销 10 万元，市价为 300 万元，不考虑增值税等其他因素影响，该项非专利技术在甲公司的入账价值为（　　）万元。

A.260

B.250

C.300

D.240

【解析】投资者投入无形资产的成本，应当按照投资合同或协议约定的价值确定，但合同或协议约定价值不公允的除外；如果合同或协议约定价值不公允，则应按公允价值入账。本题中，三方确认该非专利技术的价值 260 万元不公允，应按公允价值 300 万元计量。综上，本题应选 C。

【答案】C

高频考点 3　土地使用权的确认

土地使用权的取得及使用情形		资产负债表项目
一般企业，用于自行开发建造厂房等地上建筑物的土地使用权		无形资产
房地产开发企业，用于建造对外出售的房屋建筑物的土地使用权		存货
用于赚取租金或资本增值的土地使用权		投资性房地产
外购房屋建筑物包括土地使用权和地上建筑物的价值	可以合理分配	无形资产
	不可以合理分配	固定资产

【真题实战·多选题】企业持有的下列土地使用权中，应确认为无形资产的有（　　）。（2020 年）

A. 用于建造企业自用厂房的土地使用权

B. 用于建造对外出售商品房的土地使用权

C. 外购办公楼时能够单独计量的土地使用权

D. 已出租的土地使用权

【解析】无形资产是由企业拥有或者控制的没有实物形态的可辨认非货币性资产。选项 A 符合题意，应确认为无形资产；选项 B 不符合题意，用于建造对外出售商品房的土地使用权应确认为存货；选项 C 符合题意，土地使用权的成本能够可靠计量，应确认为无形资产；选项 D 不符合题意，土地使用权用于出租，应确认为投资性房地产。综上，本题应选 AC。

【答案】AC

【真题实战·判断题】甲企业购入一项土地使用权并用于开发建造一栋自用厂房，该土地使用权的取得成本应计入厂房的建造成本。（　　）（2018 年）

【解析】企业取得的土地使用权，通常应当按照取得时所支付的价款及相关税费确认为无形资产。土地使用权用于自行开发建造厂房等地上建筑物时，土地使用权的账面价值不与地上建筑物合并计算建造成本，而仍作为无形资产进行核算。因此，本题表述错误。

【答案】×

【真题实战·多选题】下列各项关于企业土地使用权会计处理的表述中，正确的有（　　）。（2018 年）

A. 工业企业将以经营租赁方式租出的自有土地使用权作为无形资产核算

B. 房地产开发企业将购入的用于建造商品房的土地使用权作为存货核算

C. 工业企业将持有并准备增值后转让的自有土地使用权作为投资性房地产核算

D. 工业企业将购入的用于建造办公楼的土地使用权作为无形资产核算

【解析】选项 A 错误，工业企业以经营租赁方式租出的自有土地使用权作为投资性房地产核算；选项 B 正确，房地产开发企业购入的用于建造商品房的土地使用权作为存货核算；选项 C 正确，工业企业持有并准备增值后转让的土地使用权作为投资性房地产核算；选项 D 正确，工业企业的土地使用权通常单独作为无形资产

核算，只是在建造办公楼的过程中，需要对该项无形资产的摊销额，予以资本化处理，计入在建工程。综上，本题应选 BCD。

【答案】BCD

【沙场练兵·单选题】房地产开发企业用于建造商品房的土地使用权，在资产负债表中应列示的项目为（　　）。

A. 存货 　　　　　　　B. 固定资产

C. 无形资产 　　　　　D. 投资性房地产

【解析】房地产开发企业取得的土地使用权用于建造对外出售的房屋建筑物，相关的土地使用权金额应当计入所建造的房屋建筑物成本，作为企业存货核算。综上，本题应选 A。

【答案】A

高频考点 4　内部研究开发费用的处理

1. 处理原则

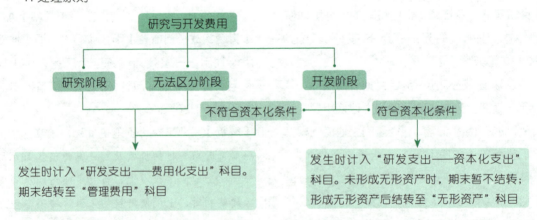

2. 账务处理

项目	支出发生时	结转时
不满足资本化条件的支出	借：研发支出——费用化支出 　　贷：原材料 　　　　银行存款 　　　　应付职工薪酬等	期末结转： 借：管理费用 　　贷：研发支出——费用化支出

（续表）

项目	支出发生时	结转时
满足资本化条件的支出	借：研发支出——资本化支出 　贷：原材料 　　　银行存款 　　　应付职工薪酬等	①达到预定用途形成无形资产时结转： 借：无形资产 　贷：研发支出——资本化支出 ②尚未完成的开发费用继续保留在"研发支出"中。待开发项目达到预定用途形成无形资产时，再将其发生的实际成本转入无形资产

【真题实战·单选题】企业自行研发专利技术发生的下列各项支出中，应计入无形资产入账价值的是（　　）。（2020年）

A. 为有效使用自行研发的专利技术而发生的培训费用

B. 研究阶段发生的支出

C. 无法区分研究阶段和开发阶段的支出

D. 专利技术的注册登记费

【思路导航】达到预定用途前发生的可辨认的无效和初始运作损失、为运行该无形资产发生的培训支出等，不构成无形资产的开发成本。

【解析】选项A不计入，不属于无形资产达到预定用途前发生的支出；选项B不计入，研究阶段发生的支出应费用化，计入当期损益；选项C不计入，无法区分研究阶段和开发阶段的支出应全部费用化，计入当期损益；选项D计入，属于无形资产达到预定用途前发生的满足资本化条件的支出，应计入无形资产入账价值。综上，本题应选D。

【答案】D

【真题实战·判断题】在自行研发的无形资产达到预定用途时，企业应将前期已经费用化的研发支出转入无形资产成本。（　　）（2020年）

【解析】在自行研发的无形资产达到预定用途时，企业应将符合资本化条件的研发支出转入无形资产成本；期末，应将前期已经费用化的研发支出转入当期管理费用。因此，本题表述错误。

【答案】×

【真题实战·多选题】下列各项满足资本化条件后的企业内部的研发支出，应予以资本化处理的有（　　）。（2018年）

A. 开发过程中研发人员工资

B. 开发过程中正常耗用的材料

C. 开发过程中所用专利权的摊销

D. 开发过程中固定资产的折旧

【解析】内部开发活动形成的无形资产，其成本由可直接归属于该无形资产的创造、生产并使该无形资产能够以管理层预定的方式运作的所有必要支出组成。包括：开发该无形资产时耗费的材料、劳务成本、注册费、在开发该无形资产过程中使用的其他专利权和特许权的摊销、按照借款费用的处理原则可以资本化的利息支出等。因此4个选项均属于"可直接归属成本"，应予以资本化处理。综上，本题应选ABCD。

【答案】ABCD

【真题实战·多选题】下列关于企业内部研发支出会计处理的表述中，正确的有（　　）。（2017年）

A. 开发阶段的支出，满足资本化条件的，应予以资本化

B. 无法合理分配的多项开发活动所发生的共

同支出，应全部予以费用化

C. 无法区分研究阶段和开发阶段的支出，应全部予以费用化

D. 研究阶段的支出，应全部予以费用化

【解析】选项 A 表述正确，开发阶段的支出满足资本化条件的，应计入无形资产成本；选项 B 表述正确，企业同时从事多项开发活动时，发生的共同支出应按照合理的标准在各项开发活动之间进行分配，无法合理分配的，应予以费用化计入当期损益；选项 C 表述正确，无法区分研究阶段和开发阶段的支出时，应在发生时全部费用化，计入当期损益；选项 D 表述正确，由于研究阶段的探索性及其结果的不确定性，企业无法证明其能够带来的未来经济利益，因此对于企业内部研究开发项目，研究阶段的有关支出，应当在发生时全部费用化，于年末转入当期损益（管理费用）。综上，本题应选 ABCD。

【答案】ABCD

【沙场练兵·单选题】甲公司自行研发一项新技术，累计发生研究开发支出 800 万元，其中符合资本化条件的支出为 500 万元。研发成功后向国家专利局提出专利权申请并获得批准，实际发生注册登记费 8 万元；为使用该项新技术发生的有关人员培训费为 6 万元。不考虑其他因素，甲公司该项无形资产的入账价值为（　　）万元。

A. 508 　　　　　　 B. 514

C. 808 　　　　　　 D. 814

【解析】符合资本化条件的研发支出、无形资产的注册登记费属于可直接归属于该无形资产的创造、生产并使该无形资产能够以管理层预定的方式运作的必要支出，应计入无形资产成本；不符合资本化条件的研发支出、与新技术有关的人员培训费应予费用化，不计入无形资产成本，则甲公司该项无形资产的入账价值 = 500 + 8 = 508（万元）。

综上，本题应选 A。

【答案】A

【沙场练兵·单选题】研究开发活动无法区分研究阶段和开发阶段的，当期发生的研究开发支出应在资产负债表日确认为（　　）。

A. 无形资产 　　　　 B. 管理费用

C. 研发支出 　　　　 D. 营业外支出

【解析】无法区分研究阶段和开发阶段的支出，应当在发生时费用化，期末转入当期损益（管理费用）。综上，本题应选 B。

【答案】B

【沙场练兵·单选题】甲公司 2021 年 1 月 10 日开始自行研究开发无形资产，12 月 31 日达到预定用途。其中，研究阶段发生职工薪酬 30 万元、计提专用设备折旧 40 万元；进入开发阶段后，相关支出符合资本化条件前发生的职工薪酬 30 万元、计提专用设备折旧 30 万元，符合资本化条件后发生职工薪酬 100 万元、计提专用设备折旧 200 万元。假定不考虑其他因素，甲公司 2021 年对上述研发支出进行的下列会计处理中，正确的是（　　）。

A. 确认管理费用 70 万元，确认无形资产 360 万元

B. 确认管理费用 30 万元，确认无形资产 400 万元

C. 确认管理费用 130 万元，确认无形资产 300 万元

D. 确认管理费用 100 万元，确认无形资产 330 万元

【解析】企业内部自行研究开发无形资产支出，只有在开发阶段符合资本化条件时才能计入无形资产成本。因此，开发阶段符合资本化条件的支出金额 = 100 + 200 = 300（万元），确认为无形资产；其他支出全部计入管理费用，金额 = 30 + 40 + 30 + 30 = 130（万元）。综上，本题应选 C。

【相关分录】（单位：万元）

①归集研究阶段支出：

借：研发支出——费用化支出   70

    贷：应付职工薪酬   30

        累计折旧   40

②归集开发阶段支出：

借：研发支出——费用化支出   60

          ——资本化支出   300

    贷：应付职工薪酬   130

        累计折旧   230

③期末结转费用化支出：

借：管理费用   130

    贷：研发支出——费用化支出   130

④资产达到预定可使用状态结转资本化支出：

借：无形资产   300

    贷：研发支出——资本化支出   300

【答案】C

高频考点 5 无形资产的后续计量

使用寿命有限的无形资产应当在其预计使用寿命内进行摊销，并在出现减值迹象时进行减值测试；使用寿命不确定的无形资产在持有期间内不需要摊销，但至少应当于每个会计期末进行减值测试。

1. 摊销

摊销范围	使用寿命有限的无形资产按期摊销，使用寿命不确定的无形资产不摊销
应摊销金额	应摊销金额＝成本－预计净残值－已计提的无形资产减值准备累计金额
摊销期	自其可供使用（即其达到预定用途）时起至终止确认时止
摊销方法	①根据与无形资产有关的经济利益的预期消耗方式选择摊销方法，包括直线法、产量法等；②无法可靠确定预期消耗方式的，采用直线法摊销
复核	企业至少应当于**每年年度终了**，对使用寿命有限的无形资产的残值、使用寿命及摊销方法进行复核（注意与使用寿命不确定的无形资产的使用寿命的复核区分）

▌敲黑板▐

（1）使用寿命有限的无形资产残值一般为零，但有第三方承诺在其使用寿命结束时愿意以一定的价格购买、企业可以根据活跃市场得到预计残值信息且该市场在无形资产使用寿命结束时很可能存在的除外。

（2）如果无形资产的残值重新估计以后高于其账面价值的，则无形资产不再摊销，直至残值降至低于账面价值时再恢复摊销。

（3）企业通常不应以包括使用无形资产在内的经济活动产生的收入为基础进行摊销。

2. 减值

无形资产可收回金额低于账面价值的，企业应当将资产账面价值减记至可收回金额，减记的金额确认为减值损失，计入当期损益，同时计提减值准备。

> **|敲黑板|** 固定资产、无形资产、投资性房地产（成本模式）、长期股权投资和商誉等资产的减值准备，一经计提，不得转回。

【真题实战·多选题】下列各项中，应确认为企业无形资产的有（   ）。（2021年）

A.内部产生但尚未申请商标权的品牌

B.外购的用于建造自用厂房的土地使用权

C.外购的专利权

D.收到投资者投入的非专利技术

【解析】无形资产，是指企业拥有或者控制的没有实物形态的可辨认非货币性资产，通常包括专利权（选项C）、非专利技术（选项D）、商标权、著作权、特许权、土地使用权（选项B）等。企业自创但尚未申请商标权的品牌由于不具备可辨认性，不应确认为无形资产。综上，本题应选BCD。

【答案】BCD

【真题实战·单选题】关于无形资产的会计处理，下列正确的是（   ）。（2021年）

A.无法区分研究阶段或开发阶段的支出，应计入无形资产成本

B.存在残值、使用寿命有限的无形资产，在持有期间至少每年年末对残值进行复核

C.使用寿命不确定的无形资产，只有存在减值迹象时才进行减值测试

D.无形资产达到预定用途前，为推广拟使用其生产的新产品发生的支出计入无形资产的成本

【解析】选项A错误，无法区分研究阶段或开发阶段的支出，应当在发生时费用化，计入当期损益（管理费用）；选项B正确，存在残值、使用寿命有限的无形资产，在持有无形资产的期间内，至少应于每年年末对其使用寿命、残值进行复核，预计残值与原估计金额不同的，应按照会计估计变更进行处理；选项C错误，使

用寿命不确定的无形资产，不需要摊销，但应当至少在每个会计期末按照《企业会计准则第8号——资产减值》有关规定进行减值测试；选项D错误，为推广新产品发生的支出属于一项宣传费用支出，不应计入无形资产成本。综上，本题应选B。

【答案】B

【真题实战·判断题】对于为企业带来未来经济利益的期限无法预见的无形资产，企业应当视为使用寿命不确定的无形资产。（   ）（2021年）

【解析】根据可获得的相关信息判断，有确凿证据表明无法合理估计其使用寿命的无形资产，企业应作为使用寿命不确定的无形资产。因此，本题表述正确。

【答案】√

【真题实战·判断题】企业外购的有特定产量限制的专利权应当采用产量法进行摊销。（   ）（2021年）

【解析】企业外购的有特定产量限制的专利权应当采用产量法进行摊销。因此，本题表述正确。

【答案】√

【真题实战·单选题】2018年1月1日，甲公司以银行存款240万元外购一项专利技术并立即投入使用，预计使用年限为5年，预计净残值为零，采用直线法摊销。2019年1月1日，甲公司与乙公司签订协议，甲公司将于2021年1月1日以100万元的价格向乙公司转让该专利技术，甲公司对该专利技术仍采用直线法摊销。不考虑其他因素，甲公司2019年应对该专利技术进行摊销的金额为（   ）

万元。（2020年）

A.46　　　　　　　　　B.48

C.50　　　　　　　　　D.96

【解析】2018年该专利技术摊销金额＝240÷5＝48（万元），2019年1月1日该专利技术账面价值＝240－48＝192（万元）。由于甲公司签订协议于2021年1月1日以100万元出售该专利技术，所以其剩余使用年限为2年，预计净残值为100万元，则2019年该专利技术摊销金额＝（192－100）÷2＝46（万元）。综上，本题应选A。

【答案】A

【真题实战·多选题】下列关于企业无形资产残值会计处理的表述中，正确的有（　　）。（2019年）

A.无形资产残值的估计应以其处置时的可收回金额为基础

B.预计残值发生变化的，应对已计提的摊销金额进行调整

C.无形资产预计残值高于其账面价值时，不再摊销

D.资产负债表日应当对无形资产的残值进行复核

【解析】选项A表述正确，估计无形资产的残值应以资产处置时的可收回金额为基础；选项B表述错误，预计净残值发生变化的，属于会计估计变更，采用未来适用法，不能对已计提的摊销金额进行调整；选项C表述正确，无形资产的残值重新估计以后高于其账面价值的，则无形资产不再摊销，直至残值降至低于账面价值时恢复摊销；选项D表述正确，残值确定后，在持有无形资产的期间内，至少应于每年末进行复核，预计其残值与原估计金额不同的，应按照会计估计变更进行处理。综上，本题应选ACD。

【答案】ACD

【沙场练兵·多选题】下列关于企业无形资产摊销的会计处理中，正确的有（　　）。

A.对使用寿命有限的无形资产选择的摊销方法应当一致地运用于不同会计期间

B.使用寿命有限的无形资产自可供使用的当月起开始摊销

C.使用寿命不确定的无形资产按照不低于10年的期限进行摊销

D.使用寿命有限的无形资产自不再作为无形资产确认时停止摊销

【解析】选项A处理正确，企业选择的无形资产摊销方法，应当能够反映与该项无形资产有关的经济利益的预期消耗方式，并一致地运用于不同会计期间；选项B、D处理正确，使用寿命有限的无形资产当月增加当月开始摊销，当月减少当月停止摊销，此处需要注意与固定资产的折旧相区分；选项C处理错误，使用寿命不确定的无形资产，会计上不进行摊销，但应当至少在每个会计期末按照相关规定进行减值测试。综上，本题应选ABD。

【答案】ABD

【沙场练兵·单选题】2021年1月1日，甲公司自行研发的一项非专利技术达到预定用途并立即投入使用，累计研究支出为10万元，开发支出90万元（其中符合资本化条件的支出为80万元），该非专利技术的使用寿命无法合理确定，当年年末的可收回金额为70万元，甲公司对该项非专利技术应当确认的资产减值损失为（　　）万元。

A.10　　　　　　　　　B.40

C.20　　　　　　　　　D.30

【解析】研究阶段与开发阶段不满足资本化条件的有关支出，发生时全部费用化计入当期损益（管理费用），开发阶段满足资本化条件的

支出,计入无形资产成本。则该专利技术的入账价值为 80 万元。因该专利技术的使用寿命无法合理确定,所以不进行摊销,当年年末账面价值仍为 80 万元>可收回金额 70 万元,故应将资产账面价值减记至可收回金额,减记金额 10 万元确认为资产减值损失。综上,本题应选 A。

【答案】A

【沙场练兵·判断题】企业用于生产某种产品的、已确认为无形资产的非专利技术,其摊销金额应计入当期管理费用。(　　)

【解析】根据准则规定,无形资产用于生产某种产品的,其摊销金额应当计入产品的成本。因此,本题表述错误。

【答案】×

【真题实战·计算分析题】(2019 年)

2015 年 1 月 1 日至 2019 年 12 月 31 日,与甲公司 A 专利技术相关的交易或事项如下:

资料一:2015 年 1 月 1 日,甲公司经董事会批准开始自行研发 A 专利技术以生产新产品。2015 年 1 月 1 日至 6 月 30 日为研究阶段,发生材料费 500 万元、研发人员薪酬 300 万元、研发用设备的折旧费 200 万元。

资料二:2015 年 7 月 1 日,A 专利技术的研发活动进入开发阶段。2016 年 1 月 1 日,该专利技术研发成功并达到预定用途。在开发阶段,发生材料费 800 万元、研发人员薪酬 400 万元、研发用设备的折旧费 300 万元,上述研发支出均满足资本化条件。甲公司预计 A 专利技术的使用寿命为 10 年,预计残值为零,按年采用直线法摊销。

资料三:2017 年 12 月 31 日,A 专利技术出现减值迹象。经减值测试,该专利技术的可收回金额为 1 000 万元,预计尚可使用 5 年,预计残值为零,仍按年采用直线法摊销。

资料四:2019 年 12 月 31 日,甲公司以 450 万元将 A 专利技术对外出售,价款已收存银行。本题不考虑增值税等相关税费及其他因素。

要求("研发支出"科目应写出必要的明细科目,答案中的金额单位用万元表示):

(1)编制甲公司 2015 年 1 月 1 日至 6 月 30 日研发 A 专利技术时发生相关支出的会计分录。

(2)编制甲公司 2015 年 7 月至 2016 年 1 月 1 日 A 专利技术达到预定用途的会计分录。

(3)计算甲公司 2016 年度 A 专利技术应摊销的金额,并编制相关会计分录。

(4)计算甲公司 2017 年 12 月 31 日对 A 专利技术应计提减值准备的金额,并编制相关会计分录。

(5)计算甲公司 2019 年 12 月 31 日对外出售 A 专利技术应确认的损益金额,并编制相关会计分录。

(1)

【解析】对于企业自行进行的研究开发项目,应当根据自身实际情况及相关信息,区分研究阶段与开发阶段分别进行核算。研究阶段的有关支出,应当在发生时全部费用化,计入研发支出——费用化支出,期末转入当期管理费用,即 2015 年 1 月 1 日至 6 月 30 日研发 A 专利技术,研究阶段计入管理费用的金额 = 500 + 300 + 200 = 1 000(万元)。

【答案】相关会计分录为：

①研究阶段相关支出发生时：

借：研发支出——费用化支出 1 000

　　贷：原材料 500

　　　　应付职工薪酬 300

　　　　累计折旧 200

②期末结转时：

借：管理费用 1 000

　　贷：研发支出——费用化支出 1 000

（2）

【解析】开发阶段的有关支出，满足资本化条件的，计入无形资产成本，不满足资本化条件的，计入当期损益（管理费用）。资本化支出发生时记入"研发支出——资本化支出"科目，未达到预定用途，期末暂不结转；达到预定用途后结转至"无形资产"。则本题中开发阶段资本化支出的金额 = 800 + 400 + 300 = 1 500（万元），应于 2016 年 1 月 1 日转入无形资产。

【答案】相关会计分录为：

①开发阶段相关支出发生时：

借：研发支出——资本化支出 1 500

　　贷：原材料 800

　　　　应付职工薪酬 400

　　　　累计折旧 300

②专利技术达到预定用途时：

借：无形资产 1 500

　　贷：研发支出——资本化支出 1 500

（3）

【解析】使用寿命有限的无形资产，应在其预计的使用寿命内采用系统合理的方法对应摊销金额进行摊销。应摊销金额 = 成本 - 预计残值 - 已计提的无形资产减值准备累计金额；无形资产的摊销自其可供使用（即其达到预定用途）时起至终止确认时止，无形资产当月增加，当月就要摊销，当月减少，当月不再摊销，即甲公司应当于 2016 年 1 月开始对 A 专利技术进行摊销，至 2016 年 12 月 31 日应摊销金额 = 1 500 ÷ 10 = 150（万元）。

【答案】2016 年度 A 专利技术应摊销的金额 = 1 500 ÷ 10 = 150（万元），相关会计分录为：

借：制造费用 150

　　贷：累计摊销 150

（4）

【解析】无形资产出现减值迹象时，应当对其进行减值测试，如经减值测试表明已发生减值，则需要计提相应的减值准备，至 2017 年 12 月 31 日 A 专利技术累计摊销 300 万元（1 500÷10×2），账面价值为 1 200 万元＞可收回金额 1 000 万元，应计提无形资产减值准备 200 万元。

【答案】2017 年 12 月 31 日，该专利技术的账面价值＝1 500－1 500÷10×2＝1 200（万元），可收回金额为 1 000 万元，1 000 万元＜1 200 万元，该专利技术发生减值，应计提减值准备。相关会计分录为：

借：资产减值损失   200
    贷：无形资产减值准备   200

（5）

【解析】企业出售无形资产，表明企业放弃该无形资产的所有权，应将所取得的价款与该无形资产账面价值的差额作为资产处置利得或损失，计入当期损益（资产处置损益）。发生减值的无形资产应根据计提减值后的账面价值，重新计算尚可使用年限来确定摊销额。本题应该注意的是当月出售的无形资产，当月不进行摊销。

【答案】从 2016 年 1 月 1 日至 2019 年 12 月 31 日，该专利技术累计应摊销的金额＝150＋150＋1 000÷5＋1 000÷5×11÷12＝683.33（万元），2019 年 12 月 31 日 A 专利技术的账面价值＝1 500－200－683.33＝616.67（万元）。因此，甲公司出售 A 专利技术应确认的损益金额＝450－616.67＝－166.67（万元）。相关会计分录为：

借：银行存款   450
    累计摊销   683.33
    无形资产减值准备   200
    资产处置损益   166.67
    贷：无形资产   1 500

【真题实战·综合题】（2018 年节选）

甲公司发生的与某专利技术有关的交易或事项如下：

资料一：2015 年 1 月 1 日，甲公司以银行存款 800 万元购入一项专利技术用于新产品的生产，当日投入使用，预计使用年限为 5 年，预计净残值为零，采用直线法摊销，该专利技术的初始入账金额与计税基础一致。根据税法规定，2015 年甲公司该专利技术的摊销额能在税前扣除的金额为 160 万元。

资料二：2016 年 12 月 31 日，该专利技术出现减值迹象。经减值测试，该专利技术的可收回金额为 420 万元，预计尚可使用年限为 3 年，预计残值为零。仍采用直线法摊销。

资料三：甲公司 2016 年度实现的利润总额为 1 000 万元。根据税法规定，2016 年甲公司该专利技术的摊销额在税前扣除金额为 160 万元；当年对该专利技术计提的减值准备不允许税前扣除。除该事项外，甲公司无其他纳税调整事项，本题不考虑除企业所得税以外的税费及其他因素。

要求（答案中的金额单位用万元表示）：

（1）编制甲公司2015年1月1日购入专利技术的会计分录。

（2）计算甲公司2015年度该专利技术应摊销金额并编制分录。

（3）计算甲公司2016年12月31日对该专利技术应计提减值准备的金额，并编制分录。

（4）计算甲公司2017年度该专利技术应摊销金额并编制分录。

（1）

【解析】无形资产通常按照实际成本初始计量。外购无形资产的成本包括购买价款、相关税费以及直接归属于使该项资产达到预定用途而发生的全部支出。本题中，甲公司该项专利技术的成本为购买价款800万元。

【答案】2015年1月1日购入专利技术：

借：无形资产　　　　　　　　　　　　　　　　　800

　　贷：银行存款　　　　　　　　　　　　　　　　　800

（2）

【解析】使用寿命有限的无形资产，应在其预计的使用寿命内采用系统合理的方法对应摊销金额进行摊销，无形资产当月增加，当月就要摊销，当月减少，当月不再摊销。本题中，甲公司该项专利技术应摊销金额＝800÷5＝160（万元）。

【答案】2015年度该专利技术应摊销金额＝800÷5＝160（万元）。

借：制造费用　　　　　　　　　　　　　　　　　160

　　贷：累计摊销　　　　　　　　　　　　　　　　　160

（3）

【解析】使用寿命有限的无形资产，按期摊销，出现减值迹象时进行减值测试，估计其可收回金额，如经减值测试表明已发生减值，应当按照可收回金额低于账面价值的差额，计提相应的减值准备。本题中，2016年12月31日该专利技术应计提减值准备金额＝480－420＝60（万元）。

【答案】2016年12月31日该专利技术账面价值＝800－160×2＝480（万元）。

2016年12月31日该专利技术应计提减值准备金额＝480－420＝60（万元）。

借：资产减值损失　　　　　　　　　　　　　　　60

　　贷：无形资产减值准备　　　　　　　　　　　　　60

（4）

【解析】无形资产计提减值后应按减值后的金额和剩余使用年限重新计算摊销金额。

【答案】2017年度该专利技术应摊销金额＝420÷3＝140（万元）。

借：制造费用　　　　　　　　　　　　　　　　　140

　　贷：累计摊销　　　　　　　　　　　　　　　　　140

强化练习

一、单项选择题

1. 下列项目中，应确认为无形资产的是（　　）。

    A. 企业自创商誉   B. 企业的人力资源

    C. 企业购买的非专利技术   D. 企业内部产生的品牌

2. 下列有关土地使用权会计处理的表述中，不正确的是（　　）

    A. 企业将土地使用权停止自用转为赚取租金或资本增值时，应将其作为投资性房地产核算

    B. 企业取得的土地使用权通常应作为无形资产核算

    C. 企业外购的房屋建筑物支付的价款无法在地上建筑物与土地使用权之间进行合理分配的，应当全部确认为固定资产

    D. 房地产开发企业取得土地用于建造对外出售的房屋建筑物，相关的土地使用权单独作为无形资产核算，不构成所建造的房屋建筑物成本

3. 下列各项关于无形资产初始计量的表述中，错误的是（　　）。

    A. 购买无形资产的价款超过正常信用条件延期支付的，无形资产的成本应以购买价款的现值为基础确定

    B. 投资者投入无形资产的成本，应按照投资合同或协议约定的价值（与公允价值相等）确定

    C. 内部研究开发形成的无形资产，开发阶段的支出均应计入无形资产的成本

    D. 测试无形资产能否正常发挥作用发生的费用，应计入无形资产的成本

4. 关于无形资产残值的确定，下列表述不正确的是（　　）。

    A. 估计无形资产的残值应以资产处置时的可收回金额为基础

    B. 使用寿命有限的无形资产一定无残值

    C. 无形资产残值的变更，应作为会计估计变更

    D. 无形资产的残值重新估计以后高于其账面价值的，无形资产不再摊销，直至残值降至低于账面价值时再恢复摊销

5. H 公司 2021 年 1 月 1 日购入一项专利权，价值 1 200 万元，预计使用寿命为 10 年，按直线法摊销，无残值。2021 年末计提了无形资产减值准备 100 万元，假定计提减值后，摊销年限、摊销方法和残值保持不变。则 2022 年末该专利权的账面价值为（　　）万元。

    A.871.11   B.860   C.960   D.1 200

6. 甲公司 2017 年 1 月 1 日购入一项无形资产。该无形资产的实际成本为 400 万元，摊销年限为 8 年，采用直线法摊销，无残值。2021 年末对该无形资产进行减值测试，其预计可收回金额为 120 万元。假定不考虑相关税费，甲公司应就该项无形资产计提的减值准备为（　　）万元。

    A.50   B.0   C.30   D.120

7. 下列关于无形资产的后续计量的说法中，正确的是（   ）。

    A. 无法可靠确定无形资产预期消耗方式的，不应摊销

    B. 使用寿命不确定的无形资产，应当按照 10 年进行摊销

    C. 无形资产的摊销方法只有直线法

    D. 使用寿命不确定的无形资产，在持有期间内不需要进行摊销，但应当在每个会计期末进行减值测试

二、多项选择题

1. 下列关于使用寿命有限的无形资产摊销的表述中，正确的有（   ）。

    A. 自达到预定用途的下月起开始摊销

    B. 至少应于每年年末对使用寿命进行复核

    C. 有特定产量限制的特许经营权，应采用产量法进行摊销

    D. 无法可靠确定与其有关的经济利益预期消耗方式的，应采用直线法进行摊销

2. 关于房地产企业取得的土地使用权，下列处理中正确的有（   ）。

    A. 取得准备增值后转让的土地使用权确认为投资性房地产

    B. 用于对外出租的土地使用权确认为存货

    C. 用于建造对外出售的商品房取得的土地使用权确认为存货

    D. 取得用于建造自用办公楼的土地使用权确认为无形资产

3. 下列各项中，应计入外购无形资产成本的有（   ）。

    A. 为使用无形资产发生的员工培训费支出

    B. 使无形资产达到预定用途所发生的专业服务费用

    C. 引入新产品进行宣传发生的广告费

    D. 测试无形资产是否能够正常发挥作用的费用

4. 2021 年 2 月 5 日，甲公司以 1 800 万元的价格购入一项专利权，另支付相关税费 90 万元。为推广由该专利权生产的产品，甲公司发生广告宣传费用 28 万元、展览费 2 万元。该专利权预计使用 5 年，预计净残值为零，采用直线法摊销。甲公司关于该专利权的会计处理表述正确的有（   ）。

    A. 甲公司取得该专利权的入账价值是 1 920 万元

    B. 甲公司发生的广告宣传费用、展览费计入当期损益

    C. 2021 年无形资产的摊销额 346.5 万元计入制造费用

    D. 2021 年末无形资产账面价值为 1 512 万元

5. 关于无形资产的确认，应同时满足下列哪些条件（   ）。

    A. 与该无形资产有关的经济利益很可能流入企业

    B. 该项无形资产是生产经营用的资产

    C. 该项无形资产存在活跃的交易市场

    D. 该无形资产的成本能够可靠地计量

第 3 章

6. 企业在估计无形资产使用寿命时，应考虑的因素有（　　　）。

　　A. 无形资产相关技术的未来发展情况　　　B. 使用无形资产生产的产品的寿命周期

　　C. 使用无形资产生产的产品市场需求情况　　D. 潜在竞争者预期将采取的行动

7. 2020 年 1 月 1 日，甲公司购入一项土地使用权，以银行存款支付 8 000 万元，使用年限为 50 年，并在该土地上以出包方式建造一幢办公楼。2021 年 12 月 31 日，该办公楼工程已经完工并达到预定可使用状态，全部成本为 6 100 万元，采用直线法计提折旧，预计使用寿命为 20 年，预计净残值为 100 万元。甲公司的下列会计处理中，正确的有（　　　）。

　　A. 土地使用权和地上建筑物应合并作为固定资产核算，并按固定资产有关规定计提折旧

　　B. 土地使用权和地上建筑物分别作为无形资产和固定资产进行核算

　　C. 2021 年 12 月 31 日，固定资产的入账价值为 6 100 万元

　　D. 2022 年办公楼折旧额为 300 万元

8. 下列各项中，可能会引起无形资产账面价值发生增减变动的有（　　　）。

　　A. 对无形资产计提减值准备

　　B. 摊销无形资产成本

　　C. 企业内部研究开发项目研究阶段发生的支出

　　D. 为引入新技术发生的广告宣传费

9. 下列有关无形资产会计处理的表述中，正确的有（　　　）。

　　A. 同时从事多项无形资产研究开发活动的企业，所发生的支出无法在各项研发活动之间进行分配时，应当计入当期损益

　　B. 无形资产预期不能为企业带来经济利益的，应当将该无形资产的账面价值计入管理费用

　　C. 购买无形资产的价款分期支付实质具有融资性质的，企业应以购买价款的现值为基础确定无形资产成本

　　D. 企业取得的土地使用权，通常应当按取得时所支付的价款及相关税费确定其成本

10. 下列事项中，可能影响当期利润表中营业利润的有（　　　）。

　　A. 计提无形资产减值准备

　　B. 内部研发项目研究阶段发生的人工费用

　　C. 报废无形资产产生的差额

　　D. 接受其他单位捐赠的专利权

三、判断题

1. 企业将土地使用权用于自行开发建造自用厂房的，该土地使用权与厂房应分别进行摊销和计提折旧。（　　）

2. 企业自创的商誉应作为无形资产核算。（　　）

3. 企业用于生产某种产品的、已确认为无形资产的非专利技术，其摊销金额应计入当期管理费用。（　　）

4. 无形资产预期不能为企业带来未来经济利益的，企业应当将其账面价值转入当期损益。（　　）

5. 使用寿命有限的无形资产，应当自达到预定用途当月开始摊销，处置当月不再摊销。（　　　）

四、计算分析题

1. 2019年1月1日，甲公司经董事会批准研发一项专门用于生产A产品的专利技术，有关资料如下：

资料一：2019年1月1日，甲公司自乙公司购入一套X软件，专门用于该研发项目；甲公司支付该软件产品价款90万元，合同规定，由乙公司派出专业人员进行该软件的安装调试并提供相关咨询服务，为此，甲公司需另支付相关专业服务费用及测试费6万元，2019年1月5日，该软件达到预定用途，相关款项于当日全部支付。甲公司对X软件采用直线法摊销。预计该新产品专利技术项目将于2020年年底研发成功，假定研发成功后，X软件无其他用途，且不能转让或出售，预计净残值为零。

资料二：2019年，该研发项目共发生材料费用200万元，人工费用420万元，均属于研究阶段支出，工资费用已用银行存款支付。

资料三：2020年初，研究阶段结束，进入开发阶段，该项目研发成功在技术上已具有可行性，甲公司管理层明确表示将继续为该项目提供足够的资源支持，该新产品专利技术研发成功后，将立即投产。

资料四：2020年，共发生材料费用415万元，人工费用500万元（以银行存款支付），均符合资本化条件。

资料五：2020年12月，该研发项目已基本研发成功，甲公司在申请专利时发生注册登记费、律师费等相关费用15万元，2021年1月1日该项专利技术达到预定用途，甲公司从即日起将其用于产品生产。

资料六：甲公司预计该新产品专利技术的使用寿命为10年，该专利的法律保护期限为15年，甲公司对其采用直线法摊销，无残值。

资料七：2021年年末，该项无形资产出现减值迹象，经减值测试，该项无形资产的可收回金额为700万元，计提减值后，摊销年限、摊销方法和残值保持不变。

要求：

（1）编制甲公司2019年的相关会计分录。

（2）编制甲公司2020年的相关会计分录。

（3）编制甲公司2021年的相关会计分录。

答案与解析

一、单项选择题

1. 【解析】选项A不确认，商誉无法与企业自身相分离而存在，不具有可辨认性，不能确认为无形资产；选项B不确认，企业的人力资源由于无法控制其带来的未来经济利益，不符合无形资产的定义，不能确认为无形资产；选项 C 确认，无形资产是指企业拥有或者控制的没有实物形态的可辨认非货币性资产，通常包括专利权、非专利技术、商标权、著作权、特许权、土地使用权等；选项 D 不确认，企业内部产生的品牌，由于不能与整个业务开发成本区分开来，成本不能可靠计量，不能确认为无形资产。综上，本题应选 C。

【答案】C

2.【解析】选项 A、B、C 表述正确；选项 D 表述错误，房地产开发企业取得土地使用权用于建造对外出售的房屋建筑物，相关的土地使用权应计入所建造的房屋建筑物成本。综上，本题应选 D。

【答案】D

3.【解析】选项 A、B、D 表述正确；选项 C 表述错误，内部研究开发无形资产，应区分研究阶段与开发阶段，研究阶段与开发阶段不满足资本化条件的支出，应予以费用化，计入当期损益，开发阶段符合资本化条件的支出计入无形资产成本。综上，本题应选 C。

【答案】C

4.【解析】选项 B 表述错误，使用寿命有限的无形资产，一般无残值，但下列情况除外：①有第三方承诺在无形资产使用寿命结束时购买该无形资产；②可以根据活跃市场得到预计残值信息，并且该市场在无形资产使用寿命结束时很可能存在。综上，本题应选 B。

【答案】B

5.【解析】2021 年应摊销金额 = 1 200 ÷ 10 = 120（万元）；2021 年年末该无形资产的账面价值 = 1 200 − 120 − 100 = 980（万元）；2022 年应摊销金额 = 980 ÷（10 − 1）= 108.89（万元）；2022 年年末该专利权的账面价值 = 980 − 108.89 = 871.11（万元）。综上，本题应选 A。

【答案】A

6.【解析】2021 年年末该项无形资产的账面价值 = 400 − 400 ÷ 8 × 5 = 150（万元），大于预计可收回金额 120 万元，应当计提减值准备 30 万元（150 − 120）。综上，本题应选 C。

【答案】C

7.【解析】选项 A 说法错误，无法可靠确定无形资产预期消耗方式的，应当采用直线法进行摊销；选项 B 说法错误，选项 D 说法正确，使用寿命不确定的无形资产，在持有期间内不需要进行摊销，但应当在每个会计期末进行减值测试；选项 C 说法错误，无形资产的摊销方法应当能够反映与无形资产有关的经济利益的预期消耗方式，主要包括直线法、产量法等。综上，本题应选 D。

【答案】D

二、多项选择题

1.【解析】选项 A 表述错误，无形资产应自达到预定用途的当月开始摊销；选项 B、C、D 表述均正确。综上，本题应选 BCD。

【答案】BCD

2.【解析】选项 A 正确，选项 B 错误，土地使用权用于赚取租金或资本增值时，应作为投资性房地产核算。选项 C、D 正确，房地产开发企业取得的土地使用权用于建造对外出售的房屋时应作为存货核算；用于建造自用办公楼时，应与地上建筑物分别核算，土地使用权作为无形资产核算、地上建筑物作为固定资产核算。综上，本题应选 ACD。

【答案】ACD

3. 【解析】外购无形资产的成本包括购买价款、相关税费及直接归属于使该项无形资产达到预定用途所发生的其他支出（使该项无形资产达到预定用途所发生的专业服务费用、测试无形资产是否能够正常发挥作用的费用等），不包括为引入新产品进行宣传发生的广告费、管理费用及其他间接费用等，也不包括为使用无形资产发生的有关人员培训费。综上，本题应选 BD。

【答案】BD

4. 【解析】选项 A 错误，选项 B 正确，为推广由该专利权生产的产品发生的广告宣传费、展览费不属于使无形资产达到预定用途前所发生的合理必要支出，应当在发生时计入当期损益，不构成无形资产成本，则无形资产入账价值为 1 890 万元（1 800 + 90）；选项 C 正确，2021 年该无形资产合计摊销 11 个月（2021 年 2 月—12 月），无形资产的摊销额 =（1 890 − 0）÷ 5 × 11/12 = 346.5（万元），应计入制造费用；选项 D 不正确，2021 年年末无形资产账面价值为 1 543.5 万元（1 890 − 346.5）。综上，本题应选 BC。

【答案】BC

5. 【解析】无形资产在符合定义的前提下应同时满足以下两个条件才能予以确认：①与该无形资产有关的经济利益很可能流入企业（选项 A）；②该无形资产的成本能够可靠地计量（选项 D）。综上，本题应选 AD。

【答案】AD

6. 【解析】在估计无形资产的使用寿命时，应当综合考虑各方面相关因素的影响，其中通常应当考虑的因素有：①运用该无形资产生产的产品通常的寿命周期，可获得的类似资产使用寿命的信息（选项 B）；②技术、工艺等方面的现阶段情况及对未来发展趋势的估计（选项 A）；③以该无形资产生产的产品或提供的服务的市场需求情况（选项 C）；④现在或潜在的竞争者预期将采取的行动（选项 D）；⑤为维持该无形资产产生未来经济利益能力的预期维护支出，以及企业预计支付有关支出的能力；⑥对该无形资产的控制期限，以及对该资产使用的法律规定或类似限制，如特许使用权、租赁期等；⑦与企业持有的其他资产使用寿命的关联性等。综上，本题应选 ABCD。

【答案】ABCD

7. 【解析】选项 A 错误，选项 B 正确，土地使用权和地上建筑物应分别作为无形资产和固定资产进行核算；选项 C 正确，2021 年 12 月 31 日，固定资产的入账价值为其建造成本 6 100 万元，不含土地使用权价值；选项 D 正确，2022 年该办公楼计提折旧额 =（6 100 − 100）÷ 20 = 300（万元）。综上，本题应选 BCD。

【答案】BCD

8. 【解析】选项 A 会引起，无形资产计提减值准备应贷记"无形资产减值准备"科目，使无形资产账面价值减少；选项 B 会引起，摊销无形资产成本，应贷记"累计摊销"科目，会使无形资产账面价值减少；选项 C 不会引起，企业内部研究开发项目研究阶段发生的支出不计入无形资产成本，计入当期损益（管理费用），不引起无形资产账面价值发生增减变动；选项 D 不会引起，为引入新技术发生的广告宣传费不属于使无形资产达到预定用途的必要支出，不计入无形资产初始成本，不会引起无形资产账面价值的变动。综上，本题应选 AB。

【答案】AB

9.【解析】选项 A、C、D 表述正确，选项 B 表述错误，无形资产预期不能为企业带来经济利益的，则不再符合无形资产的定义，应将其报废并予以转销，其账面价值转入当期损益（营业外支出）。综上，本题应选 ACD。

【答案】ACD

10.【解析】选项 A 符合题意，对无形资产计提减值准备，应计入资产减值损失，影响营业利润；选项 B 符合题意，内部研发项目研究阶段发生的各项费用，直接计入当期损益（管理费用），影响营业利润；选项 C 不符合题意，报废无形资产产生的差额，应计入营业外支出，影响利润总额，不影响营业利润；选项 D 不符合题意，接受捐赠专利权，形成一项无形资产的同时增加营业外收入，不影响营业利润。综上，本题应选 AB。

【答案】AB

三、判断题

1.【解析】土地使用权用于自行开发建造厂房等地上建筑物时，应单独确认为无形资产，与地上建筑物分别进行摊销和计提折旧。因此，本题表述正确。

【答案】√

2.【解析】商誉由于无法与企业自身相分离而存在，不具有可辨认性，不应确认为无形资产。因此，本题表述错误。

【答案】×

3.【解析】无形资产用于生产某种产品的，其摊销金额应当计入产品的成本。因此，本题表述错误。

【答案】×

4.【解析】如果无形资产预期不能为企业带来未来经济利益，则其已经不再符合无形资产的定义，应将其报废并予以转销，将账面价值转入当期损益（营业外支出）。因此，本题表述正确。

【答案】√

5.【解析】无形资产的摊销自其可供使用当月（即其达到预定用途）时起至终止确认时止。即当月增加，当月开始进行摊销，当月减少，当月停止摊销。因此，本题表述正确。

【答案】√

四、计算分析题

1.（1）

【解析】2019 年，该研发项目处于研究阶段，发生的相关支出应当通过"研发支出——费用化支出"科目进行归集，期末转入当期损益（管理费用），具体包括材料费用、人工费用以及用于研发该专利技术的 X 软件的摊销费用。本题中,X 软件的入账价值 = 90(购买价款)+ 6(专业服务费及测试费)= 96(万元),由于 X 软件研发成功后,无其他用途且不能转让或出售,则其使用寿命为 2 年(即 2019 年 1 月～ 2020 年 12 月),故 2019 年 X 软件应计提摊销金额 = 96÷2 = 48(万元)。

【答案】

2019 年 1 月 1 日,购入 X 软件:

借:无形资产——X 软件	96	
贷:银行存款		96

确认研究阶段的支出:

借:研发支出——费用化支出	668	
贷:累计摊销		48
原材料		200
应付职工薪酬		420

支付职工薪酬:

借:应付职工薪酬	420	
贷:银行存款		420

期末结转费用化支出:

借:管理费用	668	
贷:研发支出——费用化支出		668

(2)

【解析】内部开发活动形成的无形资产的成本,由可直接归属于该资产的创造、生产并使该资产能够以管理层预定的方式运作的所有必要支出组成。可直接归属成本包括:开发该无形资产时耗费的材料、劳务成本、注册费、在开发该无形资产过程中使用的其他专利权和特许权的摊销、按照借款费用的处理原则可以资本化的利息支出等。则本题中,材料费用、人工费用、为申请专利权发生的注册登记费、律师费等相关费用及 X 软件的摊销金额均应记入"研发支出——资本化支出"科目。待研发结束,达到预定用途时,转入"无形资产"科目。本题中,无形资产的成本为 978 万元(48 + 415 + 500 + 15)。

【答案】

确认开发阶段支出:

借:研发支出——资本化支出	963	
贷:累计摊销		48
原材料		415
应付职工薪酬		500

支付人工费用时：

借：应付职工薪酬　　　　　　　　　　　　　　　　　　　500

　　贷：银行存款　　　　　　　　　　　　　　　　　　　　　500

申请专利时发生的费用：

借：研发支出——资本化支出　　　　　　　　　　　　　　　15

　　贷：银行存款　　　　　　　　　　　　　　　　　　　　　　15

达到预定用途时：

借：无形资产　　　　　　　　　　　　　　　　　　　　　978

　　贷：研发支出——资本化支出　　　　　　　　　　　　　　978

（3）

【解析】企业使用资产的预期期限短于合同性权利或其他法定权利规定的期限的，应当按照企业预期使用的期限来确定其使用寿命。本题中，甲公司应当按照使用寿命10年进行摊销。则2021年应摊销金额 = 978÷10 = 97.8（万元）。计提减值准备前，该项无形资产的账面价值 = 978 − 97.8 = 880.2（万元）＞预计可收回金额700万元，则该项无形资产发生了减值，应计提的减值准备金额 = 880.2 − 700 = 180.2（万元）。

【答案】

进行摊销时：

借：生产成本——A产品　　　　　　　　　　　　　　　　97.8

　　贷：累计摊销　　　　　　　　　　　　　　　　　　　　97.8

发生减值时：

借：资产减值损失　　　　　　　　　　　　　　　　　　180.2

　　贷：无形资产减值准备　　　　　　　　　　　　　　　　180.2

第四章 长期股权投资和合营安排

🎯 应试指导

本章属于重点章节，内容较多，难度较大。主要内容为长期股权投资的初始计量和后续计量。在学习过程中，应注重理解，重点难点反复学习，做到熟练掌握。本章涉及的高频考点有：长期股权投资的初始计量、成本法与权益法下的后续计量、核算方法的转换。另本章内容常与合并财务报表相结合在综合题中出现，考生备考 2022 年考试时应予以关注。

📈 历年考情

本章考试难度较大，考查形式多样，各种题型都有可能涉及。本章在历年考试中涉及的分值较多，一般在 10 ~ 15 分左右，考生应予以重视。

题型	2021 年（一）		2021 年（二）		2020 年（一）		2020 年（二）		2019 年（一）		2019 年（二）	
	题量	分值	题量	分值	题量	分值	题量	分值	题量	分值	题量	分值
单选题	—	—	—	—	1	1.5 分	—	—	1	1.5 分	—	—
多选题	1	2 分	1	2 分	1	2 分	—	—	—	—	—	—
判断题	1	1 分	—	—	—	—	—	—	—	—	—	—
计算分析题	—	—	—	—	—	—	—	—	—	—	—	—
综合题	1	8 分	1	10 分	1	2 分	1	10 分	1	4 分	1	9 分

✓ 高频考点列表

考点	单选题	多选题	判断题	计算分析题	综合题
对子公司投资的初始计量——同一控制下的企业合并	2019 年、2018 年	2017 年	—	—	—
对子公司投资的初始计量——非同一控制下的企业合并	2016 年				
对联营企业、合营企业投资的初始计量	—	2020 年	2017 年		
长期股权投资后续计量的一般处理	2020 年、2017 年	2021 年、2020 年、2018 年、2017 年	—	—	—

考点	单选题	多选题	判断题	计算分析题	综合题
权益法下，被投资单位实现净损益的处理	—	—	2017 年	—	—
核算方法的转换——持股比例上升	—	—	—	—	2020 年
核算方法的转换——持股比例下降	—	2017 年	2021 年	—	2019 年、2018 年
合营安排					

🌲 章逻辑树

第四章 长期股权投资和合营安排

- **初始计量**
  - **企业合并**
    - **同一控制下**
      - ①初始投资成本：合并日，在最终控制方合并财务报表的可辨认净资产的账面价值 × 持股比例 + 商誉
      - ②合并对价：结转账面价值，不确认处置损益
      - ①与②两者差额：调整资本公积，不足冲减的，依次冲减盈余公积、未分配利润
      - ③直接相关费用、审计、评估费等：计入管理费用
    - **非同一控制下**
      - ①初始投资成本：合并对价的公允价值
      - ②合并对价：结转公允价值，与账面价值的差额确认处置损益
      - ①与②两者差额：公允 vs 公允，无差额
      - ③直接相关费用、审计、评估费等：计入管理费用
  - **非企业合并** · 初始投资成本 = 合并对价的公允价值 + 手续费等必要支出；投出非现金资产可能确认处置损益

- **后续计量**
  - **成本法**
    - 初始确认：无须调整初始投资成本
    - 追加和收回投资：调整长期股权投资的成本
    - 持有期间：仅在被投资单位宣告分配现金股利或利润时，确认投资收益
    - 期末：考虑是否发生减值
  - **权益法**
    - 初始确认：与享有被投资单位可辨认净资产公允价值份额比较，需调整初始投资成本（只增不减）
    - 追加和收回投资：调整长期股权投资的成本
    - 持有期间：随被投资单位所有者权益总额增减变动而变动
      - ①被投资单位实现净损益 → 长期股权投资——损益调整（在被投资单位的"账面净损益"基础上考虑会计政策、调整取得日公允与账面的差额带来的累积影响、扣除未实现内部交易损益、剔除法规或章程规定不属于投资的部分后计算）
      - ②被投资单位其他综合收益变化 → 长期股权投资——其他综合收益
      - ③被投资单位上述之外所有者权益变动 → 长期股权投资——其他权益变动
    - 期末：考虑是否发生减值

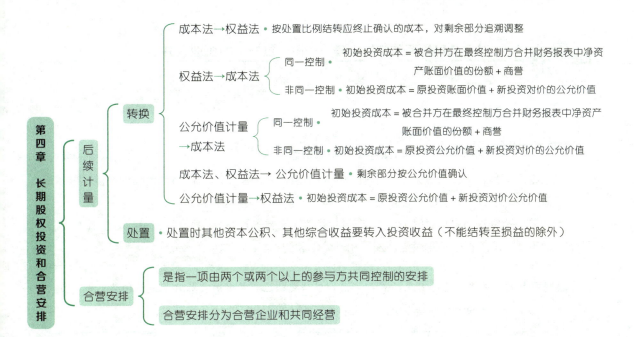

第四章 长期股权投资和合营安排

后续计量
- 转换
  - 成本法→权益法 · 按处置比例结转应终止确认的成本，对剩余部分追溯调整
  - 权益法→成本法
    - 同一控制 · 初始投资成本 = 被合并方在最终控制方合并财务报表中净资产账面价值的份额 + 商誉
    - 非同一控制 · 初始投资成本 = 原投资账面价值 + 新投资对价的公允价值
  - 公允价值计量→成本法
    - 同一控制 · 初始投资成本 = 被合并方在最终控制方合并财务报表中净资产账面价值的份额 + 商誉
    - 非同一控制 · 初始投资成本 = 原投资公允价值 + 新投资对价的公允价值
  - 成本法、权益法→公允价值计量 · 剩余部分按公允价值确认
  - 公允价值计量→权益法 · 初始投资成本 = 原投资公允价值 + 新投资对价公允价值
- 处置 · 处置时其他资本公积、其他综合收益要转入投资收益（不能结转至损益的除外）

合营安排
- 是指一项由两个或两个以上的参与方共同控制的安排
- 合营安排分为合营企业和共同经营

高频考点 1　对子公司投资的初始计量——同一控制下的企业合并

1．处理原则

（1）一次性交易取得

$$初始投资成本 = \frac{合并日被合并方在最终控制方合并}{财务报表中可辨认净资产账面价值} × 持股比例 + \frac{最终控制方}{收购被合并方形成的商誉}$$

①此处商誉是指最终控制方通过非同一控制下企业合并控制被合并方时形成的商誉金额，商誉未减值的情况下，该数值应当与最终控制方购入时确认的金额相同。

②初始投资成本与合并对价（现金、非现金资产、承担债务等）账面价值的差额调整资本公积，资本公积不足冲减的，依次冲减盈余公积和未分配利润。

┃敲黑板┃被合并方在合并日的净资产账面价值需要按照合并方的会计政策进行调整，若为负数的，长期股权投资成本按零确定，并在备查簿中予以登记。

（2）多次交易分步取得

一揽子交易	将各项交易作为一项取得控制权的交易进行处理
不属于一揽子交易	$$合并日初始投资成本 = \frac{合并日相对于最终控制方而言的被}{合并方可辨认净资产账面价值的份额} + \frac{最终控制方收购被}{合并方形成的商誉}$$ 合并对价的账面价值 = 原股权投资于合并日的账面价值 + 为取得新增投资所支付的对价的账面价值 【提个醒】 ①合并日初始投资成本与合并对价账面价值的差额调整资本公积，资本公积不足冲减的，依次冲减盈余公积和未分配利润。 ②因持有原股权投资确认的其他综合收益、其他权益变动暂不处理，待处置时转出：处置后的剩余股权采用成本法或权益法核算的，按比例结转；改按金融工具确认和计量准则处理的，按金融工具准则的相关规定进行处理。

2．账务处理

确认长期股权投资	审计、法律服务、评估咨询等中介费用以及其他相关费用
借：长期股权投资　　　　　【初始投资成本】 　　应收股利　　　【已宣告但尚未发放的现金股利】 　　资本公积——资本溢价（股本溢价）　① 　　盈余公积　　　　　　　　　【借方差额】② 　　利润分配——未分配利润　　　　　　　③ 　　贷：资产类科目　　　【转让资产的账面价值】 　　　　负债类科目　　　【承担债务的账面价值】 　　　　股本　　　【发行权益性证券的面值】 　　资本公积——资本溢价（股本溢价）【贷方差额】	借：管理费用 　　贷：银行存款等

｜敲黑板｜ 同一控制下，企业以非现金资产作为合并对价形成长期股权投资时，不确认非现金资产的处置损益。

｜神总结｜ 各种交易费用的账务处理

（1）合并方发生的审计、法律服务、评估咨询等中介费用以及其他相关管理费用，于发生时计入当期损益（管理费用）。

（2）与发行债务性工具直接相关的交易费用，应计入债务性工具的初始确认金额。

（3）与发行权益性工具直接相关的手续费、佣金等交易费用应当依次冲减资本公积、盈余公积和未分配利润。

【真题实战·单选题】2019年5月1日，甲公司将银行存款7 000万元支付给乙公司，作为取得乙公司持有丙公司60%股权的合并对价。另发生评估、审计等中介费用30万元，已用银行存款支付。交易前乙公司为甲公司和丙公司的母公司，股权合并日被合并方丙公司在最终控制方乙公司合并财务报表中的净资产的账面价值为10 000万元（原母公司乙公司未确认商誉）。甲公司在合并日的会计处理中，不正确的是（　　）。（2019年）

A.长期股权投资的初始投资成本为6 000万元

B.长期股权投资初始投资成本与支付对价的差额确认投资收益1 000万元

C.发生的评估、审计等中介费用30万元应计入管理费用

D.合并日不产生合并商誉

【思路导航】计算企业合并形成的长期股权投资的初始投资成本时，首先判断该合并为同一控制下企业合并还是非同一控制下企业合并。如合并方和被合并方在合并前后均受同一方或相同的多方最终控制，则是同一控制下企业合并，初始投资成本＝合并日被合并方在最终控制方合并财务报表中可辨认净资产账面价值×

持股比例＋最终控制方收购被合并方形成的商誉。

【解析】选项A会计处理正确，同一控制下控股合并形成的长期股权投资，应当在合并日按照所取得的被合并方在最终控制方合并财务报表中的净资产的账面价值的份额作为长期股权投资的初始投资成本，即10 000×60%＝6 000（万元）；选项B会计处理错误，长期股权投资初始投资成本与支付对价的差额应调整资本公积（股本溢价或资本溢价），资本公积不足冲减的冲减留存收益；选项C会计处理正确，合并方发生的审计、法律服务、评估咨询等中介费用以及其他相关管理费用，应当于发生时计入当期损益（管理费用）；选项D会计处理正确，同一控制下控股合并形成的长期股权投资，原母公司乙公司未确认商誉，因此，合并日不产生合并商誉。相关会计分录如下（单位：万元）：

借：长期股权投资　　　　　　　6 000
　　管理费用　　　　　　　　　　 30
　　资本公积——股本溢价　　　 1 000
　贷：银行存款　　　　　　　　 7 030

综上，本题应选B。

【答案】B

【真题实战·单选题】丙公司为甲、乙公司的母公司，2018年1月1日，甲公司以银行存款7 000万元取得乙公司60%有表决权的股份，另以银行存款100万元支付与合并直接相关的中介费用，当日办妥相关股权划转手续后，取得了乙公司的控制权；乙公司在丙公司合并财务报表中的净资产账面价值为9 000万元。不考虑其他因素，甲公司该项长期股权投资在合并日的初始投资成本为（ ）万元。（2018年）

A.7 100　　　　　　B.7 000

C.5 400　　　　　　D.5 500

【解析】甲公司该项长期股权投资在合并日的初始投资成本=应享有被合并方（乙公司）在最终控制方（丙公司）合并财务报表中的净资产的账面价值的份额＝9 000×60%＝5 400（万元）。综上，本题应选C。

【答案】C

【真题实战·多选题】下列关于同一控制下企业合并形成的长期股权投资会计处理表述中，正确的有（ ）。（2017年）

A.合并方发生的评估咨询费用，应计入当期损益

B.与发行债务工具作为合并对价直接相关的交易费用，应计入债务工具的初始确认金额

C.与发行权益工具作为合并对价直接相关的交易费用，应计入当期损益

D.初始投资成本与合并对价账面价值之间的差额，应计入其他综合收益

【解析】选项A正确，同一控制下企业合并形成的长期股权投资，合并方发生的审计、法律服务、评估咨询等中介费用以及其他相关费用，于发生时计入当期损益；选项B正确，与发行债务工具作为合并对价直接相关的交易费用，应计入债务工具的初始确认金额；选项C错误，与发行权益性工具作为合并对价直接相关的交

易费用，依次冲减资本公积、盈余公积和未分配利润，不计入当期损益；选项D错误，同一控制下初始投资成本与合并对价账面价值之间的差额，应计入资本公积，资本公积不足冲减的，应当依次冲减盈余公积和未分配利润。综上，本题应选AB。

【答案】AB

【沙场练兵·单选题】2021年1月20日，甲上市公司以银行存款1 000万元及一项土地使用权取得其母公司控制的乙公司80%的股权，并于当日起能够对乙公司实施控制。合并日，该土地使用权的账面价值为3 200万元，公允价值为4 000万元；乙公司在母公司合并财务报表中的净资产的账面价值为6 000万元，公允价值为6 250万元。假定甲公司与乙公司的会计年度和采用的会计政策相同，不考虑其他因素，甲公司的下列会计处理中，正确的是（ ）。

A.确认长期股权投资5 000万元，不确认资本公积

B.确认长期股权投资5 000万元，确认资本公积800万元

C.确认长期股权投资4 800万元，确认资本公积600万元

D.确认长期股权投资4 800万元，确认资本公积200万元

【解析】甲公司取得其母公司控制的乙公司的股权，属于同一控制下企业合并，则长期股权投资的初始投资成本＝6 000×80%＝4 800（万元），合并对价即银行存款与土地使用权的账面价值＝1 000＋3 200＝4 200（万元），两者的差额600万元（4 800－4 200）应确认资本公积。综上，本题应选C。

【相关分录】（单位：万元）

借：长期股权投资　　　　　　　　4 800

贷：无形资产——土地使用权 3 200

银行存款 1 000

资本公积——股本溢价 600

【答案】C

【沙场练兵·单选题】2021 年 1 月 20 日，甲公司发行本公司普通股 1 000 万股（每股面值 1 元，每股市价 2.1 元）作为对价，自集团内部取得乙公司 60% 的股权。合并日，乙公司在母公司合并财务报表中的净资产的账面价值为 3 200 万元。假定合并前双方采用的会计政策及会计期间均相同。不考虑其他因素，甲公司对乙公司长期股权投资的初始投资成本为

（ ）万元。

A.1 920   B.2 100

C.3 200   D.1 000

【解析】本题属于同一控制下企业合并，则长期股权投资的初始投资成本 = 3 200×60% = 1 920（万元）。综上，本题应选 A。

【相关分录】（单位：万元）

借：长期股权投资 1 920

贷：股本 1 000

资本公积——股本溢价 920

【答案】A

高频考点 2 对子公司投资的初始计量——非同一控制下的企业合并

1. 处理原则

（1）一次性交易取得

初始投资成本 = 企业合并成本 = 合并对价（现金、非现金资产等）的 **公允价值之和**

（2）多次交易分步取得

原投资的类型	初始投资成本的确定
长期股权投资（科目未变，保持账面）	购买日初始投资成本 = 原股权投资于购买日的**账面价值** + 新增股权的**公允价值** 【提个醒】因持有原股权投资确认的其他综合收益、其他权益变动暂不处理，待处置时转出；处置后的剩余股权采用成本法或权益法核算的，按比例结转；改按金融工具确认和计量准则处理的，全部结转。
采用公允价值计量的金融资产（科目改变，调为公允）	购买日初始投资成本 = 原股权投资于购买日的**公允价值** + 新增股权的**公允价值** 【提个醒】原股权为交易性金融资产的，其公允价值与账面价值之间的差额转入改按成本法核算的当期**投资收益**；原股权为其他权益工具投资的，其公允价值与账面价值之间的差额以及原计入其他综合收益的累积公允价值变动应当直接转入**留存收益**。

2. 账务处理（仅以典型对价为例，存货成本的结转、固定资产的清理等分录下表略）

情形		账务处理
确认长期股权投资	固定资产作为合并对价	借：长期股权投资 【初始投资成本】 应收股利 【已宣告但尚未发放的现金股利或利润】 贷：固定资产清理 **资产处置损益** 【差额，或借方】

（续表）

情形		账务处理
确认长期股权投资	存货作为合并对价	借：长期股权投资　　　　　　　　　　　【初始投资成本】 　　　应收股利　　　【已宣告但尚未发放的现金股利或利润】 　　贷：主营业务收入等　　　　　　　　　【存货的公允价值】 　　　　应交税费——应交增值税（销项税额）
	发行权益性工具作为对价	借：长期股权投资　　　　　　　　　　　【初始投资成本】 　　　应收股利　　　【已宣告但尚未发放的现金股利或利润】 　　贷：股本 　　　　资本公积——股本溢价　　〕【权益性证券的公允价值】
发生审计、法律服务、评估咨询等中介费用及其他相关费用		借：**管理费用** 　　贷：银行存款等

【敲黑板】

（1）非同一控制下的企业合并，购买方发生的审计、法律服务、评估咨询等中介费用以及其他相关费用，于发生时计入当期损益（管理费用）。（与同一控制下的企业合并的处理方式一致）

（2）非同一控制下的企业合并，非现金资产在购买方账上的账面价值需要转换为公允价值，非现金资产账面价值与公允价值之间的差额参考资产的处置处理。如以其他权益工具投资作为合并对价的，差额计入留存收益，并将因持有其他权益工具投资累计确认的其他综合收益转入留存收益；以存货作为合并对价的，同时结转主营（其他）业务成本等。

【真题实战·单选题】2015年12月31日，甲公司以专利技术自非关联方换入乙公司70%的股权，取得控制权，专利技术原值为1 200万元，已摊销额为200万元，公允价值为1 500万元，乙公司可辨认净资产账面价值800万元，公允价值1 000万元。不考虑其他因素，该业务对甲公司个别利润表中当期利润总额的影响金额为（　　）万元。（2016年）

A. 减少90　　　　　　　B. 增加500

C. 增加100　　　　　　D. 增加300

【解析】非同一控制下的企业合并，非现金资产在购买方账上的账面价值需要转换为公允价值，非现金资产账面价值与公允价值之间的差额参考资产的处置处理。本题中，以专利技术

作为合并对价，差额计入资产处置损益，则该业务对甲公司个别利润表的影响金额＝1 500－（1 200－200）＝500（万元），无其他影响利润的事项。综上，本题应选B。

【答案】B

【沙场练兵·单选题】甲公司和乙公司无关联方关系，2021年3月1日，甲公司发行100万股股票取得乙公司80%股权，每股面值1元，收购过程中甲公司支付法律服务费10万元，股票公允价值为5元/股，支付承销费和券商佣金30万元。不考虑相关税费等因素，甲公司应对该交易确认的长期股权投资初始入账价值为（　　）万元。

A. 500　　　　　　　　B. 100

C.510　　　　　　　D.540

【解析】甲公司和乙公司无关联方关系，属于非同一控制下的企业合并，初始投资成本＝合并对价的公允价值之和。企业合并形成长期股权投资发生的法律服务、评估咨询等相关费用不计入长期股权投资初始投资成本，计入管理费用；发行权益性工具支付的承销费和券商佣金不计入长期股权投资初始投资成本，冲减由发行溢价形成的"资本公积"。因此，甲公司应确认的长期股权投资初始入账价值＝100×5＝500（万元）。综上，本题应选A。

【答案】A

【沙场练兵·多选题】企业通过多次交易分步实现非同一控制下企业合并，不属于"一揽子"交易的，购买日之前持有的被购买方的原股权在购买日的公允价值与其账面价值之间的差额，在企业个别财务报表中可能涉及的科目有（　　）。

A.资本公积

B.盈余公积

C.利润分配——未分配利润

D.投资收益

【解析】企业通过多次交易分步实现非同一控制下企业合并，不属于"一揽子"交易的，原股权为交易性金融资产的，其公允价值与账面价值之间的差额转入改按成本法核算的当期投资收益；原股权为其他权益工具投资的，其公允价值与账面价值之间的差额以及原计入其他综合收益的累积公允价值变动应当直接转入留存收益（盈余公积、利润分配——未分配利润）。综上，本题应选BCD。

【答案】BCD

高频考点 3　对联营企业、合营企业投资的初始计量

取得方式	初始投资成本
支付现金	实际支付的价款＋直接相关费用（审计、评估咨询费等） 不包括：已宣告但尚未发放的现金股利或利润（应收项目）
发行权益性证券	权益性证券的公允价值＋直接相关费用（审计、评估咨询费等） 不包括：已宣告但尚未发放的现金股利或利润（应收项目）；为发行权益性证券支付的手续费、佣金等与发行直接相关的费用
发行债务性证券	比照上一行发行权益性证券的规定进行处理
投资者投入	一般以评估作价为基础确定 （除非投资者投入的长期股权投资的公允价值更可靠）

敲黑板

（1）为发行权益性证券支付的手续费、佣金等，应依次冲减资本公积（股本溢价）、盈余公积和未分配利润，不计入初始投资成本。

（2）无论以哪种方式取得长期股权投资，所付对价中包含的已宣告但尚未发放的现金股利或利润都不计入长期股权投资的初始入账价值，应单独确认为应收项目。

【真题实战·多选题】下列各项关于企业对长期股权投资会计处理的表述中，正确的有（　　）。（2020年）

A.以合并方式取得子公司股权时，支付的法律服务费计入管理费用

B.以定向增发普通股的方式取得联营企业股权时，普通股的发行费用计入长期股权投资的初始投资成本

C.以发行债券的方式取得子公司股权时，债券的发行费用计入长期股权投资的初始投资成本

D.取得合营企业股权时，支付的手续费计入长期股权投资的初始投资成本

【思路导航】长期股权投资的初始计量中手续费的处理，是历年考试的高频考点，复习时将长期股权投资初始计量归为两大类：一类是对子公司投资的初始计量，取得长期股权投资支付的直接相关费用计入管理费用；另一类是对联营、合营企业投资的初始计量，取得长期股权投资支付的直接相关费用计入长期股权投资的初始投资成本。

【解析】选项A表述正确，以合并方式取得子公司股权时，支付的法律服务费计入管理费用；选项B表述错误，以定向增发普通股的方式取得联营企业股权时，普通股的发行费用应冲减股票发行溢价，发行溢价不足冲减的，依次冲减盈余公积和未分配利润，不计入长期股权投资的初始投资成本；选项C表述错误，以发行债券的方式取得子公司股权时，债券的发行费用应计入债券的初始确认金额，不计入长期股权投资的初始投资成本；选项D表述正确，取得合营企业股权时，支付的手续费计入长期股权投资的初始投资成本。综上，本题应选AD。

【答案】AD

【真题实战·判断题】增值税一般纳税人以支付现金方式取得联营企业股权的，所支付的与股权投资直接相关的费用应计入当期损益。（　　）（2017年）

【解析】以支付现金方式取得联营企业股权的，其所支付的与股权投资直接相关的费用应当计入初始投资成本。因此，本题表述错误。

【答案】×

【沙场练兵·单选题】甲公司于2021年3月1日购入乙公司20%的股份，实际支付价款300万元（包含已宣告但尚未发放的现金股利10万元），另支付手续费等相关费用5万元。甲公司取得部分股权后能够对乙公司施加重大影响。不考虑相关税费等因素，甲公司该项长期股权投资的初始入账价值为（　　）万元。

A.295　　　　　　　　B.300

C.305　　　　　　　　D.315

【解析】甲公司取得乙公司部分股权后，能够施加重大影响，属于取得对联营企业的长期股权投资，应以实际支付的价款，包括与初始投资直接相关的费用、税金及其他必要支出作为长期股权投资入账价值，支付的价款中包含的已宣告但尚未发放的现金股利不计入长期股权投资初始投资成本，确认为应收项目。则甲公司对该项长期股权投资的初始入账价值＝300－10＋5＝295（万元）。综上，本题应选A。

【相关分录】（单位：万元）

借：长期股权投资——投资成本　　295
　　应收股利　　　　　　　　　　　10
　　贷：银行存款　　　　　　　　　　305

【答案】A

【沙场练兵·单选题】甲公司于2021年3月1日发行100万股股票取得乙公司20%股权，每股面值1元、公允价值5元，另支付法律服务费10万元、承销费和券商佣金30万元。甲公司取得部分股权后能够对乙公司施加重大

影响。不考虑相关税费等因素，甲公司该项长期股权投资的初始入账价值为（　　）万元。

A.500　　　　　　　B.100

C.510　　　　　　　D.540

【解析】甲公司取得乙公司部分股权后，能够对乙公司施加重大影响，属于取得对联营企业的长期股权投资，应以权益性证券的公允价值作为长期股权投资入账价值，发生的审计、法律服务和咨询评估等费用计入初始投资成本，为发行权益性证券支付的手续费、佣金应依次冲减资本公积（股本溢价）、留存收益，不计

入长期股权投资初始投资成本。则甲公司应确认的长期股权投资初始入账价值＝100×5＋10＝510（万元）。综上，本题应选C。

【相关分录】（单位：万元）

借：长期股权投资——投资成本　　510

　　贷：股本　　　　　　　　　　100

　　　　资本公积——股本溢价　　400

　　　　银行存款　　　　　　　　10

借：资本公积——股本溢价　　　　30

　　贷：银行存款　　　　　　　　30

【答案】C

高频考点 4　长期股权投资后续计量的一般处理

注：上图所示的"以持股比例判断股权投资的核算方法"仅是一种理想化的处理，实际工作中，还需要综合考虑多种因素去判断。

长期股权投资后续计量分为成本法和权益法，对子公司的长期股权投资应当按成本法核算；对合营企业、联营企业的长期股权投资应当按权益法核算。

情形	权益法	成本法
科目设置	长期股权投资（投资成本、损益调整、其他权益变动、其他综合收益4个明细科目）；长期股权投资减值准备	长期股权投资（无明细）；长期股权投资减值准备
初始投资成本的调整	①初始投资成本＞应享有被投资单位可辨认净资产公允价值份额：不调整；②初始投资成本＜应享有被投资单位可辨认净资产公允价值的份额，需要调整，分录如下：借：长期股权投资——投资成本　贷：营业外收入　　　　　　　　【差额】	不作账务处理
被投资单位实现净收益时	借：长期股权投资——损益调整　贷：投资收益	

（续表）

情形	权益法	成本法
被投资单位其他综合收益变动	借：长期股权投资——其他综合收益 　　贷：其他综合收益　　【减少时作相反分录】	不作账务处理
被投资单位所有者权益的其他变动	借：长期股权投资——其他权益变动 　　贷：资本公积——其他资本公积 　　　　　　　　　　　　【减少时作相反分录】	
被投资单位宣告分派现金股利	借：应收股利 　　贷：长期股权投资——损益调整	借：应收股利 　　贷：投资收益
发生减值	借：资产减值损失 　　贷：长期股权投资减值准备	
全部处置	借：银行存款等 　　长期股权投资减值准备 　　贷：长期股权投资——投资成本 　　　　　　　　　　——损益调整　　【或借方】 　　　　　　　　　　——其他综合收益【或借方】 　　　　　　　　　　——其他权益变动【或借方】 　　　　投资收益　　　　　　　【差额，或借方】 借：资本公积——其他资本公积　　【或贷方】 　　其他综合收益　　　　　　　【或贷方】 　　贷：投资收益　　　　　　　【或借方】	借：银行存款等 　　长期股权投资减值准备 　　贷：长期股权投资 　　　　投资收益　【或借方】

┃敲黑板┃ 成本法下，除非追加投资或发生减值等，长期股权投资的账面价值维持不变；权益法下，投资方应随被投资单位所有者权益的变动，相应调整增加或减少长期股权投资的账面价值。

【真题实战·多选题】甲公司对乙公司的长期股权投资采用权益法核算，乙公司发生的下列各项交易或事项中，将影响甲公司资产负债表长期股权投资项目列报金额的有（　　）。（2021年）

A. 收到用于补偿已发生费用的政府补助50万元

B. 宣告分派现金股利1 000万元

C. 其他债权投资公允价值增加100万元

D. 取得其他权益工具投资转让收益30万元

【解析】选项A，收到政府补助，会影响乙公司的当期损益，进而增加乙公司的净利润，甲公司按照权益法核算时会调增长期股权投资的账面价值；选项B，乙公司宣告分派现金股利，甲公司确认应分得的现金股利时调减长期股权投资账面价值；选项C，乙公司其他综合收益增加，按照持股比例相应增加甲公司长期股权投资账面价值；选项D，乙公司其他权益工具投资转让增加留存收益，即乙公司所有者权益增加，则甲公司的长期股权投资账面价值也相应按比例增加。综上，本题应选 ABCD。

【答案】ABCD

【真题实战·多选题】企业采用权益法核算时，下列事项中将引起长期股权投资账面价值发生增减变动的有（　　）。（2020年）

A. 长期股权投资的初始投资成本小于投资时应享有被投资单位可辨认净资产公允价值份额

B. 长期股权投资的初始投资成本大于投资时应享有被投资单位可辨认净资产公允价值份额

C. 被投资单位资本公积发生变化

D. 计提长期股权投资减值准备

【解析】选项 A 符合题意，当长期股权投资的初始投资成本小于投资时应享有被投资单位可辨认净资产公允价值份额时，按其差额调增长期股权投资账面价值，同时确认为营业外收入；选项 B 不符合题意，当长期股权投资的初始投资成本大于投资时应享有被投资单位可辨认净资产公允价值份额时，不调整长期股权投资的账面价值；选项 C 符合题意，被投资单位资本公积发生变化时，应按持股比例调整长期股权投资的账面价值，同时确认为资本公积；选项 D 符合题意，计提长期股权投资减值准备，会使长期股权投资账面价值减少。综上，本题应选 ACD。

【答案】ACD

【真题实战·单选题】2019 年甲公司的合营企业乙公司发生的下列交易或事项中，将对甲公司当年投资收益产生影响的是（　　）。（2020年）

A. 乙公司宣告分配现金股利

B. 乙公司当年发生的电视台广告费

C. 乙公司持有的其他债权投资公允价值上升

D. 乙公司股东大会通过发放股票股利的议案

【解析】选项 A 不符合题意，乙公司宣告分配现金股利，甲公司应借记"应收股利"科目，贷记"长期股权投资——损益调整"科目，不影响甲公司的投资收益；选项 B 符合题意，乙公司当年发生的电视台广告费计入当期损益，影响乙公司的净利润，进而影响甲公司的投资收益；选项 C 不符合题意，乙公司持有的其他债权投资公允价值上升，甲公司按照享有份额借记"长期股权投资——其他综合收益"科目，贷记"其他综合收益"科目，不影响甲公司的投资收益；选项 D 不符合题意，乙公司股东大会通过发放股票股利的议案，乙公司无需作账务处理，不会导致乙公司所有者权益发生变动，甲公司也无需作账务处理。综上，本题应选 B。

【答案】B

【真题实战·多选题】甲公司对乙公司的长期股权投资采用权益法核算，乙公司发生的下列事项中，将导致甲公司长期股权投资账面价值发生变动的有（　　）。（2018年）

A. 接受其他企业的现金捐赠

B. 发行可分离交易的可转换公司债券

C. 宣告分派现金股利

D. 提取法定盈余公积

【解析】选项 A 符合题意，被投资单位接受其他企业的现金捐赠，会增加被投资单位的净利润，投资单位应当按照应享有的份额确认投资收益，同时增加长期股权投资的账面价值；选项 B 符合题意，被投资方发行可分离交易的可转换公司债券中包含的权益成分，会导致被投资方所有者权益发生变动，投资方应当按照应享有的份额调整长期股权投资账面价值，同时调整"资本公积——其他资本公积"；选项 C 符合题意，被投资单位宣告发放现金股利或利润时，投资方应当按照应获得的现金股利或利润确认应收股利，同时调减长期股权投资的账面价值；选项 D 不符合题意，被投资单位提取法定盈余公积属于所有者权益内部变动，不会导致所有者权益总额变动，不影响投资方长期股权投资的账面价值。综上，本题应选 ABC。

【答案】ABC

【真题实战·单选题】2017 年 5 月 10 日，甲公司将其持有的一项以权益法核算的长期股权投资全部出售，取得价款 1 200 万元，当日办妥相关手续。出售时，该项长期股权投资的账面价值为 1 100 万元，其中投资成本为 700 万元，损益调整为 300 万元，可重分类进损益的其他综合收益为 100 万元，不考虑增值税等相关税费及其他因素。甲公司处置该项股权投资应确认的投资收益为（　　）万元。（2017 年）

A.100　　　　　　B.500

C.200　　　　　　D.400

【解析】全部处置权益法核算的长期股权投资时，应相应结转与所售股权相对应的长期股权投资的账面价值，取得价款与处置长期股权投资账面价值之间的差额，计入当期损益（投资收益），同时将持有期间累积确认的（可重分类进损益的）其他综合收益、其他资本公积结转计入当期损益（投资收益）。则甲公司处置该项股权投资应确认的投资收益 =（1 200 − 1 100）+ 100 = 200（万元）。综上，本题应选 C。

【相关分录】（单位：万元）

借：银行存款　　　　　　　　　　1 200

　　贷：长期股权投资——投资成本　　　700

　　　　　　　　　　——损益调整　　　300

　　　　　　　　　　——其他综合收益　100

　　　　投资收益　　　　　　　　　　100

借：其他综合收益　　　　　　　　　100

　　贷：投资收益　　　　　　　　　　　100

【答案】C

【真题实战·多选题】企业采用权益法核算长期股权投资时，下列各项中，影响长期股权投资账面价值的有（　　）。（2017 年）

A. 被投资单位其他综合收益变动

B. 被投资单位发行一般公司债券

C. 被投资单位以盈余公积转增资本

D. 被投资单位实现净利润

【解析】权益法下，投资方应随被投资单位所有者权益的变动，相应调整增加或减少长期股权投资的账面价值。选项 A、D，属于被投资单位所有者权益总额发生变动，企业应当调整长期股权投资账面价值；选项 B、C，被投资单位发行一般债券、以盈余公积转增资本，其所有者权益总额并未发生变动，投资单位不作处理，不影响长期股权投资账面价值。综上，本题应选 AD。

【答案】AD

【沙场练兵·多选题】企业采用成本法核算长期股权投资进行的下列会计处理中，正确的有（　　）。

A. 按持股比例计算享有被投资方实现净利润的份额调增长期股权投资的账面价值

B. 按追加投资的金额调增长期股权投资的成本

C. 按持股比例计算应享有被投资方其他权益工具投资公允价值上升的份额确认投资收益

D. 按持股比例计算应享有被投资方宣告发放现金股利的份额确认投资收益

【解析】选项 A、C 处理错误，选项 B 处理正确，采用成本法核算的长期股权投资在持有期间，维持取得时成本，除追加、减少投资或发生减值等情况，不改变长期股权投资的账面价值；选项 D 处理正确，成本法核算的长期股权投资，在被投资方宣告发放现金股利时，按应享有份额，借记"应收股利"科目，贷记"投资收益"科目。综上，本题应选 BD。

【答案】BD

高频考点 5　权益法下，被投资单位实现净损益的处理

1. 采用权益法核算的长期股权投资，在确认应享有（或分担）被投资单位的净利润（或净亏损）时，应在被投资单位账面净利润的基础上，考虑以下因素的影响进行适当调整。

（1）会计政策和会计期间的影响

被投资单位采用的会计政策和会计期间与投资方不一致的，投资方应按其会计政策和会计期间对被投资单位的财务报表进行调整，在此基础上确定应享有（或分担）的净利润（或净亏损）。

（2）法规或章程等的影响

投资方应剔除法规或章程规定不属于投资企业的净损益，在此基础上确定投资单位应享有（或分担）的被投资单位的净利润（或净亏损）。

（3）被投资单位资产账面价值和公允价值差异的影响

考虑对被投资单位以公允价值为基础计提的折旧额或摊销额以及资产减值准备金额等进行调整，在此基础上确定应享有（或分担）的净利润（或净亏损），常见的调整包括固定（无形）资产的折旧（摊销）、售出存货的成本，以其公允价值＞账面价值为例：

固定资产（无形资产类似）	净利润调减额 $= \dfrac{\text{固定（无形）资产公允价值}}{\text{尚可使用年限}} - \dfrac{\text{固定（无形）资产账面原值}}{\text{原预计使用年限}}$
存货	净利润调减额 =（存货的公允价值 – 存货的账面价值）× 出售比例

注：假设表中固定资产/无形资产按直线法计提折旧/摊销。

（4）未实现内部交易损益的影响

抵销按照持股比例计算的应由投资方承担的未实现内部交易损益，在此基础上确定应享有（或分担）的净利润（或净亏损）。（个别报表上无须区分顺流交易、逆流交易）

若未实现内部交易损失属于所转让资产发生的减值损失，有关未实现内部交易损失应当全额确认，不应予以抵销。

交易发生当期	被投资方调整后的净利润 = 净利润 – 未实现内部交易损益
后续期间	被投资方调整后的净利润 = 净利润 + 当期已实现的前期未实现内部交易损益（即有关资产已对第三方出售或被消耗）

> **┃敲黑板┃**
>
> 投资方与其被投资方之间进行内部交易形成的资产，在尚未对外部独立的第三方出售或未被消耗之前，即形成了未实现内部交易损益。
>
> （1）内部出售固定资产或无形资产（自用）时，未实现内部交易损益＝公允价值—账面价值—公允价值与账面价值差额部分对应当期折旧（摊销）金额

第4章

$$=公允价值-账面价值-\frac{公允价值-账面价值}{尚可使用年限}\times 本期折旧（摊销）年限$$

（2）内部出售存货时，未实现内部交易损益＝（营业收入－营业成本）×（1－向第三方售出比例）

2. 投资方在确认应分担被投资单位发生的超额亏损时，应按照如下方式进行处理：

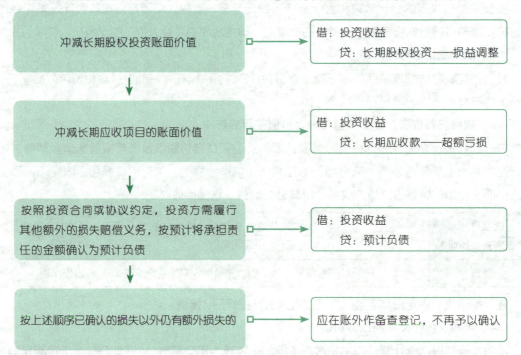

冲减长期股权投资账面价值	借：投资收益 　　贷：长期股权投资——损益调整
冲减长期应收项目的账面价值	借：投资收益 　　贷：长期应收款——超额亏损
按照投资合同或协议约定，投资方需履行其他额外的损失赔偿义务，按预计将承担责任的金额确认为预计负债	借：投资收益 　　贷：预计负债
按上述顺序已确认的损失以外仍有额外损失的	应在账外作备查登记，不再予以确认

┃敲黑板┃ 发生亏损以后实现净利润的，按相反顺序进行处理（减记备查、冲销预计负债、确认长期应收款、增加长期股权投资账面价值）。

【真题实战·判断题】企业采用权益法核算长期股权投资的，在确认投资收益时，不需考虑顺流交易产生的未实现内部交易利润。（　　）（2017年）

【解析】投资方在采用权益法计算确认应享有被投资企业的投资收益时，应抵销未实现内部交易损益的影响，该未实现内部交易损益的抵销既包括顺流交易也包括逆流交易。因此，本题表述错误。

【答案】×

【沙场练兵·单选题】投资方在确认应分担被投资单位发生的亏损时，不可能涉及的科目是（　　）。

A. 长期股权投资——损益调整

B. 长期应收款——超额亏损

C. 预计负债

D. 营业外支出

【解析】选项A、B、C均可能涉及；选项D不可能，按冲减长期股权投资账面价值、冲减长期应收项目等的账面价值及按预计将承担责任的金额确认为预计负债的顺序处理后，仍有额外损失的，在账外作备查登记，不计入营业外支出。综上，本题应选D。

【答案】D

【沙场练兵·单选题】甲公司持有乙公司20%有表决权的股份，能够对乙公司施加重大影响。2021年9月，甲公司将其账面价值为800万元的设备以1 200万元的价格出售给乙公司，乙公司将取得的设备作为管理用固定资产，预计使用寿命为10年，净残值为0，采用直线法计提折旧。假定甲公司取得该项投资时，乙公司各项可辨认资产、负债的公允价值与其账面价值相同，两者在以前期间未发生过内部交易。乙公司2021年实现净利润2 000万元。不考虑相关税费等其他因素影响。甲公司2021年应确认的投资收益为（　　）万元。

A.222　　　　B.166

C.801.2　　　D.322

【解析】乙公司2021年实现净利润2 000万元，由于甲公司将该设备出售给乙公司，产生未实现内部交易损益＝（公允价值－账面价值）－差额对应折旧金额＝（1 200－800）－（1 200－800）÷10×（3÷12）＝390（万元），则乙公司调整后的净利润＝净利润－未实现内部交易损益＝2 000－390＝1 610（万元），故甲公司应确认投资收益322万元（1 610×20%）。综上，本题应选D。

【相关分录】（单位：万元）

借：长期股权投资——损益调整　322

　　贷：投资收益　　　　　　　　　　322

【答案】D

【举一反三·单选题】接上题其他条件，若乙公司2022年实现净利润3 000万元。不考虑相关税费等其他因素影响，确定2022年甲公司应确认的投资收益为（　　）万元。

A.678　　　　B.600

C.608　　　　D.592

【解析】2022年，通过折旧的方式使40万元[（1 200－800）÷10]前期未实现内部交易损益得以实现，则2022年乙公司调整后的净利润＝净利润＋当期已实现的前期未实现内部交易损益＝3 000＋40＝3 040（万元），故甲公司2022年应确认的投资收益金额为608万元（3 040×20%）。综上，本题应选C。

【相关分录】（单位：万元）

借：长期股权投资——损益调整　608

　　贷：投资收益　　　　　　　　　　608

【答案】C

【沙场练兵·单选题】甲公司持有乙公司20%有表决权股份，能够对乙公司施加重大影响。2021年8月，乙公司将其成本为900万元的某商品以1 500万元的价格出售给甲公司，甲公司将取得的商品作为存货。至2021年12月31日，甲公司仍未对外出售该存货。乙公司2021年实现净利润4 800万元。假定甲公司取得该项投资时，乙公司各项可辨认资产、负债的公允价值与其账面价值相等，两者在以前期间未发生过内部交易。假定不考虑相关税费等其他因素影响。甲公司2021年应确认的投资收益为（　　）万元。

A.232　　　　B.840

C.680　　　　D.322

【解析】乙公司2021年实现净利润4 800万元，由于乙公司将某商品出售给甲公司，产生的未实现内部交易损益＝（营业收入－营业成本）×（1－向第三方售出比例）＝（1 500－900）×（1－0%）＝600（万元），则乙公司调整后的净利润＝净利润－未实现内部交易损益＝4 800－600＝4 200（万元），故甲公司应确认的投资收益为840万元（4 200×20%）。综上，本题应选B。

【相关分录】（单位：万元）

借：长期股权投资——损益调整　　840

　　贷：投资收益　　　　　　　　　　840

【答案】B

【举一反三·单选题】接上题条件，假定2022年，甲公司将该商品以1 800万元的价格出售给外部独立第三方。乙公司2022年实现的净利润为3 000万元。甲公司2022年应确认的投资收益为（　　）万元。

A.720　　　　　　　　　B.156

C.680　　　　　　　　　D.322

【解析】2022年由于存货全部出售给独立第三方，导致前期未实现内部交易损益600万元在本期得以实现，则2022年乙公司调整后的净利润＝净利润＋当期已实现的前期未实现内部交易损益＝3 000＋600＝3 600（万元），故甲公司2022年应确认的投资收益金额为720万元（3 600×20%）。综上，本题应选A。

【相关分录】（单位：万元）

借：长期股权投资——损益调整　　720

　　贷：投资收益　　　　　　　　　　720

【答案】A

【沙场练兵·单选题】甲公司持有乙公司20%的股权，对乙公司具有重大影响，采用权益法核算该项长期股权投资，乙公司2021年实现净利润200万元。在此之前，甲公司对乙公司的长期股权投资账面价值为0，备查账簿中登记的损失为20万元。则2021年年末甲公司应该确认的投资收益金额是（　　）万元。

A.180　　　　　　　　　B.40

C.36　　　　　　　　　D.20

【解析】发生亏损以后实现净利润的，按相反顺序进行处理（减记备查、冲销预计负债、冲销长期应收款、增加长期股权投资账面价值）。本题中，甲公司2021年年末应享有的乙公司净利润金额＝200×20%＝40（万元），该部分金额应先恢复备查账簿中的损失20万元，故2021年年末甲公司应确认的投资收益为20万元（40－20）。综上，本题应选D。

【提个醒】20万元损失为甲公司负担的亏损，应当冲减甲公司应享有的净利润份额（即40万元），而非乙公司全部净利润（即200万元）。否则"（200－20）×20%"会错选C，一定要注意。

【答案】D

高频考点 6　核算方法的转换——持股比例上升

1. 公允价值计量或权益法转换为成本法

原持有的以公允价值计量的权益性投资或原持有的对联营企业、合营企业的长期股权投资，因追加投资导致持股比例上升，使得投资方能够对被投资单位实施控制的，即前文所述"通过多次交易分步取得被投资单位的股权，最终形成企业合并"，需要区分同一控制与非同一控制，相关账务处理已在高频考点1和2中讲解，此处略。

2. 公允价值计量转换为权益法

投资单位原持有的按照金融工具确认和计量准则进行会计处理的股权投资，因追加投资等原因导致持股比例上升，能够对被投资单位施加共同控制或重大影响的，需要从公允价值计量转为权益法核算。

情形	内容	
追加投资后初始投资成本	原投资为交易性金融资产： 借：长期股权投资【原投资追加投资日公允价值 + 新增股权的公允价值】 　　贷：交易性金融资产 　　　　银行存款 　　【为取得新增股权支付的对价】 　　投资收益【原投资账面价值与公允价值差额，或借方】	原投资为其他权益工具投资： 借：长期股权投资 【原投资追加投资日公允价值 + 新增股权的公允价值】 　　贷：其他权益工具投资 　　　　银行存款　【为取得新增股权支付的对价】 　　　　盈余公积 　　　　利润分配——未分配利润 ⎱【原投资账面价值与公允价值差额，或借方】
初始投资成本调整	追加投资后初始投资成本 VS 全新持股比例 × 追加投资日被投资单位可辨认净资产公允价值 ①前者 > 后者 → 不调整长期股权投资账面价值 ②前者 < 后者 → 差额计入营业外收入，调增长期股权投资的账面价值： 借：长期股权投资——投资成本 　　贷：营业外收入	
持有原股权投资确认的公允价值变动	原投资为交易性金融资产： 原持有期间确认的公允价值变动不再结转	原投资为其他权益工具投资： 借：其他综合收益 　　贷：盈余公积 　　　　利润分配——未分配利润 （或编制相反分录）

第4章

━━

┃敲黑板┃

　　（1）凡是取得（包括直接投资、追加投资形成、处置投资后形成等）权益法核算的长期股权投资时，均要考虑初始投资成本调整问题。

　　（2）其他权益工具投资转换为权益法，追加投资日计入留存收益的金额包括"原投资账面价值与公允价值差额"与"转出因持有原股权投资确认的公允价值变动"两部分。

━━

【真题实战·综合题】（2020 年）

2018 年至 2019 年，甲公司发生的与股权投资相关的交易或事项如下：

资料一：2018 年 4 月 1 日，甲公司以银行存款 800 万元自非关联方购入乙公司 5% 的股权，甲公司将其指定为以公允价值计量且其变动计入其他综合收益的金融资产，相关手续于当日完成。2018 年 6 月 30 日，甲公司所持乙公司股权的公允价值为 900 万元。

资料二：2018 年 6 月 30 日，甲公司以银行存款 4 500 万元自非关联方取得乙公司 25% 的股权，累计持股比例达到 30%，相关手续于当日完成，甲公司能够对乙公司的财务和经营政策施加重大影响，对该项股权投资采用权益法进行后续计量。当日，乙公司可辨认净资产的账面价值为 17 000 万元，各项可辨认资产、负债的公允价值均与其账面价值相同。

资料三：2018年9月15日，乙公司以800万元价格向甲公司销售其生产的一台成本为700万元的设备。当日，甲公司将该设备作为行政管理用固定资产并立即投入使用，预计使用年限为10年，预计净残值为零，采用年限平均法计提折旧。

资料四：2018年7月1日至12月31日，乙公司实现净利润800万元，其所持以公允价值计量且其变动计入其他综合收益的金融资产的公允价值增加40万元。

资料五：2019年度乙公司实现净利润2 000万元。

甲、乙公司均以公历年度作为会计年度，采用相同的会计政策。

假定甲公司按照10%提取法定盈余公积，不提取任意盈余公积。本题不考虑增值税、企业所得税等相关税费及其他因素。

要求（"其他权益工具投资""长期股权投资"科目应写出必要的明细科目）（答案中的金额单位用万元表示）：

（1）编制甲公司2018年4月1日购入乙公司5%股权时的会计分录。

（2）编制甲公司2018年6月30日对所持乙公司5%股权按公允价值进行计量的会计分录。

（3）计算甲公司2018年6月30日对乙公司持股比例达到30%时长期股权投资的初始投资成本，并编制相关会计分录。

（4）计算甲公司2018年度对乙公司股权投资应确认投资收益和其他综合收益的金额，并编制相关会计分录。

（5）计算甲公司2019年度对乙公司股权投资应确认投资收益的金额，并编制相关会计分录。

（1）

【解析】购入5%的股权作为金融资产核算，甲公司将其指定为以公允价值计量且其变动计入其他综合收益的金融资产，因此计入其他权益工具投资。

【答案】相关会计分录为：

借：其他权益工具投资——成本　　　　　　　　　　　　　　　　　　800

　　贷：银行存款　　　　　　　　　　　　　　　　　　　　　　　　800

（2）

【解析】其他权益工具投资的公允价值变动计入其他综合收益。

【答案】相关会计分录为：

借：其他权益工具投资——公允价值变动　　　　　　　　　　　　　100

　　贷：其他综合收益　　　　　　　　　　　　　　　　　　　　　100

（3）

【解析】其他权益工具投资转换为以权益法核算的长期股权投资时，以其转换当日的公允价值加上为取得新增投资而应支付对价的公允价值，作为改按权益法核算的初始投资成本，并将该初始投资成本与取得被投资单位共同控制或重大影响时应享有被投资单位可辨认净资产公允价值份额进行比较，确定长期股权投资的成本。其他权益工具投资持有期间确认的其他综合收益转入留存收益。

【答案】2018年6月30日长期股权投资的初始投资成本＝4 500＋900＝5 400（万元）。由于初始投资成本（5 400万元）大于应享有乙公司可辨认净资产公允价值的份额5 100万元（17 000×30%），因此，甲公司无须调整长期股权投资的成本。相关的会计分录为：

借：长期股权投资——投资成本　　　　　　　　　　　　　　5 400
　　贷：银行存款　　　　　　　　　　　　　　　　　　　　　4 500
　　　　其他权益工具投资——成本　　　　　　　　　　　　　　800
　　　　　　　　　　　　　——公允价值变动　　　　　　　　　100
借：其他综合收益　　　　　　　　　　　　　　　　　　　　　100
　　贷：盈余公积　　　　　　　　　　　　　　　　　　　　　　10
　　　　利润分配——未分配利润　　　　　　　　　　　　　　　90

（4）

【解析】本题涉及内部交易，需对乙公司的净利润进行调整，抵销内部未实现交易损益，以调整后的净利润为基础确认当年投资收益，同时，因乙公司其他综合收益的增加而确认增加相应比例的其他综合收益。

【答案】甲公司2018年度对乙公司股权投资应确认投资收益＝800×30%－[（800－700）－（800－700）/10×3/12]×30%＝210.75（万元）。应确认其他综合收益＝40×30%＝12（万元）。相关会计分录为：

借：长期股权投资——损益调整　　　　　　　　　　　　　210.75
　　　　　　　　　　——其他综合收益　　　　　　　　　　　　12
　　贷：投资收益　　　　　　　　　　　　　　　　　　　210.75
　　　　其他综合收益　　　　　　　　　　　　　　　　　　　　12

（5）

【解析】2018年度的固定资产未实现内部交易损益，在甲公司对该固定资产计提折旧的过程中予以实现，2019年度甲公司应当就当年多提折旧金额对乙公司的净利润进行调整，以调整后的金额为基础确认当年的投资收益。

【答案】2019年度对乙公司股权投资应确认的投资收益＝[2 000＋（800－700）/10]×30%＝603（万元）。相关会计分录为：

借：长期股权投资——损益调整　　　　　　　　　　　　　　603
　　贷：投资收益　　　　　　　　　　　　　　　　　　　　　603

【真题实战·综合题】（2019年）
甲公司对乙公司进行股票投资的相关交易或事项如下：

资料一：2017年1月1日，甲公司以银行存款7 300万元从非关联方取得乙公司20%的有表决权股份，对乙公司的财务和经营政策具有重大影响。当日，乙公司所有者权益的账面价值为40 000万元，各项可辨认资产、负债的公允价值均与其账面价值相同，本次投资前，甲公司不持有乙公司股份且与乙公司不存在关联方关系。甲公司的会计政策、会计期间与乙公司相同。

资料二：2017年6月15日，甲公司将其生产的成本为600万元的设备以1 000万元的价格出售给乙公司。当日，乙公司以银行存款支付全部货款，并将该设备交付给本公司专设销售机构作为固定资产立即投入使用。乙公司预计该设备的使用年限为10年，预计净残值为零，采用年限平均法计提折旧。

资料三：2017年度乙公司实现净利润6 000万元，持有的其他债权投资因公允价值上升计入其他综合收益380万元。

资料四：2018年4月1日，乙公司宣告分派现金股利1 000万元，2018年4月10日，甲公司按其持股比例收到乙公司发放的现金股利并存入银行。

资料五：2018年9月1日，甲公司以定向增发2 000万股普通股（每股面值为1元、公允价值为10元）的方式，从非关联方取得乙公司40%的有表决权股份，相关手续于当日完成后，甲公司共计持有乙公司60%的有表决权股份，能够对乙公司实施控制，该企业合并不属于反向购买。当日，乙公司可辨认净资产的账面价值与公允价值均为45 000万元；甲公司原持有的乙公司20%股权的公允价值为10 000万元。

本题不考虑增值税等相关税费及其他因素。

要求（答案中的金额单位用万元表示）：

（1）判断甲公司2017年1月1日对乙公司股权投资的初始投资成本是否需要调整，并编制与投资相关的会计分录。

（2）分别计算甲公司2017年度对乙公司股权投资应确认的投资收益、其他综合收益，以及2017年12月31日该项股权投资的账面价值，并编制相关会计分录。

（3）分别编制甲公司2018年4月1日在乙公司宣告分派现金股利时的会计分录，以及2018年4月10日收到现金股利时的会计分录。

（4）计算甲公司2018年9月1日取得乙公司控制权时长期股权投资改按成本法核算的初始投资成本，并编制相关会计分录。

（5）分别计算甲公司2018年9月1日取得乙公司控制权时的合并成本和商誉。

（1）

【解析】初始投资成本小于取得投资时应享有被投资单位可辨认净资产公允价值份额的，两者之间的差额应计入取得当期的营业外收入，同时调整增加长期股权投资的账面价值。本题中，甲公司享有被投资单位可辨认净资产公允价值的份额8 000万元（40 000×20%）大于初始投资成本 7 300 万元，应当调增长期股权投资的账面价值。

【答案】2017 年 1 月 1 日，甲公司取得乙公司长期股权投资的初始投资成本 7 300 万元＜享有被投资单位可辨认净资产公允价值的份额 8 000 万元（40 000×20％），需要调增长期股权投资的初始入账价值 700 万元（8 000－7 300）。

借：长期股权投资——投资成本　　　　　　　　　　　　　　7 300
　　贷：银行存数　　　　　　　　　　　　　　　　　　　　　　7 300
借：长期股权投资——投资成本　　　　　　　　　　　　　　700
　　贷：营业外收入　　　　　　　　　　　　　　　　　　　　　700

（2）

【解析】对于投资方向被投资单位投资或出售资产的顺流交易，在该交易存在未实现内部交易损益的情况下（即有关资产未对外部独立第三方出售或未被消耗），投资方在采用权益法计算确认应享有被投资单位的投资损益时，应抵销该未实现内部交易损益的影响。本题中，应当对 2017 年乙公司的净利润进行调整，即调整后的净利润＝6 000－［（1 000－600）－（1 000－600）/10×6/12］＝5 620（万元）。

【答案】2017 年乙公司调整后的净利润＝6 000－［（1 000－600）－（1 000－600）/10×6/12］＝5 620(万元)；甲公司 2017 年度对乙公司股权投资应确认的投资收益＝5 620×20％＝1 124（万元）；甲公司 2017 年度对乙公司股权投资应确认的其他综合收益＝380×20％＝76（万元）；2017 年 12 月 31 日长期股权投资账面价值＝7 300＋700＋1 124＋76＝9 200（万元）。

借：长期股权投资——损益调整　　　　　　　　　　　　　　1 124
　　贷：投资收益　　　　　　　　　　　　　　　　　　　　　1 124
借：长期股权投资——其他综合收益　　　　　　　　　　　　76
　　贷：其他综合收益　　　　　　　　　　　　　　　　　　　76

（3）

【解析】采用权益法进行后续计量的长期股权投资，当被投资单位宣告发放现金股利或利润时，投资方应当按照应获得的现金股利或利润确认应收股利，同时调减长期股权投资的账面价值。本题中，甲公司应享有乙公司宣告分派现金股利的份额为 200 万元（1 000×20％）。

【答案】2018 年 4 月 1 日
借：应收股利　　　　　　　　　　　　　　　　　　　　　　200
　　贷：长期股权投资——损益调整　　　　　　　　　　　　　200
2018 年 4 月 10 日
借：银行存款　　　　　　　　　　　　　　　　　　　　　　200
　　贷：应收股利　　　　　　　　　　　　　　　　　　　　　200

（4）

【解析】甲公司 2018 年 9 月 1 日取得乙公司控制权时，应当按照原持有的股权投资的账面价值加上新增投资成本之和，作为改按成本法核算的初始投资成本。甲公司原持有的股权投资的账面价值 = 9 200 - 200 = 9 000（万元），新增投资成本 = 2 000×10 = 20 000（万元），则 2018 年 9 月 1 日长期股权投资的初始投资成本 = 9 000 + 20 000 = 29 000（万元）。

【答案】2018 年 9 月 1 日长期股权投资的初始投资成本 = 2 000×10 + 9 200 - 200 = 29 000（万元）。

借：长期股权投资	29 000	
贷：股本		2 000
资本公积——股本溢价		18 000
长期股权投资——投资成本		8 000
——损益调整		924【1 124 - 200】
——其他综合收益		76

（5）

【解析】甲公司取得控制权时的合并成本 = 原持有的 20% 股权在取得控制权当日的公允价值 + 取得控制权日新增投资的公允价值 = 10 000 + 2 000×10 = 30 000（万元）；合并商誉 = 合并成本 - 合并日应享有被购买方可辨认净资产公允价值的份额 = 30 000 - 45 000×60% = 3 000（万元）。

【答案】甲公司 2018 年 9 月 1 日取得乙公司控制权时的合并成本 = 2 000×10 + 10 000 = 30 000（万元）；商誉 = 30 000 - 45 000×60% = 3 000（万元）。

高频考点 7 核算方法的转换——持股比例下降

1. 成本法转换为权益法

处置部分：按处置比例终止确认长期股权投资账面价值，并与处置价款比较，确认处置损益。

剩余部分：将其原采用成本法核算的账面价值按照权益法要求进行追溯调整（视为取得时即采用权益法处理）。

情形	内容	
处置部分	按处置投资的比例结转应终止确认的长期股权投资成本： 借：银行存款 　　贷：长期股权投资 　　　　投资收益	【处置部分账面价值】 【差额，或借方】

（续表）

情形	内容
剩余部分追溯调整	①调整"**取得时点**"（**剩余部分初始投资成本 VS 剩余持股比例 × 原投资时被投资单位可辨认净资产公允价值**） 前者 > 后者→不调整长期股权投资账面价值 前者 < 后者→差额计入留存收益，调增长期股权投资的账面价值： 借：长期股权投资——投资成本 　　贷：盈余公积 　　　　利润分配——未分配利润 【提个醒】处置日与原投资交易日在一个会计期间的，直接计入营业外收入。否则调整留存收益。 ②调整"**持有期间**"（**随被投资单位所有者权益的变动，按相应比例调整长期股权投资账面价值**） 借：长期股权投资——损益调整 　　　　　　　　　——其他综合收益 　　　　　　　　　——其他权益变动 　　贷：其他综合收益 　　　　资本公积——其他资本公积 　　　　投资收益　　　　　　　　　　　　　　【调本期】 　　　　盈余公积 　　　　利润分配——未分配利润　　　　　 ｝【调整以前期间】

┃敲黑板┃ 原取得投资时至处置投资当期期初被投资单位实现的净损益，调整留存收益；处置当期期初至处置日被投资单位实现的净损益，直接调整投资收益。

2. 成本法或权益法转换为以公允价值计量的金融资产

处置部分：按处置比例终止确认长期股权投资账面价值，并与处置价款比较，确认处置损益。

剩余部分：以处置当日剩余部分公允价值作为股权投资入账价值，与原对应部分账面价值之间的差额，计入当期损益（投资收益）。

情形	内容（具体明细科目略）
处置部分	借：银行存款 　　贷：长期股权投资　　　　　　　　　　　【处置部分账面价值】 　　　　投资收益　　　　　　　　　　　　　　【差额，或借方】
剩余部分	借：交易性金融资产 / 其他权益工具投资　　【处置日剩余股权公允价值】 　　贷：长期股权投资　　　　　　　　　　　【剩余部分账面价值】 　　　　投资收益　　　　　　　　　　　　　　【差额，或借方】
持有原股权投资确认的所有者权益（可结转损益的）	借：其他综合收益　　　　　　　　　　　　　【或贷方】 　　　资本公积——其他资本公积　　　　　　【或贷方】 　　贷：投资收益　　　　　　　　　　　　　　【或借方】

第4章

> **┃敲黑板┃**
>
> （1）权益法转换为以公允价值计量的金融资产时，原持有因采用权益法核算而确认的可重分类进损益的其他综合收益、其他资本公积，应当全额转入当期损益；成本法下，不涉及此项结转。
>
> （2）成本法或权益法转换为以公允价值计量的金融资产，影响投资日应确认投资收益总额的因素包括"处置部分公允价值与账面价值的差额""剩余股权转换日公允价值与账面价值的差额"与"结转持有期间确认的所有者权益（不能重分类进损益的除外）"三部分。

【真题实战·判断题】 企业因处置部分子公司股权将剩余股权投资分类为以公允价值计量且其变动计入当期损益的金融资产时，应在丧失控制权日将剩余股权投资的公允价值与账面价值之间的差额计入其他综合收益。（　　）（2021年）

【解析】 企业因处置部分子公司股权将剩余股权投资分类为以公允价值计量且其变动计入当期损益的金融资产时，应在丧失控制权日将剩余股权投资的公允价值与账面价值之间的差额计入投资收益。因此，本题表述错误。

【答案】 ×

【真题实战·多选题】 2017年1月1日，甲公司对子公司乙的长期股权投资账面价值为2 000万元。当日，甲公司将持有的乙公司80%股权中的一半以1 200万元出售给非关联方，丧失对乙公司的控制权但仍具有重大影响。甲公司原取得乙公司股权时，乙公司可辨认净资产的账面价值为2 500万元，各项可辨认资产、负债的公允价值与其账面价值相同。自甲公司取得乙公司80%股权投资至处置投资日，乙公司实现净利润1 500万元，增加其他综合收益300万元。甲公司按照净利润的10%提取法定盈余公积。假定不考虑增值税等相关税费及其他因素。下列关于2017年1月1日甲公司个别财务报表中对长期股权投资的会计处理表述中，正确的有（　　）。

（2017年）

A. 增加盈余公积60万元

B. 增加未分配利润540万元

C. 增加投资收益320万元

D. 增加其他综合收益120万元

【解析】 成本法转为权益法，处置部分（40%）长期股权投资账面价值1 000万元与处置价款1 200万元的差额，计入投资收益200万元；剩余长期股权投资需要追溯调整：

①取得时点：剩余部分初始投资成本1 000万元＝原投资时享有被投资单位可辨认净资产公允价值份额1 000万元（2 500×40%），无须调整；

②持有期间：乙公司实现净利润1 500万元，均属于以前期间实现的净利润，按剩余持股比例40%调增留存收益600万元，60万元（600×10%）计入盈余公积，540万元（600×90%）计入未分配利润；乙公司增加其他综合收益300万元，按剩余持股比例40%调增其他综合收益120万元。综上，本题应选ABD。

【相关分录】（单位：万元）

处置部分：

借：银行存款　　　　　　　　1 200

　　贷：长期股权投资　　　　　　　1 000

　　　　投资收益　　　　　　　　　　200

成本法转为权益法追溯调整：

借：长期股权投资——损益调整　　600
　　　贷：盈余公积　　　　　　　　　60
　　　　　利润分配——未分配利润　540
借：长期股权投资——其他综合收益　120
　　　贷：其他综合收益　　　　　　　120

【答案】ABD

【沙场练兵·单选题】甲公司持有乙公司30%的有表决权股份，能够对乙公司施加重大影响，对该股权投资采用权益法核算。2021年9月1日，甲公司将该项投资中的50%出售给非关联方，取得价款200万元，相关手续于当日完成。甲公司无法再对乙公司施加重大影响，将剩余股权投资转为其他权益工具投资。出售时，该项长期股权投资的账面价值为350万元，其中投资成本300万元、损益调整20万元、其他综合收益为20万元（被投资单位的其他债权投资的累计公允价值变动）、除净损益、其他综合收益和利润分配外的其他所有者权益变动为10万元；剩余股权的公允价值为180万元。不考虑相关税费的影响，出售日，甲公司下列会计处理正确的是（　　　）。

A. 剩余股权投资继续采用权益法核算
B. 确认其他权益工具投资200万元
C. 确认投资收益60万元
D. 长期股权投资剩余账面价值180万元

【解析】选项A处理错误，甲公司无法再对乙公司实施重大影响，将剩余股权投资转为其他权益工具投资，以公允价值计量；选项B处理错误，以处置当日剩余部分公允价值180万元作为其他权益工具投资入账价值；选项C处理正确，减少投资日应确认投资收益总额包括"处置部分公允价值与账面价值的差额25万元（200－350×50%）""剩余股权转换日公允价值与账面价值的差额5万元（180－350×50%）"与"结转持有期间确认的所有者权益30万元（20＋10）"三部分，则确认投

资收益60万元；选项D处理错误，权益法核算转为公允价值计量，该长期股权投资终止确认，账面价值为0。综上，本题应选C。

【相关分录】（单位：万元）
借：其他权益工具投资　　　　　180
　　银行存款　　　　　　　　　200
　　　贷：长期股权投资——投资成本　　300
　　　　　　　　　　　　——损益调整　　20
　　　　　　　　　　　　——其他综合收益　20
　　　　　　　　　　　　——其他权益变动　10
　　　　　投资收益　　　　　　　30
借：其他综合收益　　　　　　　20
　　资本公积——其他资本公积　10
　　　贷：投资收益　　　　　　　　30

【提个醒】上述分录将处置部分股权的处理与剩余股权的处理合成一笔，可以发现，实际上就是结转长期股权投资账面价值，将其与收到的处置价款、剩余股权公允价值的差额确认为投资收益。

【答案】C

【沙场练兵·多选题】2020年6月1日，甲公司从非关联方取得乙公司60%的股权，能够对乙公司实施控制，此时乙公司可辨认净资产公允价值总额为700万元（假定公允价值与账面价值相同）。2021年5月1日，甲公司对乙公司的长期股权投资账面价值为400万元，未计提减值准备，甲公司将该项投资中的50%出售给非关联方，取得价款250万元，当日被投资单位可辨认净资产公允价值总额为750万元，相关手续于当日完成，甲公司不再对乙公司实施控制，但具有重大影响。甲公司取得对乙公司长期股权投资后至部分处置投资前，乙公司实现净利润200万元，其中自甲公司取得投资日至2021年年初实现净利润150万元，除此之外，还实现其他所有者权益变动200万元。假定乙公司一直未进行利润分配，

甲公司按净利润的 10% 提取法定盈余公积。出售日，甲公司下列会计处理正确的有（　　）。

A. 确认长期股权投资其他权益变动 60 万元

B. 确认长期股权投资处置损益 100 万元

C. 确认商誉 50 万元

D. 确认长期股权投资损益调整 60 万元

【解析】本题为成本法转为权益法：

（1）处置部分（30%）长期股权投资账面价值 200 万元与处置价款 250 万元的差额，确认投资收益 50 万元；

（2）剩余长期股权投资需要追溯调整：

① 取得时点：剩余部分初始投资成本 200 万元 < 原投资时享有被投资单位可辨认净资产公允价值份额 210 万元（700×30%），长期股权投资入账价值为 210 万元，由于不在同一会计期间，确认留存收益 10 万元。

② 持有期间：乙公司实现净损益 200 万元，甲公司应确认"长期股权投资——损益调整"60 万元（200×30%），其中，150 万元属于以前期间，按应享有份额 45 万元（150×30%）调增留存收益；50 万元属于当期，按应享有份额 15 万元（50×30%）调增投资收益；乙公司实现其他所有者权益变动 200 万元，甲公司应调增"长期股权投资——其他权益变动"60 万元（200×30%），同时计入资本公积。综上，本题应选 AD。

【相关分录】（单位：万元）

处置部分：

借：银行存款　　　　　　　　　　　250

　　贷：长期股权投资　　　　　　　　200

　　　　投资收益　　　　　　　　　　 50

成本法转为权益法追溯调整：

借：长期股权投资——投资成本　　　　10

　　贷：盈余公积　　　　　　　　　　　 1

　　　　利润分配——未分配利润　　　　 9

借：长期股权投资——损益调整　　　　60

　　贷：盈余公积　　　　　　　　　　 4.5

　　　　利润分配——未分配利润　　　 40.5

　　　　投资收益　　　　　　　　　　 15

借：长期股权投资——其他权益变动　　60

　　贷：资本公积——其他资本公积　　　60

【答案】AD

【真题实战·综合题】（2018 年）

甲公司对乙公司进行股票投资的相关资料如下：

资料一：2015 年 1 月 1 日，甲公司以银行存款 12 000 万元从非关联方取得乙公司 60% 的有表决权股份，能够对乙公司实施控制。当日，乙公司所有者权益的账面价值为 16 000 万元，其中股本 8 000 万元，资本公积 3 000 万元，盈余公积 4 000 万元，未分配利润 1 000 万元。乙公司各项可辨认资产、负债的公允价值与其账面价值均相同。本次投资前，甲公司不持有乙公司股份且与乙公司不存在关联方关系。甲、乙公司的会计政策和会计期间一致。

资料二：乙公司 2015 年度实现净利润 900 万元。

资料三：乙公司 2016 年 5 月 10 日对外宣告分派现金股利 300 万元，并于 2016 年 5 月 20 日分派完毕。

资料四：2016 年 6 月 30 日，甲公司将持有的乙公司股权中的三分之一出售给非关联方，所得价款 4 500 万元全部收存银行。当日，甲公司丧失对乙公司的控制权，但对乙公司具有重大影响。

资料五：乙公司 2016 年度实现净利润为 400 万元，其中 2016 年 1 月 1 日至 6 月 30 日实现的净利润为 300 万元。

资料六：乙公司 2017 年度发生亏损 25 000 万元。甲、乙公司每年均按当年净利润的 10% 提取法定盈余公积。

本题不考虑增值税等相关税费及其他因素。（答案中的金额单位用万元表示）

要求：

（1）编制甲公司 2015 年 1 月 1 日取得乙公司股权的分录。

（2）分别编制甲公司 2016 年 5 月 10 日在乙公司宣告分派现金股利时的会计分录和 2016 年 5 月 20 日收到现金股利时的会计分录。

（3）编制甲公司 2016 年 6 月 30 日出售部分乙公司股权的会计分录。

（4）编制甲公司 2016 年 6 月 30 日对乙公司剩余股权投资由成本法转为权益法的会计分录。

（5）分别编制甲公司 2016 年年末和 2017 年年末确认投资收益的会计分录。

（1）

【解析】本题中，甲公司长期股权投资的初始投资成本为 12 000 万元。

【答案】2015 年 1 月 1 日取得乙公司股权

借：长期股权投资　　　　　　　　　　　　　　　　　　12 000

　　贷：银行存款　　　　　　　　　　　　　　　　　　　　　12 000

（2）

【解析】成本法下，长期股权投资持有期间，投资方应当在被投资单位宣告分配现金股利或利润时，按照应享有的份额确认为当期损益。

【答案】2016 年 5 月 10 日

借：应收股利　　　　　　　　　　　　　　　　　　　　180【300×60%】

　　贷：投资收益　　　　　　　　　　　　　　　　　　　　　180

2016 年 5 月 20 日

借：银行存款　　　　　　　　　　　　　　　　　　　　180

　　贷：应收股利　　　　　　　　　　　　　　　　　　　　　180

（3）

【解析】投资方因出售股权等原因导致自身持股比例下降，从而丧失控制权但能实施共同控制或重大影响的，投资方在个别报表中，将出售部分按比例终止确认长期股权投资成本，实际收到的价款与处置部分的账面价值之间的差额确认为投资收益。

【答案】2016 年 6 月 30 日

借：银行存款　　　　　　　　　　　　　　　　　　　　4 500

　　贷：长期股权投资　　　　　　　　　　　　　　　　　　　4 000【12 000×1/3】

　　　　投资收益　　　　　　　　　　　　　　　　　　　　　500

（4）

【解析】投资方因出售股权等原因导致自身持股比例下降，从而丧失控制权但能实施共同控制或重大影响的，投资方在个别报表中，应当对剩余股权投资转为权益法核算，并进行追溯调整。

【答案】剩余股权账面价值为 8 000 万元（12 000 − 4 000），应享有取得投资时被投资单位可辨认净资产公允价值份额为 6 400 万元（16 000×40%），不需要对初始投资成本进行调整；甲公司应享有自购买日到处置当期期初实现的净损益为 360 万元（900×40%），应增加长期股权投资的账面价值，同时调整留存收益；享有处置当期期初至处置时点乙公司实现的净利润 120 万元（300×40%），应增加长期股权投资的账面价值，同时调整投资收益；本年乙公司宣告分派现金股利 300 万元，甲公司应调减长期股权投资账面价值 120 万元（300×40%），同时减少投资收益。

借：长期股权投资——损益调整　　　　　　　　　　　　　　480
　　贷：盈余公积　　　　　　　　　　　　　　　　　　　　　36
　　　　利润分配——未分配利润　　　　　　　　　　　　　324
　　　　投资收益　　　　　　　　　　　　　　　　　　　　120
借：投资收益　　　　　　　　　　　　　　　　120【300×40%】
　　贷：长期股权投资——损益调整　　　　　　　　　　　　120

（5）

【解析】投资方因出售股权等原因导致自身持股比例下降，从而丧失控制权但能实施共同控制或重大影响的，投资方在个别报表中，应当对剩余股权投资转为权益法核算，并进行追溯调整。

剩余股权 2016 年度（2016 年 7 月 1 日至 12 月 31 日）应确认的净损益为 40 万元（100×40%），应增加长期股权投资的账面价值，同时确认投资收益。

2016 年年末长期股权投资的账面价值 ＝ 8 000 ＋ 480 − 120 ＋ 40 ＝ 8 400（万元），2017年乙公司发生亏损 25 000 万元，甲公司应按持股比例承担相应的亏损，甲公司应承担亏损金额 ＝ 25 000×40% ＝ 10 000（万元），大于长期股权投资账面价值，即属于超额亏损；权益法下，投资单位分担被投资单位发生的亏损份额，应以长期股权投资账面价值（8 400 万元）及其他实质上构成对被投资单位净投资的长期权益减记至零为限，投资方负有承担额外损失义务的，按照预计金额确认预计负债，按以上确认损失后，仍有额外损失的，应在账外作备查登记。

【答案】2016 年 12 月 31 日

借：长期股权投资——损益调整　　　　　　　　　　40【100×40%】
　　贷：投资收益　　　　　　　　　　　　　　　　　　　　40
2017 年 12 月 31 日

借：投资收益　　　　　　　　　　　　　　　　　　　　8 400
　　贷：长期股权投资——损益调整　　　　　　　　　　　8 400
剩余 1 600 万元（10 000 − 8 400）作备查登记。

高频考点 8 合营安排

1. 相关概念

项目	定义
合营安排	是指一项由**两个或两个以上**的参与方**共同控制**的安排
共同控制	是指按照相关约定对某项安排所共有的控制，并且该安排的相关活动必须经过**分享控制权的参与方一致同意**后才能决策

2. 共同控制的判断原则

首先，判断是否所有参与方或参与方组合**集体控制**该安排。然后，判断该安排相关活动的决策是否必须经过这些参与方**一致同意**。

3. 合营安排分为**合营企业**和**共同经营**。

4. 共同经营与合营企业的判断

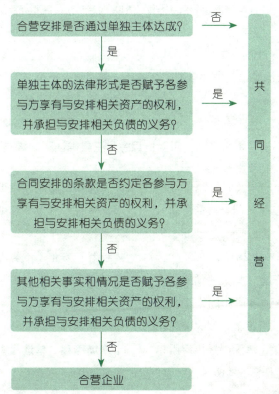

第4章

5. 共同经营参与方的会计处理

情形	会计处理
一般会计处理原则 『各算各的』	（1）确认单独所持有的资产，以及按其份额确认共同持有的资产； （2）确认单独所承担的负债，以及按其份额确认共同承担的负债； （3）确认出售其享有的共同经营产出份额所产生的收入； （4）按其份额确认共同经营因出售产出所产生的收入； （5）确认单独所发生的费用，以及按其份额确认共同经营发生的费用
合营方向共同经营投出或者出售不构成业务的资产 『类似顺流交易』	应当仅确认归属于共同经营其他参与方的利得或损失；如果投出或出售的资产发生减值损失的，合营方应当全额确认该损失
合营方自共同经营购买不构成业务的资产 『类似逆流交易』	应当仅确认因该交易产生的损益中归属于共同经营其他参与方的部分
合营方取得构成业务的共同经营的利益份额且形成控制	应当按照企业合并准则的相关规定判断该共同经营是否构成业务

6. 合营企业参与方的会计处理

（1）合营方应当按照《企业会计准则第 2 号——长期股权投资》的规定对合营企业的投资进行会计处理。

（2）对于非合营方：若对该合营企业具有重大影响，应当按照长期股权投资准则进行会计处理；若对该合营企业不具有重大影响，应当按照金融工具确认和计量准则进行会计处理。

【沙场练兵·单选题】2021 年 3 月 15 日，甲、乙、丙公司共同出资设立丁公司。根据合资合同和丁公司章程的约定，甲公司、乙公司、丙公司分别持有丁公司 55%、25%、20% 的表决权资本；丁公司设股东会，相关活动的决策需要 60% 以上表决权通过才可作出，丁公司不设董事会，仅设一名执行董事，同时兼任总经理，由职业经理人担任，其职责是执行股东会决议，主持经营管理工作。不考虑其他因素，对甲公司而言，丁公司是（　　）。

A. 子公司　　　　　　B. 合营企业

C. 联营企业　　　　　D. 共同经营

【解析】甲公司持有丁公司 55% 的股权，但丁公司股东会规定，相关活动的决策需要 60% 以

上表决权通过才可作出，因此，甲公司与乙公司或甲公司与丙公司组合一起，都能对丁公司实施控制，即该安排中存在两个参与方组合集体控制该安排，不构成共同控制。因此，对甲公司而言，丁公司是其联营企业。综上，本题应选 C。

【答案】C

【沙场练兵·单选题】下列关于合营安排的表述中，正确的是（　　）。

A. 当合营安排未通过单独主体达成时，该合营安排为共同经营

B. 两个参与方组合能够集体控制某项安排的，该安排构成合营安排

C. 合营安排中参与方对合营安排提供担保的，

第 4 章

该合营安排为共同经营

D. 合营安排为共同经营的，参与方对合营安排有关的净资产享有权利

【解析】选项 A 表述正确，当合营安排未通过单独主体达成时，该合营安排为共同经营。选项 B 表述错误，如果存在两个或两个以上的参与方组合能够集体控制某项安排的，不构成共同控制，即共同控制合营安排的参与方组合是唯一的。选项 C 表述错误，参与方为合营安排提供担保（或提供担保的承诺）的行为本身并不直接导致一项安排被分类为共同经营。选项 D 表述错误，合营安排划分为共同经营的，参与方对合营安排的相关资产享有权利并对相关负债承担义务；合营安排为合营企业的，参与方对合营安排有关的净资产享有权利。综上，本题应选 A。

【答案】A

【沙场练兵·多选题】不考虑其他因素，下列关于合营安排的表述中，正确的有（　　　）。

A. 合营安排要求所有参与方都对该安排实施共同控制

B. 能够对合营企业施加重大影响的参与方，应当对其投资采用权益法核算

C. 两个参与方组合能够集体控制某项安排的，该安排不构成共同控制

D. 合营安排为共同经营的，合营方按一定比例享有该安排相关资产且承担该安排相关负债

【解析】选项 A 表述错误，合营安排是指一项由两个或两个以上的参与方共同控制的安排，共同控制的前提是集体控制，集体控制的组合是指能够联合起来控制某项安排，又使得参与方数量最少的参与方组合，所以并不要求所有参与方都对该安排实施共同控制；选项 D 表述错误，合营安排为共同经营的，合营方享有该安排相关资产且承担该安排相关负债，但并不一定是按比例享有资产或承担负债。综上，本题应选 BC。

【答案】BC

强化练习

一、单项选择题

1. 长期股权投资成本法的适用范围是（　　）。
   A. 投资方与其他合营方一同对被投资单位实施共同控制且对被投资单位净资产享有权利的权益性投资
   B. 投资方对被投资单位具有重大影响的权益性投资
   C. 投资方能够对被投资单位实施控制的权益性投资
   D. 投资方对被投资企业不具有控制、共同控制或重大影响

2. 甲公司为取得非关联方乙公司 80% 的股权，发行股票 100 万股（面值为每股 1 元），股票在购买日的市价为每股 50 元，发行股票时支付给券商手续费 5 万元，为取得该股权发生审计费 12 万元。假定不考虑其他因素，下列说法中正确的是（　　）。
   A. 甲公司取得该长期股权投资的初始投资成本为 4 995 万元
   B. 甲公司在购买日确认的资本公积金额为 4 895 万元
   C. 甲公司确认管理费用 17 万元
   D. 甲公司应将 12 万元计入资本公积

3. 2021 年 1 月 1 日，甲公司购买同一集团内另一企业持有的乙公司 80% 的股权，实际支付款项 5 500 万元，形成同一控制下的控股合并。2021 年 1 月 1 日，乙公司个别报表中净资产的账面价值为 5 700 万元，乙公司在最终控制方合并财务报表中净资产账面价值为 6 000 万元。不考虑其他因素的影响，则 2021 年 1 月 1 日，甲公司购入乙公司 80% 股权的初始投资成本为（　　）万元。
   A.4 800　　　　B.5 500　　　　C.5700　　　　D.6 000

4. 甲公司于 2020 年 3 月以 5 000 万元从非关联方处取得乙公司 30% 的股权，采用权益法核算，并于当年确认对乙公司的投资收益 300 万元。2021 年 4 月，甲公司又投资 5 600 万元取得乙公司另外 30% 的股权，从而取得对乙公司的控制权，两次交易不构成"一揽子"交易。假定甲公司在取得对乙公司的长期股权投资以后，乙公司并未宣告发放现金股利或利润。2020 年 3 月和 2021 年 4 月甲公司对乙公司投资时，乙公司可辨认净资产公允价值分别为 15 500 万元和 18 000 万元。不考虑其他因素，则 2021 年 4 月追加投资后，甲公司对乙公司长期股权投资的账面价值为（　　）万元。
   A.10 600　　　　B.10 900　　　　C.10 400　　　　D.11 000

5. 甲公司于 2021 年 1 月 1 日以 2 000 万元的价格购入乙公司 30% 的股份，另支付相关费用 20 万元。购入时乙公司可辨认净资产的公允价值为 7 000 万元（假定乙公司各项可辨认资产、负债的公允价值与账面价值相等），双方采用的会计政策、会计期间相同。甲公司取得该项投资

后对乙公司具有重大影响。2021 年 5 月 10 日，乙公司出售一批商品给甲公司，商品成本为 280 万元，售价为 310 万元，甲公司将购入的商品作为存货管理。至 2021 年年末，甲公司仍 未对外出售该存货。乙公司 2021 年度实现净利润 1 000 万元，宣告分配现金股利 50 万元（至 2021 年 12 月 31 日尚未发放），无其他所有者权益变动。假定不考虑所得税等其他因素，该 项长期股权投资 2021 年 12 月 31 日的账面价值为（　　）万元。

A.2 356　　　　　　　B.2 296　　　　　　　C.2 391　　　　　　　D.2 376

6. 甲公司持有乙公司 8% 的有表决权股份，划分为其他权益工具投资。截止至 2020 年 12 月 31 日， 甲公司对该项其他权益工具投资已累积确认其他综合收益 30 万元（公允价值上升）。2021 年 1 月 19 日，甲公司以银行存款 9 000 万元作为对价，增持乙公司 50% 的股份，从而能够控制 乙公司，假设该项交易属于多次交易分步实现非同一控制下的企业合并，并且两次交易不构成 一揽子交易。增资当日，甲公司原持有的该项其他权益工具投资的账面价值为 100 万元，公允 价值为 120 万元。甲公司按净利润的 10% 提取法定盈余公积。不考虑其他因素，则 2021 年 1 月 19 日甲公司上述事项对损益的影响金额为（　　）万元。

A.0　　　　　　　　　B.20　　　　　　　　　C.30　　　　　　　　　D.50

7. 2020 年 1 月 1 日，甲公司以现金 1 602 万元取得乙公司 60% 的股权，能够控制乙公司，合 并前双方无关联方关系。当日，乙公司可辨认净资产的公允价值为 2 000 万元，可辨认资产、 负债的公允价值均等于账面价值。2021 年 7 月 1 日，乙公司向非关联方 M 公司定向增发新股， 增资 1 410 万元，增资后甲公司对乙公司的持股比例降为 40%，不能再控制乙公司，但能对 其施加重大影响。2020 年 1 月 1 日至 2021 年 7 月 1 日期间，乙公司实现净利润 850 万元（其 中 2021 年上半年实现净利润 270 万元），未发生其他导致所有者权益变动的事项。假定甲公 司按净利润的 10% 提取盈余公积。2021 年 7 月 1 日，甲公司应确认的投资收益为（　　）万元。

A.30　　　　　　　　　B.108　　　　　　　　C.138　　　　　　　　D.164

8. 甲公司于 2020 年 1 月 1 日取得乙公司 30% 的股权，对乙公司具有重大影响。取得投资时乙 公司各项可辨认资产、负债的账面价值与公允价值相等。2020 年 7 月 1 日，乙公司向甲公司 销售一批存货，售价总额为 800 万元，成本总额为 550 万元，该批存货在 2020 年已对外销售 60%，剩余部分在 2021 年全部对外出售。乙公司 2021 年度利润表中净利润为 2 000 万元。 不考虑其他因素，则甲公司 2021 年应确认的投资收益为（　　）万元。

A.555　　　　　　　　B.570　　　　　　　　C.600　　　　　　　　D.630

9. 甲公司为增值税一般纳税人，销售生产经营用设备适用的增值税税率为 13%。2021 年 1 月 1 日， 甲公司将一项固定资产以及对 M 公司的短期借款作为合并对价换取 M 公司持有的乙公司 60% 的股权。该固定资产为 2020 年 5 月取得的一台生产经营用设备，其账面原值为 620 万元，已 累计计提折旧 80 万元，未计提减值准备，合并日其公允价值为 520 万元；M 公司短期借款的 账面价值和公允价值均为 50 万元。甲公司另为企业合并发生评估费、律师咨询费等 13 万元。 股权购买日乙公司可辨认净资产的公允价值为 1 400 万元，负债公允价值为 270 万元。假定甲 公司与 M 公司和乙公司在投资之前无关联方关系。不考虑其他因素，则甲公司长期股权投资的入账价值为（　　）万元。

  A.637.6   B.650.6   C. 678   D. 840

10.企业处置一项权益法核算的长期股权投资，长期股权投资各明细科目的金额为：投资成本 900 万元，损益调整借方 260 万元，其他权益变动借方 80 万元。处置该项投资收到的价款 为 1 300 万元。处置该项投资的收益为（　　）万元。

  A.60   B.140   C.400   D.320

二、多项选择题

1.采用权益法核算时，下列各项中，会引起长期股权投资账面价值发生变动的有（　　）。

  A. 被投资单位以资本公积转增资本   B. 计提长期股权投资减值准备

  C. 收到被投资单位分派的股票股利   D. 被投资单位其他综合收益增加

2.对于投资方因追加投资等原因能够对被投资单位施加重大影响或实施共同控制但不构成控制的 股权投资，下列说法中正确的有（　　）。

  A. 原持有的股权投资分类为交易性金融资产的，其公允价值与账面价值之间的差额，应计入投 资收益

  B. 原持有的股权投资分类为其他权益工具投资的，应将原计入其他综合收益的累计公允价值变 动转入留存收益

  C. 应按权益法对原股权投资进行追溯调整

  D. 应以原持有的股权投资的公允价值加上新增投资成本之和，作为改按权益法核算的股权投资 的初始投资成本

3.下列经济业务或事项中，应通过"投资收益"科目核算的内容有（　　）。

  A. 企业确认的交易性金融资产的公允价值变动

  B. 长期股权投资采用权益法核算的，被投资单位宣告发放的现金股利或利润

  C. 长期股权投资采用成本法核算的，被投资单位宣告发放的现金股利或利润

  D. 长期股权投资采用权益法核算的，资产负债表日根据被投资单位实现的净利润或经调整的净 利润计算应享有的份额

4.下列关于权益法核算的长期股权投资转为金融资产的处理，正确的有（　　）。

  A. 剩余股权对应的原权益法下确认的其他综合收益（可转损益部分）应在处置该项投资时转入当 期损益

  B. 减资当日剩余股权公允价值与账面价值的差额不作处理

  C. 剩余股权的入账价值应按照公允价值计量

  D. 减资当日与原股权有关的其他权益变动应按照处置股权的份额转入当期损益

5.甲公司为取得非关联方乙公司 80% 的股权，发行股票 200 万股（面值为每股 1 元），股票在 购买日的市价为每股 8 元，发行股票时支付给券商手续费 6 万元，为取得该股权发生审计费 12 万元，假定不考虑其他因素，下列说法中正确的有（　　）。

  A. 甲公司确认管理费用 12 万元

第 4 章

B. 甲公司应将支付给券商手续费 6 万元冲减资本公积

C. 甲公司取得该长期股权投资的入账价值为 1 600 万元

D. 甲公司在购买日确认的资本公积金额为 1 394 万元

6. 2020 年 1 月 1 日，甲公司以银行存款 1 000 万元取得乙公司 5% 的股份，甲公司将其作为其他权益工具投资核算。同日乙公司可辨认净资产账面价值为 16 000 万元（与公允价值相等）。2020 年年末，该项股权投资的公允价值为 1 100 万元。2021 年 1 月 1 日，甲公司以定向增发股票的方式购买同一集团内另一企业持有的乙公司 60% 的股权，为取得该股权，甲公司增发 4 000 万股普通股，每股面值为 1 元，每股公允价值为 5 元，支付承销商佣金 80 万元。取得该股权时，乙公司相对于最终控制方而言的可辨认净资产账面价值为 22 000 万元。进一步取得投资后，甲公司能够对乙公司实施控制。假定甲公司和乙公司采用的会计政策、会计期间相同，不考虑所得税等其他因素的影响，则甲公司下列处理中，正确的有（　　）。

A. 合并日长期股权投资的初始投资成本为 14 300 万元

B. 合并日长期股权投资的初始投资成本为 21 100 万元

C. 甲公司该项其他权益工具投资在 2020 年度应确认其他综合收益 100 万元

D. 甲公司进一步取得股权投资时应确认的资本公积为 9 200 万元

7. 2021 年 1 月 1 日，甲公司长期股权投资账面价值为 2 000 万元。当日，甲公司将持有的乙公司 80% 股权中的一半以 1 200 万元出售给非关联方，剩余对乙公司的股权投资具有重大影响。甲公司原取得乙公司股权时，乙公司可辨认净资产的账面价值为 2 500 万元，各项可辨认资产、负债的公允价值与其账面价值相同。自甲公司取得乙公司股权投资至处置投资日，乙公司实现净利润 1 500 万元，增加其他综合收益 300 万元。甲公司按照净利润的 10% 提取法定盈余公积。假定不考虑增值税等相关税费及其他因素。下列关于 2021 年 1 月 1 日甲公司个别财务报表中对长期股权投资的会计处理表述中，正确的有（　　）。

A. 增加盈余公积 60 万元

B. 增加未分配利润 540 万元

C. 增加投资收益 320 万元

D. 增加其他综合收益 120 万元

8. 甲企业持有乙企业 40% 的股权，能够对乙企业施加重大影响。2020 年 12 月 31 日该股权投资的账面价值为 2 000 万元。乙企业 2021 年度发生亏损 8 000 万元。假定取得投资时被投资单位可辨认净资产公允价值等于账面价值，双方采用的会计政策、会计期间相同。假定不考虑投资单位和被投资单位的内部交易，甲企业账上有应收乙企业长期应收款 1 600 万元，且乙企业对该笔债务没有清偿计划，则下列说法中正确的有（　　）。

A. 甲企业 2021 年年末长期股权投资的账面价值为 2 000 万元

B. 甲企业 2021 年应冲减长期应收款 1 200 万元

C. 甲企业 2021 年应确认投资收益 – 2 000 万元

D. 甲企业 2021 年应确认投资收益 – 3 200 万元

9. 下列各项关于长期股权投资核算的表述中，错误的有（　　）。

A. 长期股权投资采用权益法核算下，被投资方宣告分配的现金股利，投资方应按照持股比例确

认投资收益

B.长期股权投资采用成本法核算时被投资方宣告分配的现金股利，投资方应确认投资收益

C.非同一控制下，因追加投资导致长期股权投资由权益法转为成本法的（不构成"一揽子"交易），应当以购买日之前所持股权投资的公允价值与新增投资成本之和，作为其初始投资成本

D.处置长期股权投资时，应按照处置比例结转资本公积的金额至投资收益

10.按照我国企业会计准则的规定，与股权投资相关费用的会计处理，下列说法中错误的有（　　）。

A.购买方作为合并对价发行的债务性工具的交易费用计入当期损益

B.非同一控制下企业合并发生的直接相关费用直接计入当期损益

C.与取得交易性金融资产有关的直接相关费用计入当期损益

D.与取得长期股权投资有关的直接相关费用均计入当期损益

三、判断题

1.长期股权投资由于追加投资由权益法核算改为成本法核算的，应进行相应的追溯调整。（　　）

2.采用权益法核算长期股权投资时，初始投资成本小于投资时应享有被投资单位可辨认净资产公允价值份额的差额，应计入"营业外收入"科目。（　　）

3.非同一控制下企业合并，以发行权益性证券作为合并对价的，与发行权益性证券相关的佣金、手续费等应计入合并成本。（　　）

4.投资方全部处置权益法核算的长期股权投资时，应将原计入资本公积的金额转入投资收益。（　　）

5.当权益法下出现超额亏损时，投资企业确认的投资损失应以长期股权投资账面价值减记至零为限，除此之外的额外损失应在账外备查登记。（　　）

四、计算分析题

1.甲股份有限公司（以下简称甲公司）为上市公司，2020年~2021年发生如下与长期股权投资有关的业务：

资料一：2020年1月1日，甲公司向M公司定向发行1 000万股普通股（每股面值1元，每股市价6元）作为对价，取得M公司拥有的乙公司80%的股权。在此之前，乙公司、M公司与甲公司不存在任何关联方关系。甲公司另以银行存款支付评估费、审计费以及律师费36万元；为发行股票，甲公司以银行存款支付了证券承销商佣金、手续费60万元。2020年1月1日，乙公司可辨认净资产公允价值为5 000万元，与账面价值相同。相关手续于当日办理完毕，甲公司于当日取得乙公司的控制权。

资料二：2020年4月5日，乙公司股东大会作出决议，宣告分配现金股利200万元。2020年4月15日，甲公司收到该现金股利。

资料三：2020年度乙公司实现净利润2 200万元，其持有的以公允价值计量且其变动计入其他综合收益的金融资产（债务工具）期末公允价值增加了160万元。期末经减值测试，甲公司对乙公司的股权投资未发生减值。

资料四：2021 年 1 月 10 日，甲公司将持有的乙公司的长期股权投资的 1/2 对外出售，出售取得价款 4 100 万元，当日乙公司自购买日公允价值持续计算的可辨认净资产的账面价值为 7 000 万元。在出售 40% 的股权后，甲公司对乙公司的剩余持股比例为 40%，在乙公司董事会中派有代表，但不能对乙公司的生产经营决策实施控制，剩余股权投资在当日的公允价值为 3 900 万元。

（甲公司按净利润的 10% 提取法定盈余公积；不考虑所得税等相关因素的影响；答案中的金额单位用万元表示）

要求：

（1）根据资料一，分析判断甲公司并购乙公司属于何种合并类型，并编制甲公司取得乙公司股权投资的会计分录。

（2）根据资料二、资料三，编制甲公司与长期股权投资相关的会计分录。

（3）根据资料四，计算甲公司处置 40% 股权时个别财务报表中应确认的投资收益金额，并编制甲公司个别财务报表中处置 40% 长期股权投资以及对剩余股权投资进行调整的相关会计分录。

五、综合题

1. 甲公司 2020 年至 2021 年对乙公司股票投资的有关资料如下：

资料一：2020 年 1 月 1 日，甲公司定向发行每股面值为 1 元、公允价值为 4.5 元的普通股 1 000 万股作为对价，取得乙公司 30% 有表决权的股份。交易前，甲公司与乙公司不存在关联方关系且不持有乙公司股份；交易后，甲公司能够对乙公司施加重大影响。取得投资日，乙公司可辨认净资产的账面价值为 16 000 万元，除行政管理用 W 固定资产外，其他各项资产、负债的公允价值与其账面价值相同。该固定资产原价为 500 万元，预计使用年限为 5 年，预计净残值为零，采用年限平均法计提折旧，已计提折旧 100 万元；当日，该固定资产的公允价值为 480 万元，预计尚可使用 4 年，与原预计剩余年限一致，预计净残值为零，继续采用原方法计提折旧。

资料二：2020 年 8 月 20 日，乙公司将其成本为 900 万元的 M 商品以不含增值税的价格 1 200 万元出售给甲公司。至 2020 年 12 月 31 日，甲公司向非关联方累计售出该商品的 50%，剩余 50% 作为存货，未发生减值。

资料三：2020 年度，乙公司实现的净利润为 6 000 万元，因其他债权投资公允价值变动增加其他综合收益 200 万元，未发生其他导致乙公司所有者权益发生变动的交易或事项。

资料四：2021 年 1 月 1 日，甲公司将对乙公司股权投资的 80% 出售给非关联方，取得价款 5 600 万元，相关手续于当日完成，剩余股权当日公允价值为 1 400 万元。出售部分股权后，甲公司对乙公司不再具有重大影响，将剩余股权投资转为交易性金融资产。

（“长期股权投资”“交易性金融资产”科目应写出必要的明细科目，答案中的金额单位用万元表示）

要求：

（1）判断说明甲公司 2020 年度对乙公司长期股权投资应采用的核算方法，并编制甲公司取得乙公司股权投资的会计分录。

（2）计算甲公司 2020 年度应确认的投资收益和应享有乙公司其他综合收益变动的金额，并编制相关会计分录。

（3）计算甲公司 2021 年 1 月 1 日处置部分股权投资交易对公司营业利润的影响额，并编制相关会计分录。

2. 甲公司于 2020 年 1 月 1 日以银行存款 3 100 万元取得乙公司 30% 的有表决权股份，对乙公司能够施加重大影响，乙公司当日的可辨认净资产的公允价值是 11 000 万元。

资料一：2020 年 1 月 1 日，乙公司除一项固定资产的公允价值与其账面价值不同外，其他资产和负债的公允价值与账面价值均相等。取得股权当日，该固定资产的公允价值为 300 万元，账面价值为 100 万元，剩余使用年限 10 年，采用年限平均法计提折旧，无残值。乙公司 2020 年度实现净利润 1 000 万元，未发放现金股利，增加其他综合收益（可转损益）200 万元。

资料二：2021 年 1 月 1 日，甲公司以银行存款 5 220 万元进一步取得乙公司 40% 的有表决权股份，因此取得了对乙公司的控制权。乙公司在该日所有者权益的账面价值为 12 000 万元，其中：股本 5 000 万元，资本公积 1 200 万元，其他综合收益 1 000 万元，盈余公积 480 万元，未分配利润 4 320 万元；可辨认净资产的公允价值是 12 300 万元。

资料三：2021 年 1 月 1 日，乙公司除一项固定资产的公允价值与其账面价值不同外，其他资产和负债的公允价值与账面价值均相等。当日该固定资产的公允价值为 390 万元，账面价值为 90 万元，剩余使用年限 9 年，采用年限平均法计提折旧，无残值。

资料四：2021 年 1 月 2 日，除甲公司以外的乙公司的其他股东向乙公司投入货币资金 10 000 万元，致使甲公司持有乙公司持股比例降至 40%，丧失对乙公司的控制权，但对乙公司仍具有重大影响。甲公司和乙公司在合并前不具有关联方关系。

假定：原 30% 股权在该购买日的公允价值为 3 915 万元。不考虑所得税和内部交易等其他因素的影响。（答案中的金额单位用万元表示）

要求：

（1）编制 2020 年 1 月 1 日至 2021 年 1 月 1 日甲公司个别财务报表对乙公司长期股权投资的会计分录。

（2）计算 2021 年 1 月 1 日甲公司追加投资后个别财务报表中长期股权投资的账面价值。

（3）计算甲公司对乙公司投资形成的商誉金额。

（4）说明甲公司因其他方增资于 2021 年 1 月 2 日甲公司个别报表应确认的投资收益，并编制 2021 年 1 月 2 日甲公司个别报表的会计分录（不考虑剩余股权权益法追溯调整的处理）。

▲答案与解析

一、单项选择题

1. 【解析】选项 A 不适用，投资方与其他合营方一同对被投资单位实施共同控制且对被投资单位净资产享有权利的权益性投资，属于对合营企业投资，应当采用权益法核算；选项 B 不适用，投资方对被投资单位具有重大影响的权益性投资，属于对联营企业投资，应当采用权益法核算；选项 C 适用，投资方能够对被投资单位实施控制的权益性投资，属于对子公司投资，应当按照成本法核算；选项 D 不适用，其不属于长期股权投资的核算范围，应当按照金融资产的相关规定进行处理。综上，本题应选 C。

【答案】C

2. 【解析】非同一控制下的企业合并，初始投资成本应按付出对价的公允价值计量；股票发行费用冲减"资本公积——股本溢价"；审计费、评估费等直接计入当期损益（管理费用）。选项 A 说法错误，甲公司取得该长期股权投资的入账价值 = 50×100 = 5 000（万元）；选项 B 说法正确，在购买日确认的资本公积金额 = 50×100 - 100×1 - 5 = 4 895（万元）；选项 C、D 说法错误，甲公司应确认的管理费用为发生的审计费 12 万元。相关会计分录为（单位：万元）：

借：长期股权投资　　　　　　　　　　　　　　　5 000
　　贷：股本　　　　　　　　　　　　　　　　　　　100
　　　　资本公积——股本溢价　　　　　　　　　　4 895
　　　　银行存款　　　　　　　　　　　　　　　　　　5
借：管理费用　　　　　　　　　　　　　　　　　　12
　　贷：银行存款　　　　　　　　　　　　　　　　　　12

综上，本题应选 B。

【答案】B

3. 【解析】同一控制下企业合并，长期股权投资的初始投资成本 = 合并日被投资方在最终控制方合并财务报表中可辨认净资产账面价值 × 持股比例 + 最终控制方收购被合并方形成的商誉。甲公司购入乙公司 80% 股权属于同一控制下的控股合并，合并日甲公司购入乙公司 80% 股权的初始投资成本 = 6 000×80% = 4 800（万元）。综上，本题应选 A。

【答案】A

4. 【解析】通过多次交易分步实现非同一控制下的企业合并的（不构成一揽子交易），如果合并前采用权益法核算，则长期股权投资在购买日的初始投资成本（即此时的账面价值）为原权益法下的账面价值加上新取得股份所支付对价的公允价值。因此，追加投资之后，甲公司对乙公司长期股权投资的账面价值 = 5 000 + 300 + 5 600 = 10 900（万元）。相关会计分录为（单位：万元）：

```
借：长期股权投资——投资成本                          5 000
    贷：银行存款                                              5 000
借：长期股权投资——损益调整                           300
    贷：投资收益                                               300
借：长期股权投资                                      10 900
    贷：长期股权投资——投资成本                              5 000
                    ——损益调整                              300
        银行存款                                            5 600
```

综上，本题应选 B。

【答案】B

5. 【解析】长期股权投资的初始投资成本 2 020 万元（2 000 + 20），小于投资时应享有被投资单位可辨认净资产公允价值的份额 2 100 万元（7 000×30%），应按两者的差额 80 万元调增长期股权投资的账面价值；根据乙公司调整后的净利润调增长期股权投资的账面价值 = ［1 000 −（310 − 280）］×30% = 291（万元）；乙公司宣告分派现金股利，调减长期股权投资的账面价值 = 50×30% = 15（万元）。故 2021 年 12 月 31 日，甲公司该项长期股权投资的账面价值 = 2 020 + 80 + 291 − 15 = 2 376（万元）。综上，本题应选 D。

【答案】D

6. 【解析】通过多次交易分步实现非同一控制下控股合并的，原投资为其他权益工具投资的，公允价值 120 万元与账面价值 100 万元之间的差额以及原计入其他综合收益的累积公允价值变动 30 万元应当直接转入留存收益，甲公司应作分录为（单位：万元）：

```
借：长期股权投资                                      9 120
    贷：其他权益工具投资                                     100
        盈余公积                                              2
        利润分配——未分配利润                               18
        银行存款                                           9 000
借：其他综合收益                                         30
    贷：盈余公积                                              3
        利润分配——未分配利润                               27
```

综上，本题应选 A。

【答案】A

7. 【解析】投资方因其他投资方对其子公司增资而导致持股比例下降，从而丧失控制权但能实施共同控制或施加重大影响的，投资方在个别财务报表中，应当对该项长期股权投资从成本法转为权益法核算。首先，按照新的持股比例确认本投资方应享有的原子公司因增资扩股而增加净资产的份额，与应结转持股比例下降部分所对应的长期股权投资原账面价值之间的差额计入当期损益。其次，按照新的持股比例视同自取得投资时即采用权益法核算进行调整。本题中，按比例结转长期股权投资账面价值应确认的损益 = 1 410×40% − 1 602×（60% − 40%）/60% = 30（万元），按权益法追溯调整应确认投资收益 = 270×40% = 108（万元），则 2021 年 7 月 1 日甲公司应确认的投资收益 = 30 + 108 = 138（万元）。相关会计分录为（单位：万元）：

借：长期股权投资　　　　　　　　　　　　　　30

　　贷：投资收益　　　　　　　　　　　　　　　　30

按权益法追溯调整：

借：长期股权投资——损益调整　　　　　　　　340【850×40%】

　　贷：投资收益　　　　　　　　　　　　　　　108【270×40%】

　　　　盈余公积　　　　　　　　　　　　　　　23.2【（850 − 270）×40%×10%】

　　　　利润分配——未分配利润　　　　　　　　208.8【（850 − 270）×40%×90%】

综上，本题应选 C。

【答案】C

8.【解析】乙公司向甲公司销售存货，属于内部交易（逆流交易），产生收益 250 万元（800 − 550），但当年存货仅对外出售 60%，剩余部分（40%）存货在 2021 年对外出售，即该部分净利润直到 2021 年才真正实现，故甲公司在确定应享有乙公司 2021 年净利润的时候，应考虑将原 2020 年未确认的该部分内部交易损益计入投资损益，即调增 100 万元（250×40%），调整后，乙公司的净利润金额 = 2 000 + 100 = 2 100（万元），甲公司应确认的投资收益 = 2 100×30% = 630（万元）。综上，本题应选 D。

【答案】D

9.【解析】甲公司取得乙公司长期股权投资属于非同一控制下的企业合并，长期股权投资的入账价值为付出对价的公允价值 = 520×（1 + 13%）+ 50 = 637.6（万元），甲公司为企业合并发生的评估咨询等费用应于发生时计入当期损益，不影响长期股权投资的初始投资成本。综上，本题应选 A。

【答案】A

10.【解析】处置长期股权投资时，应相应结转与所售股权相对应的长期股权投资的账面价值，一般情况下，出售所得价款与处置长期股权投资账面价值之间的差额，应确认为处置损益。投资方全部处置权益法核算的长期股权投资时，原权益法核算的相关其他综合收益应当在终止采用权益法核算时采用与被投资单位直接处置相关资产或者负债相同的基础进行会计处理，因被投资方除净损益、其他综合收益和利润分配以外的其他所有者权益变动而确认的所有者权益，应当在终止采用权益法核算时全部转入当期投资收益。因此，处置该项投资的收益 = 1 300 − （900 + 260 + 80）+ 80 = 140（万元）。相关会计分录为（单位：万元）：

借：银行存款　　　　　　　　　　　　　　　　1 300

　　贷：长期股权投资——投资成本　　　　　　　　　900

——损益调整	260
——其他权益变动	80
投资收益	60

借：资本公积——其他资本公积 　　　　　　　　80

　　贷：投资收益 　　　　　　　　　　　　　　　　80

综上，本题应选 B。

【答案】B

二、多项选择题

1.【解析】选项 A 不会，被投资单位以资本公积转增资本，不影响其所有者权益总额，投资企业无须进行账务处理；选项 B 会，计提长期股权投资减值准备，使长期股权投资的账面价值减少；选项 C 不会，权益法核算的长期股权投资，收到被投资单位分派的股票股利，长期股权投资账面价值总额不发生变动；选项 D 会，被投资单位其他综合收益增加，投资企业应调整长期股权投资的账面价值。综上，本题应选 BD。

【答案】BD

2.【解析】选项 A、B、D 说法正确，选项 C 说法错误，对于投资方因追加投资等原因能够对被投资单位施加重大影响或实施共同控制但不构成控制的股权投资，不需按权益法进行追溯调整。综上，本题应选 ABD。

【答案】ABD

3.【解析】选项 A 不通过，应通过"公允价值变动损益"科目核算。选项 B 不通过，选项 C 通过，被投资单位宣告发放现金股利或利润，长期股权投资采用权益法核算的，投资企业应冲减长期股权投资账面价值，并确认应收股利；采用成本法核算的，投资企业应确认为投资收益。选项 D 通过，权益法下，当被投资单位实现净利润时，投资单位应按其持股比例确认相应的"投资收益"。综上，本题应选 CD。

【答案】CD

4.【解析】选项 A 处理正确，剩余股权对应的原权益法下累计确认的其他综合收益（可转损益部分）应在终止采用权益法核算时转入当期损益；选项 B 处理错误，减资当日剩余股权公允价值与账面价值的差额计入当期损益；选项 C 处理正确，权益法核算的长期股权投资转为金融资产的，剩余股权的入账价值应按照公允价值计量；选项 D 处理错误，减资当日与原股权有关的其他权益变动应在终止采用权益法核算时全部转入当期损益。综上，本题应选 AC。

【答案】AC

5.【解析】非同一控制下的企业合并，初始入账成本按付出对价的公允价值计量为 1 600 万元（8×200）；股票发行费用冲减资本公积——股本溢价（6 万元）；审计费、评估费等直接计入当期损益（管理费用）。应确认资本公积 = 8×200 − 1×200 − 6 = 1 394（万元）。相关会计分录为（单位：万元）：

```
借：长期股权投资                                    1 600
    贷：股本                                                    200
        资本公积——股本溢价                                    1 394
        银行存款                                                    6
借：管理费用                                          12
    贷：银行存款                                                  12
```

综上，本题应选 ABCD。

【答案】 ABCD

6.**【解析】** 选项 A 正确，选项 B 错误，通过多次交易，分步取得股权最终形成同一控制下控股合并的，合并日长期股权投资初始投资成本 = 合并日相对于最终控制方而言的被合并方可辨认净资产账面价值的份额 + 商誉 = 22 000 × 65% = 14 300（万元）；选项 C 正确，2020 年年末甲公司该项其他权益工具投资因公允价值变动应确认其他综合收益的金额 = 1 100 − 1 000 = 100（万元）；选项 D 错误，甲公司 2021 年 1 月 1 日进一步取得股权投资时应确认的资本公积 = 14 300 − （1 100 + 4 000）− 80 = 9 120（万元）。综上，本题应选 AC。

【答案】 AC

7.**【解析】** 成本法转为权益法，处置部分长期股权投资账面价值 1 000 万元与处置价款 1 200 万元的差额，计入投资收益 200 万元；剩余长期股权投资需要追溯调整：取得时点：剩余部分初始投资成本 1 000 万元 = 原投资时享有被投资单位可辨认净资产公允价值份额 1 000 万元（2 500 × 40%），无须调整；持有期间：乙公司实现净利润 1 500 万元，均属于以前期间实现的净利润，按剩余持股比例 40% 调整留存收益 600 万元，60 万元（600 × 10%）计入盈余公积（选项 A 正确），540 万元计入未分配利润（选项 B 正确）；乙公司增加其他综合收益 300 万元，按剩余持股比例 40%，调整其他综合收益 120 万元（选项 D 正确）。相关会计分录为（单位：万元）：

①处置部分

```
借：银行存款                                          1 200
    贷：长期股权投资                                            1 000
        投资收益                                                  200
```

②剩余股权追溯调整

```
借：长期股权投资——损益调整                          600【1500×40%】
            ——其他综合收益                          120【300×40%】
    贷：盈余公积                                                60【600×10%】
        利润分配——未分配利润                                  540【600×90%】
        其他综合收益                                            120
```

综上，本题应选 ABD。

【答案】 ABD

8.【解析】投资企业确认被投资单位发生的净亏损，应当以长期股权投资的账面价值以及其他实质上构成对被投资单位净投资的长期权益减记至零为限。本题中，乙企业发生亏损8 000万元，甲企业按照持股比例计算应分摊3 200万元（8 000×40%），超过长期股权投资的账面价值2 000万元，应以长期股权投资的账面价值减记至零为限，即先冲减长期股权投资2 000万元，剩余部分冲减甲企业对乙企业的长期应收款1 200万元。相关会计分录为（单位：万元）：

借：投资收益　　　　　　　　　　　　　　　　　　　　　2 000

　　贷：长期股权投资——损益调整　　　　　　　　　　　2 000

借：投资收益　　　　　　　　　　　　　　　　　　　　　1 200

　　贷：长期应收款　　　　　　　　　　　　　　　　　　1 200

综上，本题应选BD。

【答案】BD

9.【解析】选项A表述错误，应计入应收股利并冲减长期股权投资的账面价值。选项B说法正确，长期股权投资采用成本法核算时被投资方宣告分配的现金股利，投资方应确认投资收益。选项C表述错误，非同一控制下，因追加投资导致长期股权投资由权益法转为成本法的（不构成"一揽子"交易），应当以购买日之前所持股权投资的账面价值（而非公允价值）与新增投资成本之和，作为其初始投资成本。选项D表述错误，说法不全面，需要区分情况进行判断，处置权益法核算的长期股权投资，减资后仍采用权益法核算的，应按处置的比例结转原确认的"资本公积——其他资本公积"的金额，转入投资收益；全部处置或减资后通过以公允价值计量的金融资产核算的，则需要将原确认的"资本公积——其他资本公积"的金额全部转入投资收益。综上，本题应选ACD。

【答案】ACD

10.【解析】选项A说法错误，购买方作为合并对价发行的债务性工具的交易费用应计入债务性工具的初始确认金额；选项B说法正确，选项D说法错误，（同一控制、非同一控制下）企业合并方式取得的长期股权投资发生的直接相关费用计入管理费用，企业合并以外的方式取得的长期股权投资发生的直接相关费用计入初始投资成本；选项C说法正确，取得交易性金融资产有关的直接相关费用计入投资收益。综上，本题应选AD。

【答案】AD

三、判断题

1.【解析】由于追加投资由权益法核算改为成本法核算的，不需要追溯调整；由于处置部分投资由成本法核算改为权益法核算的，要对剩余持股比例投资追溯调整，将其调整到权益法核算的结果。因此，本题表述错误。

【答案】×

2.【解析】采用权益法核算的长期股权投资，比较初始投资成本与投资时应享有被投资单位可辨认净资产公允价值的份额，前者大于后者的，不调整长期股权投资账面价值；前者小于后者的，应当按照两者之间的差额调增长期股权投资的账面价值，同时计入取得投资当期营业外收入。

因此，本题表述正确。

【答案】√

3.【解析】非同一控制下企业合并，购买方发行权益性工具作为合并对价的，与发行权益性工具直接相关的交易费用（手续费、佣金等）要先冲减资本公积，不足的依次冲减盈余公积和未分配利润，不计入成本。因此，本题表述错误。

【答案】×

4.【解析】投资方全部处置权益法核算的长期股权投资时，原权益法核算的相关其他综合收益应当在终止采用权益法核算时采用与被投资单位直接处置相关资产或负债相同的基础进行会计处理，因被投资方除净损益、其他综合收益和利润分配以外的其他所有者权益变动而确认的所有者权益，应当在终止采用权益法核算时全部转入当期投资收益。相关会计分录为：

借：资本公积——其他资本公积

　　贷：投资收益

（或相反分录）

因此，本题表述正确。

【答案】√

5.【解析】权益法下出现超额亏损时，投资企业确认的投资损失应以长期股权投资及其他实质上构成长期权益的项目减记至零为限，投资企业如需承担额外义务的，还需按照预计将承担责任的金额确认预计负债，除此之外的额外损失在账外作备查登记。因此，本题表述错误。

【答案】×

四、计算分析题

1.（1）

【解析】甲公司与乙公司在合并前不受同一方或相同多方最终控制，且对乙公司的持股比例达到了80%，因此，甲公司并购乙公司属于非同一控制下的企业合并。非同一控制下，初始投资成本＝企业合并成本＝合并对价的公允价值之和＝1 000×6＝6 000（万元）；购买方发生的审计、法律服务、评估咨询等中介费用以及其他相关费用，于发生时计入当期损益。购买方发行权益性工具作为合并对价的，与发行权益性工具直接相关的交易费用（手续费、佣金等）要先冲减资本公积，不足的依次冲减盈余公积和未分配利润。

【答案】甲公司与乙公司在合并前不受同一方或相同多方最终控制，且对乙公司的持股比例达到了80%。因此，甲公司并购乙公司属于非同一控制下的控股合并。

2020年1月1日：

借：长期股权投资　　　　　　　　　6 000【1 000×6】
　　贷：股本　　　　　　　　　　　　1 000【1 000×1】
　　　　资本公积——股本溢价　　　　5 000
借：管理费用　　　　　　　　　　　36
　　贷：银行存款　　　　　　　　　　36

借：资本公积——股本溢价　　　　　　　　　　　　60

　　贷：银行存款　　　　　　　　　　　　　　　　60

（2）

【解析】成本法下，投资方应当在被投资单位宣告分配现金股利或利润时，按照应享有的份额确认投资收益；被投资单位所有者权益发生变动时，投资单位不作处理。

【答案】2020年4月5日：

借：应收股利　　　　　　　　　　　160【200×80%】

　　贷：投资收益　　　　　　　　　　160

2020年4月15日：

借：银行存款　　　　　　　　　　　160

　　贷：应收股利　　　　　　　　　　160

（3）

【解析】投资方因处置部分权益性投资等原因丧失了对被投资单位的控制，在编制个别财务报表时，处置后的剩余股权能够对被投资单位实施共同控制或施加重大影响的，应当改按权益法核算，并对该剩余股权视同自取得时即采用权益法核算进行调整。

【答案】处置长期股权投资时，甲公司个别财务报表中应计入投资收益的金额 = 4 100 – 6 000 × 1/2 = 1 100（万元）。

相关会计分录为：

借：银行存款　　　　　　　　　　　4 100

　　贷：长期股权投资　　　　　　　　3 000

　　　　投资收益　　　　　　　　　　1 100

借：长期股权投资——损益调整　　　　800

　　　　　　　　——其他综合收益　　64

　　贷：盈余公积　　　　　　　　　　80【（2 200 – 200）×40%×10%】

　　　　利润分配——未分配利润　　　720【（2 200 – 200）×40%×90%】

　　　　其他综合收益　　　　　　　　64【160×40%】

五、综合题

1.（1）

【解析】投资日乙公司可辨认净资产公允价值 = 16 000 +［480 –（500 – 100）］= 16 080（万元）；甲公司应享有乙公司可辨认净资产公允价值的份额 = 16 080×30% = 4 824（万元），长期股权投资的初始投资成本 4 500 万元（4.5×1 000）< 享有乙公司可辨认净资产公允价值份额 4 824 万元，差额 324 万元应当计入营业外收入，同时调增长期股权投资账面价值。

【答案】甲公司 2020 年度对乙公司长期股权投资应采用权益法核算。

理由：甲公司取得乙公司 30% 的股权，能够对乙公司施加重大影响。

借：长期股权投资——投资成本　　　　　　　　　　　　4 500

　　贷：股本　　　　　　　　　　　　　　　　　　　　　　1 000

　　　　资本公积——股本溢价　　　　　　　　　　　　　　3 500

借：长期股权投资——投资成本　　　　　　　　　　　　324

　　贷：营业外收入　　　　　　　　　　　　　　　　　　　324

（2）

【解析】固定资产公允价值与账面价值的差额应调增折旧费用（调减利润）＝（480÷4）－（500÷5）＝20（万元）；乙公司将其商品出售给甲公司，产生未实现内部交易损益＝（营业收入－营业成本）×（1－向第三方售出比例）＝（1 200－900）×（1－50%）＝150（万元）；则乙公司调整后的净利润＝6 000－20－150＝5 830（万元），故甲公司应确认投资收益金额为1 749万元（5 830×30%）；被投资单位其他综合收益增加200万元，投资方应当按持股比例计算应享有份额，调增长期股权投资的账面价值60万元（200×30%），同时增加其他综合收益。

【答案】甲公司2020年度应确认的投资收益＝［6 000－（480/4－500/5）－（1 200－900）×50%］×30%＝1 749（万元）；甲公司应确认的其他综合收益＝200×30%＝60（万元）。

借：长期股权投资——损益调整　　　　　　　　　　　　1 749

　　贷：投资收益　　　　　　　　　　　　　　　　　　　1 749

借：长期股权投资——其他综合收益　　　　　　　　　　60

　　贷：其他综合收益　　　　　　　　　　　　　　　　　60

（3）

【解析】权益法转为以公允价值计量，处置投资日，长期股权投资账面价值＝4 500＋324＋1 749＋60＝6 633（万元）；

处置部分：按处置比例80%终止确认长期股权投资账面价值5 306.4万元（6 633×80%），并与处置价款5 600万元比较，确认投资收益293.6万元（5 600－5 306.4）。

剩余部分：以处置当日剩余部分公允价值1 400万元作为交易性金融资产入账价值，与原对应部分账面价值1 326.6万元（6 633×20%）之间的差额确认投资收益73.4万元（1 400－1 326.6）。

同时，将因持有权益法核算的长期股权投资确认的其他综合收益，结转至投资收益60万元。

综上，对营业利润影响金额＝293.6＋73.4＋60＝427（万元）。

【答案】甲公司2021年处置部分股权对营业利润的影响金额为427万元。

借：银行存款　　　　　　　　　　　　　　　　　　　　5 600

　　交易性金融资产——成本　　　　　　　　　　　　　　1 400

　　贷：长期股权投资——投资成本　　　　　　　　　　　4 824

　　　　　　　　　　——损益调整　　　　　　　　　　　1 749

　　　　　　　　　　——其他综合收益　　　　　　　　　60

	投资收益		367
借：其他综合收益			60
贷：投资收益			60

2.（1）

【解析】权益法下，初始投资成本小于取得投资时应享有被投资单位可辨认净资产公允价值份额的，两者之间的差额体现为双方在交易作价过程中转让方的让步，该部分经济利益流入应计入取得投资当期的营业外收入，同时调整增加长期股权投资的账面价值。本题以 3 100 万元取得股权份额 3 300 万元（11 000×30%），调增长期股权投资和营业外收入。采用权益法核算的长期股权投资，在确认应享有的被投资单位的净利润（净亏损）时，应采用调整后的净利润。主要调整的是①取得投资时点的增值减值；②未实现的内部交易损益。则调整后的净利润＝［1 000 － （300 － 100）÷10］×30%＝294（万元）。

【答案】

① 2020 年 1 月 1 日

借：长期股权投资——投资成本	3 100
贷：银行存款	3 100
借：长期股权投资——投资成本	200【11 000×30% － 3 100】
贷：营业外收入	200

② 2020 年 12 月 31 日

借：长期股权投资——损益调整	294
贷：投资收益	294
借：长期股权投资——其他综合收益	60【200×30%】
贷：其他综合收益	60

③ 2021 年 1 月 1 日

借：长期股权投资	5 220
贷：银行存款	5 220
借：长期股权投资	3 654
贷：长期股权投资——投资成本	3 300【3 100 ＋ 200】
——损益调整	294
——其他综合收益	60

（2）

【解析】非同一控制下，个别财务报表中，长期股权投资权益法转换为成本法，成本法下的初始投资成本＝原股权投资的账面价值＋新增投资成本＝3 300 ＋ 294 ＋ 60 ＋ 5 220 ＝ 8 874（万元）。

【答案】个别报表中长期股权投资账面价值＝3 654 ＋ 5 220 ＝ 8 874（万元）。

（3）

【解析】商誉形成于非同一控制下的企业合并，金额等于企业合并成本减去购买方在购买日被购买方可辨认净资产公允价值的份额。合并成本 = 购买日之前所持被购买方股权于购买日的公允价值 + 购买日新增股权所支付对价的公允价值 = 3 915 + 5 220 = 9 135（万元）。

【答案】甲公司对乙公司投资形成的商誉 =（5 220 + 3 915）– 12 300 ×（30% + 40%）= 525（万元）。

（4）

【解析】本题属于投资方因其他投资方对其子公司增资而导致本投资方持股比例下降，从而丧失控制权但能实施共同控制或施加重大影响的情况。在投资方个别财务报表中，应当对该项长期股权投资从成本法核算转为权益法核算。①按照新的持股比例确认本投资方应享有的原子公司因增资扩股而增加净资产的份额，与应结转持股比例下降部分所对应的长期股权投资原账面价值之间的差额计入当期损益；②按照新的持股比例视同自取得投资时即采用权益法核算进行调整。

【答案】应确认投资收益 = 10 000 × 40% – 8 874 ×（70% – 40%）/70% = 196.86（万元）。

借：长期股权投资　　　　　　　　　　　　　196.86
　　贷：投资收益　　　　　　　　　　　　　　　196.86

第五章　投资性房地产

🎯 应试指导

　　本章属于基础性章节，内容相对简单，主要为投资性房地产的确认、计量、转换和处置。本章内容也是后续所得税等章节的基础，考试时可以结合考查。考生在学习过程中不必死记硬背，可以联系固定资产章节对比记忆，做到准确区分和熟练运用。本章涉及的高频考点有：投资性房地产的范围、后续计量和转换。其中，投资性房地产的转换是近几年考试的"热点"，建议考生作为备考重点。

📈 历年考情

　　本章考试题目难度不大，属于必考章节，各种题型均可能出现，几乎每年都会有投资性房地产后续计量的计算分析题，也有可能与所得税章节结合在综合题中出现，分值在 10 分左右。

题型	2021 年（一）		2021 年（二）		2020 年（一）		2020 年（二）		2019 年（一）		2019 年（二）	
	题量	分值	题量	分值	题量	分值	题量	分值	题量	分值	题量	分值
单选题	1	1.5 分	1	1.5 分	1	1.5 分	1	1.5 分	—	—	—	—
多选题	1	2 分	—	—	1	2 分	1	2 分	1	2 分	—	—
判断题	1	1 分	1	1 分	1	1 分	—	—	—	—	—	—
计算分析题	—	—	—	—	1	10 分	—	—	1	3 分	1	10 分
综合题	—	—	—	—	—	—	—	—	—	—	—	—

✅ 高频考点列表

考点	单选题	多选题	判断题	计算分析题	综合题
投资性房地产的范围	—	—	2017 年	—	—
投资性房地产的初始计量	—	—	—	2018 年	2017 年
投资性房地产的后续支出	—	—	2018 年	—	—
投资性房地产的后续计量	2021 年、2020 年、2018 年	2020 年、2019 年	—	2019 年、2018 年	2017 年

（续表）

考点	单选题	多选题	判断题	计算分析题	综合题
投资性房地产后续计量模式的变更	—	2020 年、2018 年、2017 年	—	—	—
投资性房地产与非投资性房地产的转换	2021 年、2020 年、2017 年	2021 年	2021 年、2020 年	2019 年	2017 年
投资性房地产的处置	2020 年	—	—	2020 年、2018 年	—

章逻辑树

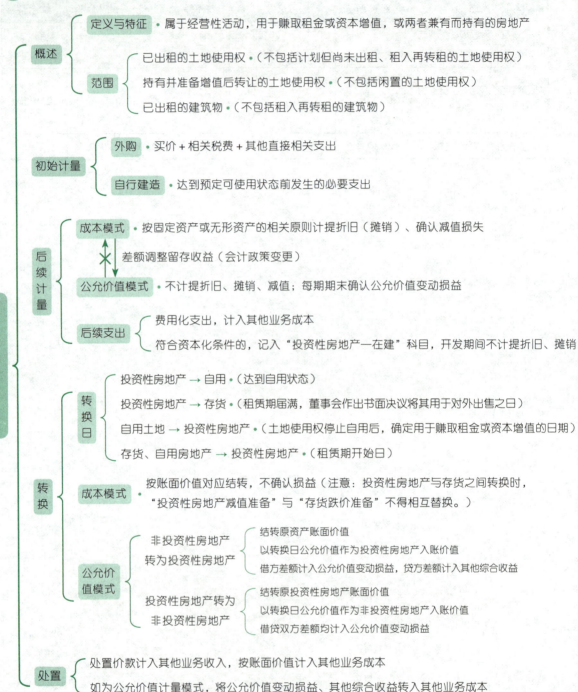

第五章 投资性房地产

- 概述
  - 定义与特征 • 属于经营性活动，用于赚取租金或资本增值，或两者兼有而持有的房地产
  - 范围
    - 已出租的土地使用权 •（不包括计划但尚未出租、租入再转租的土地使用权）
    - 持有并准备增值后转让的土地使用权 •（不包括闲置的土地使用权）
    - 已出租的建筑物 •（不包括租入再转租的建筑物）

- 初始计量
  - 外购 • 买价＋相关税费＋其他直接相关支出
  - 自行建造 • 达到预定可使用状态前发生的必要支出

- 后续计量
  - 成本模式 • 按固定资产或无形资产的相关原则计提折旧（摊销）、确认减值损失
  - ↕ 差额调整留存收益（会计政策变更）
  - 公允价值模式 • 不计提折旧、摊销、减值；每期期末确认公允价值变动损益
  - 后续支出
    - 费用化支出，计入其他业务成本
    - 符合资本化条件的，记入"投资性房地产—在建"科目，开发期间不计提折旧、摊销

- 转换
  - 转换日
    - 投资性房地产 → 自用 •（达到自用状态）
    - 投资性房地产 → 存货 •（租赁期届满，董事会作出书面决议将其用于对外出售之日）
    - 自用土地 → 投资性房地产 •（土地使用权停止自用后，确定用于赚取租金或资本增值的日期）
    - 存货、自用房地产 → 投资性房地产 •（租赁期开始日）
  - 成本模式 • 按账面价值对应结转，不确认损益（注意：投资性房地产与存货之间转换时，"投资性房地产减值准备"与"存货跌价准备"不得相互替换。）
  - 公允价值模式
    - 非投资性房地产转为投资性房地产
      - 结转原资产账面价值
      - 以转换日公允价值作为投资性房地产入账价值
      - 借方差额计入公允价值变动损益，贷方差额计入其他综合收益
    - 投资性房地产转为非投资性房地产
      - 结转原投资性房地产账面价值
      - 以转换日公允价值作为非投资性房地产入账价值
      - 借贷双方差额均计入公允价值变动损益

- 处置
  - 处置价款计入其他业务收入，按账面价值计入其他业务成本
  - 如为公允价值计量模式，将公允价值变动损益、其他综合收益转入其他业务成本

高频考点 1 投资性房地产的范围

1. 属于投资性房地产的项目

项目	说明
已出租的土地使用权	不包括计划出租但尚未出租的、租入再转租的土地使用权
持有并准备增值后转让的土地使用权	指企业通过出让或转让方式取得并准备增值后转让的土地使用权。但是，不包括按照国家有关规定认定的闲置土地
已出租的建筑物	①用于出租的建筑物是指企业拥有产权的建筑物，企业租入再转租的建筑物不属于投资性房地产； ②已出租的建筑物是企业已经与其他方签订了租赁协议，约定以经营租赁方式出租的建筑物； ③企业将建筑物出租，按照租赁协议向承租人提供的相关辅助服务在整个协议中不重大的，应当将该建筑物确认为投资性房地产

2. 不属于投资性房地产的项目

项目	说明
自用房地产	包括自用的建筑物和自用的土地使用权
作为存货的房地产	①通常指房地产开发企业在正常经营过程中销售的或为销售而正在开发的商品房和土地； ②如果某项房地产部分用于赚取租金或资本增值、部分自用： a. 能够单独计量和出售的，用于赚取租金或资本增值的部分，应当确认为投资性房地产； b. 不能够单独计量和出售的，用于赚取租金或资本增值的部分，应当确认为固定资产或无形资产

【敲黑板】持有以备经营出租的空置建筑物或在建建筑物，若企业管理当局（董事会或类似机构）作出书面决议，明确表明将其用于经营出租且持有意图短期内不再发生变化的，即使尚未签订租赁协议，企业仍可将其作为投资性房地产进行核算；但计划出租尚未出租的土地使用权不能作为投资性房地产核算，注意区分。

【真题实战·判断题】企业将其拥有的办公大楼由自用转为收取租金收益时，应将其转为投资性房地产。（　　）（2017年）

【解析】投资性房地产主要包括已出租的土地使用权、持有并准备增值后转让的土地使用权以及已出租的建筑物。办公大楼从自用转为出租，应将其转为投资性房地产。因此，本题表述正确。

【答案】√

【沙场练兵·判断题】企业租入再转租给其他单位的土地使用权，不能确认为投资性房地产。（　　）

【解析】已出租的土地使用权属于投资性房地产。已出租的土地使用权，是指企业通过出让或转让方式取得的、以经营租赁方式出租的土地使用权。对于租入土地使用权再转租给其他单位的，不能确认为投资性房地产。因此，本题表述正确。

【答案】√

【沙场练兵·多选题】下列各项中，应作为投资性房地产核算的有（　　）。

A.已出租的土地使用权

B.企业租入再转租的建筑物

C.持有并准备增值后转让的土地使用权

D.出租给本企业职工居住的自建宿舍楼

【解析】投资性房地产主要包括已出租的土地使用权、持有并准备增值后转让的土地使用权和已出租的建筑物。选项A、C符合题意，均应作为投资性房地产核算；选项B不符合题意，企业对租入的固定资产不拥有所有权，不能作为投资性房地产核算；选项D不符合题意，出租给本企业职工居住的自建宿舍楼间接为企业生产经营服务，应作为固定资产核算。综上，本题应选AC。

【答案】AC

高频考点 2 投资性房地产的初始计量

投资性房地产初始计量时，应当按照成本进行计量。

1.外购的投资性房地产

确认	①企业外购的房地产，只有在购入的同时开始对外出租或用于资本增值，才能作为投资性房地产加以确认； ②企业购入房地产，自用一段时间之后再改为出租或用于资本增值的，应当先将外购的房地产确认为固定资产或无形资产，自租赁期开始日或用于资本增值之日起，才能从固定资产或无形资产转换为投资性房地产
初始成本	成本＝购买价款＋相关税费＋可归属于该资产的其他支出 （购买价款包括支付的土地出让金等；相关税费包括契税、耕地占用税等）
账务处理	成本模式： 借：投资性房地产 　　贷：银行存款等　　　　　公允价值模式： 借：投资性房地产——成本 　　贷：银行存款等

【敲黑板】外购投资性房地产发生的谈判费用、差旅费计入管理费用，不计入资产成本。

2.自行建造的投资性房地产

确认	①企业自行建造的房地产，只有在自行建造活动完成（即达到预定可使用状态）的同时开始对外出租或用于资本增值，才能将自行建造的房地产确认为投资性房地产。 ②企业自行建造房地产达到预定可使用状态后一段时间才对外出租或用于资本增值的，应当先将自行建造的房地产确认为固定资产、无形资产或存货，自租赁期开始日或用于资本增值之日开始，从固定资产、无形资产或存货转换为投资性房地产

（续表）

初始成本	成本＝建筑成本＋安装成本＋土地开发费用＋其他必要支出 （其他必要支出包括应予以资本化的借款费用、应分摊的间接费用等）	
账务处理	成本模式： 借：投资性房地产 　　贷：在建工程/开发产品等	公允价值模式： 借：投资性房地产——成本 　　贷：在建工程/开发产品等

【沙场练兵·判断题】企业自行建造的房地产达到预定可使用状态时开始自用，之后再改为对外出租。则应在该房地产达到预定可使用状态时将其确认为投资性房地产。（　　）

【解析】企业自行建造房地产达到预定可使用状态后一段时间才对外出租或用于资本增值的，在达到预定可使用状态后先确认为固定资产，满足投资性房地产确认条件时，再确认为投资性房地产。因此，本题表述错误。

【答案】×

【沙场练兵·单选题】冀北公司将购入的一栋建筑物出租给豫中公司，该建筑物取得时实际支付的价款为200万元，支付契税1万元、谈判费用5万元、可直接归属于该建筑物的其他支出10万元。下列冀北公司对该栋建筑物的处理中错误的是（　　）。

A.将该栋建筑物确认为投资性房地产

B.契税金额应计入投资性房地产初始成本

C.谈判费用应计入投资性房地产初始成本

D.该栋建筑物的初始成本为211万元

【解析】选项A处理正确，该栋建筑物用于对外出租，应确认为投资性房地产；选项B、D处理正确，选项C处理错误，外购投资性房地产发生的谈判费用、差旅费等不属于可直接归属于该建筑物的支出，应当计入管理费用，不计入资产成本，则该栋建筑物的初始成本＝200＋1＋10＝211（万元）。综上，本题应选C。

【答案】C

高频考点 3 投资性房地产的后续支出

与投资性房地产有关的后续支出，满足投资性房地产确认条件的，应当予以资本化，计入投资性房地产成本；不满足投资性房地产确认条件的，应当将相关支出费用化，在发生时计入当期损益。

1.资本化的账务处理

阶段	成本模式	公允价值模式
转为改扩建	借：投资性房地产——在建 　　投资性房地产累计折旧 　　投资性房地产减值准备 　　贷：投资性房地产	借：投资性房地产——在建 　　贷：投资性房地产——成本 　　　　——公允价值变动【或借方】
发生改扩建支出	借：投资性房地产——在建 　　贷：银行存款等	

（续表）

阶段	成本模式	公允价值模式
完成改扩建	借：投资性房地产 　　贷：投资性房地产——在建	借：投资性房地产——成本 　　贷：投资性房地产——在建

2. 费用化的账务处理

投资性房地产后续支出中的费用化支出，不论在成本模式还是公允价值模式下，均作如下账务处理：

借：其他业务成本

　　贷：银行存款等

> **▌敲黑板▐** 企业对某项投资性房地产进行改扩建或装修等再开发且将来仍作为投资性房地产的，再开发期间应当继续将其作为投资性房地产，不计提折旧或摊销。

【**真题实战·判断题**】企业对采用成本模式计量的投资性房地产进行再开发，且将来仍作为投资性房地产的，再开发期间应当对此资产继续计提折旧或摊销。（　　）（2018年）

【**解析**】企业对投资性房地产进行再开发，且将来仍作为投资性房地产的，再开发期间应当继续将其作为投资性房地产，不计提折旧或摊销。因此，本题表述错误。

【**答案**】×

【**沙场练兵·单选题**】下列关于投资性房地产后续支出的表述中，正确的是（　　）。

A. 改扩建期间投资性房地产的后续支出中符合资本化条件的应记入"在建工程"科目借方

B. 企业改扩建的投资性房地产应转入"在建工程"科目核算

C. 企业对某项投资性房地产进行改扩建或装修等再开发，且将来仍作为投资性房地产的，改扩建或装修期间不计提折旧或摊销

D. 改扩建期间的投资性房地产后续支出不符合资本化条件的应记入"营业外支出"科目借方

【**解析**】选项A、B表述错误，企业改扩建的投资性房地产应转入"投资性房地产——在建"科目核算，改扩建期间的投资性房地产后续支出符合资本化条件的应记入"投资性房地产——在建"科目借方；选项C表述正确；选项D表述错误，改扩建期间的投资性房地产后续支出不符合资本化条件的，应记入"其他业务成本"科目借方。综上，本题应选C。

【**答案**】C

高频考点 4 投资性房地产的后续计量

1. 基本要求

投资性房地产的后续计量通常应当采用成本模式计量，满足特定条件时也可以采用公允价值

模式计量。但是，同一企业只能采用一种模式对所有投资性房地产进行后续计量，不得同时采用两种计量模式。

2.账务处理

时点	成本模式	公允价值模式
取得租金收入	借：银行存款等 　　贷：其他业务收入	
资产负债表日	①计提折旧或摊销 借：其他业务成本 　　贷：投资性房地产累计折旧（摊销） ②计提减值准备 借：资产减值损失 　　贷：投资性房地产减值准备	①公允价值上升： 借：投资性房地产——公允价值变动 　　贷：公允价值变动损益 ②公允价值下降：作相反分录 【提个醒】公允价值模式下，不计折旧或摊销、不计提减值。

‖敲黑板‖

（1）投资性房地产的折旧或摊销分别遵循固定资产（建筑物）、无形资产（土地使用权）的相关规定。

①已出租的建筑物：当月增加下月开始计提，当月减少下月停止计提；

②已出租的土地使用权、持有并准备增值后转让的土地使用权：当月增加当月开始摊销，当月减少当月停止摊销。

（2）已经计提减值准备的投资性房地产，其减值损失在以后的会计期间不得转回。

【真题实战·单选题】关于以公允价值模式计量的投资性房地产，下列会计处理正确的是（　　）。（2021年）

A.租金收入计入投资收益

B.无需计提折旧或摊销

C.资产负债表日公允价值高于账面价值的差额，计入其他综合收益

D.资产负债表日应进行减值测试

【解析】选项A错误，投资性房地产的租金计入其他业务收入；选项B正确，以公允价值模式计量的投资性房地产无需计提折旧或摊销；选项C错误，投资性房地产资产负债表日公允价值高于账面价值的差额，计入公允价值变动损益；选项D错误，以公允价值模式计量的投资性房地产不计提减值。综上，本题应选B。

【答案】B

【真题实战·单选题】2018年12月31日，甲公司以银行存款12 000万元外购一栋写字楼并立即出租给乙公司使用，租期5年，每年末收取租金1 000万元。该写字楼的预计使用年限为20年，预计净残值为0，采用年限平均法计提折旧。甲公司对投资性房地产采用成本模式进行后续计量。2019年12月31日，该写字楼出现减值迹象，可收回金额为11 200万元。不考虑其他因素，与该写字楼相关的交易或事项对甲公司2019年度营业利润的影响金额为（　　）万元。（2020年）

A.400　　　　　　　　B.800

C.200　　　　　　　　　D.1 000

【解析】2019年末收取租金时，确认其他业务收入1 000万元，并确认其他业务成本600万元（12 000÷20）。由于2019年末该写字楼的账面价值＝12 000－600＝11 400（万元），可收回金额为11 200万元，应确认资产减值损失的金额＝11 400－11 200＝200（万元）。则该写字楼相关的交易或事项对甲公司2019年度营业利润的影响金额＝1 000－600－200＝200（万元）。相关会计分录为（单位：万元）：

①取得投资性房地产

借：投资性房地产　　　　　　　12 000

　　贷：银行存款　　　　　　　　　12 000

②确认租金收入

借：银行存款　　　　　　　　　 1 000

　　贷：其他业务收入　　　　　　　 1 000

③计提折旧

借：其他业务成本　　　　　　　　 600

　　贷：投资性房地产累计折旧　　　　 600

④年末计提减值

借：资产减值损失　　　　　　　　 200

　　贷：投资性房地产减值准备　　　　 200

综上，本题应选C。

【答案】C

【真题实战·多选题】下列各项有关企业以成本模式计量的投资性房地产会计处理的表述中，正确的有（　　）。（2020年）

A.年末无需对其预计使用寿命进行复核

B.应当按期计提折旧或摊销

C.存在减值迹象时，应当进行减值测试

D.计提的减值准备，在以后的会计期间不允许转回

【解析】选项A表述错误，以成本模式计量的投资性房地产，需要计提折旧或摊销，年末需

要对其预计使用寿命进行复核。选项B、C、D表述正确，以成本模式计量的投资性房地产应当按期计提折旧或摊销；存在减值迹象时，应当进行减值测试；已计提的减值准备，在以后的会计期间不允许转回。综上，本题应选BCD。

【答案】BCD

【真题实战·多选题】关于投资性房地产的后续计量，下列说法正确的有（　　）。（2019年）

A.企业可以任意选择投资性房地产的后续计量模式

B.已经采用成本模式计量的，可以转为采用公允价值模式计量

C.已经采用公允价值模式计量的，可以转为采用成本模式计量

D.采用公允价值模式计量的，不对投资性房地产计提折旧或进行摊销

【解析】选项A说法错误，投资性房地产的后续计量通常采用成本模式计量，只有存在确凿证据表明投资性房地产的公允价值能够持续可靠取得的情况下，企业才可以采用公允价值模式对投资性房地产进行后续计量。选项B说法正确，选项C说法错误，为了保证会计信息的可比性，企业对投资性房地产的计量模式一经确定，不得随意变更。只有在满足采用公允价值模式条件的情况下，企业才可以对投资性房地产从成本模式计量变更为公允价值模式计量；但是已经采用公允价值模式计量的投资性房地产，不得从公允价值模式转为成本模式。选项D说法正确，采用公允价值模式计量的投资性房地产，不对投资性房地产计提折旧或摊销。资产负债表日，企业应当以其公允价值为基础调整账面价值，公允价值与原账面价值的差额计入当期损益。综上，本题应选BD。

【答案】BD

【真题实战·单选题】甲公司对投资性房地产

采用成本模式进行后续计量。2017年1月10日，甲公司以银行存款9 600万元购入一栋写字楼并立即以经营租赁方式租出。甲公司预计该写字楼的使用寿命为40年，预计净残值为120万元。采用年限平均法计提折旧，不考虑相关税费及其他因素，2017年甲公司应对该写字楼计提的折旧金额为（　　）万元。（2018年）

A.240　　　　　　　　B.220

C.217.25　　　　　　　D.237

【解析】2017年甲公司应对该写字楼计提的折旧金额＝（9 600－120）÷40÷12×11＝217.25（万元）。综上，本题应选C。

【答案】C

【沙场练兵·单选题】企业采用公允价值模式对投资性房地产进行后续计量的，资产负债表日应将投资性房地产的公允价值与其账面价值的差额计入（　　）。

A.其他综合收益　　B.公允价值变动损益

C.资本公积　　　　D.资产减值损失

【解析】采用公允价值模式进行后续计量的投资性房地产，不计提折旧或摊销，应当以资产负债表日投资性房地产的公允价值为基础调整其账面价值，公允价值与账面价值之间的差额计入公允价值变动损益。综上，本题应选B。

【答案】B

【沙场练兵·单选题】2021年9月，甲公司与乙公司签订租赁协议，约定将甲公司新建造的一栋写字楼租赁给乙公司使用，租赁期为5年，每年年末支付当年租金，月租金为5万元。2021年11月1日，该写字楼达到预定可使用状态并开始出租，写字楼的工程造价为5 000万元，等于公允价值。甲公司采用公允价值模式对该项投资性房地产进行后续计量。2021年12月31日，该写字楼的公允价值为5 500万元。该事项对甲公司当年利润总额的影响金额为（　　）万元。

A.500　　　　　　　　B.510

C.5 500　　　　　　　D.5 510

【解析】甲公司对投资性房地产采用公允价值模式进行后续计量，2021年应当确认2个月的租金收入10万元（5×2），计入其他业务收入；期末，以公允价值为基础调整其账面价值，公允价值与账面价值的差额500万元，记入"公允价值变动损益"科目贷方。则该事项对甲公司2021年利润总额的影响金额为510万元（10＋500）。综上，本题应选B。

【相关分录】（单位：万元）

（1）2021年11月1日

借：投资性房地产——成本　　　　5 000

　　贷：在建工程　　　　　　　　　　5 000

（2）2021年12月31日

借：投资性房地产——公允价值变动　500

　　贷：公允价值变动损益　　　　　　　500

借：银行存款　　　　　　　　　　10

　　贷：其他业务收入　　　　　　　　　10

【答案】B

高频考点 5　投资性房地产后续计量模式的变更

1.只有在房地产市场比较成熟、能够满足采用公允价值模式条件的情况下，才允许企业对投资性房地产从成本模式计量变更为公允价值模式计量；已采用公允价值模式计量的投资性房地产，**不得转为成本模式。**

▌敲黑板▐ 投资性房地产后续计量模式变更属于会计政策变更，企业应当采用追溯调整法进行会计处理，将会计政策变更累积影响数，调整列报前期最早期初留存收益（未分配利润及盈余公积），其他相关项目的期初余额和列报前期披露的其他比较数据也应当一并调整。具体内容参见本书第20章。

2.成本模式转为公允价值模式的账务处理（假定不考虑所得税）

计量模式变更	账务处理	
成本模式转为公允价值模式	借：投资性房地产——成本	【变更日公允价值】
	投资性房地产累计折旧（摊销）	【原已计提的折旧或摊销】
	投资性房地产减值准备	【原已计提的减值准备】
	贷：投资性房地产	【原账面余额】
	盈余公积	【或借方】
	利润分配——未分配利润	【或借方】

【真题实战·多选题】下列各项关于企业投资性房地产后续计量的表述中，正确的有（　　）。（2020年）

A.已经采用公允价值模式计量的投资性房地产，不得从公允价值模式转为成本模式

B.采用公允价值模式计量的投资性房地产，不得计提折旧或摊销

C.采用成本模式计量的投资性房地产，不得确认减值损失

D.由成本模式转为公允价值模式的，应当作为会计政策变更处理

【解析】选项A表述正确，投资性房地产的计量模式可以从成本模式转为公允价值模式，但已经采用公允价值模式计量的，不得再转为成本模式；选项B表述正确，采用公允价值模式计量的投资性房地产，公允价值与账面价值之间的差额确认公允价值变动损益，不再计提折旧或摊销；选项C表述错误，投资性房地产采用成本模式计量的，类比固定资产或无形资产的后续计量，正常计提折旧或摊销、确认减值损失；选项D表述正确，资产计量模式的变更属于会计政策变更。综上，本题应选ABD。

【答案】ABD

【真题实战·多选题】投资性房地产的后续计量由成本模式转为公允价值模式时，其公允价值与账面价值的差额，对企业下列财务报表项目产生影响的有（　　）。（2018年）

A.资本公积　　　　B.盈余公积

C.其他综合收益　　D.未分配利润

【解析】投资性房地产由成本模式转为公允价值模式，属于会计政策变更，应进行追溯调整，所以变更当日公允价值与原账面价值的差额，应当计入留存收益（盈余公积和未分配利润）。综上，本题应选BD。

【答案】BD

【真题实战·多选题】下列关于企业投资性房地产会计处理的表述中，正确的有（　　）。（2017年）

A.自行建造的投资性房地产，按达到预定可使用状态前所发生的必要支出进行初始计量

B.以成本模式进行后续计量的投资性房地产，计提的减值准备以后会计期间可以转回

C.投资性房地产后续计量由成本模式转为公允价值模式时，其公允价值与账面价值的差额

应计入当期损益

D. 满足投资性房地产确认条件的后续支出，应予以资本化

【解析】选项A正确，自行建造的投资性房地产，其成本由建造该项资产达到预定可使用状态前发生的必要支出构成。选项B错误，以成本模式进行后续计量的投资性房地产，其计提的减值准备在以后会计期间不得转回。选项C错误，投资性房地产从成本模式转为公允价值模式时，应作为会计政策变更处理，转换日公允价值和账面价值之间的差额，调整期初留存收益。选项D正确，与投资性房地产有关的后续支出，满足投资性房地产确认条件的，应予以资本化，计入投资性房地产的成本；而不满足投资性房地产确认条件的，应当在发生时计入当期损益（费用化）。综上，本题应选AD。

【答案】AD

【沙场练兵·单选题】2019年1月1日，甲公司将其自用的一栋办公楼对外出租并确认为投资性房地产，采用成本模式进行后续计量。2022年1月1日，甲公司决定将该栋办公楼从成本模式转为公允价值模式计量。当日，该办公楼账面余额为1 000万元，已计提折旧300万元，已计提减值准备200万元，该办公楼的公允价值为1 200万元。甲公司按净利润的10%提取盈余公积，假设不考虑所得税的影响，2022年1月1日该栋办公楼计量模式的变更对甲公司期初留存收益的影响金额是（　　）万元。

A.200　　　　　　　B.70

C.700　　　　　　　D.630

【解析】2022年1月1日，投资性房地产的后续计量从成本模式转为公允价值模式，变更时公允价值与账面价值的差额调整期初留存收益，则该栋办公楼计量模式的变更对甲公司期初留存收益的影响金额＝1 200－（1 000－300－200）＝700（万元）。综上，本题应选C。

【相关分录】（单位：万元）

借：投资性房地产——成本　　　　　1 200
　　投资性房地产减值准备　　　　　　200
　　投资性房地产累计折旧　　　　　　300
　　贷：投资性房地产　　　　　　　1 000
　　　　盈余公积　　　　　　　　　　70
　　　　利润分配——未分配利润　　　630

【答案】C

高频考点 6　投资性房地产与非投资性房地产的转换

1. 成本模式下，房地产转换的账务处理

转换类型	账务处理	
	投资性房地产 → 自用房地产	投资性房地产 → 存货
投资性房地产转换为非投资性房地产	借：固定资产（无形资产） 　　投资性房地产累计折旧（摊销） 　　投资性房地产减值准备 　　贷：投资性房地产 　　　　累计折旧（累计摊销） 　　　　固定资产减值准备（无形资产减值准备）	借：开发产品 　　投资性房地产累计折旧（摊销） 　　投资性房地产减值准备 　　贷：投资性房地产

（续表）

转换类型	账务处理	
	自用房地产 → 投资性房地产	存货 → 投资性房地产
非投资性房地产转换为投资性房地产	借：投资性房地产 　　累计折旧（摊销） 　　固定资产减值准备（无形资产减值准备） 　贷：固定资产（无形资产） 　　　投资性房地产累计折旧（摊销） 　　　投资性房地产减值准备	借：投资性房地产 　　存货跌价准备 　贷：开发产品

2. 公允价值模式下，房地产转换的账务处理

转换类型	账务处理	
投资性房地产转为自用房地产或存货	借：固定资产（无形资产、开发产品）　　　　　　【转换日的公允价值】 　贷：投资性房地产——成本 　　　　　　　　——公允价值变动　　【累计公允价值变动，或借方】 　　公允价值变动损益　　　　　　　　　　　　【差额，或借方】	
自用房地产或存货转为投资性房地产	借：投资性房地产——成本　　　　　　　　　　【转换日的公允价值】 　　累计折旧（累计摊销） 　　固定资产减值准备（无形资产减值准备、存货跌价准备） 　　公允价值变动损益　　　　　　【转换日的公允价值＜账面价值】 　贷：固定资产（无形资产、开发产品） 　　其他综合收益　　　　　　　　【转换日的公允价值＞账面价值】	

敲黑板 成本模式下的投资性房地产与非投资性房地产的转换，其实质是一个更名的过程，科目之间对应结转，不确认损益。需要注意的是，投资性房地产与存货之间转换时，"投资性房地产减值准备"与"存货跌价准备"两个科目不能对应结转，而投资性房地产与固定资产或无形资产相互转换时，可以直接对应结转。

【真题实战·多选题】 关于投资性房地产转换日的确定，下列说法中正确的有（　　）。（2021年）
A. 作为存货的房地产改为出租，或者自用建筑物或土地使用权停止自用改为出租，其转换日为租赁期开始日
B. 投资性房地产转为自用房地产，其转换日为房地产达到自用状态，企业开始将房地产用

于生产商品、提供劳务或者经营管理的日期
C. 自用土地使用权停止自用，改用于资本增值，其转换日为自用土地使用权停止自用后确定用于资本增值的日期
D. 作为存货的房地产改为出租，或者自用建筑物或土地使用权停止自用改为出租，其转换日为承租人支付的第一笔租金的日期

【解析】 选项A、B、C正确，选项D错误，企

业将作为存货的房地产改为出租，或者自用建筑物停止自用改为出租，转换日应当为租赁协议规定的租赁期开始日；自用土地使用权停止自用改为出租，转换日为自用土地使用权停止自用后确定用于赚取租金的日期。综上，本题应选 ABC。

【答案】ABC

【真题实战·单选题】甲公司对投资性房地产采用公允价值模式进行后续计量。2020年3月1日，该公司将一项账面价值为300万元、公允价值为280万元的作为固定资产核算的办公楼转换为投资性房地产。不考虑其他因素，甲公司该转换业务对其2020年度财务报表项目影响的下列各项表述中，正确的是（　　）。（2021年）

A. 减少投资收益 20 万元

B. 减少其他综合收益 20 万元

C. 增加营业外支出 20 万元

D. 减少公允价值变动收益 20 万元

【解析】固定资产转换为公允价值模式计量下的投资性房地产，转换日账面价值与公允价值之间如果有差额，借方差额计入公允价值变动损益（对应财务报表项目中的公允价值变动收益），贷方差额计入其他综合收益。本题相关分录为（单位：万元）：

借：投资性房地产——成本　　280
　　公允价值变动损益　　　　 20
　　贷：固定资产　　　　　　　　　300
　　　　　　　　　　　　　　【账面价值】

综上，本题应选 D。

【答案】D

【真题实战·多选题】公司发生的与投资性房地产有关的下列交易或事项中，将影响其利润表营业利润项目列报金额的有（　　）。（2021年）

A. 以公允价值模式计量的投资性房地产，资产负债表日公允价值小于账面价值

B. 作为存货的房地产转换为以公允价值模式计量的投资性房地产时，公允价值大于账面价值

C. 将投资性房地产由成本模式计量变更为公允价值模式计量时，公允价值大于账面价值

D. 将公允价值模式计量的投资性房地产转换为自用房地产时，公允价值小于账面价值

【解析】选项 A 符合题意，差额计入公允价值变动损益，影响营业利润；选项 B 不符合题意，差额计入其他综合收益，不影响营业利润；选项 C 不符合题意，差额调整留存收益，不影响营业利润；选项 D 符合题意，差额计入公允价值变动损益，影响营业利润。综上，本题应选 AD。

【答案】AD

【真题实战·判断题】房地产企业将经营出租的房地产收回进行二次开发后用于对外出售的，应该在收回时将其从投资性房地产转为存货。（　　）（2021年）

【解析】房地产企业将用于经营出租的房地产重新开发用于对外销售，从投资性房地产转为存货。在这种情况下，转换日为租赁期满，企业董事会或类似机构作出书面决议明确表明将其重新开发用于对外销售的日期。因此，本题表述错误。

【答案】×

【真题实战·判断题】企业自用房地产转换为采用公允价值模式计量的投资性房地产时确认的其他综合收益，应当在处置投资性房地产时直接转入留存收益。（　　）（2021年）

【解析】企业在处置投资性房地产时，将取得的收入计入其他业务收入，将投资性房地产的账面价值转入其他业务成本，同时将持有期间累计确认的公允价值变动损益和因房地产转换

确认的其他综合收益转入其他业务成本。因此，本题表述错误。

【答案】×

【真题实战·单选题】2020年1月1日，甲公司将自用的写字楼转换为以成本模式进行后续计量的投资性房地产。当日写字楼的账面余额为5 000万元，已计提折旧500万元，已计提固定资产减值准备400万元，公允价值为4 200万元。甲公司将该写字楼转换为投资性房地产核算时的初始入账价值为（　　）万元。（2020年）

A.4 500　　　　　　B.4 200
C.4 600　　　　　　D.4 100

【解析】将自用写字楼转换为成本模式计量的投资性房地产，以转换日的账面价值作为投资性房地产的入账价值，即投资性房地产的入账价值＝5 000－500－400＝4 100（万元）。综上，本题应选D。

【答案】D

【真题实战·判断题】自用房地产转换为以成本模式计量的投资性房地产，不影响损益金额。（　　）（2020年）

【解析】自用房地产转换为以成本模式计量的投资性房地产，按账面价值结转，不确认损益。因此，本题表述正确。

【答案】√

【真题实战·单选题】企业将自用房地产转换为以公允价值模式计量的投资性房地产。下列关于转换日该房地产公允价值大于账面价值的差额的会计处理中，正确的是（　　）。（2017年）

A.计入递延收益
B.计入当期损益

C.计入其他综合收益
D.计入资本公积

【解析】企业将自用房地产转换为公允价值模式计量的投资性房地产，当日公允价值大于账面价值的差额，应计入其他综合收益，小于则应计入公允价值变动损益。综上，本题应选C。

【答案】C

【沙场练兵·单选题】甲公司对投资性房地产采用公允价值模式计量。2021年6月23日，甲公司将一项固定资产转换为投资性房地产。该固定资产账面余额为1 000万元，已计提折旧200万元，已计提减值准备50万元。假设该项房地产在转换日的公允价值为800万元。不考虑其他因素，转换日该投资性房地产业务影响损益的金额为（　　）万元。

A.0　　　　　　　　B.50
C.100　　　　　　　D.300

【解析】自用房地产或存货转换为以公允价值模式计量的投资性房地产，公允价值小于账面价值的差额应计入公允价值变动损益，影响损益。公允价值大于账面价值的差额应计入其他综合收益，不影响损益。该项房地产转换日公允价值800万元＞固定资产账面价值750万元（1 000－200－50），应确认其他综合收益50万元（800－750），不影响损益。综上，本题应选A。

【相关分录】（单位：万元）

借：投资性房地产——成本　　　　800
　　累计折旧　　　　　　　　　　200
　　固定资产减值准备　　　　　　50
　　贷：固定资产　　　　　　　　　1 000
　　　　其他综合收益　　　　　　　50

【答案】A

【真题实战·计算分析题】（2019年）

甲公司对投资性房地产采用公允价值模式进行后续计量，2016年至2018年与A办公楼相关的交易或事项如下：

资料一：2016年6月30日，甲公司以银行存款12 000万元购入A办公楼，并于当日出租给乙公司使用，且已办妥相关手续，租期2年，租金为500万元/年，每半年收取一次。

资料二：2016年12月31日，甲公司收到首期租金250万元，并存入银行；2016年12月31日，该办公楼公允价值为11 800万元。

资料三：2018年6月30日，该办公楼租赁期满，甲公司将其收回并交付本公司行政管理部门使用；当日，该办公楼账面价值与公允价值均为11 500万元，预计尚可使用20年，预计净残值为零。采用年限平均法计提折旧。

本题不考虑增值税及其他因素。（答案中的金额单位用万元表示）

要求：（"投资性房地产"科目写出必要的明细科目）

（1）编制甲公司2016年6月30日购入A办公楼并出租的会计分录。

（2）编制甲公司2016年12月31日收到租金的会计分录。

（3）编制甲公司2016年12月31日A办公楼公允价值变动的会计分录。

（4）编制甲公司2018年6月30日收回A办公楼并交付本公司行政管理部门使用的会计分录。

（5）计算2018年下半年甲公司对A办公楼应计提的折旧额，并编制会计分录。

（1）

【解析】企业外购投资性房地产时，应当按照取得时的实际成本进行初始计量，采用公允价值模式进行后续计量的，企业应当在购入投资性房地产时，借记"投资性房地产——成本"科目，贷记"银行存款"等科目。

【答案】2016年6月30日，购入办公楼：

借：投资性房地产——成本　　　　　　　　　　　　　　　　12 000

　　贷：银行存款　　　　　　　　　　　　　　　　　　　　　　　12 000

（2）

【解析】企业出租固定资产、无形资产、包装物等取得的租金，销售原材料取得的收入等均通过"其他业务收入"科目核算。

【答案】2016年12月31日，确认租金收入：

借：银行存款　　　　　　　　　　　　　　　　　　　　　　250

　　贷：其他业务收入　　　　　　　　　　　　　　　　　　　　　250

（3）

【解析】采用公允价值模式计量的投资性房地产的后续变动计入公允价值变动损益，处置时再将累计的公允价值变动损益转入其他业务成本中。

【答案】2016 年 12 月 31 日，确认公允价值变动：

借：公允价值变动损益 200

　　贷：投资性房地产——公允价值变动 200

（4）

【解析】企业将投资性房地产收回自用的，按照转换日的公允价值确认自用房地产的入账价值，即甲公司收回 A 办公楼的入账价值为 11 500 万元。

【答案】2018 年 6 月 30 日，收回办公楼转为自用：

借：固定资产 11 500

　　投资性房地产——公允价值变动 500

　　贷：投资性房地产——成本 12 000

（5）

【解析】固定资产计提折旧的规定是：当月增加的固定资产，当月不提折旧；当月减少的固定资产，当月照提折旧，下月不提折旧。即提或不提都是下个月，则 2018 年应计提 6 个月的折旧。

【答案】2018 年下半年固定资产应计提折旧额 = 11 500 ÷ 20 × 6/12 = 287.5（万元）。

借：管理费用 287.5

　　贷：累计折旧 287.5

高频考点 7 投资性房地产的处置

项目	成本模式	公允价值模式
确认收入	借：银行存款等　【实际收到的金额】 　　贷：其他业务收入	
结转成本等	借：其他业务成本　【账面价值】 　　投资性房地产累计折旧（摊销） 　　投资性房地产减值准备 　　贷：投资性房地产	借：其他业务成本　【账面余额】 　　贷：投资性房地产——成本 　　　　——公允价值变动　【或借方】 借：其他综合收益　【转换日确认的其他综合收益】 　　公允价值变动损益　【或贷方】 　　贷：其他业务成本

【真题实战·单选题】处置采用公允价值模式计量的投资性房地产时，下列说法正确的是（　　）。（2020 年）

A. 应按累计公允价值变动金额，将公允价值变动损益转入其他业务成本

B. 实际收到的金额与该投资性房地产账面价值

之间的差额，应计入营业外支出或营业外收入

C.实际收到的金额与该投资性房地产账面价值之间的差额，应计入投资收益

D.对于投资性房地产的累计公允价值变动金额，在处置时不需要进行会计处理

【解析】处置采用公允价值模式计量的投资性房地产时，应当按实际收到的金额，借记"银行存款"等科目，贷记"其他业务收入"科目；按该项投资性房地产的账面余额，借记"其他业务成本"科目，按其成本，贷记"投资性房地产——成本"科目，按其累计公允价值变动，贷记或借记"投资性房地产——公允价值变动"科目。同时结转投资性房地产累计公允价值变动。若存在原转换日计入其他综合收益的金额，也一并结转。综上，本题应选A。

【答案】A

【沙场练兵·单选题】2020年6月1日，甲公司将一项固定资产转换为以公允价值模式计量的投资性房地产，当日该资产账面价值为900万元，公允价值为1 000万元。2020年12月31日，该投资性房地产公允价值下降为900万元。2021年12月1日，甲公司将该投资性房地产出售，取得价款1 200万元。假设不考虑增值税等其他因素，该出售事项影响甲公司2021年利润总额的金额为（ ）万元。

A.200 　　　　　　B.300

C.400 　　　　　　D.500

【解析】出售投资性房地产取得的价款确认其他业务收入1 200万元，结转账面价值900万元计入其他业务成本，同时，将累计确认的公允价值变动损益100万元与转换日确认的其他综合收益100万元结转计入其他业务成本。则该事项影响甲公司2021年利润总额的金额＝1 200－（900－100＋100）＋100＝400（万元）。综上，本题应选C。

【相关分录】（单位：万元）

2021年12月1日出售该项投资性房地产：

借：银行存款 　　　　　　　　　　1 200
　　贷：其他业务收入 　　　　　　　　1 200
借：其他业务成本 　　　　　　　　　 900
　　投资性房地产——公允价值变动 　 100
　　贷：投资性房地产——成本 　　　　1 000
借：其他业务成本 　　　　　　　　　 100
　　贷：公允价值变动损益 　　　　　　100

注：公允价值变动损益与其他业务成本属于损益内部的一增一减，不影响利润总额。

借：其他综合收益 　　　　　　　　　 100
　　贷：其他业务成本 　　　　　　　　100

【答案】C

【真题实战·计算分析题】（2020年）

2016年至2019年，甲公司发生的与A仓库相关的交易或事项如下：

资料一：2016年12月31日，甲公司以银行存款7 240万元购入A仓库并于当日出租给乙公司，相关手续已办妥，租期为3年，年租金为600万元并于每年年末收取。甲公司预计A仓库的使用年限为20年，预计净残值为40万元，采用年限平均法计提折旧。甲公司对投资性房地产采用成本模式进行后续计量。

资料二：2019年1月1日，甲公司将投资性房地产由成本模式变更为公允价值模式进行后续计量。当日，A仓库的公允价值为7 000万元。

资料三：2019年12月31日，A仓库租期届满，甲公司将其收回并以7 600万元出售给丙公司，款项已收存银行，甲公司按净利润的10%提取盈余公积。

本题不考虑增值税、企业所得税等相关税费及其他因素。（答案中的金额单位用万元表示）

要求（"投资性房地产"科目写出必要的明细科目）：

（1）编制甲公司2016年12月31日购入A仓库并出租的会计分录。

（2）计算资料中的事项影响甲公司2018年损益的金额。

（3）计算2019年1月1日将投资性房地产转为公允价值模式计量对甲公司留存收益的影响金额，并编制相关分录。

（4）计算处置投资性房地产影响甲公司营业利润的金额，并编制相关会计分录。

（1）

【解析】企业外购投资性房地产按照取得时的实际成本进行初始计量。采用成本模式进行后续计量的，企业应当在购入投资性房地产时，借记"投资性房地产"科目，贷记"银行存款"等科目。

【答案】2016年12月31日购入A仓库并出租的会计分录：

借：投资性房地产　　　　　　　　　　　　　　　　　　　　　　　　7 240
　　贷：银行存款　　　　　　　　　　　　　　　　　　　　　　　　　7 240

（2）

【解析】甲公司对投资性房地产采用成本模式进行后续计量。A仓库需要按照固定资产的有关规定，按期计提折旧，计入其他业务成本。同时，每年收取的租金收入计入其他业务收入。

【答案】投资性房地产的年折旧额＝（7 240－40）÷20＝360（万元），折旧计入其他业务成本。甲公司2018年末的会计分录为：

借：银行存款　　　　　　　　　　　　　　　　　　　　　　　　　　600
　　贷：其他业务收入　　　　　　　　　　　　　　　　　　　　　　　600
借：其他业务成本　　　　　　　　　　　　　　　　　　　　　　　　360
　　贷：投资性房地产累计折旧　　　　　　　　　　　　　　　　　　　360

则影响2018年损益的金额＝600－360＝240（万元）。

（3）

【解析】投资性房地产的后续计量由成本模式转为公允价值模式的，应作为会计政策变更处理，将计量模式变更时公允价值与账面价值的差额，调整期初留存收益。

【答案】2019年1月1日该投资性房地产的账面价值＝7 240－360－360＝6 520（万元），小于转换日公允价值7 000万元，差额应计入留存收益，计入留存收益的金额＝7 000－6 520＝480（万元）。相关分录为：

借：投资性房地产——成本　　　　　　　　　　　　　　　　　　　　7 000

投资性房地产累计折旧	720
贷：投资性房地产	7 240
盈余公积	48
利润分配——未分配利润	432

（4）

【解析】处置采用公允价值模式计量的投资性房地产时，企业应按实际收到的金额确认其他业务收入，按投资性房地产的账面余额确认其他业务成本，若存在公允价值变动的，同时结转累计公允价值变动，存在原转换日计入其他综合收益的金额，也一并结转。

【答案】处置投资性房地产影响营业利润的金额＝7 600－7 000＝600（万元）。相关分录为：

借：银行存款	7 600
贷：其他业务收入	7 600
借：其他业务成本	7 000
贷：投资性房地产——成本	7 000

【真题实战·计算分析题】（2018年）

甲公司采用公允价值模式对投资性房地产进行计量。2017年至2018年相关资料如下：

资料一：2017年3月1日，甲公司将原作为固定资产核算的写字楼，以经营租赁的方式出租给乙公司，租期18个月；当日该写字楼的公允价值为16 000万元，账面原值15 000万元，已计提折旧3 000万元。

资料二：2017年3月31日，甲公司收到第一个月租金收入125万元并存入银行。2017年12月31日，该写字楼的公允价值为17 000万元。

资料三：2018年9月1日，租赁期届满，甲公司收回写字楼并以17 500万元的价格将其出售。

要求：（"投资性房地产"科目写出必要的明细科目）

（1）写出甲公司2017年3月1日将写字楼出租的分录。

（2）写出甲公司2017年3月31日收到租金的分录。

（3）写出甲公司写字楼2017年12月31日公允价值变动的分录。

（4）写出甲公司处置该写字楼的分录。

（答案中的金额单位用万元表示）

（1）

【解析】公允价值模式下，自用房地产转换为投资性房地产，按转换日的公允价值作为投资性房地产的账面价值，借记"投资性房地产——成本"科目，按已计提的累计折旧，借记"累计折旧"科目，按其账面余额贷记"固定资产"科目，转换日公允价值与账面价值的差额，贷差计入其他综合收益，借差计入公允价值变动损益。

【答案】相关会计分录为：

借：投资性房地产——成本 16 000
　　累计折旧 3 000
　　贷：固定资产 15 000
　　　　其他综合收益 4 000

（2）

【解析】甲公司2017年3月31日收到的租金，属于企业的其他业务收入，借记"银行存款"科目，贷记"其他业务收入"科目。

【答案】相关会计分录为：

借：银行存款 125
　　贷：其他业务收入 125

（3）

【解析】2017年12月31日，该投资性房地产的公允价值为17 000万元，资产负债表日，投资性房地产的公允价值高于原账面价值的差额，借记"投资性房地产——公允价值变动"科目，贷记"公允价值变动损益"科目；公允价值低于原账面价值的差额，作相反分录。

【答案】相关会计分录为：

借：投资性房地产——公允价值变动 1 000
　　贷：公允价值变动损益 1 000

（4）

【解析】处置采用公允价值模式计量的投资性房地产时，应当按实际收到的金额，借记"银行存款"等科目，贷记"其他业务收入"科目，按该项投资性房地产的账面余额，借记"其他业务成本"科目，按其成本，贷记"投资性房地产——成本"科目，按其累计公允价值变动，贷记或借记"投资性房地产——公允价值变动"科目，同时结转投资性房地产累计公允价值变动，计入"其他业务成本"科目。若存在原转换日计入其他综合收益的金额，也一并结转。

【答案】相关会计分录为：

借：银行存款 17 500
　　贷：其他业务收入 17 500
借：其他业务成本 17 000
　　贷：投资性房地产——成本 16 000
　　　　　　　　　　——公允价值变动 1 000
借：公允价值变动损益 1 000
　　贷：其他业务成本 1 000
借：其他综合收益 4 000
　　贷：其他业务成本 4 000

【真题实战·综合题】（2017 年改编）

甲公司与写字楼相关的资料如下：

资料一：2012 年 12 月 31 日，甲公司以银行存款 44 000 万元购入一栋写字楼，并立即以经营租赁方式对外出租，租期 2 年，已办妥相关手续。该写字楼预计可使用寿命为 22 年。

资料二：甲公司对该写字楼采用公允价值模式进行后续计量。

资料三：2013 年 12 月 31 日和 2014 年 12 月 31 日，该写字楼的公允价值分别 45 500 万元和 50 000 万元。

资料四：2014 年 12 月 31 日，租期届满，甲公司收回该写字楼，将其提供给本公司行政管理部门使用。甲公司自 2015 年开始对写字楼采用年限平均法计提折旧，预计其使用寿命为 20 年，预计净残值为零。

资料五：2018 年 12 月 31 日，甲公司以 52 000 万元出售该写字楼，款项已收存银行。

假定不考虑企业所得税、增值税及其他因素。（分录中的金额单位以万元表示）

要求：（"投资性房地产"科目写出必要的明细科目）

（1）编制甲公司 2012 年 12 月 31 日购入并立即出租该写字楼的相关会计分录。

（2）编制 2013 年 12 月 31 日投资性房地产公允价值变动的会计分录。

（3）编制甲公司 2014 年 12 月 31 日将该写字楼转换为自用房地产的会计分录。

（4）编制甲公司出售该写字楼的会计分录。

（1）

【解析】购入后立即以经营租赁方式对外出租，所以应自购入时直接作为投资性房地产核算。

【答案】相应分录如下：

借：投资性房地产——成本　　　　　　　　　　　　　　　　　44 000

　　贷：银行存款　　　　　　　　　　　　　　　　　　　　　　　　44 000

（2）

【解析】以公允价值模式进行后续计量的投资性房地产，资产负债表日应当以公允价值为基础调整其账面价值，公允价值与账面价值的差额 1 500 万元（45 500 － 44 000）计入公允价值变动损益，同时增加投资性房地产的账面价值。

【答案】相应分录如下：

借：投资性房地产——公允价值变动　　　　　　　　　　　　　1 500

　　贷：公允价值变动损益　　　　　　　　　　　　　　　　　　　　1 500

（3）

【解析】公允价值模式下，投资性房地产转为固定资产应当以转换日的公允价值作为固定资产的入账价值，同时结转原投资性房地产账面价值，差额计入公允价值变动损益。

【答案】相应分录如下：

借：固定资产　　　　　　　　　　　　　　　　　　　　　　　50 000

　　贷：投资性房地产——成本　　　　　　　　　　　　　　　　44 000

　　　　　　　　　　——公允价值变动　　　　　　　　　　　　1 500

　　　　公允价值变动损益　　　　　　　　　　　　　　　　　　4 500

（4）

【解析】2014年12月31日收回写字楼时，该固定资产的账面价值为50 000万元，按照年限平均法计提折旧，预计使用寿命为20年。从2015年1月1日至2018年12月31日，应计提折旧的时间为4年，则累计折旧金额＝50 000÷20×4＝10 000（万元）。处置固定资产时，将固定资产账面价值转入固定资产清理，转让固定资产产生的净损益计入资产处置损益。

【答案】相应分录如下：

借：固定资产清理　　　　　　　　　　　　　　　　　　　　　40 000

　　累计折旧　　　　　　　　　　　　　　　　　　　　　　　10 000

　　贷：固定资产　　　　　　　　　　　　　　　　　　　　　50 000

借：银行存款　　　　　　　　　　　　　　　　　　　　　　　52 000

　　贷：固定资产清理　　　　　　　　　　　　　　　　　　　40 000

　　　　资产处置损益　　　　　　　　　　　　　　　　　　　12 000

强化练习

一、单项选择题

1. 2022 年 1 月 1 日，甲公司购入一幢建筑物用于出租，取得该建筑物的不含税价款为 300 万元，相关契税 9 万元，款项以银行存款支付。为购入该建筑物发生的谈判费用为 0.2 万元，差旅费为 0.3 万元。该投资性房地产的入账价值为（　　）万元。

A.300　　　　　　B.300.5　　　　　　C.309　　　　　　D.309.5

2. 2021 年上半年，甲公司因业务及人员调整，管理层计划将自用写字楼的顶层出租，以获取租金收益，该层写字楼能够单独计量和出售。2021 年 7 月 20 日，与乙公司签订该层写字楼的租赁合同，约定租赁期为自 2021 年 8 月 1 日起 3 年。关于上述甲公司出租写字楼的事项，下列说法正确的是（　　）。

A. 应于 2021 年 7 月 20 日，将该层写字楼确认为投资性房地产

B. 应于 2021 年 8 月 1 日，将该层写字楼确认为投资性房地产

C. 不论是否出租，该层写字楼均应当与其他自用楼层一同确认为固定资产

D. 该层写字楼的租金收入应计入营业外收入

3. 2021 年 10 月 9 日，甲公司从其他单位购入一宗土地使用权，并在这块土地上建造两栋厂房。2022 年 3 月 2 日，甲公司预计厂房即将完工，与乙公司签订了经营租赁合同，将其中的一栋厂房租赁给乙公司使用。租赁合同约定，该厂房于完工时开始出租。2022 年 3 月 17 日，该栋厂房完工。土地使用权的账面价值为 1 000 万元，两栋厂房实际发生的建造成本均为 200 万元，能够单独计量。甲公司采用成本模式对投资性房地产进行后续计量。则甲公司 2022 年 3 月 17 日 "投资性房地产——厂房" 的入账价值为（　　）万元。

A.1 400　　　　　B.1 200　　　　　C.700　　　　　D.200

4. 2021 年 8 月，甲公司与乙公司的写字楼经营租赁合同即将到期，该写字楼按照成本模式进行后续计量。为了提高写字楼的租金收入，甲公司决定租赁期满后对写字楼进行改扩建，并与丙公司签订了经营租赁合同，约定改扩建完工时将该写字楼出租给丙公司。2021 年 8 月 30 日，与乙公司的租赁合同到期，该写字楼随即进入改扩建工程。该投资性房地产的原价为 5 000 万元，已计提折旧 800 万元。2021 年 12 月 23 日，改扩建工程完工，共发生支出 900 万元，均已支付，当天即按照合同出租给丙公司。已知改扩建支出属于资本化的后续支出，甲公司改扩建完工后的投资性房地产入账价值为（　　）万元。

A.4 200　　　　　B.5 100　　　　　C.5 800　　　　　D.5 900

5. 甲公司于 2018 年 12 月 31 日购入一栋写字楼，实际取得成本为 6 000 万元，预计使用寿命为 30 年，预计净残值为零，采用年限平均法计提折旧。因公司迁址，2021 年 6 月 30 日，甲公

司与乙公司签订租赁协议。该协议约定：甲公司将上述写字楼租赁给乙公司，协议签订日为租赁期开始日，租期 3 年，租金为每年 200 万元，每季度支付一次。租赁协议签订日该写字楼的公允价值为 5 800 万元。甲公司对投资性房地产采用公允价值模式进行后续计量，2021 年 12 月 31 日，该写字楼的公允价值为 5 900 万元。上述交易或事项对甲公司 2021 年度营业利润的影响金额是（　　）万元。

    A.100　　　　　　　　B.200　　　　　　　　C.400　　　　　　　　D.500

6. 甲公司将一栋经营管理用的写字楼转换为采用成本模式进行后续计量的投资性房地产，该写字楼的账面原值 1 800 万元，已计提的累计折旧为 90 万元，已计提的固定资产减值准备为 10 万元，转换日的公允价值为 2 000 万元，不考虑其他因素，则转换日应借记"投资性房地产"科目的金额是（　　）万元。

    A.1 700　　　　　　　B. 1 710　　　　　　　C.1 800　　　　　　　D.2 000

7. 甲公司将一栋写字楼租赁给乙公司使用，并采用成本模式进行后续计量。2022 年 1 月 1 日，具备了采用公允价值模式计量的条件，甲公司决定对该项投资性房地产从成本模式转为公允价值模式计量。转换前，该写字楼原值 880 万元，累计折旧 360 万元。2022 年 1 月 1 日，该写字楼的公允价值为 770 万元。假设甲公司没有其他的投资性房地产，按净利润的 10% 提取盈余公积，不考虑所得税的影响。则转换日影响资产负债表中"盈余公积"项目的金额为（　　）万元。

    A.11　　　　　　　　B.25　　　　　　　　C.52　　　　　　　　D.225

8. 某房地产开发公司对投资性房地产采用成本模式计量。2022 年 1 月 1 日，将开发的一栋写字楼用于出租。该开发产品的账面余额为 660 万元，已计提存货跌价准备 50 万元，转换当日的公允价值为 680 万元。则转换日投资性房地产的入账价值为（　　）万元。

    A.680　　　　　　　　B.660　　　　　　　　C.630　　　　　　　　D.610

9. 2021 年 1 月 1 日，甲公司取得一宗土地使用权，使用期限为 50 年，净残值为 0，入账成本为 800 万元。当日，与乙公司签订了一项经营租赁合同，将该土地出租给乙公司。合同约定租赁期开始日为 2021 年 1 月 1 日，租赁期为 5 年，年租金 50 万元，于每年年末收取。甲公司于租赁期开始日将上述土地使用权确认为投资性房地产并采用成本模式进行后续计量，按直线法摊销。2021 年末，因政策影响，该土地存在减值迹象，减值测试结果表明其可收回金额为 700 万元。假设不考虑其他因素，该土地使用权对甲公司 2021 年度营业利润的影响金额为（　　）万元。

    A.50　　　　　　　　B.34　　　　　　　　C. – 50　　　　　　　D. – 84

10. 甲公司 2019 年 12 月 31 日外购一栋写字楼，入账价值为 560 万元，于取得当日对外出租，租期为 2 年，年租金 35 万元，每年 12 月 31 日收取租金。甲公司采用成本模式对投资性房地产进行后续计量。2021 年 12 月 31 日，租赁期满，甲公司收回并出售该项房地产，售价 550 万元，当日，该项资产累计计提折旧 20 万元，已计提减值准备 60 万元。不考虑相关税费，则处置该项房地产对甲公司损益的影响金额为（　　）万元。

    A.105　　　　　　　　B. – 10　　　　　　　C.70　　　　　　　　D.25

二、多项选择题

1. 下列关于成本模式计量的投资性房地产的说法中，正确的有（　　）。

    A. 以成本模式进行后续计量的投资性房地产不得转为以公允价值模式进行计量

    B. 减值准备一经计提，不得转回

    C. 计提的折旧或摊销金额记入"管理费用"科目

    D. 租金收入通过"其他业务收入"科目核算

2. 下列各项关于企业土地使用权会计处理的表述中，正确的有（　　）。

    A. 工业企业购入的用于建造办公楼的土地使用权不作为投资性房地产核算

    B. 房地产开发企业将购入的用于建造商品房的土地使用权作为存货核算

    C. 工业企业将持有并准备增值后转让的自有土地使用权作为投资性房地产核算

    D. 工业企业将以经营租赁方式租出的自有土地使用权作为投资性房地产核算

3. 下列有关投资性房地产后续计量模式的表述中，正确的有（　　）。

    A. 不同企业可以分别采用成本模式或公允价值模式

    B. 满足特定条件时可以采用公允价值模式

    C. 同一企业可以分别采用成本模式和公允价值模式

    D. 同一企业不得同时采用成本模式和公允价值模式

4. 甲公司于2021年5月将采用成本模式计量的投资性房地产转为自用固定资产，转换日该固定资产的公允价值为6 000万元，转换日之前"投资性房地产"科目余额为5 600万元，"投资性房地产累计折旧"科目金额为800万元，则下列转换日的会计处理中，正确的有（　　）。

    A. 不确认转换损益

    B. 确认转换损益1 200万元

    C. 投资性房地产的账面余额5 600万元转入固定资产

    D. 冲减投资性房地产累计折旧800万元，同时增加累计折旧800万元

5. 甲公司对投资性房地产采用成本模式进行后续计量。自2020年12月31日起，甲公司将一栋建筑物出租给某单位，租期为3年，每年年末收取租金200万元。该建筑物为甲公司两年前购入，原价为4 000万元，预计使用年限为50年，预计净残值为200万元，采用年限平均法计提折旧。下列关于该投资性房地产，说法正确的有（　　）。

    A. 该投资性房地产2021年应计提折旧80万元

    B. 该投资性房地产2021年应计提折旧76万元

    C. 该投资性房地产对甲公司2021年度营业利润的影响金额为124万元

    D. 该投资性房地产对甲公司2021年度营业利润的影响金额为200万元

6. 关于投资性房地产转换日的确定，以下表述错误的有（　　）。

    A. 2021年6月20日，企业将某项土地使用权停止自用，2021年6月30日正式确定该项资产将于增值后出售，则该房地产的转换日为2021年6月30日

    B. 2021年6月4日，企业将原本自用的房地产改用于出租，租赁期开始日为2021年7月1

中级会计实务·金题能力测试

日，则该房地产的转换日为 2021 年 6 月 4 日

C.2021 年 3 月 15 日，企业开始将原本用于出租的房地产改用于自身生产使用，则该房地产的转换日为 2021 年 3 月 15 日

D.2021 年 5 月 31 日，房地产开发企业决定将其持有的开发产品以经营租赁的方式出租，租赁期开始日为 2021 年 6 月 1 日，则该房地产的转换日为 2021 年 5 月 31 日

7. 下列各项中，影响企业当期损益的有（　　　）。

A. 自用房地产转换为采用公允价值模式计量的投资性房地产时，转换日房地产的公允价值大于账面价值

B. 自用房地产转换为采用公允价值模式计量的投资性房地产时，转换日房地产的公允价值小于账面价值

C. 采用公允价值模式计量的投资性房地产，期末公允价值低于账面价值

D. 采用成本模式计量的投资性房地产，期末可收回金额低于账面价值

8. 处置采用公允价值模式计量的投资性房地产时，下列说法正确的有（　　　）。

A. 实际收到的金额，应计入其他业务收入

B. 投资性房地产原转换日确认的其他综合收益金额，应转入其他业务成本

C. 投资性房地产的累计公允价值变动金额，在处置时不需要进行会计处理

D. 应按累计公允价值变动金额，将公允价值变动损益转入其他业务成本

9. 下列各项中，属于投资性房地产确认条件的有（　　　）。

A. 投资性房地产属于有形资产

B. 投资性房地产，是指为赚取租金或资本增值，或者两者兼有而持有的房地产

C. 与该投资性房地产有关的经济利益很可能流入企业

D. 该投资性房地产的成本能够可靠地计量

10. 下列关于投资性房地产的表述，正确的有（　　　）。

A. 企业将某项房地产整体对外经营出租，并负责提供日常维护、保安服务，企业应将其确认为投资性房地产

B. 按照国家有关规定认定的闲置土地属于持有并准备增值后转让的土地使用权

C. 企业将某项房地产部分用于出租，部分自用，如果出租部分能单独计量和出售的，企业应将出租部分确认为投资性房地产

D. 企业将某项房地产部分用于出租，部分自用，如果出租部分不能单独计量和出售，企业应当将该房地产全部确认为投资性房地产

三、判断题

1. 采用成本模式计量的投资性房地产转为公允价值模式计量时，按照会计估计变更处理。（　　　）

2. 成本模式下，已计提减值准备的投资性房地产，在后续期间其价值回升时，减值损失可以转回。（　　　）

第 5 章

156

3. 企业出售、转让、报废投资性房地产或者发生投资性房地产毁损时，应当将处置收入扣除其账面价值和相关税费后的金额计入营业外收入或营业外支出。（　　　）

4. 与投资性房地产有关的后续支出，不满足投资性房地产确认条件的，应当在发生时计入当期损益，借记"管理费用"等科目，贷记"银行存款"等科目。（　　　）

5. 不论是在成本模式下，还是在公允价值模式下，投资性房地产取得的租金收入，均确认为其他业务收入。（　　　）

四、计算分析题

1. 2018 年 12 月 16 日，甲公司与乙公司签订了一项租赁协议，将一栋经营管理用写字楼出租给乙公司，租赁期为 3 年，租赁期开始日为 2019 年 1 月 1 日，年租金为 240 万元，于每年年初收取，相关资料如下：

（1）2018 年 12 月 31 日，甲公司将该写字楼停止自用，准备出租给乙公司，拟采用成本模式进行后续计量，预计尚可使用年限为 46 年，预计净残值为 20 万元，采用年限平均法计提折旧。该写字楼 2014 年 12 月 31 日达到预定可使用状态时的账面原值为 1970 万元，预计使用年限为 50 年，预计净残值为 20 万元，采用年限平均法计提折旧。

（2）2019 年 1 月 1 日，预收当年租金 240 万元，款项已收存银行。甲公司按月将租金收入确认为其他业务收入，并结转相关成本。

（3）2020 年 12 月 31 日，甲公司考虑到所在城市存在活跃的房地产市场，并且能够合理估计该写字楼的公允价值，为提供更相关的会计信息，将投资性房地产的后续计量从成本模式转为公允价值模式，当日，该写字楼的公允价值为 2 000 万元。

（4）2021 年 12 月 31 日，该写字楼的公允价值为 2 150 万元。

（5）2022 年 1 月 1 日，租赁合同到期，甲公司为解决资金周转困难的问题，将该写字楼出售给丙企业，价款为 2 100 万元，款项已收存银行。甲公司按净利润的 10% 提取法定盈余公积，不考虑增值税等其他因素。

（采用公允价值模式进行后续计量的投资性房地产应写出必要的明细科目；答案中的金额单位用万元表示）

要求：

（1）编制甲公司 2019 年 1 月 1 日将该写字楼转换为投资性房地产的会计分录。

（2）编制甲公司 2019 年 1 月 1 日收取租金、1 月 31 日确认租金收入和结转相关成本的会计分录。

（3）编制甲公司 2020 年 12 月 31 日将该投资性房地产的后续计量由成本模式转为公允价值模式的相关会计分录。

（4）编制甲公司 2021 年 12 月 31 日确认公允价值变动损益的相关会计分录。

（5）编制甲公司 2022 年 1 月 1 日处置该投资性房地产的相关会计分录。

答案与解析

一、单项选择题

1. **【解析】**外购投资性房地产的成本，包括购买价款和可直接归属于该资产的其他支出。本题中，支付的价款、契税计入投资性房地产的成本，谈判费用和差旅费计入当期的管理费用。则投资性房地产的入账价值 = 300 + 9 = 309（万元）。综上，本题应选 C。

   【答案】C

2. **【解析】**选项 A 错误，选项 B 正确，自用建筑物停止自用改为出租，其转换日为租赁期开始日；选项 C 错误，该层写字楼能够单独计量和出售，租赁期开始日应确认为投资性房地产；选项 D 错误，租金收入应计入其他业务收入。综上，本题应选 B。

   【答案】B

3. **【解析】**甲公司的两栋厂房的建造成本能够单独计量，则应单独确认固定资产和投资性房地产。2022 年 3 月 17 日，甲公司应将出租给乙公司的厂房的建造成本 200 万元记入"投资性房地产——厂房"科目。注意，本题要求计算"投资性房地产"的明细科目"厂房"的入账价值，不含土地使用权部分。综上，本题应选 D。

   【答案】D

4. **【解析】**本题中，因改扩建工程发生的支出 900 万元属于资本化的后续支出，应计入投资性房地产的成本，则甲公司改扩建完工后投资性房地产的入账价值 = 5 000 − 800 + 900 = 5 100（万元）。综上，本题应选 B。

   【答案】B

5. **【解析】**上述交易或事项对甲公司的影响主要分为以下几部分：（1）自用房地产转换前折旧金额计入管理费用：自用房地产 2021 年计提折旧 6 个月，则转换前折旧计入管理费用的金额 = 6 000 ÷ 30 × 6/12 = 100（万元）；（2）自用房地产转换为以公允价值模式进行后续计量的投资性房地产，公允价值与账面价值差额的处理：自用房地产截至转换日，累计计提折旧 2.5 年，累计折旧金额 = 6 000 ÷ 30 × 2.5 = 500（万元），则转换日，该写字楼的账面价值 = 6 000 − 500 = 5 500（万元），小于公允价值 5 800 万元，差额 300 万元计入其他综合收益，不影响营业利润；（3）2021 年确认租金收入计入其他业务收入：根据权责发生制的要求，2021 年租期为半年，则应当确认租金收入 100 万元（200 ÷ 2）；（4）确认的公允价值变动计入公允价值变动损益：将自用房地产转换为以公允价值模式进行后续计量的投资性房地产，以转换日的公允价值 5 800 万元确定"投资性房地产——成本"，资产负债表日，投资性房地产公允价值 5 900 万元高于账面价值，差额 100 万元确认公允价值变动损益。则上述交易或事项对甲公司 2021 年度营业利润的影响金额 = − 100 + 0 + 100 + 100 = 100（万元）。综上，本题应选 A。

【答案】A

6.【解析】成本模式下，自用房地产转换为投资性房地产其实质是一个更名的过程，科目之间对应结转，不确认损益，即"投资性房地产"与"固定资产"科目金额相互对应，"投资性房地产累计折旧"与"累计折旧"科目金额相互对应，"投资性房地产减值准备"与"固定资产减值准备"科目金额相互对应，本题中，"投资性房地产"科目的金额即为固定资产原值 1 800 万元。综上，本题应选 C。

【答案】C

7.【解析】成本模式转为公允价值模式的，应当作为会计政策变更处理，将计量模式变更时公允价值与账面价值的差额，调整期初留存收益。2022 年 1 月 1 日甲公司该项投资性房地产转换前的账面价值 = 880 − 360 = 520（万元），转换日影响资产负债表中"盈余公积"项目的金额 = （770 − 520）× 10% = 25（万元）。综上，本题应选 B。

【答案】B

8.【解析】企业将作为存货的房地产转换为采用成本模式计量的投资性房地产时，应当按该项存货在转换日的账面价值，记入"投资性房地产"科目。相关会计分录为（单位：万元）：

借：投资性房地产　　　　　　　　　　　　　　　　　　 610
　　存货跌价准备　　　　　　　　　　　　　　　　　　　 50
　　贷：开发产品　　　　　　　　　　　　　　　　　　　　　 660

综上，本题应选 D。

【答案】D

9.【解析】成本模式下，投资性房地产的租金收入应计入其他业务收入，投资性房地产的折旧或摊销应计入其他业务成本，投资性房地产发生减值的，应当将账面价值大于可收回金额的部分计入资产减值损失。本题中，2021 年度租金收入为 50 万元，2021 年摊销金额 = 800 ÷ 50 = 16（万元），应计提的减值准备金额 = 800 − 16 − 700 = 84（万元），则该土地使用权对甲公司 2021 年度营业利润的影响金额 = 50 − 16 − 84 = −50（万元）。综上，本题应选 C。

【答案】C

10.【解析】处置该项房地产对甲公司损益的影响有以下两个方面：（1）按处置房地产实际收到的金额 550 万元计入其他业务收入；（2）结转投资性房地产的账面价值，计入其他业务成本。本题计入其他业务成本的金额 = 560 − 20 − 60 = 480（万元）。处置该项房地产对甲公司损益的影响金额 = 550 − 480 = 70（万元）。综上，本题应选 C。

【答案】C

二、多项选择题

1.【解析】选项 A 说法错误，以成本模式进行后续计量的投资性房地产满足条件时可以转换为以公允价值模式进行计量；选项 B 说法正确，成本模式计量的投资性房地产，减值准备一经计提，在以后会计期间不得转回；选项 C 说法错误，成本模式计量的投资性房地产计提的折旧或摊销金额记入"其他业务成本"（而非管理费用）科目；选项 D 说法正确，投资性房地产的租金收入通过"其他业务收入"科目核算。综上，本题应选 BD。

【答案】BD

2.【解析】选项 A 表述正确，工业企业用于建造办公楼的土地使用权不作为投资性房地产核算，通常单独作为无形资产核算；选项 B 表述正确，房地产开发企业购入的用于建造商品房的土地使用权应作为存货核算；选项 C 表述正确，工业企业持有并准备增值后转让的土地使用权应作为投资性房地产核算；选项 D 表述正确，工业企业以经营租赁方式租出的自有土地使用权应作为投资性房地产核算。综上，本题应选 ABCD。

【答案】ABCD

3.【解析】选项 A、D 表述正确，选项 C 表述错误，同一企业只能采用一种模式对所有投资性房地产进行后续计量，不得同时采用两种计量模式；选项 B 表述正确，投资性房地产的后续计量有成本模式和公允价值模式两种，通常应当采用成本模式计量，满足特定条件时可以采用公允价值模式计量。综上，本题应选 ABD。

【答案】ABD

4.【解析】选项 A、C、D 正确，选项 B 错误，成本模式下投资性房地产和非投资性房地产的转换是对应科目结转，不确认损益。因此，转换日应当将投资性房地产账面余额 5 600 万元转入"固定资产"科目，将"投资性房地产累计折旧"科目 800 万元转入"累计折旧"科目，不确认转换损益。综上，本题应选 ACD。

【答案】ACD

5.【解析】采用成本模式进行后续计量的投资性房地产，应当按照固定资产或无形资产的相关规定，按期计提折旧或摊销，计入其他业务成本；同时将取得的租金收入计入其他业务收入。甲公司 2021 年度应计提折旧金额 =（4 000 − 200）÷ 50 = 76（万元），计入其他业务成本；年末收取租金 200 万元，计入其他业务收入，则影响营业利润的金额 = 200 − 76 = 124（万元）。综上，本题应选 BC。

【答案】BC

6.【解析】选项 A 表述正确，企业将原本用于经营管理的土地使用权改用于资本增值，则该房地产的转换日应确定为自用土地使用权停止自用后确定用于资本增值的日期，则该房地产的转换日为 2021 年 6 月 30 日；选项 B 表述错误，自用房地产改用于出租，转换日为租赁期开始日，即 2021 年 7 月 1 日；选项 C 表述正确，将投资性房地产转为自用房地产，转换日为房地产达到自用状态，企业开始将其用于生产商品、提供劳务或经营管理的日期，即 2021 年 3 月 15 日；选项 D 表述错误，作为存货的房地产改为出租，转换日为房地产的租赁期开始日，即 2021 年 6 月 1 日。综上，本题应选 BD。

【答案】BD

7.【解析】选项 A 不符合题意，自用房地产转换为采用公允价值模式计量的投资性房地产时，转换日房地产的公允价值大于账面价值的，差额计入其他综合收益，不影响当期损益；选项 B 符合题意，自用房地产转换为采用公允价值模式计量的投资性房地产时，转换日房地产的公允价值小于账面价值的，差额计入公允价值变动损益；选项 C 符合题意，采用公允价值模式计量的投资性房地产，期末公允价值低于账面价值的，差额计入公允价值变动损益；选项 D 符合题意，采用成本模式计量的投资性房地产，期末可收回金额低于账面价值的，需要按差额计提减值准备，计入资产减值损失。综上，本题应选 BCD。

【答案】BCD

8.【解析】选项 A 说法正确，处置采用公允价值模式计量的投资性房地产时，按实际收到的金额，计入其他业务收入；选项 B 说法正确，对于投资性房地产原转换日确认的其他综合收益金额，处置时应转入其他业务成本；选项 C 说法错误，选项 D 说法正确，处置采用公允价值模式计量的投资性房地产时，应将确认的投资性房地产累计公允价值变动损益金额转入其他业务成本。综上，本题应选 ABD。

【答案】ABD

9.【解析】投资性房地产在符合定义的前提下，同时满足下列条件的，才能予以确认：（1）与该投资性房地产有关的经济利益很可能流入企业（选项 C）；（2）该投资性房地产的成本能够可靠地计量（选项 D）。综上，本题应选 CD。

【答案】CD

10.【解析】选项 A 表述正确，企业将建筑物出租，按租赁协议向承租人提供的相关辅助服务在整个协议中不重大的，如企业将办公楼出租并向承租人提供保安、维修等辅助服务，应当将该建筑物确认为投资性房地产；选项 B 表述错误，按照国家有关规定认定的闲置土地不属于持有并准备增值后转让的土地使用权，不属于投资性房地产；选项 C 表述正确，选项 D 表述错误，企业将某项房地产部分用于出租或资本增值，部分自用，如果用于出租或资本增值的部分能单独计量或出售的，企业应将该部分确认为投资性房地产；不能单独计量和出售的，企业应当将该房地产全部确认为固定资产或无形资产。综上，本题应选 AC。

【答案】AC

三、判断题

1.【解析】当成本模式转为公允价值模式时，应按照会计政策变更处理，追溯调整时按照投资性房地产的公允价值，借记"投资性房地产——成本"科目，按照已计提的折旧或摊销，借记"投资性房地产累计折旧（摊销）"科目，原已计提减值准备的，借记"投资性房地产减值准备"科目，按照原账面余额，贷记"投资性房地产"科目，公允价值和账面价值之间的差额，调整期初留存收益。因此，本题表述错误。

【答案】×

2.【解析】成本模式下，已经计提的投资性房地产减值准备，在以后期间不得转回。因此，本题表述错误。

【答案】×

3.【解析】企业出售、转让、报废投资性房地产或者发生投资性房地产毁损时，应当将处置收入扣除其账面价值和相关税费后的金额计入当期损益，实际收到的处置收入计入其他业务收入，所处置投资性房地产的账面价值计入其他业务成本。因此，本题表述错误。

【答案】×

4.【解析】与投资性房地产有关的后续支出，不满足投资性房地产确认条件的，应当在发生时计入当期损益，借记"其他业务成本"等科目，贷记"银行存款"等科目。因此，本题表述错误。

【答案】×

5.【解析】不论是在成本模式下，还是在公允价值模式下，投资性房地产取得的租金收入均借记"银行存款"等科目，贷记"其他业务收入"等科目。因此，本题表述正确。

【答案】√

四、计算分析题

1.（1）

【解析】固定资产累计折旧＝（1 970 － 20）÷50×4 ＝ 156（万元）

【答案】2019 年 1 月 1 日

借：投资性房地产		1 970
累计折旧		156
贷：固定资产		1 970
投资性房地产累计折旧		156

（2）

【解析】收到本年租金时，先确认为一项负债，待月末，确认本月的租金收入20万元（240÷12），同时将本月的折旧费用3.25万元［（1 970 － 20）÷50÷12］，计入其他业务成本。

【答案】① 2019 年 1 月 1 日预收租金

借：银行存款		240
贷：预收账款		240

② 2019 年 1 月 31 日，确认本月租金收入并结转成本

借：预收账款		20
贷：其他业务收入		20
借：其他业务成本		3.25
贷：投资性房地产累计折旧		3.25

（3）

【解析】投资性房地产累计折旧＝156 ＋ 3.25×24 ＝ 234（万元）；确认盈余公积＝［2000 － （1970 － 234）］×10% ＝ 26.4（万元）。

【答案】2020 年 12 月 31 日

借：投资性房地产——成本		2 000

投资性房地产累计折旧	234
贷：投资性房地产	1 970
盈余公积	26.4
利润分配——未分配利润	237.6

（4）

【解析】以公允价值模式进行后续计量的投资性房地产，应当以公允价值为基础调整其账面价值，公允价值与账面价值的差额 150 万元（2 150 – 2 000）计入公允价值变动损益。

【答案】2021 年 12 月 31 日

借：投资性房地产——公允价值变动	150
贷：公允价值变动损益	150

（5）

【解析】出售投资性房地产时，将累计确认的公允价值变动损益结转至其他业务成本。

【答案】2022 年 1 月 1 日

借：银行存款	2 100
贷：其他业务收入	2 100
借：其他业务成本	2 150
贷：投资性房地产——成本	2 000
——公允价值变动	150
借：公允价值变动损益	150
贷：其他业务成本	150

第 5 章

第六章 资产减值

应试指导

本章整体难度不大，虽然分值不高，但是比较容易结合其他章节的知识在主观题中考查。学习本章应重点关注资产减值的范围、资产减值能否转回的判断、资产可收回金额的确定、资产减值损失的确认和账务处理、资产组减值测试等内容。

历年考情

本章在考试中涉及分值一般在 4 分左右，题型一般为客观题，由于具有一定的综合性，可能结合递延所得税、收入、或有事项、金融资产等在主观题中考查。

题型	2021 年（一）		2021 年（二）		2020 年（一）		2020 年（二）		2019 年（一）		2019 年（二）	
	题量	分值	题量	分值	题量	分值	题量	分值	题量	分值	题量	分值
单选题	—	—	1	1.5 分	—	—	—	—	2	3 分	1	1.5 分
多选题	2	4 分	1	2 分	1	2 分	—	—	—	—	1	2 分
判断题	—	—	1	1 分	—	—	—	—	1	1 分	1	1 分
计算分析题	—	—	—	—	1	3 分	1	12 分	—	—	—	—
综合题	—	—	—	—	—	—	—	—	—	—	—	—

高频考点列表

考点	单选题	多选题	判断题	计算分析题	综合题
资产减值概述	2021 年、2019 年	—	—	—	—
资产减值的迹象及测试	2019 年	2021 年、2020 年、2019 年、2018 年	2020 年、2018 年	—	—
资产减值损失的确定及账务处理	2019 年、2018 年、2017 年	2020 年	—	—	—
资产组减值测试	—	—	2019 年、2017 年	—	—
总部资产减值测试	—	—	—	2020 年	—

🌲 章逻辑树

第六章 资产减值

- **概述**
  - **概念** • 资产减值，是指资产的可收回金额低于其账面价值
  - **范围** • 主要是企业的非流动资产的减值

- **减值测试时间**
  - **一般** • 资产负债表日，出现减值迹象的，进行减值测试
  - **特殊** • 无论是否出现减值迹象，至少应当于每年进行减值测试（2种）：使用寿命不确定的无形资产、企业合并形成的商誉

- **减值测试内容**
  - **核心** • 估计可收回金额：Max{（公允价值 – 处置费用），预计未来现金流量现值 }
  - **公允价值 – 处置费用**
    - 公允价值的选取优先级（①>②>③） → ①公平交易中资产的销售协议价格；②资产在活跃市场的价格；③熟悉情况的交易双方自愿公平交易的交易价格
    - 处置费用 → 可直接归属于资产处置的增量成本
  - **预计未来现金流量现值**
    - ①以资产的当前状况为基础；
    - ②不考虑筹资活动和与所得税收付有关的现金流量；
    - ③对通货膨胀因素的考虑应当和折现率相一致；
    - ④对内部转移价格应当予以调整

- **减值测试结果分析**
  - 资产的可收回金额 < 资产账面价值 • 资产的账面价值减记至可收回金额，将减记的金额确认为资产减值损失，计入当期损益，同时计提相应的减值准备
  - 资产的可收回金额 > 资产账面价值 • 未发生减值，已计提的减值不得转回

- **资产组减值**
  - **资产组的认定** • 现金流入是否独立于其他资产或者资产组
  - **资产组减值的处理**
    - ①确认资产组账面价值与可收回金额，并进行比较，确定减值金额；
    - ②抵减分摊至资产组中商誉的账面价值；
    - ③根据资产组中除商誉之外的其他各项资产的账面价值所占比重，按比例抵减其他各项资产的账面价值。抵减后的账面价值不低于"公允价值减去处置费用后的净额、未来现金流量现值、零"三者中较高者；
    - ④未能分摊的部分按其他各项资产的账面价值比重进行二次分摊

- **总部资产减值的处理**
  - **能够分摊至某资产组的部分**
    - ①将总部资产的账面价值分摊至资产组；
    - ②确认资产组账面价值与可收回金额，并进行比较，确定减值金额；
    - ③按前述资产组减值规定处理
  - **不能够分摊至某资产组的部分**
    - ①不考虑总部资产的情况下，确定资产组减值损失；
    - ②资产组与总部资产组成资产组组合，确定资产组组合减值损失，按账面价值比例分摊

高频考点 1　资产减值概述

资产	对应科目	可否转回	适用准则
长期股权投资、固定资产、无形资产、采用成本模式计量的投资性房地产、探明石油天然气矿区权益和井及相关设施	资产减值损失	×	《资产减值》准则
贷款、应收账款、债权投资、其他债权投资	信用减值损失	√	《金融工具》准则
存货	资产减值损失	√	《存货》准则
交易性金融资产、以公允价值计量的投资性房地产、其他权益工具投资	不计提减值准备		

【真题实战·单选题】企业的下列各项资产中，以前计提减值准备影响因素已消失的，已计提的减值可以转回的是（　　）。（2021年）

A. 固定资产　　　　　B. 商誉

C. 长期股权投资　　　D. 原材料

【解析】选项A、B、C不符合题意，固定资产、商誉、长期股权投资属于资产减值准则规范的资产，已计提的减值不得转回；选项D符合题意，原材料的减值可以转回。综上，本题应选D。

【答案】D

【真题实战·单选题】企业对下列资产计提的减值准备在以后期间不可转回的是（　　）。（2019年）

A. 合同资产　　　　　B. 合同取得成本

C. 库存商品　　　　　D. 长期股权投资

【解析】根据资产减值的相关规定，对子公司、联营企业和合营企业的长期股权投资，采用成本模式进行后续计量的投资性房地产，固定资产，无形资产，探明石油天然气矿区权益和井及相关设施等资产计提的减值准备，一经计提，在以后会计期间不得转回。综上，本题应选D。

【答案】D

【沙场练兵·多选题】下列资产中，资产减值损失一经确认，在以后会计期间不得转回的有（　　）。

A. 在建工程

B. 长期股权投资

C. 其他债权投资

D. 以成本模式计量的投资性房地产

【思路导航】适用"资产减值准则"的资产计提的减值准备，在以后期间相关资产价值回升时，均不得转回；适用其他准则规定的资产的减值，可以转回。

【解析】选项A、B、D，均不得转回；选项C，其他债权投资的减值在以后会计期间可以转回，但需要注意的是，其他债权投资的减值是通过"信用减值损失"科目核算的。综上，本题应选ABD。

【答案】ABD

【沙场练兵·多选题】下列各项已计提的资产减值准备，在未来会计期间不得转回的有（　　）。

A. 长期股权投资减值准备

B. 无形资产减值准备

C.固定资产减值准备

D.存货跌价准备

【解析】选项 A、B、C，均不得转回；选项 D

可转回，存货计提的减值在以后期间价值回升时，可以转回。综上，本题应选 ABC。

【答案】ABC

高频考点 2 资产减值的迹象及测试

资产存在可能发生减值迹象的，企业应当进行减值测试，估计资产的可收回金额：

可收回金额 = Max{（公允价值 – 处置费用），预计未来现金流量现值}

企业合并形成的商誉、使用寿命不确定的无形资产无论是否存在减值迹象，至少应当每年进行减值测试。

1.资产减值迹象的判断

资产是否存在可能发生减值的迹象，主要可从外部信息来源（如市价下跌、环境恶化、市场利率提高）和内部信息来源（如资产陈旧损坏、终止使用或闲置、计划提前处置、经济绩效下降）两方面加以判断。

2.资产可收回金额的确认

（1）"公允价值 – 处置费用"

公允价值的选取优先级：公平交易中资产的销售协议价格 > 资产在活跃市场的价格 > 熟悉情况的交易双方自愿公平交易的交易价格

处置费用：是指可以直接归属于资产处置的增量成本，包括与资产处置有关的法律费用、相关税费、搬运费以及为使资产达到可销售状态所发生的直接费用等，**不包括财务费用和所得税费用**。

（2）预计未来现金流量现值

预计未来现金流量	基础	以管理层批准的最近（一般最多 5 年）财务预算或预测数据为基础
	主要内容	①**持续使用过程中**：预计产生的现金流入、为产生现金流入所必需的预计现金流出（如为使资产达到预定可使用状态所发生的现金流出）； ②**使用寿命结束**：处置资产所收到的或者支付的净现金流量
	应当考虑的因素	①以资产当前状况为基础（不应当包括与将来可能会发生的、尚未作出承诺的重组事项或者与资产改良有关的预计未来现金流量）； ②预计资产未来现金流量不应当包括筹资活动和与所得税收付有关的现金流量； ③对通货膨胀因素的考虑应当和折现率相一致； ④对内部转移价格应当予以调整
	方法	①单一现金流量法：每期现金流量 = 预计的最有可能产生的现金流量 ②期望现金流量法：每期现金流量 = Σ（每种情况下的现金流量 × 该情况发生的概率）
预计折现率		应当是反映当前市场货币时间价值和资产特定风险的税前利率，是企业在购置或投资资产时所要求的必要报酬率（首选市场利率，其次替代利率）

（续表）

预计未来现金流量现值的计算	资产未来现金流量的现值（PV）= $\sum \dfrac{第 t 年预计资产未来现金流量（NCF_t）}{[1+折现率（R）]^t}$
	【提个醒】计算外币未来现金流量现值时，先计算以外币表示的未来现金流量现值，再按照计算资产未来现金流量现值当日的即期汇率折算为记账本位币。

【真题实战·多选题】固定资产减值测试中，确定其未来现金流量现值时应考虑的因素有（   ）。（2021年）

A. 剩余使用年限　　　B. 预计未来现金流量

C. 账面原值　　　　　D. 折现率

【解析】预计资产未来现金流量的现值，需要综合考虑资产的预计未来现金流量、资产的使用寿命和折现率三个因素。综上，本题应选ABD。

【答案】ABD

【真题实战·多选题】下列各项资产中，企业应采用可收回金额与账面价值孰低的方法进行减值测试的有（   ）。（2020年）

A. 存货　　　　　　　B. 长期股权投资

C. 固定资产　　　　　D. 债权投资

【解析】对于资产减值准则规范的资产，企业应采用可收回金额与账面价值孰低的方法进行减值测试。资产减值准则规范的资产具体包括对子公司、联营企业和合营企业的长期股权投资，采用成本模式进行后续计量的投资性房地产，固定资产，无形资产，探明石油天然气矿区权益和井及相关设施等，不包括存货、债权投资。综上，本题应选BC。

【答案】BC

【真题实战·判断题】在建工程出现减值迹象，企业预计其未来现金流量时，应当包括预期为使其达到预定可使用状态而发生的全部现金流出数。（   ）（2020年）

【解析】对于在建工程、开发过程中的无形资产等，企业在预计其未来现金流量时，应当包括预期为使该类资产达到预定可使用（或可销售）状态而发生的全部现金流出数。因此，本题表述正确。

【答案】√

【真题实战·单选题】2018年12月31日，企业某项固定资产的公允价值为10 000万元，预计处置费用为1 000万元，预计未来现金流量的现值为9 600万元。当日，该项固定资产的可收回金额为（   ）万元。（2019年）

A. 8 600　　　　　　B. 10 000

C. 9 000　　　　　　D. 9 600

【思路导航】计算资产的可收回金额时，按照以下三个步骤进行：①计算"公允价值—处置费用"的金额；②计算预计未来现金流量的现值；③比较两者金额大小，取较高者。

【解析】资产的可收回金额，是根据资产的公允价值减去处置费用后的净额与资产预计未来现金流量的现值两者之间较高者确定。本题中该项固定资产的"公允价值—处置费用"＝10 000－1 000＝9 000（万元），预计未来现金流量现值为9 600万元。因此，可收回金额＝Max{（公允价值—处置费用），预计未来现金流量现值}＝9 600（万元）。综上，本题应选D。

【答案】D

【真题实战·多选题】下列各项资产中，无论是否出现减值迹象，企业每年年末必须进行减值测试的有（   ）。（2019年）

A. 使用寿命不确定的无形资产

B. 使用寿命有限的无形资产

C. 商誉

D. 以成本模式计量的投资性房地产

【解析】使用寿命不确定的无形资产和商誉，至少应于每年年末进行减值测试。综上，本题应选 AC。

【答案】AC

【真题实战·多选题】企业在进行资产减值测试时，下列各项关于资产预计未来现金流量的表述中，正确的有（　　）。（2021年/2018年）

A. 包括资产处置时取得的净现金流量

B. 不包括与所得税收付有关的现金流量

C. 包括将来可能会发生的、尚未作出承诺的重组事项

D. 不包括与资产改良支出有关的现金流量

【解析】资产预计未来现金流量应当考虑的因素有：资产持续使用过程中预计产生的现金流入；实现资产持续使用过程中产生的现金流入所必需的预计现金流出；资产使用寿命结束时，处置资产所收到或者支付的净现金流量。预计资产未来现金流量不应当包括筹资活动和与所得税收付相关的现金流量；企业应当以资产的当前状况为基础，不应当包括与将来可能会发生的、尚未作出承诺的重组事项或者与资产改良有关的预计未来现金流量。综上，本题应选 ABD。

【答案】ABD

【真题实战·判断题】固定资产的可收回金额，应当根据该资产的公允价值减去处置费用后的净额与预计未来现金流量的现值两者之间的较低者确定。（　　）（2018年）

【解析】资产的可收回金额应当根据资产的公允价值减去处置费用后的净额与资产预计未来现金流量现值两者之间较高者确定。因此，本题表述错误。

【答案】×

【沙场练兵·多选题】下列各项中，属于固定

资产减值迹象的有（　　）。

A. 固定资产将被闲置

B. 计划提前处置固定资产

C. 有证据表明资产已经陈旧过时

D. 企业经营所处的经济环境在当期发生重大变化且对企业产生不利影响

【解析】表明资产可能发生减值的迹象有：①外部信息来源：市价下跌、环境恶化（选项D）、市场利率提高；②内部信息来源：资产陈旧损坏（选项C）、终止使用或闲置（选项A）、计划提前处置（选项B）、经济绩效下降。综上，本题应选 ABCD。

【答案】ABCD

【沙场练兵·单选题】在对固定资产进行减值测试时，下列有关其预计未来现金流量现值的表述中，不正确的是（　　）。

A. 预计未来现金流量包括与所得税相关的现金流量

B. 预计未来现金流量应当以固定资产的当前状况为基础

C. 预计未来现金流量不包括与筹资活动相关的现金流量

D. 对通货膨胀因素的考虑应当和折现率相一致

【解析】预计资产未来现金流量应当考虑的因素包括：①应当以资产当前的状况为基础，不应当包括与将来可能会发生的、尚未作出承诺的重组事项或者与资产改良有关的预计未来现金流量；②不应当包括筹资活动和与所得税收付有关的现金流量；③对通货膨胀因素的考虑应当和折现率相一致；④对内部转移价格应当予以调整。综上，本题应选 A。

【答案】A

【沙场练兵·单选题】下列关于外币未来现金流量现值的说法，正确的是（　　）。

A. 应首先以该资产所在企业的记账本位币为基础预计其未来现金流量

B. 应将资产的外币现金流量现值折算为记账本位币

C. 应将以企业记账本位币计算的资产未来现金流量按照该货币适用的折现率折算为现值

D. 应将资产的外币现值按照取得资产时的即期汇率进行折算

【解析】选项A、C说法错误，选项B说法正确，外币未来现金流量现值，应首先计算该外币资产以外币表示的未来现金流量现值，再折算为以记账本位币表示的未来现金流量现值；选项D说法错误，应将资产的外币现值按照计算资产未来现金流量现值当日的即期汇率进行折算。综上，本题应选B。

【答案】B

高频考点 3　资产减值损失的确定及账务处理

企业在对资产进行减值测试并计算确定资产可收回金额后，如果资产的可收回金额低于其账面价值，应当将资产的账面价值减记至可收回金额，将减记的金额确认为资产减值损失，计入当期损益，同时计提相应的减值准备。

1. 资产减值损失一经确认，在以后会计期间不得转回。资产报废、出售、对外投资、以非货币性资产交换方式换出、通过债务重组抵偿债务等符合资产终止确认条件的，企业应当将相关减值准备予以转销。

2. 需要计提折旧或确认摊销的资产计提了减值准备后，在未来期间应当以调整后的资产账面价值为基础计提每期折旧或摊销。

3. 资产减值损失的账务处理

可收回金额 > 账面价值	可收回金额 < 账面价值
未发生减值	借：资产减值损失 　　贷：×× 资产减值准备

【真题实战·多选题】下列各项中，影响企业使用寿命有限的无形资产计提减值准备金额的因素有（　　）。（2020年）

A. 取得成本

B. 累计摊销额

C. 预计未来现金流量的现值

D. 公允价值减去处置费用后的净额

【解析】使用寿命有限的无形资产计提减值准备的金额＝减值测试前无形资产账面净值－无形资产可收回金额，减值测试前无形资产账面净值＝原值（选项A）－累计摊销（选项B），

无形资产可收回金额以预计未来现金流量现值（选项C）与公允价值减去处置费用后的净额（选项D）孰高计量，则选项A、B、C和D均符合题意。综上，本题应选ABCD。

【答案】ABCD

【真题实战·单选题】2018年12月31日，甲公司一台原价为500万元、已计提折旧210万元、已计提减值准备20万元的固定资产出现减值迹象。经减值测试，其未来税前和税后净现金流量的现值分别为250万元和210万元，公允价值减去处置费用后的净额为240

万元。不考虑其他因素，2018年12月31日，甲公司应为该固定资产计提减值准备的金额为（　　）万元。（2019年）

A.30　　　　　　　　B.20

C.50　　　　　　　　D.60

【思路导航】计算资产应计提的减值准备时，需要完成以下几个步骤：①计算资产的账面价值；②计算资产的可收回金额，Max｛（公允价值－处置费用），预计未来现金流量现值｝；③比较账面价值与可收回金额，账面价值＞可收回金额时，计提减值准备的金额等于两者之间的差额；否则，不计提减值准备。

【解析】2018年12月31日计提减值准备前，甲公司该项固定资产账面价值＝500－210－20＝270（万元）。可收回金额按照预计未来现金流量现值和公允价值减去处置费用后的净额孰高确认，因计算资产未来现金流量现值时所使用的折现率应为反映当前市场货币时间价值和资产特定风险的税前利率。所以甲公司预计未来现金流量现值为其未来税前净现金流量的现值250万元，大于公允价值减去处置费用后的净额240万元，故可收回金额为250万元。账面价值大于可收回金额，甲公司应计提减值准备＝270－250＝20（万元）。综上，本题应选B。

【答案】B

【真题实战·单选题】2016年12月20日，甲公司以4 800万元购入一台设备并立即投入使用，预计使用年限为10年，预计净残值为零，按年限平均法计提折旧。2017年12月31日，该设备出现减值迹象，甲公司预计该设备的公允价值减去处置费用后的净额为3 900万元，预计未来现金流量的现值为3 950万元。不考虑增值税等相关税费及其他因素，2017年12月31日，甲公司应为该设备计提减值准备的

金额为（　　）万元。（2021年/2018年）

A.420　　　　　　　B.410

C.370　　　　　　　D.460

【解析】固定资产可收回金额以公允价值减去处置费用后的净额与预计未来现金流量现值两者孰高计量，即可收回金额为3 950万元。2017年12月31日，固定资产在减值测试前账面价值＝4 800－4 800/10＝4 320（万元），应计提减值准备的金额为370万元（4 320－3 950）。综上，本题应选C。

【答案】C

【真题实战·单选题】2016年2月1日，甲公司以2 800万元购入一项专门用于生产H设备的专利技术。该专利技术按产量进行摊销，预计净残值为零，预计该专利技术可用于生产500台H设备。甲公司2016年共生产90台H设备。2016年12月31日，经减值测试，该专利技术的可收回金额为2 100万元。不考虑增值税等相关税费及其他因素，甲公司2016年12月31日应该确认的资产减值损失金额为（　　）万元。（2017年）

A.700　　　　　　　B.0

C.196　　　　　　　D.504

【解析】无形资产如果存在减值迹象的，应当进行减值测试，估计其可收回金额，当可收回金额低于其账面价值的，以两者之间的差额计提减值准备。2016年末，该专利技术的账面价值＝2 800－2 800÷500×90＝2 296（万元）＞可收回金额2 100万元，应确认资产减值损失196万元（2 296－2 100）。综上，本题应选C。

【答案】C

【沙场练兵·单选题】2021年12月31日，甲公司某项无形资产的原价为120万元，已摊销金额为42万元，未计提减值准备。当日，

甲公司对该无形资产进行减值测试，预计其公允价值减去处置费用后的净额为 55 万元，预计未来现金流量的现值为 60 万元。2021 年 12 月 31 日，甲公司应为该无形资产计提的减值准备为（　　）万元。

A.18　　　　　　　　　B.23

C.60　　　　　　　　　D.65

【解析】无形资产的可收回金额为公允价值减去处置费用后的净额（55 万元）与预计未来现金流量的现值（60 万元）两者之间较高者，所以该无形资产的可收回金额为 60 万元。2021 年年末无形资产账面价值 = 120 - 42 = 78（万元）> 可收回金额 60 万元，无形资产发生了减值，应计提减值准备的金额 = 78 - 60 = 18（万元）。综上，本题应选 A。

【答案】A

【沙场练兵·单选题】2021 年 12 月 31 日，甲公司某项固定资产计提减值准备前的账面价值为 1 000 万元，公允价值为 980 万元，预计处置费用为 80 万元，预计未来现金流量现值为 1 050 万元。2021 年 12 月 31 日，甲公司应对该项固定资产计提的减值准备金额为（　　）万元。

A.0　　　　　　　　　B.20

C.50　　　　　　　　　D.100

【解析】固定资产的可收回金额为公允价值减去处置费用后的净额 900 万元（980 - 80）与预计未来现金流量的现值 1 050 万元两者之间较高者，所以该固定资产的可收回金额为 1 050 万元，大于其账面价值 1 000 万元，未发生减值，无须计提减值准备。综上，本题应选 A。

【答案】A

【沙场练兵·单选题】2020 年 1 月 1 日，甲公司以 2 000 万元的对价取得乙公司 30% 的股权，采用权益法核算，当日乙公司可辨认净资产的公允价值为 6 000 万元。2020 年乙公司实现净利润 50 万元；2021 年 5 月 20 日，乙公司宣告分配现金股利 100 万元；2021 年下半年，经济环境的变化对乙公司的经营活动产生重大不利影响，当年乙公司发生净亏损 20 万元。甲公司于 2021 年年末对该项长期股权投资进行减值测试，其可收回金额为 1 500 万元，不考虑其他因素，则 2021 年 12 月 31 日，甲公司对该项长期股权投资应计提的减值准备为（　　）万元。

A.509　　　　　　　　B.479

C.430　　　　　　　　D.0

【解析】2021 年 12 月 31 日，该项长期股权投资的账面价值 = 2 000 + 50 × 30% - 100 × 30% - 20 × 30% = 1 979（万元），大于其可收回金额 1 500 万元，所以甲公司对该项长期股权投资应计提的减值准备 = 1 979 - 1 500 = 479（万元）。综上，本题应选 B。

【答案】B

高频考点 4　资产组减值测试

1. 资产组的概述

概念	资产组是企业可以认定的最小资产组合
考虑因素	①能否单独产生现金流入（最关键因素）； ②企业管理层管理生产经营活动的方式和对资产的持续使用或者处置的决策方式等

（续表）

注意事项	①资产组一经确定，在各个会计期间应当保持一致，不得随意变更； ②由于重组、变更资产用途等原因导致资产组的构成确需变更的，企业可以进行变更，但企业管理层应当证明该变更是合理的，并应当在附注中作出说明

2. 资产组减值测试程序

确认资产组账面价值
通常不包括已确认负债的账面价值，但不考虑负债金额就无法确认资产组可收回金额的除外

确认资产组可收回金额
Max{（公允价值 – 处置费用），预计未来现金流量现值}

确认减值金额
可收回金额低于账面价值的差额确认为减值损失（与单项资产相同）

分摊减值损失金额
①首先抵减分摊至资产组中商誉的账面价值；
②根据资产组中除商誉之外的其他各项资产的账面价值所占比重，按比例抵减其他各项资产的账面价值

┃**敲黑板**┃ 抵减后资产组各资产的账面价值不得低于：该资产的公允价值减去处置费用后的净额（如可确定）、该资产预计未来现金流量的现值（如可确定）和零三者之中最高者，因此，可能产生未能分摊的减值损失。未能分摊的部分应按相关资产组中其他各项资产的账面价值所占比重进行二次分摊。

【真题实战·判断题】包含商誉的资产组发生的减值损失，应按商誉的账面价值和资产组内其他资产账面价值的比例进行分摊。（ ）（2019年）

【解析】包含商誉的资产组发生的减值损失应先抵减分摊至资产组中商誉的账面价值，再根据资产组中除商誉外的其他各项资产的账面价值比例分摊。因此，本题表述错误。

【答案】×

【真题实战·判断题】企业应当结合与商誉相关的资产组或者资产组组合对商誉进行减值测试。（ ）（2017年）

【解析】由于商誉不具有可辨认性，难以独立产生现金流量，因此应当结合相关资产组或资产组组合进行减值测试。因此，本题表述正确。

【答案】√

【沙场练兵·判断题】资产组一经确定，在各个会计期间应当保持一致，不得随意变更。（ ）

【解析】资产组一经确定，在各个会计期间应当保持一致，不得随意变更。但是，如果由于重组、变更资产用途等原因，导致资产组的构成确需变更的，企业可以进行变更，但企业管理层应当证明该变更是合理的，并应当在附注中作说明。因此，本题表述正确。

【答案】√

【沙场练兵·多选题】下列关于资产减值测试时认定资产组的表述中，正确的有（ ）。
A. 资产组是企业可以认定的最小资产组合
B. 认定资产组应当考虑企业管理层对资产的持续使用或处置的决策方式
C. 认定资产组应当考虑企业管理层管理生产经营活动的方式
D. 资产组产生的现金流入应当独立于其他资产或资产组产生的现金流入

【解析】选项 A、D 表述正确，资产组是指企业可以认定的最小资产组合，其产生的现金流入应当基本上独立于其他资产或资产组产生的现金流入；选项 B、C 表述正确，资产组的认定，应当考虑企业管理层管理生产经营活动的方式和对资产的持续使用或者处置的决策方式等。综上，本题应选 ABCD。

【答案】ABCD

高频考点 5　总部资产减值测试

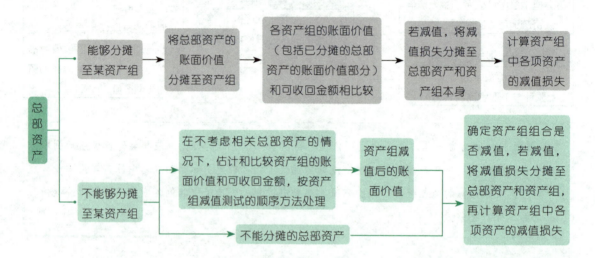

【真题实战·计算分析题】（2020 年）

甲公司拥有一栋办公楼和 M、P、V 三条生产线，办公楼为与 M、P、V 生产线相关的总部资产。2019 年 12 月 31 日，办公楼、M、P、V 生产线的账面价值分别为 200 万元、80 万元、120 万元和 150 万元。2019 年 12 月 31 日，办公楼、M、P、V 生产线出现减值迹象，甲公司决定对其进行减值测试，办公楼无法单独进行减值测试。M、P、V 生产线分别被认定为三个资产组。

资料一：2019 年 12 月 31 日，甲公司运用合理和一致的基础将办公楼账面价值分摊到 M、P、V 生产线，分摊金额分别为 40 万元、60 万元和 100 万元。

资料二：2019 年 12 月 31 日，分摊了办公楼账面价值的 M、P、V 生产线的可收回金额分别为 140 万元、150 万元和 200 万元。

资料三：P 生产线由 E、F 两台设备构成，E、F 设备均无法产生单独的现金流量。2019 年 12 月 31 日，E、F 设备的账面价值分别为 48 万元和 72 万元，甲公司估计 E 设备的公允价值和处置费用分别为 45 万元和 1 万元，F 设备的公允价值和处置费用均无法合理估计。不考虑其他因素。

要求：

（1）分别计算分摊了办公楼账面价值的 M、P、V 生产线应确认减值损失的金额。

（2）计算办公楼应确认减值损失的金额，并编制相关会计分录。

（3）分别计算 P 生产线中 E、F 设备应确认减值损失的金额。

（1）

【解析】先确定分摊总部资产价值后的资产组账面价值，再将资产组账面价值与其可收回金额进行比较。资产组的可收回金额低于账面价值的，应将资产组的账面价值减记至可收回金额，减记的金额确认为资产减值损失。

【答案】①分摊办公楼账面价值后，包括分摊的办公楼账面价值部分的各生产线账面价值：

M 生产线 = 80 + 40 = 120（万元）

p 生产线 = 120 + 60 = 180（万元）

V 生产线 = 150 + 100 = 250（万元）

②应确认减值损失的金额：

分摊了办公楼账面价值的 M 生产线可收回金额 140 万元 > 账面价值 120 万元，无须确认减值损失；

分摊了办公楼账面价值的 P 生产线可收回金额 150 万元 < 账面价值 180 万元，确认减值损失 = 180 − 150 = 30（万元）；

分摊了办公楼账面价值的 V 生产线可收回金额 200 万元 < 账面价值 250 万元，确认减值损失 = 250 − 200 = 50（万元）。

（2）

【解析】在确认资产组中各资产的减值损失时，根据资产组中除商誉之外的其他各项资产的账面价值所占比重，按比例抵减各资产的账面价值。本题的三条生产线中只有两条生产线发生减值，因此只需分别将两条减值生产线的减值损失在资产组与总部资产之间分摊，得出总部资产应确认的减值损失。

【答案】本题中只有 P 生产线和 V 生产线发生减值，应将这两条生产线的减值金额在资产组和办公楼之间分配。P 资产组应分摊的减值损失 = 30×120/180 = 20（万元），办公楼由 P 生产线分摊的减值损失 = 30×60/180 = 10（万元）；V 资产组应分摊的减值损失 = 50×150/250 = 30（万元），办公楼由 V 生产线分摊的减值损失 = 50×100/250 = 20（万元）。则办公楼应确认减值损失的金额 = 10 + 20 = 30（万元）。相关会计分录为（单位：万元）：

借：资产减值损失　　　　　　　　　　　　　　　　　　　　　30

　　贷：固定资产减值准备　　　　　　　　　　　　　　　　　　　30

（3）

【解析】资产组中各项资产抵减后的账面价值不得低于以下三者中的最高者：该资产的公允价值减去处置费用后的净额、该资产预计未来现金流量的现值和零。先确定资产组中可以合理估计可收回金额的设备应分摊的减值损失，再倒挤出不能确定可收回金额的设备应分摊的减值损失。

【答案】按资产组中各项资产账面价值的比例确认应分摊的减值损失，E 设备应分摊的减值损失 = 20×48/（48 + 72）= 8（万元），由于 E 设备公允价值减去处置费用后的金额 = 45 − 1 =

44（万元），则分摊减值后的 E 设备账面价值应不低于 44 万元，因此 E 设备最多能确认减值损失的金额＝48－44＝4（万元），进而得出 F 设备应确认的减值损失的金额＝20－4＝16（万元）。

【沙场练兵·综合题】

南方公司系生产电子仪器的上市公司，由管理总部和甲、乙两个车间组成。该电子仪器主要销往欧美等国，由于受国际金融危机的不利影响，电子仪器市场销量一路下滑。南方公司在编制 2021 年度财务报告时，对管理总部、甲车间、乙车间等进行减值测试。南方公司有关资产减值测试资料如下：

（1）管理总部资产由一栋办公楼组成。在 2021 年 12 月 31 日，该办公楼的账面价值为 2 000 万元。甲车间仅拥有一套 A 设备，生产的半成品仅供乙车间加工成电子仪器，无其他用途。2021 年 12 月 31 日，A 设备的账面价值为 1 200 万元。乙车间仅拥有 B、C 两套设备，除对甲车间提供的半成品加工为产成品外，无其他用途。2021 年 12 月 31 日，B、C 设备的账面价值分别为 2 100 万元和 2 700 万元。

（2）2021 年 12 月 31 日，办公楼如以当前状态对外出售，估计售价为 1 980 万元（即公允价值），另将发生处置费用 20 万元。A、B、C 设备的公允价值均无法可靠计量；甲车间、乙车间整体，以及管理总部、甲车间、乙车间整体的公允价值也均无法可靠计量。

（3）办公楼、A、B、C 设备均不能单独产生现金流量。2021 年 12 月 31 日，乙车间的 B、C 设备在预计使用寿命内形成的未来现金流量现值为 4 658 万元；甲车间、乙车间整体的预计未来现金流量现值为 5 538 万元；管理总部、甲车间、乙车间整体的预计未来现金流量现值为 7 800 万元。

（4）假定进行减值测试时，管理总部资产的账面价值能够按照甲车间和乙车间资产的账面价值进行合理分摊。

已知：南方公司根据上述有关资产减值测试资料，进行了如下会计处理：

（1）认定资产组或资产组合：

①将管理总部认定为一个资产组；

②将甲、乙车间认定为一个资产组组合。

（2）确定管理总部的可收回金额为 1 960 万元。

（3）计量资产减值损失：

①管理总部的减值损失金额为 50 万元；

②甲车间 A 设备的减值损失金额为 30 万元；

③乙车间的减值损失金额为 120 万元；

④乙车间 B 设备的减值损失金额为 52.5 万元；

⑤乙车间 C 设备的减值损失金额为 52.5 万元。

要求：根据上述资料，逐项分析、判断南方公司对上述资产减值的会计处理是否正确（分别注明相关事项及其会计处理的序号）；如不正确，请说明正确的会计处理。（答案中的金

额单位用万元表示）

（1）

【解析】认定资产组应当考虑的最关键因素是"能否独立产生现金流入"；资产组组合是在总部资产难以按照合理和一致的基础分摊至各资产组时提出的一个概念，即能分摊总部资产的最小资产组组合。

【答案】资产组或资产组组合的认定

①不正确，因为管理总部不能单独产生现金流量，不能认定为一个资产组。

②不正确，因为甲车间、乙车间均不能单独产生现金流量，即均不能单独认定为资产组，但甲、乙车间组成的生产线构成完整的产销单元，能够单独产生现金流量，应认定为一个资产组；管理总部、甲车间、乙车间应作为一个资产组组合。

（2）

【解析】资产的可收回金额应当根据资产的公允价值减去处置费用后的净额与资产预计未来现金流量的现值两者之间较高者确定。但特殊情况下，如果没有确凿证据或者理由表明，资产预计未来现金流量现值显著高于其公允价值减去处置费用后的净额，可以将资产的公允价值减去处置费用后的净额视为资产的可收回金额。

【答案】确定管理总部的可收回金额：正确。

（3）

【解析】由于南方公司只有一个资产组（由甲、乙车间构成），因此总部资产应全部分摊在该资产组上，包含分摊的管理总部的资产组的账面价值为 8 000 万元（2 000 ＋ 1 200 ＋ 2 100 ＋ 2 700）＞可收回金额 7 800 万元，发生减值，将减值损失分摊至总部资产和资产组本身，计算过程如下：

（单位：万元）

	总部资产	甲、乙车间资产组			合计
		A 设备	B 设备	C 设备	
账面价值	2 000	6 000 （1 200 ＋ 2 100 ＋ 2 700）			8 000
可收回金额	——	——			7 800
总的减值损失	——	——			200
减值损失分摊比例	25%	75%			100%
应分摊的减值损失	40	160			200

需要注意的是，按照分摊比例，总部资产应分摊减值损失50万元（200×25%），分摊后的账面价值为 1 950 万元，但由于总部资产的公允价值减去处置费用后的净额为 1 960 万元（1 980 －

20）。因此，总部资产最多只能确认减值损失40万元（2 000－1 960），剩余160万元（200－40）由资产组组合中各项资产分摊，计算过程如下：

（单位：万元）

	甲车间	乙车间		合计
	A设备	B设备	C设备	
账面价值	1 200	2 100	2 700	6 000
应分摊的减值损失	——	——	——	160
减值损失分摊比例	20%	35%	45%	100%
应分摊的减值损失	32	56	72	160
分摊后的账面价值	1 168	2 044	2 628	5 840

在分摊减值损失时，分摊后的资产的账面价值不得低于公允价值减去处置费用后的净额（无法确定）、资产预计未来现金流量现值和零三者之中最高者，本题中，B、C设备分摊减值损失后的账面价值4 672万元（2 044＋2 628）＞预计未来现金流量现值4 658万元，满足上述条件，无须进行二次分摊。

【答案】资产减值损失的计量

①～⑤均不正确。

①资产组组合应确认的减值损失＝资产组组合的账面价值－资产组组合的可收回金额

$$＝（2 000＋1 200＋2 100＋2 700）－7 800$$
$$＝200（万元）$$

按账面价值比例计算，办公楼（总部资产）应分摊的减值损失金额＝200×（2 000/8 000）＝50（万元），但办公楼分摊减值损失后的账面价值不应低于公允价值减去处置费用后的净额1 960万元，则办公楼只能分摊减值损失40万元（2 000－1 960）。

②甲、乙车间构成的资产组应分摊的减值损失为160万元（200－40），且分摊后甲、乙车间的账面价值＝1 200＋2 100＋2 700－160＝5 840（万元）＞该资产组的未来现金流量现值5 538万元，故甲、乙车间构成的资产组应确认的减值损失为160万元。则按账面价值比例计算，甲车间A设备应分摊的减值损失金额＝160×（1 200/6 000）＝32（万元）。

③按账面价值比例计算，乙车间B设备应分摊的减值损失金额＝160×（2 100/6 000）＝56（万元）；按账面价值比例计算，乙车间C设备应分摊的减值损失金额＝160×（2 700/6 000）＝72（万元）。则乙车间应分摊的减值损失金额为128万元（56＋72），且分摊后乙车间的账面价值4 672万元（2 100＋2 700－128）＞预计未来现金流量现值4 658万元，满足条件，故乙车间应确认的减值损失为128万元。

④B设备应分摊的减值损失＝160×（2 100/6 000）＝56（万元）。

⑤C设备应分摊的减值损失＝160×（2 700/6 000）＝72（万元）。

强化练习

一、单项选择题

1. 关于资产减值测试，下列说法中，正确的是（　　　）。

    A. 交易性金融资产只有在出现减值迹象时才需要进行减值测试

    B. 使用寿命不确定的无形资产无须每年年末都进行减值测试

    C. 固定资产只有在出现减值迹象时才需要进行减值测试

    D. 长期股权投资需要至少每年年末进行减值测试

2. 下列各项资产减值准备中，在以后会计期间资产的价值回升时，可以将已计提的减值准备转回的是（　　　）。

    A. 无形资产减值准备　　　　　　　　　　B. 长期股权投资减值准备

    C. 存货跌价准备　　　　　　　　　　　　D. 投资性房地产减值准备

3. 2021 年 12 月 31 日，甲企业一项无形资产的公允价值为 300 万元，预计处置费用为 10 万元。预计资产未来现金流量的现值为 280 万元，则当日该项无形资产的可收回金额为（　　　）万元。

    A. 300　　　　　　　B. 290　　　　　　　C. 280　　　　　　　D. 270

4. 甲公司持有乙公司 30％ 的股份，将其作为长期股权投资，采用权益法核算。2021 年年初，该项长期股权投资账面余额为 1 800 万元，2021 年乙公司盈利 700 万元，宣告分配现金股利 200 万元。2021 年末，该长期股权投资出现减值迹象，甲公司对其进行减值测试。根据市场测算，该项长期股权投资的公允价值为 2 000 万元，预计处置费用为 230 万元，预计未来现金流量的现值为 1 900 万元，则 2021 年年末甲公司对该项长期股权投资应计提的减值准备金额为（　　　）万元。

    A. 0　　　　　　　　B. 110　　　　　　　C. 50　　　　　　　D. 180

5. 顺利公司的制造工厂有甲、乙、丙三个车间和丁销售部，甲车间专门生产零部件，乙车间专门生产包装物，生产完成后由丙车间负责组装产品并进行包装，再由独立核算的丁销售部负责销售。零部件和包装物均不存在活跃市场，丁销售部除销售该产品外，还负责销售其他产品。则顺利公司关于资产组的划分正确的是（　　　）。

    A. 甲、乙车间认定为一个资产组，丙车间和丁销售部认定为一个资产组

    B. 甲、乙车间认定为一个资产组，丙车间认定为一个资产组，丁销售部认定为一个资产组

    C. 甲、乙、丙车间认定为一个资产组，丁销售部认定为一个资产组

    D. 甲、乙、丙车间和丁销售部认定为一个资产组

6. 甲公司采用期望现金流量法估计未来现金流量，2021 年 W 设备在不同的经营情况下产生的现金流量分别为：该公司经营好的可能性是 70％，产生的现金流量为 200 万元；经营一般的可能性是 20％，产生的现金流量为 120 万元；经营差的可能性是 10％，产生的现金流量为 60

万元，则甲公司预计 W 设备 2021 年产生的现金流量是（　　）万元。

　　A.170　　　　　　　　B.140　　　　　　　　C.200　　　　　　　　D.380

7. 2021 年 6 月 2 日，甲公司以 600 万元的价款从乙公司购入一台需要安装的生产设备作为固定资产使用，另以银行存款支付安装费 8 万元，不考虑相关增值税，该生产设备于 6 月 20 日安装完成，并达到预定可使用状态。甲公司预计该设备的使用寿命为 8 年，预计净残值为 3 万元，采用年限平均法计提折旧。2021 年 12 月 31 日，由于市场上出现了相同功能的新设备，甲公司对其进行了减值测试，经测试表明，目前该设备的公允价值为 520 万元，预计处置费用为 5 万元，如果继续使用，预计未来现金流量的现值为 525 万元。假定不考虑其他因素，则该生产设备在 2021 年 12 月 31 日应计提的减值准备的金额为（　　）万元。（计算结果保留两位小数）

　　A.48.89　　　　　　　B.38.89　　　　　　　C.55.19　　　　　　　D.45.19

8. 2020 年 1 月 3 日，甲公司购入一项管理用专利技术，入账价值为 600 万元，预计使用年限为 5 年，预计净残值为 0，采用直线法进行摊销。2021 年 12 月 31 日，该无形资产未来现金流量现值为 330 万元，公允价值减去处置费用后的净额为 280 万元。假定不考虑其他因素。该项无形资产对甲公司 2021 年营业利润的影响金额为（　　）万元。

　　A. – 30　　　　　　　B. – 150　　　　　　　C. – 200　　　　　　　D. – 80

9. 下列关于外币未来现金流量及其现值的确定，表述不正确的是（　　）。

　　A. 应当以该资产所产生的未来现金流量的结算货币为基础预计其未来现金流量现值

　　B. 按照结算货币适用的折现率计算未来现金流量现值

　　C. 折算时的即期汇率应当采用计算资产未来现金流量现值当日的即期汇率

　　D. 折算时的即期汇率可以采用与预计的未来现金流量相对应的未来期间资产负债表日的汇率

10. 2020 年 6 月 10 日，甲公司自建的一条新生产线达到预定可使用状态，该生产线由 A、B、C 三台设备构成，成本分别为 1 000 万元、1 200 万元、1 300 万元，使用寿命均为 10 年，采用年限平均法计提折旧。2021 年年末，由于新产品的市场前景未达到预期，该生产线出现减值迹象，甲公司对其进行了减值测试，其结果表明，该生产线的可收回金额为 2 700 万元，其中 A 设备的可收回金额为 800 万元，B、C 设备的可收回金额均不能合理确定。则 B 设备应计提的减值准备金额为（　　）万元。（计算结果保留两位小数）

　　A.108　　　　　　　　B.94.29　　　　　　　C.102.14　　　　　　　D.116.65

二、多项选择题

1. 下列关于预计资产未来现金流量的表述中，正确的有（　　）。

　　A. 应当以资产当前的状况为基础，包括与资产改良有关的预计未来现金流量

　　B. 对通货膨胀因素的考虑应当和折现率相一致

　　C. 应当包括筹资活动和所得税收付产生的现金流量

　　D. 内部转移价格应当予以调整

2. 下列各项中，属于固定资产减值迹象的有（　　）。

　　A. 固定资产将被闲置

B. 企业内部报告的证据表明资产的经济绩效远远小于预期

C. 固定资产实体已经损坏

D. 企业经营所处的经济环境在当期发生重大变化且对企业产生不利影响

3. 下列关于减值测试的表述中，不正确的有（   ）。

A. 如果没有出现减值迹象，则企业不需对无形资产进行减值测试

B. 对于企业合并形成的商誉不需要进行减值测试

C. 如果没有出现减值迹象，则企业不需对固定资产进行减值测试

D. 对于使用寿命不确定的无形资产，企业至少应于每年年末进行减值测试

4. 下列关于总部资产的说法中，正确的有（   ）。

A. 总部资产能够产生独立的现金流入

B. 总部资产难以脱离其他资产或者资产组产生独立的现金流入

C. 总部资产难以单独进行减值测试

D. 总部资产的账面价值难以完全归属于某一资产组

5. 甲公司 2019 年 12 月购入设备一台，原值为 530 万元，预计净残值 10 万元，预计使用年限 5 年，采用年限平均法计提折旧。2020 年 12 月，该设备计提减值准备 30 万元；计提减值后，预计使用年限、净残值及折旧方法未改变。2021 年底，该设备公允价值减去处置费用后的净额为 290 万元，预计未来现金流量现值为 310 万元。下列说法中，正确的有（   ）。

A. 2021 年年末该设备的可收回金额为 310 万元

B. 2021 年该设备应计提折旧额为 96.5 万元

C. 2021 年年末不用进行固定资产减值准备的有关账务处理

D. 2021 年年末应转回固定资产减值准备 10.5 万元

6. 根据资产减值准则的相关规定，下列说法正确的有（   ）。

A. 资产减值损失一经确认，在以后会计期间不得转回

B. 分摊资产组的减值损失时，应当首先抵减分摊至资产组中商誉的账面价值

C. 资产的折旧或摊销金额的确定，与资产减值准备无关

D. 资产组一经认定，在各个会计期间应当保持一致，不得变更

7. 下列各项中，无论是否有确凿证据表明资产存在减值迹象，均应至少于每年年末进行减值测试的有（   ）。

A. 采用公允价值模式进行后续计量的投资性房地产

B. 对联营企业的长期股权投资

C. 企业合并形成的商誉

D. 使用寿命不确定的专有技术

8. 预计资产未来现金流量应当包括的内容有（   ）。

A. 资产持续使用过程中预计产生的现金流入

B. 为使资产达到预定可使用状态所发生的现金流出

C. 资产使用寿命结束时，处置资产所收到的净现金流量

D. 开发过程中的无形资产已经发生的支出

9. 关于资产组的减值测试，正确的处理方法包括（　　）。

A. 资产组的可收回金额低于其账面价值的，应当确认相应的减值损失

B. 减值损失金额应当先抵减分摊至资产组中商誉的账面价值，再根据资产组中除商誉之外的其他各项资产的账面价值所占比重，按比例抵减其他各项资产的账面价值

C. 资产账面价值的抵减，应当作为各单项资产（包括商誉）的减值损失处理，计入当期损益

D. 抵减后的各资产的账面价值不得高于该资产的公允价值减去处置费用后的净额（如可确定的）、该资产预计未来现金流量的现值（如可确定的）和零三者之中最高者

10. 在对资产进行减值测试时，关于折现率，下列说法正确的有（　　）。

A. 计算资产未来现金流量现值时所使用的折现率应当是税前利率

B. 企业确定折现率时，必须以该资产的市场利率为依据

C. 该折现率是企业在购置或者投资资产时所要求的必要报酬率

D. 企业在估计资产未来现金流量现值时，通常应当使用单一的折现率

三、判断题

1. 使用寿命有限的无形资产，无论是否存在减值迹象，都应当至少于每年年度终了进行减值测试。（　　）

2. 资产组的账面价值通常应当包括已确认负债的账面价值。（　　）

3. 在进行减值测试时，企业只能采用单一的未来每期预计现金流量和单一的折现率预计资产未来现金流量的现值。（　　）

4. 资产的公允价值减去处置费用后的净额与资产预计未来现金流量的现值，均大于资产的账面价值时，才表明资产没有发生减值，不需要计提减值准备。（　　）

四、计算分析题

1. 甲公司有一条生产线，该生产线生产 Y 产品，由 A、B、C 三台设备构成，成本分别为 100 万元、60 万元、40 万元，使用年限均为 10 年，预计净残值为零，采用年限平均法计提折旧。三台设备均不能单独产生现金流量，但整体可以产生现金流量，属于一个资产组。2021 年该生产线生产的 Y 产品出现了替代产品，甲公司对其进行了减值测试。2021 年年末该资产组的账面价值为 100 万元，其中，A、B、C 设备的账面价值分别为 50 万元、30 万元、20 万元。C 设备公允价值减去处置费用后的净额为 15 万元，其余两台设备的公允价值减去处置费用后的净额以及预计未来现金流量现值均无法确定。该资产组的公允价值减去处置费用后的净额为 56 万元，预计未来现金流量的现值为 60 万元。（答案中的金额单位用万元表示）

要求：

（1）计算资产组的减值损失。

（2）计算 C 设备应分摊的资产组的减值损失。

（3）分别计算 A、B 设备应分摊的资产组的减值损失并编制资产组计提减值准备的会计分录。

五、综合题

1. 甲公司于 2021 年 12 月 31 日对下列资产进行减值测试，有关资料如下：

资料一：对 A 机器设备进行检查时发现该机器可能发生减值。经测试表明，该机器设备公允价值总额为 1 000 万元，直接归属于该机器的处置费用为 100 万元。该机器设备尚可使用年限为 5 年，预计其在未来 4 年内产生的现金流量分别为：300 万元、250 万元、200 万元、200 万元，第 5 年产生的现金流量以及使用寿命结束时处置形成的净现金流量合计为 100 万元。同期银行的借款利率为 5%，2021 年年末该设备的账面价值为 1 200 万元。（P/F，5%，1）= 0.9524，（P/F，5%，2）= 0.9070，（P/F，5%，3）= 0.8638，（P/F，5%，4）= 0.8227，（P/F，5%，5）= 0.7835。

资料二：2021 年年末，由于市场上出现了同类可替代的新技术，甲公司对其持有的一项管理用无形资产进行了减值测试，其结果表明，该无形资产以当前状况的销售净价为 400 万元，如果继续使用，预计所产生的未来现金流量的现值为 420 万元。该项无形资产系 2020 年 1 月购入的，账面原价为 800 万元，预计使用年限为 5 年，预计净残值为零，采用直线法进行摊销。2020 年 12 月 31 日，甲公司对该项无形资产计提减值准备 30 万元。计提减值准备后，其预计使用年限、折旧方法和预计净残值均保持不变。

资料三：甲公司对持有乙公司 30% 股份的长期股权投资进行减值测试，结果表明，该项长期股权投资的公允价值为 2 000 万元，预计处置费用为 230 万元，预计未来现金流量的现值为 1 900 万元。2021 年年初，该项长期股权投资账面价值为 2 800 万元，2021 年度乙公司由于经营管理不善，导致亏损 800 万元，当年未分配现金股利。假定甲公司对该项长期股权投资采用权益法核算。

不考虑其他因素的影响，答案中的金额单位以万元表示。

要求：

（1）计算 2021 年 12 月 31 日上述各项资产应计提的减值准备金额。

（2）编制相关会计分录。

答案与解析

一、单项选择题

1.【解析】选项 A 说法错误，交易性金融资产无需进行减值测试，不计提减值准备，只需要确认后续公允价值变动；选项 B 说法错误，使用寿命不确定的无形资产，无论是否存在减值迹象，至少应当于每年年度终了进行减值测试；选项 C 说法正确，固定资产存在减值迹象时应当进行减值测试，估计其可收回金额；选项 D 说法错误，长期股权投资存在减值迹象时应当进行减值测试，而不是至少每年年末测试。综上，本题应选 C。

【答案】C

2.【解析】选项 A、B、D 不符合题意，适用资产减值准则规定的资产计提的减值准备，在以后期间不得转回，包括对子公司、联营企业和合营企业的长期股权投资，采用成本模式进行后续计量的投资性房地产，固定资产，无形资产，探明石油天然气矿区权益和井及相关设施等；选项 C 符合题意，以前减记存货价值的影响因素消失的，减记的金额应在原已计提的存货跌价准备金额内转回。综上，本题应选 C。

【答案】C

3.【解析】资产的可收回金额 = Max{（公允价值 – 处置费用），预计未来现金流量现值}，该项无形资产的可收回金额 = Max{（300 – 10），280} = 290（万元）。综上，本题应选 B。

【答案】B

4.【解析】资产存在减值迹象的，应当估计其可收回金额，该项长期股权投资的公允价值减处置费用后的净额 = 2 000 – 230 = 1 770（万元）< 预计未来现金流量现值 1 900 万元，因此可收回金额为 1 900 万元。2021 年年末长期股权投资的账面价值 = 1 800 + 700 × 30% – 200 × 30% = 1 950（万元）> 可收回金额 1 900 万元，所以应计提减值准备的金额 = 1950 – 1 900 = 50（万元）。综上，本题应选 C。

【答案】C

5.【解析】甲车间、乙车间生产完成的零部件和包装物均无法独立对外销售，则不能单独产生现金流入，经丙车间组装包装后的产品能够独立对外销售，则甲、乙、丙车间应组合成一个资产组；由于丁销售部独立核算，且除销售该产品外，还负责销售其他产品，则说明丁销售部可以独立产生现金流入，应单独确认为一个资产组。综上，本题应选 C。

【答案】C

6.【解析】甲公司采用期望现金流量法预计 W 设备 2021 年产生的现金流量 = 200 × 70% + 120 × 20% + 60 × 10% = 170（万元）。综上，本题应选 A。

【答案】A

7.【解析】该项固定资产的入账价值 = 600 + 8 = 608（万元）；当月增加的固定资产，下月起开始计提折旧，本题中，该项固定资产应从 7 月开始计提折旧，计提减值准备前该项固定资产的账面价值 = 608 – （608 – 3）÷ 8 × 6/12 = 570.19（万元）；该项固定资产的可收回金额 = Max{（公允价值 – 处置费用），预计未来现金流量现值} = Max{（520 – 5），525} = 525（万元）；固定资产的账面价值 570.19 万元 > 可收回金额 525 万元，应计提减值准备的金额 = 570.19 – 525 = 45.19（万元）。综上，本题应选 D。

【答案】D

8.【解析】本题中，对营业利润的影响包含两部分，一部分是无形资产的摊销金额，另一部分是确认的减值损失金额。当月增加的无形资产，当月开始摊销，本题中，该项无形资产应自 2020 年 1 月开始摊销，至 2021 年 12 月 31 日，共摊销 2 年，则计提减值准备前该项无形资

产的账面价值 = 600 - 600 ÷ 5 × 2 = 360（万元）；无形资产的可收回金额 = Max{330, 280} = 330（万元），应计提的减值准备金额 = 360 - 330 = 30（万元）；则对甲公司 2021 年营业利润的影响金额 = - 600 ÷ 5 - 30 = - 150（万元）。综上，本题应选 B。

【答案】B

9.**【解析】**确定外币未来现金流量现值时，首先应当以该资产所产生的未来现金流量的结算货币为基础预计其未来现金流量（选项 A），并按照该货币适用的折现率计算资产预计未来现金流量的现值（选项 B）；其次，应将该外币现值按照计算资产未来现金流量现值当日的即期汇率进行折算（选项 C），从而折算成按照记账本位币表示的资产未来现金流量的现值。综上，本题应选 D。

【答案】D

10.**【解析】**A 设备 2021 年末的账面价值 = 1 000 - 1 000 ÷ 10 × 1.5 = 850（万元），B 设备 2021 年末的账面价值 = 1 200 - 1200 ÷ 10 × 1.5 = 1 020（万元），C 设备 2021 年末的账面价值 = 1 300 - 1 300 ÷ 10 × 1.5 = 1 105（万元），则该生产线 2021 年末的账面价值 = 850 + 1 020 + 1 105 = 2 975（万元）；该生产线应计提减值金额 = 2 975 - 2 700 = 275（万元），其中，A 设备应该分摊的减值 = 850/2 975 × 275 = 78.57（万元），计提减值后金额 = 850 - 78.57 = 771.43（万元），小于 A 设备可收回金额 800 万元，则 A 设备实际可分摊的减值金额 = 850 - 800 = 50（万元），B 设备应分摊的减值 = 1 020/2 975 × 275 = 94.29（万元），C 设备应分摊的减值 = 1 105/2 975 × 275 = 102.14（万元），则 A、B、C 三台设备共计分摊减值金额 = 50 + 94.29 + 102.14 = 246.43（万元）；剩余未分摊金额 = 275 - 246.43 = 28.57（万元），需要在 B、C 设备之间进行二次分摊，B、C 设备 2021 年末的账面价值 = 1 020 + 1 105 = 2 125（万元），其中，B 设备应分摊的减值准备 = 1 020/2 125 × 28.57 = 13.71（万元），则 B 设备共需分摊减值准备 = 94.29 + 13.71 = 108（万元）。综上，本题应选 A。

【答案】A

二、多项选择题

1.**【解析】**选项 A 表述错误，预计资产未来现金流量应当以资产的当前状况为基础，不应包括与将来可能会发生的、尚未作出承诺的重组事项或与资产改良有关的预计未来现金流量；选项 B 表述正确，预计资产未来现金流量时，对通货膨胀因素的考虑应当和折现率相一致；选项 C 表述错误，预计资产未来现金流量不应当包括筹资活动和与所得税收付有关的现金流量；选项 D 表述正确。综上，本题应选 BD。

【答案】BD

2.**【解析】**资产可能发生减值的迹象，主要可从外部信息来源和内部信息来源两个方面加以判断。外部信息主要包括：①资产的市价当期大幅度下跌，其跌幅明显高于因时间的推移或正常使用而预计的下跌；②企业经营所处的经济、技术或者法律等环境以及资产所处的市场在当期或者将在近期发生重大变化，从而对企业产生不利影响（选项 D）；③市场利率或者其他市场投资报酬率在当期已经提高，从而影响企业计算资产未来现金流量现值的折现率，导致资产可收回金额大幅度降低。内部信息主要包括：①有证据表明资产已经陈旧过时或者其实体已经损坏（选项 C）；②资产已经或者将被闲置、终止使用或者计划提前处置（选项 A）；③企业内部报告的证据表明资产的经济绩效已经低于或者将低于预期（选项 B）。综上，本题应选 ABCD。

【答案】ABCD

3.【解析】选项 A 表述错误，选项 D 表述正确，使用寿命不确定的无形资产，无论是否存在减值迹象，至少应当每年进行减值测试；选项 B 表述错误，对于企业合并形成的商誉，无论是否存在减值迹象，至少应当每年进行减值测试；选项 C 表述正确，固定资产存在减值迹象是其需要进行减值测试的必要前提。综上，本题应选 AB。

【答案】AB

4.【解析】选项 A 说法错误，选项 B、D 说法正确，总部资产的显著特征是难以脱离其他资产或资产组产生独立的现金流入，账面价值也难以完全归属于某一资产组；选项 C 说法正确，总部资产通常难以单独进行减值测试，需要结合其他相关资产组或者资产组组合进行。综上，本题应选 BCD。

【答案】BCD

5.【解析】选项 A 说法正确，可收回金额 = Max{（公允价值 – 处置费用），预计未来现金流量现值｝= {290，310} = 310（万元）；选项 B 说法正确，2020 年 12 月该固定资产的账面价值 = 530 –（530 – 10）÷ 5 – 30 = 396（万元），2021 年应计提的折旧额 =（396 – 10）÷ 4 = 96.5（万元）；选项 C 说法正确，选项 D 说法错误，2021 年年末该项固定资产的账面价值 = 396 – 96.5 = 299.5（万元）< 可收回金额 310 万元，未发生减值，无须计提减值准备，且之前计提的减值准备在持有期间也不得转回。综上，本题应选 ABC。

【答案】ABC

6.【解析】选项 A、B 说法正确；选项 C 说法错误，资产的折旧或者摊销金额的确定，应当考虑已计提的资产减值准备；选项 D 说法错误，资产组一经确定，在各个会计期间应当保持一致，不得随意变更。综上，本题应选 AB。

【答案】AB

7.【解析】选项 A 不符合题意，采用公允价值模式进行后续计量的投资性房地产，不计提减值准备；选项 B 不符合题意，长期股权投资在出现减值迹象时，才需要进行减值测试；选项 C、D 符合题意，对于企业合并形成的商誉和使用寿命不确定的无形资产，无论是否存在减值迹象，至少应当每年进行减值测试。综上，本题应选 CD。

【答案】CD

8.【解析】预计资产未来现金流量应当包括以下内容：①资产持续使用过程中预计产生的现金流入（选项 A）；②为实现资产持续使用过程中产生的现金流入所必需的预计现金流出（包括为使资产达到预定可使用状态所发生的现金流出）（选项 B）；③资产使用寿命结束时，处置资产所收到或者支付的净现金流量（选项 C）；选项 D 不包括，开发过程中的无形资产已经发生的支出，不属于未来的现金流量。综上，本题应选 ABC。

【答案】ABC

9.【解析】选项 A、B、C 正确；选项 D 错误，抵减后的各资产的账面价值不得低于该资产的公允价值减去处置费用后的净额（如可确定的）、该资产预计未来现金流量的现值（如可确定的）和零三者之中最高者。综上，本题应选 ABC。

【答案】ABC

10.【解析】选项 A、C、D 说法正确；选项 B 说法错误，企业确定折现率时，通常应当以该资产的市场利率为依据，如果该资产的市场利率无法从市场获得，可以使用替代利率估计折现率。综上，本题应选 ACD。

【答案】ACD

三、判断题

1.【解析】使用寿命不确定的无形资产无论是否存在减值迹象，都应当至少每年进行减值测试；使用寿命有限的无形资产，应当在存在减值迹象时进行减值测试。因此，本题表述错误。

【答案】×

2.【解析】资产组的账面价值通常不应当包括已确认负债的账面价值，但如不考虑该负债金额就无法确定资产组可收回金额的除外。因此，本题表述错误。

【答案】×

3.【解析】在进行减值测试时，企业通常应采用单一的未来每期预计现金流量和单一的折现率预计资产未来现金流量的现值，但如果采用期望现金流量法更合理，则应当采用期望现金流量法来预计现金流量；如果资产未来现金流量的现值对未来不同期间的风险差异或者利率的期限结构反应敏感，企业应当在未来不同期间采用不同的折现率。因此，本题表述错误。

【答案】×

4.【解析】资产的公允价值减去处置费用后的净额与资产预计未来现金流量的现值，只要有一项超过了资产的账面价值，就表明资产没有发生减值，不需要再估计另一项。因此，本题表述错误。

【答案】×

四、计算分析题

1.（1）

【解析】与单项资产相同，资产组的可收回金额应当根据资产的公允价值减去处置费用后的净额与资产预计未来现金流量的现值两者之间较高者确定。即：资产组的可收回金额 = Max{（公允价值 – 处置费用），预计未来现金流量的现值}。本题中，该资产组的公允价值减去处置费用后的净额 56 万元 < 预计未来现金流量的现值 60 万元，因此，该资产组的可收回金额为 60 万元。

【答案】该资产组的账面价值为 100 万元，可收回金额为 60 万元，则资产组的减值损失金额 =

100 − 60 = 40（万元）。

（2）

【解析】抵减后资产组的各资产的账面价值不得低于以下三者之中最高者：①该资产的公允价值减去处置费用后的净额（如可确定的）；②该资产预计未来现金流量的现值（如可确定的）；③零。

【答案】C 设备应分摊的减值损失 = 20/100×40 = 8（万元），则此时 C 设备的账面价值为 12 万元（20 − 8）＜公允价值减去处置费用后的净额 15 万元，因此 C 设备实际应分摊的减值损失金额 = 20 − 15 = 5（万元）。

（3）

【解析】资产组的减值损失为 40 万元，C 设备分摊了 5 万元，则剩余未分摊的 35 万元应由 A、B 设备分摊。

【答案】A、B 设备的账面价值总额 = 50 + 30 = 80（万元）

A 设备应分摊的减值损失 = 50/80×35 = 21.875（万元）

B 设备应分摊的减值损失 = 30/80×35 = 13.125（万元）

相关会计分录为：

借：资产减值损失   40

  贷：固定资产减值准备——A 设备   21.875

          ——B 设备   13.125

          ——C 设备   5

五、综合题

1.（1）

【解析】计算资产的减值准备时，一般计算步骤如下：①计算资产的账面价值；②计算资产的可收回金额，Max｛（公允价值 − 处置费用），预计未来现金流量现值｝；③比较账面价值与可收回金额，账面价值＞可收回金额时，计提减值准备的金额等于两者之间的差额；否则，不计提减值准备。

【答案】① A 机器设备的公允价值减去处置费用后的净额 = 1 000 − 100 = 900（万元），预计未来现金流量现值 = 300×0.9524 + 250×0.9070 + 200×0.8638 + 200×0.8227 + 100×0.7835 = 928.12（万元）＞900 万元，则 A 机器设备的可收回金额为 928.12 万元，该设备应计提的减值准备金额 = 1 200 − 928.12 = 271.88（万元）。

② 2020 年末该项无形资产的账面价值 = 800 − 800÷5 − 30 = 610（万元），2021 年末该项无形资产的账面价值 = 610 − 610÷4 = 457.5（万元），无形资产的可收回金额 = Max｛（400 − 0），420｝= 420（万元），则该项无形资产应计提的减值准备金额 = 457.5 − 420 = 37.5（万元）。

③长期股权投资的公允价值减去处置费用后的净额 = 2 000 − 230 = 1 770（万元）＜预计未来现金流量的现值 1 900 万元，因此长期股权投资的可收回金额为 1 900 万元，2021 年年末

长期股权投资的账面价值 = 2 800 − 800 × 30％ = 2 560（万元）＞可收回金额 1 900 万元，则长期股权投资应计提的减值准备金额 = 2 560 − 1 900 = 660（万元）。

（2）

【解析】企业在对资产进行减值测试并计算确定资产可收回金额后，如果资产的可收回金额低于其账面价值，应当将资产的账面价值减记至可收回金额，将减记的金额确认为资产减值损失，计入当期损益，同时计提相应的资产减值准备。

【答案】

借：资产减值损失	969.38
贷：固定资产减值准备	271.88
无形资产减值准备	37.5
长期股权投资减值准备	660

第七章　金融资产和金融负债

📍 应试指导

本章内容较多，且关于概念性的知识理解起来比较晦涩，学习起来有一定的难度。但其实还是有迹可循的，从金融工具的分类入手，总结与区分不同类别金融资产的会计处理，形成整体的知识架构，会达到事半功倍的效果。针对客观题部分，应重点关注金融资产的定义、分类及重分类、金融负债的分类、公允价值的确定、金融资产终止确认的相关概念；对于主观题，需要全面把握不同类别金融资产的后续计量及其相互之间重分类的账务处理。

📈 历年考情

本章属于重点章节，内容多，难度适中，考查形式多样，各种题型都有可能涉及，既可以单独考查计算分析题，也可以与长期股权投资、所得税等章节结合考查综合题，平均分值为 7 分左右。

题型	2021年（一）		2021年（二）		2020年（一）		2020年（二）		2019年（一）		2019年（二）	
	题量	分值	题量	分值	题量	分值	题量	分值	题量	分值	题量	分值
单选题	1	1.5分	1	1.5分	—	—	—	—	2	3分	1	1.5分
多选题	—	—	1	2分	—	—	—	—	—	—	1	2分
判断题	—	—	1	1分	—	—	—	—	—	—	1	1分
计算分析题	—	—	—	—	1	10分	1	10分	—	—	—	—
综合题	—	—	—	—	—	—	1	5分	—	—	1	13分

✅ 高频考点列表

考点	单项选择题	多项选择题	判断题	计算分析题	综合题
金融资产和金融负债的分类	2019年	2021年	—	—	—
金融资产和金融负债的初始计量	2021年	—	2017年		
以摊余成本计量的金融资产的会计处理	2018年、2017年	2019年	2020年、2018年	2017年	

考点	单项选择题	多项选择题	判断题	计算分析题	综合题
以公允价值计量且其变动计入其他综合收益的金融资产的会计处理	2019 年	—	—	2020 年	—
以公允价值计量且其变动计入当期损益的金融资产的会计处理	2021 年、2018 年	2018 年	2017 年	—	2019 年
金融资产之间的重分类	—	—	2021 年、2019 年	—	—
金融资产和金融负债的终止确认	—	—	—	—	—

第七章 金融资产和金融负债

金融资产的分类
- 原则 · 根据管理金融资产的业务模式和金融资产的合同现金流量特征，对金融资产进行合理的分类
- 业务模式
  - ①以收取合同现金流量为目标
  - ②以收取合同现金流量和出售金融资产为目标
  - ③其他业务模式
- 合同现金流量特征 · 本金 + 利息
- 具体分类
  - ①以摊余成本计量
  - ②以公允价值计量且其变动计入其他综合收益
  - ③以公允价值计量且其变动计入当期损益
  - ④特殊分类：指定为以公允价值计量且其变动计入其他综合收益
- 对金融资产的分类一经确定，不得随意变更

以摊余成本计量的金融资产
- 条件 · 收取合同现金流量、仅为本金和以未偿付本金金额为基础的利息的支付
- 交易费用 · 计入成本
- 后续计量 · 实际利率法

以公允价值计量且其变动计入其他综合收益的金融资产
- 条件 · 收取合同现金流量加出售、仅为本金和以未偿付本金金额为基础的利息的支付；非交易性权益工具投资：经指定
- 交易费用 · 计入成本
- 后续计量 · 实际利率法计算利息；公允价值计量

以公允价值计量且其变动计入当期损益的金融资产
- 条件 · 除摊余成本计量和计入其他综合收益以外；减少会计错配"指定为"
- 交易费用 · 计入当期损益（投资收益）
- 后续计量 · 公允价值计量

金融负债 ▶ 企业对金融负债的分类一经确定，不得变更

金融资产的重分类
- 原因 · 改变其管理金融资产的业务模式
- 调整原则 · 未来适用法
- 会计处理 · 三类金融资产间重分类的会计处理

金融资产和金融负债的终止确认
- 金融资产的终止确认 · 含义；条件；部分终止确认的条件
- 金融负债的终止确认 · 含义；条件

高频考点 1　金融资产和金融负债的分类

（一）金融资产的分类

1. 金融资产的主要分类

（1）以摊余成本计量的金融资产；

（2）以公允价值计量且其变动计入其他综合收益的金融资产；

（3）以公允价值计量且其变动计入当期损益的金融资产。

2. 企业选择管理金融资产业务模式的注意事项

企业确定其管理金融资产的业务模式时，应当注意以下几方面：

（1）企业应当在金融资产组合的层次上确定管理金融资产的业务模式，而不必按照单个金融资产逐项确定业务模式。金融资产组合的层次应当反映企业管理该金融资产的层次。

（2）一个企业可能会采用多个业务模式管理其金融资产。

（3）企业应当以企业关键管理人员决定的对金融资产进行管理的特定业务目标为基础，确定管理金融资产的业务模式。

（4）企业的业务模式并非企业自愿指定，通常可以从企业为实现其目标而开展的特定活动中得以反映。

（5）企业不得以按照合理预期不会发生的情形为基础确定管理金融资产的业务模式。

（6）如果金融资产实际现金流量的实现方式不同于评估业务模式时的预期，只要企业在评估业务模式时已经考虑了当时所有可获得的相关信息，这一差异不构成企业财务报表的前期差错，也不改变企业在该业务模式下持有的剩余金融资产的分类。但是，企业在评估新的金融资产的业务模式时，应当考虑这些信息。

3. 企业管理金融资产的业务模式

（1）以收取合同现金流量为目标的业务模式；

（2）以收取合同现金流量和出售金融资产为目标的业务模式；

（3）其他业务模式。

4. 金融资产的合同现金流量特征

项目	内容
定义	指金融工具合同约定的、反映相关金融资产经济特征的现金流量属性
确定原则	①如果一项金融资产在特定日期产生的合同现金流量仅为对本金和以未偿付本金金额为基础的利息的支付（即符合"本金加利息的合同现金流量特征"），则该金融资产的合同现金流量特征与基本借贷安排相一致。 ②如果金融资产合同中包含与基本借贷安排无关的合同现金流量风险敞口或波动性敞口（例如权益价格或商品价格变动敞口）的条款，则此类合同不符合本金加利息的合同现金流量特征

5. 金融资产的具体分类

（1）以摊余成本计量的金融资产

金融资产同时符合下列条件的，应当分类为以摊余成本计量的金融资产：

①企业管理该金融资产的业务模式是以收取合同现金流量为目标。

②该金融资产的合同条款规定，在特定日期产生的现金流量，仅为支付的本金和以未偿付本金金额为基础的利息。

（2）以公允价值计量且其变动计入其他综合收益的金融资产

项目	条件
分类为以公允价值计量且其变动计入其他综合收益的金融资产	①企业管理该金融资产的业务模式既以收取合同现金流量为目标又以出售该金融资产为目标； ②该金融资产的合同条款规定，在特定日期产生的现金流量，仅为支付的本金和以未偿付本金金额为基础的利息
指定为以公允价值计量且其变动计入其他综合收益的金融资产	在初始确认时，企业可以将非交易性权益工具投资指定为以公允价值计量且其变动计入其他综合收益的金融资产，并按照规定确认股利收入。该指定一经作出，不得撤销

（3）以公允价值计量且其变动计入当期损益的金融资产

项目	条件
分类为以公允价值计量且其变动计入当期损益的金融资产	企业分类为以摊余成本计量的金融资产和以公允价值计量且其变动计入其他综合收益的金融资产之外的金融资产，应当分类为以公允价值计量且其变动计入当期损益的金融资产
指定为以公允价值计量且其变动计入当期损益的金融资产	如果能够消除或显著减少会计错配，企业可以将金融资产指定为以公允价值计量且其变动计入当期损益的金融资产。该指定一经作出，不得撤销

6. 交易性的条件

金融资产或金融负债满足下列条件之一的，表明企业持有该金融资产或承担该金融负债的目的是交易性的：

（1）取得相关金融资产或承担相关金融负债的目的，主要是为了近期出售或回购。

（2）相关金融资产或金融负债在初始确认时属于集中管理的可辨认金融工具组合的一部分，且有客观证据表明近期实际存在短期获利目的。

（3）相关金融资产或金融负债属于衍生工具。但符合财务担保合同定义的衍生工具以及被指定为有效套期工具的衍生工具除外。

┃**敲黑板**┃ 只有不符合交易性条件的非交易性权益工具投资才可以指定为以公允价值计量且其变动计入其他综合收益的金融资产。

第7章

（二）金融负债的分类

除下列各项外，企业应当将金融负债分类为以摊余成本计量的金融负债：

（1）以公允价值计量且其变动计入当期损益的金融负债，包括交易性金融负债（含属于金融负债的衍生工具）和指定为以公允价值计量且其变动计入当期损益的金融负债；

（2）不符合终止确认条件的金融资产转移或继续涉入被转移金融资产所形成的金融负债；

（3）不属于上述（1）或（2）情形的财务担保合同，以及不属于上述（1）情形的、以低于市场利率贷款的贷款承诺。

▍敲黑板▍

（1）在非同一控制下的企业合并中，企业作为购买方确认的或有对价形成金融负债的，该金融负债应当按照以公允价值计量且其变动计入当期损益进行会计处理。

（2）企业对金融负债的分类一经确定，不得变更。

【真题实战·多选题】 制造企业下列各项负债中应当采用摊余成本进行后续计量的有（　　）。（2021年）

A. 长期应付款　　　　B. 应付债券

C. 交易性金融负债　　D. 长期借款

【解析】 交易性金融负债，按照公允价值进行后续计量。除此之外的金融负债，除特殊规定外，应当按照摊余成本进行后续计量。综上，本题应选ABD。

【答案】 ABD

【真题实战·单选题】 甲公司对已购入债券的业务管理模式是以收取合同现金流量为目标。该债券合同条款规定，在特定日期产生的现金流量，仅为对本金和未偿还本金金额为基础的利息的支付。不考虑其他因素，甲公司应将该金融资产分类为（　　）。（2019年）

A. 其他货币资金

B. 以公允价值计量且其变动计入当期损益的金融资产

C. 以公允价值计量且其变动计入其他综合收益的金融资产

D. 以摊余成本计量的金融资产

【思路导航】 业务模式（3种）＋合同现金流量（本金＋利息）

【解析】 金融资产同时符合下列条件的，应当分类为以摊余成本计量的金融资产：企业管理该金融资产的业务模式是以收取合同现金流量为目标；该金融资产的合同条款规定，在特定日期产生的现金流量，仅为对本金和以未偿付本金金额为基础的利息的支付。综上，本题应选D。

【答案】 D

【沙场练兵·多选题】 下列各项属于金融资产的有（　　）。

A. 应收账款　　　　B. 贷款

C. 其他应付款　　　D. 衍生金融资产

【解析】 企业的金融资产主要包括库存现金、银行存款、应收账款（选项A）、应收票据、其他应收款、贷款（选项B）、垫款、债权投资、股权投资、基金投资、衍生金融资产（选项D）等；选项C不属于，其他应付款属于金融负债。综上，本题应选ABD。

【答案】 ABD

【沙场练兵·单选题】 2022年1月1日，甲公司以5 100万元的价款作为对价购入乙公司当日发行的一项普通公司债券，期限为5年，面值为5 000万元，票面年利率为5%，每年年末付息，到期一次还本。甲公司购入该债券后，按期收取利息、到期收回本金，但如果未来市场利率变动时，甲公司不排除将该债券出售以实现收益最大化。不考虑其他因素，则甲公司应将该项金融资产划分为（　　）。

A.以摊余成本计量的金融资产

B.以公允价值计量且其变动计入当期损益的金融资产

C.以公允价值计量且其变动计入其他综合收益的金融资产

D.其他应收款

【解析】该项金融资产符合本金加利息的合同现金流量特征，甲公司管理该项金融资产的业务模式既以收取合同现金流量为目标，又有出售的动机，因此应将该项金融资产划分为以公允价值计量且其变动计入其他综合收益的金融资产。综上，本题应选C。

【答案】C

高频考点 2　金融资产和金融负债的初始计量

项目	内容
计量原则	按照公允价值计量
交易费用的处理	①对于以公允价值计量且其变动计入当期损益的金融资产和金融负债，相关交易费用应当直接计入当期损益。②对于其他类别的金融资产或金融负债，相关交易费用应当计入初始确认金额
已宣告但尚未发放的现金股利或已到付息期但尚未领取的利息的处理	单独确认为应收项目处理

【真题实战·单选题】2021年1月1日，甲公司以2 100万元发行5年期，分期付息，到期按面值偿付本金的债券。发行费为13.46万元，实际收到2 086.54万元，该债券面值2 000万元，票面利率6%，实际利率5%，每年次年的1月1日付息。则2021年1月1日该应付债券的初始入账金额是（　　）万元。（2021年）

A.2 113.46　　　　B.2 086.54

C.2 000　　　　　D.2 100

【解析】（单位：万元）：

2021年1月1日的会计分录如下：

借：银行存款　　　　　2 086.54

　　贷：应付债券——面值　　　2 000

　　　　　——利息调整　　　86.54

由此分录可知，该应付债券的初始入账金额为2 086.54万元。综上，本题应选B。

【答案】B

【真题实战·判断题】对于以公允价值计量且其变动计入当期损益的金融资产，企业应将相关交易费用直接计入当期损益。（　　）（2017年）

【解析】对于以公允价值计量且其变动计入当期损益的金融资产，其在初始取得时，涉及的相关交易费用直接计入当期损益（"投资收益"科目的借方）。因此，本题表述正确。

【答案】√

【沙场练兵·多选题】企业对下列金融资产进行初始计量时，应将发生的相关交易费用计入初始确认金额的有（　　）。

A. 委托贷款　　　　　B. 债权投资

C. 交易性金融资产　　D. 其他债权投资

【解析】对于以公允价值计量且其变动计入当期损益的金融资产，相关交易费用应当直接计入当期损益（选项C）；对于其他类别的金融资产，相关交易费用应当计入初始确认金额（选项A、B、D）。综上，本题应选ABD。

【答案】ABD

【沙场练兵·单选题】2022年年初，甲公司购买了一项公司债券，剩余年限5年，根据其管理该债券的业务模式和该债券的合同现金流量特征，将该债券分类为以摊余成本计量的金融资产。实际支付价款1 200万元，另支付交易费用10万元，每年按票面利率3%收取利息，该债券的面值为1 500万元。不考虑其他因素，该项债权投资的入账金额为（　　）万元。

A.1 200　　　　　　B.1 210

C.1 500　　　　　　D.1 600

【解析】对于以摊余成本计量的金融资产，发生的交易费用应当计入债权投资的初始入账金额。本题该债权投资的入账金额＝1 200＋10＝1 210（万元）。综上，本题应选B。

【答案】B

高频考点 3 以摊余成本计量的金融资产的会计处理

确认时点	会计处理	
初始计量	借：债权投资——成本	【面值】
	——利息调整	【差额，或贷方】
	应收利息	【已到付息期但尚未领取的利息】
	贷：银行存款等	
后续计量	①确认投资收益：	
	借：应收利息	【分期付息债券按票面利率计算的利息】
	债权投资——应计利息	【到期一次还本付息债券按票面利率计算的利息】
	贷：投资收益	
	债权投资——利息调整	【差额，利息调整摊销额，或借方】
	②发生减值时：	
	借：信用减值损失	
	贷：债权投资减值准备	

（续表）

确认时点	会计处理
出售	借：银行存款等 　　债权投资减值准备 　贷：债权投资——成本 　　　　　　——应计利息 　　　　　　——利息调整　　　【或借方】 　　　投资收益　　　　　【差额，或借方】

▌敲黑板▐ 企业持有的以摊余成本计量的应收款项、贷款等的账务处理原则，与债权投资大致相同，企业可使用"应收账款""贷款"等科目进行核算。

【真题实战·判断题】企业应当采用预期信用损失法对以摊余成本计量的金融资产计提信用减值准备。（　）（2020年）

【解析】企业对以摊余成本计量的金融资产和以公允价值计量且其变动计入其他综合收益的金融资产计提信用减值准备时，应当采用"预期信用损失法"。因此，本题表述正确。

【答案】√

【真题实战·多选题】下列各项中，将影响企业以摊余成本计量的金融资产处置损益的有（　）。（2019年）

A.卖价

B.账面余额

C.支付给代理机构的佣金

D.已计提的减值准备

【解析】处置以摊余成本计量的金融资产的损益为处置净价与账面价值的差额。选项A、C符合题意，处置净价为卖价减相关费用（不含可抵扣的增值税）；选项B、D符合题意，账面余额和已计提的信用减值准备影响以摊余成本计量的金融资产的账面价值。综上，本题应选ABCD。

【答案】ABCD

【真题实战·判断题】企业应于初始确认时计算以摊余成本计量的金融资产的实际利率，并在预期存续期间内保持不变。（　）（2018年改编）

【解析】对于以摊余成本计量的金融资产，企业应于初始确认时计算其实际利率，并在预期存续期间内保持不变。因此，本题表述正确。

【答案】√

【真题实战·单选题】2019年1月1日，甲公司溢价购入乙公司当日发行的到期一次还本付息的3年期债券，作为以摊余成本计量的金融资产核算，并于每年年末计提利息。2019年年末，甲公司按照票面利率确认当年的应计利息590万元，利息调整的摊销金额10万元。不考虑相关税费及其他因素，2019年度甲公司对该债券投资应确认的投资收益为（　）万元。（2018年改编）

A.600　　　　　　　　　B.580

C.10　　　　　　　　　　D.590

【解析】该债券为溢价发行，则票面价值低于实际支付的金额，在初始入账时应将票面价值与实际支付金额的差额计入利息调整，即借记"债权投资——利息调整"科目，后续相应的摊销在贷方，并根据应计利息和利息调整的差额确认投资收益。故 2019 年度甲公司对该债券投资应确认的投资收益 = 590 − 10 = 580（万元）。相关会计分录为（单位：万元）：

借：债权投资——应计利息 590

　　贷：债权投资——利息调整 10

　　　　投资收益 580

综上，本题应选 B。

【答案】B

【真题实战·单选题】2016 年 1 月 1 日，甲公司以 3 133.5 万元购入乙公司当日发行的面值总额为 3 000 万元的债券，根据其管理该债券的业务模式和该债券的合同现金流量特征，将该债券分类为以摊余成本计量的金融资产。该债券期限为 5 年，票面年利率为 5%，实际年利率为 4%，每年年末付息一次，到期偿还本金。不考虑增值税等相关税费及其他因素，2016 年 12 月 31 日，甲公司该债券投资的投资收益为（　　）万元。（2017 年改编）

A.125.34　　　　　B.120

C.150　　　　　D.24.66

【解析】本题中，甲公司该债券投资的投资收益 = 期初摊余成本 × 实际利率 = 3 133.5 × 4% = 125.34（万元）。相关会计分录为（单位：万元）：

① 2016 年 1 月 1 日

借：债权投资——成本 3 000

　　　　——利息调整 133.5

　　贷：银行存款 3 133.5

② 2016 年 12 月 31 日

借：应收利息 150

　　贷：投资收益 125.34

　　　　债权投资——利息调整 24.66

综上，本题应选 A。

【答案】A

【沙场练兵·单选题】2021 年 1 月 1 日，甲公司以银行存款 1 100 万元购入乙公司当日发行的面值为 1 000 万元的 5 年期不可赎回债券，将其划分为以摊余成本计量的金融资产。该债券票面年利率为 10%，每年付息一次，实际年利率为 7.53%。2021 年 12 月 31 日，该债券的公允价值上升至 1 150 万元。假定不考虑其他因素，2021 年 12 月 31 日甲公司该债券投资的账面价值为（　　）万元。

A.1 082.83　　　　B.1 150

C.1 182.83　　　　D.1 200

【解析】2021 年 12 月 31 日，甲公司该债权投资的账面价值 = 1 100 − (1 000 × 10% − 1 100 × 7.53%) = 1 082.83（万元）。相关会计分录为（单位：万元）：

① 2021 年 1 月 1 日

借：债权投资——成本 1 000

　　　　——利息调整 100

　　贷：银行存款 1 100

② 2021 年 12 月 31 日

借：应收利息 100

　　贷：债权投资——利息调整 17.17

　　　　投资收益 82.83

综上，本题应选 A。

【答案】A

【真题实战·计算分析题】（2017 年改编）

甲公司债券投资的相关资料如下：

资料一：2015 年 1 月 1 日，甲公司以银行存款 2 030 万元购入乙公司当日发行的面值总额

第7章

为 2 000 万元的 4 年期公司债券，该债券的票面年利率为 4.2%。债券合同约定，未来 4 年，每年的利息在次年 1 月 1 日支付，本金于 2019 年 1 月 1 日一次性偿还，乙公司不能提前赎回该债券。甲公司根据其管理该债券的业务模式和该债券的合同现金流量特征，将该债券分类为以摊余成本计量的金融资产。

资料二：甲公司在取得乙公司债券时，计算确定该债券投资的实际年利率为 3.79%，甲公司在每年年末对债券投资的投资收益进行会计处理。

资料三：2017 年 1 月 1 日，甲公司在收到乙公司债券的上年利息后，将该债券全部出售，所得款项 2 025 万元收存银行。

假定不考虑增值税等相关税费及其他因素。

要求：

（1）编制甲公司 2015 年 1 月 1 日购入乙公司债券的相关会计分录。

（2）计算甲公司 2015 年 12 月 31 日应确认的债券投资收益，并编制相关会计分录。

（3）编制甲公司 2016 年 1 月 1 日收到乙公司债券利息的相关会计分录。

（4）计算甲公司 2016 年 12 月 31 日应确认的债券投资收益，并编制相关会计分录。

（5）编制甲公司 2017 年 1 月 1 日出售乙公司债券的相关会计分录。

（"债权投资"科目应写出必要的明细科目，答案中的金额单位用万元表示）

【答案】

（1）借：债权投资——成本　　　　　　　　　　　2 000

　　　　　　　　——利息调整　　　　　　　　　　30

　　　贷：银行存款　　　　　　　　　　　　　　　　　2 030

（2）甲公司 2015 年年末应确认的投资收益 = 2 030 × 3.79% = 76.94（万元）。

　　借：应收利息　　　　　　　　　　　　84【2 000 × 4.2%】

　　　贷：投资收益　　　　　　　　　76.94【2 030 × 3.79%】

　　　　债权投资——利息调整　　　　　　　　　7.06

（3）借：银行存款　　　　　　　　　　　　　　　84

　　　贷：应收利息　　　　　　　　　　　　　　　　84

（4）甲公司 2016 年年末应确认的投资收益 =（2 030 − 7.06）× 3.79% = 76.67（万元）。

　　借：应收利息　　　　　　　　　　　　　　　84

　　　贷：投资收益　　　　　　　　　　　　　76.67

　　　　债权投资——利息调整　　　　　　　　7.33

（5）借：银行存款　　　　　　　　　　　　　　2 025

　　　贷：债权投资——成本　　　　　　　　　2 000

　　　　　　　　——利息调整　　　　15.61【30 − 7.06 − 7.33】

　　　　投资收益　　　　　　　　　　　　　9.39

高频考点 4 以公允价值计量且其变动计入其他综合收益的金融资产的会计处理

1. 分类为以公允价值计量且其变动计入其他综合收益的金融资产的会计处理

确认时点		会计处理
取得时		借：其他债权投资——成本 【面值】 　　　　——利息调整 【差额，或贷方】 　　应收利息 【已到付息期但尚未领取的利息】 贷：银行存款等
持有期间	计提利息	借：应收利息 【资产负债表日计算的应收利息】 　　其他债权投资——应计利息 【到期一次还本付息债券按票面利率计算的利息】 贷：投资收益 【摊余成本乘以实际利率计算确定的利息收入】 　　其他债权投资——利息调整 【差额，或借方】
	公允价值变动	借：其他债权投资——公允价值变动 贷：其他综合收益——其他债权投资公允价值变动 （或编制相反分录）
发生减值		借：信用减值损失 贷：其他综合收益——信用减值准备
出售		借：银行存款等 贷：其他债权投资——成本 / 应计利息 　　　　——利息调整 / 公允价值变动 【或借方】 　　投资收益 借：其他综合收益——其他债权投资公允价值变动 【或贷方】 　　　　——信用减值准备 贷：投资收益 【或借方】

2. 指定为以公允价值计量且其变动计入其他综合收益的非交易性权益工具投资的会计处理

确认时点		会计处理
取得时		借：其他权益工具投资——成本 【公允价值与交易费用之和】 　　应收股利 【已宣告但尚未发放的现金股利】 贷：银行存款等
持有期间	确认股利	借：应收股利 贷：投资收益
	公允价值变动	借：其他权益工具投资——公允价值变动 贷：其他综合收益——其他权益工具投资公允价值变动 （或编制相反分录）

（续表）

确认时点	会计处理
出售	借：银行存款等 　　贷：其他权益工具投资——成本 　　　　　　　　　　　　——公允价值变动　【或借方】 　　　　盈余公积 　　　　利润分配——未分配利润 借：其他综合收益——其他权益工具投资公允价值变动 　　贷：盈余公积 　　　　利润分配——未分配利润 （或编制相反分录）

【真题实战·单选题】2018年1月1日，甲公司以银行存款1 100万元购入乙公司当日发行的5年期债券，该债券的面值为1 000万元，票面年利率为10%，每年年末支付当年利息，本金在债券到期时一次性偿还。甲公司将该债券投资分类为以公允价值计量且其变动计入其他综合收益的金融资产，该债券投资的实际年利率为7.53%。2018年12月31日，该债券的公允价值为1 095万元，预期信用损失为20万元。不考虑其他因素，2018年12月31日甲公司该债券投资的账面价值为（　　）万元。（2019年）

A.1 095　　　　　　B.1 075
C.1 082.83　　　　D.1 062.83

【思路导航】以公允价值计量且其变动计入其他综合收益的金融资产发生减值的，应按减记的金额，借记"信用减值损失"科目，按从其他综合收益中转出的累计损失金额，贷记"其他综合收益——信用减值准备"科目，不影响其他债权投资的账面价值。

【解析】以公允价值计量且其变动计入其他综合收益的金融资产后续以公允价值计量，故账面价值为1 095万元。相关会计分录为（单位：万元）：

2018年1月1日取得时：
借：其他债权投资——成本　　　1 000
　　　　　　　　　——利息调整　100
　　贷：银行存款　　　　　　　1 100
2018年12月31日：
借：应收利息　　　　　　　　　100
　　贷：投资收益　　　　　　　82.83
　　　　　　　【1 100×7.53%】
　　　　其他债权投资——利息调整　17.17
借：其他债权投资——公允价值变动12.17
　　【1 095－（1 100－17.17）】
　　贷：其他综合收益——其他债权投资公允
价值变动　　　　　　　　　　　12.17
借：信用减值损失　　　　　　　20
　　贷：其他综合收益——信用减值准备　20
综上，本题应选A。

【答案】A

【沙场练兵·单选题】下列关于不存在减值迹象的其他债权投资会计处理的表述中，正确的是（　　）。
A.取得时将发生的相关交易费用计入当期损益
B.出售的剩余部分一定不可以重分类为交易性金融资产
C.资产负债表日将公允价值与账面价值的差

额计入当期损益

D.将出售时实际收到的金额与账面价值之间的差额计入当期损益

【解析】选项A错误，应计入其他债权投资初始入账价值；选项B错误，满足条件时可以重分类为交易性金融资产；选项C错误，其他债权投资公允价值变动应计入其他综合收益，不影响当期损益；选项D正确，其他债权投资出售所得的价款与其账面价值的差额计入当期损益（投资收益）。综上，本题应选D。

【答案】D

【沙场练兵·多选题】下列关于金融资产后续计量的表述中，正确的有（　　）。

A.贷款和应收款项应采用实际利率法，按摊余成本计量

B.债权投资应采用实际利率法，按摊余成本计量

C.交易性金融资产应按公允价值计量，公允价值变动计入公允价值变动损益

D.其他权益工具投资应按公允价值计量，公允价值变动计入公允价值变动损益

【解析】选项A、B正确，贷款、应收款项、债权投资后续计量采用实际利率法，按照摊余成本计量；选项C正确，交易性金融资产后续计量以公允价值计量，资产负债表日，公允价值与账面价值之间的差额计入公允价值变动损益；选项D不正确，其他权益工具投资后续计量以公允价值计量，资产负债表日，公允价值与账面价值之间的差额计入其他综合收益。综上，本题应选ABC。

【答案】ABC

【沙场练兵·单选题】甲公司2021年3月6日自证券市场购入乙公司发行的股票20万股，共支付价款104万元，其中包括交易费用4万元。购入时，包含乙公司已宣告但尚未发放的现金股利每股0.1元。甲公司将购入的乙公司股票指定为以公允价值计量且其变动计入其他综合收益的金融资产。甲公司2021年4月10日收到现金股利。2021年12月31日，该金融资产公允价值为110万元。甲公司2021年因该其他权益工具投资应确认的其他综合收益为（　　）万元。

A.4　　　　　　　　B.6

C.2　　　　　　　　D.8

【解析】2021年因该其他权益工具投资确认的其他综合收益＝110－（104－20×0.1）＝8（万元）。相关会计分录为（单位：万元）：

借：其他权益工具投资——成本　　102

　　应收股利　　　　　　　　　　2

　　贷：银行存款　　　　　　　　　104

借：银行存款　　　　　　　　　　2

　　贷：应收股利　　　　　　　　　2

借：其他权益工具投资——公允价值变动8

　　贷：其他综合收益——其他权益工具投资

公允价值变动　　　　　　　　　　8

综上，本题应选D。

【答案】D

【沙场练兵·单选题】甲公司2021年度购入丙上市公司的股票，实际支付价款8 000万元，另发生相关交易费用30万元；取得丙公司2%股权后，对丙公司的财务和经营政策无控制、共同控制或重大影响，甲公司将其指定为以公允价值计量且其变动计入其他综合收益的金融资产，年末公允价值为8 500万元。下列有关甲公司会计处理的表述中，不正确的是（　　）。

A.购入丙公司的股权应通过"其他权益工具投资"科目核算

B.初始入账价值为8 030万元

C.年末账面价值为8 500万元

D.2021年确认的其他综合收益为500万元

【解析】选项A正确，甲公司将购入的丙公司股权指定为以公允价值计量且其变动计入其他综合收益的金融资产，应通过"其他权益工具投资"科目核算；选项B正确，其他权益工具投资的入账价值按照取得该投资的公允价值与交易费用之和确认，初始入账价值＝8 000＋30＝8 030（万元）；选项C正确，其他权益工具投资的后续计量以公允价值计量，年末账面价值为年末的公允价值8 500万元；选项D不正确，2021年确认的其他综合收益＝8 500－8 030＝470（万元）。综上，本题应选D。

【答案】D

【真题实战·计算分析题】（2020年）

2019年度，甲公司发生的与债券投资相关的交易或事项如下：

资料一：2019年1月1日，甲公司以银行存款2 055.5万元购入乙公司当日发行的期限为3年、分期付息、到期一次性偿还本金、不可提前赎回的债券。该债券的面值为2 000万元，票面年利率为5%，每年的利息在当年年末支付。甲公司将该债券投资分类为以公允价值计量且其变动计入其他综合收益的金融资产，该债券投资的实际年利率为4%。

资料二：2019年12月31日，甲公司所持乙公司债券的公允价值为2 010万元（不含利息）。

资料三：2019年12月31日，甲公司所持乙公司债券的预期信用损失为10万元。

本题不考虑其他因素。

要求（"其他债权投资"科目应写出必要的明细科目，答案中的金额单位用万元表示）：

（1）编制甲公司2019年1月1日购入乙公司债券的会计分录。

（2）计算甲公司2019年12月31日应确认对乙公司债券投资的实际利息收入，并编制相关会计分录。

（3）编制甲公司2019年12月31日对乙公司债券投资按公允价值计量的会计分录。

（4）编制甲公司2019年12月31日对乙公司债券投资确认预期信用损失的会计分录。

（1）

【解析】由于甲公司将购入的债券投资分类为以公允价值计量且其变动计入其他综合收益的金融资产，则应按债券面值借记"其他债权投资——成本"科目，按实际支付的金额贷记"银行存款"科目，同时借贷方的差额记入"其他债权投资——利息调整"科目。

【答案】

借：其他债权投资——成本		2 000
——利息调整		55.5
贷：银行存款		2 055.5

（2）

【解析】实际利息收入＝摊余成本×实际利率

【答案】2019年12月31日应确认对乙公司债券投资的实际利息收入＝2 055.5×4%＝

82.22（万元）。

借：应收利息 100【2 000×5%】
　　贷：投资收益 82.22
　　　　其他债权投资——利息调整 17.78
借：银行存款 100
　　贷：应收利息 100

（3）

【解析】年末其他债权投资公允价值变动的金额＝年末公允价值－年末账面余额

【答案】2019年12月31日应确认公允价值变动的金额＝2 010－（2 055.5－17.78）＝－27.72（万元）。

借：其他综合收益——其他债权投资公允价值变动 27.72
　　贷：其他债权投资——公允价值变动 27.72

（4）

【解析】其他债权投资确认预期信用损失时，借记"信用减值损失"科目，贷记"其他综合收益——信用减值准备"科目。

【答案】

借：信用减值损失 10
　　贷：其他综合收益——信用减值准备 10

高频考点 5　以公允价值计量且其变动计入当期损益的金融资产的会计处理

确认时点		会计处理
取得时		借：交易性金融资产——成本　【公允价值】 　　投资收益　【交易费用】 　　应收股利　【已宣告但尚未发放的现金股利】 　　应收利息　【已到付息期但尚未领取的利息】 　　贷：银行存款等
持有期间	确认股利或利息	借：应收股利 　　应收利息 　　贷：投资收益
	公允价值变动	借：交易性金融资产——公允价值变动 　　贷：公允价值变动损益 （或编制相反分录）

（续表）

确认时点	会计处理
出售	借：银行存款等 　　贷：交易性金融资产——成本 　　　　　　　　　　　——公允价值变动　　　　　　　【或借方】 　　　　投资收益　　　　　　　　　　　　　　　　【差额，或借方】

【真题实战·单选题】 2019年1月1日，甲公司以银行存款602万元（含交易费用2万元）购入乙公司股票，分类为以公允价值计量且其变动计入当期损益的金融资产。2019年12月31日，甲公司所持乙公司股票的公允价值为700万元。2020年1月5日，甲公司将所持乙公司股票以750万元的价格全部出售，支付交易费用3万元，实际取得款项747万元。不考虑其他因素，甲公司出售所持乙公司股票对其2020年营业利润的影响金额为（　）万元。（2021年）

A. 147　　　　　　　　B. 47

C. 50　　　　　　　　D. 145

【解析】 甲公司出售所持乙公司股票对其2020年营业利润的影响金额＝出售股票实际收到的价款－股票账面价值＝747－700＝47（万元）。综上，本题应选B。

【答案】 B

【真题实战·单选题】 2017年1月10日，甲公司以银行存款5 110万元（含交易费用10万元）购入乙公司股票，将其作为交易性金融资产核算。2017年4月28日，甲公司收到乙公司2017年4月24日宣告分派的现金股利80万元。2017年12月31日，甲公司持有的该股票公允价值为5 600万元。不考虑其他因素，该项投资使甲公司2017年营业利润增加的金额为（　）万元。（2018年）

A. 580　　　　　　　　B. 490

C. 500　　　　　　　　D. 570

【解析】 取得交易性金融资产时，发生的交易费用计入投资收益的借方，不影响初始确认金额；该项投资使甲公司2017年营业利润增加的金额＝5 600（期末公允价值）－（5 110－10）（初始确认金额）－10（初始交易费用）＋80（宣告分派的现金股利）＝570（万元）。综上，本题应选D。

【答案】 D

【真题实战·判断题】 对于以公允价值计量且其变动计入当期损益的金融资产，企业应将相关交易费用直接计入当期损益。（　）（2017年改编）

【解析】 对于以公允价值计量且其变动计入当期损益的金融资产，企业应将相关交易费用直接计入当期损益（投资收益）。因此，本题表述正确。

【答案】 √

【真题实战·多选题】 下列关于企业对交易性金融资产会计处理的表述中，正确的有（　）。（2018年改编）

A. 处置时实际收到的金额与交易性金融资产初始入账价值之间的差额计入投资收益

B. 资产负债表日的公允价值变动金额计入投资收益

C. 取得时发生的交易费用计入投资收益

D. 持有期间享有的被投资单位宣告分派的现金股利计入投资收益

【解析】选项 A 错误，处置时实际收到的金额与交易性金融资产账面余额（而非初始入账价值）之间的差额计入投资收益，处置时公允价值变动损益不再转入投资收益；选项 B 错误，资产负债表日的公允价值变动金额应该计入公允价值变动损益（而非投资收益）；选项 C、D 正确。综上，本题应选 CD。

【答案】CD

【沙场练兵·单选题】甲公司于 2021 年 7 月 20 日从证券市场购入 A 公司股票 500 万股，划分为交易性金融资产，每股买价 8 元，另外支付交易费用 40 万元。A 公司于 2021 年 9 月 10 日宣告发放现金股利，每股股利 0.30 元。甲公司于 2021 年 9 月 20 日收到该现金股利 150 万元并存入银行。2021 年 12 月 31 日，该股票的市价为 4 500 万元。甲公司 2021 年对该金融资产应确认的投资收益为（　　）万元。

A.150　　　　　　　　B.610

C.500　　　　　　　　D.110

【思路导航】影响交易性金融资产投资收益的因素有以下几方面：①购入时的交易费用；②持有期间被投资单位宣告发放的现金股利或利息；③出售时取得的价款与账面余额之间的差额。

【解析】甲公司 2021 年对该金融资产应确认的投资收益为 − 40 ＋ 150 ＝ 110（万元）。综上，本题应选 D。

【答案】D

【沙场练兵·多选题】关于以公允价值计量且其变动计入当期损益的金融资产的会计处理，下列各项中表述正确的有（　　）。

A. 应当按照取得时的公允价值和相关的交易费用作为初始确认金额

B. 持有期间被投资方宣告发放的现金股利，投资企业应当确认为投资收益

C. 初始购入时支付的价款中包含的已宣告但尚未发放的现金股利或已到付息期但尚未领取的债券利息，应单独确认为应收项目

D. 资产负债表日，企业应将其公允价值变动计入当期损益

【解析】选项 A 表述错误，应当按照取得时的公允价值作为初始确认金额，相关的交易费用在发生时计入当期损益（投资收益）；选项 B、C、D 表述正确。综上，本题应选 BCD。

【答案】BCD

【真题实战·综合题】（2019 年）

甲公司适用的企业所得税税率为 25%，预计未来期间适用的企业所得税税率不会发生变化，未来期间能够产生足够的应纳税所得额用以抵减可抵扣暂时性差异。2018 年 1 月 1 日，甲公司递延所得税资产、递延所得税负债的年初余额均为零。甲公司发生的与以公允价值计量且其变动计入当期损益的金融资产相关的交易或事项如下：

资料一：2018 年 10 月 10 日，甲公司以银行存款 600 万元购入乙公司股票 200 万股，将其分类为以公允价值计量且其变动计入当期损益的金融资产。该金融资产的计税基础与初始入账金额一致。

资料二：2018 年 12 月 31 日，甲公司持有上述乙公司股票的公允价值为 660 万元。

资料三：甲公司 2018 年度的利润总额为 1 500 万元。税法规定，金融资产的公允价值变动损益不计入当期应纳税所得额，待转让时一并计入转让当期的应纳税所得额。除该事项外，

甲公司不存在其他纳税调整事项。

资料四：2019年3月20日，乙公司宣告每股分派现金股利0.30元；2019年3月27日，甲公司收到乙公司发放的现金股利并存入银行。2019年3月31日，甲公司持有上述乙公司股票的公允价值为660万元。

资料五：2019年4月25日，甲公司将持有的乙公司股票全部转让，转让所得648万元存入银行。

本题不考虑除企业所得税以外的税费及其他因素，答案中的金额单位用万元表示。

要求：

（1）编制甲公司2018年10月10日购入乙公司股票的会计分录。

（2）编制甲公司2018年12月31日对乙公司股票投资期末计量的会计分录。

（3）分别计算甲公司2018年度的应纳税所得额、当期应交所得税、递延所得税负债和所得税费用的金额，并编制相关会计分录。

（4）编制甲公司2019年3月20日在乙公司宣告分派现金股利时的会计分录。

（5）编制甲公司2019年3月27日收到现金股利的会计分录。

（6）编制甲公司2019年4月25日转让乙公司股票的相关会计分录。

（1）

【解析】企业取得交易性金融资产时，应当按照取得时的公允价值（600万元）计入交易性金融资产的成本中，发生的相关交易费用冲减投资收益（本题不涉及），支付的价款中包含的已宣告但尚未发放的现金股利或已到付息期但尚未领取的利息，应单独作为应收项目。

【答案】相关会计分录如下：

借：交易性金融资产——成本　　　　　　　　　　　　　　　　600
　　贷：银行存款　　　　　　　　　　　　　　　　　　　　　　　600

（2）

【解析】资产负债表日，交易性金融资产应当按照公允价值计量，公允价值与账面余额之间的差额计入当期损益（公允价值变动损益）。本题中，交易性金融资产的账面余额为600万元，2018年12月31日的公允价值为660万元，应确认的公允价值变动损益为60万元（660－600）。

【答案】相关会计分录如下：

借：交易性金融资产——公允价值变动　　　　　　　　　　　　60
　　贷：公允价值变动损益　　　　　　　　　　　　　　　　　　　60

（3）

【解析】由于税法规定，金融资产的公允价值变动损益不计入当期应纳税所得额，待转让时一并计入转让当期的应纳税所得额。因此，本期应纳税所得额调减60万元（660－600）。交易性金融资产期末账面价值为660万元，计税基础为600万元，账面价值大于计税基础，形成应纳税暂时性差异，产生递延所得税负债。则当期应交所得税＝（1 500－60）×25％＝360（万元）。

【答案】甲公司 2018 年度的应纳税所得额＝1 500－（660－600）＝1 440（万元）；当期应交所得税＝1 440×25％＝360（万元）；递延所得税负债＝（660－600）×25％＝15（万元）；所得税费用＝360＋15＝375（万元）。

借：所得税费用　　　　　　　　　　　　　　　　　　375
　　贷：应交税费——应交所得税　　　　　　　　　　　　360
　　　　递延所得税负债　　　　　　　　　　　　　　　　15

（4）

【解析】甲公司 2019 年 3 月 20 日可取得的现金股利＝200×0.3＝60（万元）。

【答案】乙公司宣告分派现金股利时，甲公司的会计分录为：

借：应收股利　　　　　　　　　　　　　　　　　　60
　　贷：投资收益　　　　　　　　　　　　　　　　　　60

（5）

【答案】实际收到现金股利时：

借：银行存款　　　　　　　　　　　　　　　　　　60
　　贷：应收股利　　　　　　　　　　　　　　　　　　60

（6）

【解析】出售交易性金融资产时，应按实际收到的金额，借记"银行存款"科目 648 万元，按该金融资产的账面余额，贷记"交易性金融资产——成本"科目 600 万元，"交易性金融资产——公允价值变动"科目 60 万元，差额 12 万元记入"投资收益"科目，同时冲减原确认的递延所得税负债 15 万元。

【答案】2019 年 4 月 25 日转让乙公司股票的会计分录为：

借：银行存款　　　　　　　　　　　　　　　　　　648
　　投资收益　　　　　　　　　　　　　　　　　　　12
　　贷：交易性金融资产——成本　　　　　　　　　　　600
　　　　　　　　　　——公允价值变动　　　　　　　　　60
借：递延所得税负债　　　　　　　　　　　　　　　　15
　　贷：所得税费用　　　　　　　　　　　　　　　　　15

【沙场练兵·计算分析题】

2020 年至 2021 年，甲公司发生的与股权投资相关的交易或事项如下：

资料一：2020 年 1 月 1 日，甲公司以银行存款 5 000 万元购入乙公司股票 1 000 万股，并将其分类为以公允价值计量且其变动计入当期损益的金融资产。

资料二：2020年12月31日，甲公司所持乙公司股票的公允价值为5 100万元。

资料三：2021年3月2日，乙公司宣告分派现金股利，每股分派股利0.5元。

资料四：2021年5月10日，甲公司收到乙公司派发的股利后，将所持乙公司股票全部出售，取得价款5 150万元，并存入银行。

不考虑相关税费及其他因素。

要求（"交易性金融资产"科目应写出必要的明细科目，答案中的金额单位用万元表示）：

（1）编制甲公司2020年1月1日购入该股票的会计分录。

（2）编制甲公司2020年12月31日确认股票公允价值变动的会计分录。

（3）编制甲公司2021年3月2日确认股利收益的会计分录。

（4）编制甲公司2021年5月10日出售乙公司股票的会计分录。

（1）

【解析】交易性金融资产初始购入时，按照购入时的公允价值确认交易性金融资产的初始入账金额。

【答案】相关会计分录为：

借：交易性金融资产——成本   5 000

    贷：银行存款   5 000

（2）

【解析】交易性金融资产公允价值与账面余额之间的差额计入公允价值变动损益。

【答案】相关会计分录为：

借：交易性金融资产——公允价值变动   100【5 100－5 000】

    贷：公允价值变动损益   100

（3）

【解析】交易性金融资产持有期间的股利收益计入投资收益。

【答案】相关会计分录为：

借：应收股利   500【0.5×1 000】

    贷：投资收益   500

（4）

【解析】出售交易性金融资产取得的价款与其账面余额之间的差额计入投资收益。

【答案】相关会计分录为：

借：银行存款   5 150

    贷：交易性金融资产——成本   5 000

          ——公允价值变动   100

      投资收益   50

高频考点 6 金融资产之间的重分类

（一）重分类的相关概念

项目	内容
重分类的原因	企业改变其管理金融资产的业务模式
重分类的调整原则	未来适用法
重分类日的确定	导致企业对金融资产进行重分类的业务模式发生变更后的首个报告期间的第一天
管理金融资产的业务模式变更	①是一种极其少见的情形； ②该变更源自外部或内部的变化，必须由企业的高级管理层进行决策，且其必须对企业的经营非常重要，并能够向外部各方证实； ③只有当企业开始或终止某项对其经营影响重大的活动时（例如当企业收购、处置或终止某一业务线时），其管理金融资产的业务模式才会发生变更
不属于业务模式变更的情形	①企业持有特定金融资产的意图改变。企业即使在市场状况发生重大变化的情况下改变对特定资产的持有意图，也不属于业务模式变更； ②金融资产特定市场暂时性消失从而暂时影响金融资产出售； ③金融资产在企业具有不同业务模式的各部门之间转移

▎敲黑板▎ 如果企业管理金融资产的业务模式没有发生变更，而金融资产的条款发生变更但未导致终止确认的，不允许重分类。如果金融资产条款发生变更导致金融资产终止确认的，不涉及重分类问题，企业应当终止确认原金融资产，同时按照变更后的条款确认一项新金融资产。

（二）会计处理

类型	会计处理
以摊余成本计量→以公允价值计量且其变动计入当期损益	借：交易性金融资产　　　　　　　　　　　　　【重分类日的公允价值】 　　债权投资减值准备　　　　　　　　　　　　【终止确认原减值准备】 　　贷：债权投资——成本 　　　　　　　　——利息调整 　　　　公允价值变动损益　　　　　　　　　　【差额，或借方】
以摊余成本计量→以公允价值计量且其变动计入其他综合收益	借：其他债权投资　　　　　　　　　　　　　　【重分类日的公允价值】 　　贷：债权投资　　　　　　　　　　　　　　【账面余额】 　　　　其他综合收益——其他债权投资公允价值变动　　【差额，或借方】 若重分类日前存在预期信用损失而计提了减值准备，则结转其减值准备： 借：债权投资减值准备 　　贷：其他综合收益——信用减值准备

（续表）

类型	会计处理
以公允价值计量且其变动计入其他综合收益→以摊余成本计量	①相应科目对应结转： 借：债权投资——成本 　　　　　——利息调整 　　　　　——应计利息 　　贷：其他债权投资——成本 　　　　　　　——利息调整 　　　　　　　——应计利息 ②调整重分类前确认的公允价值变动： 借：其他综合收益——其他债权投资公允价值变动 　　贷：其他债权投资——公允价值变动 （或编制相反分录） ③若重分类前存在预期信用损失而计提了减值准备，则结转其减值准备： 借：其他综合收益——信用减值准备 　　贷：债权投资减值准备
以公允价值计量且其变动计入其他综合收益→以公允价值计量且其变动计入当期损益	借：交易性金融资产　　　　　　　　　　　【重分类日的公允价值】 　　贷：其他债权投资 借：其他综合收益——其他债权投资公允价值变动 　　贷：公允价值变动损益 （或编制相反分录） 存在减值准备，应转回： 借：其他综合收益——信用减值准备 　　贷：公允价值变动损益
以公允价值计量且其变动计入当期损益→以摊余成本计量	借：债权投资　　　　　　　　　　　　　　【重分类日的公允价值】 　　贷：交易性金融资产 同时，若存在信用损失的，补提减值准备： 借：信用减值损失 　　贷：债权投资减值准备
以公允价值计量且其变动计入当期损益→以公允价值计量且其变动计入其他综合收益	借：其他债权投资　　　　　　　　　　　　【重分类日的公允价值】 　　贷：交易性金融资产 同时，若存在信用损失的，补提减值准备： 借：信用减值损失 　　贷：其他综合收益——信用减值准备

【真题实战·判断题】企业对金融负债的分类一经确定，不得变更。（　　）（2021年）

【解析】企业对金融负债的分类一经确定，不得变更。因此，本题表述正确。

【答案】√

【真题实战·判断题】在特定条件下，企业可以将以公允价值计量且其变动计入当期损益的金融负债重分类为以摊余成本计量的金融负债。（　　）（2019年）

【解析】企业对金融负债的分类一经确定，不得变更。因此，本题表述错误。

【答案】×

【真题实战·单选题】2019年6月1日，企业将以摊余成本计量的金融资产重分类为以公允价值计量且其变动计入其他综合收益的金融资产，重分类日公允价值为800万元，账面价值为780万元；2019年6月20日，企业将该金融资产全部出售，所得价款为830万元，则出售时确认的投资收益为（　　）万元。（2019年）

A.20　　　　　　　　　　B.50

C.80　　　　　　　　　　D.30

【解析】企业将以摊余成本计量的金融资产重分类为以公允价值计量且其变动计入其他综合收益的金融资产，应按照该金融资产在重分类日的公允价值800万元计量，原账面价值与公允价值之间的差额20万元（800－780）计入其他综合收益。出售时，出售价款与该金融资产账面价值（重分类日的公允价值）之间的差额30万元（830－800）应确认投资收益；同时，将原确认的其他综合收益20万元（800－780）转入投资收益。因此出售时确认的投资收益＝20＋30＝50（万元）。综上，本题应选B。

【答案】B

【沙场练兵·判断题】甲公司因改变管理金融资产的业务模式，将原作为交易性金融资产核算的乙公司普通股股票重分类为其他权益工具投资。（　　）

【解析】其他权益工具投资与其他金融资产之间不能重分类。因此，本题表述错误。

【答案】×

【沙场练兵·多选题】下列关于作为债务工具的金融资产重分类的表述中，正确的有（　　）。

A.初始确认为债权投资的，可重分类为交易性金融资产

B.初始确认为交易性金融资产的，可重分类为其他债权投资

C.初始确认为债权投资的，可重分类为其他债权投资

D.初始确认为其他债权投资的，可重分类为债权投资

【解析】金融资产之间的重分类包含以下几种情况：①以摊余成本计量的金融资产重分类为以公允价值计量且其变动计入当期损益的金融资产（选项A）；②以摊余成本计量的金融资产重分类为以公允价值计量且其变动计入其他综合收益的金融资产（选项C）；③以公允价值计量且其变动计入其他综合收益的金融资产重分类为以摊余成本计量的金融资产（选项D）；④以公允价值计量且其变动计入其他综合收益的金融资产重分类为以公允价值计量且其变动计入当期损益的金融资产；⑤以公允价值计量且其变动计入当期损益的金融资产重分类为以摊余成本计量的金融资产；⑥以公允价值计量且其变动计入当期损益的金融资产重分类为以公允价值计量且其变动计入其他综合收益的金融资产（选项B）。综上，本题应选ABCD。

【答案】ABCD

【沙场练兵·单选题】2021年4月，乙公司出于提高资金流动性考虑，于4月1日对外出

售以摊余成本计量的金融资产的10%，收到价款120万元（公允价值）。出售时该项金融资产的账面价值为1 100万元（其中成本为1 000万元，利息调整为100万元），公允价值为1 200万元。对于该项金融资产的剩余部分，乙公司将在未来期间根据市场行情择机出售。下列关于乙公司于重分类日会计处理的表述中，不正确的是（　　）。

A. 处置该项投资时应确认的投资收益为10万元

B. 乙公司应将剩余部分重分类为以公允价值计量且其变动计入当期损益的金融资产

C. 重分类时借记"其他债权投资"科目的金额为1 080万元

D. 重分类时贷记"其他综合收益"科目的金额为90万元

【解析】选项A表述正确，处置该项金融资产应确认的投资收益=120－1 100×10%=10（万元）；选项B表述错误，该项金融资产剩余部分的合同现金流量为本金加利息，企业管理该项金融资产的业务模式有出售动机，因此应将其划分为以公允价值计量且其变动计入其他综合收益的金融资产；选项C表述正确，重分类时以公允价值计量且其变动计入其他综合收益的金融资产的入账价值=1 200×90%=1 080（万元）；选项D表述正确，重分类时以摊余成本计量的金融资产的账面价值=1 100×90%=990（万元），重分类时确认其他综合收益=1 080－990=90（万元）。综上，本题应选B。

【答案】B

高频考点 7 金融资产和金融负债的终止确认

1. 金融资产终止确认的一般原则

项目	内容
定义	企业将之前确认的金融资产从其资产负债表中予以转出
终止确认的条件（满足条件之一）	①收取该金融资产现金流量的合同权利终止；②该金融资产已转移，且该转移满足本节关于终止确认的规定
部分终止确认的条件（满足条件之一）	①该金融资产部分仅包括金融资产所产生的特定可辨认现金流量；②该金融资产部分仅包括与该金融资产所产生的全部现金流量完全成比例的现金流量部分；③该金融资产部分仅包括与该金融资产所产生的特定可辨认现金流量完全成比例的现金流量部分

2. 金融负债的终止确认

项目	内容
概念	金融负债终止确认是指企业将之前确认的金融负债从其资产负债表中予以转出
原则	金融负债（或其一部分）的现实义务已经解除的，企业应当终止确认该金融负债（或部分金融负债）

（续表）

项目	内容
条件 （满足之一）	①债务人通过履行义务（如偿付债权人）解除了金融负债（或其一部分）的现时义务； ②债务人通过法定程序（如法院裁定）或债权人（如债务豁免），合法解除了债务人对金融负债（或其一部分）的主要责任

【沙场练兵·多选题】下列各项中，企业应当将终止确认的规定适用于该金融资产的一部分的有（　　）。

A.该金融资产部分仅包括金融资产所产生的特定可辨认现金流量

B.该金融资产部分仅包括与该金融资产所产生的全部现金流量完全成比例的现金流量部分

C.该金融资产部分仅包括与该金融资产所产生的特定可辨认现金流量完全成比例的现金流量部分

D.收取该金融资产的现金流量的合同权利终止

【解析】金融资产的一部分满足下列条件之一的，企业应当将终止确认的规定适用于该金融资产部分，除此之外，企业应当将终止确认的规定适用于该金融资产整体：①该金融资产部分仅包括金融资产所产生的特定可辨认现金流量（选项 A）；②该金融资产部分仅包括与该金融资产所产生的全部现金流量完全成比例的现金流量部分（选项 B）；③该金融资产部分仅包括与该金融资产所产生的特定可辨认现金流量完全成比例的现金流量部分（选项 C）。综上，本题应选 ABC。

【答案】ABC

【沙场练兵·判断题】金融负债的现时义务全部解除时，企业才能终止确认该金融负债或该金融负债的一部分。（　　）

【解析】金融负债（或其一部分）的现时义务全部解除的，企业应当终止确认该金融负债（或该部分金融负债）。因此，本题表述错误。

【答案】×

第 7 章

强化练习

一、单项选择题

1. 甲公司购买以摊余成本计量的金融资产，支付的交易费用应该计入的会计科目是（　　）。

   A. 债权投资　　　　　B. 管理费用　　　　　C. 财务费用　　　　　D. 投资收益

2. 甲公司赊销一批商品形成应收账款，合同约定客户应在规定的信用期内支付该笔货款。甲公司根据该应收账款的合同现金流量收取现金，且不打算提前处置该应收账款。根据金融资产分类的要求，不考虑其他因素，甲公司应将其分类为（　　）。

   A. 以摊余成本计量的金融资产

   B. 以公允价值计量且其变动计入当期损益的金融资产

   C. 指定为以公允价值计量且其变动计入其他综合收益的金融资产

   D. 以公允价值计量且其变动计入其他综合收益的金融资产

3. 2021 年 1 月 1 日，甲公司发行分期付息、到期一次还本的 5 年期公司债券，实际收到的款项为 18 800 万元。该债券面值总额为 18 000 万元，票面年利率为 5%，利息于每年年末支付，实际年利率为 4%。2021 年 12 月 31 日，甲公司该项应付债券的摊余成本为（　　）万元。

   A. 18 000　　　　　B. 18 652　　　　　C. 18 800　　　　　D. 18 948

4. 企业取得的金融资产，如果能够消除或显著减少会计错配，企业可以将其直接指定为（　　）。

   A. 以摊余成本计量的金融资产

   B. 以公允价值计量且其变动计入其他综合收益的金融资产

   C. 以公允价值计量且其变动计入当期损益的金融负债

   D. 以公允价值计量且其变动计入当期损益的金融资产

5. 2021 年 2 月 3 日，甲公司以银行存款 2 003 万元（其中含相关交易费用 3 万元）从二级市场购入乙公司股票 100 万股，作为交易性金融资产核算。2021 年 7 月 10 日，甲公司收到乙公司于当年 5 月 25 日宣告分派的现金股利 40 万元。2021 年 12 月 31 日，上述股票的公允价值为 2 800 万元。不考虑其他因素，该项投资使甲公司 2021 年营业利润增加的金额为（　　）万元。

   A. 797　　　　　B. 800　　　　　C. 837　　　　　D. 840

6. 甲公司 2021 年 10 月 25 日以银行存款支付价款 1 020 万元（含已到付息期但尚未领取的利息 20 万元）取得一项债券投资，另支付交易费用 10 万元，甲公司将其划分为以公允价值计量且其变动计入其他综合收益的金融资产。2021 年 11 月 5 日，收到利息 20 万元，2021 年 12 月 31 日，该项债券投资的公允价值为 1 115 万元。假定债券票面利率与实际利率相等，不考虑所得税等其他因素的影响。2021 年，甲公司因该项金融资产应计入其他综合收益的金额为（　　）万元。

A.115　　　　　　　B.105　　　　　　　C.85　　　　　　　D.125

7. 甲公司 2020 年 1 月 1 日折价发行 3 年期分期付息，到期一次还本的公司债券，该债券面值为 2 000 万元，票面年利率为 4%，市场同类债券的实际年利率为 6%。2021 年 12 月 31 日该债券的摊余成本为（　　）万元。（P/A，6%，3）= 2.6730，（P/F，6%，3）= 0.8396。

　A. 1 926.62　　　　B. 2 000　　　　　C. 1 893.04　　　　D. 1 962.22

8. 甲公司于 2021 年 2 月 10 日购买乙公司股票 100 万股，成交价格为每股 6 元，指定为以公允价值计量且其变动计入其他综合收益的金融资产，另支付手续费 12.5 万元。2021 年 6 月 30 日该股票市价为每股 5.5 元。2021 年 9 月 30 日，甲公司以每股 5 元的价格将股票全部出售，则该项金融资产出售时影响投资收益的金额为（　　）万元。

　A. – 12.5　　　　　B.0　　　　　　　C. – 112.5　　　　D. – 100

9. 甲公司于 2021 年 1 月 1 日以银行存款 1 040.52 万元购入乙公司当日发行的债券，将其划分为以摊余成本计量的金融资产，另支付交易费用 4 万元。该债券面值为 1 000 万元，期限为 5 年，票面年利率为 5%，实际年利率为 4%，每年年末支付一次利息，到期偿还本金。采用实际利率法摊销，则 2021 年 12 月 31 日该项金融资产的摊余成本为（　　）万元。

　A. 1 000　　　　　B. 1 036.3　　　　C. 1 002.74　　　　D. 1 052.74

10. 2021 年 5 月 10 日，甲公司将以摊余成本计量的金融资产重分类为以公允价值计量且其变动计入当期损益的金融资产，重分类日公允价值为 700 万元，账面价值为 660 万元；2021 年 6 月 20 日，甲公司将该金融资产全部出售，所得价款为 750 万元，则出售时确认的投资收益为（　　）万元。

　A. 50　　　　　　　B. 90　　　　　　C. 40　　　　　　D. 30

二、多项选择题

1. 下列各项中，属于取得金融资产交易费用的有（　　）。

　A. 取得金融资产时发生的差旅费　　　　B. 债券溢价

　C. 支付券商的佣金　　　　　　　　　　D. 支付证券公司手续费

2. 下列各项中，关于指定为以公允价值计量且其变动计入其他综合收益的金融资产的说法正确的有（　　）。

　A. 该金融资产在持有期间不得确认损益

　B. 该项指定一经作出，不得撤销

　C. 当该项金融资产终止确认时，原计入所有者权益的累计利得或损失应转入留存收益

　D. 期末按公允价值计量，公允价值变动计入其他综合收益

3. 甲公司 2021 年 1 月 1 日购入乙公司的股权，实际支付价款 800 万元，另发生相关交易费用 30 万元。取得股权后，对乙公司的财务和经营政策无法达到控制、共同控制或重大影响，甲公司准备近期将其出售。2021 年 12 月 31 日该股权投资公允价值为 860 万元。下列甲公司有关该金融资产的会计处理中正确的有（　　）。

　A. 甲公司将其划分为以公允价值计量且其变动计入当期损益的金融资产

B. 初始入账价值为 830 万元

C. 2021 年 12 月 31 日的账面价值为 860 万元

D. 2021 年确认的损益金额为 60 万元

4. 下列各项中，不属于金融负债的有（　　）。

A. 按照销售合同的约定预收的销货款

B. 按照产品质量保证承诺预计的保修费

C. 按照采购合同的约定应支付的设备款

D. 按照劳动合同的约定应支付职工的工资

5. 下列各项关于金融资产重分类的说法，正确的有（　　）。

A. 企业将一项以公允价值计量且其变动计入当期损益的金融资产重分类为以摊余成本计量的金融资产的，应当以其在重分类日的公允价值作为新的账面余额

B. 以公允价值计量且其变动计入其他综合收益的金融资产重分类为以公允价值计量且其变动计入当期损益的金融资产的，后续应当以账面价值计量该金融资产

C. 企业对金融资产进行重分类，应当自重分类日起采用未来适用法进行相关会计处理

D. 企业将一项以摊余成本计量的金融资产重分类为以公允价值计量且其变动计入其他综合收益的金融资产的，应当按照该金融资产在重分类日的公允价值进行计量，原账面价值与公允价值之间的差额计入当期损益

6. 2020 年 1 月 1 日，甲公司支付价款 3 190 万元从公开市场购入乙公司当日发行的 5 年期公司债券，另支付交易费用 10 万元。该债券的面值总额为 3 000 万元，票面年利率为 5%，实际年利率为 3.52%，于年末支付本年度的债券利息，本金在债券到期时一次性偿还。甲公司根据其管理债券的业务模式和该债券的合同现金流量特征，将该债券分类为以摊余成本计量的金融资产。下列关于甲公司的会计处理的表述中，正确的有（　　）。

A. 该金融资产应通过"其他债权投资"科目核算

B. 2020 年年末该金融资产摊余成本为 3 162.64 万元

C. 2021 年该金融资产确认投资收益 111.32 万元

D. 2021 年年末该金融资产摊余成本为 3 123.96 万元

7. 下列各项中，甲企业应当将金融负债终止确认的有（　　）。

A. 甲企业以银行存款偿付了前欠乙企业购货款 100 万元

B. 丙企业豁免了甲企业于 2021 年 3 月购买一批价值 20 万元原材料的货款

C. 甲企业以自有的一台机器设备偿还前欠丁企业为其提供安装服务的 30 万元

D. 法院裁定解除了甲企业对戊企业一笔 5 万元的债务

8. 下列情形中，不属于企业管理金融资产业务模式变更的有（　　）。

A. 企业持有特定金融资产的意图改变

B. 金融资产特定市场暂时性消失从而暂时影响金融资产出售

C. 金融资产在企业具有不同业务模式的各部门之间转移

D. 企业在市场状况发生重大变化的情况下改变对特定资产的持有意图

9. 下列各项关于金融负债的表述，不正确的有（　　）。

A. 企业对金融负债的分类一经确定，不得随意变更

B. 以公允价值计量且其变动计入当期损益的金融负债，资产负债表日公允价值变动计入其他综合收益

C. 以公允价值计量且其变动计入当期损益的金融负债以外的金融负债，除特殊规定外，应按摊余成本进行后续计量

D. 企业对其金融负债，可以自行选择后续计量方法

10. 下列各项中，对金融资产摊余成本有影响的有（　　）。

A. 已偿还的本金

B. 初始确认金额与到期日金额之间的差额按实际利率法摊销形成的累计摊销额

C. 已计提的累计信用减值准备

D. 取得时所付价款中包含的应收未收利息

三、判断题

1. 为消除或者显著减少会计错配，企业可以将金融资产指定为以公允价值计量且其变动计入其他综合收益的金融资产。（　　）

2. 企业持有的基金份额，通常应当分类为以公允价值计量且其变动计入当期损益的金融资产。（　　）

3. 企业的所有应收账款均应作为以摊余成本计量的金融资产。（　　）

4. 金融资产的分类一经确定，不得变更。（　　）

5. 在非同一控制下的企业合并中，企业作为购买方确认的或有对价形成金融负债的，该金融负债应当按照以摊余成本计量的金融负债进行会计处理。（　　）

四、计算分析题

1. 甲公司于 2020 年 1 月 1 日自证券市场购入乙公司当日发行的面值总额为 3 000 万元的债券，购入时以银行存款支付价款 3 114.77 万元，另支付交易费用 10 万元。该债券是分期付息、到期一次还本债券，期限为 5 年，票面年利率为 5%，实际年利率为 4%，每年年末支付当年的利息。甲公司根据其管理债券的业务模式及该债券的合同现金流量特征将该债券分类为以公允价值计量且其变动计入其他综合收益的金融资产。2020 年 12 月 31 日，甲公司确认预期信用损失为 30 万元，当日，该债券的公允价值为 3 200 万元。甲公司于 2021 年 1 月 1 日变更了管理债券的业务模式，将其重分类为以摊余成本计量的金融资产。

不考虑其他因素，答案中的金额单位用万元表示。

要求：

（1）编制甲公司 2020 年 1 月 1 日购入债券的会计分录。

（2）计算甲公司 2020 年应确认的投资收益，并编制相关会计分录。

（3）编制甲公司 2020 年 12 月 31 日确认公允价值变动及预期信用损失的会计分录。

（4）编制甲公司 2021 年 1 月 1 日对金融资产进行重分类时的会计分录。

五、综合题

1.甲公司适用的企业所得税税率为 25%，预计未来期间适用的企业所得税税率不会发生变化，未来期间能够产生足够的应纳税所得额用以抵减可抵扣暂时性差异。2021 年 1 月 1 日，甲公司递延所得税资产、递延所得税负债的年初余额均为零。甲公司发生的相关交易或事项如下：

（1）2021 年 9 月 15 日，甲公司以银行存款 1 120 万元购入乙公司股票 400 万股，包含已宣告但尚未发放的现金股利 120 万元，另支付相关交易费用 10 万元。甲公司将其分类为以公允价值计量且其变动计入当期损益的金融资产。该金融资产的计税基础与初始入账金额一致。

（2）2021 年 12 月 31 日，甲公司持有上述乙公司股票的公允价值为每股 3 元。

（3）甲公司 2021 年度实现的利润总额为 2 000 万元。税法规定，金融资产的公允价值变动损益不计入当期应纳税所得额，待转让时一并计入转让当期的应纳税所得额。

（4）2022 年 2 月 15 日，乙公司宣告每股分派现金股利 0.5 元；2 月 25 日，甲公司收到乙公司发放的现金股利并存入银行。

（5）2022 年 4 月 25 日，甲公司以 1 080 万元的价格将持有的乙公司股票全部转让，转让价款已存入银行。

本题不考虑除企业所得税以外的税费及其他因素，答案中的金额单位用万元表示。

要求：

（1）编制甲公司购入乙公司股票的会计分录。

（2）编制 2021 年 12 月 31 日甲公司持有的乙公司股票公允价值变动的会计分录。

（3）编制甲公司 2021 年度与所得税相关的会计分录。

（4）编制甲公司 2022 年 2 月有关乙公司宣告分派现金股利的会计分录。

（5）编制甲公司出售股票的相关会计分录。

答案与解析

一、单项选择题

1.【解析】购买以摊余成本计量的金融资产，支付的交易费用应该计入债权投资。综上，本题应选 A。

【答案】A

2.【解析】甲公司管理该项应收账款的业务模式是以收取合同现金流量为目标，即使甲公司预期无法取得全部合同现金流量，也不影响其管理该金融资产的业务模式，应将其作为以摊余成本计量的金融资产。综上，本题应选 A。

【答案】A

3.【解析】分期付息、到期一次还本的应付债券，期末摊余成本 = 期初摊余成本 + 折价摊销额（即利息调整摊销）– 溢价摊销额（即利息调整摊销）。该应付债券的摊余成本 = 18 800 –（18 000 × 5% – 18 800 × 4%）= 18 652（万元）。相关会计分录为（单位：万元）：

① 2021 年 1 月 1 日

借：银行存款　　　　　　　　　　　　　　　　　　　18 800

　　贷：应付债券——面值　　　　　　　　　　　　　　　　18 000

　　　　　　　　——利息调整　　　　　　　　　　　　　　　800

② 2021 年 12 月 31 日

借：财务费用　　　　　　　　　　　　　　　　　　　　752

　　应付债券——利息调整　　　　　　　　　　　　　　　148

　　贷：应付利息　　　　　　　　　　　　　　　　　　　　900

综上，本题应选 B。

【答案】B

4.【解析】在初始确认时，如果能够消除或显著减少会计错配，企业可以将金融资产指定为以公允价值计量且其变动计入当期损益的金融资产。该指定一经作出，不得撤销。综上，本题应选 D。

【答案】D

5.【解析】该项投资使甲公司 2021 年营业利润增加的金额 = – 3（投资时相关交易费用）+ 40（宣告分派的现金股利）+ 800（公允价值变动损益）= 837（万元）。相关会计分录为（单位：万元）：

① 2021 年 2 月 3 日

借：交易性金融资产——成本　　　　　　　　　　　　2 000

　　投资收益　　　　　　　　　　　　　　　　　　　　3

　　贷：银行存款　　　　　　　　　　　　　　　　　　　2 003

② 2021 年 5 月 25 日

借：应收股利　　　　　　　　　　　　　　　　　　　　40

　　贷：投资收益　　　　　　　　　　　　　　　　　　　　40

③ 2021 年 7 月 10 日

借：银行存款　　　　　　　　　　　　　　　　　　　　40

　　贷：应收股利　　　　　　　　　　　　　　　　　　　　40

④ 2021 年 12 月 31 日

借：交易性金融资产——公允价值变动　　　　　　　　800

　　贷：公允价值变动损益　　　　　　　　　　　　　　　800

综上，本题应选 C。

【答案】C

6.【解析】甲公司 2021 年因该项债券投资应直接计入其他综合收益的金额 = 1 115 –（1 020 +

10 – 20）= 105（万元）。相关会计分录为（单位：万元）：

借：其他债权投资——成本	1 000	
——利息调整	10	
应收利息	20	
贷：银行存款		1 030
借：银行存款	20	
贷：应收利息		20
借：其他债权投资——公允价值变动	105	
贷：其他综合收益——其他债权投资公允价值变动		105

综上，本题应选 B。

【答案】B

7. 【解析】甲公司债券的发行价格 = 2 000×4%×（P/A，6%，3）+ 2 000×（P/F，6%，3）= 1 893.04（万元），2020 年 12 月 31 日债券的摊余成本 = 1 893.04 +（1 893.04×6%）– 2 000×4% = 1 926.62（万元），2021 年 12 月 31 日债券的摊余成本 = 1 926.62 +（1 926.62×6%）– 2 000×4% = 1 962.22（万元）。相关会计分录为（单位：万元）：

① 2020 年 1 月 1 日

借：银行存款	1 893.04	
应付债券——利息调整	106.96	
贷：应付债券——面值		2 000

② 2020 年 12 月 31 日

借：财务费用	113.58	
贷：应付利息		80
应付债券——利息调整		33.58

③ 2021 年 12 月 31 日

借：财务费用	115.6	
贷：应付利息		80
应付债券——利息调整		35.6

综上，本题应选 D。

【答案】D

8. 【解析】指定为以公允价值计量且其变动计入其他综合收益的金融资产出售时影响的是留存收益，而不是投资收益，所以影响投资收益的金额为 0。综上，本题应选 B。

【答案】B

9. 【解析】2021 年 1 月 1 日，该债券的入账价值 = 1 040.52 + 4 = 1 044.52（万元）；2021 年 12 月 31 日，该债券的摊余成本 = 期初摊余成本 + 投资收益 – 本期收到的利息 – 已收回的本金 – 已计提的减值准备 = 1 044.52 + 1 044.52×4% – 1 000×5% = 1 036.3（万元）。综

上，本题应选 B。

【答案】B

10.【解析】企业将以摊余成本计量的金融资产重分类为以公允价值计量且其变动计入当期损益的金融资产，应按照该金融资产在重分类日的公允价值 700 万元计量，原账面价值与公允价值之间的差额 40 万元（700 – 660）计入公允价值变动损益。出售时，出售价款与该金融资产账面价值（重分类日的公允价值）之间的差额 50 万元（750 – 700）应确认投资收益。相关会计分录为（单位：万元）：

①重分类时：

借：交易性金融资产 700

　　贷：债权投资 660

　　　　公允价值变动损益 40

②出售时：

借：银行存款 750

　　贷：交易性金融资产 700

　　　　投资收益 50

综上，本题应选 A。

【答案】A

二、多项选择题

1.【解析】交易费用包括支付给代理机构、券商等的手续费和佣金及其他必要支出，不包括债券溢价、折价、融资费用、内部管理成本及其他与交易不直接相关的费用。企业为取得金融资产所发生的差旅费等，不属于交易费用。综上，本题应选 CD。

【答案】CD

2.【解析】选项 A 说法错误，指定为以公允价值计量且其变动计入其他综合收益的金融资产持有期间取得的现金股利，应确认为投资收益；选项 B、C、D 说法正确。综上，本题应选 BCD。

【答案】BCD

3.【解析】选项 A 正确，甲公司购入的乙公司股权，不以收取合同现金流量为目标且准备近期出售，因此应将其划分为以公允价值计量且其变动计入当期损益的金融资产；选项 B 错误，企业为购买交易性金融资产发生的交易费用，应当直接计入当期损益（投资收益），不计入初始入账价值，本题该项交易性金融资产的初始入账价值为 800 万元；选项 C 正确，以公允价值计量且其变动计入当期损益的金融资产期末应当以公允价值计量，即账面价值为 860 万元；选项 D 错误，2021 年确认的损益金额 =（860 – 800）– 30 = 30（万元）。综上，本题应选 AC。

【答案】AC

4.【解析】选项 A 不属于，预收的销货款，即预收账款，销货方承担了未来需要偿付一定的货物而非需要交付一定现金或其他金融资产的义务；选项 B 不属于，预计的保修费，即预计负债，销售方承担了未来在约定期内，若产品或劳务在正常使用过程中出现质量等问题企业负有更换产品、免费或只收成本价进行修理等义务而非需要交付一定现金或其他金融资产的义务；选项C属于，应付设备款，即应付账款，购买方因采购设备，而承担了在合同约定期限内需要交付一定现金或其他金融资产的义务；选项D不属于，应付职工工资，即应付职工薪酬，属于企业因经营活动而发生的负债，属于经营性负债而非金融负债。综上，本题应选ABD。

【答案】ABD

5. 【解析】选项A、C正确；选项B错误，以公允价值计量且其变动计入其他综合收益的金融资产重分类为以公允价值计量且其变动计入当期损益的金融资产的，应当继续以公允价值计量该金融资产；选项D错误，企业将一项以摊余成本计量的金融资产重分类为以公允价值计量且其变动计入其他综合收益的金融资产的，应当按照该金融资产在重分类日的公允价值进行计量，原账面价值与公允价值之间的差额计入其他综合收益。综上，本题应选AC。

【答案】AC

6. 【解析】选项A错误，该金融资产应通过"债权投资"科目核算；选项B正确，2020年确认投资收益 = （3 190 + 10）× 3.52% = 112.64（万元），2020年年末摊余成本 = 3 200 − （3 000 × 5% − 112.64）= 3 162.64（万元）；选项C正确，2021年确认投资收益 = 3 162.64 × 3.52% = 111.32（万元）；选项D正确，2021年年末摊余成本 = 3 162.64 − （3 000 × 5% − 111.32）= 3 123.96（万元）。综上，本题应选BCD。

【答案】BCD

7. 【解析】出现以下两种情况之一时，金融负债（或其一部分）的现时义务已经解除，企业应当将该项金融负债或该部分金融负债终止确认：（1）债务人通过履行义务（如偿付债权人）解除了金融负债（或其一部分）的现时义务（选项A、C）；（2）债务人通过法定程序（如法院裁定）或债权人（如债务豁免），合法解除了债务人对金融负债（或其一部分）的主要责任（选项B、D）。综上，本题应选ABCD。

【答案】ABCD

8. 【解析】以下情形不属于业务模式变更：①企业持有特定金融资产的意图改变，企业即使在市场状况发生重大变化的情况下改变对特定资产的持有意图，也不属于业务模式的变更（选项A、D）；②金融资产特定市场暂时性消失从而暂时影响金融资产出售（选项B）；③金融资产在企业具有不同业务模式的各部门之间转移（选项C）。综上，本题应选ABCD。

【答案】ABCD

9. 【解析】选项A表述错误，企业对金融负债的分类一经确定，不得变更；选项B表述错误，以公允价值计量且其变动计入当期损益的金融负债，后续公允价值变动计入当期损益（而非其他综合收益）；选项C表述正确，选项D表述错误，企业应当按照以下原则对金融负债进行后续计量：①以公允价值计量且其变动计入当期损益的金融负债，应当按照公允价值进行后续计量；②上述金融负债以外的金融负债，除特殊规定外，应当按摊余成本进行后续计量。综上，本题应选ABD。

【答案】ABD

10.【解析】金融资产或金融负债的摊余成本，应当以该金融资产或金融负债的初始确认金额经下列调整后的结果确定：①扣除已偿还的本金（选项A）；②加上或减去采用实际利率法将该初始确认金额与到期日金额之间的差额进行摊销形成的累计摊销额（选项B）；③扣除计提的累计信用减值准备（选项C）。选项D不影响，取得时所支付的价款中包含的应收未收利息，应单独作为应收项目核算，不影响其入账价值。综上，本题应选ABC。

【答案】ABC

三、判断题

1.【解析】在初始确认时，如果能够消除或者显著减少会计错配，企业可以将金融资产指定为以公允价值计量且其变动计入当期损益的金融资产。该指定一经作出，不得撤销。因此，本题表述错误。

【答案】×

2.【解析】一般情况下，基金不符合本金加利息的合同现金流量特征，因此，企业持有的基金份额，通常应当分类为以公允价值计量且其变动计入当期损益的金融资产。因此，本题表述正确。

【答案】√

3.【解析】如果企业拟根据应收账款的合同现金流量收取现金，且不打算将其提前处置，则该应收账款可以分类为以摊余成本计量的金融资产，否则不得作为以摊余成本计量的金融资产。因此，本题表述错误。

【答案】×

4.【解析】金融资产的分类一经确定，不得随意变更。当管理金融资产的业务模式发生改变的情况下，可以将金融资产变更为其他类别。因此，本题表述错误。

【答案】×

5.【解析】在非同一控制下的企业合并中，企业作为购买方确认的或有对价形成金融负债的，该金融负债应当按照以公允价值计量且其变动计入当期损益的金融负债进行会计处理。因此，本题表述错误。

【答案】×

四、计算分析题

1.（1）

【解析】以公允价值计量且其变动计入其他综合收益的金融资产，购买时发生的交易费用应当计入初始入账成本，本题中其他债权投资的初始入账价值 = 3 114.77 + 10 = 3 124.77（万元）。

【答案】

借：其他债权投资——成本		3 000
——利息调整		124.77
贷：银行存款		3 124.77

（2）

【答案】2020年应确认的投资收益 = 3 124.77×4% = 124.99（万元）。

借：应收利息　　　　　　　　　　　　　　　　　　　　　　　150【3 000×5%】

　　贷：其他债权投资——利息调整　　　　　　　　　　　　　25.01

　　　　投资收益　　　　　　　　　　　　　　　　　　　　124.99

借：银行存款　　　　　　　　　　　　　　　　　　　　　　　150

　　贷：应收利息　　　　　　　　　　　　　　　　　　　　　150

（3）

【解析】公允价值变动之前其他债权投资的账面余额 = 3 124.77 – 25.01 = 3 099.76（万元），甲公司2020年12月31日应确认的公允价值变动金额 = 3 200 – 3 099.76 = 100.24（万元）。

【答案】

借：其他债权投资——公允价值变动　　　　　　　　　　　　　100.24

　　贷：其他综合收益——其他债权投资公允价值变动　　　　　100.24

借：信用减值损失　　　　　　　　　　　　　　　　　　　　　30

　　贷：其他综合收益——信用减值准备　　　　　　　　　　　30

（4）

【解析】2020年12月31日其他债权投资利息调整的余额 = 124.77 – 25.01 = 99.76（万元）。

【答案】

借：债权投资——成本　　　　　　　　　　　　　　　　　　　3 000

　　　　　　——利息调整　　　　　　　　　　　　　　　　　99.76

　　贷：其他债权投资——成本　　　　　　　　　　　　　　　3 000

　　　　　　　　　　——利息调整　　　　　　　　　　　　　99.76

借：其他综合收益——其他债权投资公允价值变动　　　　　　　100.24

　　贷：其他债权投资——公允价值变动　　　　　　　　　　　100.24

借：其他综合收益——信用减值准备　　　　　　　　　　　　　30

　　贷：债权投资减值准备　　　　　　　　　　　　　　　　　30

五、综合题

1.（1）

【解析】企业取得的以公允价值计量且其变动计入当期损益的金融资产所支付的价款中包含的已宣告但尚未发放的现金股利，应单独确认为应收项目，发生的相关交易费用计入当期损益（投资收益）。

【答案】

借：交易性金融资产——成本　　　　　　　　　　　　　　　　1 000

　　应收股利　　　　　　　　　　　　　　　　　　　　　　　120

　　投资收益　　　　　　　　　　　　　　　　　　　　　　　10

　　　　贷：银行存款　　　　　　　　　　　　　　　　　　　　　　　1 130

（2）

【答案】

借：交易性金融资产——公允价值变动　　　　　　　　　　200【3×400－1 000】

　　　贷：公允价值变动损益　　　　　　　　　　　　　　　　　200

（3）

【解析】甲公司2021年度的应纳税所得额＝2 000－（1 200－1 000）＝1 800（万元）；

当期应交所得税＝1 800×25％＝450（万元）；递延所得税负债＝（1 200－1 000）×

25％＝50（万元）；所得税费用＝450＋50＝500（万元）。

【答案】

借：所得税费用　　　　　　　　　　　　　　　　　　　　500

　　　贷：应交税费——应交所得税　　　　　　　　　　　　450

　　　　　递延所得税负债　　　　　　　　　　　　　　　　50

（4）

【答案】

借：应收股利　　　　　　　　　　　　　　　　　　　200【0.5×400】

　　　贷：投资收益　　　　　　　　　　　　　　　　　　　200

借：银行存款　　　　　　　　　　　　　　　　　　　200

　　　贷：应收股利　　　　　　　　　　　　　　　　　　　200

（5）

【答案】

借：银行存款　　　　　　　　　　　　　　　　　　　1 080

　　投资收益　　　　　　　　　　　　　　　　　　　120

　　　贷：交易性金融资产——成本　　　　　　　　　　　　1 000

　　　　　　　　　　　——公允价值变动　　　　　　　　　200

借：递延所得税负债　　　　　　　　　　　　　　　　50

　　　贷：所得税费用　　　　　　　　　　　　　　　　　　50

第 7 章

第八章 职工薪酬及借款费用

🎯 应试指导

本章内容比较繁琐，涉及两块知识，即职工薪酬和借款费用，但是整体难度不大，重点比较突出。在复习备考过程中，重点关注：短期薪酬的内容，非货币性福利的处理，借款费用资本化期间开始、暂停与停止的判定以及借款利息资本化金额的计算。

📈 历年考情

本章主要以客观题的形式考查，但是也有在主观题中考查的可能性，主观题重点关注借款费用资本化的处理。本章分值一般在 4 分左右。

题型	2021年（一）		2021年（二）		2020年（一）		2020年（二）		2019年（一）		2019年（二）	
	题量	分值	题量	分值	题量	分值	题量	分值	题量	分值	题量	分值
单选题	1	1.5分	1	1.5分	—	—	1	1.5分	1	1.5分	—	—
多选题	1	2分	—	—	1	2分	1	2分	—	—	—	—
判断题	1	1分	1	1分	—	—	2	2分	1	1分	1	1分
计算分析题	—	—	—	—	1	7分	—	—	—	—	—	—
综合题	—	—	—	—	—	—	—	—	—	—	—	—

📋 高频考点列表

考点	单选题	多选题	判断题	计算分析题	综合题
职工薪酬的内容	—	2020年、2018年	—	—	—
短期薪酬的确认和计量	2021年、2020年、2019年、2017年	2020年	2021年	—	—
辞退福利的确认和计量	—	2021年、2020年	2021年、2020年	—	—
借款费用的确认	2020年、2018年	—	2019年、2017年	—	—
借款费用资本化金额的确定	2021年	—	2020年、2019年	2018年	2020年

章逻辑树

第八章 职工薪酬及借款费用

职工薪酬
- 职工的范围 · 订立合同；未订立合同但正式任命；未订立合同也未正式任命，但提供相同或相似服务
- 职工薪酬内容 · 短期薪酬、离职后福利、辞退福利、其他长期职工福利

借款费用
- 借款费用范围
  - 包括：借款利息、溢折价的摊销、辅助费用、汇兑差额等
  - 不包括：权益性融资费用
- 借款费用确认原则
  - 符合资本化条件的资产购建或者生产，计入相关资产成本
  - 其他借款费用在发生时，计入当期损益
- 资本化期间的确定
  - 开始资本化时点 ·（同时满足）
    - 资产支出已经发生
    - 借款费用已经发生
    - 相关购建或生产活动已经开始
  - 暂停资本化时间 · 发生非正常中断，且中断时间连续超过 3 个月
  - 停止资本化时点 · 资产达到预定可使用或可销售状态
- 资本化金额的确定
  - 专门借款
    - 资本化金额 = 资本化期间的利息 − 资本化期间的闲置资金收益
    - 费用化金额 = 非资本化期间的利息 − 非资本化期间的闲置资金收益
  - 一般借款
    - 资本化金额 = 一般借款的资本化率 × 累计资产支出超过专门借款部分的资产支出加权平均数
    - 通常不考虑闲置资金收益
- 外币借款资本化期间的汇兑差额
  - 资本化 · 外币专门借款本金及利息的汇兑差额
  - 费用化 · 外币专门借款之外的其他外币借款本金及利息的汇兑差额

高频考点 1 职工薪酬的内容

短期薪酬	①一般短期薪酬：包括职工工资、奖金、津贴和补贴；职工福利费；医疗保险费和工伤保险费等社会保险费；住房公积金；工会经费和职工教育经费。 ②短期带薪缺勤（累积带薪缺勤、非累积带薪缺勤）。 ③短期利润分享计划
离职后福利	设定提存计划（如养老保险费、失业保险费）；设定受益计划
辞退福利	合同到期之前解除与职工的劳动关系，或者为鼓励职工自愿接受裁减而给予职工的补偿
其他长期职工福利	长期带薪缺勤；其他长期服务福利；长期残疾福利；长期利润分享计划；长期奖金计划等

【真题实战·多选题】下列各项中，企业应通过"应付职工薪酬"科目核算的有（　　）。（2020年）

A. 支付给职工的业绩奖金

B. 作为福利发放给职工的自产产品

C. 支付给职工的加班费

D. 支付给职工的辞退补偿

【解析】职工薪酬，是指企业为获得职工提供的服务或解除劳动关系而给予的各种形式的报酬或补偿。职工薪酬包括短期薪酬、离职后福利、辞退福利和其他长期职工福利。选项A、B、C均属于短期薪酬，选项D属于辞退福利。综上，本题应选ABCD。

【答案】ABCD

【真题实战·多选题】下列职工薪酬中，企业应作为短期薪酬进行会计处理的有（　　）。（2018年）

A. 按时发放的工资

B. 向职工发放的高温补助

C. 由企业负担的住房公积金

D. 由企业负担的医疗保险费

【解析】短期薪酬是指企业在职工提供相关服务的年度报告期间结束后12个月内将全部支付的职工薪酬，因解除与职工的劳动关系给予的补偿除外。具体包括职工工资、奖金、津贴和补贴；职工福利费；医疗保险费和工伤保险费等社会保险费；住房公积金；工会经费和职工教育经费；短期带薪缺勤；短期利润分享计划；非货币性福利及其他短期薪酬（短期奖金计划等）。综上，本题应选ABCD。

【答案】ABCD

【沙场练兵·多选题】下列各项中，企业应作为职工薪酬核算的有（　　）。

A. 职工教育经费　　B. 非货币性福利

C. 长期残疾福利　　D. 累积带薪缺勤

【解析】职工薪酬，是指企业为获得职工提供的服务或解除劳动关系而给予的各种形式的报酬或补偿，包括短期薪酬、离职后福利、辞退福利和其他长期职工福利。选项A、B，职工教育经费、非货币性福利属于短期薪酬；选项C，长期残疾福利属于其他长期职工福利；选项D，带薪缺勤分为累积带薪缺勤与非累积带薪缺勤，短期带薪缺勤属于短期薪酬，长期带薪缺勤属于其他长期职工福利。综上，本题应选ABCD。

第8章

【答案】ABCD

【沙场练兵·多选题】下列属于设定提存计划的有（　　）。

A. 养老保险费　　　　B. 失业保险费

C. 医疗保险费　　　　D. 住房公积金

【解析】选项A、B，养老保险费、失业保险费属于离职后福利中的设定提存计划；选项C、D，医疗保险费、住房公积金属于短期薪酬，不属于设定提存计划。综上，本题应选AB。

【答案】AB

高频考点 2　短期薪酬的确认和计量

1. 非货币性福利

福利类型	计提时（受益原则）	发放或实际发生时
自产产品 （视同销售）	借：生产成本 　制造费用 　管理费用 　销售费用 　在建工程 　研发支出 贷：应付职工薪酬 　——非货币性福利	借：应付职工薪酬——非货币性福利 　贷：主营业务收入 　　应交税费——应交增值税（销项税额） 同时结转成本，存货计提减值的，一并结转
外购商品 （进项税额转出）		借：应付职工薪酬——非货币性福利 　贷：库存商品 　　应交税费——应交增值税（进项税额转出）
自有房屋等		借：应付职工薪酬——非货币性福利 　贷：累计折旧等
租赁住房		借：应付职工薪酬——非货币性福利 　贷：银行存款等　　　　　　　　**【每期租金】**

2. 带薪缺勤

累积带薪缺勤（可以结转下期）	VS	非累积带薪缺勤（不能结转下期）
在职工提供了服务从而增加了其未来享有的带薪缺勤权利时，确认与累积带薪缺勤相关的职工薪酬，并以累积未行使权利而增加的预期支付金额计量		在职工实际发生缺勤的会计期间，确认与非累积带薪缺勤相关的职工薪酬

3. 短期利润分享计划

短期利润分享计划同时满足下列条件的，企业应当确认相关的应付职工薪酬，并计入当期损益或相关资产成本：

（1）企业因过去的事项导致现在具有支付职工薪酬的法定义务或推定义务；

（2）因利润分享计划所产生的应付职工薪酬义务能够可靠估计。

【真题实战·判断题】企业自产的产品用于非货币性职工福利，按照账面价值和相关税费计入应付职工薪酬。（　　）（2021年）

【解析】企业自产的产品用于非货币性职工福利，应该按照视同销售处理，按公允价值和相关税费计入应付职工薪酬。因此,本题表述错误。

【答案】×

【真题实战·单选题】2019年1月1日，甲公司对管理层实施一项奖金计划。该计划规定，如果甲公司2019年度实现的净利润超过2 000万元，其超过部分的20%将作为奖金发放给管理层。2019年度甲公司实现净利润2 500万元。甲公司实施该奖金计划影响的利润表项目是（　　）。（2020年）

A. 其他综合收益　　　B. 管理费用

C. 资本公积　　　D. 营业外支出

【解析】甲公司实施的奖金计划属于短期利润分享计划，由于该奖金是发放给管理层，所以应计入管理费用中,甲公司的账务处理为(单位:万元)：

确认应付职工薪酬：

借：管理费用　　　　　　　　　　100

　　【（2 500－2 000）×20%】

　　贷：应付职工薪酬——利润分享计划　100

实际发放时：

借：应付职工薪酬——利润分享计划　100

　　贷：银行存款等　　　　　　　　100

综上，本题应选B。

【答案】B

【真题实战·多选题】下列各项在职职工的薪酬中，企业应当根据受益对象分配计入有关资产成本或当期损益的有（　　）。（2020年）

A. 职工工资　　　B. 住房公积金

C. 职工福利费　　　D. 基本医疗保险费

【解析】企业发生的职工工资（选项A）、津贴和补贴，为职工缴纳的医疗保险费（选项D）、工伤保险费等社会保险费和住房公积金（选项B），按规定提取的工会经费和职工教育经费，以及企业发生的职工福利费（选项C）等短期薪酬，应当按照受益对象计入当期损益或相关资产成本。综上，本题应选ABCD。

【答案】ABCD

【真题实战·单选题】甲公司为增值税一般纳税人，适用的增值税税率为13%。2019年6月1日，甲公司将自产的一批产品发放给公司高管。该批产品成本为50万元，市场价格为70万元。不考虑其他因素，则甲公司应确认的职工薪酬为（　　）万元。（2019年改编）

A.70　　　　　　　　B.56.5

C.79.1　　　　　　　D.50

【解析】企业以其自产产品作为非货币性福利发放给职工的，应当根据受益对象，按照该产品的含税公允价值计入相关资产成本或当期损益，同时确认应付职工薪酬。相关收入的确认、销售成本的结转以及相关税费的处理，与企业正常商品销售的会计处理相同。因此，甲公司应确认的职工薪酬金额＝70×（1＋13%）＝79.1（万元）。相关会计分录为（单位：万元）：

借：应付职工薪酬　　　　　　　　79.1

　　贷：主营业务收入　　　　　　　　70

　　　　应交税费——应交增值税（销项税额）

　　　　　　　　　　　　　　　　　　9.1

借：主营业务成本　　　　　　　　50

　　贷：库存商品　　　　　　　　　　50

综上，本题应选C。

【答案】C

【真题实战·单选题】甲公司系增值税一般纳税人，适用的增值税税率为13%。2020年4月5日，甲公司将自产的300件K产品作为福利发放给职工。该批产品的单位成本为400

元/件,公允价值和计税价格均为600元/件。不考虑其他因素,甲公司应记入"应付职工薪酬"科目的金额为(　　)万元。(2021年/2017年改编)

A.18　　　　　　　　B.13.56

C.12　　　　　　　　D.20.34

【解析】企业以其自产产品作为非货币性福利发放给职工的,应当根据受益对象,按照该产品的公允价值和相关税费计入相关资产成本或当期损益,同时确认应付职工薪酬,相关收入的确认、成本的结转与相关税费的处理,比照商品销售处理。则甲公司应计入职工薪酬的金额=[600×300×(1+13%)]÷10 000=20.34(万元)。综上,本题应选D。

【相关分录】(单位:万元)

(1)计提非货币性福利:

借:管理费用等　　　　　　　　20.34

　　贷:应付职工薪酬——非货币性福利20.34

(2)实际发放:

借:应付职工薪酬——非货币性福利20.34

　　贷:主营业务收入　　　　　　　18

　　【(600×300)÷10 000】

　　应交税费——应交增值税(销项税额)

　　　　　　　　　　　　　　　　2.34

借:主营业务成本　　　　　　　　12

　　【(400×300)÷10 000】

　　贷:库存商品　　　　　　　　　12

【答案】D

【沙场练兵·单选题】企业对向职工提供的非货币性福利进行计量时,应选择的计量属性是(　　)。

A.现值　　　　　　　B.公允价值

C.历史成本　　　　　D.重置成本

【解析】企业向职工提供非货币性福利的,应当按照公允价值计量。综上,本题应选B。

【答案】B

【沙场练兵·单选题】甲公司共有300名职工,其中60名为总部管理人员,240名为直接生产工人。从2021年1月1日起,该公司实行累积带薪缺勤制度。该制度规定,每名职工每年可享受5个工作日带薪年休假,未使用的年休假只能向后结转一个日历年度,超过1年未行使的权利作废;职工休年休假时,首先使用当年享受的权利,不足部分再从上年结转的带薪年休假中扣除;职工离开公司时,对未使用的累积带薪年休假无权获得现金支付。2021年12月31日,每个职工当年平均未使用带薪年休假为2天。甲公司预计2022年有240名职工将享受不超过5天的带薪年休假,剩余60名总部管理人员每人将平均享受6天年休假,该公司平均每名职工每个工作日工资为400元。甲公司2021年年末因累积带薪缺勤计入管理费用的金额为(　　)元。

A.24 000　　　　　　B.120 000

C.60 000　　　　　　D.0

【解析】甲公司2021年年末应当预计由于累积未使用的带薪年休假而导致预期将支付的金额,确认应付职工薪酬,并根据受益原则计入相关成本费用。根据甲公司预计2021年职工的年休假情况,只有60名总部管理人员会使用2021年的未使用带薪年休假1天(6-5),剩余未使用部分将失效,所以应计入管理费用的金额=60×1×400=24 000(元)。综上,本题应选A。

【答案】A

高频考点 3 辞退福利的确认和计量

1. 确认原则

企业向职工提供辞退福利的，应当在以下两者**孰早日**确认辞退福利产生的职工薪酬负债，并计入当期损益（管理费用）：

（1）企业不能单方面撤回因解除劳动关系计划或裁减建议所提供的辞退福利时；

（2）企业确认涉及支付辞退福利的重组相关的成本或费用时。

2. 注意事项

预计辞退福利产生的职工薪酬负债时，应具体考虑以下情况：

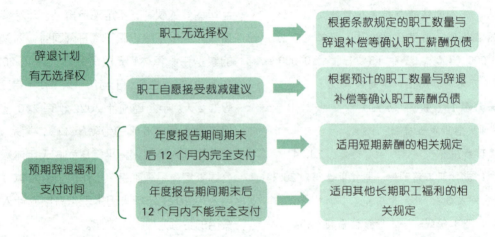

|敲黑板| 对于职工虽然没有与企业解除劳动合同，但未来不再为企业提供服务，不能为企业带来经济利益，企业承诺提供实质上具有辞退福利性质的经济补偿的，如发生内退的情况，正式退休日期**之前**比照辞退福利处理，正式退休日期**之后**比照离职后福利处理。

【真题实战·多选题】 下列各项关于企业职工薪酬会计处理的表述中，正确的有（　　）。（2021年）

A. 预期不会在年度报告期结束后12个月内支付的离职后福利应当以现值进行计量

B. 企业拟支付给内退职工的工资，应当在内退后分期计入各期损益

C. 企业生产车间管理人员的工资，应直接计入当期损益

D. 企业解除与生产工人的劳动关系给予的补

偿金，应计入当期损益

【解析】 选项A表述正确；选项B表述错误，企业拟支付给内退职工的工资，在职工正式退休之前比照辞退福利处理，在职工正式退休之后比照离职后福利处理；选项C表述错误，企业计提职工工资按照受益原则处理，生产车间管理人员的工资，应计入制造费用，而制造费用属于成本类科目，不影响当期损益；选项D表述正确，企业解除与职工的劳动关系给予的补偿金，一律计入管理费用（当期损益）。综上，

本题应选 AD。

【答案】AD

【真题实战·判断题】企业实施的职工内部退休计划，应当比照离职后福利进行会计处理。（　　）（2021年）

【解析】企业实施职工内部退休计划的，应当比照辞退福利处理。因此，本题表述错误。

【答案】×

【真题实战·判断题】对于职工没有选择权的辞退计划，企业应当根据计划条款规定拟解除劳动关系的职工数量、每一职位的辞退补偿等确认职工薪酬负债。（　　）（2021年）

【解析】辞退计划包含职工没有选择权的辞退计划以及职工自愿接受裁减建议的辞退计划，其中，对于职工没有选择权的辞退计划，企业应当根据计划条款规定拟解除劳动关系的职工数量、每一职位的辞退补偿等确认职工薪酬负债。因此，本题表述正确。

【答案】√

【真题实战·多选题】下列各项关于企业职工薪酬会计处理的表述中，正确的有（　　）。（2020年）

A. 产品生产工人的工资应当计入生产成本

B. 生活困难职工的补助应当计入营业外支出

C. 内退职工的工资应当计入营业外支出

D. 营销人员的辞退补偿应当计入管理费用

【解析】选项A表述正确，产品生产工人的工资属于产品生产的直接费用，计入生产成本；选项B表述错误，生活困难职工的补助属于职工薪酬中的短期薪酬，应按照受益对象计入当期损益或相关资产成本，而非营业外支出；选项C表述错误，内退职工的工资在其正式退休日期之前比照辞退福利处理，计入管理费用，在其正式退休日期之后按照离职后福利处理，按照受益对象计入当期损益，均不计入营业外

支出；选项D正确，辞退补偿属于辞退福利，发生时计入管理费用。综上，本题应选 AD。

【答案】AD

【真题实战·判断题】实施职工内部退休计划的企业，应将支付给内退职工的工资在职工内退期间分期计入损益。（　　）（2020年）

【解析】企业实施职工内部退休计划的，应当按照内退计划规定，将自职工停止提供服务日至正常退休日期间、企业拟支付的内退职工工资和缴纳的社会保险费等，确认为应付职工薪酬，一次性计入当期损益，在其正式退休日期之后，再按照离职后福利处理，分期计入损益。因此，本题表述错误。

【答案】×

【沙场练兵·单选题】下列关于辞退福利的表述中，正确的是（　　）。

A. 企业应当在职工提供服务的会计期间确认和计量辞退福利

B. 辞退福利指企业在职工劳动合同到期之前解除与职工的劳动关系，或者为鼓励职工自愿接受裁减而给予职工的补偿

C. 到达退休年龄前与企业商议不再为企业提供服务，不能为企业带来经济利益的（内退），在其正式退休前应当比照离职后福利处理

D. 企业应将职工享受的辞退福利确认为职工薪酬负债，并按受益对象计入当期损益或资产成本

【解析】选项A表述错误，企业应当在职工辞退时（而非提供服务期间）确认和计量辞退福利；选项B表述正确；选项C表述错误，到达退休年龄前与企业商议不再为企业提供服务，不能为企业带来经济利益的（内退），在其正式退休前应当比照辞退福利处理，在其正式退休后应当比照离职后福利处理；选项D表述错误，辞退福利产生的职工薪酬负债应当计入当

期损益（管理费用），不遵循受益原则。综上，本题应选 B。

【答案】B

【沙场练兵·单选题】甲公司是一家制造企业，由于经济效益没有达到理想状态，甲公司管理层于 2021 年 10 月 20 日决定停产某车间的生产任务，提出职工没有选择权的辞退计划，规定拟辞退一线生产工人 50 名，车间管理人员 10 名，总部管理人员 2 名，并于 2022 年 1 月 1 日起执行。该辞退计划已经通知相关人员，并经董事会批准，辞退补偿为生产工人每人 5 万元，车间管理人员每人 10 万元，总部管理人员每人 20 万元。下列各项中，有关该辞退计划甲公司会计处理正确的是（   ）。

A. 借记"生产成本"科目 250 万元

B. 借记"制造费用"科目 100 万元

C. 借记"管理费用"科目 40 万元

D. 借记"管理费用"科目 390 万元

【解析】由于辞退的职工不再为企业提供服务，不能为企业带来经济利益，因此所有职工辞退福利均应一次性计入当期损益（管理费用）。本题中，甲公司应支付的补偿总金额＝50×5＋10×10＋2×20＝390（万元）。综上，本题应选 D。

【相关分录】（单位：万元）

借：管理费用   390

　　贷：应付职工薪酬——辞退福利   390

【答案】D

【沙场练兵·判断题】企业预期辞退福利在其确认的年度报告期间期末后 12 个月内不能完全支付的辞退福利，应当按照短期薪酬的相关规定进行处理。（   ）

【解析】对于辞退福利预期在其确认的年度报告期间期末后 12 个月内不能完全支付的辞退福利，企业应当适用其他长期职工福利的相关规定。因此，本题表述错误。

【答案】×

高频考点 4 借款费用的确认

1. 确认原则

（1）可直接归属于符合资本化条件的资产购建或者生产的，应当予以资本化，计入相关资产成本。

（2）其他借款费用，应当在发生时根据其发生额确认为费用，计入当期损益。

【敲黑板】

（1）只有在购建或者生产某项符合资本化条件的资产占用了一般借款时，才能将与该部分一般借款相关的借款费用资本化。

（2）符合资本化条件的资产：指需要经过相当长时间（≥1 年）的购建或生产活动才能达到预定可使用或可销售状态的固定资产、投资性房地产和存货等资产。如果由于人为或故意等非正常因素，导致资产的购建或生产时间相当长的，该资产不属于符合资本化条件的资产。

2. 资本化期间的确定

开始资本化时点　　　　暂停资本化时间　　　停止资本化时点

①资产支出已经发生；　　　发生非正常中断且中断　　资产达到预定可使用
②借款费用已经发生；　　　时间连续超过 3 个月　　　或可销售状态
③为使资产达到预定可使用或可销售状
态所必要的购建或生产活动已经开始

┃敲黑板┃只有发生在资本化期间内的有关借款费用才允许资本化，资本化期间的确定是借款费用确认和计量的重要前提。

【真题实战·单选题】企业专门借款利息开始资本化后发生的下列各项建造中断事项中，将导致其应暂停借款利息资本化的事项是（　　）。（2020 年）

A. 因可预见的冰冻季节造成建造中断连续超过 3 个月

B. 因工程质量纠纷造成建造多次中断累计 3 个月

C. 因发生安全事故造成建造中断连续超过 3 个月

D. 因劳务纠纷造成建造中断 2 个月

【解析】符合资本化条件的资产在购建或者生产过程中发生非正常中断且中断时间连续超过 3 个月的，应当暂停借款费用的资本化。选项 A，建造中断是由于可预见的冰冻季节造成的，不属于非正常中断；选项 B，建造多次中断累计 3 个月，不满足中断时间连续超过 3 个月的条件；选项 C，发生安全事故造成建造中断属于非正常中断，且中断时间连续超过 3 个月，符合暂停借款利息资本化的条件；选项 D，建造中断 2 个月，不满足中断时间的条件。综上，本题应选 C。

【答案】C

【真题实战·判断题】企业用于建造厂房的专门借款，在借款费用资本化期间，其尚未动用部分存入银行取得的利息，应冲减财务费用。（　　）（2019 年）

【解析】企业用于建造厂房的专门借款尚未动用部分存入银行取得的利息，在借款费用资本化期间，冲减在建工程；费用化期间，冲减财务费用。因此，本题表述错误。

【答案】×

【真题实战·单选题】2018 年 2 月 18 日，甲公司以自有资金支付了建造厂房的首期工程款，工程于 2018 年 3 月 2 日开始施工。2018 年 6 月 1 日甲公司从银行借入于当日开始计息的专门借款，并于 2018 年 6 月 26 日使用该项专门借款支付第二期工程款。该项专门借款利息开始资本化的时点为（　　）。（2018 年）

A. 2018 年 6 月 26 日

B. 2018 年 3 月 2 日

C. 2018 年 2 月 18 日

D. 2018 年 6 月 1 日

【解析】开始资本化时点要同时满足三个条件，即资产支出已经发生、借款费用已经发生、为使资产达到预定可使用或者可销售状态所必要的购建或生产活动已经开始。综上，本题应选 D。

【答案】D

【真题实战·判断题】符合资本化条件的资产

在购建过程中发生了正常中断,且中断时间连续超过一个月的,企业应暂停借款费用资本化。( )(2017年)

【解析】符合资本化条件的资产在购建或者生产过程中发生非正常中断(而非"正常中断")、且中断时间连续超过3个月(而非1个月)的,应当暂停借款费用的资本化。在中断期间发生的借款费用,应当确认为费用,计入当期损益,直至资产的购建或生产活动重新开始。因此,本题表述错误。

【答案】×

【沙场练兵·单选题】企业发生的下列各项融资费用中,不属于借款费用的是( )。

A. 股票发行费用

B. 长期借款的手续费

C. 外币借款的汇兑差额

D. 溢价发行债券的利息调整摊销额

【解析】借款费用包括借款利息、折价或溢价的摊销、辅助费用以及因外币借款而发生的汇兑差额等。企业发生的权益性融资费用,不应包括在借款费用中,而应冲减资本公积(股本溢价)。综上,本题应选A。

【答案】A

【沙场练兵·单选题】下列导致固定资产建造中断时间连续超过3个月的事项中,不应暂停借款费用资本化的是( )。

A. 劳务纠纷 B. 安全事故

C. 资金周转困难 D. 可预测的气候影响

【解析】选项A、B、C,属于非正常中断,当其中断时间连续超过3个月时应暂停借款费用资本化;选项D,可预测的气候原因不属于非正常中断,不应当暂停借款费用资本化。综上,本题应选D。

【答案】D

高频考点 5 借款费用资本化金额的确定

1. 借款利息资本化金额的确定

专门借款利息资本化金额	专门借款资本化的利息金额 = 专门借款当期实际发生的利息费用 – 尚未动用借款资金取得的收益
一般借款利息资本化金额(A)	A = 累计资产支出超过专门借款部分的资产支出加权平均数 × 所占用一般借款的资本化率 $$所占用一般借款的资本化率 = \frac{所占用一般借款当期实际发生的利息之和}{所占用一般借款本金加权平均数} \times 100\%$$ $$资产支出加权平均数 = \sum \left(每笔资产支出金额 \times \frac{该笔资产支出在当期所占用的天数}{当期天数} \right)$$

【敲黑板】每一会计期间的利息资本化金额不应当超过当期相关借款实际发生的利息金额。

2. 外币专门借款汇兑差额资本化金额的确定

在资本化期间内,外币**专门借款**本金及其利息的汇兑差额应当予以资本化,计入符合资本化条件的资产的成本;除外币专门借款之外的其他外币借款本金及其利息所产生的汇兑差额,应当作为财务费用计入当期损益。

【真题实战·单选题】2020年1月1日，甲公司取得专门借款4 000万元用于当日开工建造的厂房，借款期限为2年，该借款的合同年利率与实际年利率均为5%。按年支付利息，到期还本。同日，甲公司借入一般借款1 000万元，借款期限为5年，该借款的合同年利率与实际年利率均为6%，按年支付利息，到期还本。甲公司于2020年1月1日支付工程款3 600万元。2021年1月1日支付工程款800万元。2021年12月31日，该厂房建造完毕达到预定可使用状态，并立即投入使用。不考虑其他因素，甲公司2021年一般借款利息应予资本化的金额为（　　）万元。（2021年）

A. 200　　　　　　　B. 48

C. 60　　　　　　　D. 24

【解析】一般借款是在专门借款不足使用的情况下才会开始使用，专门借款一共为4 000万元，2020年1月1日支付了3 600万元，2021年1月1日需要支付800万元，而专门借款只能提供400万元，其余由一般借款提供。因此，2021年占用一般借款400万元，且占用全年。则2021年专门借款利息资本化金额＝4 000×5%＝200（万元）；一般借款利息资本化金额＝400×6%＝24（万元）。题目问的是一般借款利息资本化金额，即24万元。综上，本题应选D。

【答案】D

【真题实战·判断题】在确定借款利息资本化金额时，每一会计期间内资本化金额不应超过当期实际利息金额。（　　）（2020年）

【解析】借款利息符合资本化条件的应予资本化计入相关资产成本，不符合资本化条件的应予费用化计入当期损益。所以借款利息每一会计期间内资本化金额一定小于或等于当期实际利息。因此，本题表述正确。

【答案】√

【真题实战·判断题】资本化期间内，外币专门借款本金和利息的汇兑差额应予以资本化。（　　）（2019年）

【解析】在资本化期间内，外币专门借款本金及其利息的汇兑差额应当予以资本化，计入符合资本化条件的资产的成本；除外币专门借款之外的其他外币借款本金及其利息所产生的汇兑差额，应当作为财务费用计入当期损益。因此，本题表述正确。

【答案】√

【沙场练兵·判断题】为购建或者生产符合资本化条件的资产而占用了一般借款的，计算确定一般借款应予资本化的利息金额时，不需要考虑一般借款闲置资金的利息收入或投资收益。（　　）

【解析】只有在购建或者生产某项符合资本化条件的资产占用了一般借款时，才能将与该部分一般借款相关的借款费用资本化。因此，在计算确定一般借款应予资本化的利息金额时，不需要考虑一般借款闲置资金的利息收入或投资收益。因此，本题表述正确。

【答案】√

【真题实战·综合题】（2020年）

2017年至2019年，甲公司发生的与A生产线相关的交易或事项如下：

资料一：2017年1月1日，因建造A生产线向银行借入2年期专门借款1 000万元，该借款的合同年利率与实际年利率均为6%，每年年末支付当年利息，到期偿还本金。甲公司将专门借款中尚未动用的部分用于固定收益的短期投资，该短期投资年收益率为3%，假定全年按照360天计算，每月按照30天计算。

资料二：2017年1月1日，开始建造A生产线，当日以专门借款资金支付建造工程款600万元。2017年7月1日，以专门借款资金支付建造工程款400万元。

资料三：2018年6月30日，A生产线建造完毕并达到预定可使用状态，立即投入产品生产。甲公司预计该生产线的使用年限为5年，预计净残值为84万元，采用年限平均法计提折旧。

资料四：2019年12月31日，A生产线出现减值迹象，经减值测试，预计可收回金额为750万元。

本题不考虑增值税等相关税费及其他的因素，答案中的金额单位用万元表示。

要求：

（1）计算甲公司2017年全年、2018年上半年专门借款利息应予资本化的金额。

（2）计算甲公司2018年6月30日A生产线建造完毕并达到预定可使用状态时的初始入账金额，并编制相关会计分录。

（3）计算甲公司2018年度A生产线应计提折旧的金额，并编制相关会计分录。

（4）计算甲公司2019年12月31日A生产线应计提减值准备的金额，并编制相关会计分录。

（1）

【解析】专门借款利息资本化金额＝资本化期间的实际利息费用－尚未动用借款资金取得的投资收益

【答案】2017年全年专门借款利息予以资本化的金额＝1 000×6％－（1 000－600）×3％ ×180/360＝54（万元）。

2018年上半年专门借款利息予以资本化的金额＝1 000×6％ ×180/360＝30（万元）。

（2）

【解析】为建造固定资产发生的支出，通过"在建工程"科目进行归集，待达到预定可使用状态时，转入固定资产。

【答案】2018年6月30日A生产线建造完毕并达到预定可使用状态时的初始入账金额＝600＋400＋54＋30＝1 084（万元）。相关会计分录为：

2017年1月1日

借：在建工程　　　　　　　　　　　　　　　　　　　　　　　600

　　贷：银行存款　　　　　　　　　　　　　　　　　　　　　　　　　600

2017年7月1日

借：在建工程　　　　　　　　　　　　　　　　　　　　　　　400

　　贷：银行存款　　　　　　　　　　　　　　　　　　　　　　　　　400

2017 年 12 月 31 日

借：在建工程　　　　　　　　　　　　　　　　　　　　　　　　　54

　　应收利息（或银行存款）　　　　　　　　　　　　　　　　　　6

　　　贷：应付利息　　　　　　　　　　　　　　　　　　　　　　　　60

2018 年 6 月 30 日

借：在建工程　　　　　　　　　　　　　　　　　　　　　　　　　30

　　　贷：应付利息　　　　　　　　　　　　　　　　　　　　　　　　30

借：固定资产　　　　　　　　　　　　　　　　　　　　　　　　1 084

　　　贷：在建工程　　　　　　　　　　　　　　　　　　　　　　　1 084

（3）

【答案】2018 年度 A 生产线应计提折旧的金额＝（1 084 − 84）÷5×6/12＝100（万元）。

相关会计分录为：

借：制造费用　　　　　　　　　　　　　　　　　　　　　　　　100

　　　贷：累计折旧　　　　　　　　　　　　　　　　　　　　　　　100

（4）

【解析】固定资产自达到预定可使用状态的次月开始计提折旧，则自 2018 年 6 月 30 日至 2019 年 12 月 31 日，A 生产线共计提了 1.5 年的折旧。

【答案】甲公司 2019 年年末减值测试前 A 生产线的账面价值＝1 084 −（1 084 − 84）/5×1.5＝784（万元），故甲公司 2019 年 12 月 31 日应计提减值准备的金额＝784 − 750＝34（万元）。相关会计分录为：

借：资产减值损失　　　　　　　　　　　　　　　　　　　　　　34

　　　贷：固定资产减值准备　　　　　　　　　　　　　　　　　　　34

【真题实战·计算分析题】（2018 年）

甲股份有限公司（以下简称"甲公司"）拟自建厂房，与该厂房建造相关的情况如下：

（1）2016 年 1 月 1 日，甲公司按面值发行公司债券，专门筹集厂房建设资金。该公司债券为 3 年期分期付息、到期还本的不可提前赎回债券，面值为 20 000 万元，票面年利率为 7%，发行所得 20 000 万元已存入银行。

（2）甲公司除上述所发行公司债券外，还存在两笔流动资金借款：一笔于 2016 年 1 月 1 日借入，本金为 5 000 万元，年利率为 6%，期限 3 年；另一笔于 2017 年 1 月 1 日借入，本金为 3 000 万元，年利率为 8%，期限 5 年。

（3）厂房建造工程于 2016 年 1 月 1 日开工，采用外包方式进行。有关建造支出情况如下：2016 年 1 月 1 日，支付建造商 15 000 万元；2016 年 7 月 1 日，支付建造商 5 000 万元；2017 年 1 月 1 日，支付建造商 4 000 万元；2017 年 7 月 1 日，支付建造商 2 000 万元。

（4）2017年12月31日，该工程达到预定可使用状态。甲公司将闲置的借款资金投资于固定收益债券，月收益率为0.3%。假定一年为360天，每月按30天计算。

本题不考虑增值税等相关税费及其他因素的影响，答案中的金额单位用万元表示。

要求：

（1）编制甲公司2016年1月1日发行债券的账务处理。

（2）计算2016年资本化的利息金额，并编制相关会计分录。

（3）计算2017年资本化及费用化的利息金额，并编制相关会计分录。

【答案】

（1）发行债券：

借：银行存款　　　　　　　　　　　　　　　　　　　20 000

　　贷：应付债券——面值　　　　　　　　　　　　　　　　　20 000

（2）2016年：

专门借款实际发生的利息费用＝20 000×7%＝1 400（万元），专门借款闲置的资金收益＝（20 000－15 000）×0.3%×6＝90（万元），专门借款发生的利息资本化金额＝1 400－90＝1 310（万元）；一般借款实际发生的利息费用＝5 000×6%＝300（万元），应全部费用化。因此，2016年应予资本化的利息金额为1 310万元。

相关会计分录为：

借：在建工程　　　　　　　　　　　　　　　　　　　1 310

　　应收利息（或银行存款）　　　　　　　　　　　　　　90

　　贷：应付利息　　　　　　　　　　　　　　　　　　　1 400

（3）2017年：

专门借款利息资本化金额＝20 000×7%＝1 400（万元）。

占用一般借款的累计资产支出加权平均数＝4 000×12／12＋2 000×6／12＝5 000（万元），一般借款加权平均资本化率＝（5 000×6%＋3 000×8%）／（5 000＋3 000）×100%＝6.75%，一般借款利息资本化金额＝5 000×6.75%＝337.5（万元）。

一般借款实际利息费用＝5 000×6%＋3 000×8%＝540（万元）；一般借款利息费用化金额＝540－337.5＝202.5（万元）。因此，2017年应予资本化的利息金额＝1 400＋337.5＝1 737.5（万元），应予费用化的利息金额＝202.5（万元）。

相关会计分录为：

借：在建工程　　　　　　　　　　　　　　　　　　　1 737.5

　　财务费用　　　　　　　　　　　　　　　　　　　　202.5

　　贷：应付利息　　　　　　　　　　　　　　　　　　　1 940

强化练习

一、单项选择题

1. 企业在资本化期间内利用闲置的专门借款资金取得固定收益债券利息时，应作的会计处理是（　　）。

    A. 冲减相关资产成本
    B. 确认递延收益
    C. 冲减财务费用
    D. 计入投资收益

2. 2021 年 4 月 20 日，甲公司以当月 1 日自银行取得的专门借款支付了建造办公楼的首期工程物资款，5 月 10 日开始施工，5 月 20 日因发现文物需要发掘保护而暂停施工，7 月 15 日复工兴建。甲公司该笔借款费用开始资本化的时点为（　　）。

    A. 2021 年 4 月 1 日
    B. 2021 年 4 月 20 日
    C. 2021 年 5 月 10 日
    D. 2021 年 7 月 15 日

3. 甲公司于 2021 年初制定和实施了一项短期利润分享计划，以对管理层进行激励。该计划规定，如果公司管理层通过努力使得公司 2021 年全年净利润超过 1 000 万元，则超出部分的 8% 作为奖金发放给公司管理层。假定截至 2021 年年末，甲公司全年实现净利润 1 250 万元。不考虑其他因素，甲公司因此项利润分享计划应确认的应付职工薪酬为（　　）万元。

    A. 20
    B. 0
    C. 100
    D. 80

4. 甲公司为建造一栋办公楼于 2020 年 2 月 1 日从银行借入一笔专门借款。3 月 5 日，已使用该笔借款购置了水泥、钢材等工程物资，但是该办公楼因各种原因延迟至 7 月 1 日才开工兴建。2021 年 2 月 28 日，由于工程施工发生了安全事故，导致工程中断，直至 6 月 10 日才恢复建造。该办公楼于 2021 年 8 月 10 日建造完成，达到预定可使用状态。2021 年 9 月 5 日，甲公司办理工程竣工决算。不考虑其他因素，甲公司关于借款费用资本化期间的说法正确的是（　　）。

    A. 资本化开始的时间为 2020 年 3 月 5 日
    B. 2021 年 2 月 28 日至 2021 年 6 月 10 日应当暂停借款费用资本化
    C. 2020 年 7 月 1 日至 2021 年 8 月 10 日借款费用应当资本化
    D. 2021 年 9 月 5 日应当停止资本化

5. 某企业于 2021 年 1 月 1 日开工建造一间生产用厂房，该企业为建造该固定资产于 2021 年 1 月 1 日专门借入一笔款项，本金为 1 500 万元，年利率为 6%，期限为 2 年。该企业另借入两笔一般借款：第一笔为 2020 年 1 月 1 日借入的 1 000 万元，借款年利率为 8%，期限为 3 年；第二笔为 2021 年 10 月 1 日借入的 800 万元，借款年利率为 7%，期限为 2 年。2021 年 12 月 31 日该固定资产全部完工并投入使用，该企业 2021 年为购建固定资产而占用的一般借款资本化率为（　　）。（计算结果保留两位小数）

    A. 7.5%
    B. 7.83%
    C. 7%
    D. 5.58%

6. 乙公司实行的带薪缺勤制度规定，职工累积未使用的带薪缺勤权利可以往后结转一个公历年度，超过 1 年未使用的权利作废，且在职工离开企业时也无权获得现金支付，每个职工每年可享受 10 个工作日带薪年休假。至 2021 年 12 月 31 日，乙公司有 2 000 名职工未享受当年的带薪年休假，乙公司预计 2022 年有 1 800 名职工将享受不超过 10 天的年休假，剩余 200 名职工每人将平均享受 12 天年休假，其中 50 名为研发部门人员，30 名为总部管理人员，120 名为车间管理人员。该公司平均每名职工每个工作日工资为 600 元。乙公司 2021 年预计由于职工累积未使用的带薪年休假权利而确认的成本和费用是（   ）万元。

   A.144   B.12   C.24   D.0

7. 甲公司为增值税一般纳税人，适用的增值税税率为 13%。2021 年 10 月 8 日，甲公司将自产的一批产品发放给本企业管理层员工。该批产品的实际成本为 90 万元，已计提存货跌价准备 4 万元，市场售价为 96 万元。不考虑其他因素，甲公司该项业务对当期损益的影响金额为（   ）万元。

   A. – 98.48   B.10   C. – 102.48   D. – 108.48

8. 2022 年 1 月 1 日，甲公司为建造厂房，向银行借入 1 000 万美元，期限为 3 年，年利率为 5%，利息按季计算，到期支付。1 月 1 日借入时的市场汇率为 1 美元 = 6.26 人民币元，3 月 31 日的市场汇率为 1 美元 = 6.31 元人民币。假设 2022 年第一季度属于资本化期间，则第一季度外币专门借款汇兑差额的资本化金额为（   ）万元人民币。

   A.0   B.50   C.52   D.54

9. 甲公司 2021 年 1 月 1 日向银行借款 3 000 万元专门用于建造一幢厂房，预计建设期为 2 年。该项借款年利率为 5%，期限为 3 年，分期付息到期还本。2021 年 3 月 1 日工程开工，甲公司支付工程款 1 000 万元；2021 年 8 月 1 日工程出现质量问题被相关部门责令限期整改；2021 年 12 月 1 日工程整改完成并开工，当日支付工程款 600 万元。甲公司将闲置资金用于购买固定收益理财产品，月收益率为 0.5%。则甲公司 2021 年专门借款应予资本化的利息金额为（   ）万元。

   A.28   B.75   C.25.5   D.18

10. 甲公司购建满足资本化条件的固定资产时，发生非正常中断连续 4 个月，则中断期间发生的借款费用应当计入（   ）。

   A. 财务费用   B. 在建工程   C. 固定资产   D. 管理费用

二、多项选择题

1. 下列各项中，企业应作为短期薪酬进行会计处理的有（   ）。

   A. 辞退福利   B. 短期利润分享计划
   C. 设定提存计划   D. 向职工发放的奖金

2. 下列各项中，属于借款费用的有（   ）。

   A. 银行借款的利息   B. 因外币借款而发生的汇兑差额
   C. 债券折价的摊销   D. 发行股票的手续费

第 8 章

3. 下列关于带薪缺勤的表述中，正确的有（　　　）。

   A. 非累积带薪缺勤不可以结转到下期，但职工在离开企业时可以要求企业支付现金

   B. 与非累积带薪缺勤相关的职工薪酬包含在每期向职工发放的工资等薪酬中

   C. 我国企业职工休婚假、产假、病假等期间的工资一般属于非累积带薪缺勤

   D. 累积带薪缺勤应当在职工实际发生缺勤的会计期间确认与其相关的职工薪酬

4. 下列各项中，借款费用应停止资本化的有（　　　）。

   A. 购建或者生产的资产的各部分分别完工，但必须等到整体完工后才可使用或者可对外销售的

   B. 购建或者生产符合资本化条件的资产需要试生产或者试运行的，试生产结果表明资产能够正常生产出合格产品

   C. 继续发生在所购建或生产的符合资本化条件的资产上的支出金额很少

   D. 符合资本化条件的资产的实体建造或者生产活动实质上已经完成

5. 甲公司为增值税一般纳税人，适用的增值税税率为13%。2021年5月，甲公司以其生产的每台成本为1 000元的电暖气作为福利发放给公司职工。甲公司共有职工120名，其中，90名为生产人员，20名为车间管理人员，10名为总部管理人员。该型号的电暖气市场售价为每台1 150元（不含增值税税额）。甲公司下列会计处理正确的有（　　　）。

   A. 应确认的应付职工薪酬为120 000元　　　　B. 应确认生产成本142 945元

   C. 应确认主营业务收入138 000元　　　　D. 应确认管理费用12 995元

6. 下列各项中，属于职工薪酬中设定提存计划的有（　　　）。

   A. 工伤保险费　　　　　　　　　　　　B. 医疗保险费

   C. 失业保险费　　　　　　　　　　　　D. 职工养老保险费

7. 下列符合资本化条件的资产在购建过程中发生的中断，属于非正常中断的有（　　　）。

   A. 资金周转发生了困难　　　　　　　　B. 发生了与资产购建有关的劳动纠纷

   C. 可预见的气候条件恶劣导致无法施工　　D. 工程用料未能及时供应

8. 关于借款费用，下列说法中正确的有（　　　）。

   A. 专门借款利息资本化金额为累计资产支出加权平均数乘以资本化率

   B. 企业为购建或者生产符合资本化条件的资产而承担的带息债务应当作为资产支出，当该带息债务发生时，视同资产支出已经发生

   C. 在资本化期间内，外币专门借款本金及其利息的汇兑差额应当予以资本化，计入符合资本化条件的资产的成本

   D. 对于企业发生的债权性融资费用，不应包括在借款费用中

9. 下列各项中，属于相关借款费用可予资本化的资产范围的有（　　　）。

   A. 房地产开发企业需要经过15个月的建造活动才能达到可销售状态的存货

   B. 经过11个月的生产活动才能达到预定可销售状态的机器设备

   C. 租入使用期限为8个月的生产设备

   D. 制造企业经过13个月购建达到预定用途的厂房

10. 下列各项中，属于企业职工薪酬核算范围的有（　　　）。

    A. 将购买的产品发放给本企业职工

    B. 将自产的产品发放给本企业的股东作为实物股利

    C. 将租赁的房屋免费提供给本企业职工居住

    D. 支付给本企业职工家属的奖励款

三、判断题

1. 在资本化期间，外币一般借款本金及利息的汇兑差额应予以资本化。（　　　）

2. 企业以赊购方式购买工程所需物资而承担了债务，表明资本化时点中资产支出已经发生。
（　　　）

3. 资本化期间内，符合资本化条件的资产购建活动发生中断，专门借款费用应计入当期损益。
（　　　）

4. 实施职工内部退休计划的，应当按照离职后福利处理。（　　　）

5. 购建或者生产的资产的各部分分别完工，但必须等到整体完工后才可使用或者可对外销售的，
应当在该资产整体完工时停止借款费用的资本化。（　　　）

四、计算分析题

1. 甲公司 2020 年至 2021 年发生的与一幢办公楼有关的业务资料如下：

（1）甲公司于 2020 年 1 月 1 日正式动工兴建一幢办公楼，工期预计为 1.5 年。工程采用出
包方式，分别于 2020 年 1 月 1 日、2020 年 7 月 1 日和 2021 年 1 月 1 日支付工程进度款。

（2）2020 年 1 月 1 日，为建造该办公楼，甲公司向银行借入专门借款 3 000 万元，期限为 3
年，合同年利率与实际年利率均为 5%，按年支付利息，到期一次还本。甲公司将闲置借款资
金用于固定收益债券短期投资，该短期投资月收益率为 0.5%。假定甲公司每年年末计提借款
利息费用，存贷款利息全年按 360 天计算，每月按 30 天计算。

（3）甲公司除上述所发生的一笔专门借款外，还存在两笔流动资金借款：一笔为 2019 年 1
月 1 日从银行取得的长期借款 2 000 万元，期限为 3 年，年利率 6%，按年支付利息。另一笔
为发行的公司债券 10 000 万元，于 2018 年 1 月 1 日发行，期限为 5 年，年利率为 8%，按
年支付利息。假定这两笔一般借款除了用于办公楼的建设外，没有再用于其他符合资本化条件
的资产购建或者生产活动。

（4）办公楼于 2020 年 1 月 1 日开工，有关建造支出情况如下：2020 年 1 月 1 日，支付给建
造商 1 500 万元；2020 年 7 月 1 日，支付给建造商 3 500 万元；2021 年 1 月 1 日，支付给
建造商 3 500 万元。

（5）2020 年 9 月 1 日，办公楼建造过程中出现人员伤亡事故，被当地安检部门责令停工整改，
至 2021 年 1 月 1 日恢复建造。

（6）2021 年 10 月 31 日，该办公楼达到预定可使用状态，2021 年 11 月 15 日办理竣工结算
手续并于当日投入使用。

假定：不考虑增值税及其他相关税费等因素的影响。（计算结果保留两位小数，答案中的金额单位用万元表示）

要求：

（1）判断该在建工程的资本化期间并说明理由。

（2）计算 2020 年专门借款及一般借款应予资本化的利息金额，并编制相关的会计分录。

（3）计算 2021 年专门借款及一般借款应予资本化的利息金额，并编制相关的会计分录。

答案与解析

一、单项选择题

1.【解析】为购建或者生产符合资本化条件的资产而借入专门借款的，应当以专门借款当期实际发生的利息费用，减去将尚未动用的借款资金存入银行取得的利息收入或者进行暂时性投资取得的投资收益后的金额，确定专门借款应予资本化的利息金额。综上，本题应选 A。

【答案】A

2.【解析】根据规定，借款费用开始资本化必须同时满足以下三个条件：①资产支出已经发生；②借款费用已经发生；③为使资产达到预定可使用或者可销售状态所必要的购建或生产活动已经开始。所以开始资本化的时点为 2021 年 5 月 10 日。综上，本题应选 C。

【答案】C

3.【解析】甲公司管理层按照利润分享计划可以分享的利润 =（1 250 – 1 000）× 8% = 20（万元）。相关会计分录为（单位：万元）：

借：管理费用　　　　　　　　　　　　　　　　　　　　　20

　　贷：应付职工薪酬——利润分享计划　　　　　　　　　　　　20

综上，本题应选 A。

【答案】A

4.【解析】选项 A 表述错误，借款费用同时满足下列条件的，才能开始资本化：①资产支出已经发生；②借款费用已经发生；③为使资产达到预定可使用或者可销售状态所必要的购建或者生产活动已经开始。则本题资本化开始的时间应为 2020 年 7 月 1 日。选项 B 表述正确，选项 C 表述错误，符合资本化条件的资产在购建或者生产过程中发生非正常中断且中断时间连续超过 3 个月的，应当暂停借款费用的资本化，本题发生的安全事故属于非正常中断且时间连续超过三个月，应当暂停资本化。选项 D 表述错误，符合资本化条件的资产达到预定可使用状态时停止资本化，所以资本化期间的结束时间为 2021 年 8 月 10 日。综上，本题应选 B。

【答案】B

5.【解析】所占用一般借款的资本化率 = 所占用一般借款当期实际发生的利息之和 ÷ 所占用一般借款本金加权平均数。本题中，所占用的一般借款资本化率 =（1 000 × 8% + 800 × 7% × 3/

12）÷（1 000 + 800×3/12）×100% = 7.83%。综上，本题应选 B。

【答案】B

6.【解析】乙公司在 2021 年 12 月 31 日应当预计由于职工累积未使用的带薪年休假权利而导致的预期支付的金额 = 200×（12 − 10）×600/10 000 = 24（万元）。综上，本题应选 C。

【答案】C

7.【解析】企业将自产产品作为福利发放给职工，按照视同销售处理，确认销售收入，同时结转成本。确认销售收入并结转成本时，影响损益的金额 = 96 −（90 − 4）= 10（万元）；按照受益对象分配时，计入管理费用影响损益的金额 = 96×（1 + 13%）= 108.48（万元）；共影响损益的金额 = 10 − 108.48 = − 98.48（万元）。综上，本题应选 A。

【相关分录】（单位：万元）

借：管理费用	108.48	
贷：应付职工薪酬		108.48
借：应付职工薪酬	108.48	
贷：主营业务收入		96
应交税费——应交增值税（销项税额）		12.48
借：主营业务成本	86	
存货跌价准备	4	
贷：库存商品		90

【答案】A

8.【解析】在资本化期间，外币专门借款本金及其利息的汇兑差额应当予以资本化。第一季度外币借款本金及利息的汇兑差额 = 1 000×（6.31 − 6.26）+ 1 000×5%×3/12×（6.31 − 6.31）= 50（万元人民币）。综上，本题应选 B。

【答案】B

9.【解析】本题中，2021 年 8 月 1 日工程出现质量问题停工 4 个月（2021 年 8 月 1 日～2021 年 12 月 1 日），为非正常中断，应当暂停借款费用资本化，因此，借款利息资本化期间为 6 个月（2021 年 3 月 1 日～7 月 31 日，2021 年 12 月 1 日至 31 日）；专门借款应予资本化的利息金额 = 专门借款当期实际发生的利息费用 − 尚未动用的借款资金存入银行等取得的投资收益，则甲公司 2021 年专门借款应予资本化的利息金额 = 3 000×5%×6/12 −（3 000 − 1 000）×0.5%×5 −（3 000 − 1 000 − 600）×0.5%×1 = 18（万元）。综上，本题应选 D。

【答案】D

10.【解析】固定资产建造中发生非正常中断且连续超过 3 个月的，应暂停借款费用资本化。中断期间发生的借款费用应当计入当期损益（财务费用）。综上，本题应选 A。

【答案】A

二、多项选择题

1.【解析】短期薪酬是指企业在职工提供相关服务的年度报告期间结束后 12 个月内需要全部予以支付的职工薪酬，因解除与职工的劳动关系给予的补偿除外。短期薪酬具体包括：职工工资、奖金、津贴和补贴（选项 D），职工福利费，医疗保险费和工伤保险费等社会保险费，住房公积金，工会经费和职工教育经费，短期带薪缺勤，短期利润分享计划（选项 B），非货币性福利以及其他短期薪酬。综上，本题应选 BD。

【答案】BD

2.【解析】选项 A、B、C 属于，借款费用是企业因借入资金所付出的代价，包括借款利息、折价或者溢价的摊销、辅助费用以及因外币借款而发生的汇兑差额等；选项 D 不属于，发行股票的手续费是权益性融资费用，不属于借款费用。综上，本题应选 ABC。

【答案】ABC

3.【解析】选项 A 错误，非累积带薪缺勤，是指带薪权利不能结转下期的带薪缺勤，本期尚未用完的带薪缺勤权利将予以取消，并且职工在离开企业时也无权获得现金支付；选项 B、C 正确，我国企业职工休婚假、产假、病假期间的工资通常属于非累积带薪缺勤，通常情况下，与非累积带薪缺勤相关的职工薪酬已经包括在企业每期向职工发放的工资等薪酬中；选项 D 错误，累积带薪缺勤应当在职工提供了服务从而增加了其未来享有的带薪缺勤权利时，确认与累积带薪缺勤相关的职工薪酬。综上，本题应选 BC。

【答案】BC

4.【解析】选项 A 不符合题意，对于购建或者生产的资产的各部分分别完工，但是必须等到整体完工后才可使用或者对外销售的，应当在该资产整体完工时停止借款费用的资本化；选项 B、C、D 符合题意。综上，本题应选 BCD。

【答案】BCD

5.【解析】甲公司应确认的应付职工薪酬 $= 120 \times 1\,150 \times (1 + 13\%) = 155\,940$（元）；应确认的生产成本 $= 90 \times 1\,150 \times (1 + 13\%) = 116\,955$（元）；应确认的主营业务收入 $= 120 \times 1\,150 = 138\,000$（元）；应确认的管理费用 $= 10 \times 1\,150 \times (1 + 13\%) = 12\,995$（元）。综上，本题应选 CD。

【相关分录】

借：生产成本	116 955
制造费用	25 990
管理费用	12 995
贷：应付职工薪酬——非货币性福利	155 940
借：应付职工薪酬——非货币性福利	155 940
贷：主营业务收入	138 000
应交税费——应交增值税（销项税额）	17 940

借：主营业务成本	120 000	
贷：库存商品		120 000

【答案】CD

6. 【解析】选项 A、B 不属于，企业为职工缴纳的工伤保险费和医疗保险费等社会保险费和住房公积金，应当在职工为其提供服务的会计期间，根据规定的计提基础和计提比例计算确定相应的职工薪酬金额，并确认相关负债；选项 C、D 属于，设定提存计划，是指企业向单独主体（如基金等）缴存固定费用后，不再承担进一步支付义务的离职后福利计划。企业为职工缴纳的失业保险费、职工养老保险费属于设定提存计划。综上，本题应选 CD。

【答案】CD

7. 【解析】选项 A、B、D 属于非正常中断，非正常中断通常是由于企业管理决策上的原因或者其他不可预见的原因等所导致的中断（如企业因与施工方发生了质量纠纷，或者工程、生产用料没有及时供应，或者资金周转发生了困难，或者施工、生产发生了安全事故，或者发生了与资产购建、生产有关的劳动纠纷等原因）；选项 C 属于正常中断，正常中断通常仅限于因购建或者生产符合资本化条件的资产达到预定可使用或者可销售状态所必要的程序，或者事先可预见的不可抗力因素（如雨季或者冰冻季节等）导致的中断。综上，本题应选 ABD。

【答案】ABD

8. 【解析】选项 A 说法错误，专门借款利息资本化金额为资本化期间内当期实际发生的利息费用减去尚未动用的借款资金存入银行取得的利息收入或者进行暂时性投资取得的投资收益后的金额；选项 B、C 说法正确；选项 D 说法错误，对于企业发生的权益性（而非债权性）融资费用，不应包括在借款费用中。综上，本题应选 BC。

【答案】BC

9. 【解析】符合资本化条件的资产，是指需要经过相当长时间的购建或者生产活动才能达到预定可使用或者可销售状态的固定资产、投资性房地产和存货等资产。"相当长时间"是指资产的购建或者生产所必需的时间，通常为一年以上（含一年）。选项 A、D 属于；选项 B 不属于，时间未达到 1 年，不属于符合资本化条件的资产；选项 C 不属于，短期租入的生产设备，所有权不属于企业，不属于借款费用可予资本化的资产范围。综上，本题应选 AD。

【答案】AD

10. 【解析】职工薪酬包括短期薪酬（选项 A、C）、离职后福利、辞退福利及其他长期职工福利，企业提供给职工配偶、子女、受赡养人、已故员工遗属及其他受益人等的福利也属于职工薪酬（选项 D）；选项 B 不属于，以自产产品发放股利属于股利的分配。综上，本题应选 ACD。

【答案】ACD

三、判断题

1. 【解析】在资本化期间内，外币专门借款本金及其利息的汇兑差额应当予以资本化，计入符合资本化条件的资产的成本；除外币专门借款之外的其他外币借款本金及其利息所产生的汇兑差额，应当作为财务费用计入当期损益。因此，本题表述错误。

【答案】×

2. 【解析】企业以赊购方式购买工程所需物资所产生的债务可能带息，也可能不带息，如果赊购产生不带息债务，就不应当将购买价款计入资产支出，因为该债务在偿付前不需要承担利息，也没有占用借款资金。如果企业赊购物资承担的是带息债务，企业要为这笔债务付出代价（支付利息），当该债务发生时，视同资产支出已经发生。因此，本题表述错误。

【答案】×

3. 【解析】符合资本化条件的资产在购建或者生产过程中发生的中断，应区分是正常中断还是非正常中断，只有非正常中断，且中断时间连续超过 3 个月的，中断期间发生的借款费用才暂停资本化，计入当期损益。因此，本题表述错误。

【答案】×

4. 【解析】实施职工内部退休计划的，在其正式退休日期之前应当比照辞退福利处理，在其正式退休日期之后，应当按照离职后福利处理。因此，本题表述错误。

【答案】×

5. 【解析】在符合资本化条件的资产的实际购建或者生产过程中，如果所购建或者生产的符合资本化条件的资产，分别建造、分别完工，企业应当遵循实质重于形式原则，区别不同情况，界定借款费用停止资本化的时点。如果所购建或者生产的符合资本化条件的资产各部分分别完工，且每部分在其他部分继续建造或者生产过程中可供使用或者可对外销售，且为使该部分资产达到预定可使用或可销售状态所必要的购建或者生产活动实质上已经完成的，应当停止与该部分资产相关的借款费用的资本化；如果购建或者生产的资产各部分分别完工，但必须等到整体完工后才可使用或者可对外销售的，应当在该资产整体完工时停止借款费用的资本化。因此，本题表述正确。

【答案】√

四、计算分析题

1.（1）

【答案】资本化期间：2020 年 1 月 1 日～2020 年 8 月 31 日，2021 年 1 月 1 日～2021 年 10 月 31 日。

理由：2020 年 1 月 1 日资产支出已经发生、借款费用已经发生、为使资产达到预定可使用或者可销售状态所必要的购建或者生产活动已经开始，所以开始资本化的时点为 2020 年 1 月 1 日。2020 年 9 月 1 日至 2020 年 12 月 31 日（4 个月）发生了非正常中断，应当暂停资本化。2021 年 10 月 31 日，该办公楼达到预定可使用状态，应当停止借款费用资本化。

（2）

【解析】专门借款应予资本化的金额 = 专门借款当期实际发生的利息费用 – 尚未动用的借款资金存入银行或进行暂时性投资取得的投资收益；一般借款利息资本化金额 = 累计资产支出超

过专门借款部分的资产支出加权平均数 × 所占用一般借款的资本化率。本题中，由于 2020 年 9 月 1 日至 2020 年 12 月 31 日（4 个月）发生了非正常中断，应当暂停资本化，则 2020 年资本化的期间为 8 个月，2020 年 1 月 1 日支付 1 500 万元给建造商，2020 年 7 月 1 日支付 3 500 万元给建造商，则专门借款进行的短期投资为 6 个月。

【答案】2020 年专门借款应予资本化的利息金额 = 3 000×5% ×8/12 – 1 500×0.5% ×6 = 55（万元）；2020 年一般借款资本化率 =（2 000×6% + 10 000×8%）÷（2 000 + 10 000）= 7.67%；2020 年一般借款累计资产支出加权平均数 =（1 500 + 3 500 – 3 000）×2/12 = 333.33（万元）；2020 年一般借款应予资本化的利息金额 = 333.33×7.67% = 25.57（万元）；2020 年全年的利息金额 = 3 000×5% + 2 000×6% + 10 000×8% = 1 070（万元）。

相关会计分录为：

借：在建工程   80.57【55 + 25.57】

   财务费用   944.43

   应收利息   45【1 500×0.5% ×6】

   贷：应付利息   1 070

（3）

【解析】2021 年资本化的期间为 2021 年 1 月 1 日～2021 年 10 月 31 日，共 10 个月，且此时专门借款已经全部投出，没有闲置的资金用于投资。

【答案】2021 年专门借款应予资本化的利息金额 = 3 000×5% ×10/12 = 125（万元）；2021 年一般借款累计资产支出加权平均数 =（1 500 + 3 500 – 3 000）×10/12 + 3 500×10/12 = 4 583.34（万元）；

2021 年一般借款应予资本化的利息金额 = 4 583.34×7.67% = 351.54（万元）；2021 年 1 月 1 日至 10 月 31 日实际发生的一般借款利息费用 =（2 000×6% + 10 000×8%）×10÷12 = 766.67（万元）。相关会计分录为：

借：在建工程   476.54【125 + 351.54】

   财务费用   415.13

   贷：应付利息   891.67【125 + 766.67】

第九章　或有事项

应试指导

本章主要讲述或有事项的确认和计量以及几种常见或有事项的会计处理，考生须重点掌握预计负债的确认和计量问题。本章可以单独以客观题的形式考查，也可以结合收入、资产负债表日后事项、差错更正、所得税等以主观题形式考查。预计 2022 年以客观题的形式考查为主，考生在学习时应牢固掌握基础知识，多做练习。

历年考情

从近几年的考试来看，本章主要以客观题为主，偶尔也会在主观题中出现，考试内容均为基础性内容，平均分为 3 分左右。

题型	2021年（一）		2021年（二）		2020年（一）		2020年（二）		2019年（一）		2019年（二）	
	题量	分值	题量	分值	题量	分值	题量	分值	题量	分值	题量	分值
单选题	—	—	1	1.5分	—	—	1	1.5分	1	1.5分	1	1.5分
多选题	—	—	—	—	1	2分	—	—	—	—	1	2分
判断题	—	—	—	—	1	1分	1	1分	—	—	1	1分
计算分析题	—	—	—	—	—	—	—	—	—	—	—	—
综合题	—	—	—	—	—	—	—	—	1	4分	—	—

高频考点列表

考点	单项选择题	多项选择题	判断题	计算分析题	综合题
或有事项的概述	2019年、2018年	2017年	2020年、2017年	—	—
或有事项的计量	2016年	—	2020年	—	—
未决诉讼及未决仲裁	2019年	2020年	—	2015年	—
产品质量保证	2015年	—	—	—	2019年
亏损合同	—	2018年、2016年	2019年	—	—
重组义务	2021年、2020年	—	—	—	—

章逻辑树

第九章 或有事项

- **或有事项概述**
  - **或有事项特征** ·过去交易或事项形成；结果具有不确定性；结果由未来事项决定
  - **或有资产** ·潜在资产，不在报表中确认，且通常不在附注中披露（很可能带来经济利益的除外）
  - **或有负债**
    - 潜在义务 · 结果取决于未来不确定事项的可能义务
    - 现时义务 · 履行义务不是很可能导致经济利益流出企业或该义务金额不能可靠计量
    - 不在报表中确认，符合条件的在附注中披露有关信息

- **确认和计量**
  - **或有事项的确认**
    - 资产的确认 · 基本确定能收到
    - 预计负债确认条件（3个条件同时满足）
      - 该义务是企业承担的现时义务
      - 履行义务很可能导致经济利益流出企业
      - 该义务的金额能可靠计量
  - **或有事项的计量**
    - 预计负债的计量
      - 最佳估计数的确定
        - 等概率连续区间：中间值
        - 涉及单个项目：最可能发生的金额
        - 涉及多个项目：加权平均数
      - 需要考虑的因素·风险和不确定性、货币时间价值、未来事项
      - 预计负债账面价值的复核·资产负债表日进行复核，不能反映当前最佳估计数的，应当调整
    - 预期可获得补偿的处理
      - ①基本确定能收到时，作为资产单独确认，不抵减预计负债
      - ②金额不能超过所确认预计负债的账面价值

- **或有事项会计处理原则的应用**
  - **未决诉讼或未决仲裁**·预计赔款：计入营业外支出；诉讼费：计入管理费用
  - **债务担保**
    - 已判决败诉
      - 企业不再上诉·借记"营业外支出"等科目，贷记"其他应付款"科目
      - 企业正在上诉、法院裁定暂缓、发回重审·借记"营业外支出"等科目，贷记"预计负债"科目
    - 尚未判决·败诉可能性＞胜诉可能性，且损失金额能合理估计的，确认预计负债，计入营业外支出等
  - **产品质量保证**
    - 计提时，借记"销售费用"科目，贷记"预计负债"科目
    - 发生时，借记"预计负债"科目，贷记"银行存款"等科目
    - 特定批次产品保修期满
    - 不再生产的产品质保期满
      - 冲销预计负债，同时冲销销售费用
  - **亏损合同**
    - 有标的资产
      - 确认资产减值损失
      - 超过减值部分确认为预计负债
    - 无标的资产 · 确认预计负债
  - **重组义务**
    - 企业承担重组义务的判断条件（同时满足）
      - 有详细、正式的重组计划
      - 该重组计划已经对外公告
    - 计量
      - 符合或有事项确认预计负债条件的，按照与重组有关的直接支出金额确定一项负债（应付职工薪酬、预计负债）
      - 不包括与未来经营活动有关的支出、资产减值损失
      - 不考虑预期处置相关资产的利得

高频考点 1 或有事项的概述

1. 或有事项的概念及特征

项目	内容
概念	是指过去的交易或者事项形成的，其结果须由某些未来事项的发生或不发生才能决定的不确定事项
特征	（1）由过去的交易或者事项形成；（2）结果具有不确定性；（3）结果由未来事项决定
常见情形	未决诉讼、未决仲裁、债务担保、产品质量保证（含产品安全保证）、亏损合同、重组义务、承诺、环境污染整治等

敲黑板 不属于或有事项的有：未来可能发生的自然灾害、交通事故、经营亏损，固定资产折旧、坏账准备、减值准备的计提等。

2. 或有事项的确认

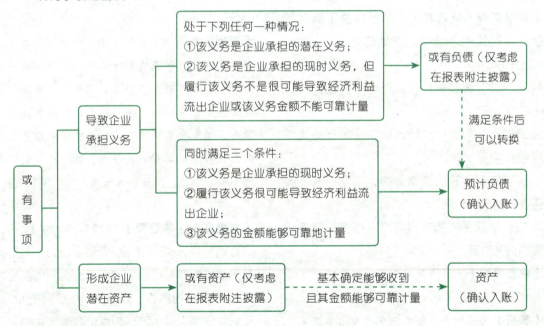

3. 或有事项的列报

（1）因或有事项确认的负债

通过"预计负债"科目核算（因重组义务确认的应付职工薪酬除外），在报表中与其他负债项目区别开来，单独进行列报。

（2）或有负债与或有资产

项目	或有负债	或有资产
确认	不符合负债确认条件，不在报表中确认	不符合资产确认条件，不在报表中确认
披露	一般应在报表附注中披露，但或有负债**极小可能**导致经济利益流出企业的除外	通常不披露，但**很可能**给企业带来经济利益的或有资产应当在附注中披露

【真题实战·判断题】或有负债无论涉及潜在义务还是现时义务，均应在财务报表中确认。（　　）（2020年）

【解析】或有负债，无论是潜在义务还是现时义务，均不符合负债的确认条件，因而不能在财务报表中予以确认，但应当按照相关规定在财务报表附注中披露有关信息。因此，本题表述错误。

【答案】×

【真题实战·单选题】下列各项关于或有事项会计处理的表述中，正确的是（　　）。（2019年）

A. 现时义务导致的预计负债，不能在资产负债表中列示为负债

B. 现时义务导致的预计负债，在资产负债表日无需复核

C. 潜在义务导致的或有负债，不能在资产负债表中列示为负债

D. 或有事项形成的或有资产，应在资产负债表中列示为资产

【思路导航】预计负债要列示，或有资产、或有负债不列示，但有需要的要披露。

【解析】选项A表述错误，预计负债是满足负债确认条件的或有事项确认的负债，应当在资产负债表列示；选项B表述错误，企业应当在资产负债表日对预计负债的账面价值进行复核，有证据表明该账面价值不能反映最佳估计数的，应当按照当前的最佳估计数进行调整；选项C

表述正确，或有负债无论是潜在义务还是现时义务，均不符合负债的确认条件，不能在财务报表中予以确认；选项D表述错误，或有资产只有在企业基本确定能够收到的情况下，才能转变为真正的资产进行确认。综上，本题应选C。

【答案】C

【真题实战·判断题】对于很可能给企业带来经济利益的或有资产，企业应当披露其形成的原因、预计产生的财务影响等。（　　）（2017年）

【解析】根据谨慎性的要求，或有资产是一种潜在资产，其结果有较大的不确定性。且或有资产一般也不符合资产确认的条件，故而不能在财务报表中确认。企业通常不应当披露或有资产，但或有资产很可能给企业带来经济利益的，应当披露其形成的原因、预计产生的财务影响等。因此，本题表述正确。

【答案】√

【真题实战·单选题】2017年12月31日，甲公司有一项未决诉讼，预计在2017年年度财务报告批准报出日后判决，胜诉的可能性为60%，甲公司胜诉，将获得40万元至60万元的补偿，且这个区间内每个金额发生的可能性相同。不考虑其他因素，该未决诉讼对甲公司2017年12月31日资产负债表资产的影响为（　　）万元。（2018年）

A.40　　　　　　　　B.0

C.50　　　　　　　　D.60

【思路导航】可能性的判定标准

可能性	范围标准
基本确定	（95％，100％）
很可能	（50％，95％]
可能	（5％，50％]
极小可能	（0，5％]

【解析】或有资产是一项潜在资产，不符合资产确认条件，不能在财务报表中确认。或有资产只有在企业基本确定能够收到的情况下，才能转换为真正的资产，从而应当予以确认。本题中，甲公司胜诉的可能性为60％，未达到基本确定，所以该项未决诉讼产生的或有资产不能确认为资产。综上，本题应选B。

【答案】B

【真题实战·多选题】下列各项中，属于或有事项的有（　　）。（2017年改编）

A.未决诉讼

B.企业与管理人员签订利润分享计划

C.未决仲裁

D.产品质保期内的质量保证

【思路导航】判断某事项是否属于或有事项，要牢牢把握或有事项的三个特征：（1）由企业过去的交易或者事项形成；（2）结果具有不确定性；（3）结果由未来事项的发生或不发生决定。缺一不可。

【解析】或有事项，是指过去的交易或者事项形成的，其结果须由某些未来事件的发生或不发生才能决定的不确定事项。主要包括未决诉讼、未决仲裁、产品质量保证（含产品安全保证）、承诺、亏损合同、重组义务、环境污染整治等。选项A、C、D，均属于或有事项；选项B，企业与管理人员签订利润分享计划，由于其支付义务是已经确定的事项，不属于不确定的事项，所以不属于或有事项。综上，本题应选ACD。

【答案】ACD

【真题实战·多选题】下列关于企业或有事项会计处理的表述中，正确的有（　　）。（2017年）

A.因或有事项承担的义务，符合负债定义且满足负债确认条件的，应确认预计负债

B.因或有事项承担的潜在义务，不应确认为预计负债

C.因或有事项形成的潜在资产，应单独确认为一项资产

D.因或有事项预期从第三方获得的补偿，补偿金额很可能收到的，应单独确认为一项资产

【解析】选项A表述正确，或有事项要想确认为预计负债，就必须满足负债的定义和确认条件；选项B表述正确，因或有事项承担的潜在义务，因不满足"负债必须是现时义务"的条件，所以不能确认为预计负债；选项C、D表述错误，因或有事项形成的潜在资产或预期从第三方获得的补偿，根据谨慎性的要求，需要在基本确定能够收到时，才能单独确认为一项资产。综上，本题应选AB。

【答案】AB

高频考点 2　或有事项的计量

或有事项的计量主要涉及两方面：一是预计负债的计量；二是预期可获得补偿的处理。

1. 预计负债的计量

（1）最佳估计数的确定

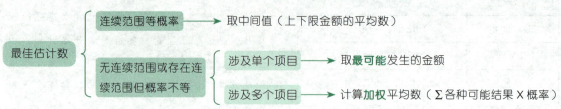

最佳估计数
- 连续范围等概率 → 取中间值（上下限金额的平均数）
- 无连续范围或存在连续范围但概率不等
  - 涉及单个项目 → 取最可能发生的金额
  - 涉及多个项目 → 计算加权平均数（∑各种可能结果×概率）

（2）预计负债的计量需要考虑的其他因素

企业在确定最佳估计数时应当综合考虑与或有事项有关的风险和不确定性、货币时间价值和未来事项等因素。

（3）资产负债表日对预计负债账面价值的复核

在资产负债表日，企业应当对预计负债的账面价值进行复核。有确凿证据表明该账面价值不能真实反映当前最佳估计数的，应当按照当前最佳估计数对该账面价值进行调整。

2. 预期可能获取补偿的处理

（1）确认条件：已经确认预计负债且估计补偿金额**基本确定**能够收到。

（2）注意事项：

①预期可能获取的补偿应确认为一项资产（其他应收款），而不能作为预计负债金额的扣减；

②确认的补偿金额不能超过所确认负债的账面价值。

▌敲黑板▌ 不同情形下因或有事项确认的预计负债记入的会计科目：

项目	会计科目
预计承担的诉讼费	管理费用
预计产品质量保证费用	销售费用
预计赔偿支出 罚息支出 债务担保损失 亏损合同损失	营业外支出
弃置费用的现值	固定资产

【真题实战·判断题】 企业应当在资产负债表日对预计负债的账面价值进行复核。有确凿证据表明该账面价值不能真实反映当前最佳估计数的，应当按照当前最佳估计数对该账面价值进行调整。（　　）（2020年）

【解析】 企业应在资产负债表日对预计负债的账面价值进行复核，有确凿证据表明账面价值不能真实反映当前最佳估计数的，应当按照当前最佳估计数对账面价值进行调整，该项复核调整属于会计估计变更。因此，本题表述正确。

【答案】√

【真题实战·单选题】2015年12月31日，甲公司涉及一项未决诉讼，预计很可能败诉，甲公司若败诉，需承担诉讼费10万元并支付赔款300万元，但基本确定可从保险公司获得60万元的补偿。2015年12月31日，甲公司因该诉讼应确认预计负债的金额为（ ）万元。（2016年）

A.240　　　　　　B.250

C.300　　　　　　D.310

【解析】甲公司应确认预计负债的金额＝300＋10＝310（万元），对于可从保险公司获得的60万元补偿达到"基本确定"能够收到，应将该60万元确认为资产（其他应收款）。综上，本题应选D。

【相关分录】（单位：万元）

借：营业外支出　　　　　　300

　　管理费用　　　　　　　10

　　　贷：预计负债　　　　　310

借：其他应收款　　　　　　60

　　　贷：营业外支出　　　　60

【答案】D

【沙场练兵·单选题】2021年12月31日，甲公司根据类似案件的经验判断，一起未决诉讼的最终判决很可能对公司不利，预计将要支付的赔偿金额在500万元至900万元之间，且在此区间每个金额发生的可能性大致相同；基本确定可从第三方获得补偿款40万元。甲公司应对该项未决诉讼确认预计负债的金额为（ ）万元。

A.460　　　　　　B.660

C.700　　　　　　D.860

【解析】本题属于连续范围等概率的情形，应当取中间值作为最佳估计数，则甲公司对该项未决诉讼应确认的预计负债＝（500＋900）÷2＝700（万元）；基本确定从第三方获得的补偿款40万元，确认为其他应收款，不能冲减预计负债的账面价值。综上，本题应选C。

【答案】C

【沙场练兵·单选题】2021年11月，甲公司因污水排放对环境造成污染被周围居民提起诉讼。2021年12月31日，该案件尚未一审判决。根据以往类似案例及公司法律顾问的判断，甲公司很可能败诉。如败诉，预计赔偿2 000万元的可能性为70%，预计赔偿1 800万元的可能性为30%。假定不考虑其他因素，该事项对甲公司2021年利润总额的影响金额为（ ）万元。

A.－1 800　　　　B.－1 900

C.－1 940　　　　D.－2 000

【思路导航】所需支出无连续范围或存在连续范围但概率不等的情况分为两种情形处理。判断涉及"单个项目"还是"多个项目"是正确计算的前提。

【解析】本题属于所需支出无连续范围且只涉及单个项目的情形，应当按照最可能发生的金额确定最佳估计数，则甲公司2021年12月31日应确认预计负债的金额为2 000万元。因诉讼导致的或有事项确认的预计负债计入营业外支出，所以该事项对甲公司2021年利润总额的影响金额为－2 000万元。综上，本题应选D。

【答案】D

高频考点 3 未决诉讼及未决仲裁

1. 处理原则

因未决诉讼或未决仲裁形成的现时义务，符合预计负债确认条件的，应确认为预计负债，并计入当期损益。

2. 账务处理

借：营业外支出　　　【赔偿款】

　　管理费用　　　　【诉讼费】

　　贷：预计负债

【敲黑板】

（1）有明确的判决结果，如企业已被判决败诉且企业决定不再上诉，不属于未决诉讼（仲裁），属于确定事项，企业应当按照判决结果确认其他应付款。

（2）判决结果不明确，如企业已被判决败诉但企业决定继续上诉、人民法院尚未判决但企业预计将败诉等，属于或有事项中的未决诉讼，在符合预计负债确认条件时，企业应当按照最佳估计数确认预计负债。

【真题实战 · 多选题】2019 年 12 月 31 日，因乙公司的银行借款到期不能偿还，银行起诉其担保人甲公司。甲公司的律师认为败诉的可能性为 90%，一旦败诉，甲公司需向银行偿还借款本息共计 1 200 万元。不考虑其他因素，下列有关甲公司对该事项的会计处理中，正确的有（　　）。（2020 年）

A. 确认营业外支出 1 200 万元

B. 在附注中披露该或有事项的有关信息

C. 确认预计负债 1 200 万元

D. 确认其他应付款 1 080 万元

【思路导航】企业对外提供债务担保涉及诉讼的，分以下情形进行处理：

情形		处理原则
尚未判决		企业应合理估计败诉可能性及败诉损失金额，若败诉可能性＞胜诉可能性，且金额能合理估计的，确认预计负债。即： 借：营业外支出——债务担保损失 　　贷：预计负债　【预计损失金额】
已判决	企业决定不再上诉	借：营业外支出——债务担保损失 　　贷：其他应付款 　　　　【实际判决损失金额】
	企业正上诉、法院裁定暂缓、发回重审等	借：营业外支出——债务担保损失 　　贷：预计负债 　　　　【预计损失金额】

【解析】选项A、C表述正确，选项D表述错误，本题中该项诉讼尚未判决，且预计甲公司败诉可能性为90%，金额能够可靠计量（1 200万元），满足债务担保的预计负债确认条件，故应确认预计负债和营业外支出1 200万元，不涉及其他应付款；选项B表述正确，企业应当按照规定在财务报表附注中披露有关信息，包括或有负债的种类及其形成原因、经济利益流出不确定性的说明、预计产生的财务影响以及获得补偿的可能性等。综上，本题应选ABC。

【答案】ABC

【真题实战·单选题】2018年12月31日，甲公司涉及一项产品质量未决诉讼，预计败诉的可能性为70%，甲公司如果胜诉，不需要支付任何费用；如果败诉预计支付赔偿款共60万元，但基本确定可从保险公司获得45万元的补偿款。假设不考虑其他因素，2018年12月31日甲公司因该诉讼应确认预计负债的金额为（　　）万元。（2019年）

A.60　　　　　　　　B.15

C.0　　　　　　　　D.75

【解析】甲公司败诉的可能性为70%，即很可能败诉，应当根据预计赔偿金额60万元确认预计负债；基本确定可从保险公司获得的赔偿45万元，不能作为预计负债的扣减，应确认为其他应收款。综上，本题应选A。

【答案】A

【沙场练兵·多选题】甲公司于2021年12月3日收到法院通知，被告知M银行已起诉甲公司，要求甲公司清偿到期借款本息1 150万元，另支付逾期借款罚息60万元。至12月31日，法院尚未作出判决。对于此项诉讼，甲公司预计除需偿还到期借款本息外，有70%的可能性还需支付逾期借款罚息30万元至70万元（假定在此范围内支付各种赔偿金额的可能性相同），另需支付诉讼费用8万元。甲公司下列会计处理中正确的有（　　）。

A.确认管理费用8万元

B.确认预计负债58万元

C.确认营业外支出50万元

D.确认预计负债1 200万元

【思路导航】本题中的借款本息1 150万元，无论企业是否败诉，均要支付给银行，不计入预计负债。

【解析】选项A正确，诉讼费用8万元计入管理费用；选项B、C正确，选项D错误，本题中甲公司预计70%的可能性需支付逾期借款罚息，且属于连续范围等概率情形，因此甲公司应确认的营业外支出（罚息）=（30＋70）÷2＝50（万元），应确认的预计负债金额＝50（罚息）＋8（诉讼费）＝58（万元）。综上，本题应选ABC。

【相关分录】（单位：万元）

借：营业外支出	50
管理费用	8
贷：预计负债	58

【答案】ABC

【真题实战·计算分析题】（2015年改编）

甲公司系增值税一般纳税人，适用的增值税税率为13%。有关资料如下：

资料一：2020年8月1日，甲公司从乙公司购入一台不需安装的A生产设备并投入使用，已收到增值税专用发票，价款为1 000万元，增值税税额为130万元，付款期为3个月。

资料二：2020年11月1日，应付乙公司款项到期，甲公司虽有付款能力，但因该设备在使用过程中出现过故障，与乙公司协商未果，未按时支付。2020年12月1日，乙公司向人民法院提起诉讼，至当年12月31日，人民法院尚未判决。甲公司法律顾问认为败诉的可能性为70%，预计支付诉讼费5万元，逾期利息在20万元至30万元之间，且这个区间内每个金额发生的可能性相同。

资料三：2021年5月8日，人民法院判决甲公司败诉，承担诉讼费5万元，并在10日内向乙公司支付欠款1 130万元和逾期利息50万元。甲公司和乙公司均服从判决，甲公司于2021年5月16日以银行存款支付上述所有款项。

资料四：甲公司2020年度财务报告已于2021年4月20日报出，不考虑其他因素。

要求（答案中的金额单位用万元表示）：

（1）编制甲公司购进固定资产的相关会计分录。

（2）判断甲公司2020年年末就该未决诉讼案件是否应当确认预计负债并说明理由；如果应当确认预计负债，编制相关会计分录。

（3）编制甲公司服从判决支付款项的相关会计分录。

（1）

【解析】外购固定资产的成本包括购买价款、相关税费（但不包括可以抵扣的增值税进项税额）、使固定资产达到预定可使用状态前所发生的可归属于该项资产的运输费、装卸费、安装费和专业人员服务费等，故该设备入账价值为1 000万元。

【答案】甲公司购进固定资产的会计分录为：

借：固定资产   1 000

    应交税费——应交增值税（进项税额）   130

  贷：应付账款   1 130

（2）

【解析】甲公司预计逾期利息在20万元至30万元之间，且这个区间内每个金额发生的可能性相同，属于连续范围等概率的情形，应当取中间值作为最佳估计数，则甲公司对该项未决诉讼应确认的预计负债＝5＋（20＋30）÷2＝30（万元），诉讼费部分（5万元）计入管理费用，赔偿款部分（逾期利息25万元）计入营业外支出。

【答案】甲公司应当确认预计负债。

理由：甲公司因该事项承担了现时义务；法律顾问认为败诉的可能性为70%，表明履行该义务很可能导致经济利益流出企业；逾期利息在20万元至30万元之间，且这个区间内每个金额发生的可能性相同，表明金额能够可靠计量。则甲公司应当确认该预计负债，相关会计分录为：

借：营业外支出   25

    管理费用   5

  贷：预计负债   30

（3）

【解析】2021 年 5 月 8 日，由于财务报告已经报出，则该诉讼不属于资产负债表日后事项（注：资产负债表日后事项会在第 17 章详细讲解）。因此诉讼实际发生的支出金额与合理预计的预计负债之间的差额，应直接计入或冲减当期的营业外支出。本题中，2020 年资产负债表日，甲公司确认预计负债 30 万元，而实际发生金额为 55 万元，因此应当在实际发生时，冲减已经确认的预计负债，并将差额 25 万元计入当期损益（营业外支出）。

【答案】2021 年 5 月 8 日：

借：预计负债　　　　　　　　　　　　　　　　　　　　　30

　　营业外支出　　　　　　　　　　　　　　　　　　　　25

　　　贷：其他应付款　　　　　　　　　　　　　　　　　　　　　55

2021 年 5 月 16 日：

借：其他应付款　　　　　　　　　　　　　　　　　　　　55

　　应付账款　　　　　　　　　　　　　　　　　　　　1 130

　　　贷：银行存款　　　　　　　　　　　　　　　　　　　　1 185

高频考点 4 产品质量保证

1. 处理原则

企业应当在销售成立时，将满足负债确认条件的预计产品质量保证费用确认为预计负债，并计入当期损益（销售费用）。

2. 账务处理

因产品质量保证服务确认预计负债	借：销售费用——产品质量保证 　　贷：预计负债——产品质量保证
实际发生产品质量保证费用	借：预计负债——产品质量保证 　　贷：银行存款等
质量保证期满	借：预计负债——产品质量保证　　　【预计负债余额】 　　贷：销售费用——产品质量保证

┃敲黑板┃

（1）特定批次产品、停产产品确认的预计负债，在质保期结束时，应将"预计负债——产品质量保证"余额冲销，同时冲减销售费用。

（2）所需支出无连续范围的产品质量保证，属于典型的涉及"多个项目"的情况，通常应按各种可能结果的加权平均数作为预计负债的最佳估计数。

【真题实战·单选题】甲公司于2014年1月1日成立，承诺产品售后3年内向消费者免费提供维修服务，预计保修期内将发生的保修费在销售收入的3%至5%之间，且这个区间内每个金额发生的可能性相同。当年实现的销售收入为1 000万元，实际发生的保修费为15万元。不考虑其他因素，甲公司2014年12月31日资产负债表预计负债项目的期末余额为（　　）万元。（2015年）

A.15   B.25

C.35   D.40

【解析】本题属于连续范围等概率的情形，应当取中间值作为最佳估计数，则甲公司当年应计提的预计负债金额＝1 000×（3%＋5%）÷2＝40（万元），使预计负债增加40万元；实际发生保修费时，借记"预计负债——产品质量保证"科目，贷记"银行存款"等科目，使预计负债减少15万元，则2014年年末，甲公司资产负债表中预计负债的期末余额＝40－15＝25（万元）。综上，本题应选B。

【相关分录】（单位：万元）

（1）计提保修费用：

借：销售费用——产品质量保证   40

    贷：预计负债——产品质量保证   40

（2）实际发生保修费用：

借：预计负债——产品质量保证   15

    贷：银行存款等   15

【答案】B

【沙场练兵·单选题】甲公司2021年销售N产品3万件，每件售价为500元。甲公司向购买者承诺在产品售后2年内免费提供保修服务，预计保修期内将发生的保修费在销售额的1%~7%之间（该区间内各金额发生的可能性相同）。2021年实际发生保修费用12万元，2021年年初预计负债余额为8万元。假定无其他或有事项，则甲公司2021年年末资产负债表"预计负债"项目的金额为（　　）万元。

A.60   B.56

C.48   D.11

【解析】甲公司2021年年末资产负债表"预计负债"项目的金额＝3×500×（1%＋7%）÷2＋8－12＝56（万元）。综上，本题应选B。

【答案】B

【真题实战·综合题】（2019年节选）

2018年12月31日，甲公司根据产品质量保证条款，对其2018年第四季度销售的D产品计提维修费。根据历史经验，所售D产品的80%不会发生质量问题；15%将发生较小质量问题，其维修费为销售收入的3%；5%将发生较大质量问题，其维修费为销售收入的6%。2018年第四季度，甲公司D产品的销售收入为1 500万元。

要求：

根据以上资料，计算甲公司2018年第四季度应确认保修费的金额，并编制相关会计分录。

【解析】本题中甲公司所需维修费用支出不存在一个连续范围，应当以加权平均数作为最佳估计数确认预计负债金额。

【答案】甲公司2018年第四季度应确认的保修费＝80%×0×1 500＋15%×3%×1 500＋5%×6%×1 500＝11.25（万元）

相关会计分录为（单位：万元）：

借：销售费用 11.25

　　贷：预计负债 11.25

高频考点 5 亏损合同

1.处理原则

（1）亏损合同不需支付任何补偿即可撤销：企业通常不存在现时义务，不应确认预计负债。

（2）亏损合同不可无偿撤销：企业存在现时义务，满足预计负债确认条件的，应当确认预计负债，预计负债的计量应当反映退出该合同的最低净成本，其中：

最低净成本 = Min{ 履行该合同的成本，撤销合同而发生的补偿或处罚 }

①若存在标的资产：首先对标的资产进行减值测试并按规定确认减值损失，如果预计亏损超过该减值损失的，再将**超过部分**确认为预计负债。

②若不存在标的资产：相关义务满足预计负债确认条件时，应当确认预计负债。

2.账务处理

借：资产减值损失

　　贷：存货跌价准备等

借：营业外支出——亏损合同损失

　　贷：预计负债——亏损合同损失

▌敲黑板▌ 存在标的资产的情形下，题干中会涉及"标的资产合同价""标的资产市场价"等。对标的资产进行减值测试时：若选择执行合同，以合同价格作为预计售价；若选择不执行合同，则以市场价格作为预计售价。

▌神总结▌ 亏损合同预计负债金额的确定

情形	选择执行	选择不执行
存在标的资产	（1）对标的资产进行减值测试，确认资产减值损失； （2）将预计亏损超过减值损失的部分，确认为预计负债	按合同违约金金额确认预计负债
不存在标的资产	按照预计亏损，确认预计负债，产品完工后，将预计负债冲减产品成本	

注：存在标的资产选择不执行合同时，若标的资产发生减值，按规定确认资产减值损失。

【真题实战·判断题】对于存在标的资产的亏损合同，企业应首先对标的资产进行减值测试，并按规定确认减值损失。（ ）（2019年）

【解析】亏损合同存在标的资产的，应当对标的资产进行减值测试并按规定确认减值损失，如果预计亏损超过该减值损失的，应将超过部分确认为预计负债。因此，本题表述正确。

【答案】√

【真题实战·多选题】下列各项关于企业亏损合同会计处理的表述中，正确的有（ ）。（2018年）

A. 与亏损合同相关的义务可无偿撤销的，不应确认预计负债

B. 无标的资产的亏损合同相关义务满足预计负债确认条件时，应确认预计负债

C. 有标的资产的亏损合同，应对标的资产进行减值测试并按减值金额确定预计负债

D. 因亏损合同确认的预计负债，应以履行该合同的成本与未能履行合同而发生的补偿或处罚之中的较高者来计量

【解析】选项A正确，如果亏损合同不需支付任何补偿即可撤销，则企业通常不存在现时义务，不应确认预计负债；选择B正确，合同不存在标的资产的，亏损合同相关义务满足预计负债确认条件时，应当确认预计负债；选项C错误，合同存在标的资产的，应当对标的资产进行减值测试并按规定确认减值损失（并不是直接确认预计负债），如果预计亏损超过该减值损失的，应将超过部分确认为预计负债；选项D错误，预计负债的计量应当反映退出该合同的最低净成本，即履行该合同的成本与未能履行该合同而发生的补偿或处罚两者之中的较低者。综上，本题应选AB。

【答案】AB

【真题实战·多选题】2015年6月1日，甲公司与乙公司签订一份不可撤销合同，约定2016年3月10日向乙公司销售一台价值为100万元的专用设备，如果违约将按合同价款的20%支付违约金。2015年12月31日，甲公司尚未开始备料生产，因原材料市场价格上涨，预计该设备的生产成本涨到106万元。不考虑相关税费及其他因素，2015年12月31日，甲公司进行的下列会计处理，正确的有（ ）。（2016年）

A. 确认预计负债6万元

B. 确认其他应付款20万元

C. 确认营业外支出6万元

D. 确认资产减值损失20万元

【解析】设备的生产成本高于售价，待执行合同变为亏损合同。由于甲公司尚未开始备料生产，即合同不存在标的资产，甲公司应按照预计亏损金额确认预计负债。执行合同的损失＝106－100＝6（万元），不执行合同的损失＝100×20%＝20（万元）。因此，甲公司应当选择执行合同，退出合同最低净成本为6万元，即应确认预计负债6万元，计入营业外支出。综上，本题应选AC。

【相关分录】（单位：万元）

借：营业外支出——亏损合同损失   6
　　贷：预计负债——亏损合同损失   6

【答案】AC

【沙场练兵·单选题】2021年9月，甲公司与乙公司签订一项不可撤销的产品销售合同，合同规定：甲公司于2022年2月以每件0.3万元的价格向乙公司销售300件P产品，违约金为合同总款的20%。由于原材料涨价，至2021年年末，甲公司生产的300件P产品的总成本为120万元，按目前市场价格计算的市价总额为110万元。不考虑其他因素，2021年12月31日，甲公司应确认的预计负

债金额为（　　　）万元。

A.30　　　　　　B.18

C.10　　　　　　D.8

【思路导航】2021 年年末甲公司有 300 件 P 产品，属于存在标的资产的情形，如果选择执行合同，则可变现净值依据合同价确定；如果选择不执行合同，则可变现净值依据市场价确定。

【解析】甲公司执行合同的损失＝120－0.3×300＝30（万元）；若不执行合同需支付违约金 18 万元（0.3×300×20%），且需承担 P 产品在市场销售产生的损失 10 万元（120－110），则不执行合同的损失＝18＋10＝28（万元）。因此甲公司应选择不执行合同。由

于存在标的资产的，应先对标的资产进行减值测试，需要注意的是，不执行合同时应按市场销售价格作为估计售价，则 P 产品可变现净值为 110 万元＜成本 120 万元，应当计提存货跌价准备 10 万元，余额 18 万元（28－10）确认为预计负债。综上，本题应选 B。

【相关分录】（单位：万元）

借：资产减值损失——存货减值损失　　10

　　贷：存货跌价准备　　　　　　　　　　10

借：营业外支出——亏损合同损失　　18

　　贷：预计负债　　　　　　　　　　18

【答案】B

高频考点 6　重组义务

1.重组

重组，是指企业制定和控制的，将显著改变企业**组织形式、经营范围或经营方式**的计划实施行为。

常见的重组事项包括：出售或终止企业的部分业务；关闭企业的部分营业场所或将营业活动由一个国家或地区迁移到其他国家或地区；对企业的组织结构进行较大调整等。

2.重组义务的确认

企业在重组过程中，存在以下情况的，表明企业因重组承担了重组义务：

（1）有详细、正式的**重组计划**。

（2）该重组计划已**对外公告**，重组计划已经开始实施，或已向受其影响的各方通告了该计划的主要内容，从而使各方形成了对该企业将实施重组的合理预期。

3.重组义务的计量

（1）处理原则

企业因重组而承担了重组义务，并且符合或有事项确认负债条件的，应当按照与重组有关的直接支出金额确认一项负债（应付职工薪酬、预计负债），并计入当期损益。

（2）账务处理

支出项目	说明	会计处理
自愿遣散费、强制遣散费	属于直接支出	借：管理费用 　　贷：**应付职工薪酬**

（续表）

支出项目	说明	会计处理
不再使用的厂房的租赁撤销费（如撤销合同支付的违约金）	属于直接支出	借：营业外支出等 贷：预计负债
职工与设备转移费、留用员工培训费、新经理的招聘成本、推广产品等广告费、预计经营损失等	不属于直接支出	待实际支出时进行处理
特定不动产、厂房、设备的减值损失		借：资产减值损失 贷：固定资产减值准备

【真题实战·单选题】2020年12月31日，经相关部门批准，甲公司对外公告将于2021年1月1日起关闭W工厂。甲公司预计将在3个月内发生以下支出：支付辞退职工补偿金2 000万元、特岗职工培训费50万元、提前终止厂房租赁合同的违约金300万元。不考虑其他因素，甲公司决议关闭W工厂将导致2020年12月31日负债增加的金额为（ ）万元。（2021年）

A. 2 050　　　　　B. 2 300

C. 2 000　　　　　D. 2 350

【思路导航】企业应当按照与重组有关的直接支出确定预计负债金额，在判断相关支出是否为与重组有关的直接支出时，把握基本原则：某项支出是与重组事项相关还是与重组后继续开展的活动相关。

【解析】与重组有关的直接支出包括支付的辞退员工补偿款（2 000万元）及违约金以及不再使用的厂房的租赁撤销费（300万元）等，不包括留用职工岗前培训、市场推广、新系统和营销网络投入、将设备从拟关闭的工厂转移到继续使用的工厂的迁移费等支出。则甲公司应确认负债的金额＝2 000＋300＝2 300（万元）。综上，本题应选B。

【答案】B

【真题实战·单选题】2019年12月10日，

甲公司董事会决定关闭一个事业部。2019年12月25日，该重组计划获得批准并正式对外公告。该重组义务很可能导致经济利益流出企业且金额能够可靠计量。下列与该重组有关的各项支出中，甲公司应当确认为预计负债的是（ ）。（2020年）

A. 推广公司新形象的营销支出

B. 设备的预计处置损失

C. 留用员工的岗前培训费

D. 不再使用的厂房的租赁撤销费

【解析】选项A、C不符合题意，推广公司新形象的营销支出和留用员工的岗前培训费属于与未来经营活动有关的支出，不属于与重组有关的直接支出，不确认预计负债；选项B不符合题意，企业在计量与重组相关的预计负债时，不考虑处置相关资产可能形成的利得或损失；选项D符合题意，厂房的租赁撤销费属于与重组有关的直接支出，应确认预计负债。综上，本题应选D。

【答案】D

【沙场练兵·单选题】下列事项中，不属于重组事项的是（ ）。

A. 出售或终止企业的部分经营业务

B. 对企业的组织结构进行较大的调整

C. 因经营困难，与债权人进行债务重组

D. 关闭企业的部分经营场所，或将营业活动

由一个国家或地区迁移到其他国家或地区

【解析】重组是指企业制定和控制的，将显著改变企业组织形式、经营范围或经营方式的计划实施行为。选项A、B、D属于重组事项；选项C属于债务重组，不属于重组事项。综上，本题应选C。

【答案】C

【沙场练兵·单选题】甲公司由于受国际金融危机的不利影响，决定对乙事业部进行重组，将相关业务转移到其他事业部。经履行相关报批手续，甲公司对外正式公告其重组方案。甲公司预计很可能发生的下列各项支出中，不应当在重组时确认为一项负债的是（　　）。

A. 自愿遣散费

B. 强制遣散费

C. 剩余职工岗前培训费

D. 不再使用的厂房的租赁撤销费

【解析】企业应当按照与重组有关的直接支出确定负债金额，计入当期损益。其中，直接支出是企业重组必须承担的支出，并且是与主体继续进行的活动无关的支出。选项A、B、D应确认，属于与重组有关的直接支出；选项C不应当确认，留用职工岗前培训费、市场推广、新系统和营销网络投入等属于与未来经营活动有关的支出，不属于直接支出，应待后续实际支出时进行账务处理。综上，本题应选C。

【答案】C

【沙场练兵·单选题】甲公司2021年12月实施一项关闭部分业务的重组计划，该项重组计划将发生下列支出：因辞退职工将支付补偿款180万元，因留用员工进行培训将发生培训支出15万元，因撤销厂房租赁合同将支付违约金24万元。同时，甲公司对该业务相关的固定资产确认减值损失40万元。2021年甲公司的该重组义务对当年利润总额的影响金额为（　　）万元。

A. - 204

B. - 244

C. - 219

D. - 259

【思路导航】重组过程对于特定固定资产计提的减值损失会直接影响当期利润总额，但是其他的非直接支出与重组后继续进行的活动相关，在实际支出时进行处理，不影响重组当年的利润总额。

【解析】本题中与重组直接相关的支出＝180（补偿款）＋24（撤销合同违约金）＝204（万元），确认固定资产减值损失40万元，所以2021年甲公司的该重组义务对当年利润总额的影响金额＝－（204＋40）＝－244（万元）。综上，本题应选B。

【相关分录】（单位：万元）

借：管理费用　　　　　　　　180
　　贷：应付职工薪酬　　　　　　　180
借：营业外支出　　　　　　　24
　　贷：预计负债　　　　　　　　24
借：资产减值损失　　　　　　40
　　贷：固定资产减值准备　　　　40

【答案】B

强化练习

一、单项选择题

1. 下列各项中,不属于或有事项的是( )。

  A. 未决诉讼

  B. 代为偿付担保债务

  C. 公开承诺的环境恢复义务

  D. 对售出商品提供质量保证

2. 下列关于或有负债的说法中,正确的是( )。

  A. 或有负债有可能是潜在义务,也有可能是现时义务

  B. 涉及潜在义务的或有负债,其结果只能由未来事项的发生来证实

  C. 涉及现时义务的或有负债,其特征仅为履行该义务不是很可能导致经济利益流出企业

  D. 或有负债无论是潜在义务还是现时义务,均不符合负债的确认条件,因而不能在账务报表中予以确认,也不需要在附注中披露

3. 甲公司 2021 年 8 月收到法院通知被某单位起诉,要求甲公司赔偿违约造成的经济损失 150 万元。截至 2021 年 12 月 31 日,法院尚未作出判决。结合以往经验,对于此项诉讼,甲公司预计有 60% 的可能性败诉,如果败诉需支付对方赔偿 90 至 160 万元(区间内每个金额发生的可能性相同),并支付诉讼费用 10 万元。甲公司 2021 年 12 月 31 日需要做的处理是( )。

  A. 不确认负债,也不需要在报表附注中披露

  B. 不确认负债,作为或有负债在报表附注中披露

  C. 确认预计负债 135 万元,同时在报表附注中披露有关信息

  D. 确认预计负债 125 万元,同时在报表附注中披露有关信息

4. 乙公司未按规定履行合同给甲公司造成了经济损失,甲公司要求乙公司赔偿损失 80 万元,但乙公司不同意。甲公司于 2021 年 12 月 10 日向法院提起诉讼,至 12 月 31 日法院尚未作出判决。根据以往经验,甲公司预计胜诉的可能性为 70%,如果甲公司胜诉,乙公司需支付甲公司要求的 80 万元赔偿。对于该项业务,甲公司在 2021 年 12 月 31 日应做的会计处理是( )。

  A. 借记"其他应收款",贷记"营业外收入"80 万元

  B. 借记"其他应收款",贷记"营业外收入"40 万元

  C. 不编制会计分录,也不在报表附注中披露

  D. 不编制会计分录,只在报表附注中披露其形成原因和预计影响

5. 甲公司因违约被起诉,至 2021 年 12 月 31 日,人民法院尚未作出判决,经向公司法律顾问咨询,人民法院的最终判决很可能对甲公司不利,预计赔偿金额为 30 万元至 70 万元,且该区间内每个金额发生的可能性大致相同。甲公司 2021 年 12 月 31 日由此应确认预计负债的金额为( )万元。

  A. 30　　　　　　　　B. 50　　　　　　　　C. 70　　　　　　　　D. 100

6. 2021 年 12 月 31 日，五环公司存在一项未决诉讼。根据以往类似案例的经验判断，该项诉讼败诉的可能性为 80%。如果败诉，五环公司将赔偿对方 200 万元并承担诉讼费用 5 万元，但很可能从第三方收到补偿款 60 万元。2021 年 12 月 31 日，五环公司应就此项未决诉讼确认的预计负债金额为（   ）万元。

A.140   B.145   C.205   D.200

7. 甲公司 2021 年 12 月实施了一项关闭 Q 产品生产线的重组计划，重组计划预计发生下列支出：因辞退员工将支付补偿款 100 万元；因撤销厂房租赁合同将支付违约金 10 万元；因对留用员工进行培训将发生支出 5 万元；因推广新款产品将发生广告费用 60 万元。同时，甲公司对用于 Q 产品生产的固定资产确认减值损失 50 万元。2021 年甲公司因上述事项减少当年营业利润的金额为（   ）万元。

A.160   B.150   C.165   D.215

8. 2021 年 11 月，甲公司因废物排放对环境造成污染被周围居民提起诉讼。2021 年 12 月 31 日，该案件尚未判决。根据以往类似案例及公司法律顾问的判断，甲公司很可能败诉。如败诉，预计赔偿 1 500 万元的可能性为 80%，预计赔偿 1 000 万元的可能性为 20%。假定不考虑其他因素，该事项对甲公司 2021 年利润总额的影响金额为（   ）万元。

A. - 1 000   B. - 1 400   C. - 1 500   D. - 2 500

9. 2021 年 12 月 1 日，甲公司与乙公司签订了一项不可撤销的产品销售合同，合同规定：甲公司于 3 个月后提交给乙公司一批专门为其定做的产品，合同价格（不含增值税）为 200 万元，如甲公司违约，将支付违约金 50 万元。至 2021 年年末，甲公司为生产该产品已发生成本 30 万元，因原材料价格上涨，甲公司预计生产该产品的总成本为 240 万元。假定不考虑其他因素，2021 年 12 月 31 日，甲公司因该合同确认的预计负债为（   ）万元。

A.10   B.20   C.30   D.40

10. 甲公司为售出 M 产品提供"三包"服务，按照当期 M 产品销售收入的 2% 预计产品修理费用。甲公司承诺产品售出后一定期限内出现质量问题，将负责退换或免费提供修理。假定甲公司只生产和销售 M 产品。2021 年初"预计负债——产品质量保证"科目账面余额为 80 万元，M 产品的"三包"期限为 3 年。2021 年实际销售收入为 6 000 万元，实际发生修理费用 50 万元，均为人工费用。不考虑其他因素，下列有关 2021 年产品质量保证的表述中，错误的是（   ）。

A.2021 年实际发生修理费用 50 万元应冲减预计负债

B.2021 年年末"预计负债"科目余额为 120 万元

C.2021 年年末计提产品质量保证费用时应借记"销售费用"科目 120 万元

D.2021 年年末计提产品质量保证费用时应贷记"预计负债"科目 120 万元

二、多项选择题

1. 与或有事项相关的义务确认为预计负债应同时满足的条件有（   ）。

A. 该义务是企业承担的现时义务

B. 该义务的金额能够可靠地计量

C. 履行该义务很可能导致经济利益流出企业

D. 导致经济利益流出企业的可能性达到基本确定

2. 下列各项关于或有事项会计处理的表述中，正确的有（　　　）。

A. 因或有事项产生的潜在义务不应确认为预计负债

B. 因亏损合同预计产生的损失应于合同完成时确认

C. 重组计划对外公告前企业不能就该重组事项确认预计负债

D. 对期限较长的预计负债进行计量时应考虑货币时间价值的影响

3. 荣京公司为甲公司、乙公司、丙公司和丁公司提供了银行借款担保，下列各项中，荣京公司不应确认预计负债的有（　　　）。

A. 甲公司运营良好，荣京公司极小可能承担连带还款责任

B. 乙公司发生暂时财务困难，荣京公司可能承担连带还款责任

C. 丙公司发生财务困难，荣京公司很可能承担连带还款责任，且金额能够可靠计量

D. 丁公司发生严重财务困难，荣京公司基本确定承担还款责任，且金额能够可靠计量

4. 下列涉及预计负债的会计处理中，不正确的有（　　　）。

A. 待执行合同变成亏损合同时，应当将全部损失确认为预计负债

B. 企业承担的重组义务满足或有事项确认负债条件的，应当确认预计负债

C. 因某产品质量保证而确认的预计负债，如企业不再生产该产品，保修期满的应将其余额冲销

D. 企业当期实际发生的担保诉讼损失金额与上期合理预计的预计负债相差较大时，应按重大会计差错更正的方法进行调整

5. 下列关于或有资产的各项表述中，正确的有（　　　）。

A. 或有资产应在报表中予以确认

B. 或有资产是指过去的交易或者事项形成的潜在资产

C. 或有资产很可能给企业带来经济利益的，应当予以披露

D. 或有资产的存在须通过未来不确定事项的发生或不发生予以证实

6. 下列有关待执行合同的表述中，正确的有（　　　）。

A. 待执行合同变成亏损合同的，该亏损合同产生的义务满足预计负债确认条件的，应当确认为预计负债

B. 待执行合同产生的义务均属于或有事项

C. 无合同标的资产的，亏损合同相关义务满足预计负债确认条件的，应当确认为预计负债

D. 待执行合同变成亏损合同时，有标的资产的，应当先对标的资产进行减值测试并按规定确认减值损失，如预计亏损超过该减值损失，应将超过部分确认为预计负债

7. 关于最佳估计数，下列说法中正确的有（　　　）。

A. 预计负债应当按照履行相关现时义务最可能发生的支出金额进行初始计量

B. 最佳估计数已经确定的，后续期间不能进行调整

C. 如果或有事项涉及多个项目，最佳估计数应按照各种可能结果及相关概率加权计算确定

D. 货币时间价值影响重大的，应当通过对相关未来现金流出进行折现后确定最佳估计数

8. 2021 年 11 月 1 日，乙公司因合同违约而被甲公司起诉。2021 年 12 月 31 日，法院尚未作出判决。甲公司预计，如无特殊情况很可能在诉讼中获胜，假定甲公司估计将来很可能获得赔偿金额为 300 万元。在咨询了公司的法律顾问后，乙公司认为最终的法律判决很可能对公司不利。假定乙公司预计将要支付的赔偿金额、诉讼费等费用为 200 万元至 360 万元之间的某一金额，而且该区间内每个金额的可能性都大致相同，其中诉讼费为 10 万元。根据上述资料，不考虑其他情况，下列表述中正确的有（　　）。

A. 甲公司应当确认一项资产，同时在报表附注中披露相关信息

B. 甲公司不应当确认资产，而应当在 2021 年报表附注中披露或有资产 300 万元

C. 乙公司应确认营业外支出 280 万元

D. 乙公司应在资产负债表中确认一项预计负债，金额为 280 元

9. 根据规定，重组是指企业制定和控制的，将显著改变企业组织形式、经营范围或经营方式的计划实施行为。下列各项中，符合上述重组定义的交易或事项有（　　）。

A. 出售企业的部分业务　　　　　B. 为扩大业务链条购买数家子公司

C. 对于组织结构进行较大调整　　D. 营业活动从一个国家迁移到其他国家

10. 2021 年 12 月 31 日，甲公司涉及一项未决诉讼，估计败诉的可能性为 80%，如败诉，赔偿金额为 150 万元的可能性 70%，赔偿金额为 200 万元的可能性 30%。2022 年 5 月 10 日，法院作出判决甲公司败诉，甲公司以银行存款支付了赔款且双方不再上诉。假定甲公司 2021 年的财务报告已于 2022 年 4 月 20 日报出，不考虑其他因素，则甲公司下列会计处理表述正确的有（　　）。

A. 2021 年 12 月 31 日确认营业外支出和预计负债 150 万元

B. 无论 2022 年 5 月 10 日支付的赔偿金额为 180 万元还是 120 万元，应一方面冲减原确认的预计负债 150 万元，另一方面将差额调整 2021 年财务报表

C. 假定 2022 年 5 月 10 日支付赔偿金额为 120 万元，应一方面冲减原确认的预计负债 150 万元，另一方面将差额 30 万元冲减当期营业外支出

D. 假定 2022 年 5 月 10 日支付赔偿 180 万元，甲公司应当按照重大会计差错更正的方法进行处理

三、判断题

1. 企业在重组过程中制定了详细、正式的重组计划的，表明企业因重组而承担了重组义务。（　　）

2. 未来可能发生的自然灾害、交通事故等事项，由于其结果具有不确定性，属于或有事项。（　　）

3. 企业针对特定批次产品的质量保证确认预计负债的，在该产品保修期结束时，应将确认的"预计负债——产品质量保证"科目余额冲销，同时冲销销售费用。（　　）

4. 如果与亏损合同相关的义务不需要支付任何补偿即可撤销，企业通常不应确认预计负债。（　　）

5. 重组业务中，企业预计将设备从拟关闭的工厂转移到继续使用的工厂将要支付的费用，应确认为预计负债。（　　　）

四、计算分析题

1. 甲公司为上市公司，2021年与或有事项有关的业务如下：

（1）2021年7月，甲公司与乙公司签订一份Q产品的销售合同，约定在2022年1月底以每件0.5万元的价格向乙公司销售4 000件Q产品，若甲公司违约，违约金为合同价款的10%。2021年12月31日，甲公司库存Q产品4 000件，成本总额为2 500万元，按当时市场价值计算的市价总额为2 300万元。假定甲公司销售Q产品不发生销售费用及相关税费，至2021年12月31日该合同尚未履行。

（2）2021年下半年，甲公司开始对外销售其新开发的P产品。为顺利推广该产品，甲公司对该产品实行三包政策，消费者购买该产品后3年内如果出现质量问题，甲公司将免费维修。甲公司在2021年下半年销售P产品1 200件，实现销售收入720万元，销售成本为600万元。甲公司预计所售出的P产品中，90%不会出现质量问题，6%可能发生较小的质量问题，4%可能发生较大的质量问题。此外，发生较大质量问题的维修费用为P产品销售收入的10%，发生较小质量问题的维修费用为P产品销售收入的5%。

（3）因被担保人丙公司财务状况恶化，无法支付逾期的银行借款，2021年8月30日，贷款银行要求甲公司按照合同约定履行债务担保责任800万元。甲公司于2021年12月31日收到法院的传票，贷款银行状告甲公司未履行债务担保责任，甲公司预计败诉的可能性为80%，如果败诉将履行担保责任800万元。

（4）甲公司管理层于2021年11月制定了一项业务重组计划。该业务重组计划的主要内容为：从2022年1月1日起关闭R产品生产线，从事R产品生产的员工共计80人，除部门主管及技术骨干等15人留用转入其他部门外，其余65人都将被辞退。根据辞退员工的职位、工作年限等因素，甲公司将一次性给予辞退员工不同标准的补偿，共计450万元，至2021年12月31日该重组计划尚未经过董事会批准，员工补偿尚未支付。

要求（答案中的金额单位用万元表示）：

（1）根据资料（1），说明甲公司应如何进行会计处理，并编制相关会计分录。

（2）根据资料（2），计算甲公司应确认保修费的金额，并编制相关会计分录。

（3）根据资料（3），说明甲公司应如何进行会计处理，并编制相关会计分录。

（4）根据资料（4），判断甲公司是否应确认预计负债，并说明理由。

答案与解析

一、单项选择题

1.【解析】常见的或有事项包括：未决诉讼、未决仲裁、债务担保、产品质量保证（含产品安全保证）、亏损合同、重组义务、承诺、环境污染整治等。选项 A、C、D 均属于或有事项。选项 B 不属于，债务担保属于或有事项，但代为偿付担保债务是被相关事实证实了的事项，属于确定性事项。综上，本题应选 B。

【答案】B

2.【解析】选项 A 说法正确，或有负债，是指过去的交易或事项形成的潜在义务，其存在须通过未来不确定事项的发生或不发生予以证实；或过去的交易或事项形成的现时义务，履行该义务不是很可能导致经济利益流出企业或该义务的金额不能可靠计量。选项 B 说法错误，其结果应由未来事项的发生或不发生来证实。选项 C 说法错误，涉及现时义务的或有负债的特征为：履行该义务不是很可能导致经济利益流出企业，或者该现时义务的金额不能可靠地计量。选项 D 说法错误，或有负债除极小可能导致经济利益流出企业外，均应按相关规定在附注中披露。综上，本题应选 A。

【答案】A

3.【解析】与该项未决诉讼有关的现时义务满足很可能导致经济利益流出企业，且金额能够可靠计量的条件。因此甲公司 2021 年年末应确认的预计负债 =（90 + 160）÷ 2（赔偿款）+ 10（诉讼费）= 135（万元），应在报表中列示，并且预计负债的有关信息需要在附注中披露。综上，本题应选 C。

【答案】C

4.【解析】选项 A、B 错误，或有资产只有在基本确定能收到时才能确认为一项资产，本题中甲公司预计胜诉的可能性未达到基本确定，因此不能确认为其他应收款；选项 C 错误，选项 D 正确，或有资产很可能会给企业带来经济利益时，则应在附注中披露。本题中甲公司预计胜诉的可能性达到 70%，因此应当披露其形成原因和预计影响。综上，本题应选 D。

【答案】D

5.【解析】预计负债应当按照履行相关现时义务所需支出的最佳估计数进行初始计量，当所需支出存在一个连续范围，且该范围内各种结果发生的可能性相同时，最佳估计数应当按照该范围内的中间值，即上下限金额的平均数确定。本题中应确认预计负债的金额 =（30 + 70）÷ 2 = 50（万元）。综上，本题应选 B。

【答案】B

6.【解析】企业预计从第三方收回的补偿金额只有达到基本确定能够收到时才能确认为一项资产（其他应收款），且该资产不能抵减预计负债金额。因此，五环公司应就此项未决诉讼确认的

预计负债金额 = 200（赔偿款）+ 5（诉讼费）= 205（万元）。综上，本题应选 C。

【相关分录】五环公司账务处理为（单位：万元）：

借：管理费用   5

  营业外支出   200

  贷：预计负债   205

【答案】C

7. **【解析】**企业应当按照与重组有关的直接支出确定一项负债，其中辞退员工支付的补偿款计入管理费用，增加应付职工薪酬，减少营业利润；撤销厂房租赁合同支付的违约金计入营业外支出，不影响营业利润；固定资产发生的减值损失会减少营业利润。因此，2021 年甲公司因上述事项减少当年营业利润的金额 = 100（管理费用）+ 50（资产减值损失）= 150（万元）。综上，本题应选 B。

【答案】B

8. **【解析】**本题中甲公司很可能败诉，属于或有事项涉及单个项目的情形，应按照最可能发生金额确定预计负债金额，同时计入营业外支出。最可能发生金额为 1 500 万元，所以该事项对甲公司 2021 年利润总额的影响金额为 – 1 500 万元。综上，本题应选 C。

【答案】C

9. **【解析】**由于甲公司为生产该产品已发生成本 30 万元，属于有标的资产的情形。执行合同的损失 = 240 – 200 = 40（万元），不执行合同的损失包括合同违约金 50 万元和已发生的成本 30 万元，故甲公司应选择执行合同。先对标的资产计提减值准备，现有存货的成本为 30 万元，可变现净值 = 200（产品估计售价）–（240 – 30）（进一步加工成本）= – 10（万元），可变现净值为负数，因此应对存货全额计提存货跌价准备，即 30 万元，预计损失超过标的资产减值部分确认为预计负债。因此，2021 年 12 月 31 日，甲公司因该合同确认的预计负债 = 40 – 30 = 10（万元）。综上，本题应选 A。

【相关分录】（单位：万元）

借：资产减值损失   30

  贷：存货跌价准备   30

借：营业外支出   10

  贷：预计负债   10

【答案】A

10. **【解析】**选项 A 表述正确，企业实际发生维修费用时应冲减原预提的产品质量保证费用，即冲减预计负债 50 万元；选项 B 表述错误，2021 年预提产品质量保证费用 = 6 000×2% = 120（万元），预计负债年末余额 = 80（期初余额）+ 120（本期增加）– 50（本期冲减）= 150（万元）；选项 C、D 表述正确，预计产品质量保证费用时应借记"销售费用"科目，贷记"预计负债"科目。综上，本题应选 B。

【相关分录】（单位：万元）

（1）预提本期维修费用：

借：销售费用——产品质量保证　　　　　　　　　　　　120

　　贷：预计负债——产品质量保证　　　　　　　　　　　　　120

（2）实际发生维修支出：

借：预计负债——产品质量保证　　　　　　　　　　　　　50

　　贷：应付职工薪酬　　　　　　　　　　　　　　　　　　　50

【答案】B

二、多项选择题

1.【解析】选项 A、B、C 正确，与或有事项有关的义务同时满足下列条件时确认为负债，作为预计负债进行确认和计量：（1）该义务是企业承担的现时义务；（2）履行该义务很可能导致经济利益流出企业；（3）该义务的金额能够可靠地计量。选项 D 错误，确认预计负债要求履行该义务很可能导致经济利益流出企业，而非基本确定。综上，本题应选 ABC。

【答案】ABC

2.【解析】选项 A 正确，或有事项产生的潜在义务属于或有负债，不确认为预计负债；选项 B 错误，待执行合同是指合同各方尚未履行任何合同义务，或部分地履行了同等义务的合同。待执行合同变为亏损合同，在满足预计负债确认条件时，应当确认预计负债。因此，因亏损合同预计产生的损失在合同未完成时就应该确认；选项 C 正确，重组义务确认的条件之一是重组计划已对外公告，因此，重组计划对外公告前企业未承担重组义务，不能确认预计负债；选项 D 正确，预计负债的金额通常应当等于未来应支付的金额，但是，期限较长时应考虑货币时间价值的影响。综上，本题应选 ACD。

【答案】ACD

3.【解析】选项 A、B，均未达到"很可能导致经济利益流出企业"，不符合预计负债的确认条件，不应确认预计负债。综上，本题应选 AB。

【答案】AB

4.【解析】选项 A 表述错误，待执行合同变成亏损合同时，企业拥有合同标的资产的，应当先对标的资产进行减值测试并按规定确认减值损失，如预计亏损超过该减值损失的，应将超过部分确认为预计负债，而不是将全部损失确认为预计负债；选项 B 表述正确，企业因重组而承担了重组义务，并且符合或有事项确认负债条件的，应当按照与重组有关的直接支出金额确定一项负债（应付职工薪酬、预计负债），并计入当期损益；选项 C 表述正确，对已确认预计负债的产品，如企业不再生产，则应在相应的产品质量保证期满后，将预计负债余额冲销；选项 D 表述错误，企业当期实际发生的担保诉讼损失金额与上期合理预计的预计负债之间的差额，不作为前期重大差错处理。综上，本题应选 AD。

【答案】AD

5.【解析】选项 B、D 表述正确，或有资产，是指过去的交易或者事项形成的潜在资产，其存在须通过未来不确定事项的发生或不发生予以证实。选项 A 表述错误，选项 C 表述正确，或有资产是一种潜在资产，不符合资产确认条件，不能在财务报表中确认。企业通常不披露或有资产，但或有资产很可能给企业带来经济利益的，应当披露其形成的原因、预计产生的财务影响等。综上，本题应选 BCD。

【答案】BCD

6.【解析】选项 A、C、D 表述正确，均属于亏损合同确认预计负债的处理原则；选项 B 表述错误，企业与其他方签订的尚未履行或部分履行了同等义务的合同，如商品买卖合同、劳务合同、租赁合同等，均属于待执行合同。待执行合同不属于或有事项准则规范的内容，但待执行合同变为亏损合同的，亏损合同产生的义务应作为或有事项进行处理。综上，本题应选 ACD。

【答案】ACD

7.【解析】选项 A 说法错误，预计负债应当按照履行相关现时义务所需支出的最佳估计数进行初始计量；选项 B 说法错误，企业应当在资产负债表日对预计负债的账面价值进行复核，有确凿证据表明该账面价值不能真实反映当前最佳估计数的，应当按照当前最佳估计数对预计负债账面价值进行调整；选项 C 说法正确，或有事项涉及多个项目的，最佳估计数按照各种可能结果及相关概率计算确定；选项 D 说法正确，如果预计负债的确认时点距离实际清偿有较长的时间跨度，货币时间价值的影响重大，那么在确定预计负债的确认金额时，应考虑通过对相关未来现金流出进行折现，确认最佳估计数。综上，本题应选 CD。

【答案】CD

8.【解析】选项 A 表述错误，选项 B 表述正确，由于甲公司估计将来很可能获得赔偿金，未达到基本确定，不应在报表中确认，而需要在附注中披露相关信息；选项 C 表述错误，选项 D 表述正确，乙公司预计赔偿金额、诉讼费用合计＝（200 + 360）÷ 2 = 280（万元），因此预计负债金额为 280 万元，其中诉讼费 10 万元计入管理费用，赔偿金 270 万元计入营业外支出。综上，本题应选 BD。

【答案】BD

9.【解析】属于重组的事项主要包括：出售或终止企业的部分业务（选项 A）；关闭企业的部分营业场所或将营业活动由一个国家或地区迁移到其他国家或地区（选项 D）；对企业的组织结构进行较大调整（选项 C）等。综上，本题应选 ACD。

【答案】ACD

10.【解析】选项 A 表述正确，所需支出不存在一个连续范围，且涉及单个项目的，最佳估计数应按照最可能发生的金额确定，故甲公司应确认营业外支出和预计负债 150 万元；选项 B 表述错误，由于甲公司 2021 年的财务报告已于 2022 年 4 月 20 日报出，所以 5 月 10 日的判决不属于资产负债表日后事项，不应当调整 2021 年的财务报表；选项 C 表述正确，选项 D 表述错误，对于未决诉讼，企业依据当时实际情况和所掌握的证据，已合理预计诉讼损失的，当期实际发生数和合理预估预计负债的差额，应直接计入或冲减营业外支出，而不是作为前期重大会计差错处理。综上，本题应选 AC。

【答案】AC

三、判断题

1.【解析】企业在重组过程中，存在以下情况的，表明企业因重组承担了重组义务：（1）有详细、正式的重组计划。（2）该重组计划已对外公告，重组计划已经开始实施，或已向受其影响的各方通告了该计划的主要内容，从而使各方形成了对该企业将实施重组的合理预期。因此，本题表述错误。

【答案】×

2.【解析】或有事项是过去的交易或事项形成的，而未来可能发生的自然灾害、交通事故等事项不符合这一特征，不属于或有事项。因此，本题表述错误。

【答案】×

3.【解析】对特定批次产品确认的预计负债，在质量保证期结束时，将"预计负债——产品质量保证"科目余额冲销，同时冲减销售费用。对已确认预计负债的产品，若企业不再生产了，在相应的产品质量保证期满后，将"预计负债——产品质量保证"科目余额冲销，同时冲减销售费用。因此，本题表述正确。

【答案】√

4.【解析】如果与亏损合同相关的义务不需支付任何补偿即可撤销，则企业通常就不存在现时义务，不应确认预计负债。因此，本题表述正确。

【答案】√

5.【解析】企业将职工或设备从拟关闭的工厂转移到继续使用的工厂支付的费用是与继续进行的活动相关，不属于与重组有关的直接支出，不应确认为预计负债。因此，本题表述错误。

【答案】×

四、计算分析题

1.（1）

【解析】当企业的待执行合同变为亏损合同时，存在标的资产的，首先对标的资产进行减值测试并按规定确认减值损失，如果预计亏损超过该减值损失，再将超过部分确认为预计负债；不存在标的资产的，合同相关义务满足预计负债确认条件时，应当确认为预计负债。资料（1）属于存在标的资产的情形。

【答案】执行合同将发生的损失 = 2 500 –（4 000×0.5）= 500（万元）

不执行合同将发生的损失 = 4 000×0.5×10%（违约金）+（2 500 – 2 300）（存货减值损失）= 400（万元）

因此，甲公司应选择不执行合同，即支付违约金 200 万元。

相关会计分录为：

借：资产减值损失	200	
贷：存货跌价准备		200
借：营业外支出	200	
贷：预计负债		200

（2）

【解析】产品质量保证中，企业销售的产品，有些没有质量问题，有些有较小质量问题，有些有较大质量问题，多个结果会同时出现，属于典型的涉及多个项目的情形，因此要用加权平均数计算最佳估计数。

【答案】甲公司应确认的保修费 = 90%×0×720 + 6%×5%×720 + 4%×10%×720 = 5.04（万元）

相关会计分录为：

| 借：销售费用——产品质量保证 | 5.04 | |
| 　　贷：预计负债——产品质量保证 | | 5.04 |

（3）

【解析】甲公司为丙公司提供债务担保，丙公司未能按约定偿还债务，甲公司的担保行为产生的合同义务，应由甲公司承担，满足条件时应确认为预计负债。

【答案】甲公司因提供担保被起诉而承担了现时义务；预计败诉的可能性为80%，表明该现时义务很可能导致经济利益流出企业；如果败诉将履行担保责任800万元，表明该义务的金额能够可靠计量。同时满足了或有事项确认负债的三个条件，因此，甲公司应确认预计负债，并计入当期损益。

相关会计分录为：

| 借：营业外支出 | 800 | |
| 　　贷：预计负债 | | 800 |

（4）

【解析】企业承担重组义务的条件包括：①有详细、正式的重组计划；②该重组计划已对外公告，重组计划已经开始实施，或已向受其影响的各方通告了该计划的主要内容，从而使各方形成了对该企业将实施重组的合理预期。因此，仅有重组计划，没有对外公布或实施，不属于重组义务。

【答案】甲公司不应确认预计负债。

理由：因重组计划未经过董事会批准，企业尚未承担重组义务，不符合预计负债的确认条件。

第十章　收入

📌 应试指导

本章内容较多，主要阐述收入的确认、计量和记录问题，属于非常重要的章节。考生应重点掌握收入五步法模型和八种特定交易的会计处理，其中五步法模型是学习收入的基础，而八种特定交易则是具体应用，需要考生在理解的基础上，重点掌握其处理原则，并能熟练运用。

📈 历年考情

本章内容较多，重点是五步法模型和八种特定交易的会计处理。由于收入准则的修订，近几年的考查热度较高，且主观题和客观题均有涉及。预计 2022 年分值在 12 分左右。

题型	2021年（一）		2021年（二）		2020年（一）		2020年（二）		2019年（一）		2019年（二）	
	题量	分值	题量	分值	题量	分值	题量	分值	题量	分值	题量	分值
单选题	—	—	—	—	1	1.5 分	—	—	—	—	—	—
多选题	—	—	—	—	1	2 分	—	—	—	—	1	2 分
判断题	1	1 分	—	—	1	1 分	1	1 分	1	1 分	—	—
计算分析题	—	—	1	8 分	—	—	—	—	—	—	1	12 分
综合题	1	13 分	—	—	—	—	1	13 分	1	10 分	—	—

📋 高频考点列表

考点	单项选择题	多项选择题	判断题	计算分析题	综合题
识别与客户订立的合同	—	—	2020 年	—	—
识别合同中的单项履约义务	—	—	—	—	—
确定交易价格	—	2018 年	2019 年	—	—
将交易价格分摊至各单项履约义务	2020 年	—	—	—	—
履行各项履约义务时确认收入	2017 年	—	2020 年	—	—
合同成本	—	2019 年	—	—	—
特定交易的会计处理	—	2020 年、2017 年	2021 年	2021 年、2019 年	2021 年、2020 年、2019 年

概述
- 定义 · 企业日常活动中形成的，会导致所有者权益增加的、与所有者投入资本无关的经济利益的总流入
- 确认原则 · 在客户取得相关商品控制权时确认收入

第十章 收入

确认和计量
- 识别与客户订立的合同
  - 合同识别
  - 合同合并
  - 合同变更
- 识别合同中的单项履约义务
- 确定交易价格
  - 可变对价
  - 重大融资成分
  - 非现金对价
  - 应付客户对价
- 将交易价格分摊至各单项履约义务
  - 分摊合同折扣
  - 分摊可变对价
- 履行每一单项履约义务时确认收入
  - 在某一时段内履行
  - 在某一时点履行

合同成本
- 合同履约成本、合同取得成本
- 与合同履约成本和合同取得成本有关的摊销和减值
  - 减值金额 = 账面价值 – （预计转让商品收取的剩余对价 – 估计将要发生的成本）

特定交易的会计处理
- 附有销售退回条款的销售 · 按有权收取的对价确认收入
- 附有质量保证条款的销售 · 质量保证是否作为单项履约义务
- 主要责任人和代理人 · 企业向客户转让商品前是否拥有控制权
- 附有额外购买选择权的销售 · 是否提供了一项重大权利
- 授予知识产权许可 · 是否构成单项履约义务
- 售后回购
  - 存在与客户的远期安排而负有回购义务或企业享有回购权利
  - 负有应客户要求回购商品义务
- 客户未行使的权利
- 无需退回的初始费 · 是否与向客户转让已承诺的商品相关

收入准则对于收入的核算，提出了"五步法收入确认模型"，如下图：

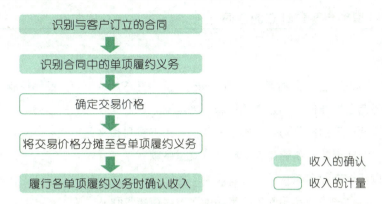

五步法收入确认模型

高频考点 1 识别与客户订立的合同

1. 合同识别

当企业与客户之间的合同**同时满足**下列条件时，应当在客户取得相关**商品控制权时**确认收入：

（1）合同各方**已批准**该合同并承诺将履行各自义务；

（2）该合同明确了合同各方与所转让的商品相关的**权利和义务**；

（3）该合同有明确的与所转让商品相关的**支付条款**；

（4）该合同具有**商业实质**；

（5）企业因向客户转让商品而有权取得的对价**很可能收回**。

> **▌敲黑板▌** 对于不符合上述五项条件的合同，企业只有在不再负有向客户转让商品的剩余义务，且已向客户收取的对价无需退回时，才能将已收取的对价确认为收入；否则，应当将已收取的对价作为负债进行会计处理。

2. 合同合并

企业与同一客户（或该客户的关联方）同时订立或在相近时间内先后订立的两份或多份合同，**在满足下列条件之一**时，应当合并为一份合同进行会计处理：

（1）该两份或多份合同基于同一商业目的而订立并构成一揽子交易，如一份合同在不考虑另一份合同的对价的情况下将会发生亏损；

（2）该两份或多份合同中的一份合同的对价金额取决于其他合同的定价或履行情况，如一份合同如果发生违约，将会影响另一份合同的对价金额；

（3）该两份或多份合同中所承诺的商品构成单项履约义务。

3. 合同变更

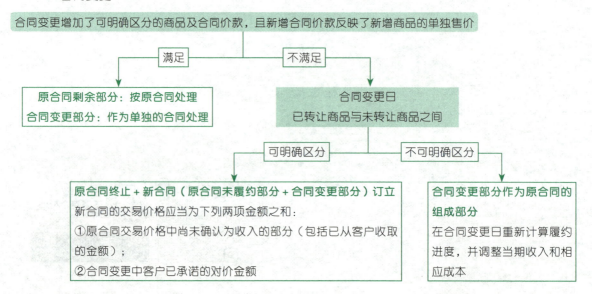

【真题实战·判断题】企业与同一客户同时订立两份合同，如果一份合同的违约将会影响另一份合同的对价，企业应将两份合同合并为一份合同进行会计处理。（　　）（2020年）

【思路导航】合同合并属于客观题的考点，所以对于合同合并的三种情形，可以通过关键字进行记忆，即：一揽子交易、相互影响、构成单项履约义务。

【解析】两份或多份合同中的一份合同的对价金额取决于其他合同的定价或履行情况，如一份合同如果发生违约，将会影响另一份合同的对价金额，该两份或多份合同应当合并为一份合同。因此，本题表述正确。

【答案】√

【沙场练兵·判断题】合同变更增加了可明确区分的商品及合同价款，且新增合同价款反映了新增商品单独售价的，应当将合同变更作为原合同的终止及新合同的订立进行会计处理。（　　）

【解析】合同变更增加了可明确区分的商品及合同价款，且新增合同价款反映了新增商品单独售价的，应当将该合同变更部分作为一份单独的合同进行会计处理。因此，本题表述错误。

【答案】×

【沙场练兵·单选题】2021年3月1日，甲公司与乙公司签订了一项总额为6 000万元的固定造价合同，在乙公司的自有土地上为乙公司建造一栋办公楼。截至2021年12月20日，甲公司累计已发生成本4 500万元。2021年12月25日，经协商，双方同意变更合同范围，附加装修办公楼的服务内容，合同价格相应增加360万元，假定上述新增合同价款不能反映装修服务的单独售价。不考虑其他因素，下列各项关于上述合同变更会计处理的表述中，正确的是（　　）。

A. 合同变更部分作为单独合同进行会计处理

B. 合同变更部分作为原合同组成部分进行会计处理

C. 合同变更部分作为单项履约义务于完成装修时确认收入

D. 原合同未履约部分与合同变更部分作为新合同进行会计处理

【解析】在合同变更日已转让商品与未转让商品之间不可明确区分的，应当将该合同变更部分作为原合同的组成部分，在合同变更日重新计算履约进度，并调整当期收入和相应成本。本题中合同变更日后拟提供的剩余服务与在合同变更日或之前已提供的服务不可明确区分，因此合同变更部分应作为原合同组成部分进行会计处理。综上，本题应选B。

【答案】B

【沙场练兵·单选题】甲公司以每件80元的价格向乙公司销售M产品100件，预计M产品将在2个月内交付。假设商品控制权在交付时转移，当甲公司向乙公司交付了50件M产品后，双方对合同进行了变更，乙公司要求甲公司向其再额外交付20件M产品。额外交付的20件M产品，每件价格为70元（未反映其变更合同时的单独售价），则下列说法正确的是（　　）。

A. 应当将该合同变更部分作为一项单独的合同进行会计处理

B. 应当将原合同未履约部分与合同变更部分合并作为一项新合同进行会计处理

C. 应当调整变更日确认的收入

D. 应当将该合同变更部分作为原合同的组成部分进行会计处理

【解析】合同变更日增加的可明确区分商品的合同价款，不能反映其单独售价的，且已转让的商品与未转让的商品之间可明确区分的，应当视为原合同终止，同时，将原合同未履约部分与合同变更部分合并作为一项新合同进行会计处理。综上，本题应选B。

【答案】B

【沙场练兵·多选题】企业与同一客户同时订立的两份或多份合同，应当合并为一份合同进行会计处理的有（　　）。

A.该两份或多份合同同时订立

B.该两份或多份合同基于同一商业目的而订立并构成一揽子交易

C.该两份或多份合同中所承诺的商品构成一项单项履约义务

D.该两份或多份合同中的一份合同的对价金额与其他合同的定价或履行情况相关

【解析】在满足下列条件之一时，应当合并为一份合同进行会计处理：（1）该两份或多份合同基于同一商业目的而订立并构成一揽子交易（选项B）；（2）该两份或多份合同中的一份合同的对价金额取决于其他合同的定价或履行情况（选项D）；（3）该两份或多份合同中所承诺的商品构成单项履约义务（选项C）。综上，本题应选BCD。

【答案】BCD

高频考点 2 识别合同中的单项履约义务

第10章

企业向客户转让商品的承诺作为单项履约义务的情形：

情形	说明
企业向客户转让可明确区分商品的承诺	同时满足下列两项条件的，应当作为可明确区分的商品： （1）客户能够从该商品本身或者从该商品与其他易于获得的资源一起使用中受益。 （2）企业向客户转让该商品的承诺与合同中其他承诺可单独区分
企业向客户转让一系列实质相同且转让模式相同的、可明确区分商品的承诺	实质相同且转让模式相同（采用相同方法确定履约进度的时段义务）的一系列商品应当作为单项履约义务，如提供酒店管理服务、保洁服务等

▌敲黑板▌下列情形通常表明企业向客户转让该商品的承诺与合同中的其他承诺不可明确区分：

（1）企业需提供重大的服务以将该商品与合同中承诺的其他商品进行整合，形成合同约定的某个或某些组合产出转让给客户。

（2）该商品将对合同中承诺的其他商品予以重大修改或定制。

（3）该商品与合同中承诺的其他商品具有高度关联性。

【沙场练兵·判断题】企业为履行合同而应开展的初始活动，通常不构成履约义务。（　　）

【思路导航】履约义务，是指合同中企业向客户转让可明确区分商品的承诺。履约义务既包括合同中明确的承诺，也包括由于企业已公开宣布的政策、特定声明或以往的习惯做法等导致合同订立时客户合理预期企业将履行的承诺。

【解析】企业为履行合同而应开展的初始活动，通常不构成履约义务，除非该活动向客户转让了承诺的商品。因此，本题表述正确。

【答案】√

【沙场练兵·单选题】甲公司与乙公司签订一项建造员工食堂的合同。根据双方约定，甲公司负责项目的总体管理并完成各类已承诺的商品和服务，包括工程技术、场地整理、食堂基建、设备安装及装修等，则下列说法正确的是（　　）。

A.甲公司可以选择按一个项目或多个项目作为单项履约义务

B.甲公司应将商品和服务作为两项单项履约义务

C.甲公司应将整个食堂建造项目作为一项单项履约义务

D.甲公司应将合同中的各项目分别作为单项履约义务

【解析】本题中，甲公司对客户的承诺是为其建造员工食堂，而非提供工程技术、场地整理、食堂基建等服务，即企业需提供重大的服务将这些项目进行整合，以形成合同约定的一项组合产出（员工食堂）转让给客户。所以应统一作为一项单项履约义务。综上，本题应选C。

【答案】C

【沙场练兵·多选题】下列情形表明企业向客户转让商品的承诺与合同中其他承诺不可明确区分的有（　　）。

A.该商品与合同中承诺的其他商品具有高度关联性

B.该商品将对合同中承诺的其他商品予以重大修改或定制

C.该商品与合同中承诺的其他商品需要开在同一张增值税发票中

D.企业需提供重大的服务以将该商品与合同中承诺的其他商品整合成合同约定的组合产出转让给客户

【解析】下列情形通常表明企业向客户转让该商品的承诺与合同中其他承诺不可明确区分：（1）企业需提供重大的服务以将该商品与合同中承诺的其他商品整合成合同约定的组合产出转让给客户（选项D）；（2）该商品将对合同中承诺的其他商品予以重大修改或定制（选项B）；（3）该商品与合同中承诺的其他商品具有高度关联性（选项A）。综上，本题应选ABD。

【答案】ABD

高频考点 3　确定交易价格

在确定交易价格时，企业应当考虑可变对价、合同中存在的重大融资成分、非现金对价以及应付客户对价等因素的影响。

第10章

（一）可变对价

项目		说明
内容		合同约定的折扣、价格折让、返利、退款、奖励积分、激励措施、业绩奖金、索赔等
最佳估计数的确定	最可能发生金额	当合同仅有**两个可能结果**时，通常按照最可能发生金额估计可变对价金额
	期望值（∑ 可能金额 × 概率）	如果企业拥有大量具有类似特征的合同，并估计可能产生**多个结果**时，通常按照期望值估计可变对价金额
金额限制		包含可变对价的交易价格，应当不超过在相关不确定性消除时，累计已确认的收入**极可能**不会发生重大转回的金额 【提个醒】 "极可能"发生的概率应远高于"很可能"（即 > 50%），但不要求达到"基本确定"（即 ≤ 95%）。

（二）合同中存在的重大融资成分

项目	内容
形成原因	企业将商品的控制权转移给客户的时间与客户实际付款的时间不一致 【提个醒】 若间隔时间不超过 1 年，可以不考虑存在重大融资成分。
交易价格的确定	企业应当按照假定客户在取得商品控制权时，立即以现金支付的应付金额（即**现销价格**）来确定交易价格。确定的交易价格与合同承诺的对价金额之间的差额，应当在合同期间采用**实际利率法**摊销

（三）非现金对价

企业因转让商品而有权向客户收取的对价是实物资产、无形资产、股权、服务等非现金形式的，按照下列规定处理：

情形	处理规定
公允价值能够合理估计	按非现金对价在合同开始日的**公允价值**确定交易价格，合同开始日后，非现金对价的公允价值发生变动的： ①因对价形式（如股票价格波动）导致：变动金额不计入交易价格； ②因对价形式以外的原因导致：作为可变对价，按相关规定处理
公允价值不能合理估计	参照其承诺向客户转让商品的**单独售价间接确定**交易价格

（四）应付客户对价

应付对价，是指转让商品的同时需要向客户或第三方支付的价款或可以抵减应付企业金额的相关项目金额，如货位费、优惠券和折扣、合作广告安排、价格保护等。

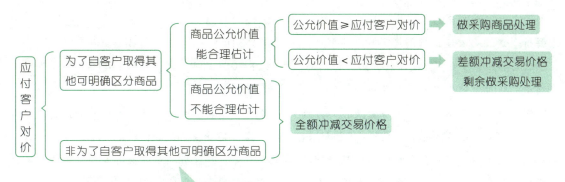

┃敲黑板┃

（1）合同资产 VS 应收账款

	合同资产	应收账款
核算内容	企业已向客户转让商品而有权收取对价的权利	代表企业无条件收取合同对价的权利
区别	①取决于时间流逝以外的其他因素，如履行合同中的其他履约义务。 ②一项有条件的收款权利。 ③除承担信用风险之外，还可能承担其他风险	①仅随着时间流逝即可收款。 ②无条件收取合同对价的权利。 ③仅承担信用风险

（2）"合同负债"科目核算企业已收或应收客户对价而应向客户转让商品的义务。

（3）列报

合同资产和合同负债应当在资产负债表中单独列示，并按流动性分别列示为"合同资产"或"其他非流动资产"以及"合同负债"或"其他非流动负债"；同一合同下的合同资产和合同负债应当以净额列示，不同合同下的合同资产和合同负债不能互相抵销。

【真题实战·判断题】销售合同约定客户支付对价的形式为股票的，企业应当根据合同开始日后股票公允价值的变动调整合同的交易价格。（　　）（2019年）

【解析】销售合同中约定客户支付对价形式为股票的，应以合同开始日股票的公允价值确认交易价格，合同开始日后，股票公允价值发生的变动属于因对价形式发生的变动，不应计入交易价格。因此，本题表述错误。

【答案】×

【真题实战·多选题】下列各项关于企业具有融资性质的分期收款方式销售商品会计处理的表述中，正确的有（　　）。（2018年改编）

A. 按照商品的现销价格计量收入

B. 按照合同约定的收款日期分期确认收入

C. 应收的合同价款与现销价格之间的差额应计入当期损益

D. 应收的合同价款与其现销价格之间的差额，

一般应当在合同期间内采用实际利率法摊销

【解析】选项A表述正确，选项B表述错误，企业以具有融资性质的分期收款方式销售商品，合同中存在重大融资成分，企业应当按照假定客户在取得商品控制权时即以现金支付的应付金额（即现销价格）确认收入；选项C表述错误，选项D表述正确，合同存在重大融资成分的，现销价格与合同承诺的对价金额之间的差额，应当在合同期间内采用实际利率法进行摊销。综上，本题应选AD。

【答案】AD

【沙场练兵·判断题】企业应付客户对价不是为自客户取得其他可明确区分商品的，应当将该应付对价冲减交易价格。（　　）

【解析】应付客户对价不是为自客户取得其他可明确区分商品的，应当将该应付对价冲减交易价格。因此，本题表述正确。

【答案】√

【沙场练兵·单选题】甲公司是一家生产和销售冰箱的企业。2021年3月，甲公司向零售商乙公司销售2 000台冰箱，每台价格为1 500元，合同价款合计300万元。同时，甲公司承诺，在未来6个月内，如果同类冰箱售价下降，则按照合同价格与最低售价之间的差额向乙公司支付差价。甲公司根据以往执行类似合同的经验，预计未来6个月内，不降价的概率为50%，每台降价300元的概率为30%，每台降价500元的概率为20%。假定上述价格均不包含增值税。则甲公司估计交易

价格为每台（　　）元。

A.1 310　　　　B.1 500

C.1 200　　　　D.1 410

【解析】企业拥有大量具有类似特征的合同，并估计可能产生多个结果时，通常按照期望值（Σ可能金额×概率）估计可变对价金额，并确定交易价格，则甲公司每台冰箱的交易价格＝1 500×50%＋（1 500－300）×30%＋（1 500－500）×20%＝1 310（元）。综上，本题应选A。

【答案】A

【沙场练兵·单选题】甲公司为客户建造一栋办公楼，合同约定的价款为150万元。同时规定，如果甲公司未能在合同规定的期限内竣工，须支付给客户15万元的罚款，该罚款从合同价款中直接扣除。甲公司根据以往的经验对合同结果的估计为：工程按时竣工的概率为85%，工程延期的概率为15%。不考虑其他因素，根据上述资料，甲公司应确定的交易价格为（　　）万元。

A.150　　　　B.147.75

C.135　　　　D.0

【解析】根据规定，当合同仅有两个可能结果时，通常按照最可能发生金额估计可变对价。本题中，甲公司向客户支付15万元罚款的概率为15%，支付0万元罚款的概率为85%，则最可能发生的罚款金额为0万元，因此甲公司应确定的交易价格为150万元。综上，本题应选A。

【答案】A

高频考点4 将交易价格分摊至各单项履约义务

1.概述

当合同中包含两项或多项履约义务时，企业应当在合同开始日，按照各单项履约义务所承诺商

品的**单独售价**（企业向客户单独销售商品的价格）的相对比例，将交易价格分摊至各单项履约义务。

单独售价无法直接观察的，企业应当综合考虑其能够合理取得的全部相关信息，采用市场调整法、成本加成法、余值法等方法合理估计单独售价。

2. 分摊

（1）分摊合同折扣

含义		合同折扣 = 单独售价之和 – 合同交易价格
处理原则	基本原则	企业应当在各单项履约义务之间分摊合同折扣
	特殊规定	有确凿证据表明合同折扣仅与合同中一项或多项（而非全部）履约义务相关的，企业应当将该合同折扣分摊至相关一项或多项履约义务
	同时满足下列三项条件的，表明合同折扣仅与合同中一项或多项（而非全部）履约义务相关： ①企业经常将该合同中的各项可明确区分商品**单独销售或者以组合**的方式单独销售； ②企业经常将其中部分可明确区分的商品以**组合的方式按折扣价格**单独销售； ③归属于上述第二项中每一组合的商品的折扣与该合同中的**折扣基本相同**，并且对每一组合中的商品的评估为将该合同的整体折扣归属于某一项或多项履约义务提供了可观察的证据	

（2）分摊可变对价

①可变对价仅与合同中的某一特定组成部分相关

情形	a. 可变对价与合同中的一项或多项（而非全部）履约义务有关； 如：是否获得奖金取决于企业能否在指定时期内转让某项已承诺的商品。 b. 可变对价与企业向客户转让的构成单项履约义务的一系列可明确区分商品中的一项或多项（而非全部）商品有关； 如：为期两年的保洁服务合同中，第二年的服务价格将根据指定的通货膨胀率确定
条件	a. 可变对价的条款专门针对企业为履行该项履约义务或转让该项可明确区分商品所作的努力； b. 企业在考虑了合同中的全部履约义务及支付条款后，将合同对价中的可变金额全部分摊至该项履约义务或该项可明确区分商品符合分摊交易价格的目标
处理原则	**同时满足**上述两项条件的，企业应当将可变对价及可变对价的后续变动额全部分摊至与之相关的某项履约义务，或者构成单项履约义务的一系列可明确区分商品中的某项商品『局部分摊』

②可变对价与整个合同相关

对于不满足上述条件的可变对价及可变对价的后续变动额，以及可变对价及其后续变动额中未满足上述条件的剩余部分，企业应当按照分摊交易价格的一般原则，将其分摊至合同中的各单项履约义务。『即按单独售价的相对比例分摊』

【真题实战·单选题】2020 年 7 月 1 日，甲公司与客户签订一项合同，向其销售 H、K 两件商品。合同交易价格为 5 万元，H、K 两件商品的单独售价分别为 1.2 万元和 4.8 万元。合同约定，H 商品于合同开始日交付，K 商品于 7 月 10 日交付，当两件商品全部交付之后，甲公司才有权收取全部货款。交付 H 商品和 K 商品分别构成单项履约义务，商品控制权分别

在交付时转移给客户。不考虑增值税等相关税费及其他因素，甲公司在交付H商品时应确认（　　）。（2020年）

A. 应收账款1万元　　B. 合同资产1万元

C. 合同资产1.2万元　　D. 应收账款1.2万元

【解析】甲公司交付H商品之后，与H商品相关的履约义务已经履行，但是需要等到后续交付K商品时，企业才具有无条件收取合同对价的权利，即企业有权收取H商品对价的权利取决于时间流逝之外的其他条件（K商品的交付）。因此甲公司应当将因交付H商品而有权收取的对价确认为合同资产，应确认合同资产的金额 $= 5 \times 1.2 \div (1.2 + 4.8) = 1$（万元）。相关会计分录为（单位：万元）：

①交付H商品时：

借：合同资产　　　　　　　　　1

　　贷：主营业务收入　　　　　　　　1

②交付K商品时：

借：应收账款　　　　　　　　　5

　　贷：合同资产　　　　　　　　　　1

　　　　主营业务收入　　　　　　　　4

综上，本题应选B。

【答案】B

【沙场练兵·单选题】2021年1月1日，甲公司与客户订立一项针对两项知识产权许可证（许可证X和Y）的合同，假定两项授权许可证均构成单项履约义务，且均属于在某一时点履行的履约义务。许可证X和Y的单独售价分别为800万元和1 000万元。合同约定，授权使用许可证X的价格为固定金额800万元，而授权许可证Y的对价则是客户销售使用了许可证Y的产品的未来销售额的3%，其可变对价为1 000万元。甲公司在合同开始时转让许可证Y，并在一个月后转让许可证X，2021年度，客户销售使用了许可证Y的产品的销售额为10 000万元。假定不考虑其他因素，下列关于甲公司会计处理的表述中，错误的是（　　）。

A. 合同开始时，许可证Y不确认收入

B. 当转让许可证X时，甲公司确认收入800万元

C. 2021年度，许可证Y应确认收入1 000万元

D. 2021年度，许可证Y应确认收入300万元

【解析】选项B表述正确，本题中该合同包含固定对价和可变对价，其中，授权使用X的价格为固定对价，且与其单独售价一致，因此，甲公司应在转让许可证X时，确认收入800万元。选项A、D表述正确，选项C表述错误，授权使用Y的价格为客户销售使用了许可证Y的产品的未来销售额的3%，属于可变对价。因此，2021年度，许可证Y应确认收入 $= 10\ 000 \times 3\% = 300$（万元）。综上，本题应选C。

【答案】C

【沙场练兵·多选题】2022年3月，甲公司与乙公司签订一份销售合同，向乙公司销售P、Q、R三种产品，合同总价款为180万元，这三种产品构成三项履约义务。根据惯例，甲公司经常以75万元的价格单独出售P产品，并且P产品的单独售价可直接观察；Q产品和R产品的单独售价不可直接观察，甲公司采用成本加成法估计的Q产品的单独售价为37.5万元，采用市场调整法估计的R产品的单独售价为112.5万元。此外，甲公司通常以75万元的价格单独销售P产品，并将Q产品和R产品组合在一起以105万元的价格销售。假设上述价格均不包含增值税。则下列有关表述正确的有（　　）。

A. Q产品应分摊的交易价格为26.25万元

B. R产品应分摊的交易价格为78.75万元

C. 该合同的整体折扣为45万元

D. P产品应分摊的交易价格为75万元

【解析】选项 C 表述正确，三种产品的单独售价合计 = 75 + 37.5 + 112.5 = 225（万元），而该合同的价格为 180 万元，故该合同的整体折扣为 45 万元。选项 A、B、D 表述正确，由于甲公司经常将 Q 产品和 R 产品组合在一起以 105 万元的价格销售，该价格与其单独售价之和 150 万元（37.5 + 112.5）的差额为 45 万元，与该合同的整体折扣一致，而 P 产品单独销售的价格与其单独售价一致，因此该合同的整体折扣仅应归属于 Q 产品和 R 产品。故 P 产品应分摊的交易价格为 75 万元；Q 产品应分摊的交易价格 = 105 × 37.5 ÷（37.5 + 112.5）= 26.25（万元）；R 产品应分摊的交易价格 = 105 × 112.5 ÷（37.5 + 112.5）= 78.75（万元）。综上，本题应选 ABCD。

【答案】ABCD

高频考点 5 履行各项履约义务时确认收入

（一）在某一时段内履行的履约义务

项目	内容
确认条件（满足之一）	（1）客户在企业**履约的同时即取得并消耗**企业履约所带来的经济利益； （2）客户**能够控制**企业履约过程中在建的商品； （3）企业履约过程中所产出的商品**具有不可替代用途**，且该企业在整个合同期间内有权就累计至今已完成的履约部分**收取款项**
确认方法	**履约进度不能合理估计**：已经发生的成本预计能够得到补偿的，应按已经发生的成本金额确认收入，直到履约进度能够合理确定为止
	履约进度能合理估计：当期收入 = 合同交易价格总额 × 履约进度 - 以前会计期间累计已确认的收入

▌敲黑板▐

（1）履约进度能够合理估计时，企业应当考虑商品的性质，采用产出法或投入法确定恰当的履约进度，具体规定如下：

项目	产出法	投入法
原则	根据已转移给客户的商品对于客户的价值确定履约进度	根据企业履行履约义务的投入确定履约进度，注意扣除已发生但未导致向客户转移商品的投入
指标	实际测量的完工进度、评估已实现的结果、已达到的工程进度节点、时间进度、已完工或交付的产品等『产出指标』	投入的材料数量、花费的人工工时或机器工时、发生的成本和时间进度等『投入指标』

（2）由于同一合同下的合同资产和合同负债应当以净额列示，企业可以设置"合同结算"

第10章

科目（或其他类似科目），以核算同一合同下属于在一时段内履行的履约义务涉及与客户结算对价所产生的合同资产或合同负债。

"合同结算"科目下设置"合同结算——价款结算"科目反映定期与客户进行结算的金额，设置"合同结算——收入结转"科目反映按履约进度结转的收入金额。

资产负债表日，"合同结算"科目的期末余额在借方的，反映的是合同资产，根据其流动性，在资产负债表中分别列示为"合同资产"或"其他非流动资产"项目；期末余额在贷方的，反映的是合同负债，根据其流动性，在资产负债表中分别列示为"合同负债"或"其他非流动负债"项目。

（二）在某一时点履行的履约义务

一项履约义务若不满足在某一时段内履行的条件，则该履约义务属于在某一时点履行的履约义务。

对于在某一时点履行的履约义务，企业应当在客户**取得相关商品控制权时**确认收入。在判断客户是否已取得商品控制权时，企业应当考虑下列迹象：

1. 企业就该商品享有现时收款权利，即客户就该商品负有现时付款义务；

2. 企业已将该商品的法定所有权转移给客户，即客户已拥有该商品的法定所有权；

3. 企业已将该商品实物转移给客户，即客户已占有该商品实物；

4. 企业已将该商品所有权上的主要风险和报酬转移给客户，即客户已取得该商品所有权上的主要风险和报酬；

5. 客户已接受该商品；

6. 其他表明客户已取得商品控制权的迹象。

┃敲黑板┃ 客户占有了某项商品的实物并不意味着其就一定取得了该商品的控制权，反之亦然，如委托代销安排和售后代管商品安排。

项目	委托代销安排	售后代管商品安排
定义	委托方和受托方签订代销合同或协议，委托受托方向终端客户销售商品『受托方未获得商品控制权』	企业已经就销售的商品向客户收款或取得了收款权利，但是直到未来某一时点将该商品交付给客户之前，企业仍然继续持有该商品实物的安排
处理原则	委托方通常应当在受托方售出商品时确认销售商品收入；受托方应当在商品销售后，按合同或协议约定的方法计算确定的手续费确认收入	同时满足下列四项条件，在商品控制权转移给客户时确认收入：（1）该安排具有商业实质；（2）属于客户的商品必须能够单独识别；（3）该商品可以随时交付给客户；（4）企业不能自行使用该商品或将该商品提供给其他客户

【真题实战·判断题】对于在某一时段内履行的履约义务，只有当其履约进度能够合理确定时，才能按照履约进度确认收入。（ ）（2020年）

【解析】对于在某一时段内履行的履约义务，企业应当分以下三种不同的情形进行会计处理：①履约进度能够合理确定的，企业应当在该段时间内按照履约进度确认收入；②履约进度不能合理确定，但已发生的成本预计能够得到补偿的，企业应当按照已经发生的成本金额确认收入，直到履约进度能够合理确定为止；③履约进度不能合理确定，而且已发生的成本预计不能够得到补偿的，企业在履约过程中不能确认收入。因此，本题表述正确。

【答案】√

【真题实战·单选题】2020年10月1日，甲公司与客户签订一项合同，约定在客户的土地上为其建造一栋厂房，合同总收入为1 200万元。截至当年末，甲公司实际发生成本315万元，预计完成该合同还将发生成本585万元，假设甲公司按实际发生的成本占估计总成本的比例确定建造安装的履约进度，不考虑增值税等相关税费及其他因素。该合同对甲公司2020年营业利润的影响金额为（ ）万元。（2017年改编）

A.0　　　　　　　　B.105
C.300　　　　　　　D.420

【解析】在客户的土地上为其建造厂房属于在某一时段内履行的履约义务，甲公司按照实际发生的成本占估计总成本的比例确定建造的履约进度，则截至2020年12月31日，该合同的履约进度=315÷（315+585）×100%=35%，甲公司应确认的收入为420万元（1 200×35%），同时结转成本315万元。因此，该合同对当年的营业利润影响金额=420-315=105（万元）。综上，本题应选B。

【答案】B

【沙场练兵·判断题】企业履约过程中所产出的商品具有不可替代用途，则该项履约义务属于在某一时段内履行的履约义务，相关收入应当在该履约义务履行的期间内确认。（ ）

【解析】企业履约过程中所产出的商品具有不可替代用途，且该企业在整个合同期间内有权就累计至今已完成的履约部分收取款项，则该项履约义务属于在某一时段内履行的履约义务，相关收入应当在该履约义务履行的期间内确认。因此，本题表述错误。

【答案】×

【沙场练兵·判断题】资产负债表日，企业应当对履约进度进行重新估计。若客观环境发生变化，企业也需要重新评估履约进度。（ ）

【解析】每一资产负债表日，企业应当对履约进度进行重新估计。当客观环境发生变化时，企业也需要重新评估履约进度是否发生变化，以确保履约进度能够反映履约情况的变化，该变化应当作为会计估计变更进行会计处理。因此，本题表述正确。

【答案】√

【沙场练兵·多选题】2021年10月，甲公司与客户签订合同，为客户装修一栋办公楼，包括安装一部电梯，合同金额为1 500万元。甲公司预计的合同总成本为1 200万元（含电梯的采购成本450万元）。2021年12月，甲公司将电梯运达施工现场并经过客户验收，客户已取得对电梯的控制权，但是根据装修进度，预计到2022年2月才会安装该电梯。至2021年12月31日，甲公司累计发生成本600万元，其中包括支付给电梯供应商的采购成本450万元。假定该装修服务（包括安装电梯）构成单项履约义务，并属于在某一时段内履行的履约义务，甲公司是主要责任人，但不参与电梯的设计和制造；甲公司采用成本法确定履约进度；上述金额均不含增值税。下列说法正确的是（   ）。

A. 2021年12月31日，甲公司应确认的履约进度为50%

B. 2021年，甲公司应确认的收入金额为660万元

C. 2021年，甲公司应确认的成本金额为600万元

D. 2021年，甲公司该工程对营业利润的影响金额为60万元

【思路导航】当企业已发生的成本与履约进度不成比例，企业在采用成本法确定履约进度时，需要进行适当调整，如满足一定的条件时，应扣除施工中尚未安装、使用或耗用的商品或材料成本。

【解析】截至2021年12月，甲公司发生成本600万元（包含电梯采购成本450万），但电梯预计到2022年2月才会安装，发生的成本和履约进度不成比例。由于安装电梯不构成单项履约义务，其成本相对于预计总成本而言是重大的，因此需要对履约进度进行调整，将电梯的采购成本排除在已发生成本和预计总成本之外。此外甲公司是主要责任人，但是未参与该电梯的设计和制造，客户先取得了电梯的控制权，随后才接受与之相关的安装服务，因此，甲公司在客户取得电梯控制权时，按照电梯采购成本的金额确认转让电梯产生的收入。则2021年12月该合同的履约进度＝（600－450）÷（1 200－450）×100％＝20％，应确认的收入金额＝（1 500－450）×20％＋450＝660（万元），应确认的成本金额＝（1 200－450）×20％＋450＝600（万元）。综上，本题应选BCD。

【答案】BCD

【沙场练兵·多选题】对于在某一时点履行的履约义务，企业应当在客户取得相关商品控制权时确认收入。在判断客户是否取得商品的控制权时，企业应当考虑的迹象有（   ）。

A. 客户已接受该商品

B. 客户已拥有该商品的法定所有权

C. 客户已取得该商品所有权上的主要风险和报酬

D. 客户就该商品负有现时付款义务

【解析】在判断客户是否已取得商品控制权时，企业应当考虑下列迹象：（1）企业就该商品享有现时收款权利，即客户就该商品负有现时付款义务（选项D）；（2）企业已将该商品的法定所有权转移给客户，即客户已拥有该商品的法定所有权（选项B）；（3）企业已将该商品实物转移给客户，即客户已占有该商品实物；（4）企业已将该商品所有权上的主要风险和报酬转移给客户，即客户已取得该商品所有权上的主要风险和报酬（选项C）；（5）客户已接受该商品等（选项A）。综上，本题应选ABCD。

【答案】ABCD

高频考点 6　合同成本

（一）合同履约成本

合同履约成本核算企业为履行当前或预期取得的合同所发生的、不属于其他企业会计准则规范范围且按照收入准则应当确认为一项资产的成本。

企业为履行合同发生的成本，满足下列条件时，应当作为合同履约成本，确认为一项资产：

1. 该成本与一份当前或预期取得的合同直接相关；

2. 该成本增加了企业未来用于履行履约义务的资源；

3. 该成本预期能够收回。

敲黑板　企业应当在下列支出发生时，将其计入当期损益，而不能确认为合同履约成本：

（1）管理费用，除非这些费用明确由客户承担；

（2）非正常消耗的直接材料、直接人工和制造费用（或类似费用），这些支出为履行合同发生，但未反映在合同价格中；

（3）与履约义务中已履行（包括已全部履行或部分履行）部分相关的支出，即该支出与企业过去的履约活动相关；

（4）无法在尚未履行的与已履行（或已部分履行）的履约义务之间区分的相关支出。

（二）合同取得成本

企业为取得合同发生的**增量成本**预期能够收回的，应当作为合同取得成本确认为一项资产。增量成本是指企业不取得合同就不会发生的成本，如销售佣金、因现有合同续约或发生合同变更需要支付的额外佣金等。

敲黑板　企业为取得合同发生的、除预期能够收回的增量成本之外的其他支出，例如，无论是否取得合同均会发生的差旅费、投标费、为准备投标资料发生的相关费用等，应当在发生时计入当期损益，除非这些支出明确由客户承担。

（三）合同履约成本和合同取得成本的摊销、减值和列示

项目	具体规定		
摊销	对于确认为资产的合同履约成本和合同取得成本，企业应当采用**与该资产相关的商品收入确认相同的基础**进行摊销，计入当期损益		
减值	合同履约成本（合同取得成本）的账面价值高于下列两项差额的，超出部分应当计提减值准备，并确认为资产减值损失： （1）企业因转让与该资产相关的商品预期能够取得的剩余对价； （2）为转让该相关商品估计将要发生的成本 【提个醒】计提减值准备金额＝合同履约成本（合同取得成本）的账面价值－（预计能够取得的剩余对价－估计将要发生成本）		
列示	摊销期限	合同履约成本	合同取得成本
	≤一年或一个正常营业周期的	存货	其他流动资产
	＞一年或一个正常营业周期的	其他非流动资产	

【敲黑板】 以前期间减值的因素之后发生变化，使得上述两项的差额高于该资产账面价值的，应当转回原已计提的资产减值准备，并计入当期损益。但转回后的资产账面价值不应超过假定不计提减值准备情况下该资产在转回日的账面价值。

【神总结】 与合同成本有关的减值和摊销的流程图

【真题实战 · 多选题】 企业为取得销售合同而发生的由企业承担的下列各项支出中，应计入当期损益的有（　　　）。（2019年）

A. 投标活动交通费

B. 尽职调查发生的费用

C. 招标文件购买费

D. 投标文件制作费

【解析】 企业为取得合同发生的、除预期能够收回的增量成本之外的其他支出，例如无论是否取得合同均会发生的差旅费、投标费、为准备投标资料发生的相关费用等，应当在发生时计入当期损益，除非这些支出明确由客户承担。综上，本题应选 ABCD。

【答案】 ABCD

【沙场练兵 · 判断题】 企业为取得合同发生的增量成本预期能够收回的，应当作为合同履约成本确认为一项资产。（　　）

【解析】 企业为取得合同发生的增量成本预期能够收回的，应当作为合同取得成本确认为一项资产，而不是合同履约成本。因此，本题表述错误。

【答案】 ×

【沙场练兵 · 单选题】 甲公司通过竞标赢得一个新客户，该客户是一家财会咨询公司，通过竞标，甲公司取得了长期为该咨询公司员工提供财会课程培训的合同。在取得合同的过程中，甲公司发生下列支出：（1）聘请外部律师进行尽职调查的支出为 25 000 元；（2）因参与投标发生的员工差旅费为 2 000 元；（3）销售人员佣金为 7 000 元。甲公司预期这些支出未来能够收回。此外，甲公司根据其年度销售目标、整体盈利情况及个人业绩等，向销售部门经理支付年度奖金 21 000 元。上述费用中，属于增量成本，应当确认为合同取得成本的是（　　　）。

A. 聘请外部律师进行尽职调查的支出

B. 因参与投标发生的员工差旅费

C. 销售人员佣金

D. 向销售部门经理支付年度奖金

【解析】 甲公司向销售人员支付的佣金，因为合同不取得，就不会发生佣金支出，因此属于为取得合同发生的增量成本，应当将其作为合同取得成本确认为一项资产。甲公司聘请外部律师进行尽职调查发生的支出、为投标发生的差旅费，无论是否取得合同都会发生，不属于增量成本，因此，应当于发生时直接计入当期损益。甲公司向销售部门经理支付的年度奖金，因为该奖金发放与否以及发放金额还取决于其他因素，其并不能直接归属于可识别的合同，因此也不是为取得合同发生的增量成本。综上，本题应选C。

【答案】C

【沙场练兵·单选题】甲公司有一项至2021年12月31日尚未完工的与合同成本有关的资产，其账面价值为3 000万元（含已计提的减值准备180万元），由于以前期间减值的因素之后发生变化，因转让与该资产相关的商品预期能够取得的剩余对价为3 600万元，为转让该相关商品估计将要发生的成本为360万元。甲公司下列会计处理中正确的是（   ）。

A.计提减值准备360万元

B.不计提减值准备，也不转回减值准备

C.转回减值准备180万元

D.转回减值准备240万元

【解析】企业因转让与该资产相关的商品预期能够取得的剩余对价3 600 — 为转让该相关商品估计将要发生的成本360 = 3 240（万元），高于该资产账面价值3 000万元，应当转回原已计提的资产减值准备，并计入当期损益，但转回后的资产账面价值不应超过假定不计提减

值准备情况下该资产在转回日的账面价值3 180万元（3 000 + 180），因此应转回减值准备180万元。综上，本题应选C。

【答案】C

【沙场练兵·多选题】下列各项中，不应作为合同履约成本确认为资产的有（   ）。

A.为取得合同发生但预期能够收回的增量成本

B.为组织和管理企业生产经营发生的但非由客户承担的管理费用

C.无法在尚未履行的与已履行（或已部分履行）的履约义务之间区分的支出

D.为履行合同发生的正常消耗的直接材料、直接人工和制造费用

【解析】选项A符合题意，为取得合同发生但预期能够收回的增量成本应作为合同取得成本确认为一项资产，而非合同履约成本；选项B、C符合题意，选项D不符合题意，企业发生的下列支出在实际发生时，应计入当期损益：（1）管理费用，除非这些费用明确由客户承担；（2）非正常消耗的直接材料、直接人工和制造费用（或类似费用），这些支出为履行合同发生，但未反映在合同价格中；（3）与履约义务中已履行部分相关的支出；（4）无法在尚未履行的与已履行的履约义务之间区分的相关支出。综上，本题应选ABC。

【答案】ABC

高频考点 7 特定交易的会计处理

（一）附有销售退回条款的销售

附有销售退回条款的销售，是指企业将商品控制权转让给客户后，允许客户依照有关合同、法律要求、声明或承诺、以往的习惯做法等退货的销售方式。具体处理规定如下：

情形		账务处理
能够合理估计退货率	发出商品时（客户取得相关商品控制权）	借：银行存款 / 应收账款等 　　贷：主营业务收入　　　　　　　　　【预期有权收取的对价金额】 　　　　预计负债——应付退货款　　【预期因销售退回将退还的金额】 　　　　应交税费——应交增值税（销项税额） 借：主营业务成本　　　　　　　　　　　　　　　　　　　　【差额】 　　应收退货成本　　　　　　【预期退回商品账面价值 – 收回成本】 　　贷：库存商品　　　　　　　　　　　　　　　【售出商品的账面价值】
	资产负债表日，重新评估退货率	①预计退货减少，调增收入及成本： 借：预计负债——应付退货款 　　贷：主营业务收入 借：主营业务成本 　　贷：应收退货成本 ②预计退货增加时，均作与上述相反的分录
	退货期满	借：库存商品　　　　　　　　　　　　　　　　　　【实际收到的退货】 　　应交税费——应交增值税（销项税额） 　　预计负债——应付退货款　　　　　　　　　　　　　【累积金额】 　　主营业务成本　　　　　　　　　【估计偏差量 × 成本，或贷方】 　　贷：应收退货成本　　　　　　　　　　　　　　　　【累积金额】 　　　　主营业务收入　　　　　　　【估计偏差量 × 售价，或借方】 　　　　银行存款　　　　　　　　　　　　　　　　【实际退还的金额】
不能合理估计退货率		不应确认收入，将所收到货款作为"合同负债"，并在退货期满时确认收入： 借：银行存款 　　贷：合同负债 借：发出商品 　　贷：库存商品

（二）附有质量保证条款的销售

　　附有质量保证条款的销售，是指企业在向客户销售商品时，根据合同约定、法律规定或本企业以往的习惯做法等，提供了作为单项履约义务的质量保证的一种销售。具体处理规定如下：

适用情形		处理原则
作为单项履约义务的质量保证	客户可以选择单独购买的质量保证	将交易价格分摊至该履约义务
	客户虽不能选择单独购买，但该质量保证在向客户保证所销售的商品符合既定标准之外提供了一项单独服务	
	同时包含作为单项履约义务的质量保证和不作为单项履约义务的质量保证，但无法合理区分	
不作为单项履约义务的质量保证		按或有事项相关规定处理

（三）主要责任人和代理人

当企业向客户销售商品涉及其他方参与其中时，企业应当确定其自身在该交易中的身份是主要责任人还是代理人。具体判定方法如下：

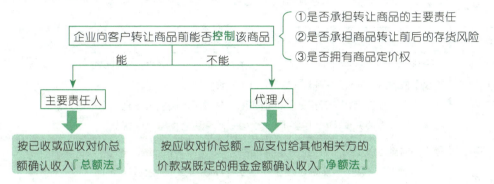

敲黑板 企业作为主要责任人的情形包括：

（1）企业自第三方取得商品或其他资产控制权后，再转让给客户；

（2）企业能够主导第三方代表本企业向客户提供服务；

（3）企业自第三方取得商品控制权后，通过提供重大的服务将该商品与其他商品整合成合同约定的某组合产出转让给客户。

（四）附有客户额外购买选择权的销售

附有客户额外购买选择权的销售，是指企业在销售商品的同时，向客户授予选择权，允许客户据此**免费或者以折扣价格**购买额外的商品。如销售激励措施、客户奖励积分、未来购买商品或服务的折扣券或合同续约选择权等。

对于附有客户额外购买选择权的销售，企业应当评估该选择权**是否向客户提供了一项重大权利**。具体规定如下：

情形	判定依据	具体规定
构成重大权利	在订立了一项合同的前提下取得额外购买选择权，且行使选择权购买商品时，能够享受**额外优惠**	将该选择权作为单项履约义务，按照交易价格分摊的要求将交易价格分摊至该履约义务。在客户未来行使购买选择权取得相关商品控制权时或者该选择权失效时，确认相应的收入
不构成重大权利	行使选择权购买商品的价格反映商品单独售价，不能享受额外优惠	无需分摊交易价格，只在客户行使选择权购买额外的商品时进行相应的会计处理即可

（五）授予知识许可

授予知识产权许可，是指企业授予客户对企业拥有的知识产权享有的相应权利，常见的知识产权包括软件和技术、影视和音乐等的版权、特许经营权以及专利权、商标权和其他版权等。

企业向客户授予知识产权许可时，可能也会同时销售商品。此时企业应当评估授予客户的知识产权许可与所售商品是否可明确区分，即该知识产权许可是否构成单项履约义务，并按以下规定进行处理：

情形	处理规定		
不构成单项履约义务	应当将该知识产权许可和所售商品一起作为一项履约义务进行会计处理 **【提个醒】** 知识产权许可与所售商品不可明确区分的情形包括： ①该知识产权许可构成有形商品的组成部分并对于该商品的正常使用不可或缺； ②客户只有将该知识产权许可和相关服务一起使用才能够从中获益。		
构成单项履约义务	是否同时满足以下三个条件： （1）合同要求或客户能够合理预期企业将从事对该项知识产权有重大影响的活动； （2）该活动对客户将产生有利或不利影响； （3）该活动不会导致向客户转让商品	同时满足	某一时段内履行的履约义务
		不同时满足	某一时点履行的履约义务

｜敲黑板｜ 企业向客户授予知识产权许可，并约定按客户实际销售或使用情况收取特许权使用费的，应当在客户后续销售或使用行为实际发生与企业履行相关履约义务两项孰晚的时点确认收入。

（六）售后回购

售后回购，是指企业销售商品的同时承诺或有权选择日后再将该商品购回的销售方式。企业应区分下列两种情形分别进行会计处理：

情形		具体规定
企业因存在与客户的远期安排而负有回购义务或企业享有回购权利	回购价格≥原售价	视为 **融资交易**，在收到客户款项时确认金融负债，并将该款项和回购价格的差额在回购期间内确认为利息费用等
	回购价格＜原售价	视为 **租赁交易**，按照租赁准则相关规定进行会计处理
应客户要求回购商品 『客户拥有回售选择权』	客户具有行使要求权的重大经济动因	应将售后回购作为租赁交易或融资交易，按照上述情形的规定进行会计处理
	客户不具有行使要求权的重大经济动因	应将其作为附有销售退回条款的销售交易进行会计处理

｜敲黑板｜ 企业因存在与客户的远期安排而负有回购义务或企业享有回购权利的，在销售时点，客户并没有取得该商品的控制权。

（七）客户未行使的权利

项目	内容
定义	企业因销售商品向客户收取的预收款，赋予客户一项在未来取得商品或服务的权利，并使企业承担转让商品或服务的义务。客户可能不会行使其所有的合同权利，这些**未行使的合同权利**通常被称为未行使的权利
处理原则	企业应当先将预收的款项确认为合同负债： （1）预期客户未来会行使的合同权利：未来向客户转让相关商品时，确认收入。 （2）预期客户未来会放弃的合同权利（全部或部分）： ①预收款无需退回＋企业预期有权获得：根据客户行使合同权利的模式按比例确认收入； ②预收款无需退回＋须转交给其他方：不确认收入

（八）无需退回的初始费

企业在合同开始（或临近开始）日向客户收取的无需退回的初始费（如入会费、接驳费、初装费等）应当计入交易价格。

企业应当评估初始费是否与向客户转让已承诺的商品相关，以及该商品是否构成单项履约义务，相关处理如下：

情形		处理规定
与向客户转让已承诺的商品**相关**	该商品构成单项履约义务	应在转让该商品时，按照分摊至该商品的交易价格确认收入
	该商品不构成单项履约义务	应在包含该商品的单项履约义务履行时，按照分摊至该单项履约义务的交易价格确认收入
与向客户转让已承诺的商品**不相关**（如行政管理性质的准备工作）		（1）收取的初始费作为未来将转让商品的预收款，在未来转让该商品时确认为收入； （2）发生的支出按照合同履约成本的相关规定确认为一项资产或计入当期损益

【真题实战·判断题】 企业销售商品时承诺6个月后高于原售价的固定价格将该商品回购，该业务应视为租赁交易进行会计处理。（　　）（2021年）

【解析】 企业销售商品时承诺以后期间以高于原售价的固定价格将该商品回购，应视为融资交易进行会计处理。因此，本题表述错误。

【答案】 ×

【真题实战·多选题】 下列各项交易或事项中，甲公司的身份是主要责任人的有（　　）。

（2020年）

A. 甲公司在其经营的购物网站上销售由丙公司生产、定价、发货及提供售后服务的商品

B. 甲公司从航空公司购买机票并自行定价向旅客出售，未售出的机票不能退还

C. 甲公司委托乙公司按其约定的价格销售商品，乙公司未售出商品可退还给甲公司

D. 为履行与戊公司签署的安保服务协议，甲公司委托丁公司代表其向戊公司提供服务，且服务内容均需甲公司同意

【解析】企业应当根据其在向客户转让商品（或服务）前是否拥有对该商品（或服务）的控制权，来判断其从事交易时的身份是主要责任人还是代理人。选项A不符合题意，由于是丙公司负责商品的生产、定价、发货及售后服务，所以在商品转让给客户之前甲公司并未取得商品的控制权，所以甲公司是代理人；选项B、C符合题意，甲公司在向客户转让商品前均取得了对商品的控制权，甲公司是主要责任人；选项D符合题意，甲公司能主导丁公司向客户提供的服务，表明甲公司在相关服务提供给客户之前能够控制该服务，所以甲公司是主要责任人。综上，本题应选BCD。

【答案】BCD

【真题实战·多选题】甲公司为增值税一般纳税人。2020年12月1日，甲公司以赊销方式向乙公司销售一批成本为75万元的商品，开出的增值税专用发票上注明的价款为80万元，增值税销项税额为10.4万元，满足收入确认条件。合同约定乙公司有权在三个月内退货。2020年12月31日，甲公司尚未收到上述款项。根据以往经验估计退货率为12%。下列关于甲公司2020年该项业务会计处理的表述中，正确的有（　　）。（2017年改编）

A.确认预计负债——应付退货款9.6万元

B.确认主营业务收入70.4万元

C.确认应收账款90.4万元

D.确认主营业务成本75万元

【解析】本题属于附有销售退回条款的销售且能够合理估计退货可能性的情形。2020年12月1日，向乙公司销售产品时，甲公司应根据退货率估计预期因销售退回将退还的金额并确认为负债（预计负债），按照因向客户转让商品而预期有权收取的对价金额确认收入；同时，结转产品的账面价值，并将预计退回部分的账面价值（扣除收回该商品预计发生的成本，本题不涉及），确认为一项资产（应收退货成本），差额确认为主营业务成本。相关会计分录为（单位：万元）：

借：应收账款　　　　　　90.4
　　贷：主营业务收入　　　70.4
　　　　应交税费——应交增值税（销项税额）
　　　　　　　　　　　　　10.4
　　　　预计负债——应付退货款
　　　　　　　　　　　　　9.6【80×12%】

借：主营业务成本　　　　66
　　应收退货成本　　　　9【75×12%】
　　贷：库存商品　　　　　75

综上，本题应选ABC。

【答案】ABC

【沙场练兵·判断题】企业提供的额外购买选择权构成单项履约义务的，企业应当按照交易价格分摊的相关原则，将交易价格分摊至该履约义务。（　　）

【解析】企业提供的额外购买选择权是向客户提供一项重大权利的，应将该选择权作为单项履约义务，按照交易价格分摊的要求将交易价格分摊至该履约义务。在客户未来行使购买选择权取得相关商品控制权时或者该选择权失效时，确认相应的收入。因此，本题表述正确。

【答案】√

【沙场练兵·单选题】甲公司经营某购物网站，在该网站购物的消费者可以明确获知在该网站上销售的商品均为其他零售商直接销售的商品，这些零售商负责发货以及售后服务等。甲公司与零售商签订的合同约定，该网站所售商品的采购、定价、发货以及售后服务等均由零售商自行负责，甲公司仅负责协助零售商和消费者结算货款，并按照每笔交易的实际销售额收取5%的佣金。下列表述中正确的是（　　）。

A. 甲公司是主要责任人

B. 甲公司是代理人

C. 甲公司应按总额法确认收入

D. 零售商应按净额法确认收入

【解析】甲公司经营的购物网站是一个购物平台，消费者在该网站购物时，向其提供的商品均为零售商在网站上销售的商品，除此之外，甲公司并未提供任何其他的商品。这些特定商品在转移给消费者之前，甲公司没有能力主导这些商品的使用，甲公司并未控制这些商品。因此，甲公司在该交易中的身份是代理人，应按净额法确认收入。综上，本题应选B。

【答案】B

【沙场练兵·单选题】甲公司是一家电影制作发行公司，2021年1月1日，甲公司向客户授予许可证，允许客户在5年内使用甲公司在此期间内出品的T系列电影中的角色和名称。T系列电影中每部电影都有主角，并且会定期出现新创造的角色，且角色的形象在随时演变。该客户是一家大型电影院，其能够依据合理的方法以不同形式使用T系列电影中的角色。合同要求客户使用最新的电影角色形象。甲公司因授予许可证一次收取500万元的固定付款额。假定不考虑其他因素，甲公司下列会计处理表述中，正确的是（　　）。

A. 每年确认100万元收入

B. 授予许可证不确认收入

C. 在收到款项时确认500万元收入

D. 在授予许可证5年后确认500万元收入

【解析】根据题目可知，该许可证同时满足以下三项条件：（1）客户能够合理预期企业将从事对该知识产权有重大影响的活动；（2）该活动对客户将产生有利或者不利的影响；（3）该活动不会导致向客户转让某项商品。因此授予该知识产权许可属于某一时段内履行的履约义

务，甲公司每年应当确认收入金额＝500÷5＝100（万元）。综上，本题应选A。

【答案】A

【沙场练兵·多选题】下列关于附有质量保证条款的销售说法正确的有（　　）。

A. 一般来说，企业向客户提供的质量保证期限越长，越有可能是单项履约义务

B. 当客户不能选择单独购买质量保证时，如果该质量保证在向客户保证所销售的商品符合既定标准之外提供了一项单独服务，也应当作为单项履约义务，并将交易价格分摊至该项履约义务

C. 对于不能作为单项履约义务的质量保证，企业应当按照或有事项的相关规定进行会计处理

D. 企业应法律要求提供的质量保证通常构成单项履约义务

【解析】选项A、B、C说法正确；选项D说法错误，当法律要求企业提供质量保证时，该法律规定通常表明企业承诺提供的质量保证不是单项履约义务。综上，本题应选ABC。

【答案】ABC

【沙场练兵·多选题】对于企业因存在与客户的远期安排而负有回购义务或企业享有回购权利的售后回购交易，下列表述正确的有（　　）。

A. 在销售时点客户已取得相关商品控制权

B. 回购价格不低于原售价的，应当视为融资交易

C. 回购价格低于原售价的，应当视为租赁交易

D. 企业到期末行使回购权利的，应当终止确认金融负债，同时确认收入

【解析】选项A表述错误，企业因存在与客户的远期安排而负有回购义务或企业享有回购权利的售后回购交易，客户在销售时点并未取得相关商品控制权。选项B、C、D表述正确，

回购价格＜原售价，按照租赁准则进行处理；回购价格≥原售价，视为融资交易，收到款项时确认金融负债，并将该款项和回购价格的差额在回购期间内确认为利息费用等。企业有权要求回购或客户有权要求企业回购的情况下，到期未行使权利的，应在该权利到期时终止确认相关负债，同时确认收入。综上，本题应选BCD。

【答案】BCD

【沙场练兵·多选题】2021年，甲公司向客户销售了2 500张储值卡，每张卡的面值为200元，总额为50万元。客户可在甲公司经营的任何一家门店使用储值卡进行消费。根据历史经验，甲公司预期客户购买的储值卡中将有大约相当于储值卡面值金额5%（即25 000元）的部分不会被消费。截至2021年12月31日，客户使用该储值卡消费的金额为20万元。假定甲公司为增值税一般纳税人，在客户使用该储值卡消费时发生增值税纳税义务，适用的增值税税率为13%。则下列说法正确的有（　　）。

A.2021年度，甲公司应确认的收入金额为21.05万元

B.2021年末，甲公司合同负债的余额为25.62万元

C.销售储值卡时，甲公司应确认的收入金额为44.25万元

D.销售储值卡时，甲公司应确认的合同负债金额为44.25万元

【解析】选项C说法错误，选项D说法正确：甲公司在销售储值卡时，应将收取的款项确认为合同负债，金额＝50÷（1＋13%）＝44.25（万元），待未来履行了相关履约义务，即向客户转让相关商品时，再将该负债转为收入。选项A说法错误，选项B说法正确，

当客户使用储值卡时，甲公司在2021年销售的储值卡应当确认的收入金额＝［20÷（1＋13%）］÷（1－5%）＝18.63（万元），同时结转合同负债金额18.63万元，故合同负债的余额＝44.25－18.63＝25.62（万元）。综上，本题应选BD。

【相关分录】甲公司的账务处理为（单位：万元）：

（1）销售储值卡：

借：库存现金　　　　　　　　　50

　　贷：合同负债　　　　　　　　44.25

　　　　应交税费——待转销项税额　5.75

（2）根据储值卡的消费金额确认收入，同时将对应的待转销项税额确认为销项税额：

借：合同负债　　　　　　　　　18.63

　　应交税费——待转销项税额　　2.3

　　　　　【20÷（1＋13%）×13%】

　　贷：主营业务收入　　　　　　18.63

　　　　应交税费——应交增值税（销项税额）

　　　　　　　　　　　　　　　　2.3

【答案】BD

【沙场练兵·多选题】甲公司经营一家会员制健身俱乐部。2021年初，甲公司与客户签订了为期2年的合同，客户入会之后可以随时在该俱乐部健身。除俱乐部的年费2 000元之外，甲公司还向客户收取了50元的入会费，用于补偿俱乐部为客户进行注册登记、准备会籍资料以及制作会员卡等初始活动所花费的成本。甲公司收取的入会费和年费均无需返还。下列说法正确的有（　　）。

A.对于向客户收取的入会费，甲公司应在收取时确认收入

B.对于向客户收取的入会费，甲公司在收取时不应确认收入，应作为一项预收款

C.根据上述交易事项，甲公司当年应确认的

收入金额为 1 000 元

D.根据上述交易事项，甲公司当年应确认的收入金额为 1 025 元

【解析】选项 A、C 说法错误，选项 B、D 说法正确，甲公司承诺的服务是向客户提供健身服务，而甲公司为会员入会所进行的初始活动并未向客户提供其所承诺的服务，只是一些内部行政管理性质的工作。因此，甲公司虽然为补偿这些初始活动向客户收取了入会费，但是该入会费实质上是客户为健身服务所支付的对价的一部分，故应当作为健身服务的预收款，与收取的年费一起在 2 年内分摊确认为收入。因此，甲公司当年应确认的收入金额 =（2 000 + 50）÷ 2 = 1 025（元）。综上，本题应选 BD。

【答案】BD

【真题实战·计算分析题】（2021 年）

2020 年度，甲公司发生的与销售相关的交易或事项如下：

资料一：2020 年 10 月 1 日，甲公司推出一项 7 天节日促销活动。截至 2020 年 10 月 7 日现销 430 万元的商品并发放了面值为 100 万元的消费券，消费券于次月 1 日开始可以使用，有效期为三个月，根据历史经验，甲公司估计消费券的使用率为 90%。

资料二：2020 年 11 月 1 日，甲公司与乙公司签订一项设备安装合同。安装期为 4 个月，合同总价款为 200 万元，当日甲公司预收合同款 120 万元，至 2020 年 12 月 31 日，甲公司实际发生安装费用 96 万元，估计还将发生安装费用 64 万元。甲公司向乙公司提供的设备安装服务属于在某一时段内履行的履约义务。

资料三：2020 年 12 月 31 日，甲公司向丙公司销售 200 件商品，单位销售价格为 1 万元，单位成本为 0.8 万元，商品控制权已转移，款项已收存银行，根据合同约定，丙公司在 2021 年 1 月 31 日之前有权退货，根据历史经验，甲公司估计该批商品的退货率为 5%。

本题不考虑增值税等相关税费及其他因素。（答案中的金额单位用万元表示）

（1）计算甲公司 2020 年 10 月的促销活动中销售 430 万元商品时应确认收入的金额，并编制确认收入的会计分录。

（2）计算甲公司 2020 年提供设备安装服务应确认收入的金额，并编制确认收入的会计分录。

（3）编制甲公司 2020 年 12 月 31 日销售商品时确认销售收入并结转销售成本的会计分录。

（1）

【解析】合同中包含两项或多项履约义务的，企业应当在合同开始日，按照各单项履约义务所承诺商品的单独售价的相对比例，将交易价格分摊至各单项履约义务。本题属于附有客户额外购买选择权的销售，应将交易价格按照商品和消费券的单独售价的相对比例进行分配，销售商品应分摊的交易价格 = 430×430/（430 + 100×90%）= 355.58（万元），消费券应分摊的交易价格 = 430×100×90%/（430 + 100×90%）= 74.42（万元）。

【答案】应确认收入的金额 = 430×430/（430 + 100×90%）= 355.58（万元），应确认合

同负债 = 430 − 355.58 = 74.42（万元）。

会计分录为：

借：银行存款   430

    贷：主营业务收入   355.58

        合同负债   74.42

（2）

【解析】对于在某一时段内履行的履约义务，企业应当在该段时间内按照履约进度确认收入，但是，履约进度不能合理确定的除外。设备安装服务属于在某一时段内履行的履约义务，且履约进度能够合理确定，所以甲公司应当按照履约进度确认收入。至 2020 年 12 月 31 日，合同履约进度 = 96/（96 + 64）×100％ = 60％，2020 年提供设备安装服务应确认收入的金额 = 200×60％ = 120（万元）。

【答案】合同履约进度 = 96/（96 + 64）×100％ = 60％，2020 年提供设备安装服务应确认收入的金额 = 200×60％ = 120（万元）。

会计分录为：

2020 年 11 月 1 日：

借：银行存款   120

    贷：合同负债   120

2020 年 12 月 31 日：

借：合同负债   120

    贷：主营业务收入   120

借：主营业务成本   96

    贷：合同履约成本   96

（3）

【解析】本题属于附有销售退回条款的销售，企业应当在客户取得相关商品控制权时，按照因向客户转让商品而预期有权收取的对价金额（即不包含预期因销售退回将退还的金额）确认收入，按照预期因销售退回将退还的金额确认负债；同时，按照预期将退回商品转让时的账面价值，扣除收回该商品预计发生的成本（包括退回商品的价值减损）后的余额，确认一项资产，按照所转让商品转让时的账面价值，扣除上述资产成本的净额结转成本。

【答案】应确认"预计负债——应付退货款"的金额 = 200×1×5％ = 10（万元），主营业务收入的金额 = 200×1 − 10 = 190（万元）；应确认应收退货成本的金额 = 200×0.8×5％ = 8（万元），主营业务成本的金额 = 200×0.8 − 8 = 152（万元）。

会计分录为：

借：银行存款   200

```
        贷：主营业务收入                                    190
            预计负债                                       10
    借：主营业务成本                                       152
        应收退货成本                                        8
        贷：库存商品                                                160
```

【真题实战·综合题】（2021 年）

2020 年至 2022 年，甲公司发生的与销售相关的交易或事项如下：

资料一：2020 年 11 月 1 日，甲公司与乙公司签订一份不可撤销合同，约定在 2021 年 2 月 1 日以每台 20 万元的价格向乙公司销售 A 产品 80 台。2020 年 12 月 31 日，甲公司已完工入库的 50 台 A 产品的单位生产成本为 21 万元；甲公司无生产 A 产品的原材料储备，预计剩余 30 台 A 产品的单位生产成本为 22 万元。

资料二：2020 年 11 月 10 日，甲公司与丙公司签订合同，约定以 950 万元的价格向丙公司销售其生产的 B 设备，并负责安装调试。甲公司转移 B 设备的控制权与对其安装调试是两个可明确区分的承诺。合同开始日，销售与安装 B 设备的单独售价分别为 900 万元和 100 万元。2020 年 11 月 30 日，甲公司将 B 设备运抵丙公司指定地点。当日，丙公司以银行存款向甲公司支付全部价款并取得 B 设备的控制权。

资料三：2020 年 12 月 1 日，甲公司开始为丙公司安装 B 设备，预计 2021 年 1 月 20 日完工。截至 2020 年 12 月 31 日，甲公司已发生安装费 63 万元（全部为人工薪酬），预计尚需发生安装费 27 万元。甲公司为丙公司提供的 B 设备安装服务属于在某一时段内履行的履约义务，甲公司按实际发生的成本占预计总成本的比例确定履约进度。

资料四：2020 年 12 月 31 日，甲公司与丁公司签订合同，向其销售一批 C 产品。合同约定，该批产品将于两年后交货。合同中包含两种可供选择的付款方式，即丁公司可以在两年后交付 C 产品时支付 330.75 万元，或者在合同签订时支付 300 万元。丁公司选择在合同签订时支付货款。当日，公司收到丁公司支付的货款 300 万元并存入银行。该合同包含重大融资成分，按照上述两种付款方式计算的内含年利率为 5%，该融资费用不符合借款费用资本化条件。

资料五：2022 年 12 月 31 日，甲公司按照合同约定将 C 产品的控制权转移给丁公司，满足收入确认条件。

本题不考虑增值税等相关税费及其他因素。

要求（答案中的金额单位用万元表示）：

（1）分别计算甲公司 2020 年 12 月 31 日应确认的 A 产品存货跌价准备金额和与不可撤销合同相关的预计负债金额，并编制相关会计分录。

（2）判断甲公司 2020 年 11 月 10 日与丙公司签订销售并安装 B 设备的合同中包含几个单项履约义务；如果包含两个或两个以上单项履约义务，分别计算各单项履约义务应分摊的交易价格。

（3）编制甲公司 2020 年 11 月 30 日将 B 设备运抵丙公司指定地点并收取全部价款的相关会计分录。

（4）编制甲公司 2020 年 12 月 31 日应确认 B 设备安装收入的会计分录。

（5）分别编制甲公司 2020 年 12 月 31 日收到丁公司货款和 2021 年 12 月 31 日摊销未确认融资费用的相关会计分录。

（6）分别编制甲公司 2022 年 12 月 31 日摊销未确认融资费用和确认 C 产品销售收入的相关会计分录。

（1）

【解析】待执行合同变为亏损合同，履行合同发生的损失金额 $= 50 \times 21 + 30 \times 22 - 20 \times 80 = 110$（万元），因存在标的资产，首先对标的资产进行减值测试，甲公司 2020 年 12 月 31 日应确认 A 产品的存货跌价准备金额 $=（21 - 20）\times 50 = 50$（万元），然后实际损失金额超过计提的减值准备部分的金额应确认为预计负债，即可撤销合同应确认预计负债的金额为 60 万元（110 − 50）。

【答案】应确认 A 产品的存货跌价准备金额 $=（21 - 20）\times 50 = 50$（万元），履行合同发生的损失金额 $= 50 \times 21 + 30 \times 22 - 20 \times 80 = 110$（万元），应确认预计负债的金额 $= 110 - 50 = 60$（万元）。

借：资产减值损失　　　　　　　　　　　　　　　50
　　贷：存货跌价准备　　　　　　　　　　　　　　　　50
借：营业外支出　　　　　　　　　　　　　　　　60
　　贷：预计负债　　　　　　　　　　　　　　　　　　60

（2）

【解析】销售 B 设备和提供安装调试服务这两项承诺可明确区分，应分别作为单项履约义务。

【答案】甲公司 2020 年 11 月 10 日与丙公司签订销售并安装设备的合同中包含两个单项履约义务。销售 B 设备分摊的交易价格 $= 950 \times 900 /（900 + 100）= 855$（万元）。

提供安装调试服务分摊的交易价格 $= 950 \times 100 /（900 + 100）= 95$（万元）。

（3）

【解析】B 设备的控制权已经发生了转移，甲公司应将分摊到 B 设备的交易价格确认为主营业务收入，安装调试服务尚未履行，应将分摊至安装调试服务的交易价格确认为合同负债。

【答案】

借：银行存款　　　　　　　　　　　　　　　　950
　　贷：主营业务收入　　　　　　　　　　　　　　　855
　　　　合同负债　　　　　　　　　　　　　　　　　95

（4）

【答案】2020年履约进度＝63/（63＋27）×100％＝70％；2020年12月31日应确认B设备安装收入的金额＝95×70％＝66.5（万元）。

借：合同履约成本	63	
贷：应付职工薪酬		63
借：合同负债	66.5	
贷：主营业务收入		66.5
借：主营业务成本	63	
贷：合同履约成本		63

（5）

【解析】

①合同中存在重大融资成分的，企业应当按照假定客户取得商品控制权时即以现金支付的应付金额（即现销价格）确定交易价格。本题中，甲公司应确定的交易价格为330.75万元。

②企业确定的交易价格与合同承诺的对价金额之间的差额，应当在合同期间内采用实际利率法摊销。本题中，交易价格330.75万元和收取的款项300万元之间的差额应计入未确认融资费用，在合同期间内采用实际利率法摊销，2021年摊销金额＝300×5％＝15（万元）。

【答案】2020年12月31日，收到丁公司货款：

借：银行存款	300	
未确认融资费用	30.75	
贷：合同负债		330.75

2021年12月31日，摊销未确认融资费用：

借：财务费用	15	
贷：未确认融资费用		15

（6）

【解析】

2022年应摊销的未确认融资费用金额＝330.75－300－15＝15.75（万元）；
由于C产品的控制权已转移给丁公司，甲公司应确认收入330.75万元。

【答案】2022年12月31日

借：财务费用	15.75	
贷：未确认融资费用		15.75
借：合同负债	330.75	
贷：主营业务收入		330.75

【真题实战·综合题】（2020年节选）

2019年度，甲公司与销售相关的会计处理如下：

资料一：2019年9月1日，甲公司将其生产的成本为350万元的A产品以500万元的价格出售给乙公司，该产品的控制权已转移，款项已收存银行。双方约定，乙公司在8个月后有权要求甲公司以540万元的价格回购A产品。甲公司预计A产品在回购时的市场价格远低于540万元。2019年9月1日，甲公司确认了销售收入500万元，结转了销售成本350万元。

资料二：2019年12月31日，甲公司将其生产的成本为800万元的C产品以995万元的价格出售给丁公司，该产品的控制权已转移，款项已收存银行。合同约定，该产品自售出之日起一年内如果发生质量问题，甲公司负责提供免费维修服务，该维修服务构成单项履约义务。C产品的单独售价为990万元，一年期维修服务的单独售价为10万元。2019年12月31日，甲公司确认了销售收入995万元，结转了销售成本800万元。

本题不考虑增值税、所得税等税费以及其他因素。

要求（答案中的金额单位用万元表示）：

（1）分别判断甲公司2019年9月1日向乙公司销售A产品时确认收入和结转销售成本的会计处理是否正确。如果不正确，请编制正确的相关会计分录。

（2）分别判断甲公司2019年12月31日销售C产品时确认收入和结转销售成本的会计处理是否正确。如果不正确，请编制正确的相关会计处理。

（1）

【解析】售后回购交易中，企业应客户要求回购商品且客户具有行使该要求权的重大经济动因的（预计A产品在回购时的市场价格远低于540万元），当回购价格不低于原售价时（回购价格540万元＞原售价500万元），应视为融资交易进行会计处理。所以对于该项交易，甲公司不应确认收入、结转成本，应将发出商品的成本记入"发出商品"科目，同时将收到的款项确认为一项负债。

【答案】甲公司确认收入和结转成本的会计处理均不正确。

正确会计分录为：

2019年9月1日

借：银行存款	500	
贷：其他应付款		500
借：发出商品	350	
贷：库存商品		350

2019年12月31日

| 借：财务费用 | 20【（540－500）×4/8】 | |
| 贷：其他应付款 | | 20 |

（2）

【解析】在该合同下，甲公司的履约义务有两项：销售C产品和提供维修服务，甲公司应当按照其单独售价的相对比例，将交易价格分摊至这两项履约义务，并在两项履约义务履行时分别确认收入。

【答案】甲公司确认收入的会计处理不正确，结转成本的会计处理正确。

C产品应分摊的交易价格＝995×990÷（990＋10）＝985.05（万元）

维修服务应分摊的交易价格＝995×10÷（990＋10）＝9.95（万元）

2019年12月31日，C产品的控制权已经转移，应确认销售C产品收入985.05万元，提供的维修服务尚未履行，应将该部分交易价格确认为合同负债。

正确的会计分录为：

借：银行存款 995

　　贷：合同负债 9.95

　　　　主营业务收入 985.05

借：主营业务成本 800

　　贷：库存商品 800

【真题实战·计算分析题】（2019年）

甲公司2018年12月发生的与收入相关的交易或事项如下：

资料一：2018年12月1日，甲公司与客户乙公司签订一项销售并安装设备的合同，合同期限为2个月，交易价格为270万元。合同约定，当甲公司合同履约完毕时，才能从乙公司收取全部合同金额，甲公司对设备质量和安装质量承担责任。该设备单独售价为200万元，安装劳务的单独售价为100万元。2018年12月5日，甲公司以银行存款170万元从丙公司购入并取得该设备的控制权，于当日按照合同约定直接运抵乙公司指定地点开始安装，乙公司对该设备进行验收并取得其控制权。此时，甲公司向乙公司销售设备的履约义务已经完成。

资料二：至2018年12月31日，甲公司实际发生安装费用48万元（均为甲公司员工的薪酬），估计还将发生安装费用32万元。甲公司向乙公司提供的设备安装劳务属于在某一时段内履行的履约义务，按实际发生的成本占估计总成本的比例确定履约进度。

本题不考虑增值税等相关税费及其他因素。

要求（答案中的金额单位用万元表示）：

（1）判断甲公司向乙公司销售设备时的身份是主要责任人还是代理人，并说明理由。

（2）计算甲公司将交易价格分摊至设备销售与设备安装的金额。

（3）编制甲公司2018年12月5日销售设备时确认销售收入并结转销售成本的会计分录。

（4）编制甲公司2018年12月发生设备安装费用的会计分录。

（5）分别计算甲公司2018年12月31日设备安装的履约进度和应确认设备安装收入的金额，并编制确认设备安装收入和结转设备安装成本的会计分录。

（1）

【解析】企业应当根据其在向客户转让商品前是否拥有对该商品的控制权，来判断其从事交易时的身份是主要责任人还是代理人。企业在向客户转让商品前能够控制该商品的，该企业为主要责任人，应当按照已收或应收对价总额确认收入；否则，该企业为代理人，应当按照预期有权收取的佣金或手续费的金额确认收入。

【答案】甲公司向乙公司销售设备时的身份是主要责任人。

理由：本题中甲公司从丙公司购入设备，取得了设备的控制权，且甲公司对设备质量承担责任，然后转让给乙公司，所以本题中甲公司为主要责任人。

（2）

【解析】当合同中包含两项或多项履约义务时，企业应当在合同开始日，按照各单项履约义务所承诺商品的单独售价的相对比例，将交易价格分摊至各单项履约义务。本题中设备单独售价为200万元，安装劳务的单独售价为100万元，而合同交易价格为270万元。因此，应按照设备和安装劳务的单独售价的相对比例分摊。

【答案】

设备销售分摊的交易价格＝270×200÷（200＋100）＝180（万元）

设备安装分摊的交易价格＝270×100÷（200＋100）＝90（万元）

（3）

【解析】甲公司将设备交付给乙公司之后，与该商品相关的履约义务已经履行，但是需要等到安装完毕后，才具有无条件收取合同对价的权利。因此，甲公司应当将因交付设备有权收取的对价180万元确认为合同资产，同时确认销售设备收入并结转成本。

【答案】相关会计分录为：

借：合同资产	180	
贷：主营业务收入		180
借：主营业务成本	170	
贷：库存商品		170

（4）

【解析】本题中甲公司实际发生的安装费用48万元是为履行合同发生的，不属于本书其他章节范围的成本，并满足"预期能够收回且与合同直接相关，并增加了企业未来用于履行履约义务的资源"的条件，因此应确认为合同履约成本。

【答案】相关会计分录为：

借：合同履约成本	48	
贷：应付职工薪酬		48

（5）

【解析】甲公司提供的安装服务属于在某一时段内履行的履约义务，且履约进度能够合理确定，应按照履约进度确认收入并结转成本。此外，由于合同约定，当甲公司合同履约完毕后，才能从乙公司收取全部合同金额，则 2018 年 12 月 31 日甲公司应确认的收款权利为有条件的收款权，应记入"合同资产"科目。

【答案】

2018 年 12 月 31 日设备安装的履约进度＝48÷（48＋32）×100%＝60%

应确认设备安装收入的金额＝90×60%＝54（万元）

相关会计分录为：

借：合同资产   54

    贷：主营业务收入   54

借：主营业务成本   48

    贷：合同履约成本   48

【真题实战·综合题】（2019 年节选）

2018 年 9 月至 12 月，甲公司发生的部分交易或事项如下：

资料一：2018 年 9 月 1 日，甲公司向乙公司销售 2 000 件 A 产品，单位销售价格为 0.4 万元，单位成本为 0.3 万元，销售货款已收存银行。根据销售合同约定，乙公司在 2018 年 10 月 31 日之前有权退还 A 产品，2018 年 9 月 1 日，甲公司根据以往经验估计该批 A 产品的退货率为 10%。2018 年 9 月 30 日，甲公司对该批 A 产品的退货率重新评估为 5%，2018 年 10 月 31 日，甲公司收到退回的 120 件 A 产品，并以银行存款退还相应的销售款。

资料二：2018 年 12 月 1 日，甲公司向客户销售成本为 300 万元的 B 产品，售价 400 万元已收存银行。客户为此获得 125 万个奖励积分，每个积分可在 2019 年购物时抵减 1 元。根据历史经验，甲公司估计该积分的兑换率为 80%。

假设本题不考虑增值税等其他税费的影响。

要求（答案中的金额单位用万元表示）：

（1）根据资料一，分别编制甲公司 2018 年 9 月 1 日确认 A 产品销售收入并结转销售成本，9 月 30 日重新评估 A 产品退货率，10 月 31 日实际发生 A 产品销售退回时的相关会计分录。

（2）根据资料二，计算甲公司 2018 年 12 月 1 日应确认的收入和合同负债的金额，并编制确认收入、结转成本的分录。

（1）

【解析】资料一属于附有销售退回条款的销售且能够合理估计退货可能性的情形。

①2018 年 9 月 1 日销售 A 产品时，甲公司应按照退货率估计预期因销售退回将退还的金额，

即 80 万元（2 000×0.4×10%）确认负债（预计负债），按照因向客户转让商品而预期有权收取的对价金额，即 720 万元【2 000×0.4×（1－10%）】确认收入；同时，结转 A 产品的账面价值 600 万元（2 000×0.3），并将预计退回部分的账面价值（扣除收回该商品预计发生的成本，本题不涉及），即 60 万元（2 000×0.3×10%）确认一项资产（应收退货成本），差额确认为主营业务成本。

② 9 月 30 日，重新评估 A 产品退货率时，按照新的退货率 5% 计算，应确认的预计负债金额为 40 万元（2 000×0.4×5%）、应收退货成本为 30 万元（2 000×0.3×5%），9 月 1 日销售 A 产品时，实际确认预计负债金额 80 万元、应收退货成本 60 万元，故应对预计负债以及应收退货成本多确认金额（分别为 40 万元、30 万元）予以冲回，同时增加主营业务收入和主营业务成本。

③ 10 月 31 日，实际发生销售退回时，应冲销已确认的预计负债 40 万元和应收退货成本 30 万元，同时，按照实际退回的 A 产品 120 件，增加库存商品 36 万元（120×0.3）。由于实际退回数量 120 件大于预计退货数量 100 件（2 000×5%），少预计的 20 件退货 A 产品对应的主营业务收入 8 万元（20×0.4）及主营业务成本 6 万元（20×0.3）应当冲销。

【答案】相关会计分录为：

① 2018 年 9 月 1 日，确认 A 产品销售收入并结转销售成本：

借：银行存款   800
     贷：主营业务收入   720
        预计负债   80

借：主营业务成本   540
     应收退货成本   60
     贷：库存商品   600

② 2018 年 9 月 30 日，重新评估 A 产品退货率：

借：预计负债   40
     贷：主营业务收入   40

借：主营业务成本   30
     贷：应收退货成本   30

③ 2018 年 10 月 31 日，实际发生 A 产品销售退回：

借：库存商品   36
     预计负债   40
     主营业务收入   8
     贷：主营业务成本   6
        应收退货成本   30
        银行存款   48

（2）

【解析】2018 年 12 月 1 日，奖励积分的单独售价 = 125×1×80% = 100（万元）

甲公司应当按照商品和积分单独售价的相对比例分摊交易价格，则：

商品分摊的交易价格 = ［400÷（400 ＋ 100）］×400 = 320（万元）

奖励积分分摊的交易价格 = ［100÷（400 ＋ 100）］×400 = 80（万元）

因此，2018 年 12 月 1 日应确认收入 320 万元，确认合同负债 80 万元。

【答案】甲公司 2018 年 12 月 1 日应确认收入 = ［400÷（400 ＋ 100）］×400 = 320（万元）；

应确认合同负债 = ［100÷（400 ＋ 100）］×400 = 80（万元），相关会计分录为：

借：银行存款   400

  贷：主营业务收入   320

    合同负债   80

借：主营业务成本   300

  贷：库存商品   300

第 10 章

强化练习

一、单项选择题

1. 下列关于投入法表述中，不正确的是（　　　）。

　　A. 投入法是以投入的材料数量、发生的成本和时间进度等指标确定履约进度的

　　B. 企业在采用投入法时，应当扣除那些虽然已经发生、但未导致向客户转移商品的投入

　　C. 投入法主要是根据已转移给客户的商品对于客户的价值确定履约进度

　　D. 资产负债表日，企业应当按照合同的交易价格总额乘以履约进度扣除以前会计期间累计已确认的收入后的金额，确认为当期收入

2. 下列经济业务中，甲公司应作为主要责任人的是（　　　）。

　　A. 甲公司经营的商场中设立有 M 品牌服装专柜，M 品牌服装经销商自行决定商品定价、销售等情况，按年支付商场管理费用，甲公司无权干预 M 专柜的经营活动

　　B. 甲公司运营 N 购物网站，由零售商负责商品定价、发货及售后服务等，甲公司仅收取一定手续费用

　　C. 甲公司从 P 航空公司购买折扣机票，对外销售时，可自行决定售价，但未出售机票不能退回给 P 航空公司

　　D. 甲公司销售 Q 餐厅的礼品券，甲公司在客户有需求时才购买礼品券，礼品券销售后甲公司有权收取礼品券出售价格 15% 的金额

3. 甲公司为一家大型超市，乙公司为甲公司的供应商，乙公司推出新产品需要在甲公司超市中销售，双方签订合同约定，乙公司需向甲公司支付 25 万元的进场费。不考虑其他因素，则下列说法正确的是（　　　）。

　　A. 乙公司应将 25 万元计入管理费用　　　　B. 乙公司应将 25 万元计入销售费用

　　C. 乙公司应将 25 万元冲减营业收入　　　　D. 乙公司应将 25 万元计入营业成本

4. 甲公司与乙公司签订一项合同，约定为乙公司生产一台专用设备，该设备只能供乙公司使用，具有不可替代用途，建造期限为 1 年。合同规定，假设甲公司完全遵守合同规定，如果乙公司提前终止建造合同，则甲公司有权收取累计至今已完成的履约部分的成本，另加 15% 的利润，该利润率与甲公司在类似合同中能够赚取的毛利率大致相同。下列表述正确的是（　　　）。

　　A. 甲公司应在签订合同时确认收入

　　B. 甲公司应在设备建造完成时确认收入

　　C. 甲公司提供的设备建造服务属于在某一时段内履行的履约义务

　　D. 甲公司提供的设备建造服务属于在某一时点履行的履约义务

5. 甲公司为一家生产笔记本电脑的企业，2021 年 11 月，甲公司与零售商乙公司签订销售合同，向乙公司销售 800 台笔记本电脑，每台售价 0.3 万元。由于乙公司自身的仓储能力有限，双方

约定甲公司在 2022 年按照乙公司的指令按时发货，并将电脑送至乙公司指定的地点。2021 年年底，甲公司共有同款型号电脑库存 3 000 台，其中包括销售给乙公司的 800 台，这些电脑一起存放并统一管理，并且彼此之间可以相互替换。根据上述资料，下列表述中正确的是（   ）。

A. 甲公司在合同生效日即可确认收入

B. 甲公司应在交付电脑时确认收入

C. 合同生效日，800 台电脑的控制权已转移给乙公司

D. 甲公司应分期确认收入

6. 甲公司是一家咨询服务提供商，赢得了向乙公司提供咨询服务的竞标，为了取得和乙公司的合同，甲公司发生了下列成本：聘请外部律师进行尽职调查支出 15 000 元；投标费 25 000 元；销售员工销售佣金 10 000 元；差旅费 2 000 元。甲公司预期可通过未来的咨询服务费收回该成本，则甲公司应确认的"合同取得成本"的金额为（   ）元。

A.10 000　　　　　　B.12 000　　　　　　C.25 000　　　　　　D.50 000

7. 下列关于合同取得成本和合同履约成本的相关处理，表述不正确的是（   ）。

A. 对于确认为资产的合同履约成本和合同取得成本，企业应当采用与该资产相关的商品收入确认相同的基础进行摊销，计入当期损益

B. 企业应当根据预期向客户转让与资产相关的商品的时间，对资产的摊销情况进行复核并更新，并作为会计估计变更处理

C. 合同履约成本和合同取得成本的账面价值，高于企业因转让与该资产相关的商品预期能够取得的剩余对价与为转让该相关商品估计将要发生的成本之间的差额的，应计提减值准备

D. 合同履约成本和合同取得成本的减值，一经计提不得转回

8. 2021 年 12 月 31 日，甲公司与乙公司签订协议销售一批商品，增值税专用发票上注明的价款为 360 万元，增值税税额为 46.8 万元。商品已发出，款项已收到。协议规定，该批商品销售价款的 15% 作为商品售出后 3 年内提供修理服务的服务费，则甲公司 2021 年 12 月应确认的收入为（   ）万元。

A.54　　　　　　　　B.306　　　　　　　　C.360　　　　　　　　D.406.8

9. 甲公司与乙公司签订一项建造合同，为其建造一条生产线。2021 年 1 月 10 日，甲公司为建造该生产线购入一批物资，收到的增值税专用发票上注明的价款为 300 万元，增值税税额为 39 万元；1 月 20 日，建造生产线领用物资 220 万元；在工程建设期间内，建造生产线的工程人员的薪酬合计为 120 万元；辅助生产车间为建造生产线提供的支出合计为 45 万元；6 月 30 日，生产线工程达到预定可使用状态并交付使用。假定不考虑其他因素，则甲公司 2021 年为履行此建造合同发生的合同履约成本为（   ）万元。

A.385　　　　　　　　B.465　　　　　　　　C.420　　　　　　　　D.340

10. 甲公司和乙公司均为增值税一般纳税人，适用的增值税税率为 13%。2021 年 1 月 1 日，甲公司向乙公司销售一台大型机器设备，开出的增值税专用发票上注明的销售额为 800 万元，成本为 600 万元，设备已发出，款项已收到。协议约定，甲公司应于 2024 年 1 月 1 日将所

售机器设备购回，回购价格为 680 万元，不考虑其他因素。则由于该项业务，甲公司 2021 年确认的收入为（　　）万元。

A.200　　　　　　　B.80　　　　　　　C.40　　　　　　　D.800

二、多项选择题

1. 在确定交易价格时应考虑的因素有（　　）。

A. 非现金对价　　　　　　　　　　　B. 重大融资成分

C. 应付客户对价　　　　　　　　　　D. 可变对价

2. 关于收入的计量，下列表述中正确的有（　　）。

A. 企业预期将退还给客户的款项，应当作为负债进行会计处理

B. 企业代第三方收取的款项，应当作为负债进行会计处理

C. 交易价格是指企业因向客户转让商品已收取的对价

D. 企业应当按照分摊至各单项履约义务的交易价格计量收入

3. 2021 年 8 月 1 日，甲公司与客户签订一项合同，约定在客户的土地上为该客户建造厂房，合同价格为 300 万元（不含税价）。截至 2021 年 12 月 31 日，甲公司已发生的成本为 100 万元，预计还要发生的成本为 140 万元，剩余部分预计在 2022 年 3 月 31 日之前完成。甲公司采用投入法计算履约进度。假定不考虑其他情况。下列说法正确的有（　　）。

A. 甲公司建造厂房的业务属于在某一时段内履行的履约义务

B. 甲公司截至 2021 年 12 月 31 日，该合同的履约进度为 41.67%

C. 甲公司 2021 年应确认的收入为 100 万元

D. 甲公司预计 2022 年应确认的收入为 174.99 万元

4. 企业与客户之间的合同应满足一定的条件，才能在客户取得相关商品控制权时确认收入，下列属于这些条件的有（　　）。

A. 合同各方已批准该合同并承诺将履行各自义务

B. 该合同明确了合同各方与所转让商品相关的权利和义务

C. 企业因向客户转让商品而有权取得的对价可能收回

D. 该合同有明确的与所转让商品相关的支付条款

5. 下列关于履约义务的说法中，正确的有（　　）。

A. 履约义务是指合同中企业向客户转让可明确区分商品的承诺

B. 合同中明确的承诺属于履约义务

C. 企业以往的习惯做法导致合同订立时客户合理预期企业将履行的承诺属于履约义务

D. 企业为履行合同而开展的初始活动一般也属于履约义务

6. 2021 年 1 月 1 日，甲公司向乙公司销售 10 000 册图书，单位销售价格为 30 元，单位成本为 22 元。协议约定，乙公司在 3 月 31 日之前有权退回图书。甲公司根据过去的经验，估计该批图书退货率约为 10%。假定图书发出时控制权已转移给乙公司，不考虑其他因素，2021 年 1 月 1 日发出图书时，甲公司下列会计处理表述中，正确的有（　　）。

A. 应确认主营业务收入 30 万元　　B. 应确认应收退货成本 2.2 万元

C. 应确认预计负债 3 万元　　D. 应确认主营业务成本 22 万元

7. 关于合同资产和合同负债的表述中，正确的有（　　）。

A. 企业在转让商品之前已收到客户支付的合同对价的，应确认为合同负债

B. 不同合同下的合同资产和合同负债不得相互抵销

C. 合同资产是指企业无条件收取合同对价的权利

D. 合同资产和合同负债在资产负债表中应按照流动性分别列示

8. 2021 年 1 月 5 日，甲公司向客户销售一批产品，当日产品的控制权即转移给客户。合同规定：产品销售价格为 708 万元，须在交货后的 24 个月内支付。若在合同开始时点，按相同条款和条件出售相同产品，并于交货时支付货款，则产品的销售价格为 600 万元，该产品的成本为 420 万元。假定不考虑相关税费，下列说法中正确的有（　　）。

A. 发出商品时应确认收入 708 万元

B. 该项交易应确认营业成本 420 万元

C. 该合同属于含有重大融资成分的合同

D. 交易价格与合同对价的差额，应在合同期间内采用实际利率法进行摊销

9. 企业将为履行合同发生的成本确认为一项资产时，需要满足的条件有（　　）。

A. 该成本预期能够收回

B. 该成本预期低于收到的经济利益

C. 该成本与一份当前或预期取得的合同直接相关

D. 该成本增加了企业未来用于履行（或持续履行）履约义务的资源

10. 2021 年 10 月 12 日，甲公司为乙公司生产一台专用设备，合同价款为 900 000 元。双方约定，如果甲公司能够在 60 天内交货，则可以额外获得 10 000 股乙公司的股票作为奖励。合同开始日，该股票的价格为每股 6.3 元；由于缺乏执行类似合同的经验，当日，甲公司估计该 10 000 股股票的公允价值计入交易价格将不满足累计已确认的收入极可能不会发生重大转回的限制条件。合同开始日之后的第 55 天，甲公司将该设备交付给乙公司，从而获得了 10 000 股股票，该股票在此时的价格为每股 7 元。假定甲公司将该股票作为以公允价值计量且其变动计入当期损益的金融资产。甲公司下列会计处理中，正确的有（　　）。

A. 合同开始日，甲公司应将该 10 000 股票的公允价值 63 000 元计入交易价格

B. 合同开始日之后的第 55 天甲公司应确认收入 970 000 元

C. 合同开始日之后的第 55 天甲公司应确认收入 963 000 元

D. 合同开始日之后的第 55 天甲公司应确认交易性金融资产 70 000 元

三、判断题

1. 对于某一时段内履行的履约义务，若因客观环境发生变化导致履约进度发生变化的，应作为会计政策变更进行追溯调整。（　　）

2. 对于构成单项履约义务的知识产权许可，企业应当将其直接作为在某一时段内履行的履约义务。

（　　）

3. 甲公司与乙公司签订合同，向其销售一批产品，并负责将该批产品运送至乙公司指定的地点，甲公司承担相关的运输费用。假定销售该产品属于在某一时点履行的履约义务，且控制权在送达指定地点时转移给乙公司。本例中，甲公司的单项履约义务有两项。（　　）

4. 附有质量保证条款的销售中，客户不能单独购买质量保证，但是该质量保证在向客户保证销售的商品符合既定标准之外提供了一项单独服务的，也应当作为单项履约义务，并将交易价格分摊至该单项履约义务。（　　）

5. 在对可变对价进行估计时，企业应当按照最可能发生金额或期望值确定可变对价的最佳估计数。（　　）

四、计算分析题

1. 甲公司为提高客户忠诚度，2019 年 12 月 1 日开展了一项客户忠诚度奖励积分计划。该客户忠诚度计划为：从 2020 年 1 月 1 日起，客户每消费 10 元，即可兑换 1 个积分，每个积分可在未来 3 年内，在甲公司购买产品时按 1 元抵减购物价款。截至 2020 年 1 月 31 日，客户共计消费了 150 000 元，获得可在未来购物时抵减的 15 000 个积分。客户在消费时已购买的产品的单独售价为 150 000 元。甲公司预计将有 14 250 个积分将会被兑现，并且估计每个积分的单独售价为 1 元。

2020 年度，有 6 750 个积分被兑换，并且甲公司依然预计总共将有 14 250 个积分被兑换；

2021 年度，累计有 12 750 个积分被兑换，甲公司预计总共将有 14 550 个积分被兑换；

2022 年度没有积分被兑换，截止 2022 年年底授予的奖励积分剩余部分失效。

假定不考虑相关税费等因素的影响。

要求（答案中的金额用元表示，计算结果保留两位小数）：

（1）计算甲公司 2020 年度因客户使用奖励积分应当确认的收入，以及因销售商品确认的收入，并编制相关会计分录。

（2）计算甲公司 2021 年度因客户使用奖励积分应当确认的收入，并编制相关会计分录。

（3）计算甲公司 2022 年度因奖励积分失效应当确认的收入，并编制相关会计分录。

2. 2021 年 6 月 1 日，甲公司向乙公司销售 1 万件商品，单位销售价格为 100 元，单位成本为 80 元，开出的增值税专用发票上注明的销售价款为 100 万元，销售商品适用的增值税税率为 13%，增值税税额为 13 万元，收到款项存入银行。协议约定，乙公司在 7 月 31 日之前有权退回该商品。假定甲公司根据过去的经验，估计该批商品退货率约为 20%，在不确定性消除时，累计已确认的收入金额（80 万元）极可能不会发生重大转回；发出商品时纳税义务已经发生；实际发生销售退回时取得税务机关开具的红字增值税专用发票。6 月 30 日估计该批商品退货率约为 15%，7 月 31 日发生销售退回，实际退货量为 0.18 万件，甲公司收到退货并支付了退款。不考虑其他因素。

要求（答案中的金额单位用万元表示）：

（1）编制 2021 年 6 月 1 日销售商品的会计分录。

（2）编制 2021 年 6 月 30 日调整退货率的会计分录。

（3）编制 2021 年 7 月 31 日发生退货的会计分录。

五、综合题

1. 甲公司是一家生产通信设备的公司。2021 年 1 月 1 日，甲公司与乙公司签订一份专利许可合同，许可乙公司在 5 年内使用本公司的专利技术生产 A 产品。根据合同的约定，甲公司每年向乙公司收取由两部分金额组成的专利技术许可费，一是固定金额 300 万元，于每年年末收取；二是按照乙公司 A 产品销售额的 2％计算的提成，于第二年年初收取。根据以往年度的经验和做法，甲公司可合理预期不会实施对该专利技术产生重大影响的活动。2021 年 12 月 31 日，甲公司收到乙公司支付的固定金额专利技术许可费 300 万元。2021 年度，乙公司销售 A 产品 72 000 万元。假定不考虑相关税费及其他因素的影响。

要求（答案中的金额单位用万元表示）：

（1）根据上述资料，判断甲公司授予知识产权许可属于在某一时段内履行的履约义务还是属于某一时点履行的履约义务，并说明理由。说明甲公司按照乙公司 A 产品销售额的 2％收取的提成应于何时确认收入。

（2）根据上述资料，编制甲公司 2021 年度与收入确认相关的会计分录。

2. 甲公司是境内一家投资性上市公司，拥有从事不同业务的子公司。

（1）甲公司的子公司——乙公司是一家专门从事建筑设计和建造的承包商。2021 年 3 月 1 日，乙公司与丙公司签订办公楼建造合同，按照丙公司的特定要求在丙公司的土地上建造一栋办公楼。根据合同约定，建造该办公楼的价格为 6 000 万元，丙公司分三次支付款项，分别于合同签订日、完工进度达到 50％、竣工验收日，支付合同造价的 20％、30％、50％。工程于 2021 年 3 月开工，预计于 2023 年年底完工。乙公司预计建造该办公楼的总成本为 4 200 万元，截至 2021 年 12 月 31 日，乙公司累计实际发生的成本为 2 100 万元。乙公司按照累计实际发生的成本占预计总成本的比例确定履约进度。

（2）甲公司的子公司——丁公司是一家设备生产企业。2021 年 3 月 10 日，丁公司销售给戊公司一台设备。根据销售协议约定，丁公司于 2021 年 9 月 10 日前交付该设备，合同价格为 1 500 万元，丁公司提供该设备的质量保证：在 1 年之内，如果该设备发生质量问题，丁公司负责免费维修，但如果因戊公司员工操作不当等非设备本身质量原因导致的故障，丁公司不提供免费维修服务；另外，丁公司为该设备提供保质期后未来 5 年内的维修和保养服务，合同价格为 100 万元。

已知丁公司销售该设备单独的销售价格为 1 500 万元；单独对外提供设备维修服务的销售价格为每年每台 15 万元，单独对外提供设备保养服务的销售价格为每年每台 5 万元。

本题涉及的合同符合企业会计准则关于合同的定义并经各方管理层批准，涉及的销售价格和合同价格均不含增值税。假定不考虑货币时间价值，不考虑增值税等相关税费。

要求（答案中的金额单位用万元表示）：

（1）根据资料（1），判断乙公司的建造办公楼业务是属于在某一时段内履行的履约义务还是属于某一时点履行的履约义务，并说明理由。

（2）根据资料（1），计算乙公司2021年度的合同履约进度，以及应确认的收入和成本。

（3）根据资料（2），说明丁公司销售设备合同附有的单项履约义务有哪些，并说明理由。

（4）根据资料（2），计算合同中每一单项履约义务应分摊的交易价格。

（5）根据资料（2），说明丁公司销售该设备在质保期内提供的维修服务和质保期以后提供的维修服务和保养服务应当如何进行会计处理。

答案与解析

一、单项选择题

1.【解析】选项A、B、D表述正确，选项C表述错误，投入法，是根据企业履行履约义务的投入确定履约进度，主要包括投入的材料数量、花费的人工工时或机器工时、发生的成本和时间进度等；产出法，主要是根据已转移给客户的商品对于客户的价值确定履约进度，主要包括实际测量的完工进度、评估已实现的结果、已达到的工程进度节点、时间进度、已完工或交付的产品等。综上，本题应选C。

【答案】C

2.【解析】选项A，甲公司经营的商场只按期收取M品牌相应的管理费用，无法控制该品牌自主的经营活动和商品，故应为代理人。选项B，甲公司经营的购物网站在商品售出前不能控制这些商品，只对零售商收取一定的手续费，故应为代理人。选项C，甲公司从P航空公司购买折扣机票，在向客户转让商品前能够控制该商品，故甲公司为主要责任人；如果甲公司从P航空公司购买的折扣机票不能自行定价，且未售出的机票也可以退回的，那么甲公司在向客户转让商品前没有取得商品控制权，应为代理人。选项D，甲公司在向客户转让礼品券之前不能控制该商品，且按礼品券售价的比例取得收入，故应为代理人。综上，本题应选C。

【答案】C

3.【解析】企业在向客户转让商品的同时，需要向客户或第三方支付对价的，除为了自客户取得其他可明确区分商品的款项外，应当将该应付对价冲减交易价格，并在确认相关收入与支付客户对价二者孰晚时点冲减当期收入。本题中，乙公司向甲公司支付的25万元进场费不是为自客户取得其他可明确区分的商品，因此应当冲减营业收入。综上，本题应选C。

【答案】C

4.【解析】由于甲公司建造的设备只能供乙公司使用，具有不可替代用途，且在整个合同期间内，如果乙公司单方面终止合同，甲公司根据合同条款有权获得已发生的成本及合理利润，表明甲公司在整个合同期间内有权就累计至今已完成的履约部分收取款项。因此，甲公司提供的设备建造服务属于在某一时段内履行的履约义务，企业应在该段时间内按照履约进度确认收入。综上，本题应选 C。

【答案】 C

5. **【思路导航】** 在售后代管安排下，除了应当考虑是否取得商品控制权的迹象之外，还应同时满足下列四项条件，才表明客户取得了该商品的控制权：（1）该安排必须具有商业实质，如该安排是应客户的要求而订立的；（2）属于客户的商品必须能够单独识别，如将属于客户的商品单独存放在指定地点；（3）该商品可以随时交付给客户；（4）企业不能自行使用该商品，或将该商品提供给其他客户。

【解析】 由于乙公司购买的 800 台电脑和剩下的电脑一起存放并统一管理，并且彼此之间可以相互替换，即乙公司购买的电脑没有单独存放，因此不满足"售后代管商品"安排下控制权转移的条件，甲公司不能在合同生效日确认收入。则甲公司应在交付电脑时确认收入。综上，本题应选 B。

【答案】 B

6. **【思路导航】** 确定合同取得成本的金额，即确定增量成本金额，而判断增量成本的关键在于分析一项成本在合同最终没有取得的情况下是否还会发生，若即使合同最终没有取得也会发生，则不属于增量成本。

【解析】 企业为取得合同发生的增量成本预期能够收回的，应当作为合同取得成本确认为一项资产。增量成本，是指企业不取得合同就不会发生的成本。本题中，甲公司因签订合同而向销售人员支付的佣金属于为取得合同发生的增量成本，应当将其作为合同取得成本；甲公司聘请外部律师进行尽职调查发生的支出、投标费、为投标发生的差旅费，无论是否取得合同都会发生，不属于增量成本，应当于发生时直接计入当期损益，则应确认的"合同取得成本"的金额为 10 000 元。综上，本题应选 A。

【答案】 A

7. **【解析】** 选项 A、B、C 表述正确；选项 D 表述错误，合同履约成本和合同取得成本发生减值损失的，应计提减值准备，随后价值回升的，已计提的减值应当转回。综上，本题应选 D。

【答案】 D

8. **【解析】** 包括在商品售价内可区分的修理服务费应作为单项履约义务，且属于在某一时段内履行的履约义务，应在提供服务期间内分期确认收入。因此，应确认的服务费用 = 360 × 15% = 54（万元），则 2021 年 12 月甲公司应确认的收入 = 360 - 54 = 306（万元）。综上，本题应选 B。

【答案】 B

9. **【解析】** 企业为履行合同发生的各种成本，属于其他章节范围的，应按照其他章节的要求处理，不属于其他章节且满足下列条件的，应当作为合同履约成本确认为一项资产：（1）该成本与当前取得的合同直接相关；（2）该成本增加了企业未来用于履行履约义务的资源；（3）该成本预期能够收回。本题中领用的工程物资 220 万元、工程人员薪酬 120 万元以及辅助车间支出 45 万元，均满足上述条件，因此，应全部确认为合同履约成本，金额 = 220 + 120 + 45 = 385（万元）。综上，本题应选 A。

【答案】A

10.【解析】根据协议约定，甲公司在 3 年后回购该设备，即甲公司存在与客户的远期安排而负有回购义务，因此乙公司并未取得该设备的控制权。该交易的实质是乙公司支付了 120 万元（800 - 680）取得了该设备 3 年的使用权。因此，甲公司应当将该交易作为租赁交易进行会计处理，每年确认租赁收入为 40 万元（120÷3）。综上，本题应选 C。

【答案】C

二、多项选择题

1.【解析】对交易价格有影响的因素具体包括：可变对价、重大融资成分、非现金对价、应付客户对价。综上，本题应选 ABCD。

【答案】ABCD

2.【解析】选项 A、B、D 表述正确，企业应当按照分摊至各单项履约义务的交易价格计量收入，将代第三方收取的款项（如增值税）以及企业预期将退还给客户的款项，作为负债进行会计处理，不计入交易价格。选项 C 表述错误，交易价格，是指企业因向客户转让商品而预期有权收取的对价金额，而不是已收取的。综上，本题应选 ABD。

【答案】ABD

3.【解析】选项 A 说法正确，甲公司在客户的土地上建造厂房，客户能够控制甲公司履约过程中在建的商品，因此甲公司建造厂房的业务属于在某一时段内履行的履约义务；选项 B 说法正确，甲公司采用投入法计算履约进度，因此截至 2021 年 12 月 31 日，应确认的履约进度 = 100÷（100 + 140）= 41.67%；选项 C 说法错误，甲公司 2021 年确认的收入 = 300×41.67% = 125.01（万元）；选项 D 说法正确，甲公司预计 2022 年确认的收入 = 300×100% - 125.01 = 174.99（万元）。综上，本题应选 ABD。

【答案】ABD

4.【解析】企业与客户之间的合同同时满足下列条件的，企业应当在客户取得相关商品控制权时确认收入：（1）合同各方已批准该合同并承诺将履行各自义务（选项 A）；（2）该合同明确了合同各方与所转让的商品相关的权利和义务（选项 B）；（3）该合同有明确的与所转让的商品相关的支付条款（选项 D）；（4）该合同具有商业实质，即履行该合同将改变企业未来现金流量的风险、时间分布或金额；（5）企业因向客户转让商品而有权取得的对价很可能收回。选项 C 不属于，企业因向客户转让的商品而有权取得的对价可能收回，未达到"很可能"的程度。综上，本题应选 ABD。

【答案】ABD

5.【解析】选项 A、B、C 说法正确，选项 D 说法错误，履约义务，是指合同中企业向客户转让可明确区分商品的承诺。履约义务既包括合同中明确的承诺,也包括由于企业已公开宣布的政策、特定声明或以往的习惯做法等导致合同订立时客户合理预期企业将履行的承诺。企业为履行合同而应开展的初始活动,通常不构成履约义务,除非该活动向客户转让了承诺的商品。综上,本题应选 ABC。

【答案】ABC

6.【解析】选项 A 表述错误,选项 C 表述正确,本题属于附有销售退回条款的销售,应按因向客户转让商品而预期有权收取的对价金额确认收入;按预期因销售退回,将退还的金额确认负债(预计负债),因此甲公司应确认预计负债金额 = 10 000 × 30 × 10% ÷ 10 000 = 3(万元),应确认的主营业务收入金额 =(10 000 × 30 − 10 000 × 30 × 10%)÷ 10 000 = 27(万元);选项 B 表述正确,选项 D 表述错误,企业应按预期将退回商品转让时的账面价值,扣除收回该商品预计发生的成本后的余额,确认为一项资产(应收退货成本);按照所转让商品转让时的账面价值,扣除上述资产成本的净额结转主营业务成本(或其他业务成本);因此,甲公司应确认的应收退货成本金额 = 10 000 × 22 × 10% ÷ 10 000 = 2.2(万元),应确认的主营业务成本金额 =(10 000 × 22 − 10 000 × 22 × 10%)÷ 10 000 = 19.8(万元)。综上,本题应选 BC。

【答案】BC

7.【解析】选项 A 表述正确,合同负债核算企业已收或应收客户对价而应向客户转让商品的义务。选项 B、D 表述正确,合同资产和合同负债应当在资产负债表中单独列示,并按流动性,分别列示为"合同资产"或"其他非流动资产"以及"合同负债"或"其他非流动负债";同一合同下的合同资产和合同负债应当以净额列示,不同合同下的合同资产和合同负债不能互相抵销。选项 C 表述错误,合同资产是企业已向客户转让商品而有权收取对价的权利,是一项有条件的收款权;而应收账款是一项无条件的收款权。综上,本题应选 ABD。

【答案】ABD

8.【解析】选项 C 说法正确,本题中客户是在合同开始时即获得商品控制权,而在 24 个月内付款,因此企业将商品的控制权转移给客户的时间与客户实际付款的时间相隔较长,属于合同中存在重大融资成分的情形。选项 A 说法错误,选项 B、D 说法正确,合同中存在重大融资成分的,企业应当按照假定客户在取得商品控制权时即以现金支付的应付金额(600万元)确定交易价格;按照实际成本确认营业成本;确定的交易价格与合同承诺的对价金额之间的差额,应当在合同期间采用实际利率法摊销。综上,本题应选 BCD。

【答案】BCD

9.【解析】为履行合同发生的成本,不属于其他企业会计准则规范范围且同时满足下列条件的,应作为合同履约成本,确认为一项资产:(1)该成本与一份当前或预期取得的合同直接相关(选项 C);(2)该成本增加了企业未来用于履行履约义务的资源(选项 D);(3)该成本预期能够收回(选项 A)。综上,本题应选 ACD。

【答案】ACD

10.【思路导航】非现金对价的公允价值变动处理规定：（1）因对价形式（如股票价格的波动）而发生变动的，不计入交易价格；（2）因对价形式以外（不是股票本身价格的波动）的原因而发生变动的，应当作为可变对价，按照与计入交易价格的可变对价金额的限制条件相关的规定进行处理。

【解析】选项 A 错误，由于合同开始时甲公司估计该 10 000 股股票的公允价值计入交易价格将不满足累计已确认的收入极可能不会发生重大转回的限制条件，因此甲公司不应将该股票的公允价值 63 000 元（10 000×6.3）计入交易价格。选项 B 错误，选项 C、D 正确，合同开始后的 55 天，甲公司获得 10 000 股股票，该股票的价格为每股 7 元，因此甲公司应确认交易性金融资产 70 000 元（10 000×7）；应将该股票（非现金对价）在合同开始日的公允价值 63 000 元（10 000×6.3）和设备价款确认为收入 963 000 元（900 000 + 63 000），因对价形式原因而发生的变动 7 000 元，计入公允价值变动损益。综上，本题应选 CD。

【答案】CD

三、判断题

1.【解析】每一资产负债表日，企业应当对履约进度进行重新估计。当客观环境发生变化时，企业也需要重新评估履约进度是否发生变化，以确保履约进度能够反映履约情况的变化，该变化应当作为会计估计变更进行会计处理。因此，本题表述错误。

【答案】×

2.【解析】对于构成单项履约义务的知识产权许可，企业应当根据该履约义务的性质，进一步确定其是在某一时段内履行还是在某一时点履行的履约义务，而不应当直接将其作为在某一时段内履行的履约义务。因此，本题表述错误。

【答案】×

3.【解析】甲公司向乙公司销售产品，并负责运输。该批产品在送达乙公司指定地点时，控制权转移给乙公司。由于甲公司的运输活动是在产品的控制权转移给客户之前发生的，因此不构成单项履约义务，而是甲公司为履行合同发生的必要活动，则销售产品和运输服务构成单项履约义务。因此，本题表述错误。

【答案】×

4.【解析】对于客户虽然不能选择单独购买质量保证，但该质量保证在向客户保证所销售的商品符合既定标准之外提供了一项单独服务的，也应当作为单项履约义务，按照本章的规定进行会计处理，即将交易价格分摊至该单项履约义务。因此，本题表述正确。

【答案】√

5.【解析】在对可变对价进行估计时，如果企业拥有大量具有类似特征的合同，并估计可能产生多个结果时，通常按照期望值估计可变对价金额；如果合同仅有两个可能结果时，通常按照最可能发生金额估计可变对价金额。因此，本题表述正确。

【答案】√

四、计算分析题

1.（1）

【解析】甲公司授予客户的奖励积分为客户提供了一项重大权利，应当作为单项履约义务。其中客户购买商品的单独售价合计为 150 000 元，考虑到兑换率，甲公司估计奖励积分的单独售价为 14 250 元。因此甲公司应按照商品和奖励积分单独售价的相对比例对交易价格进行分摊。

【答案】2020 年 1 月 31 日分摊至奖励积分的交易价格 = 150 000 × 14 250/（150 000 + 14 250）= 13 013.7（元）

分摊至商品的交易价格 = 150 000 × 150 000/（150 000 + 14 250）= 136 986.3（元）

因此，甲公司应当在商品的控制权转移时确认商品收入 136 986.3 元，同时将客户未来享受的奖励积分兑换金额确认为一项负债，待客户实际兑换时再确认为收入。相关会计分录为：

借：银行存款　　　　　　　　　　　　　　　　150 000
　　贷：主营业务收入　　　　　　　　　　　　　136 986.3
　　　　合同负债　　　　　　　　　　　　　　　13 013.7

2020 年甲公司确认奖励积分的收入 = 13 013.7 × 6 750/14 250 = 6 164.38（元）

借：合同负债　　　　　　　　　　　　　　　　6 164.38
　　贷：主营业务收入　　　　　　　　　　　　　6 164.38

（2）

【解析】2021 年度，累计有 12 750 个积分被兑换，甲公司对该积分的兑换数量进行重新估计，预计总共将有 14 550 个积分被兑换。因此，甲公司以客户兑换的积分数占预期将兑换的总积分数的比例为基础确认收入。即应确认的收入 = 初始合同负债金额 ×（累计已兑换的积分数/预计总兑换积分数）– 以前年度累计已确认的收入。

【答案】2021 年度甲公司确认奖励积分的收入 = 13 013.7 × 12 750/14 550 – 6 164.38 = 5 239.38（元），相关会计分录为：

借：合同负债　　　　　　　　　　　　　　　　5 239.38
　　贷：主营业务收入　　　　　　　　　　　　　5 239.38

（3）

【解析】尽管甲公司 2022 年度没有积分被兑换，但截止 2022 年年底授予的奖励积分剩余部分失效，因此应将尚未兑换的奖励积分对应的交易价格全部确认为收入。

【答案】2022 年度甲公司确认奖励积分的收入 = 13 013.7 – 6 164.38 – 5 239.38 = 1 609.94（元），相关会计分录为：

借：合同负债　　　　　　　　　　　　　　　　1 609.94
　　贷：主营业务收入　　　　　　　　　　　　　1 609.94

2.（1）

【解析】本题属于附有销售退回条款的销售，甲公司应在客户取得商品控制权时，按照因向客户转让商品而预期有权收取的对价金额确认收入80万元（100×1×80%），按照预期因销售退回，将退还的金额确认负债（预计负债）20万元（100×1×20%）；同时，按照预期将退回商品转让时的账面价值，扣除收回该商品预计发生的成本后的余额，确认为一项资产（应收退货成本）16万元（80×1×20%）；按照商品转让时的账面价值，扣除上述资产成本的净额结转成本64万元（80×1×80%）。

【答案】6月1日甲公司发出商品时：

借：银行存款 113
　　贷：主营业务收入 80【100×1×80%】
　　　　预计负债——应付退货款 20【100×1×20%】
　　　　应交税费——应交增值税（销项税额） 13【100×1×13%】
借：主营业务成本 64【80×1×80%】
　　应收退货成本 16【80×1×20%】
　　贷：库存商品 80

（2）

【解析】6月30日甲公司重新估计该批商品退货率约为15%，小于20%，因此应调增收入和成本。应调增的收入金额＝100×1×（20%－15%）＝5（万元），应调增的成本金额＝80×1×（20%－15%）＝4（万元）。

【答案】调整退货比率时：

借：预计负债——应付退货款 5【100×1×（20%－15%）】
　　贷：主营业务收入 5
借：主营业务成本 4
　　贷：应收退货成本 4【80×1×（20%－15%）】

（3）

【解析】7月31日发生销售退回，实际退货量为0.18万件，实际退款金额＝0.18×100×（1＋13%）＝20.34（万元），同时，将累计确认的预计负债15万元（20－5）和应收退货成本12万元（16－4）全部冲回。此外，由于实际退货量（0.18万件）大于6月30日预计的0.15万件（15%），应相应调减已经确认的收入和成本。

【答案】实际发生退货时：

借：库存商品 14.4【80×0.18】
　　应交税费——应交增值税（销项税额） 2.34【100×0.18×13%】
　　预计负债——应付退货款 15
　　主营业务收入 3【（0.18－0.15）×100】
　　贷：银行存款 20.34

应收退货成本	12
主营业务成本	2.4【（0.18－0.15）×80】

五、综合题

1.（1）

【答案】①甲公司授予知识产权许可属于在某一时点履行的履约义务。

理由：授予知识产权许可同时满足下列条件的，才能作为在某一时段内履行的履约义务确认相关收入：a. 合同要求或客户能够合理预期企业将从事对该项知识产权有重大影响的活动；b. 该活动对客户将产生有利或不利影响；c. 该活动不会导致向客户转让商品。不能同时满足的，则作为某一时点内履行的履约义务。

上述资料中，甲公司可合理预期不会实施对该专利技术产生重大影响的活动，因此应当作为在某一时点履行的履约义务。

②企业向客户授予知识产权许可，并约定按客户实际销售或使用情况收取特许权使用费的，应当在下列两项孰晚的时点确认收入：第一，客户后续销售或使用行为实际发生；第二，企业履行相关履约义务。

因此，甲公司按照乙公司A产品销售额的2%收取的提成应于每年年末确认收入。

（2）

【解析】根据第一问可知，该知识产权属于某一时点履行的履约义务，因此在签订合同时应根据极可能不会发生重大转回的金额1 500万元（300×5）确认收入。

【答案】2021年1月1日时确认收入：

借：应收账款	1 500【300×5】	
贷：其他业务收入		1 500

2021年12月31日收到固定金额：

借：银行存款	300	
贷：应收账款		300

甲公司按照乙公司A产品销售额的2%收取的提成确认的收入：

借：应收账款	1 440【72 000×2%】	
贷：其他业务收入		1 440

2.（1）

【解析】在某一时段内履行的履约义务判定条件（满足其一）：①客户在企业履约的同时即取得并消耗企业履约所带来的经济利益；②客户能够控制企业履约过程中在建的商品；③企业履约过程中所产出的商品具有不可替代用途，且该企业在整个合同期间内有权就累计至今已完成的履约部分收取款项。在客户的场地上建造办公楼，满足条件②，属于某一时段内履行的履约义务。

【答案】乙公司建造办公楼业务属于在某一时段内履行的履约义务。

理由：按照丙公司的特定要求在丙公司的土地上建造一栋办公楼，满足"客户能够控制企业履约过程中在建的商品"条件，属于在某一时段内履行的履约义务。

（2）

【答案】乙公司 2021 年度的合同履约进度 = 2 100 ÷ 4 200 × 100% = 50%

应确认的收入 = 6 000 × 50% = 3 000（万元）

应确认的成本 = 4 200 × 50% = 2 100（万元）

（3）

【解析】本题资料（2）属于附有质量保证条款的销售，其中 1 年期的质量保证是丁公司销售设备承诺的质保，属于销售设备的重要组成部分，因此不作为单项履约义务，应按或有事项准则规定处理；而 5 年期的维修和保养服务都有其单独售价，客户可以单独购买，因此应分别作为单项履约义务，并在销售设备时将交易价格分摊至该履约义务。

【答案】丁公司销售设备合同包含销售设备、提供未来 5 年维修服务和提供未来 5 年保养服务三项单项履约义务。

理由：客户能够选择单独购买维修服务和保养服务，丁公司销售设备、提供维修服务和提供保养服务的三项承诺均可明确区分，因此三项承诺应分别作为单项履约义务。

（4）

【答案】该设备单独售价为 1 500 万元；单独提供维修服务的售价为每年每台 15 万元；单独提供保养服务的售价为每年每台 5 万元；合同总价款为 1 600 万元（1 500 + 100）。则：

销售设备应分摊的交易价格 = 1 500 × 1 600/（1 500 + 15 × 5 + 5 × 5）= 1 500（万元）

保质期后未来 5 年提供维修服务应分摊的交易价格 =（15 × 5）× 1 600/（1 500 + 15 × 5 + 5 × 5）= 75（万元）

保质期后未来 5 年提供保养服务应分摊的交易价格 =（5 × 5）× 1 600/（1 500 + 15 × 5 + 5 × 5）= 25（万元）

（5）

【答案】丁公司销售设备在保质期内提供的维修服务，应按照或有事项准则进行会计处理，按照预计将要发生的保修费用金额确认预计负债，并计入当期损益。

丁公司应将保质期以后的维修服务和保养服务分别作为单项履约义务，并按照合同中各单项履约义务单独售价的相对比例分摊交易价格。分摊至未来 5 年维修服务和保养服务的交易价格，应当在未来 5 年提供维修和保养服务的期间分期确认为收入。

第十一章　政府补助

应试指导

本章内容不多，难度也不大，属于考试中必拿分章节。考生在复习时以理解为主、记忆为辅，结合近几年真题应重点掌握政府补助的判定、分类，以及与资产相关的政府补助的会计处理、与收益相关的政府补助的会计处理，预计 2022 年仍以客观题考查为主。

历年考情

本章内容比较简单，历年考试主要以客观题的形式考查，不过在 2018 年考试中出现了计算分析题，考查角度主要是政府补助的判定、政府补助的会计处理，所占分值平均为 5 分。

题型	2021年（一）		2021年（二）		2020年（一）		2020年（二）		2019年（一）		2019年（二）	
	题量	分值	题量	分值	题量	分值	题量	分值	题量	分值	题量	分值
单选题	—	—	1	1.5分	1	1.5分	1	1.5分	1	1.5分	2	3分
多选题	—	—	1	2分	—	—	—	—	—	—	—	—
判断题	—	—	1	1分	1	1分	—	—	—	—	—	—
计算分析题	1	10分	—	—	—	—	—	—	—	—	—	—
综合题	—	—	—	—	—	—	1	2分	—	—	—	—

高频考点列表

考点	单选题	多选题	判断题	计算分析题	综合题
政府补助的概述	2017年、2019年、2020年	—	2018年	2021年	2020年
与资产相关的政府补助	—	—	2021年、2017年、2020年	2021年、2018年	—
与收益相关的政府补助	2021年、2019年	2021年、2018年	—	—	—

章逻辑树

第十一章 政府补助

- **概述**
  - **定义** · 企业从政府无偿取得货币性资产或非货币性资产
  - **特征**
    - 来源于政府的经济资源
    - 具有无偿性
  - **主要形式** · 政府对企业的无偿拨款、税收返还、财政贴息、以及无偿给予非货币性资产等
  - **分类**
    - 与资产相关的政府补助 · 指企业取得的、用于购建或以其他方式形成长期资产的政府补助（补助受益期较长）
    - 与收益相关的政府补助 · 指除与资产相关的政府补助之外的政府补助（补助受益期较短）

- **会计处理**
  - **概述**
    - 会计处理方法
      - 总额法 —— 确认为收益
      - 净额法 —— 冲减相关成本费用或资产账面价值
    - 日常活动与非日常活动
      - 日常活动 —— 计入其他收益或冲减相关成本费用
      - 非日常活动 —— 计入营业外收支
  - **与资产相关的政府补助**
    - ①先收到政府补助资金，再按要求将其用于购建长期资产：
      - 总额法：对资产计提折旧（摊销）时，将递延收益分期计入当期损益
      - 净额法：资产达到预定可使用状态或预定用途时，将递延收益冲减资产账面价值
    - ②长期资产投入使用后，企业再取得与资产相关的政府补助：
      - 总额法：资产剩余使用寿命内将递延收益分期计入当期损益
      - 净额法：取得补助时冲减资产账面价值，以冲减后账面价值在资产剩余使用寿命内计提折旧（摊销）
    - ③直接收到非货币性资产：按照公允价值或名义金额（1元）计量
  - **与收益相关的政府补助**
    - 用于补偿企业**以后期间**的相关成本费用或损失
      - ①收到时，确认为递延收益
      - ②在确认相关费用或损失的期间，计入当期损益或冲减相关成本
    - 用于补偿企业**已发生**的相关成本费用或损失 · 直接计入当期损益或冲减相关成本
  - **综合性项目政府补助**
    - 能够区分——分解为与收益相关的部分和与资产相关的部分
    - 不能区分——全部归类于与收益相关的政府补助
  - **政府补助退回**
    - ①初始确认时冲减相关资产账面价值：调整资产账面价值
    - ②存在尚未摊销的递延收益：冲减相关递延收益账面余额，超出部分计入当期损益
    - ③其他情况：直接计入当期损益

高频考点 1 政府补助的概述

主要形式	包括	政府对企业的无偿拨款、税收返还（如**先征后返的增值税**）、财政贴息，以及无偿给予非货币性资产等
	不包括	直接减征、免征、增加计税抵扣额、抵免部分税额、**增值税出口退税**（注意与先征后返的增值税区分）、政府作为投资者向企业投入资本、政府购买企业商品、政府与企业间的债务豁免等
特征		①政府补助是来源于政府的经济资源； ②无偿性（基本特征）：与政府作为所有者投入资本、政府购买服务等区别开来
分类	与资产相关的政府补助	指企业取得的、用于购建或以其他方式形成长期资产的政府补助
	与收益相关的政府补助	指除与资产相关的政府补助之外的政府补助
	【提个醒】企业因综合性项目取得的政府补助需要将其分解为与资产相关的部分和与收益相关的部分，分别进行会计处理；难以区分的，作为与收益相关的政府补助。	
处理方法	总额法	将政府补助确认为递延收益，随着资产的使用逐步转入损益
	净额法	将政府补助确认为对相关资产的账面价值或所补偿费用的扣减

‖敲黑板‖ 无偿性与来源的特殊情形

（1）无偿性：政府补助通常附有一定的条件，但这并不表明该项补助有偿，而是企业经法定程序申请取得政府补助后，应按政府规定的用途使用该项补助。这与政府补助的无偿性并无矛盾。

（2）来源：

①来源于其他方但实际拨付者是政府，其他方只是起到代收代付作用的补助仍属于政府补助。（实质重于形式）

②企业从政府取得的经济资源若与企业销售商品或提供劳务等日常经营活动密切相关，且来源于政府的经济资源是企业商品或服务的对价或是对价的组成部分，应当按照《企业会计准则第14号——收入》的规定进行会计处理，不适用政府补助准则。

【真题实战·单选题】 下列各项中，企业应当作为政府补助进行会计处理的是（ ）。（2020年）

A. 政府以出资者身份向企业投入资本

B. 对企业直接减征企业所得税

C. 企业收到增值税出口退税

D. 企业收到即征即退的增值税

【解析】 政府补助，是指企业从政府无偿取得货币性资产或非货币性资产，其主要形式包括政府对企业的无偿拨款、税收返还（选项D）、财政贴息，以及无偿给予非货币性资产等。政府补助具有以下特征：①政府补助是来源于政府的经济资源。②政府补助是无偿的。选项A不符合题意，政府以投资者身份向企业投入资本，享有相应的所有权权益，属于互惠性交易，不符合无偿性的特征，不属于政府补助；选项B不符合题意，直接减征的企业所得税不涉及资产直接转移，不属于政府补助；选项C不符合题意，增值税出口退税实际上是政府退回企业事先垫付的进项税额，不属于政府补助。综上，本题应选D。

【答案】D

【真题实战·单选题】2019年12月，甲公司取得政府无偿拨付的技术改造资金100万元、增值税出口退税30万元、财政贴息50万元。不考虑其他因素，甲公司2019年12月获得的政府补助金额为（　　）万元。（2020年）

A.180　　　　　　　　B.150

C.100　　　　　　　　D.130

【解析】政府补助是指企业从政府无偿取得货币性资产或非货币性资产。政府补助主要形式包括政府对企业的无偿拨款（政府无偿拨付的技术改造资金100万元）、税收返还、财政贴息（财政贴息50万元）。增值税出口退税30万元实际上是政府退回企业事先垫付的进项税额，不属于政府补助。因此，甲公司2019年12月获得的政府补助金额＝100＋50＝150（万元）。综上，本题应选B。

【答案】B

【真题实战·单选题】甲企业2019年收到政府给予的无偿拨款50 000元，税收返还20 000元，资本性投入10 000元，产品价格补贴30 000元。不考虑其他因素，甲公司2019年取得的政府补助金额是（　　）元。（2019年）

A.100 000　　　　　　B.110 000

C.70 000　　　　　　D.80 000

【解析】政府补助的主要形式包括政府对企业的无偿拨款、税收返还、财政贴息，以及无偿给予非货币性资产等。政府以所有者身份向企业投入资本，享有相应的所有者权益（资本性投入），属于互惠交易，不适用政府补助准则；企业从政府取得的经济资源若与企业销售商品或提供劳务等日常经营活动密切相关，且来源于政府的经济资源是企业商品或服务的对价或者是对价的组成部分（产品价格补贴），不适用政府补助准则。因此，甲公司2019年取得的政府补助金额＝50 000（无偿拨款）＋20 000（税收返还）＝70 000（元）。综上，本题应选C。

【答案】C

【真题实战·单选题】甲公交公司为履行政府的市民绿色出行政策，在乘客乘坐公交车时给予乘客0.5元/乘次的票价优惠，公交公司因此少收的票款由政府予以补贴。2018年12月，甲公交公司实际收到乘客票款800万元，同时收到政府按乘次给予的当月车票补贴款200万元。不考虑其他因素，甲公交公司2018年12月应确认的营业收入为（　　）万元。（2019年）

A.200　　　　　　　　B.600

C.1 000　　　　　　　D.800

【解析】政府按乘次给予的当月车票补贴款不属于政府补助，是甲公司提供服务对价的组成部分，应当按照《企业会计准则第14号——收入》的规定进行会计处理，将其确认为主营业务收入，则甲公交公司2018年12月应确认的营业收入＝200＋800＝1 000（万元）。综上，本题应选C。

【答案】C

【真题实战·判断题】企业从政府取得的经济资源，如果与自身销售商品密切相关，且是商

品对价的组成部分,不应作为政府补助。(　)（2018年）

【解析】企业从政府取得的经济资源,如果与企业销售商品或提供劳务等活动密切相关,且是企业商品或服务的对价或者是对价的组成部分,应当适用《企业会计准则第14号——收入》的规定进行处理。因此,本题表述正确。

【答案】√

【真题实战·单选题】下列各项中,不属于企业获得的政府补助的是(　)。（2017年）

A.政府部门对企业银行贷款利息给予的补贴

B.政府部门无偿拨付给企业进行技术改造的专项资金

C.政府部门作为企业所有者投入的资本

D.政府部门先征后返的增值税

【解析】选项A属于,企业无偿取得来源于政府部门的银行贷款利息补贴,属于政府补助中的财政贴息;选项B属于,企业从政府部门无偿取得用于进行技术改造的资金,属于政府补助中的财政拨款;选项C不属于,企业取得政府的资本投入,属于政府与企业之间的互惠交易,不满足政府补助的无偿性的特征;选项D属于,企业无偿从政府部门取得的先征后返的增值税,属于政府补助中的税收返还。综上,本题应选C。

【答案】C

【沙场练兵·单选题】下列各项中,应作为政府补助核算的是(　)。

A.增值税直接减免

B.增值税即征即退

C.增值税出口退税

D.所得税加计抵扣

【思路导航】税收返还（先征后返、即征即退）

属于政府补助,直接免征、增加计税抵扣额、抵免部分税额、增值税出口退税不属于政府补助。

【解析】选项A、D不作为,直接免征、增加计税抵扣额、抵免部分税额等不涉及资产直接转移的经济资源,不适用政府补助准则;选项B作为,政府以先征后返（退）、即征即退等方式向企业返还的税款,属于政府补助中的税收返还;选项C不作为,对出口货物取得的收入免征增值税的同时,退还出口货物前道环节发生的进项税额,实际上是政府退回企业事先垫付的进项税额,不属于政府补助。综上,本题应选B。

【答案】B

【沙场练兵·判断题】企业因综合性项目取得的政府补助需要将其分解为与资产相关的部分和与收益相关的部分,分别进行会计处理;难以区分的,作为与资产相关的政府补助进行处理。(　)

【解析】企业因综合性项目取得的政府补助需要将其分解为与资产相关的部分和与收益相关的部分,分别进行会计处理;难以区分的,作为与收益（而非资产）相关的政府补助进行处理。因此,本题表述错误。

【答案】×

【沙场练兵·判断题】政府鼓励企业安置职工就业而给予的奖励款项不属于政府补助。(　)

【解析】政府鼓励企业安置职工就业而给予的奖励款项满足政府补助的特征,属于政府补助中的财政拨款。因此,本题表述错误。

【答案】×

【真题实战·综合题】（2020年节选）

材料：2019年12月15日，甲公司作为政府推广使用的B产品的中标企业，以市场价格300万元减去财政补贴资金30万元后的价格，将其生产的成本为260万元的B产品出售给丙公司，该产品的控制权已转移，甲公司确认了销售收入270万元并结转了销售成本260万元。2019年12月20日，甲公司收到销售B产品的财政补贴资金30万元并存入银行，甲公司将其确认为其他收益。

要求：不考虑相关税费及其他因素，判断甲公司2019年12月20日收到销售B产品的财政补贴资金时的会计处理是否正确。如果不正确，请编制正确的相关会计分录。（答案中的金额单位用万元表示）

【解析】企业从政府取得的财政补贴，如果与企业销售商品或提供服务等活动密切相关，且是企业商品或服务的对价或者是对价的组成部分，应当将其作为销售商品或提供服务的对价确认收入。

【答案】甲公司收到财政补贴的会计处理不正确。

正确会计分录为：

借：应收账款   300

    贷：主营业务收入   300

借：主营业务成本   260

    贷：库存商品   260

借：银行存款   30

    贷：应收账款   30

高频考点 2　与资产相关的政府补助

与资产相关的政府补助在会计处理上有两种方法可供选择：

1. 总额法

总额法下，企业应将与资产有关的政府补助确认为**递延收益**，随着资产的使用而逐步结转至损益。

情形		账务处理	
取得政府补助	收到补助资金	收到时	购置资产时
		借：银行存款等 　　贷：递延收益	借：固定资产等 　　贷：银行存款等
	收到长期资产	借：固定资产等 　　贷：递延收益	【公允价值】

（续表）

情形		账务处理
期末	计提折旧（摊销）	借：管理费用 / 销售费用等 　　贷：累计折旧（摊销）
	分摊递延收益	借：递延收益 　　贷：其他收益　　　　　　　　　　　　　　【日常活动】 　　　　营业外收入　　　　　　　　　　　　【非日常活动】
资产使用寿命结束或结束前被处置 （出售、报废等）		①按照正常的会计处理终止确认资产； ②尚未分摊的递延收益一次性转入资产处置当期的损益，不再予以递延： a. 固定资产 借：递延收益 　　贷：固定资产清理 借：固定资产清理 　　贷：营业外支出　　　　　　　　　　　　【报废、毁损】 　　　　资产处置损益　　　　　　　　　　　　　　【出售】 b. 无形资产 借：递延收益 　　贷：营业外支出　　　　　　　　　　　　　　　【报废】 　　　　资产处置损益　　　　　　　　　　　　　　【出售】

2. 净额法

净额法下，企业取得政府补助时，直接**冲减资产的账面价值**，以反映长期资产的实际取得成本。

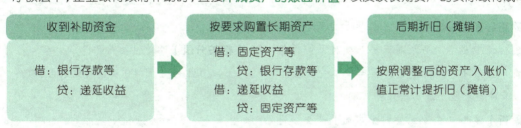

收到补助资金	按要求购置长期资产	后期折旧（摊销）
借：银行存款等 　　贷：递延收益	借：固定资产等 　　贷：银行存款等 借：递延收益 　　贷：固定资产等	按照调整后的资产入账价值正常计提折旧（摊销）

▎敲黑板▏

（1）总额法下，分摊递延收益的两种情形：

①先收到补助后购建长期资产→在开始对相关资产计提折旧或摊销时开始将递延收益分期计入损益

②先购建长期资产后取得补助→在相关资产的剩余使用寿命内按照合理、系统的方法将递延收益计入损益

（2）政府无偿给予企业的长期非货币性资产应当按照公允价值计量，公允价值无法可靠取得的，按照名义金额（1元）计量，相关政府补助取得时直接计入当期损益，无需确认递延收益。

【真题实战·判断题】企业采用净额法核算与固定资产相关的政府补助时，应当按照扣除政府补助前的资产价值对固定资产计提折旧。（　　）（2021年）

【解析】在净额法下，企业应将政府补助冲减相关资产的账面价值，按照扣减了政府补助后的资产价值对相关资产计提折旧或进行摊销。因此，本题表述错误。

【答案】×

【真题实战·判断题】企业取得的与资产相关的政府补助，在总额法下应当在购进资产时冲减相关资产账面价值。（　　）（2020年）

【解析】企业取得的与资产相关的政府补助，在净额法（非题目中的总额法）下应当冲减相关资产账面价值。因此，本题表述错误。

【答案】×

【真题实战·判断题】与资产相关的政府补助的公允价值不能合理确定的，企业应以名义金额对其进行计量，并计入当期损益。（　　）（2017年）

【思路导航】名义金额是经济学上的概念，运用到会计中是为了防止漏记资产项目，使得相关资产虽然不能可靠计量，但至少能在账面上得以反映，不至于成为账外资产。

【解析】政府向企业无偿划拨非货币性长期资产时，企业应当在实际取得资产并办妥相关受让手续时按照其公允价值确认和计量，公允价值不能可靠取得时，按名义金额（1元）进行计量。按名义金额计量时，取得资产时直接按名义金额计入当期损益，不确认递延收益。因此，本题表述正确。

【答案】√

【沙场练兵·单选题】2021年1月10日，甲公司收到专项财政拨款60万元，用以购买研发部门使用的某特种仪器。2021年6月20日，甲公司购入该仪器后立即投入使用。该仪器预计使用年限为10年，预计净残值为零，采用年限平均法计提折旧。假定甲公司采用总额法对取得的政府补助进行会计处理。不考虑其他因素，2021年度甲公司应确认的其他收益为（　　）万元。

A.3　　　　　　　　B.3.5

C.5.5　　　　　　　D.6

【思路导航】对于与资产相关的政府补助，采用总额法核算时，应区分收到政府补助和开始购建长期资产的先后顺序，其顺序不同，递延收益分摊的原则也不同。分摊递延收益时，与日常活动相关的计入"其他收益"，与日常活动无关的计入"营业外收入"。

【解析】本题的政府补助是与资产相关的政府补助，应在收到时先确认为递延收益。甲公司先收到政府补助后购置长期资产，则应在开始对相关资产计提折旧时开始将递延收益分期计入损益。则2021年度甲公司应确认的其他收益 = 60÷10×6/12 = 3（万元）。综上，本题应选A。

【相关分录】（单位：万元）

（1）2021年1月10日，收到政府补助：

借：银行存款　　　　　　60

　　贷：递延收益　　　　　　60

（2）分摊递延收益：

借：递延收益　　　　　　3

　　贷：其他收益　　　　　　3

【答案】A

【沙场练兵·多选题】企业先收到来源于政府的货币性资产，然后将其用于购建固定资产和无形资产等长期资产，下列会计处理方法中表述正确的有（　　）。

A.无论采用总额法还是净额法，企业收到补助资金时，均应当先确认为递延收益

B. 企业对某项政府补助业务，选择总额法或净额法后，可以根据自身情况随意变更

C. 采用净额法时，应将补助资金冲减资产账面价值

D. 采用总额法时，应将补助资金在相关资产使用寿命内按合理、系统的方法分期计入损益

【解析】选项 A 表述正确，企业收到与资产相关的政府补助，应先确认为递延收益；选项 B 表述错误，通常情况下，对于同类或类似政府补助业务只能选用一种方法，同时，企业对该业务应当一贯地运用该方法，不得随意变更；选项 C 表述正确，采用净额法的，应按照补助资金的金额冲减相关资产的账面价值；选项 D 表述正确，企业选择总额法的，应将补助资金在相关资产使用寿命内按合理、系统的方法分期计入损益。综上，本题应选 ACD。

【答案】ACD

【真题实战·计算分析题】（2021 年）

2021 年 6 月，甲公司发生的与政府补贴相关的交易或事项如下：

资料一：2021 年 6 月 10 日，甲公司收到即征即退的增值税税款 20 万元，已收存银行。

资料二：2021 年 6 月 15 日，甲公司与某市科技局签订科技研发项目合同书，该科技研发项目总预算为 800 万元，其中甲公司自筹 500 万元，市科技局资助 300 万元。市科技局资助的 300 万元用于补贴研发设备的购买，研发成果归甲公司所有。2021 年 6 月 20 日，甲公司收到市科技局拨付的 300 万元补贴资金，款项已收存银行。2021 年 6 月 25 日，甲公司以银行存款 400 万元购入研发设备，并立即投入使用。

资料三：2021 年 6 月 30 日，甲公司作为政府推广使用的 A 产品的中标企业，以 90 万元的中标价格将一批生产成本为 95 万元的 A 产品出售给消费者，该批 A 产品的市场价格为 100 万元。当日，A 产品的控制权已转移，满足收入确认条件。2021 年 6 月 30 日，甲公司收到销售该批 A 产品的财政补贴资金 10 万元并存入银行。

甲公司对政府补助采用总额法进行会计处理。本题不考虑增值税、企业所得税及其他因素。

要求：

（1）判断甲公司 2021 年 6 月 10 日收到即征即退的增值税税款是否属于政府补助，并编制收到该款项的会计分录。

（2）判断甲公司 2021 年 6 月 20 日收到市科技局拨付的补贴资金是否属于政府补助，并编制收到该款项的会计分录。

（3）编制甲公司 2021 年 6 月 25 日购入研发设备的会计分录。

（4）判断甲公司 2021 年 6 月 30 日收到销售 A 产品的财政补贴资金是否属于政府补助，并编制收到该款项的会计分录。

（1）

【解析】先征后返、即征即退等税收优惠形式属于政府补助，因为政府按照先征后返、即征即

退等办法向企业返还了税款，即企业从政府无偿取得了资产。政府补助，是指企业从政府无偿取得货币性资产或非货币性资产（但不包括政府作为企业所有者投入的资本），如果与企业日常经营活动有关，则应计入其他收益。

【答案】属于政府补助。

借：银行存款　　　　　　　　　　　20

　　贷：其他收益　　　　　　　　　　　　　20

（2）

【解析】属于与资产相关的政府补助。先收到政府补助再购建长期资产（简称"先补后买"），采用总额法核算时，将收到的政府补助计入递延收益。

【答案】属于政府补助。

借：银行存款　　　　　　　　　　　300

　　贷：递延收益　　　　　　　　　　　　　300

（3）

【解析】研发设备属于固定资产，购入时，固定资产增加，银行存款减少。

【答案】

借：固定资产　　　　　　　　　　　400

　　贷：银行存款　　　　　　　　　　　　　400

（4）

【解析】甲公司收到销售该批A产品的财政补贴资金构成产品对价的一部分，不属于从政府无偿取得货币性资产或非货币性资产，因此该项财政补贴资金不属于政府补助。

【答案】不属于政府补助。

借：银行存款　　　　　　　　　　　10

　　贷：主营业务收入　　　　　　　　　　　10

【真题实战·计算分析题】（2018年）

甲公司对政府补助采用总额法进行相关处理，与政府补助相关的资料如下：

资料一：2017年4月1日，根据国家相关政策，甲公司向政府有关部门提交了购置A环保设备的补贴申请。2017年5月20日，甲公司收到了政府补助12万元并存入银行。

资料二：2017年6月20日，甲公司以银行存款60万元购入A环保设备并立即投入使用，预计使用年限为5年，预计净残值为0，采用年限平均法计提折旧。假定环保设备的折旧计入制造费用。

资料三：2018年6月30日，因自然灾害导致甲公司的A设备报废且无残值。相关政府补助无须退回。本题不考虑增值税及其他因素。

要求（答案中的金额单位用万元表示）：

（1）编制甲公司 2017 年 5 月 20 日收到政府补贴的会计分录。

（2）编制甲公司 2017 年 6 月 20 日购入 A 环保设备的会计分录。

（3）计算甲公司 2017 年 7 月对 A 环保设备应计提的折旧金额，并编制会计分录。

（4）计算甲公司 2017 年 7 月政府补贴应予摊销计入当期损益的金额，并编制会计分录。

（5）编制甲公司 2018 年 6 月 30 日 A 环保设备报废的相关会计分录。

（1）

【解析】本题属于与资产相关的政府补助采用总额法进行处理的情形，应在收到政府补助时先记入"递延收益"科目，然后在相关资产使用寿命内按合理、系统的方法分期计入损益。

【答案】2017 年 5 月 20 日：

借：银行存款　　　　　　　　　　　　　　　　　　　　　　　12

　　贷：递延收益　　　　　　　　　　　　　　　　　　　　　　　　12

（2）

【解析】本题中，外购固定资产达到预定可使用状态时按照购买价款入账，记入"固定资产"科目。

【答案】2017 年 6 月 20 日：

借：固定资产　　　　　　　　　　　　　　　　　　　　　　　60

　　贷：银行存款　　　　　　　　　　　　　　　　　　　　　　　　60

（3）

【解析】当月增加固定资产，当月不提折旧，下月开始提折旧。

【答案】2017 年 7 月开始每月计提折旧＝60÷5÷12＝1（万元）

借：制造费用　　　　　　　　　　　　　　　　　　　　　　　1

　　贷：累计折旧　　　　　　　　　　　　　　　　　　　　　　　　1

（4）

【解析】企业先收到补助资金，再购建长期资产，则应当在开始对相关资产计提折旧时开始将递延收益分期计入当期损益（与日常活动相关的计入其他收益，与非日常活动相关的计入营业外收入）。本题属于与日常活动相关的，应计入其他收益。

【答案】2017 年 7 月应摊销递延收益＝12÷5÷12＝0.2（万元），2017 年 7 月计入当期损益的金额为 0.2 万元。

借：递延收益　　　　　　　　　　　　　　　　　　　　　　　0.2

　　贷：其他收益　　　　　　　　　　　　　　　　　　　　　　　　0.2

（5）

【解析】因自然灾害等非正常原因导致固定资产报废毁损而终止确认的，通过"固定资产清理"科目归集所发生的损益，其产生的利得或损失计入营业外收支。相关资产在使用寿命结束时或结束前被处置（出售、转让、报废等），尚未分摊的递延收益余额应当一次性转入资产处置当期的损益，不再予以递延。

【答案】2018 年 6 月 30 日

借：固定资产清理　　　　　　　　　　　　　　　　　　　　　48
　　累计折旧　　　　　　　　　　　　　　　　　　　　　　　12
　　　贷：固定资产　　　　　　　　　　　　　　　　　　　　　　60
借：递延收益　　　　　　　　　　　　　　　　9.6【12 － 12×0.2】
　　　贷：固定资产清理　　　　　　　　　　　　　　　　　　　9.6
借：营业外支出　　　　　　　　　　　　　　　38.4【48 － 9.6】
　　　贷：固定资产清理　　　　　　　　　　　　　　　　　　38.4

高频考点 3　与收益相关的政府补助

1. 与收益相关的政府补助，用于补偿企业**以后期间**的相关成本费用或损失的，企业应将收到的政府补助确认为递延收益，并在确认相关费用或损失的期间，计入当期损益或冲减相关成本。

确认时点	总额法	净额法
收到补助资金	借：银行存款等 　贷：递延收益	
使用补助	借：递延收益 　贷：其他收益　　　【日常活动】 　　　营业外收入　【非日常活动】	借：递延收益 　贷：管理费用/生产成本等

2. 与收益相关的政府补助，用于补偿企业**已发生**的相关成本费用或损失的，企业应按实际收到的金额，计入当期损益或冲减相关成本费用。

确认时点	总额法	净额法
收到补助资金	借：银行存款等 　贷：其他收益　　　【日常活动】 　　　营业外收入　【非日常活动】	借：银行存款等 　贷：管理费用/生产成本等

【真题实战 · 单选题】甲公司发生的下列各项交易或事项中，应按与收益相关的政府补助进行会计处理的是（　　）。（2021 年）

A. 收到即征即退的增值税退税额 20 万元

B. 收到政府以股东身份投入的资本 5 000 万元

C. 收到政府购买商品支付的货款 300 万元

D. 获得政府无偿划拨的公允价值为 9 000 万

元的土地使用权

【解析】选项 A 符合题意；选项 B 不符合题意，政府以股东身份投入的资本不符合"无偿性"的特征，不属于政府补助；选项 C 不符合题意，收到政府购买商品支付的货款应按照收入的相关规定进行处理；选项 D 不符合题意，政府无偿划拨的土地使用权属于与资产相关的政府补助。综上，本题应选 A。

【答案】A

【真题实战·多选题】2020 年度，甲公司作为政府推广使用的 W 产品的中标企业，以 8 000 万元的中标价格将一批生产成本为 7 000 万元的 W 产品出售给客户，该批 W 产品的市场价格为 9 500 万元。销售当日，该批 W 产品控制权已转移给客户，满足收入确认条件。当年，甲公司收到销售该批 W 产品的财政补贴 1 500 万元并存入银行。不考虑其他因素，上述经济业务对甲公司 2020 年度利润表项目影响的表述中，正确的有（　　）。（2021 年）

A. 增加营业成本 7 000 万元

B. 增加营业外收入 1 500 万元

C. 增加营业利润 2 500 万元

D. 增加营业收入 8 000 万元

【解析】本题中，来源于政府的财政补贴属于 W 产品对价的组成部分，应当按照收入的规定进行处理。甲公司销售 W 商品应确认收入 9 500 万元，应结转成本 7 000 万元，则营业收入增加 9 500 万元，营业成本增加 7 000 万元，营业利润增加的金额 = 9 500 - 7 000 = 2 500（万元）。综上，本题应选 AC。

【答案】AC

【真题实战·单选题】根据税法规定，甲公司销售其自主开发的动漫软件可享受增值税即征即退政策。2018 年 12 月 10 日，该公司收到即征即退的增值税税额 40 万元。下列各项

中，甲公司对该笔退税款的会计处理正确的是（　　）。（2019 年）

A. 冲减管理费用

B. 确认为递延收益

C. 确认为其他收益

D. 确认为营业外收入

【解析】一般纳税人增值税即征即退属于与收益相关的政府补助，且只能采用总额法进行处理，则甲公司应当将其直接计入当期损益。由于销售自主开发的动漫软件时享受的增值税退税款与公司日常活动相关，应当记入"其他收益"科目。综上，本题应选 C。

【答案】C

【真题实战·多选题】下列关于企业政府补助会计处理的表述，正确的有（　　）。（2018 年）

A. 净额法下，规划区人才引进奖励金应确认为营业外收入

B. 收到的用于未来购买环保设备的补助款应确认为递延收益

C. 收到的即征即退增值税应确认为其他收益

D. 总额法下，收到的自然灾害补助应确认为营业外收入

【思路导航】（1）对于与收益相关的政府补助，企业应当选择采用总额法或净额法进行会计处理。选择总额法的，应计入其他收益或营业外收入；选择净额法的，应当冲减相关成本费用或营业外支出。（2）与企业日常活动相关的政府补助应当按照经济业务实质，计入其他收益或冲减相关成本费用；与企业日常活动无关的政府补助，应当计入营业外收支。

【解析】选项 A 错误，规划区人才引进奖励金属于与收益相关的政府补助，当选择净额法核算时，应当冲减相关成本费用或营业外支出；选项 B 正确，收到的用于未来购买环保设备的补助款属于与资产相关的政府补助，无论采用

总额法还是净额法，都应先确认为递延收益；选项C正确，收到的即征即退增值税属于与收益相关的政府补助，与企业日常活动有关且只能采用总额法核算，应计入其他收益；选项D正确，收到的自然灾害补助属于与收益相关的政府补助，且与企业日常活动无关，当选择总额法核算时，应计入营业外收入。综上，本题应选BCD。

【答案】BCD

【沙场练兵·单选题】 2021年10月31日，甲公司获得只能用于未来项目研发支出的财政拨款1000万元，该研发项目预计于2022年12月31日完成。2021年10月31日，甲公司应将收到的该笔财政拨款计入（　　）。

A. 研发支出　　　　B. 递延收益

C. 营业外收入　　　D. 其他综合收益

【思路导航】 与收益相关的政府补助：

（1）补偿以后期间→先计入"递延收益"，在确认相关费用或损失的期间计入当期损益或冲减相关成本费用

（2）补偿已发生→直接计入当期损益或冲减相关成本费用

【解析】 用于补偿企业以后期间费用或损失的与收益相关的政府补助，企业应当在取得时先确认为递延收益，然后在确认费用和损失的期间计入当期损益或冲减相关成本费用。综上，本题应选B。

【答案】B

【沙场练兵·单选题】 丙企业于2022年2月收到政府对其遭受重大自然灾害的补贴800万元。已知丙企业选择采用总额法进行会计处理，则下列处理中，正确的是（　　）。

A. 冲减营业外支出800万元

B. 其他收益增加800万元

C. 营业外收入增加800万元

D. 递延收益增加800万元

【解析】 因遭受自然灾害而享受的补贴属于与收益相关的政府补助，用于补偿企业已发生的损失，且该事项与日常活动无关，故丙企业应当在实际收到补助款时，借记"银行存款"科目800万元，贷记"营业外收入"科目800万元。综上，本题应选C。

【答案】C

强化练习

一、单项选择题

1. 下列各项中，不属于政府补助的是（   ）。

    A. 财政拨款　　　　　　　　　　　B. 先征后返的税金

    C. 无偿划拨的土地使用权　　　　　D. 定额减免的企业所得税

2. 甲企业于 2021 年 12 月取得一项与资产相关的政府补助（货币性资产），假定采用总额法核算其政府补助。甲企业取得该政府补助时进行的下列处理，正确的是（   ）。

    A. 确认为其他收益　　　　　　　　B. 冲减资产成本

    C. 确认为递延收益　　　　　　　　D. 确认为其他业务收入

3. 已确认的政府补助需要退回的，下列会计处理中正确的是（   ）。

    A. 不存在相关递延收益的，无须处理

    B. 不存在相关递延收益的，直接冲减期初留存收益

    C. 存在尚未摊销的递延收益的，冲减相关递延收益账面余额，超出部分计入当期损益

    D. 存在尚未摊销的递延收益的，冲减相关递延收益账面余额，超出部分计入其他综合收益

4. 2021 年 1 月，某企业因技术改造获得政府无偿拨付的专项资金 100 万元；5 月因技术创新项目收到政府直接拨付的贴息款项 80 万元；年底由于重组等原因，经政府批准减免所得税 60 万元。则该企业 2021 年度获得的政府补助的金额为（   ）万元。

    A.100　　　　　　　B.180　　　　　　　C.160　　　　　　　D.240

5. 2020 年 12 月 1 日，甲公司为购置环保设备申请政府补助，当月获得财政拨款 500 万元，计入递延收益。交付使用后，2021 年度甲公司对该环保设备计提折旧 80 万元计入管理费用，分摊递延收益 50 万元。假定不考虑其他因素，该事项对 2021 年度利润总额的影响金额为（   ）万元。

    A. 增加 130 万元　　　　　　　　　B. 减少 80 万元

    C. 增加 50 万元　　　　　　　　　D. 减少 30 万元

6. 关于政府补助的确认和计量，下列表述中错误的是（   ）。

    A. 政府补助为货币性资产的，应当按照实收或应收的金额计量

    B. 与资产相关的政府补助，不能冲减资产的账面价值

    C. 政府补助为非货币性资产的，应当按照公允价值计量；公允价值不能可靠取得的，按照名义金额计量

    D. 与收益相关的政府补助，用于补偿企业已发生的相关成本费用或损失的，直接计入当期损益或冲减相关成本费用

7. 2021 年 4 月，甲公司为购置一台管理用的设备申请政府补助 100 万元，2021 年 6 月政府批

准了甲公司的申请并拨付 100 万元。该款项于 2021 年 6 月 10 日到账，2021 年 6 月 20 日，甲公司购入该设备并投入使用，实际支付价款 160 万元（不含增值税）。甲公司采用年限平均法按 10 年计提折旧，预计净残值为零。假定采用净额法进行处理，不考虑其他因素。甲公司因购入和使用该台设备对 2021 年度营业利润的影响金额为（   ）万元。

A. – 3   B. – 6   C. – 16   D.10

8. 下列各项中，不属于企业获得的政府补助的是（   ）。

A. 政府部门对企业银行贷款利息给予的补贴

B. 政府部门作为企业投资者投入的资本

C. 企业取得的财政拨款

D. 政府无偿拨付给企业进行技术改造的专项基金

9. 2021 年 6 月 20 日，甲公司收到财政拨款 2 500 万元，用于一项科研项目的前期研究。该科研项目的周期为 5 年，预计将发生研究支出 3 200 万元。项目自 2021 年 7 月 10 日开始启动，至当年年末累计发生研究支出 1 000 万元（假定均为职工薪酬）。假定甲公司对政府补助按总额法处理，且按照时间进度分摊政府补助。则甲公司 2021 年应确认的其他收益为（   ）万元。

A.250   B.500   C.1 000   D.2 500

10. 2021 年 5 月，甲公司拟为处于研究阶段的项目购置一台实验设备，向政府部门申请了 800 万元的政府补助。2021 年 6 月 20 日，甲公司实际收到了该项政府补助。2021 年 6 月 30 日甲公司购入该设备并投入使用，实际支付价款为 1 000 万元，甲公司采用年限平均法按 10 年计提折旧，预计净残值为 0。假定甲公司采用总额法来对政府补助进行会计处理，不考虑其他因素。甲公司因购入和使用该实验设备对 2021 年度损益的影响金额为（   ）万元。

A. – 10   B.40   C. – 50   D.80

二、多项选择题

1. 企业享受的下列税收优惠中，不属于企业会计准则规定的政府补助的有（   ）。

A. 增值税的出口退税   B. 直接减征的增值税

C. 即征即退的增值税   D. 企业所得税的加计扣除

2. 关于政府补助的计量，下列表述正确的有（   ）。

A. 与收益相关的政府补助无须区分总额法和净额法处理

B. 与企业日常活动无关的政府补助，计入营业外收支

C. 对政府无偿给予的非货币性资产，企业应当按照账面价值进行计量

D. 与企业日常活动相关的政府补助，按照经济业务实质，计入其他收益或冲减相关成本费用

3. 下列有关政府补助的内容，表述正确的有（   ）。

A. 财政部门拨付给企业用于购建固定资产或进行技术改造的专项资金，属于财政拨款

B. 财政部门拨付给企业用于鼓励企业安置职工就业而给予的奖励款项，属于财政拨款

C. 政府以投资者身份向企业投入资本，享有企业相应的所有权，不属于政府补助

D. 政府补助是指企业从政府无偿取得货币性资产或非货币性资产

4. 有关与收益相关的政府补助的确认，下列说法中不正确的有（　　）。

A. 用于补偿企业已发生的相关费用或损失的，直接计入其他综合收益

B. 用于补偿企业以后期间的相关费用或损失的，应直接计入当期损益

C. 用于补偿企业已发生的相关费用或损失的，直接计入当期损益或冲减相关成本费用

D. 用于补偿企业以后期间的相关费用或损失的，确认为递延收益，并在确认相关成本费用的期间，计入当期损益或冲减相关成本费用

5. 下列属于与资产相关的政府补助的有（　　）。

A. 政府无偿给予企业的土地使用权

B. 政府拨付给企业用于购置大型设备的资金

C. 企业收到的先征后返的增值税

D. 政府直接免征的增值税

6. 下列有关政府补助确认方法的表述中，正确的有（　　）。

A. 与资产相关的政府补助，相关资产在使用寿命结束前被出售的，尚未分摊的递延收益余额，应当一次性转入资产处置当期的损益，不再予以递延

B. 与资产相关的政府补助，相关资产在使用寿命结束前被出售的，尚未分摊的递延收益余额，照常分期摊销

C. 与收益相关的政府补助，用于补偿已发生的相关成本费用或损失的，直接计入当期损益或冲减相关成本费用

D. 与收益相关的政府补助，用于补偿以后期间的相关成本费用或损失的，应在收到时确认为递延收益，在确认相关成本费用或损失的期间，计入当期损益或冲减相关成本费用

7. 甲公司为购买储备粮于 2021 年 3 月从银行贷款 2 700 万元，贷款年利率为 4%，期限 1 年。自 2021 年 4 月开始，财政部门于每季度初按照甲公司实际贷款额和贷款年利率全额拨付本季度贷款贴息资金。假定甲公司选择总额法进行会计处理，不考虑其他因素，下列表述中正确的有（　　）。

A. 甲公司第二季度初将收到的贴息补助 27 万元计入递延收益

B. 甲公司第二季度初将收到的贴息补助 27 万元计入营业外收入

C. 甲公司 4 月末将贴息补助 9 万元计入其他收益

D. 甲公司 4 月末递延收益余额为 18 万元

8. 甲公司有关政府补助的业务如下：（1）甲公司 2021 年 1 月 1 日收到财政部门拨付用于购建 X 生产线的专项政府补助资金 800 万元并存入银行。（2）2021 年 1 月 1 日，甲公司开始购建 X 生产线。购入一批机器设备，取得的增值税专用发票上注明的设备价款为 600 万元，增值税税额为 78 万元，支付的运费（不含税）为 13 万元，款项已通过银行支付。生产线购建过程中，领用原材料一批，价值 30 万元；支付安装工人的薪酬为 80 万元。（3）2021 年 6 月 25 日，X 生产线达到预定可使用状态，预计使用年限为 10 年，预计净残值为 23 万元，采用年限平均法计提折旧（2021 年 X 生产线尚未投入使用，折旧计入管理费用）。甲公司采用总额法对政府补助进行处理，假定不考虑其他相关税费。则下列各项中，说法正确的有（　　）。

A. 甲公司 2021 年 1 月 1 日收到政府补助资金时应确认为营业外收入 800 万元

B.X 生产线的入账价值为 723 万元

C. 甲公司应自 X 生产线达到预定可使用状态开始，在其预计使用年限内将递延收益分摊转入当期损益

D. 该事项影响甲公司 2021 年利润总额的金额为 5 万元

9. 2021 年 7 月 10 日，甲公司取得政府作为股东投入的一宗土地使用权及地上建筑物。取得时，土地使用权的公允价值为 3 600 万元，地上建筑物的公允价值为 2 400 万元。上述土地使用权及地上建筑物供管理部门办公使用，预计使用年限均为 50 年，固定资产采用年限平均法计提折旧，无形资产采用直线法进行摊销，预计净残值均为 0。甲公司下列会计处理正确的有（　　）。

A. 政府作为股东投入的土地使用权属于政府补助

B. 政府作为股东投入的土地使用权取得时按照公允价值确认为无形资产

C. 政府作为股东投入的地上建筑物 2021 年计提折旧 20 万元

D. 政府作为股东投入的土地使用权 2021 年摊销 36 万元

10. 甲公司 2019 年 12 月申请某国家级研发补贴，有关内容如下：本公司于 2019 年 1 月启动技术开发项目，预计总投资 8 000 万元、为期 3 年，已投入资金 4 400 万元。项目还需新增投资 3 600 万元（其中，购置固定资产 1 800 万元、场地租赁费 300 万元、人员费 1 200 万元、市场营销费 300 万元），计划自筹资金 1 200 万元、申请财政拨款 2 400 万元。2020 年 1 月 1 日，主管部门批准了甲公司的申请，签订的补贴协议规定：批准甲公司补贴申请，共补贴款项 2 400 万元，分两次拨付。2020 年 1 月 1 日拨付 1 400 万元，项目验收时拨付 1 000 万元。该企业 2021 年 12 月 31 日项目完工，通过验收，于当日实际收到剩余拨付款项 1 000 万元。假定该项补贴难以区分与资产有关的部分和与收益有关的部分，并且甲公司对该项政府补助采用总额法核算。下列说法中正确的有（　　）。

A. 甲公司的该项政府补助作为与收益相关的政府补助

B. 甲公司的该项政府补助作为与资产相关的政府补助

C. 甲公司应于 2020 年 1 月 1 日实际收到拨款时确认其他收益 1 400 万元

D.2021 年 12 月 31 日，甲公司应将收到的 1 000 万元拨款确认为其他收益

三、判断题

1. 企业按照名义金额计量的政府补助，应计入当期损益。（　　）

2. 政府给予企业的债务豁免属于政府补助。（　　）

3. 企业收到政府无偿划拨的公允价值不能可靠取得的非货币性长期资产，应当按照名义金额"1 元"计量。（　　）

4. 政府拨付的要求企业用于购买存货的政府补助，属于与资产相关的政府补助。（　　）

5. 由于政府补助具有无偿性，因此政府对企业的经济支持如果附有条件的，则不属于政府补助。（　　）

四、计算分析题

1.甲公司为境内上市公司。2021年甲公司发生的有关交易或事项如下：

（1）甲公司生产并销售环保设备。该设备的生产成本为每台600万元，正常市场销售价格为每台780万元。甲公司按照国家确定的价格以每台500万元对外销售；同时，按照国家有关政策，每销售1台环保设备由政府给予甲公司补助250万元。2021年，甲公司销售环保设备20台，款项已收到；当年收到政府给予的环保设备销售补助款5 000万元。

（2）甲公司为生产发展需要，于3月1日起对某条生产线进行更新改造。该生产线的原价为10 000万元，已计提折旧6 500万元，替换的旧设备的账面价值为300万元（假定无残值），新安装设备的购进成本为8 000万元；另发生其他直接相关费用1 200万元。相关支出均通过银行转账支付。生产线更新改造项目于12月25日达到预定可使用状态。甲公司更新改造该生产线属于国家鼓励并给予补助的项目，经甲公司申请，于12月20日得到相关政府部门批准，可获得政府补助3 000万元。截至12月31日，补助款项尚未收到，但甲公司预计能够取得。

（3）5月16日，甲公司所在地地方政府为了引进人才，与甲公司签订了人才引进合作协议，该协议约定，当地政府将向甲公司提供1 800万元人才专用资金，用于甲公司引进高级管理人员，但甲公司必须承诺在当地注册并至少5年内注册地址不变且不搬离本地区，如5年内甲公司注册地变更或搬离本地区的，政府有权收回该补助资金。该资金分3年使用，每年600万元，用于支付高级管理人员薪酬。每年年初，甲公司需向当地政府报送详细的人才引进及资金使用计划，每年11月末，由当地政府请中介机构评估甲公司人才引进是否符合年初计划并按规定的用途使用资金。甲公司预计八年内不会变更注册地，也不会撤离该地区，且承诺按规定使用资金。7月20日，甲公司收到当地政府提供的1 800万元补助资金。2021年，甲公司按规定使用了600万元补助资金用于支付高级管理人员薪酬。

假定甲公司对于政府补助按净额法进行会计处理。本题不考虑增值税和相关税费以及其他因素。

要求（答案中的金额单位用万元表示）：

（1）根据资料（1），说明甲公司收到政府的补助款的性质及应当如何进行会计处理，并说明理由；编制相关的会计分录。

（2）根据资料（2），说明甲公司获得政府的补助款的分类；编制与生产线更新改造相关的会计分录。

（3）根据资料（3），说明甲公司收到政府的补助款的分类；编制甲公司2021年与政府补助相关的会计分录。

答案与解析

一、单项选择题

1.【解析】政府补助的主要形式有：财政拨款、财政贴息、税收返还、无偿划拨非货币性资产等。

选项 A、B、C，均属于政府补助；选项 D，税收返还以外的税收优惠，如直接减征、免征、增加计税抵扣额、抵免部分税额等形式，由于政府并未直接向企业无偿提供资产，因此，不作为政府补助。综上，本题应选 D。

【答案】 D

2. **【解析】** 企业取得与资产相关的政府补助，采用总额法时，应将收到的政府补助全额确认为递延收益，随着资产的使用而逐步转入损益。综上，本题应选 C。

【答案】 C

3. **【解析】** 已确认政府补助需要退回的，应当在需要退回的当期分情况按照以下规定进行会计处理：初始确认时冲减相关资产账面价值的，调整资产账面价值；存在尚未摊销的递延收益的，冲减相关递延收益账面余额，超出部分计入当期损益；属于其他情况的，直接计入当期损益。综上，本题应选 C。

【答案】 C

4. **【解析】** 政府补助的主要形式包括政府对企业的无偿拨款、税收返还、财政贴息，以及无偿给予非货币性资产等。直接减免的所得税不属于政府补助，则该企业 2021 年度获得的政府补助的金额 = 100 + 80 = 180（万元）。综上，本题应选 B。

【答案】 B

5. **【思路导航】** 营业利润 = 营业收入 – 营业成本 – 税金及附加 – 销售费用 – 管理费用 – 研发费用 – 财务费用 + 其他收益 + 投资收益（– 投资损失）+ 净敞口套期收益（– 净敞口套期损失）+ 公允价值变动收益（– 公允价值变动损失）– 信用减值损失 – 资产减值损失 + 资产处置收益（– 资产处置损失）

利润总额 = 营业利润 + 营业外收入 – 营业外支出

净利润 = 利润总额 – 所得税费用

【解析】 该事项对 2021 年度利润总额的影响金额 = 其他收益（递延收益摊销额）50 – 管理费用（设备折旧额）80 = – 30（万元）。综上，本题应选 D。

【相关分录】（单位：万元）

借：管理费用	80	
贷：累计折旧		80
借：递延收益	50	
贷：其他收益		50

【答案】 D

6. **【解析】** 选项 A、C 表述正确，根据规定，政府补助为货币性资产的，应按照实际收到或应收到的金额确认；政府补助为非货币性资产的，应当按照公允价值计量，公允价值不能可靠取得的，按照名义金额（1 元）计量；选项 B 表述错误，与资产相关的政府补助，若采用净额法核算，则应冲减资产的账面价值；选项 D 表述正确，与收益相关的政府补助，用于补偿已发生的相关成本费用或损失的，直接计入当期损益或冲减相关成本费用；用于补偿以后期间的相关成本费用或损失的，应在收到时确认为递延收益，在确认相关成本费用或损失的期间，计入当期损益或冲减相关成本费用。综上，本题应选 B。

【答案】 B

7.**【解析】** 本题中甲公司收到的政府补助采用净额法进行处理，则收到的政府补助直接冲减购置资产的账面价值，不影响 2021 年营业利润。因此，甲公司因购入和使用该台设备对 2021 年度营业利润的影响金额 = -（160 - 100）÷ 10 ÷ 2 = - 3（万元）。综上，本题应选 A。

【相关分录】（单位：万元）

（1）收到财政拨款时：

借：银行存款	100
贷：递延收益	100

（2）购入设备：

借：固定资产	160
贷：银行存款	160
借：递延收益	100
贷：固定资产	100

（3）计提折旧：

借：管理费用	3
贷：累计折旧	3

【答案】 A

8.**【解析】** 政府补助是企业从政府直接取得的资产，基本特征是无偿性。选项 A、C、D 均满足政府补助的特征，属于政府补助；选项 B 不属于，政府部门作为企业所有者向企业投入资本，政府拥有企业所有权，分享企业利润，属于互惠交易，不属于政府补助。综上，本题应选 B。

【答案】 B

9.**【解析】** 该政府补助用于企业的研究项目，属于与收益相关的政府补助。用于补偿企业以后期间的相关成本费用，应确认为递延收益，在确认相关费用或损失的期间，计入当期损益（总额法）或冲减相关成本费用（净额法）。因此本题中甲公司 2021 年应确认的其他收益 = 2 500 ÷ 5 ÷ 2 = 250（万元）。综上，本题应选 A。

【相关分录】（单位：万元）

借：银行存款	2 500
贷：递延收益	2 500
借：递延收益	250
贷：其他收益	250
借：研发支出——费用化支出	1 000
贷：应付职工薪酬	1 000
借：管理费用	1 000
贷：研发支出——费用化支出	1 000

【答案】A

10.【解析】本题中对损益的影响金额主要来自设备的折旧和政府补助产生递延收益的分摊。相关会计分录为（单位：万元）：

借：银行存款　　　　　　　　　　　　　　800

　　贷：递延收益　　　　　　　　　　　　　　　　800

借：固定资产　　　　　　　　　　　　　1 000

　　贷：银行存款　　　　　　　　　　　　　　　1 000

借：研发支出——费用化支出　　　　　　　50

　　贷：累计折旧　　　　　　　　　　　　　　　50（1 000÷10÷12×6）

借：管理费用　　　　　　　　　　　　　　50

　　贷：研发支出——费用化支出　　　　　　　　50

借：递延收益　　　　　　　　　　　　　　40

　　贷：其他收益　　　　　　　　　　　　　　　40

因此，对 2021 年度损益的影响金额 = 40 − 50 = − 10（万元）。综上，本题应选 A。

【答案】A

二、多项选择题

1.【解析】选项 A 不属于，增值税的出口退税，属于返还企业垫付的资金；选项 B、D 不属于，直接减征、免征、增加计税抵扣额、抵免部分税额等形式，由于政府并没有直接向企业无偿提供资产，不作为政府补助；选项 C 属于，先征后返（退）、即征即退等方式向企业返还的税金，属于政府补助。综上，本题应选 ABD。

【答案】ABD

2.【解析】选项 A 表述错误，政府补助有两种处理方法：总额法和净额法，无论与收益相关的政府补助还是与资产相关的政府补助，均需选择某一种方法核算，并且企业只能选用一种，不得随意变更。选项 B、D 表述正确，与企业日常活动相关的政府补助，应当根据经济业务实质，计入其他收益或冲减相关成本费用；与企业日常活动无关的政府补助，计入营业外收支。选项 C 表述错误，对政府无偿给予的非货币性资产，应当按照公允价值计量，公允价值不能可靠取得的，按照名义金额（1 元）计量。综上，本题应选 BD。

【答案】BD

3.【解析】选项 A、B 表述正确，财政部门拨付给企业用于购建固定资产或进行技术改造的专项资金、鼓励企业安置职工就业而给予的奖励款项均属于政府补助中的财政拨款；选项 C、D 表述正确，政府补助是指企业从政府无偿取得货币性资产或非货币性资产，但不包括政府作为企业所有者投入的资本。综上，本题应选 ABCD。

【答案】ABCD

4.【解析】选项 A、B 表述错误，选项 C、D 表述正确，与收益相关的政府补助，用于补偿已发生的相关成本费用或损失的，直接计入当期损益或冲减相关成本费用；用于补偿以后期间的相关成本费用或损失的，应在收到时确认为递延收益，在确认相关成本费用或损失的期间，计入当期损益或冲减相关成本费用。综上，本题应选 AB。

【答案】AB

5.【解析】与资产相关的政府补助，是指企业取得的、用于购建或以其他方式形成长期资产的政府补助。选项 A、B，属于与资产相关的政府补助；选项 C，属于与收益相关的政府补助；选项 D，政府直接减征、免征增值税，不属于政府补助。综上，本题应选 AB。

【答案】AB

6.【解析】选项 A 表述正确，选项 B 表述错误，与资产相关的政府补助，相关资产在使用寿命结束时或结束前被处置的，尚未分摊的递延收益余额，应当一次性转入资产处置当期的损益，不再予以递延。选项 C、D 表述正确，与收益相关的政府补助，用于补偿已发生的相关成本费用或损失的，直接计入当期损益或冲减相关成本费用；用于补偿以后期间的相关成本费用或损失的，应在收到时确认为递延收益，在确认相关成本费用或损失的期间，计入当期损益或冲减相关成本。综上，本题应选 ACD。

【答案】ACD

7.【解析】本题中甲公司收到的贴息补助属于与收益相关的政府补助，用于补偿以后期间费用或损失的，应在取得补助时先确认为递延收益，采用总额法时应在确认相关费用的期间计入其他收益（与日常活动相关）或营业外收入（与非日常活动相关）。选项 A 表述正确，选项 B 表述错误，第二季度初（4月初）收到贴息补助金额 = 2 700×4% ÷4 = 27（万元），应计入递延收益；选项 C、D 表述正确，本题中的贴息补助是与日常活动相关的，因此 4 月末计入其他收益的金额 = 27÷3 = 9（万元），4 月末递延收益余额 = 27 − 9 = 18（万元）。综上，本题应选 ACD。

【相关分录】（单位：万元）

（1）取得政府补助时：

借：银行存款 27
　　贷：递延收益 27

（2）4 月末摊销：

借：递延收益 9
　　贷：其他收益 9

【答案】ACD

8.【解析】选项 A 说法错误，选项 C 说法正确，为购建长期资产收到的政府补助，应在收到时确认为递延收益，采用总额法的，应在相关资产达到预定可使用状态后，在资产计提折旧时，按照其预计使用年限，将递延收益分摊转入当期损益；选项 B 说法正确，企业外购固定资产的成本，包括购买价款、相关税费、使固定资产达到预定可使用状态前所发生的可归属于该项资产的运输费、装卸费、安装费和专业人员服务费等，则甲公司 X 生产线的入账价值 = 600 +

$13 + 30 + 80 = 723$（万元）；选项 D 说法正确，该事项影响甲公司 2021 年利润总额的金额 = $800 ÷ 10 × 6/12$（递延收益转其他收益）－（$723 - 23$）$÷ 10 × 6/12$（计入管理费用的累计折旧）= 5（万元）。综上，本题应选 BCD。

【答案】 BCD

9.**【解析】** 选项 A 错误，选项 B 正确，甲公司接受政府作为股东的投资，不属于政府补助；政府作为股东投入的土地使用权取得时按照公允价值确认为无形资产，地上建筑物作为固定资产。选项 C 正确，2021 年该地上建筑物计提折旧 = $2\,400 ÷ 50 × 5/12 = 20$（万元）；选项 D 正确，2021 年该土地使用权摊销 = $3\,600 ÷ 50 ÷ 2 = 36$（万元）。综上，本题应选 BCD。

【答案】 BCD

10.**【解析】** 选项 A 说法正确，选项 B 说法错误，本题取得的政府补助属于综合性项目的政府补助，并且与资产相关的政府补助部分和与收益相关的政府补助部分无法区分，应整体划分为与收益相关的政府补助；选项 C 说法错误，2020 年 1 月 1 日收到的政府补助 1 400 万元属于补偿企业以后期间发生的费用，在取得时应确认为递延收益；选项 D 说法正确，2021 年 12 月 31 日收到的政府补助 1 000 万元属于补偿企业已经发生的费用，应当在取得时直接计入当期损益（其他收益）。综上，本题应选 AD。

【答案】 AD

三、判断题

1.**【解析】** 企业取得的政府补助为非货币性资产的，应当按照公允价值计量，公允价值不能可靠取得的，按照名义金额（1 元）计量。并且对以名义金额计量的政府补助，在取得时计入当期损益。因此，本题表述正确。

【答案】 √

2.**【解析】** 政府补助是企业从政府无偿取得货币性资产或非货币性资产，政府给予企业的债务豁免不涉及资产直接转移，不属于政府补助。因此，本题表述错误。

【答案】 ×

3.**【解析】** 企业取得的政府补助为非货币性资产的，应当按照公允价值计量，公允价值不能可靠取得的，按照名义金额（1 元）计量。因此，本题表述正确。

【答案】 √

4.**【解析】** 与资产相关的政府补助是指企业取得的、用于购建或以其他方式形成长期资产的政府补助，而存货不属于长期资产，则该项政府补助不是与资产相关的政府补助。因此，本题表述错误。

【答案】 ×

5.**【解析】** 政府补助通常附有一定条件，但这仅是政府为了推行其宏观经济政策，对企业使用政府补助的时间、范围和方向进行限制，与政府补助的无偿性并无矛盾。因此，本题表述错误。

【答案】 ×

四、计算分析题

1.【答案】

（1）甲公司发生的销售商品交易与日常活动相关，且来源于政府的补助款属于商品对价的组成部分，应当按照《企业会计准则第14号——收入》的规定进行会计处理。

会计分录为：

借：银行存款	15 000【（500 + 250）× 20】
贷：主营业务收入	15 000
借：主营业务成本	12 000【600 × 20】
贷：库存商品	12 000

（2）甲公司获得政府的补助款用于补偿生产线更新改造发生的支出，属于与资产相关的政府补助。会计分录为：

①生产线进行更新改造：

借：在建工程	3 500
累计折旧	6 500
贷：固定资产	10 000
借：营业外支出	300
贷：在建工程	300
借：在建工程	9 200【8 000 + 1 200】
贷：银行存款	9 200
借：固定资产	12 400
贷：在建工程	12 400【3 500 − 300 + 9 200】

②因政府已经批准给予补助，虽款项尚未收到，但甲公司预计能够收到，先记入"其他应收款"科目。因此：

借：其他应收款	3 000
贷：递延收益	3 000
借：递延收益	3 000
贷：固定资产	3 000

（3）甲公司获得政府的补助款是用于补偿甲公司引进高级管理人员的支出，属于与收益相关的政府补助，且属于对以后期间发生支出的补偿。

会计分录为：

①取得政府补助时：

借：银行存款	1 800
贷：递延收益	1 800

②年末：

借：递延收益	600
贷：管理费用	600

第十二章　非货币性资产交换

应试指导

本章内容根据最新的非货币性资产交换准则改编，主要讲述非货币性资产交换的确认和计量，整体知识内容难度较低。基于逢新必考的原则，预计客观题和主观题都有可能出题。建议考生重点掌握本章的基础内容，尤其是熟练掌握非货币性资产交换的账务处理。

历年考情

本章综合性较强，通常会结合存货、固定资产、投资性房地产、无形资产、金融资产等进行考查，但内容相对简单。预计分值在 5 分左右。

题型	2021年(一)		2021年(二)		2020年(一)		2020年(二)		2019年(一)		2019年(二)	
	题量	分值	题量	分值	题量	分值	题量	分值	题量	分值	题量	分值
单项选择题	—	—	—	—	—	—	—	—	—	—	—	—
多项选择题	—	—	—	—	—	—	—	—	—	—	—	—
判断题	—	—	—	—	—	—	—	—	1	1分	1	1分
计算分析题	—	—	—	—	—	—	—	—	—	—	—	—
综合题	—	—	—	—	—	—	—	—	—	—	—	—

高频考点列表

考点	单项选择题	多项选择题	判断题	计算分析题	综合题
非货币性资产交换的认定和计量原则	—	2017 年	—	2017 年	—
非货币性资产交换的会计处理	2017 年	2017 年、2016 年	2019 年、2018 年	—	—
同时涉及多项非货币性资产交换的会计处理	—	—	—	2018 年	—

章逻辑树

第十二章 非货币性资产交换

认定
- 货币性资产·货币资金、应收账款、应收票据等
  - ↕ 未来带来的经济利益是否固定或可确定
- 非货币性资产·存货、长期股权投资、固定资产、无形资产、预付账款等
- 非货币性资产交换
  - ①交换涉及资产均为非货币性资产
  - ②补价 ÷ 整个资产交换金额 < 25%

确认和计量

- 商业实质的判断的判断
  - ①换入资产的未来现金流量在风险、时间分布和金额方面与换出资产显著不同
  - ②换入资产与换出资产的预计未来现金流量现值不同，且差额与换入资产和换出资产的公允价值相比是重大的

- 公允价值计量
  - 适用于：交换具有商业实质 + 换入资产或换出资产的公允价值能可靠计量
  - 换入资产入账价值
    - 一般以换出资产公允价值为基础确定，除非换入资产公允价值更加可靠
    - 区分是否涉及补价
  - 损益的确认：①换出资产公允价值与账面价值的差额，视同资产出售处理；
    - ②发生影响当期损益的事项，如换出交易性金融资产发生的相关费用，计入投资收益

- 账面价值计量
  - 适用于：交换不具有商业实质或换入、换出资产的公允价值均无法可靠计量
  - 换入资产入账价值
    - 以换出资产账面价值为基础确定
    - 区分是否涉及补价
  - 损益的确认：发生影响当期损益的事项，如换出交易性金融资产发生的相关费用，计入投资收益

- 涉及多项非货币性资产交换
  - ①确定换入资产成本的计量基础和损益确认的原则
  - ②计算换入资产的成本总额
  - ③按换入资产的公允价值比例分摊到各单项资产
  - （涉及金融资产的，优先确认金融资产成本，剩余金额按比例分摊至非金融资产）

Scan
下载这个App
别告诉别人！

配套免费
视频 题库 模考 答疑

高频考点 1 非货币性资产交换的认定和计量原则

1. 非货币性资产交换的认定

非货币性资产交换的交易中一般**不涉及**货币性资产或只涉及**少量**货币性资产（即补价）：

收到补价方	$\dfrac{\text{收到的货币性资产}}{\text{换出资产公允价值}} = \dfrac{\text{收到的货币性资产}}{\text{换入资产公允价值} + \text{收到的货币性资产}} < 25\%$
收到补价方	$\dfrac{\text{支付的货币性资产}}{\text{换入资产公允价值}} = \dfrac{\text{支付的货币性资产}}{\text{换出资产公允价值} + \text{支付的货币性资产}} < 25\%$

┃敲黑板┃ 计算补价占比时，分子、分母均不考虑增值税的影响。

2. 非货币性资产交换的计量原则

条件		计量基础	计量原则
①交换具有商业实质。②换入资产或换出资产的公允价值能够可靠地计量	同时满足	公允价值	①以**换出资产的公允价值**为基础确定换入资产成本，公允价值与账面价值间的差额计入当期损益。（首选）②但有确凿证据表明换入资产的公允价值更加可靠，应选择以换入资产的公允价值为基础确定换入资产成本，换入资产的公允价值与换出资产账面价值间的差额计入当期损益
	不能同时满足	账面价值	以**换出资产的账面价值**为基础确定换入资产成本（换出资产终止确认时不确认损益）

┃敲黑板┃ 满足下列条件之一时，认定某项非货币性资产交换具有商业实质：

（1）换入资产的未来现金流量在风险、时间分布和金额方面与换出资产显著不同；

（2）换入资产与换出资产的预计未来现金流量现值不同，且其差额与换入资产和换出资产的公允价值相比是重大的。

【真题实战·多选题】 不考虑增值税，下列各项中，属于企业非货币性资产交换的有（ ）。（2017年）

A. 甲公司以公允价值为 150 万元的原材料换入乙公司的专有技术

B. 甲公司以公允价值为 300 万元的商标权换入乙公司持有的某上市公司的股票，同时收到补价 60 万元

C. 甲公司以公允价值为 800 万元的机床换入乙公司的专利权

D. 甲公司以公允价值为 105 万元的生产设备换入乙公司的小轿车，同时支付补价 45 万元

【思路导航】 判断是否为非货币性资产交换，通常需要关注两点：一是交易对象为非货币性资产；二是不涉及或只涉及少量货币性资产（＜25%）。

【解析】 选项A、C属于，原材料、机床、专有

技术、专利权均属于非货币性资产且不涉及补价；选项B属于，商标权、持有的第三方股票（长期股权投资等）属于非货币性资产，且补价占整个资产交换金额的比例＝60÷300＝20%＜25%；选项D不属于，生产设备、小轿车属于非货币性资产，但补价占整个资产交换金额的比例＝45÷（45＋105）＝30%＞25%。综上，本题应选ABC。

【答案】ABC

【沙场练兵·多选题】下列各项中，不能够单独据以判断非货币资产交换具有商业实质的有（　　　）。

A.换入资产与换出资产未来现金流量的风险、

金额相同，时间不同

B.换入资产与换出资产未来现金流量的时间、金额相同，风险不同

C.换入资产与换出资产未来现金流量的风险、时间相同，金额不同

D.换入资产与换出资产预计未来现金流量现值不同，且其差额与换入资产和换出资产公允价值相比是重大的

【解析】选项A、B、C，不能单独满足换入资产的未来现金流量在风险、时间分布和金额三方面与换出资产显著不同；选项D可以满足。综上，本题应选ABC。

【答案】ABC

【真题实战·计算分析题】（2017年节选改编）

甲、乙、丙公司均系增值税一般纳税人，相关资料如下：

资料一：2020年8月5日，甲公司以应收乙公司账款438万元和银行存款14万元取得丙公司生产的一台机器人，将其作为生产经营用固定资产核算。该机器人的公允价值和计税价格均为400万元。当日，甲公司收到丙公司开具的增值税专用发票，价款为400万元，增值税税额为52万元。交易完成后，丙公司将于2021年6月30日向乙公司收取款项438万元，对甲公司无追索权。

要求：判断甲公司和丙公司的交易是否属于非货币性资产交换并说明理由，编制甲公司相关会计分录。

【解析】非货币性资产交换的认定需要满足两个基本条件：交易对象为非货币性资产、不涉及或涉及少量货币性资产（补价小于整个资产交换金额的25%）。判断一项资产是否为非货币性资产时，应当以"能否以固定或可确定的金额收取"为判断标准。本题中，甲公司以应收账款和银行存款换取丙公司的固定资产，应收账款能以固定的金额收取，属于典型的货币性资产，所以甲公司和丙公司的交易不属于非货币性资产交换。

【答案】甲公司和丙公司的交易不属于非货币性资产交换。

理由：甲公司换出的应收账款和银行存款均为货币性资产，因此不属于非货币性资产交换。

【相关分录】（单位：万元）

借：固定资产	400	
应交税费——应交增值税（进项税额）	52	
贷：银行存款		14
应收账款		438

高频考点 2 非货币性资产交换的会计处理（单项资产的交换）

步骤一：判断是否属于非货币性资产交换。

步骤二：确认计量基础。

步骤三：确定换入资产的入账价值。

计量基础	换入资产入账价值	差额的处理
换出资产公允价值	换入资产成本＝换出资产公允价值＋应支付的相关税费＋支付补价的公允价值（或－收到补价的公允价值）	当期损益＝换出资产公允价值－换出资产的账面价值
换入资产公允价值	换入资产成本＝换入资产公允价值＋应支付的相关税费	当期损益＝换入资产公允价值＋收到补价的公允价值（或－支付补价的公允价值）－换出资产账面价值
换出资产账面价值	换入资产成本＝换出资产账面价值＋应支付的相关税费＋支付补价的账面价值（或－收到补价的公允价值）	不确认损益

敲黑板 与换入资产有关的相关税费计入资产成本（与购入资产相同）；与换出资产有关的相关税费计入当期损益（与出售资产相同）。

具体计入的损益科目视换出资产的类别不同而有所区别：

换出资产的类别	换出资产终止确认的会计处理
固定资产、在建工程、生产性生物资产、无形资产	换出资产公允价值和换出资产账面价值的差额，计入资产处置损益
长期股权投资	换出资产公允价值和换出资产账面价值的差额，计入投资收益，同时结转持有期间确认的其他综合收益（可转损益的）、资本公积
投资性房地产	按换出资产公允价值或换入资产公允价值确认其他业务收入，按换出资产账面价值结转其他业务成本，二者之间的差额计入当期损益

步骤四：进行会计处理。（以下列举几项常见的以公允价值为基础计量的非货币性资产）

换出资产的类型	会计处理
存货	借：×× 资产　　　　　　　　　　　　　　　【换入资产的入账价值】 　　应交税费——应交增值税（进项税额） 　　银行存款　　　　　【收到的价款，若支付价款则在贷方确认，下同】 贷：主营业务收入（其他业务收入） 　　应交税费——应交增值税（销项税额） 同时：将存货账面价值结转至主营/其他业务成本，存货计提了减值准备，一并结转

（续表）

换出资产的类型	会计处理
固定资产	借：×× 资产　　　　　　　　　　　【换入资产的入账价值】 　　应交税费——应交增值税（进项税额） 　　银行存款　　　　　【收到的价款，若支付价款则在贷方确认】 　贷：固定资产清理　　　　　　　　　　【固定资产账面价值】 　　应交税费——应交增值税（销项税额） 　　资产处置损益　　　　【固定资产公允价值与账面价值的差额，或借方】 【提个醒】固定资产的账面价值、处置过程中发生的清理费用等通过"固定资产清理"科目核算。
长期股权投资	借：×× 资产　　　　　　　　　　　【换入资产的入账价值】 　　应交税费——应交增值税（进项税额） 　　长期股权投资减值准备 　　银行存款　　　　　【收到的价款，若支付价款则在贷方确认】 　贷：长期股权投资 　　投资收益　　　　【长期股权投资公允价值与账面价值的差额，或借方】 同时：将权益法核算的长期股权投资在持有期间累积确认的"其他综合收益"（可转损益的）、"资本公积——其他资本公积"转入投资收益

【真题实战·判断题】以换出固定资产公允价值为基础计量换入无形资产入账价值的非货币性资产交换，换出固定资产的公允价值与其账面价值之间的差额计入当期损益。（　　）（2019年）

【解析】以换出固定资产公允价值为基础计量换入无形资产入账价值，即以公允价值为基础计量的非货币性资产交换，换出固定资产的公允价值与账面价值之间的差额应计入资产处置损益。因此，本题表述正确。

【答案】√

【真题实战·判断题】不具有商业实质的非货币性资产交换，应以换出资产的公允价值和应支付的相关税费作为换入资产的成本。（　　）（2018年）

【解析】非货币性资产交换不具有商业实质，或者虽然具有商业实质但换入资产和换出资产的公允价值均不能可靠计量的，应以换出资产的账面价值为基础计算换入资产的成本。因此，

本题表述错误。

【答案】×

【真题实战·单选题】下列关于企业不具有商业实质的非货币性资产交换会计处理的表述中，不正确的是（　　）。（2017年改编）

A. 收到补价的，应以换出资产的账面价值减去收到补价的公允价值，加上应支付的相关税费，作为换入资产的成本

B. 支付补价的，应以换出资产的账面价值加上支付补价的账面价值和应支付的相关税费，作为换入资产的成本

C. 涉及补价的，应当确认损益

D. 无论是否涉及补价，均不确认损益

【解析】选项A、B表述正确，非货币性资产交换不具有商业实质，或者虽然具有商业实质但换入资产和换出资产的公允价值均不能可靠计量的，换入资产成本＝换出资产的账面价值＋支付的相关税费＋支付补价的账面价值（或－收到补价的公允价值）；选项C表述错误，选

项 D 表述正确，以账面价值计量的非货币性资产交换，无论是否涉及补价，均不确认损益。综上，本题应选 C。

【答案】C

【真题实战·多选题】下列关于企业以公允价值计量的非货币性资产交换会计处理的表述中，正确的有（   ）。（2017 年改编）

A. 换出资产为长期股权投资的，应将换出资产公允价值与其账面价值的差额计入投资收益

B. 换出资产为无形资产的，应将换出资产公允价值大于其账面价值的差额计入营业外收入

C. 换出资产为存货的，应按换出资产的公允价值确认收入

D. 换出资产为固定资产的，应将换出资产公允价值小于其账面价值的差额计入营业外支出

【解析】换出资产的公允价值与其账面价值之间差额的处理参考出售资产即可。选项 A 表述正确，若换出资产为长期股权投资，其差额应计入投资收益；选项 B、D 表述错误，换出固定资产、无形资产的，应当视同出售固定资产、无形资产处理，换出资产公允价值与换出资产账面价值的差额计入资产处置损益；选项 C 表述正确，若换出资产是存货，应按存货的公允价值确认收入，并按账面价值结转成本。综上，本题应选 AC。

【答案】AC

【真题实战·多选题】2015 年 7 月 10 日，甲公司以其拥有的一辆作为固定资产核算的轿车换入乙公司一项非专利技术，并支付补价 5 万元。当日，甲公司换出轿车的原价为 80 万元，累计折旧为 16 万元，公允价值为 60 万元，乙公司换出非专利技术的公允价值为 65 万元。该项交换具有商业实质，不考虑相关税费及其他因素，甲公司进行的下列会计处理中正确的有（   ）。（2016 年改编）

A. 按 4 万元确定营业外支出

B. 按 65 万元确定换入非专利技术的成本

C. 按 4 万元确定处置非流动资产损失

D. 按 5 万元确定处置非流动资产损失

【解析】本题中，甲公司轿车的公允价值可以确定，并且已知该交换具有商业实质，所以在进行会计处理时应以公允价值为基础。选项 A、D 错误，选项 C 正确，甲公司换出轿车的处置损失＝换出资产的账面价值－换出资产的公允价值＝ 80 － 16 － 60 ＝ 4（万元），计入资产处置损益。选项 B 正确，甲公司换入非专利技术的成本，在不考虑相关税费和其他因素的情况下，应该等于换出资产的公允价值加上支付的补价，即换入非专利技术的成本＝ 60 ＋ 5 ＝ 65（万元）。综上，本题应选 BC。

【答案】BC

【沙场练兵·判断题】具有商业实质的非货币性资产交换以公允价值为基础计量的（换出资产的公允价值能够可靠计量），假定不考虑补价和相关税费等因素，应当将换入资产的公允价值和换出资产的账面价值之间的差额计入当期损益。（   ）

【解析】具有商业实质的非货币性资产交换以公允价值为基础计量，且换出资产的公允价值能够可靠计量的，假定不考虑补价和相关税费等因素，应当将换出资产（而非换入资产）的公允价值和其账面价值之间的差额计入当期损益。因此，本题表述错误。

【答案】×

【沙场练兵·单选题】甲公司为增值税一般纳税人，于 2021 年 12 月 5 日以一批商品换入乙公司持有的一项长期股权投资，该交换具有商业实质。甲公司换出商品的账面价值为 80 万元，不含增值税的公允价值为 100 万元，增值税税额为 13 万元，另收到乙公司银行存

款 10 万元。乙公司持有的长期股权投资的账面价值为 60 万元，公允价值无法可靠计量，处置该项长期股权投资符合税法的相关免税规定。假定不考虑其他因素，甲公司换入该长期股权投资的入账价值为（　　）万元。

A. 50　　　　　　　　B. 70

C. 90　　　　　　　　D. 103

【解析】不含税补价金额＝ 10 －（ 13 － 0 ）＝－ 3（万元），补价占比＝ 3/（ 100 ＋ 3 ）＝ 2.91 ％ ＜ 25 ％，故该项交换属于非货币性资产交换。甲公司换入资产的入账价值＝换出资产公允价值＋应支付的相关税费－收到的补价＝ 100 －（－ 3 ）＝ 103（万元）。综上，本题应选 D。

【相关分录】（单位：万元）

借：长期股权投资　　　　　　　103

　　银行存款　　　　　　　　　　10

　　贷：主营业务收入　　　　　　　100

　　　　应交税费——应交增值税（销项税额）13

借：主营业务成本　　　　　　　　80

　　贷：库存商品　　　　　　　　　80

【答案】D

【沙场练兵·多选题】不具有商业实质、不涉及补价的非货币性资产交换中，影响换入资产入账价值的因素有（　　）。

A. 换出资产的账面余额

B. 换出资产的公允价值

C. 换入资产的公允价值

D. 换出资产已计提的减值准备

【解析】不具有商业实质的非货币性资产交换，换入资产入账价值应以换出资产的账面价值为基础确定。不涉及补价的情况下，换入资产成本＝换出资产账面价值＋应支付的相关税费，换出资产的账面价值＝账面余额－累计折旧（摊销）－已计提的减值准备。综上，本题应选 AD。

【答案】AD

高频考点 3　同时涉及多项非货币性资产交换的会计处理

步骤一：判断是否属于非货币性资产交换。

步骤二：确认计量基础。

步骤三：确定换入资产的入账价值。

计量基础	换入资产入账价值	差额的处理
换出资产公允价值	将换出资产公允价值总额（补价调整）按换入资产的公允价值（或账面价值）比例分摊到各项换入资产（不包括金融资产）	当期损益＝各项换出资产公允价值 – 各项换出资产账面价值
换入资产公允价值	各项换入资产公允价值	当期损益＝［将换入资产公允价值总额（补价调整）按换出资产的公允价值（或账面价值）比例分摊到各项换入资产］– 换出资产账面价值（不包括金融资产）
换出资产账面价值	将换出资产账面价值总额（补价调整）按换入资产的公允价值（或账面价值）比例分摊到各项换入资产	不确认损益

步骤四：进行会计处理。

【沙场练兵·单选题】2022年3月2日，甲公司以账面价值为350万元的厂房和账面价值为150万元的专利权，换入乙公司账面价值为300万元的在建房屋和账面价值为100万元的长期股权投资。该项交易不涉及补价。假设该交换具有商业实质，上述资产的公允价值均无法获得。不考虑增值税及其他因素，甲公司换入在建房屋的入账价值为（　　）万元。

A.280　　　　　　B.300

C.350　　　　　　D.375

【解析】因换入资产与换出资产的公允价值均不能够可靠计量，且不涉及补价，所以换入资产成本总额以换出资产账面价值总额确定，甲公司换入资产总成本＝350＋150＝500（万元），甲公司换入在建房屋的入账价值＝500×300÷（100＋300）＝375（万元）。综上，本题应选D。

【相关分录】题目未给出固定资产和无形资产账面价值具体情况，仅根据已知条件编制如下分录（单位：万元）：

借：在建工程　　　　　　　　375
　　长期股权投资　　　　　　125
　　　【500×100÷（100＋300）】
　贷：固定资产清理　　　　　350
　　　无形资产　　　　　　　150

【答案】D

【沙场练兵·多选题】2021年10月1日，甲公司以一间厂房和一项债券投资换入乙公司的一批产品和一项专利权，甲公司将上述债券投资作为以公允价值计量且其变动计入其他综合收益的金融资产核算。甲公司厂房的公允价值为1 100万元，购入时的原价为1 000万元，累计计提折旧100万元，未计提过减值准备；债券投资的公允价值为500万元，账面价值为420万元（其中成本为400万元，公允价

值变动为20万元）。乙公司产品的市场价为800万元，账面余额为600万元，未计提过跌价准备；专利权的公允价值为750万元，原价为800万元，已摊销120万元，已计提减值准备30万元。乙公司另以银行存款向甲公司支付50万元。假设甲、乙公司之间的资产交换具有商业实质，换出的资产均满足终止确认条件。不考虑相关税费及其他因素，下列有关甲公司会计处理的表述中正确的有（　　）。

A. 换入专利权的入账价值为750万元
B. 换入库存商品的入账价值为800万元
C. 换出厂房确认资产处置损益200万元
D. 换出债券投资确认投资收益80万元

【解析】厂房、其他债权投资、库存商品以及专利权均为非货币性资产，补价占比＝50/（1 100＋500）＝3.13％＜25％，故甲、乙公司之间的资产交换属于非货币性资产交换。甲、乙公司之间的资产交换具有商业实质且换入资产和换出资产的公允价值均可以可靠计量，在确定资产价值时以公允价值为基础计量。对甲公司而言，换入资产成本总额＝1 100＋500－50＝1 550（万元），换入乙公司产品的入账价值＝1 550×800/（800＋750）＝800（万元），换入乙公司专利权的入账价值＝1 550×750/（800＋750）＝750（万元）。换出厂房确认资产处置损益＝1 100－（1 000－100）＝200（万元），换出债券投资确认投资收益＝500－420＋20＝100（万元）。综上，本题应选ABC。

【相关分录】（单位：万元）

借：固定资产清理　　　　　　900
　　累计折旧　　　　　　　　100
　贷：固定资产　　　　　　　1 000
借：库存商品　　　　　　　　800
　　无形资产　　　　　　　　750

| 银行存款 | 50 | 投资收益 | 80 |

贷：固定资产清理　　　　　　　900

　　其他债权投资——成本　　　　400

　　　　　　　　——公允价值变动　20

　　资产处置损益　　　　　　　　200

借：其他综合收益　　　　　　　　　　20

　　贷：投资收益　　　　　　　　　　20

【答案】ABC

【沙场练兵·计算分析题】（2018年改编）

材料：甲、乙公司均系增值税一般纳税人，2021年3月31日，甲公司以其生产的产品与乙公司的一项生产用设备和一项商标权进行交换，该资产交换具有商业实质，相关资料如下：

资料一：甲公司换出产品的成本为680万元，公允价值为800万元，开具的增值税专用发票中注明的价款为800万元，增值税税额为104万元。甲公司没有对该产品计提存货跌价准备。

资料二：乙公司换出设备的原价为1 000万元，已计提折旧700万元，未计提减值准备，公允价值为500万元，开具的增值税专用发票中注明的价款500万元，增值税税额为65万元；乙公司换出商标权的原价为280万元，已摊销80万元，公允价值为300万元，开具的增值税专用发票中注明的价款为300万元，增值税税额为18万元。乙公司另以银行存款向甲公司支付21万元。

资料三：甲公司将换入的设备和商标权分别确认为固定资产和无形资产，乙公司将换入的产品确认库存商品。本题不考虑除增值税以外的相关税费及其他因素。

要求：（答案中的金额单位用万元表示）

（1）编制甲公司进行非货币性资产交换的相关会计分录。

（2）编制乙公司进行非货币性资产交换的相关会计分录。

（1）

【解析】本题中，甲公司以其生产的产品与乙公司的一项生产用设备和一项商标权进行交换，该资产交换具有商业实质，不含税补价金额＝21－（104－65－18）＝0（万元），且换入资产和换出资产的公允价值均能可靠地计量，因此该交换属于以公允价值计量的涉及多项资产交换的非货币性资产交换。涉及多项资产交换的非货币性资产交换，换入资产的总成本应当按照换出资产的公允价值总额为基础确定，除非有确凿证据表明换入资产的公允价值总额更加可靠。按照各项换入资产的公允价值占换入资产公允价值总额的比例，对换入资产总成本进行分配，确定各项换入资产的成本。本题中，甲公司收到补价21万元，甲公司换入资产总成本＝换出资产公允价值＋应支付的相关税费－收取补价的公允价值（不含税）＝800－0＝800（万元），甲公司换入设备成本＝800×[500/（300＋500）]＝500（万元），甲公司换入商标权成本＝800×[300/（300＋500）]＝300（万元）。换出资产为存货的，应按视同销售处理，按其公允价值确认销售收入，按账面价值结转销售成本。甲公司以生产的产品作为换出资产，应按照其公允价值 800 万元确认收入，按其成本 680 万元结转成本。

【答案】甲公司的相关会计分录为：

借：固定资产——设备	500	
无形资产——商标权	300	
应交税费——应交增值税（进项税额）	83【65＋18】	
银行存款	21	
贷：主营业务收入	800	
应交税费——应交增值税（销项税额）	104	
借：主营业务成本	680	
贷：库存商品	680	

（2）

【解析】以公允价值计量的非货币性资产交换，应当以换出资产的公允价值和应支付的相关税费作为换入资产的成本，除非有确凿证据表明换入资产的公允价值比换出资产公允价值更加可靠。本题中，乙公司支付不含税补价 0 万元，乙公司换入资产成本总额＝换出资产的公允价值总额＋应支付的相关税费＋支付补价的公允价值（不含税）＝500＋300＋0＝800（万元）。换出资产为固定资产、无形资产的，换出资产的公允价值和换出资产账面价值的差额，计入资产处置损益。乙公司换出设备的公允价值为 500 万元，账面价值为 300 万元（1 000－700），故乙公司换出设备计入资产处置损益的金额为 200 万元；乙公司换出商标权的公允价值为 300 万元，账面价值为 200 万元（280－80），故乙公司换出商标权计入资产处置损益的金额为 100 万元。

【提个醒】固定资产的账面价值、处置过程中发生的清理费用等通过"固定资产清理"科目核算。

【答案】乙公司的相关会计分录为：

借：固定资产清理	300	
累计折旧	700	
贷：固定资产	1 000	
借：库存商品	800	
应交税费——应交增值税（进项税额）	104	
累计摊销	80	
贷：固定资产清理	300	
无形资产	280	
应交税费——应交增值税（销项税额）	83	
资产处置损益	300	
银行存款	21	

强化练习

一、单项选择题

1. 下列各项中，不属于非货币性资产的是（　　）。

    A. 应收账款

    B. 无形资产

    C. 在建工程

    D. 长期股权投资

2. 在不涉及补价的情况下，下列各项交易或事项中，属于非货币性资产交换的是（　　）。

    A. 以摊余成本计量的应收账款换入一批商品

    B. 开出商业承兑汇票购入原材料

    C. 以持有的库存商品换入甲公司的一项非专利技术

    D. 以外埠存款购入乙上市公司发行的股票作为交易性金融资产

3. 假定不考虑增值税，下列甲公司的交易中，属于非货币性资产交换的是（　　）。

    A. 甲公司以公允价值为 10 万元的存货换入乙公司的原材料，同时以银行存款支付给乙公司 3 万元

    B. 甲公司以公允价值为 100 万元的厂房换入乙公司持有的对丙公司的长期股权投资，同时收到补价 40 万元

    C. 甲公司以银行承兑汇票换入乙公司的一台机器设备

    D. 甲公司以公允价值为 500 万元的专利权换入乙公司一项正在建造的办公楼，同时支付补价 200 万元

4. 甲公司为增值税一般纳税人，于 2021 年 5 月 5 日以一批商品换入乙公司的一项非专利技术，该交换具有商业实质。甲公司换出商品的账面价值为 80 万元，不含增值税的公允价值为 100 万元，增值税税额为 13 万元。乙公司非专利技术的账面价值为 70 万元，公允价值无法可靠计量，另以银行存款支付补价 7 万元。假定该项非专利技术的处置免交增值税，甲公司换入该项非专利技术的入账价值为（　　）万元。

    A.100　　　　　　　B.70　　　　　　　C.93　　　　　　　D.106

5. 2021 年 6 月 25 日，甲公司以自产的 Y 存货交换乙公司生产的一台设备，甲公司 Y 存货成本为 90 万元，公允价值为 100 万元。乙公司设备成本为 80 万元，公允价值为 90 万元，乙公司另向甲公司支付补价 10 万元和相关运费 3 万元。该交换具有商业实质，不考虑相关税费等其他因素的影响，甲公司应确认的收益为（　　）万元。

    A.1　　　　　　　B.－1　　　　　　　C.10　　　　　　　D.－10

6. 甲、乙公司均为增值税一般纳税人，适用的增值税税率为 13%。2022 年 4 月 6 日，甲公司以一批库存商品和一台设备与乙公司持有的长期股权投资进行交换，甲公司该批库存商品的账面价值为 80 万元，不含增值税的公允价值为 100 万元；设备原价为 300 万元，已计提折旧 190

万元，未计提减值准备，该台设备的公允价值为 160 万元，交换中发生固定资产清理费用 10 万元。乙公司持有的长期股权投资的账面价值为 250 万元，公允价值为 260 万元，该项长期股权投资的处置符合税法的相关免税规定，乙公司另支付补价 33.8 万元。假设该交换具有商业实质，则甲公司该项交易应计入损益的金额为（　　）万元。

 A.60   B.20   C.40   D.100

7. 不考虑补价等其他因素，下列各项目中，适用非货币性资产交换准则处理的是（　　）。

 A. 企业以自产的一批产品作为福利发放给职工

 B. 企业以一项正在开发建造的厂房换取一项专利技术

 C. 政府无偿提供给企业一台机器设备

 D. 企业合并中涉及到的非货币性资产交换

8. 2021 年 6 月 8 日，甲公司以 M 设备换入乙公司 N 设备，另向乙公司支付补价 10 万元，该项交易具有商业实质。交换日，M 设备账面原价为 70 万元，累计计提折旧 12 万元，已计提减值准备 8 万元，公允价值无法合理确定；N 设备的公允价值为 72 万元。假定不考虑相关税费及其他因素，该项交换对甲公司当期损益的影响金额为（　　）万元。

 A.12   B.2   C. – 12   D.0

9. 对于具有商业实质且换入资产或换出资产的公允价值能够可靠计量的非货币性资产交换，下列会计处理中正确的是（　　）。

 A. 换出资产为其他债权投资的，公允价值与账面余额之间的差额确认为投资收益

 B. 换出资产为存货的，应当按照存货的账面价值确认收入

 C. 换出资产为投资性房地产的，公允价值与账面价值之间的差额应确认为资产处置损益

 D. 换出资产为固定资产的，公允价值与账面价值之间的差额应计入固定资产清理

二、多项选择题

1. 假定不涉及补价，下列不属于非货币性资产交换的有（　　）。

 A. 政府无偿提供非货币性资产给企业

 B. 企业以商业汇票购买固定资产

 C. 企业以非货币性资产作为股利发放给股东

 D. 企业以其他权益工具投资换入另一企业拥有的长期股权投资

2. 甲公司某项非货币性资产交换以公允价值计量，其换出资产的公允价值无法可靠计量，另以银行存款向对方支付补价，则甲公司确定计入当期损益的金额时，应考虑的因素有（　　）。

 A. 支付的补价   B. 换入资产的公允价值

 C. 换出资产的账面价值   D. 换入资产发生的相关税费（不包含增值税）

3. 下列各项中，属于非货币性资产的有（　　）。

 A. 以摊余成本计量的应收账款   B. 预收账款

 C. 正在开发建造的办公楼   D. 长期股权投资

4. 下列关于非货币性资产交换的相关说法中，正确的有（　　）。

　　A. 非货币性资产交换中不会涉及货币性资产

　　B. 换入资产与换出资产的公允价值均能可靠计量的，应当以换出资产的公允价值作为换入资产成本的确定基础

　　C. 以账面价值计量的非货币性资产交换，无论是否支付补价，均不确认损益

　　D. 企业为换入交易性金融资产发生的相关税费，计入换入金融资产的成本

5. 甲公司将其持有的一项投资性房地产与乙公司的一项大型机器设备进行交换。该项交易不涉及补价且具有商业实质。甲公司该项投资性房地产采用成本模式进行后续计量，在交换日，该项投资性房地产的成本为500万元，已计提折旧150万元，未计提减值准备，公允价值为470万元。乙公司该项大型机器设备的成本为700万元，已计提折旧120万元，已计提减值准备50万元，公允价值为590万元。甲公司另支付给乙公司补价120万元。假定不考虑增值税等其他因素的影响，下列说法中正确的有（　　）。

　　A. 甲公司换入该项大型机器设备的入账价值为590万元

　　B. 乙公司换入该项资产的入账价值为470万元

　　C. 甲公司应确认营业外收入470万元

　　D. 乙公司应确认资产处置损益60万元

6. 某项非货币性资产交换涉及多项资产交换，且以公允价值为基础计量，有关该项非货币性资产交换会计处理的说法中，正确的有（　　）。

　　A. 计算换入资产的入账价值时，优先以换出资产公允价值为基础计量

　　B. 以换入资产公允价值为基础计量时，无须计算换入资产成本总额

　　C. 换出资产公允价值与账面价值之间的差额，在各项换出资产终止确认时计入当期损益

　　D. 计算分摊的各单项换入资产成本时，只能以各项换入资产公允价值比例进行分摊

7. 2021年5月10日，甲公司以一项长期股权投资与乙公司的一项无形资产和一间厂房进行交换。交换日，甲公司该项长期股权投资的账面价值为3 000万元。乙公司无形资产的账面余额为2 000万元，累计摊销400万元，未计提减值准备；厂房的原价是1 800万元，已计提折旧400万元，未计提减值准备。甲公司长期股权投资采用权益法核算，用于交换的各项资产的公允价值均无法可靠取得，双方换入资产后均不改变使用用途。不考虑相关税费等其他因素的影响，则甲公司的下列会计处理中正确的有（　　）。

　　A. 甲公司换入无形资产的入账价值为1 600万元

　　B. 甲公司换出长期股权投资应确认投资收益

　　C. 该项非货币性资产交换应当采用账面价值为基础计量

　　D. 甲公司换入厂房的入账价值为1 400万元

8. 不考虑相关税费等其他因素，下列交易中属于非货币性资产交换的有（　　）。

　　A. 以800万元应收债权换取生产用设备

　　B. 以以摊余成本计量的金融资产换取一项长期股权投资

C. 以公允价值为 600 万元的厂房换取投资性房地产，另收取补价 140 万元

D. 以公允价值为 600 万元的专利技术换取其他权益工具投资，另支付补价 150 万元

9. 甲、乙公司均为增值税一般纳税人，2022 年 3 月 10 日，甲公司经与乙公司协商，以一项投资性房地产与乙公司持有的其他债权投资进行交换。在交换日，甲公司投资性房地产账面原价为 1 200 万元，已计提折旧 200 万元，公允价值为 1 400 万元，增值税税额为 126 万元。乙公司持有的金融资产的公允价值为 1 200 万元，账面价值为 1 000 万元（其中成本为 800 万元，公允价值变动为 200 万元），乙公司另以银行存款向甲公司支付 326 万元。甲、乙公司对换入资产均按原计量方式核算，假设不考虑除增值税以外的相关税费，该交换具有商业实质，下列会计处理中正确的有（　　　）。

A. 甲公司换入的其他债权投资的入账价值为 1 200 万元

B. 甲公司换出资产时对利润总额的影响为 400 万元

C. 该项资产交换应以换出资产的公允价值为基础确定换入资产的成本

D. 乙公司换入的投资性房地产的入账价值为 1 400 万元

10. 下列各项有关非货币性资产交换的说法中，正确的有（　　　）。

A. 在同时换入多项资产，具有商业实质且换入资产的公允价值能够可靠计量的情况下，应当按照换入各项资产的公允价值占换入资产账面价值总额的比例，对换入资产的成本总额进行分配，确认各项换入资产的成本

B. 企业持有的应收账款、应收票据以及以摊余成本计量的金融资产，均属于企业的货币性资产

C. 关联方关系的存在一定导致发生的非货币性资产交换不具有商业实质

D. 在不具有商业实质的情况下，交换双方不确认换出资产的当期损益

三、判断题

1. 非货币性资产交换不具有商业实质的，支付补价方应以换出资产的账面价值加上支付的补价和应支付的相关税费作为换入资产的成本，不确认损益。（　　　）

2. 换入资产和换出资产公允价值均能够可靠计量的，在具有商业实质的情况下，必须以换出资产的公允价值作为确定换入资产成本的基础。（　　　）

3. 因应收票据可能发生坏账，未来收取的货币金额是不固定的，因此，应收票据属于非货币性资产。（　　　）

4. 在不具有商业实质的情况下，涉及补价的多项非货币性资产交换与单项资产交换的主要区别在于单项资产交换按照公允价值确定入账价值，多项资产交换按照账面价值确定入账价值。（　　　）

5. 采用公允价值模式计量的非货币性资产交换中，换出资产为无形资产的，换出资产的公允价值与账面价值之间的差额应计入营业外收入。（　　　）

四、计算分析题

1. 甲、乙公司均系增值税一般纳税人，2021 年 6 月 15 日，甲公司以一台生产用机器设备和一项

非专利技术与乙公司持有的对丙公司的长期股权投资（采用权益法核算）进行交换，该资产交换具有商业实质，相关资料如下：

资料一：甲公司机器设备的原价为 405 万元，累计折旧为 135 万元，未计提减值准备，不含税的公允价值为 280 万元。开具的增值税专用发票中注明的价款为 280 万元，增值税税额为 36.4 万元；非专利技术的账面余额为 280 万元，已累计摊销 50 万元，计提减值准备 30 万元，不含税的公允价值为 300 万元。开具的增值税专用发票中注明的价款为 300 万元，增值税税额为 18 万元。

资料二：乙公司持有的对丙公司的长期股权投资账面价值为 450 万元，未计提减值准备，在交换日的公允价值为 600 万元，该项长期股权投资的处置符合税法的相关免税规定，乙公司另以银行存款向甲公司支付 34.4 万元。乙公司换入机器设备和非专利技术后用于生产经营。

资料三：甲公司换入乙公司的长期股权投资后仍然作为长期股权投资，并采用权益法核算。乙公司将换入的机器设备和非专利技术分别确认为固定资产和无形资产。

假设甲、乙双方不存在关联方关系，本题不考虑除增值税以外的相关税费及其他因素，答案中的金额单位以万元表示。

要求：

（1）编制甲公司进行非货币性资产交换的相关会计分录。

（2）编制乙公司进行非货币性资产交换的相关会计分录。

答案与解析

一、单项选择题

1.【解析】非货币性资产在将来为企业带来的经济利益不固定或不可确定。选项 A 不属于，应收账款将来为企业带来的经济利益虽然具有一定的不确定性，但其收回的可能性较高，否则应计提坏账准备，所以将其作为货币性资产处理；选项 B、C、D 属于。综上，本题应选 A。

【答案】A

2.【解析】选项 A，以摊余成本计量的应收账款属于货币性资产，不属于非货币性资产交换；选项 B，商业承兑汇票属于货币性资产，不属于非货币性资产交换；选项 C，库存商品、非专利技术均属于非货币性资产，在不涉及补价的情况下，两者之间的交换属于非货币性资产交换；选项 D，外埠存款属于其他货币资金，属于货币性资产，该交换不属于非货币性资产交换。综上，本题应选 C。

【答案】C

3.【解析】非货币性资产交换的认定需要满足两个基本条件：交易对象为非货币性资产；不涉及或涉及少量货币性资产（补价小于整个资产交换金额的 25%）。选项 A 属于，存货、原材料均属于非货币性资产，且补价占整个资产交换金额的比例 = 3 ÷（10 + 3）= 23.08% < 25%；

第 12 章

选项 B 不属于，虽然厂房与长期股权投资均属于非货币性资产，但补价占整个资产交换金额的比例 = 40÷100 = 40% > 25%；选项 C 不属于，虽然机器设备属于非货币性资产，但是银行承兑汇票属于货币性资产；选项 D 不属于，虽然专利权与办公楼均属于非货币性资产，但补价占整个资产交换金额的比例 = 200÷（500 + 200）= 28.57% > 25%。综上，本题应选 A。

【答案】A

4. 【解析】不含税补价金额 = 7 – 13 = – 6（万元），补价占比 = 6/（100 + 6）= 5.66% < 25%，且商品和非专利技术均属于非货币性资产，该交换属于非货币性资产交换。则甲公司换入资产的入账价值 = 换出资产的公允价值 – 收到补价的公允价值 = 100 – （– 6）= 106（万元）。综上，本题应选 D。

【答案】D

5. 【解析】补价占比 = 10/100 = 10% < 25%，该交换具有商业实质且甲公司换出资产、换入资产的公允价值均能够可靠计量，则甲公司应当按照以公允价值计量的非货币性资产交换进行会计处理。甲公司应确认的收益 = 换出资产公允价值 – 换出资产账面价值 = 100 – 90 = 10（万元）。综上，本题应选 C。

【答案】C

6. 【解析】不含税补价金额 = 33.8 – （100×13% + 160×13%）= 0（万元），该项交换具有商业实质且公允价值能够可靠计量，因此，应当作为非货币性资产交换处理。甲公司该项交易应确认的损益来自于两部分：（1）换出库存商品应计入损益的金额 = 100 – 80 = 20（万元）；（2）换出设备应计入损益的金额 = 160 – [（300 – 190）+ 10] = 40（万元）。因此，甲公司该项交易应计入损益的金额 = 20 + 40 = 60（万元）。相关会计分录如下（单位：万元）：

借：固定资产清理	120	
累计折旧	190	
贷：固定资产		300
银行存款		10
借：长期股权投资	260	
银行存款	33.8	
贷：固定资产清理		120
资产处置损益		40
主营业务收入		100
应交税费——应交增值税（销项税额）		33.8
借：主营业务成本	80	
贷：库存商品		80

综上，本题应选 A。

【答案】A

7. 【解析】选项 A，企业将自产产品作为福利发放给职工，按视同销售处理，适用《企业会计准则第 14 号——收入》；选项 B，正在开发建造的厂房与专利技术均属于非货币性资产，两者的交换属于非货币性资产交换；选项 C，政府无偿提供给企业机器设备，属于政府补助，适用《企业会计准则第 16 号——政府补助》；选项 D，非货币性资产交换中涉及企业合并的，适用《企业会计准则第 20 号——企业合并》《企业会计准则第 2 号——长期股权投资》和《企业会计准则第 33 号——合并财务报表》。综上，本题应选 B。

【答案】B

8.【解析】补价占比 = 10/72 = 13.89% < 25%，两台设备均属于非货币性资产，该交换属于非货币性资产交换。换出资产公允价值不能可靠计量，以换入资产的公允价值为基础计量。甲公司换出资产的公允价值 = 72 − 10 = 62（万元），账面价值 = 70 − 12 − 8 = 50（万元），该项交换对甲公司当期损益的影响金额 = 62 − 50 = 12（万元）。综上，本题应选 A。

【答案】A

9.【解析】选项 A 会计处理正确，换出资产为其他债权投资的，公允价值与账面价值之间的差额确认为投资收益，和正常处置金融资产的处理相同；选项 B 会计处理错误，换出资产为存货的，应当按视同销售处理，按照公允价值确认收入，按照账面价值结转成本；选项 C 会计处理错误，换出资产为投资性房地产的，按公允价值确认收入，按账面价值结转成本；选项 D 会计处理错误，换出资产为固定资产的，公允价值与账面价值之间的差额应计入资产处置损益。综上，本题应选 A。

【答案】A

二、多项选择题

1.【解析】选项 A、C 不属于，非货币性资产交换是互惠转让，政府无偿提供给企业资产、企业发放给股东股利均属于非互惠转让；选项 B 不属于，非货币性资产交换的认定需要满足交易对象为非货币性资产、不涉及或涉及少量货币性资产两个基本条件，商业汇票属于货币性资产，不满足上述基本条件；选项 D 属于，其他权益工具投资、长期股权投资均属于非货币性资产且不涉及补价。综上，本题应选 ABC。

【答案】ABC

2.【解析】换出资产影响损益的金额 = 换出资产的公允价值 − 换出资产的账面价值。换出资产的公允价值无法可靠计量，则换出资产影响损益的金额 = 换入资产的公允价值 − 支付补价的公允价值 − 换出资产的账面价值。综上，本题应选 ABC。

【答案】ABC

3.【解析】选项 A 不属于，以摊余成本计量的应收账款，未来收回的金额固定，属于货币性资产；选项 B 不属于，预收账款属于企业的一项负债，不属于非货币性资产；选项 C、D 属于。综上，本题应选 CD。

【答案】CD

4.【解析】选项 A 说法错误，非货币性资产交换不涉及或只涉及少量的货币性资产（补价 ÷ 整个资产交换金额 < 25%）；选项 B、C 说法正确；选项 D 说法错误，企业为换入交易性金融资

产发生的相关税费，计入投资收益。综上，本题应选BC。

【答案】BC

5.【解析】本题中，投资性房地产与大型机器设备均属于非货币性资产，且补价占整个资产交换金额的比例 = 120 ÷（470 + 120）= 20.34% < 25%，属于以公允价值计量且涉及补价的非货币性资产交换。选项A正确，甲公司换入该项大型机器设备的入账价值 = 470 + 120 = 590（万元）；选项B正确，乙公司换入该项投资性房地产的入账价值 = 590 – 120 = 470（万元）；选项C错误，甲公司换出投资性房地产应按照公允价值确认其他业务收入，不确认营业外收入；选项D正确，乙公司应确认的资产处置损益金额 = 590 –（700 – 120 – 50）= 60（万元）。相关会计分录如下（单位：万元）：

（1）甲公司会计分录：

借：固定资产	590	
贷：其他业务收入		470
银行存款		120
借：其他业务成本	350	
投资性房地产累计折旧	150	
贷：投资性房地产		500

（2）乙公司会计分录：

借：固定资产清理	530	
累计折旧	120	
固定资产减值准备	50	
贷：固定资产		700
借：投资性房地产	470	
银行存款	120	
贷：固定资产清理		530
资产处置损益		60

综上，本题应选ABD。

【答案】ABD

6.【解析】选项A正确，换入资产和换出资产的公允价值均能够可靠计量的，应当以换出资产的公允价值为基础计量，但有确凿证据表明换入资产的公允价值更加可靠的除外；选项B正确，以换入资产公允价值为基础计量时，各单项换入资产成本 = 各项换入资产公允价值 + 应支付的相关税费；选项C正确；选项D错误，计算分摊的各单项换入资产成本时，按各项换入资产公允价值相对比例或原账面价值相对比例或其他合理比例计算。综上，本题应选ABC。

【答案】ABC

7.【解析】非货币性资产交换不具有商业实质，或者虽具有商业实质但换入、换出资产的公允价值均不能可靠计量的，应当按照换出资产的账面价值为基础计量，以换入各项资产的原账面价值占换入资产原账面价值总额的比例，对换入资产的成本总额进行分配，确定各项换入资产的成本。选项 A、D 正确，甲公司换入资产的总成本 = 换出资产账面价值 = 3 000（万元），换入厂房的入账价值 =（1 800 – 400）/[（1 800 – 400）+（2 000 – 400）]×3 000 = 1 400（万元），换入无形资产的入账价值 =（2 000 – 400）/[（1 800 – 400）+（2 000 – 400）]×3 000 = 1 600（万元）；选项 B 错误，选项 C 正确，本题中，用于交换的各项资产的公允价值均无法可靠取得，应当采用账面价值进行计量，不确认换出资产的损益。综上，本题应选 ACD。

【答案】ACD

8.【解析】选项 A、B 不属于，应收债权、以摊余成本计量的金融资产均属于货币性资产；选项 C 属于，厂房、投资性房地产均属于非货币性资产，且补价占整个资产交换金额的比例 = 140÷600×100% = 23.33% < 25%；选项 D 属于，专利技术、其他权益工具投资属于非货币性资产，且补价占整个资产交换金额的比例 = 150÷（150 + 600）×100% = 20% < 25%。综上，本题应选 CD。

【答案】CD

9.【解析】不含税补价金额 = 326 – 126 = 200（万元）。选项 A 正确，甲公司换入其他债权投资的入账价值 = 1 400 – 200 = 1 200（万元）；选项 B 正确，甲公司换出资产时对利润总额的影响金额 = 1 400 –（1 200 – 200）= 400（万元）；选项 C 正确，换入资产和换出资产的公允价值均能够可靠计量的，应当以换出资产的公允价值为基础计量；选项 D 正确，乙公司换入投资性房地产的入账价值 = 1 200 + 200 = 1 400（万元）。相关会计分录如下（单位：万元）：

（1）甲公司：

借：其他债权投资　　　　　　　　　　　　　　　1 200
　　银行存款　　　　　　　　　　　　　　　　　　326
　　贷：其他业务收入　　　　　　　　　　　　　　　1 400
　　　　应交税费——应交增值税（销项税额）　　　　　126
借：其他业务成本　　　　　　　　　　　　　　　1 000
　　投资性房地产累计折旧　　　　　　　　　　　　200
　　贷：投资性房地产　　　　　　　　　　　　　　　1 200

（2）乙公司：

借：投资性房地产——成本　　　　　　　　　　　1 400
　　应交税费——应交增值税（进项税额）　　　　　126
　　贷：其他债权投资——成本　　　　　　　　　　　800
　　　　　　　　　——公允价值变动　　　　　　　　200
　　　　投资收益　　　　　　　　　　　　　　　　200
　　　　银行存款　　　　　　　　　　　　　　　　326

借：其他综合收益   200

  贷：投资收益   200

综上，本题应选 ABCD。

【答案】ABCD

10.【解析】选项 A 表述错误，应当按照换入各项资产的公允价值占换入资产公允价值总额的比例，对换入资产的成本总额进行分配，以确定各项换入资产的成本；选项 B 表述正确，企业持有的现金、银行存款、应收账款和应收票据以及以摊余成本计量的金融资产等，均属于企业的货币性资产；选项 C 表述错误，关联方关系的存在可能导致发生的非货币性资产交换不具有商业实质；选项 D 表述正确，在不具有商业实质的情况下，应当以换出资产的账面价值加上支付的补价和应支付的相关税费作为换入资产的成本，不确认损益。综上，本题应选 BD。

【答案】BD

三、判断题

1.【解析】非货币性资产交换不具有商业实质，或者虽然具有商业实质但换入资产和换出资产的公允价值均不能可靠计量的，应当以换出资产的账面价值加上支付的补价和应支付的相关税费作为换入资产的成本，不确认损益。因此，本题表述正确。

【答案】√

2.【解析】在具有商业实质的情况下，换入资产和换出资产公允价值均能够可靠计量的，应当以换出资产的公允价值作为确定换入资产成本的基础，但有确凿证据表明换入资产的公允价值更加可靠的，应当以换入资产公允价值为基础确定换入资产的成本。因此，本题表述错误。

【答案】×

3.【解析】虽然应收票据可能发生坏账，但企业可以根据以往经验估计坏账比例，确定出可能发生的坏账金额，因此应收票据未来可以为企业带来固定或可确定金额的货币资金，属于货币性资产。因此，本题表述错误。

【答案】×

4.【解析】涉及补价的多项非货币性资产交换与单项资产交换的主要区别在于，需要对换入各项资产的价值进行分配。在不具有商业实质的情况下，按各项换入资产的原账面价值占换入资产原账面价值总额的比例对换入资产的成本总额进行分配，确定各项换入资产的成本。因此，本题表述错误。

【答案】×

5.【解析】采用公允价值模式计量的非货币性资产交换中，换出资产为无形资产的，应当视同无形资产处置处理，换出资产公允价值与换出资产账面价值的差额计入资产处置损益（而非营业外收入）。因此，本题表述错误。

【答案】×

四、计算分析题

1. （1）

【解析】以公允价值为基础计量的非货币性资产交换中，涉及补价的情况下，收取补价方换入资产的成本 = 换出资产的公允价值 – 收取补价的公允价值 + 应支付的相关税费。不含税补价金额 = 34.4 – 36.4 – 18 = – 20（万元）。本题中，甲公司换入长期股权投资的成本 = 280 + 300 – （– 20）= 600（万元）。以公允价值为基础计量的非货币性资产交换中，换出资产为固定资产、无形资产的，应当视同固定资产、无形资产处置处理，换出资产公允价值与换出资产账面价值的差额应计入资产处置损益。本题中，甲公司应确认的资产处置损益金额 = [280 – （405 – 135）] + [300 – （280 – 50 – 30）] = 110（万元）。

【答案】甲公司相关会计处理为：

借：固定资产清理	270	
累计折旧	135	
贷：固定资产		405
借：长期股权投资	600	
累计摊销	50	
无形资产减值准备	30	
银行存款	34.4	
贷：固定资产清理		270
无形资产		280
应交税费——应交增值税（销项税额）		54.4
资产处置损益		110

（2）

【解析】本题中，乙公司以其持有的对丙公司的长期股权投资与甲公司的一台生产用机器设备和一项非专利技术进行交换，该资产交换具有商业实质，换入资产和换出资产的公允价值均能够可靠计量，因此该交换属于以公允价值计量的涉及多项非货币性资产的资产交换。按照各项换入资产的公允价值占换入资产公允价值总额的比例，对换入资产总成本进行分配，确定各项换入资产的成本。乙公司换入资产的总成本 = 600 – 20 = 580（万元）；乙公司换入固定资产的入账价值 = 280 ÷ （280 + 300）× 580 = 280（万元）；乙公司换入无形资产的入账价值 = 300 ÷ （280 + 300）× 580 = 300（万元）。换出资产为长期股权投资的，应当视同长期股权投资处置处理，换出资产公允价值与换出资产账面价值的差额应计入投资收益。本题中，换出长期股权投资应确认的投资收益 = 600 – 450 = 150（万元）。

【答案】乙公司相关会计处理为：

借：固定资产	280
无形资产	300
应交税费——应交增值税（进项税额）	54.4【36.4 + 18】

贷：长期股权投资 450

银行存款 34.4

投资收益 150

Scan
下载这个App
别告诉别人！

配套免费

视频　题库　模考　答疑

第十三章 债务重组

⊘ 应试指导

本章按照最新的债务重组准则编写,主要阐述债务重组的会计处理,重点是债权人和债务人的会计处理。根据"逢新必考"的原则,预计 2022 年本章会有主观题的考查,考生在学习时应重点理清各种债务重组方式下债权人和债务人的会计处理。

⚟ 历年考情

本章知识内容综合性比较强,通常会结合存货、固定资产、投资性房地产、无形资产、金融资产、长期股权投资等资产类的内容进行考查,预计分值在 7 分左右。

☑ 高频考点列表

考点	题型
债务重组的定义和方式	
债权人的会计处理	单项选择题、多项选择题、判断题、计算分析题
债务人的会计处理	

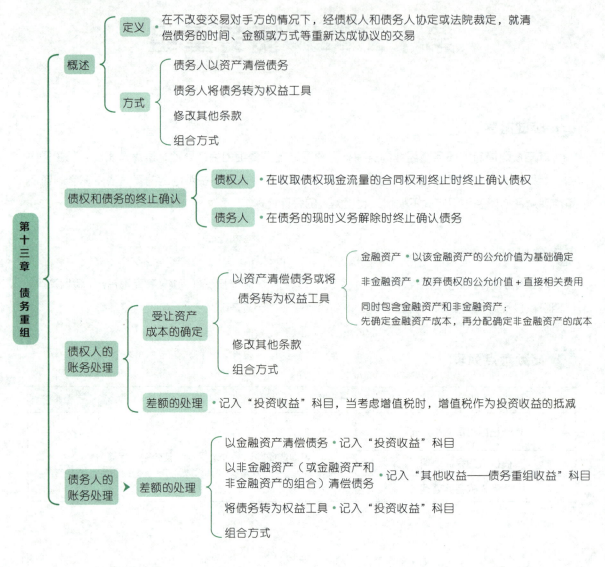

第十三章 债务重组

- **概述**
  - **定义**·在不改变交易对手方的情况下，经债权人和债务人协定或法院裁定，就清偿债务的时间、金额或方式等重新达成协议的交易
  - **方式**
    - 债务人以资产清偿债务
    - 债务人将债务转为权益工具
    - 修改其他条款
    - 组合方式
- **债权和债务的终止确认**
  - **债权人**·在收取债权现金流量的合同权利终止时终止确认债权
  - **债务人**·在债务的现时义务解除时终止确认债务
- **债权人的账务处理**
  - **受让资产成本的确定**
    - 以资产清偿债务或将债务转为权益工具
      - 金融资产·以该金融资产的公允价值为基础确定
      - 非金融资产·放弃债权的公允价值 + 直接相关费用
      - 同时包含金融资产和非金融资产：先确定金融资产成本，再分配确定非金融资产的成本
    - 修改其他条款
    - 组合方式
  - **差额的处理**·记入"投资收益"科目，当考虑增值税时，增值税作为投资收益的抵减
- **债务人的账务处理**
  - **差额的处理**
    - 以金融资产清偿债务·记入"投资收益"科目
    - 以非金融资产（或金融资产和非金融资产的组合）清偿债务·记入"其他收益——债务重组收益"科目
    - 将债务转为权益工具·记入"投资收益"科目
    - 组合方式

高频考点 1　债务重组的定义与方式

项目	内容
定义	是指在**不改变交易对手方**的情况下，经债权人和债务人**协定或法院裁定**，就清偿债务的**时间**、**金额或方式**等重新达成协议的交易 【提个醒】只要就债务条款重新达成了协议，就属于债务重组，**不强调**债务人是否发生财务困难，也不论债权人是否作出让步。
不适用债务重组准则的事项	（1）债务人以股权投资清偿债务或者将债务转为权益工具，可能对应导致债权人取得被投资单位或债务人控制权，在债权人的个别财务报表层面和合并财务报表层面，债权人取得长期股权投资或者资产和负债的确认和计量，适用《企业合并》。 （2）债务重组构成权益性交易的情形： ①债权人直接或间接对债务人持股，或者债务人直接或间接对债权人持股，且持股方以股东身份进行债务重组； ②债权人与债务人在债务重组前后均受同一方或相同的多方最终控制，且该债务重组的交易实质是债权人或债务人进行了权益性分配或接受了权益性投入
方式	（1）**以资产清偿债务**：债务人转让其资产给债权人以清偿债务的债务重组方式 【提个醒】债务人能以其在资产负债表中已经确认的资产清偿债务，也能以不符合确认条件而未予确认的资产清偿债务。 （2）**将债务转为权益工具**：债务人将债务转为权益工具，会计处理上体现为股本、实收资本、资本公积等科目。 （3）**修改其他条款**：如调整债务本金、改变债务利息、变更还款期限等。 （4）**组合方式**：指债务人采用上述三种方式中一种以上方式的组合清偿债务

┃**敲黑板**┃债务重组涉及的债权和债务，是符合金融资产和金融负债定义的债权和债务，也包含租赁应收款和租赁应付款，但不包含针对合同资产、合同负债、预计负债。

【沙场练兵·单选题】下列各项交易或事项中，应按债务重组会计准则进行会计处理的是（　　）。
A.向银行出售应收账款
B.债务人以自身股权抵偿债务导致债权人取得其控制权的
C.母公司作为债权人以股东身份与子公司进行的债务重组
D.债权人和债务人重新达成协议，约定债务

人以自产的产品偿还部分债务
【解析】选项A不符合题意，应按照金融工具相关准则进行会计处理；选项B不符合题意，应按企业合并准则进行会计处理；选项C不符合题意，适用权益性交易的有关会计处理规定；选项D符合题意，按照债务重组准则进行会计处理。综上，本题应选D。
【答案】D
【沙场练兵·多选题】下列各项中，属于以

修改其他债务条件方式进行债务重组的有（　　）。

A. 改变债务利息

B. 减免债务本金

C. 延长还款期限

D. 母公司代替子公司偿还债务

【解析】选项A、B、C属于，以修改其他债务条件方式进行债务重组的情形包括调整债务本金、改变债务利息、变更还款期限等。选项D，母公司代替子公司偿还债务变更了交易对手方，不属于子公司的债务重组。综上，本题应选ABC。

【答案】ABC

【沙场练兵·多选题】下列各项中，属于债务重组涉及到的债权或债务的有（　　）。

A. 交易性金融资产　　B. 预计负债

C. 租赁应收款　　　　D. 其他债权投资

【解析】债务重组涉及的债权和债务，是符合金融资产和金融负债定义的债权和债务，也包含租赁应收款和租赁应付款，但不包含针对合同资产、合同负债、预计负债。综上，本题应选ACD。

【答案】ACD

【沙场练兵·判断题】债务人既能以其在资产负债表中已经确认的资产清偿债务，也能以未在资产负债表中确认的资产清偿债务。（　　）

【解析】债务人既能以其在资产负债表中已经确认的资产清偿债务，也能以不符合确认条件而未予确认的资产清偿债务。因此，本题表述正确。

【答案】√

高频考点 2 债权人的会计处理

1. 会计处理原则

债务重组方式		取得资产的入账价值	差额的处理
以资产清偿债务或将债务转为权益工具	受让金融资产	金融资产入账价值 = 金融资产公允价值	"投资收益" = 金融资产确认金额 − 债权账面价值
	受让非金融资产	非金融资产入账价值 = 放弃债权公允价值 + 可归属于该资产的其他成本 − 取得资产的增值税进项税额	"投资收益" = 放弃债权公允价值 − 放弃债权账面价值
	受让多项资产或处置组	（1）金融资产入账价值 = 金融资产公允价值 （2）负债按其他相关准则进行会计处理 （3）各项非金融资产入账价值 = （放弃债权公允价值 + 处置组中负债的账面价值 − 金融资产公允价值 − 取得资产的增值税进项税额）× 非金融资产公允价值比例 + 直接相关税费	
修改其他条款	导致全部债权终止确认	新金融资产入账价值 = 新金融资产入公允价值	"投资收益" = 新金融资产的确认金额 − 旧债权的终止确认日账面价值
	未导致全部债权终止确认	根据其分类进行后续计量	

（续表）

债务重组方式	取得资产的入账价值	差额的处理
组合方式	（1）金融资产入账价值＝金融资产公允价值 （2）各项非金融资产入账价值＝（放弃债权公允价值－受让金融资产公允价值－重组债权当日公允价值－取得资产的增值税进项税额）× 非金融资产公允价值比例	"投资收益" ＝放弃债权公允价值－放弃债权账面价值

第 13 章

> **【敲黑板】** 当债务重组合同生效日与金融资产转让日不一致时，金融资产初始确认时应当以其在转让日的公允价值计量，而非合同生效日。

2. 账务处理（列举）

受让资产种类	会计分录
金融资产	借：银行存款 / 交易性金融资产 / 债权投资 / 其他债权投资 / 其他权益工具投资【公允价值】 　　坏账准备 　　投资收益　　　　　　　　　　　　　　　　　　　【差额，或贷方】 　贷：应收账款 　　　银行存款　　　　　　　　　　　　　　　　　　【支付的交易费用】 **【提个醒】** 注意金融资产"交易费用"的处理。
非金融资产	借：库存商品 / 无形资产 / 固定资产 / 长期股权投资等 　　【放弃债权的公允价值 + 可归属于该资产的其他成本 - 准予抵扣的增值税进项税额】 　　应交税费——应交增值税（进项税额） 　　坏账准备 　　投资收益　　　　　　【放弃债权的公允价值 – 放弃债权的账面价值，或贷方】 　贷：应收账款等 　　　银行存款等　　　　　　　　　　　　　　　　　【支付的直接相关费用】
多项资产	借：金融资产　　　　　　　　　　　　　　　　　【以公允价值为基础入账】 　　非金融资产　　　　　　　　　　　　　　　　　【按分摊额入账】 　　应交税费——应交增值税（进项税额） 　　坏账准备 　　**投资收益**　　　　　　　　　　　　　　　　　【差额，或贷方】 　贷：应收账款等 　　　银行存款　　　　　　　　　　　　　　　　　【支付的直接相关费用】

【沙场练兵·单选题】 甲公司因销售商品持有一项对乙公司的应收账款。2021年5月20日，甲公司与乙公司签订债务重组协议，协议约定，乙公司以其持有的丙公司股权抵偿上述欠款，该股权的公允价值为200万元。当日，已办妥股权转让手续，甲公司支付直接相关费用2万元，甲公司将该股权投资作为其他权益工具投资核算。该项应收账款的账面余额为200

万元，已计提坏账准备 20 万元，公允价值为 190 万元。假定不考虑其他因素，甲公司取得的丙公司股权的初始确认金额为（　　）万元。

A.202　　　　　　　　B.200

C.192　　　　　　　　D.182

【思路导航】对于债权人受让资产的入账价值确定类考题，前提是判断该项资产为金融资产还是非金融资产，二者入账价值确定的大方向不同。

【解析】债权人受让包括现金在内的单项或多项金融资产的，金融资产初始确认时应当以其公允价值计量。由于甲公司将该股权投资作为其他权益工具投资核算，相关交易费用应计入其他权益工具投资的初始确认金额，则其初始确认金额 = 200（股权的公允价值）+ 2（交易费用）= 202（万元）。综上，本题应选 A。

【答案】A

【沙场练兵·单选题】2021 年 11 月 2 日，甲公司对乙公司应收账款的账面价值为 300 万元，公允价值为 310 万元。当日，甲公司与乙公司签订债务重组协议，协议约定，乙公司以其自产的一批设备抵偿上述债务，该批设备的账面价值为 270 万元，公允价值为 300 万元，甲公司为取得该设备发生运输费 1 万元。假定不考虑增值税及其他因素，甲公司取得该设备的入账价值为（　　）万元。

A.271　　　　　　　　B.301

C.310　　　　　　　　D.311

【解析】债权人初始确认受让的金融资产以外的资产时，应当以放弃债权的公允价值为基础进行计量。甲公司取得该设备的入账价值 = 放弃债权的公允价值 + 直接相关费用 = 310 + 1 = 311（万元）。综上，本题应选 D。

【答案】D

【沙场练兵·多选题】甲公司因销售商品持有

对乙公司应收账款 1 600 万元，持有期间未对该项债权计提坏账准备。2021 年 10 月 15 日，双方协商进行债务重组，当日，该项债权的公允价值为 1 500 万元，协议约定乙公司以一批库存商品和一项债券投资抵偿欠款。抵债资产的相关资料如下：（1）库存商品：实际成本为 400 万元，未计提存货跌价准备，不含税售价 600 万元（与计税价格相等）；（2）债券投资：面值总额为 800 万元，票面利率与实际利率一致，按年付息，乙公司以摊余成本对其进行计量，该债券投资的市价为 1 000 万元。全部资产于当日转让完毕，甲公司将这两项资产分别作为库存商品和交易性金融资产进行核算。甲、乙公司均为增值税一般纳税人，适用的增值税税率均为 13%。不考虑其他因素，下列有关甲公司会计处理的相关表述正确的有（　　）。

A. 借记"交易性金融资产"科目 1 000 万元

B. 借记"库存商品"科目 500 万元

C. 借记"投资收益"科目 100 万元

D. 借记"应交税费——应交增值税（进项税额）"科目 78 万元

【思路导航】对于债权人同时受让金融资产和非金融资产的情形，当考虑增值税时，债权人的账务处理思路如下：（1）确定金融资产成本；（2）确定准予抵扣的增值税进项税额；（3）分配确定各项非金融资产的成本；（4）确定投资收益的金额。

【解析】首先，甲公司按照交易性金融资产的公允价值确定其入账金额，金额为 1 000 万元；其次，确定因受让库存商品发生的准予抵扣的增值税进项税额 = 600 × 13% = 78（万元）；然后，确定库存商品的入账价值 = 1 500 - 1 000 - 78 = 422（万元）；最终，确定投资收益金额 = 1 500（放弃债权的公允价值）-

1 600（放弃债权的账面价值）＝－100（万元）。

相关会计分录为（单位：万元）：

借：交易性金融资产　　　　　　　1 000

　　库存商品　　　　　　　　　　 422

　　应交税费——应交增值税（进项税额）

　　　　　　　　　　　　　　　　　 78

　　投资收益　　　　　　　　　　 100

　　贷：应收账款　　　　　　　 1 600

综上，本题应选 ACD。

【答案】ACD

【沙场练兵·判断题】对于以修改其他条款方式进行的债务重组，如果修改其他条款导致全部债权终止确认，债权人应当按照修改后的条款以公允价值初始计量新的金融资产。（　　）

【解析】对于以修改其他条款方式进行的债务重组，如果修改其他条款导致全部债权终止确认，债权人应当按照修改后的条款以公允价值初始计量新的金融资产，新金融资产的确认金额与债权终止确认日账面价值之间的差额，记入"投资收益"科目。因此，本题表述正确。

【答案】√

【沙场练兵·判断题】对于以非金融资产清偿债务方式进行的债务重组，债权人应当以放弃债权的公允价值为基础对受让的非金融资产进行初始计量，放弃债权的公允价值与账面价值之间的差额，记入"其他收益"科目。（　　）

【思路导航】无论债权人受让的是何种资产，也无论债务重组是以何种方式进行的，债权人发生的债务重组相关损益均记入"投资收益"科目。

【解析】债权人初始确认受让的金融资产以外的资产时，应当以放弃债权的公允价值为基础进行计量，放弃债权的公允价值与账面价值之间的差额，记入"投资收益"科目。因此，本题表述错误。

【答案】×

高频考点 3　债务人的会计处理

1. 会计处理原则

债务重组方式		资产的终止确认和负债、权益的确认	差额的处理
以资产清偿债务	金融资产	终止确认转让资产	"投资收益"＝清偿债务账面价值－转让资产账面价值
	非金融资产		"其他收益"＝清偿债务账面价值＋处置组中负债的账面价值－转让资产账面价值－转让资产的增值税销项税额
将债务转为权益工具		权益工具按其公允价值计量（不能可靠计量按放弃债权公允价值）	"投资收益"＝清偿债务账面价值－权益工具确认金额
修改其他条款	导致全部债权终止确认	新金融资产入账价值＝新金融资产入公允价值	"投资收益"＝重组债务确认金额－旧债权的终止确认日账面价值
	未导致债权终止确认	根据其分类进行后续计量	

（续表）

债务重组方式	资产的终止确认和负债、权益的确认	差额的处理
组合方式	（1）终止确认转让资产。 （2）权益工具和重组债务按其公允价值计量	"其他收益" = 清偿债务账面价值 – 转让资产账面价值 – 权益工具和重组债务确认金额 【提个醒】仅涉及金融工具，计入投资收益。

2. 账务处理（列举）

资产类型	账务处理	
银行存款	借：应付账款等	【清偿债务的账面价值】
	贷：银行存款	
	投资收益	【差额，或借方】
债权投资	借：应付账款等	【清偿债务的账面价值】
	债权投资减值准备	
	贷：债权投资	
	投资收益	【差额，或借方】
其他债权投资	借：固定资产清理	
	累计折旧	
	固定资产减值准备	
	贷：固定资产	
	借：应付账款等	【清偿债务的账面价值】
	贷：其他债权投资——成本	
	——公允价值变动	【或借方】
	投资收益	【差额，或借方】
	同时：	
	借：其他综合收益	【持有期间产生的其他综合收益】
	贷：投资收益	
	或作相反分录	
	【提个醒】之前计入其他综合收益的累计利得或损失应当从其他综合收益中转出，记入"投资收益"科目。	
交易性金融资产	借：应付账款等	【清偿债务的账面价值】
	贷：交易性金融资产——成本	
	——公允价值变动	【或借方】
	投资收益	【差额，或借方】
	【提个醒】不结转交易性金融资产持有期间累计确认的公允价值变动损益。	
其他权益工具投资	借：应付账款等	【清偿债务的账面价值】
	贷：其他权益工具投资——成本	
	——公允价值变动	【或借方】
	投资收益	【差额，或借方】

（续表）

资产类型	账务处理
其他权益工具投资	同时： 借：其他综合收益　　　　　　　　　　　　　　　【累计确认的其他综合收益】 　　贷：盈余公积 　　　　利润分配——未分配利润 **【提个醒】** （1）之前计入其他综合收益的累计利得或损失应当从其他综合收益中转出，计入**留存收益（盈余公积和未分配利润）**。 （2）与出售其他权益工具投资不同，以其他权益工具投资清偿债务的，所清偿债务的账面价值与偿债"其他权益工具投资"账面价值的差额，计入**投资收益，而非留存收益。**

（2）以非金融资产清偿债务

资产类型	账务处理
存货	借：应付账款等　　　　　　　　　　　　　　　　　【清偿债务的账面价值】 　　存货跌价准备 　　贷：库存商品／原材料等 　　　　应交税费——应交增值税（销项税额） 　　　　其他收益——债务重组收益　　　　　　　　【差额，或借方】 **【提个醒】** 债务人不确认存货的收入，也不结转存货的成本。
固定资产	借：固定资产清理 　　累计折旧 　　固定资产减值准备 　　贷：固定资产 借：应付账款等　　　　　　　　　　　　　　　　　【清偿债务的账面价值】 　　贷：固定资产清理 　　　　应交税费——应交增值税（销项税额） 　　　　其他收益——债务重组收益　　　　　　　　【差额，或借方】
无形资产	借：应付账款等　　　　　　　　　　　　　　　　　【清偿债务的账面价值】 　　累计摊销 　　无形资产减值准备 　　贷：无形资产 　　　　应交税费——应交增值税（销项税额） 　　　　其他收益——债务重组收益　　　　　　　　【差额，或借方】

|敲黑板| 债务人发生的债务重组相关损益记入的会计科目

债务重组方式	记入的会计科目
以金融资产清偿债务、将债务转为权益工具	投资收益
以非金融资产（或金融资产和非金融资产的组合）清偿债务	其他收益
组合方式	仅涉及金融工具时：投资收益 其余情形：其他收益

【沙场练兵·单选题】 2021年11月11日，由于甲公司经营性现金流出现问题，无力偿还所欠乙公司500万元款项（作为应付账款核算）。当日，双方签订债务重组协议，甲公司以一批自产商品和一项无形资产清偿所欠全部款项。该批商品的成本为95万元，已计提存货跌价准备5万元，公允价值为100万元；该项无形资产的成本为500万元，已计提摊销100万元，未计提减值准备，公允价值为600万元。假定不考虑增值税及其他因素，下列有关甲公司的会计处理表述正确的是（　　）。

A. 应确认主营业务收入500万元

B. 应结转主营业务成本90万元

C. 应确认其他收益10万元

D. 应确认资产处置损益100万元

【思路导航】 债务人以单项或多项非金融资产清偿债务，或者以包括金融资产和非金融资产在内的多项资产清偿债务的，不需要区分资产处置损益和债务重组收益，也不需要区分不同资产的处置损益，而应将所清偿债务账面价值与转让资产账面价值之间的差额，记入"其他收益——债务重组收益"科目。

【解析】 甲公司的账务处理如下（单位：万元）：

借：应付账款　　　　　　　　　500

　　存货跌价准备　　　　　　　　5

　　累计摊销　　　　　　　　　100

　　贷：库存商品　　　　　　　　95

　　　　无形资产　　　　　　　500

　　　　其他收益——债务重组收益　10

综上，本题应选C。

【答案】 C

【沙场练兵·单选题】 甲公司因采购商品应付乙公司账款2 000万元，甲公司以摊余成本计量该项债务。2021年5月10日，甲公司发生资金困难，无力偿还该项债务，于是双方进行债务重组，甲公司以其持有的对丙公司的股权（作为其他权益工具投资核算）抵偿全部债务。当日该股权的账面价值为1 800万元（包括成本1 500万元，公允价值变动300万元）。已知甲公司按照净利润的10%提取法定盈余公积，不计提任意盈余公积。不考虑其他因素，下列有关甲公司会计处理结果的表述正确的是（　　）。

A. 投资收益增加200万元

B. 投资收益增加500万元

C. 留存收益增加200万元

D. 留存收益增加500万元

【解析】 甲公司的账务处理为（单位：万元）：

借：应付账款　　　　　　　　　　2 000

　　贷：其他权益工具投资——成本　1 500

——公允价值变动
300

　　投资收益　　　　　　　　　200

借：其他综合收益　　　　　300

　　贷：盈余公积　　　　　　　　30

　　　　利润分配——未分配利润　270

根据上述分录，甲公司投资收益增加200万元，留存收益增加300万元。综上，本题应选A。

【答案】A

【沙场练兵·多选题】甲公司因采购商品拖欠乙公司货款100万元，甲公司以摊余成本计量该债务，2021年10月15日，双方签订协议，甲公司增发20万股普通股抵偿全部债务，甲公司股票每股面值为1元，当日每股市价为4元。股票于当日发行完毕，甲公司为发行股票支付直接相关费用1万元。假定不考虑其他因素，下列有关甲公司会计处理结果的表述正确的有（　　）。

A. 应确认股本20万元

B. 应确认资本公积60万元

C. 应确认资本公积59万元

D. 该事项导致甲公司当期营业利润增加20万元

【思路导航】（1）本题属于债务人将债务转为权益工具，且权益工具的公允价值能够可靠计量的情形，权益工具应当按照公允价值计量。当权益工具的公允价值不能可靠计量时，权益工具应按照所清偿债务的公允价值计量。（2）债务人因发行权益工具而支出的相关税费等，应当依次冲减资本溢价、盈余公积、未分配利润等。

【解析】甲公司的会计分录为（单位：万元）：

借：应付账款　　　　　　　　100

　　贷：股本　　　　　　　　　　20

　　　　资本公积——股本溢价　　60

【4×20－20】

　　投资收益　　　　　　　　　20

借：资本公积——股本溢价　　　1

　　贷：银行存款　　　　　　　　　1

根据上述分录，甲公司贷记"投资收益"科目20万元，导致甲公司当期营业利润增加20万元。综上，本题应选ACD。

【答案】ACD

【沙场练兵·单选题】甲公司为增值税一般纳税人，适用的增值税税率为13%。2021年，甲公司因采购商品而形成对乙公司一项应付账款2 500万元。12月1日，因发生资金困难，已无力偿还全部债务，于是双方进行债务重组，甲公司以一台设备抵偿1 200万元的债务，剩余债务延期3个月偿还。甲公司将该设备作为固定资产核算，其成本为1 500万元，已计提折旧400万元、减值准备200万元，公允价值为1 200万元（与计税价格相等）。不考虑其他因素，甲公司应计入"其他收益——债务重组收益"的金额为（　　）万元。

A.0　　　　　　　　　　　B.156

C.144　　　　　　　　　　D.300

【思路导航】对于涉及以非金融资产清偿债务类的考题，一定要看清题目是否考虑增值税，当考虑增值税时，涉及到的增值税销项税额要作为"其他收益——债务重组收益"金额的抵减。

【解析】甲公司应确认"应交税费——应交增值税（销项税额）"的金额＝1 200×13%＝156（万元），则记入"其他收益——债务重组收益"科目的金额＝1 200－（1 500－400－200）－156＝144（万元）。相关会计分录为（单位：万元）：

借：固定资产清理　　　　　　900

　　累计折旧　　　　　　　　400

　　固定资产减值准备　　　　200

　　贷：固定资产　　　　　　　1 500

借：应付账款　　　　　　　　　1 200

　　贷：固定资产清理　　　　　　　　900

　　　　应交税费——应交增值税（销项税额）

　　　　　　　　　　　　　　　　156

　　　　其他收益——债务重组收益　144

综上，本题应选 C。

【答案】C

【沙场练兵·多选题】在债务重组中，下列有关债务人的账务处理的表述正确的有（　　）。

A. 对于以固定资产清偿债务的，当不考虑增值税时，应将所清偿债务账面价值与转让固定资产账面价值之间的差额，记入"其他收益——债务重组收益"科目

B. 应当在相关资产和所清偿的债务符合终止确认条件时对其进行终止确认

C. 对于以其他债权投资清偿债务的，之前计入其他综合收益的累计利得或损失应当从其他综合收益中转出，记入"投资收益"科目

D. 对于同时以无形资产和交易性金融资产清偿债务的，当不考虑增值税时，应将所清偿债务账面价值与所转让资产账面价值的差额记入"投资收益"科目

【解析】选项 A、B、C 正确，选项 D 错误，对于同时以金融资产和非金融资产清偿债务的，当不考虑增值税时，应将所清偿债务账面价值与所转让资产账面价值的差额计入"其他收益——债务重组收益"科目。综上，本题应选 ABC。

【答案】ABC

【沙场练兵·判断题】债务人以作为其他权益工具投资核算的股权投资清偿债务的，应将所清偿债务的账面价值与该股权投资账面价值之间的差额计入留存收益。（　　）

【解析】与出售其他权益工具投资不同，以其他权益工具投资清偿债务的，债务的账面价值与偿债"其他权益工具投资"账面价值的差额，计入投资收益，而非留存收益。因此，本题表述错误。

【答案】×

强化练习

一、单项选择题

1. 对于以资产清偿债务方式进行债务重组的，下列表述正确的是（　　）。

A. 债权人取得的资产为交易性金融资产的，初始确认金额为该项交易性金融资产的公允价值和为取得该项资产发生的交易费用之和

B. 债权人取得的资产为固定资产的，初始确认金额为该项固定资产的的公允价值和可归属于该项固定资产的直接相关费用之和

C. 债权人取得的资产为存货的，初始确认金额为放弃债权的公允价值和可归属于该项存货的直接相关费用之和

D. 债权人取得的资产为投资性房地产的，初始确认金额为该项投资性房地产的公允价值

2. 甲、乙公司均为增值税一般纳税人，销售商品适用的增值税税率均为 13%。2022 年 1 月 2 日，甲公司发生资金困难，无力偿还所欠乙公司 3 000 万元款项（作为应付账款核算），双方签订债务重组协议，甲公司以一批库存商品和一项股权投资偿还上述欠款，全部资产已于当日转让完毕。该批库存商品的账面价值为 1 000 万元（未计提存货跌价准备），公允价值为 1 200 万元（等于计税价格）；该项股权投资的成本为 2 000 万元，累计确认公允价值变动 – 400 万元，当日的公允价值为 1 600 万元，甲公司将其作为交易性金融资产核算。债务重组日，乙公司对甲公司的应收账款的账面余额为 3 000 万元，未计提坏账准备，公允价值为 2 800 万元。乙公司将受让的资产分别作为库存商品和交易性金融资产进行核算，不考虑其他因素，下列表述错误的是（　　）。

A. 乙公司初始确认交易性金融资产的金额为 1 600 万元

B. 乙公司初始确认库存商品的金额为 1 200 万元

C. 乙公司应计入当期损益的金额为 – 200 万元

D. 甲公司应计入当期损益的金额为 400 万元

3. 2022 年 4 月 5 日，甲公司持有的对乙公司应收账款的账面余额为 1 200 万元，坏账准备为 50 万元，公允价值为 1 100 万元。当日，双方进行债务重组，乙公司以 M、N 两台设备抵偿上述全部欠款，已知 M、N 两台设备的账面价值分别为 400 万元和 600 万元，公允价值均为 500 万元。假定不考虑其他因素，甲公司债务重组取得的 M 设备的入账价值为（　　）万元。

A.400 　　　　　　　　B.440 　　　　　　　　C.500 　　　　　　　　D.550

4. 甲、乙公司均为增值税一般纳税人，适用的增值税税率均为 13%。甲公司因销售商品持有一项对乙公司的应收账款。2021 年 11 月 12 日，双方协定进行债务重组，乙公司以一批原材料偿还该欠款，该批原材料的成本为 300 万元，已计提存货跌价准备 50 万元，公允价值为 320 万元（等于计税价格），甲公司为取得该批原材料支付运输费和装卸费合计 2 万元。债务重组日，

该项应收账款的账面价值为 350 万元（未计提坏账准备），公允价值为 280 万元。不考虑其他因素，该项债务重组对甲公司 2021 年营业利润的影响金额为（　　）万元。

A. – 31.6　　　　　　　B. – 68　　　　　　　C. – 33.6　　　　　　　D. – 70

5. 对于以多项资产清偿债务方式进行的债务重组，当同时涉及金融资产和非金融资产时，债务人应当将所清偿债务账面价值与转让资产账面价值之间的差额，记入（　　）科目。

A. 其他收益　　　　　　B. 投资收益　　　　　　C. 营业外收入　　　　　　D. 其他收益和投资收益

6. 下列各项中，不属于债务重组的是（　　）。

A. 债务人以无形资产抵偿债务

B. 债务人以未在报表中确认的内部产生的品牌清偿债务

C. 债务人将债务转为权益工具

D. 债务人以存货交换债权人的固定资产

7. 对于以存货清偿债务方式进行的债务重组，下列有关债务人的会计处理表述正确的是（　　）。

A. 债务人应按照偿债存货的公允价值确认收入

B. 债务人应按照偿债存货的账面价值确认收入

C. 偿债存货已计提存货跌价准备的，应结转已计提的存货跌价准备

D. 债务人应按照偿债存货的账面价值结转成本

8. 甲公司是乙公司的母公司。2021 年 6 月 30 日，甲公司应收乙公司账款 500 万元，采用摊余成本进行后续计量。为解决乙公司的资金周转困难问题，甲公司、乙公司的其他债权人共同决定对乙公司的债务进行重组，并于 2021 年 8 月 1 日与乙公司签订了债务重组协议。根据债务重组协议的约定，甲公司免除 80% 应收乙公司账款的还款义务，乙公司的其他债权人普遍免除 60% 应收乙公司账款的还款义务，豁免的债务在合同签订当日解除，剩余债务于年底之前偿还。不考虑其他因素，上述事项减少甲公司 2021 年营业利润的金额为（　　）万元。

A.0　　　　　　　B.300　　　　　　　C.400　　　　　　　D.500

二、多项选择题

1. 2021 年 12 月 1 日，甲公司对乙公司应收账款的账面余额为 3 000 万元，已计提坏账准备 300 万元，公允价值为 2 800 万元。当日，双方进行债务重组，乙公司以每股 5 元的价格向甲公司定向增发 600 万股普通股以偿还所欠甲公司全部债务，每股面值为 1 元。假定甲公司于当日取得了该股权，并以银行存款支付审计、评估等费用共计 5 万元，股权转让完毕后甲公司能够控制乙公司。已知股权转让之前，甲、乙公司不存在任何关联方关系，不考虑其他因素，下列有关甲公司会计处理的表述正确的有（　　）。

A. 甲公司应确认长期股权投资 2 800 万元

B. 甲公司应确认长期股权投资 2 805 万元

C. 该项交易对当期损益的影响金额为 95 万元

D. 该项交易对当期损益的影响金额为 100 万元

2. 下列有关债务重组的表述中，正确的有（　　　）。

　　A. 债权人在收取债权现金流量的合同权利终止时终止确认债权

　　B. 债务人在债务的现时义务解除时终止确认债务

　　C. 对于在报告期间已经开始协商，但在报告期资产负债表日后的债务重组，属于资产负债表日后调整事项

　　D. 对于以修改其他条款方式进行的债务重组，如果对债务或部分债务的合同条款做出"实质性修改"形成重组债务，债务人应当终止确认原债务，同时按照修改后的条款确认一项新金融负债

3. 甲公司因销售商品持有一项对乙公司（股份有限公司）的应收账款，甲公司以摊余成本计量该项债权，乙公司以摊余成本计量该项债务。2021 年 8 月 10 日，双方签订债务重组协议，商定甲公司将该债权转为对乙公司的股权投资。当日，甲公司办结了对乙公司的增资手续，甲、乙公司分别以银行存款支付手续费等相关费用 3 万元和 5 万元。债转股后，乙公司总股本为 2 000 万股，甲公司持有的抵债股权占乙公司总股本的 5%，公允价值为 1 700 万元，甲公司将其指定为以公允价值计量且其变动计入其他综合收益的金融资产。债务重组日，该项应收账款的账面余额为 2 000 万元，已计提坏账准备 200 万元。不考虑其他因素，下列表述正确的有（　　　）。

　　A. 甲公司其他权益工具投资入账价值为 1 700 万元

　　B. 乙公司"股本"科目增加 100 万元

　　C. 乙公司"资本公积"科目增加 1 600 万元

　　D. 乙公司应确认投资收益 300 万元

4. 下列各项中，属于甲公司的债务重组的有（　　　）。

　　A. 资产管理公司从甲公司处购得债权，再与乙公司进行债务重组

　　B. 乙公司代甲公司以存货清偿所欠丙公司债务

　　C. 甲公司以现金清偿所欠乙公司一半的债务，剩余债务延期一年

　　D. 甲公司以固定资产抵偿所欠乙公司全部债务

5. 当不考虑增值税时，下列有关以组合方式进行债务重组的表述中，正确的有（　　　）。

　　A. 债权人应将放弃债权的公允价值与账面价值之间的差额记入"投资收益"科目

　　B. 债务人应将所清偿债务的账面价值与转让资产的账面价值以及权益工具和重组债务的确认金额之和的差额，记入"其他收益——债务重组收益"或"投资收益"科目。

　　C. 债权人应以公允价值为基础初始计量新的金融资产和受让的新金融资产

　　D. 债权人应按照受让的各项非金融资产的公允价值对其进行初始计量

6. 2019 年 3 月 31 日，甲公司从银行借入一笔 3 年期长期借款，金额为 5 000 万元，年利率为 5%（与实际利率相等），每季度末支付利息，到期偿还借款本金，甲公司已按时支付了借款利息。2022 年 3 月 31 日，该笔借款到期，甲公司无力偿还借款本金，与银行签订债务重组协议，协议约定，免除甲公司 1 000 万元借款本金，剩余借款展期 1 年，年利率为 7%，到期一次性收

取本金和利息。不考虑其他因素，下列表述正确的有（　　　）。

A. 新的合同条款对该笔债务作出了实质性修改

B. 新的合同条款未对该笔债务作出实质性修改

C. 甲公司应终止确认长期借款 5 000 万元，同时确认短期借款 4 000 万元

D. 甲公司应终止确认长期借款 1 000 万元

7. 对于以无形资产清偿债务方式进行的债务重组，债务人进行会计处理时，不会涉及到的会计科目有（　　　）。

A. 投资收益　　　　　B. 其他收益　　　　　C. 资产处置损益　　　　　D. 营业外收入

8. 对于以固定资产清偿债务方式进行的债务重组，下列有关债权人初始确认受让的固定资产的表述正确的有（　　　）。

A. 确定固定资产成本时，应当考虑预计弃置费用因素

B. 固定资产达到预定可使用状态前发生的运输费、安装费应计入固定资产成本

C. 固定资产的成本应当以放弃债权的公允价值为基础确定

D. 固定资产达到预定可使用状态后发生的员工培训费应计入固定资产成本

三、判断题

1. 债权人和债务人仅就债务的清偿时间重新达成协议的交易，由于不涉及偿债金额的变化，所以不属于债务重组。（　　　）

2. 债权人和债务人均应当在财务报表附注中披露与债务重组有关的信息。（　　　）

3. 在债务重组交易中，债权人初始确认对联营企业投资的，其成本等于放弃债权的公允价值。（　　　）

4. 企业以金融资产清偿债务时，偿债金融资产已计提了减值准备的，应结转已计提的减值准备。（　　　）

5. 企业以交易性金融资产清偿债务时，对于交易性金融资产持有期间累计确认的公允价值变动损益，应结转至"投资收益"科目。（　　　）

四、计算分析题

1. 甲公司和乙公司均为增值税一般纳税人，适用的增值税税率为 13%。2021 年 2 月 15 日，甲公司向乙公司赊购一批材料，含税价为 2 260 万元。2021 年 9 月 10 日，甲公司因发生财务困难，无法按合同约定偿还债务，双方协商进行债务重组。乙公司同意甲公司以一批自产商品、一台作为固定资产核算的设备和一项作为其他权益工具投资核算的股权投资抵偿全部欠款。全部资产已于当日转让完毕。

甲公司以摊余成本计量该项债务，债务重组日，该项债务的账面价值仍为 2 260 万元。抵债商品的成本为 500 万元，已计提存货跌价准备 35 万元，市价为 600 万元（等于计税价格）；抵债设备的账面原价为 1 000 万元，累计折旧为 200 万元，未计提减值准备，公允价值为 900 万元（等于计税价格）；抵债股权投资账面价值为 600 万元（包括成本 500 万元，公允价值

变动 100 万元），公允价值为 650 万元。

乙公司以摊余成本计量该项债权，债务重组日，已计提坏账准备 245 万元，公允价值为 2 000 万元。乙公司将受让的商品、设备和股权投资分别作为库存商品、固定资产和交易性金融资产进行核算。

其他资料：甲公司按照净利润的 10% 提取法定盈余公积，不计提任意盈余公积。

要求：根据上述资料，不考虑其他因素，分析回答下列问题。（答案中的金额用万元表示）

（1）分别计算债务重组日乙公司应确认库存商品、固定资产和交易性金融资产的金额。

（2）编制乙公司与债务重组相关的会计分录。

（3）编制甲公司与债务重组相关的会计分录。

答案与解析

一、单项选择题

1. 【解析】选项 A 表述错误，债权人取得的资产为交易性金融资产的，初始确认金额为该项交易性金融资产的公允价值，发生的交易费用应冲减投资收益；选项 B、D 表述错误，选项 C 表述正确，债权人取得的资产为非金融资产的，如固定资产、存货、投资性房地产等，其初始确认金额放弃债权的公允价值和可归属于该项资产的直接相关费用之和。综上，本题应选 C。

   【答案】C

2. 【解析】选项 B 错误，乙公司的账务处理为：

   （1）确定交易性金融资产的入账金额 = 公允价值 = 1 600（万元）

   （2）确定"应交税费——应交增值税（进项税额）"科目金额 = 1 200 × 13% = 156（万元）

   （3）确定库存商品的入账金额 = 2 800 – 1 600 – 156 = 1 044（万元）

   会计分录为（单位：万元）：

借：交易性金融资产	1 600	
库存商品	1 044	
应交税费——应交增值税（进项税额）	156	
投资收益	200	
贷：应收账款		3 000

   甲公司的账务处理为（单位：万元）：

借：应付账款	3 000	
交易性金融资产——公允价值变动	400	
贷：库存商品		1 000
交易性金融资产——成本		2 000
其他收益——债务重组收益		400

综上，本题应选 B。

【答案】B

3. 【解析】甲公司应按照 M、N 设备的公允价值比例对放弃债权的公允价值进行分摊，从而确定 M、N 设备的入账金额，则 M 设备应分摊的金额 = 1 100 × 500 ÷（500 + 500）= 550（万元）。综上，本题应选 D。

【答案】D

4. 【解析】甲公司应确认的增值税进项税额 = 320 × 13% = 41.6（万元），原材料入账价值 = 放弃债权的公允价值 + 直接相关费用 – 可抵扣的增值税进项税额 = 280 + 2 – 41.6 = 240.4（万元）。相关会计分录为（单位：万元）：

借：原材料　　　　　　　　　　　　　　　　　　　240.4
　　应交税费——应交增值税（进项税额）　　　　　 41.6
　　投资收益　　　　　　　　　　　　　　　　　　　70
　　贷：应收账款　　　　　　　　　　　　　　　　　　　　350
　　　　银行存款　　　　　　　　　　　　　　　　　　　　2

由上述分录可知，甲公司借记"投资收益"科目 70 万元，将导致营业利润减少 70 万元。综上，本题应选 D。

【答案】D

5. 【解析】债务人以单项或多项非金融资产清偿债务，或者以包括金融资产和非金融资产在内的多项资产清偿债务的，不需要区分资产处置损益和债务重组收益，也不需要区分不同资产的处置损益，而应将所清偿债务账面价值与转让资产账面价值之间的差额，记入"其他收益——债务重组收益"科目。综上，本题应选 A。

【答案】A

6. 【解析】选项 A、B、C 属于，选项 D 不属于债务重组，属于非货币性资产交换。综上，本题应选 D。

【答案】D

7. 【解析】选项 A、B、D 表述错误，对于以存货清偿债务方式进行的债务重组，债务人不确认收入也不结转成本，应将所清偿债务账面价值与转让资产账面价值之间的差额计入其他收益；选项 C 表述正确，债务人以资产清偿债务，且偿债资产已计提减值准备的，应结转已计提的减值准备。综上，本题应选 C。

【答案】C

8. 【解析】甲公司免除应收乙公司 60% 的还款义务部分不构成权益性交易，应确认债务债务重组相关损益；免除其余 20%（80% – 60%）应收乙公司账款的还款义务部分构成权益性交易，不确认债务重组相关损益。则甲公司应冲减当期投资收益的金额为 300 万元，从而使营业利润减少 300 万元。综上，本题应选 B。

【答案】B

二、多项选择题

1. 【解析】股权转让完毕后甲公司能够控制乙公司，且甲、乙双方此前不存在任何关联方关系，则甲公司应按照放弃债权的公允价值 2 800 万元确认长期股权投资。相关审计、评估费用计入管理费用。会计分录为：

借：长期股权投资　　　　　　　　　　　2 800
　　管理费用　　　　　　　　　　　　　　 5
　　坏账准备　　　　　　　　　　　　　 300
　　贷：应收账款　　　　　　　　　　　　　　3 000
　　　　投资收益　　　　　　　　　　　　 100【2 800 －（3 000 － 300）】
　　　　银行存款　　　　　　　　　　　　　　 5

根据上述分录，该项交易对当期损益的影响金额 = 100 － 5 = 95（万元）。综上，本题应选 AC。

【答案】AC

2. 【解析】选项 A、B、D 正确，选项 C 错误，对于在报告期间已经开始协商，但在报告期资产负债表日后的债务重组，不属于资产负债表日后调整事项。综上，本题应选 ABD。

【答案】ABD

3. 【解析】甲公司的账务处理为（单位：万元）：

借：其他权益工具投资　　　　　　　　1 703【1 700 + 3】
　　坏账准备　　　　　　　　　　　　 200
　　投资收益　　　　　　　　　　　　 100
　　贷：应收账款　　　　　　　　　　　　　2 000
　　　　银行存款　　　　　　　　　　　　　　 3

乙公司的账务处理为（单位：万元）：

借：应付账款　　　　　　　　　　　　2 000
　　贷：股本　　　　　　　　　　　　　　　 100【2 000×5%】
　　　　资本公积——股本溢价　　　　　 1 600
　　　　投资收益　　　　　　　　　　　　 300
借：资本公积——股本溢价　　　　　　　 5
　　贷：银行存款　　　　　　　　　　　　　　 5

综上，本题应选 BD。

【答案】BD

4. 【解析】债务重组，是指在不改变交易对手方的情况下，经债权人和债务人协定或法院裁定，就清偿债务的时间、金额或方式等重新达成协议的交易。选项 A、B 均改变了交易对手方，不属于债务重组；选项 C、D 属于。综上，本题应选 CD。

【答案】CD

5. 【解析】选项 A、B、C 正确，选项 D 错误，债权人应按照受让的金融资产以外的各项资产在债务重组合同生效日的公允价值比例，对放弃债权在合同生效日的公允价值扣除受让金融资产和重组债权当日公允价值后的净额进行分配，并以此为基础分别确定各项资产的成本。综上，本题应选 ABC。

【答案】ABC

6. 【解析】原债务的现金流量现值为 5 000 万元 [5 000×（1 + 5%）÷（1 + 5%）]，重组债务的现金流量现值 = 4 000×（1 + 7%）÷（1 + 5%）= 4 076.19（万元），重组债务与原债务的现金流量现值之间的差异 =（5 000 − 4 076.19）÷ 5 000 = 18.48% > 10%，意味着新的合同条款进行了实质性修改，银行应终止确认原长期借款，同时确认一笔金额为 4 000 万元的短期借款。综上，本题应选 AC。

【答案】AC

7. 【解析】对于以无形资产清偿债务方式进行的债务重组，债务人应当将所清偿债务账面价值与转让资产账面价值之间的差额计入其他收益，不再区分资产处置损益和债务重组收益，因此，不会涉及投资收益、资产处置损益和营业外收入等科目。综上，本题应选 ACD。

【答案】ACD

8. 【解析】选项 A 正确，对于特殊行业的特定固定资产，确定其初始成本时，应当考虑预计弃置费用因素。选项 B、C 正确，选项 D 错误，债权人初始确认受让的固定资产时，固定资产的成本包括放弃债权的公允价值，以及使该资产达到预定可使用状态前所发生的可直接归属于该资产的税金、运输费、装卸费、安装费、专业人员服务费等其他成本，不包括差旅费、员工培训费等。综上，本题应选 ABC。

【答案】ABC

三、判断题

1. 【解析】债务重组，是指在不改变交易对手方的情况下，经债权人和债务人协定或法院裁定，就清偿债务的时间、金额或方式等重新达成协议的交易。该情形属于以"修改其他条款"方式进行的债务重组。因此，本题表述错误。

【答案】×

2. 【解析】债务重组中涉及的债权、重组债权、债务、重组债务和其他金融工具的披露，应当按照《企业会计准则第 37 号——金融工具列报》的规定处理。此外，债权人和债务人还应当在附注中披露与债务重组有关的额外信息。因此，本题表述正确。

【答案】√

3. 【解析】在债务重组交易中，债权人初始确认对联营企业投资的，其成本包括放弃债权的公允价值，以及可直接归属于该资产的税金等其他成本。因此，本题表述错误。

【答案】×

4. 【解析】企业以金融资产清偿债务时，偿债金融资产已计提了减值准备的，应结转已计提的减值准备。因此，本题表述正确。

【答案】√

5.【解析】企业以交易性金融资产清偿债务时，无需结转交易性金融资产持有期间累计确认的公允价值变动损益。因此，本题表述错误。

【答案】×

四、计算分析题

1.（1）

【解析】该项债务重组同时涉及金融资产和非金融资产，又属于考虑增值税的情形。因此，乙公司应先确认金融资产的成本，再确认可抵扣的增值税进行税额，最后分配非金融资产的成本。

【答案】应确认交易性金融资产的金额 = 抵债股权投资在债务重组日的公允价值 = 650（万元）

库存商品可抵扣增值税进项税额 = 600×13% = 78（万元）

固定资产可抵扣增值税进项税额 = 900×13% = 117（万元）

则库存商品和固定资产应分摊的金额合计 = 放弃债权的公允价值 – 交易性金融资产的公允价值 – 可抵扣的增值税进项税额 = 2 000 – 650 – 78 – 117 = 1 155（万元）

应确认库存商品的金额 = 1 155×600/（600 + 900）= 462（万元）

应确认固定资产的金额 = 1 155×900/（600 + 900）= 693（万元）

（2）

【解析】乙公司应确认各项抵债资产，并终止确认对甲公司的应收账款。应收账款账面价值与抵债资产初始确认金额和可抵扣的增值税进项税额之和的差额计入投资收益。

【答案】应确认投资收益的金额 = 放弃债权的公允价值 – 放弃债权的账面价值 = 2 000 – （2 260 – 245）= – 15（万元）

相关会计分录为：

借：交易性金融资产	650	
库存商品	462	
固定资产	693	
应交税费——应交增值税（进项税额）	195【78 + 117】	
坏账准备	245	
投资收益	15	
贷：应收账款		2 260

（3）

【解析】甲公司应终止确认抵债资产，并终止确认所抵偿的债务。由于同时涉及金融资产和非金融资产，应付账款账面价值与各项抵债资产和增值税销项税额之和的差额应记入"其他收益——债务重组收益"科目。另外，甲公司还应将其他权益工具投资持有期间累计确认的其他综合收益转出，计入留存收益。

【答案】应记入"其他收益——债务重组收益"科目的金额 = 2 260 – （500 – 35）（抵债商品的账面价值）–（1 000 – 200）（抵债设备的账面价值）– 600（抵债股权投资的账面价值）– 195（增值税销项税额）= 200（万元）

相关会计分录为：

借：固定资产清理　　　　　　　　　　　　　　　　　　　800
　　累计折旧　　　　　　　　　　　　　　　　　　　　　200
　　　贷：固定资产　　　　　　　　　　　　　　　　　　　　1 000
借：应付账款　　　　　　　　　　　　　　　　　　　　2 260
　　存货跌价准备　　　　　　　　　　　　　　　　　　　35
　　　贷：库存商品　　　　　　　　　　　　　　　　　　　　　500
　　　　　固定资产清理　　　　　　　　　　　　　　　　　　800
　　　　　应交税费——应交增值税（销项税额）　　　　　　　195
　　　　　其他权益工具投资——成本　　　　　　　　　　　　500
　　　　　　　　　　　　　——公允价值变动　　　　　　　　100
　　　　　其他收益——债务重组收益　　　　　　　　　　　　200
借：其他综合收益　　　　　　　　　　　　　　　　　　100
　　　贷：盈余公积　　　　　　　　　　　　　　　　　　　　　10
　　　　　利润分配——未分配利润　　　　　　　　　　　　　90

第十四章 所得税

应试指导

本章重点是所得税的确认和计量，考生在学习时应重点把握几种特殊的资产或负债的账面价值和计税基础的确定、暂时性差异以及所得税费用的计算等。预计 2022 年本章仍是考试的重点，需要考生重点掌握。本章难度较高，在学习过程中首先要理清资产负债表债务法核算所得税的一般流程，然后再结合本章总结的几个高频考点进行重点理解和掌握，并通过相应的题目进行强化训练，从而加深对知识的理解，融汇贯通。

历年考情

本章是中级会计实务的重点章节，历年考试中客观题、主观题均有出现。客观题主要考查常见资产或负债的账面价值和计税基础的确定、暂时性差异的计算、递延所得税的确认和计量等。主观题主要是与其他章节（如固定资产、无形资产、金融资产、投资性房地产等）结合，综合考查所得税的计算等。本章平均分值在 8 分左右。

题型	2021年（一）		2021年（二）		2020年（一）		2020年（二）		2019年（一）		2019年（二）	
	题量	分值	题量	分值	题量	分值	题量	分值	题量	分值	题量	分值
单选题	1	1.5分	1	1.5分	—	—	1	1.5分	—	—	—	—
多选题	1	2分	1	2分	—	—	—	—	1	2分	—	—
判断题	1	1分	1	1分	—	—	1	1分	—	—	—	—
计算分析题	—	—	—	—	—	—	—	—	1	12分	—	—
综合题	—	—	—	—	1	15分	—	—	—	—	—	—

高频考点列表

考点	单选题	多选题	判断题	计算分析题	综合题
暂时性差异的确定	2021年、2018年	2021年、2016年	—	—	—
递延所得税的确定	2020年	2021年、2018年	2021年、2020年、2018年	—	2020年、2017年
所得税费用的确定	2018年	—	—	2019年	2018年、2016年

🌲 章逻辑树

第十四章 所得税

资产的计税基础

- 资产的计税基础 = 未来期间税法允许税前扣除的金额

- 固定资产
  - 账面价值 = 固定资产原价 − 累计折旧（会计）− 固定资产减值准备
  - 计税基础 = 固定资产原价 − 累计折旧（税法）

- 无形资产
  - 外购：计税基础 = 无形资产原价 − 累计摊销（税法）
  - 内部研发
    - 符合"三新"标准：计税基础 = 实际成本 × 175% − 累计摊销（税法）
    - 其他无形资产：计税基础 = 实际成本 − 累计摊销（税法）

- 以公允价值计量且其变动计入当期损益的金融资产
  - 期末账面价值 = 公允价值
  - 期末计税基础 = 取得成本

- 投资性房地产
  - 成本模式后续计量→账面价值和计税基础的确定参考固定（无形）资产
  - 公允价值模式后续计量
    - 计税基础的确定参考固定（无形）资产
    - 账面价值 = 公允价值

负债的计税基础

- 负债的计税基础 = 账面价值 − 未来期间税法允许税前扣除的金额

- 预计负债
  - 某些相关支出实际发生时允许全额税前扣除，计税基础 = 0
  - 某些相关支出实际发生时不允许税前扣除，计税基础 = 账面价值

- 合同负债和其他负债的计税基础

暂时性差异

- 应纳税暂时性差异
  - 资产：账面价值 > 计税基础
  - 负债：账面价值 < 计税基础
  - → 确认递延所得税负债

- 可抵扣暂时性差异
  - 资产：账面价值 < 计税基础
  - 负债：账面价值 > 计税基础
  - → 确认递延所得税资产

- 特殊项目产生的暂时性差异·广告费支出等

递延所得税资产、递延所得税负债

- 一般计入所得税费用，也可能计入其他综合收益等科目

- 不确认递延所得税的情况
  - ①非同一控制下的企业合并中，商誉初始确认时形成的暂时性差异
  - ②除企业合并以外的其他交易或事项中，该交易或事项发生时既不影响会计利润，也不影响应纳税所得额

- 采用转回期间的所得税税率，税率变动时，要对已确认的递延所得税进行调整

- 递延所得税资产的确认应以预计未来期间很可能取得的应纳税所得额为限

- 特殊交易或事项中涉及递延所得税的确认

第十四章　所得税

所得税费用的确认和计量

所得税费用＝当期所得税＋递延所得税费用（或－递延所得税收益）

递延所得税费用（收益）＝当期递延所得税负债的增加＋当期递延所得税资产的减少－当期递延所得税负债的减少－当期递延所得税资产的增加

所得税的列报

高频考点 1 所得税会计核算的基本原理和程序

企业应当采用资产负债表债务法核算所得税，一般于资产负债表日进行。特殊交易或事项，如企业合并等，在确认因交易或事项产生的资产、负债时即予以确认。企业所得税基本核算程序如下：

> **确定账面价值 VS 计税基础**
> 账面价值：通过会计核算资料直接取得；
> 计税基础：以适用的税收法规为基础确定

> **确定暂时性差异**
> 除特殊情况外，分析资产、负债的账面价值和计税基础的差异，确定暂时性差异

> **确定当期递延所得税**
> 按暂时性差异和适用税率计算递延所得税资产（负债）的期末余额，并与期初余额相比，确定当期应确认或转回的递延所得税资产（负债）

> **确定当期所得税**
> 当期所得税（应交所得税）= 应纳税所得额 × 适用税率 − 减免税额 − 抵免税额

> **确定所得税费用**
> 所得税费用 = 当期所得税 + 递延所得税

高频考点 2 暂时性差异的确定

1. 暂时性差异的分类

根据暂时性差异对未来期间应纳税所得额影响的不同，分为应纳税暂时性差异和可抵扣暂时性差异。

分类	应纳税暂时性差异	可抵扣暂时性差异
资产	账面价值 > 计税基础	账面价值 < 计税基础
负债	账面价值 < 计税基础	账面价值 > 计税基础

2. 暂时性差异金额的确定

暂时性差异的金额即资产、负债项目账面价值与其计税基础的差额，常见项目计税基础的计算如下：

项目		计税基础
资产		**资产的计税基础＝未来期间可税前扣除的金额**
	固定资产	计税基础＝实际成本－累计折旧（税法）
	无形资产	①内部研发形成：计税基础＝实际成本×175%－累计摊销（税法） ②其他：计税基础＝实际成本－累计摊销（税法）
	投资性房地产	计税基础＝初始确认金额－累计折旧/摊销（税法） 【提个醒】确定投资性房地产的计税基础时，直接参考固定资产或无形资产的相关规定，不区分以成本模式计量还是以公允价值模式计量。
	其他资产	①计提了减值准备的资产（如应收账款）：计税基础不扣除减值准备 ②以公允价值计量的资产（如以公允价值计量且其变动计入当期损益的金融资产）：计税基础不考虑公允价值变动
负债		**负债的计税基础＝账面价值－未来期间计税时按税法规定可予抵扣的金额**
	预计负债	①发生时全额扣除（如产品质量保证）：计税基础＝0 ②不得扣除（如债务担保）：计税基础＝账面价值
	合同负债	①税法对于收入的确认原则与会计规定相同，即会计上未确认收入时，计税时不计入应纳税所得额（会计与税法同时确认收入）：计税基础＝账面价值 ②不符合会计准则规定的收入确认条件，但税法规定应于收款时计入当期应纳税所得额，未来期间无须纳税（税法早于会计确认收入）：计税基础＝0
	应付职工薪酬	①一般情况：计税基础＝账面价值 ②当期限额扣除，剩余部分未来期间允许扣除（如职工教育经费）：计税基础＝当期允许扣除的部分
	其他负债	罚款和滞纳金不允许税前扣除，计税基础＝账面价值

【真题实战·单选题】甲公司于 2020 年 1 月 1 日开始对 N 设备计提折旧，N 设备的初始入账成本是 30 万元，预计使用年限为 5 年，预计净残值为 0，采用双倍余额递减法折旧。2020 年 12 月 31 日发生减值迹象，可回收金额为 15 万元。税法规定，2020 年到 2024 年，每年税前可抵扣的折旧费用为 6 万元。则 2020 年 12 月 31 日 N 设备的暂时性差异是（　　）万元。（2021 年）

A. 18 　　　　　　　　　B. 15

C. 12 　　　　　　　　　D. 9

【解析】2020 年 12 月 31 日，N 设备的账面价值＝30－30×2/5＝18（万元），大于可收回金额

15 万元，发生减值，应计提减值准备。计提 3 万元（18－15）的减值准备后，N 设备的账面价值为 15 万元，计税基础＝30－6＝24（万元）。因此，N 设备的账面价值＜计税基础，产生 9 万元的可抵扣暂时性差异。综上，本题应选 D。

【答案】D

【真题实战·单选题】2020 年 12 月 1 日，甲公司因违反环保法规受到处罚，将应支付的罚款 270 万元计入其他应付款。根据税法规定，甲公司违反环保法规的罚款不得税前扣除。2020 年 12 月 31 日，甲公司已经支付了 200 万元的罚款。不考虑其他因素，2020 年 12 月 31 日，其他应付款的暂时性差异为（　　）

万元。（2021年）

A. 270　　　　　　　B. 70

C. 0　　　　　　　　D. 200

【解析】 2020年12月31日，其他应付款的账面价值＝270－200＝70（万元）。根据税法规定，罚款和滞纳金在当期和以后期间均不允许税前扣除，则其计税基础＝70（账面价值）－0（未来允许扣除的金额）＝70（万元），账面价值＝计税基础，不产生暂时性差异。综上，本题应选C。

【答案】 C

【真题实战·多选题】 甲公司下列各项资产或负债在资产负债表日产生可抵扣暂时性差异的有（　　）。（2021年）

A. 账面价值为100万元、计税基础为60万元的交易性金融资产

B. 账面价值为800万元、计税基础为200万元的交易性金融负债

C. 账面价值为60万元、计税基础为0的合同负债

D. 账面价值为800万元、计税基础为1 200万元的投资性房地产

【思路导航】 资产：账面价值＞计税基础→产生应纳税暂时性差异，确认递延所得税负债。负债和资产的确认规定正好相反，记住其一反推另一。

【解析】 选项A不符合题意，选项D符合题意，交易性金融资产、投资性房地产均属于资产，账面价值＞计税基础，产生应纳税暂时性差异（A）；账面价值＜计税基础，产生可抵扣暂时性差异（D）。选项B、C符合题意，交易性金融负债、合同负债均属于负债，账面价值＞计税基础，产生可抵扣暂时性差异。综上，本题应选BCD。

【答案】 BCD

【真题实战·单选题】 2016年12月7日，

甲公司以银行存款600万元购入一台生产设备并立即投入使用，该设备取得时的成本与计税基础一致。2017年度甲公司对该固定资产计提折旧200万元，企业所得税纳税申报时允许税前扣除的金额为120万元。2017年12月31日，甲公司估计该项固定资产的可收回金额为460万元。不考虑增值税等相关税费及其他因素的影响，2017年12月31日，该项固定资产产生的暂时性差异为（　　）。（2018年）

A. 可抵扣暂时性差异80万元

B. 应纳税暂时性差异80万元

C. 可抵扣暂时性差异140万元

D. 应纳税暂时性差异20万元

【解析】 2017年12月31日，甲公司该项固定资产的账面价值＝600－200＝400（万元），小于可收回金额460万元，无须计提减值。计税基础＝600－120＝480（万元），固定资产的账面价值＜计税基础，形成可抵扣暂时性差异80万元（480－400）。综上，本题应选A。

【答案】 A

【真题实战·多选题】 企业对固定资产进行后续计量时，账面价值与计税基础不一致的原因有（　　）。（2016年）

A. 会计上计提的减值准备在计提当期不允许税前扣除

B. 会计确认的净残值与税法认定的净残值不同

C. 会计确定的折旧方法与税法认定的折旧方法不同

D. 会计确定的折旧年限与税法认定的折旧年限不同

【解析】 固定资产的账面价值与计税基础的差异，主要产生于会计折旧与税法折旧的差异（如折旧方法的选择、折旧年限、净残值的认定）以及固定资产减值准备的计提等。综上，本题应选ABCD。

【答案】ABCD

【沙场练兵·判断题】资产产生的暂时性差异等于未来期间计税时按照税法规定可予税前扣除的金额。（　　）

【解析】资产的计税基础（而非暂时性差异）等于未来期间计税时按照税法规定可予税前扣除的金额，而暂时性差异是其账面价值与计税基础的差额。因此，本题表述错误。

【答案】×

【沙场练兵·单选题】2021年，甲公司自行研究开发某项新技术，当期发生研究开发支出共计500万元，其中研究阶段支出190万元，开发阶段不符合资本化条件的支出70万元，开发阶段符合资本化条件的支出240万元。假定甲公司该项研发当期达到预定用途转入无形资产核算，本年累计摊销40万元。税法允许按照该无形资产初始入账价值的175%进行摊销，摊销方法、摊销年限和残值与会计准则的规定相同。则2021年12月31日，甲公司该项无形资产的计税基础为（　　）万元。

A. 200
B. 240
C. 350
D. 380

【解析】2021年12月31日，无形资产的计税基础＝240×175%－40×175%＝350（万元）。综上，本题应选C。

【答案】C

【沙场练兵·单选题】下列各项负债中，计税基础为零的是（　　）。

A. 应交未交的税收滞纳金
B. 因购入存货形成的应付账款
C. 因确认保修费用形成的预计负债
D. 为职工计提的应付养老保险金

【思路导航】资产的计税基础为未来期间可以税前扣除的金额，负债的计税基础为负债账面价值减去未来期间可以税前扣除的金额。注意两者的区别。

【解析】负债的计税基础＝账面价值－未来期间按照税法规定可予抵扣的金额。选项A、B、D，未来期间均不允许税前扣除，则计税基础＝账面价值－0＝账面价值；选项C，因保修义务形成的预计负债，在实际发生时允许全额扣除，则计税基础＝0。综上，本题应选C。

【答案】C

【沙场练兵·单选题】甲公司2020年12月31日"预计负债——产品质量保证费用"科目贷方余额为300万元。根据税法规定，与产品售后服务相关的费用在实际发生时可以税前扣除。已知甲公司2021年发生产品质量保证费用100万元，预提产品质量保证费用200万元。则2021年12月31日，该项预计负债的计税基础为（　　）万元。

A. 400
B. 300
C. 200
D. 0

【解析】2021年12月31日，该项预计负债的账面价值＝300－100＋200＝400（万元）；负债的计税基础＝账面价值－未来期间计税时按照税法规定可予抵扣的金额，由于产品质量保证产生的预计负债实际发生时允许全额扣除。因此，计税基础＝400－400＝0。综上，本题应选D。

【答案】D

【沙场练兵·单选题】甲公司2021年因为关联方提供债务担保确认了预计负债600万元。假定税法规定，企业为其他单位债务提供担保发生的损失不允许在税前扣除。不考虑其他因素，则2021年年末该项预计负债产生的暂时性差异为（　　）万元。

A. 600
B. 300
C. 0
D. 无法确定

【解析】税法规定，企业为其他单位债务提供担保发生的损失不允许在税前扣除，则该项预计负债的计税基础＝600（账面价值）－0（未来期间计税时按照税法规定可予税前扣除的部分）＝600（万元），账面价值＝计税基础，不产生暂时性差异。综上，本题应选C。

【答案】C

【沙场练兵·单选题】 2021年12月20日，甲公司以每股4元的价格从股票市场购入100万股乙公司普通股股票，将其作为交易性金融资产。2021年12月31日，甲公司持有乙公司普通股股票的公允价值为每股6元。不考虑其他因素，2021年12月31日，甲公司该项业务产生的应纳税暂时性差异为（　　　）万元。

A.0　　　　　　　　　B.600

C.400　　　　　　　　D.200

【解析】 交易性金融资产的账面价值＝公允价值＝$6 \times 100 = 600$（万元），计税基础＝取得时成本＝$4 \times 100 = 400$（万元），账面价值＞计税基础，

产生应纳税暂时性差异200万元（$600 - 400$）。综上，本题应选D。

【答案】D

【沙场练兵·判断题】 2021年12月31日，甲公司预收客户的购货款100万元因不满足收入的确认条件在资产负债表中"合同负债"项目列示。税法规定，该款项应计入取得当期应纳税所得额计算缴纳所得税，未来确认收入期间无须纳税。则该合同负债的计税基础为100万元。（　　　）

【解析】 对于该合同负债，由于税法规定应计入取得当期的应纳税所得额，未来确认收入期间无须纳税，则未来期间准予在税前抵扣的金额等于其账面价值，计税基础为0。因此，本题表述错误。

【答案】×

高频考点 3　递延所得税的确定

1. 一般规定

暂时性差异在符合确认条件的情况下，确认为递延所得税负债或递延所得税资产。

项目	可抵扣暂时性差异	应纳税暂时性差异
基本原则	以未来期间可能取得的应纳税所得额**为限**，确认相关的递延所得税资产	除另有规定外，企业对于所有的**应纳税暂时性差异**均应确认相关的递延所得税负债
记入科目	①交易或事项发生时，影响到会计利润或应纳税所得额→所得税费用 ②与直接计入所有者权益的交易或事项相关→所有者权益对应科目 ③企业合并中产生→商誉或所得税费用	
金额的确定	递延所得税资产（负债）＝可抵扣（应纳税）暂时性差异×**转回期间**适用的所得税税率『**不折现**』	
不确认递延所得税的情形	①既不影响会计利润，也不影响应纳税所得额的交易或事项形成的暂时性差异（企业合并外）； ②非同一控制下的企业合并中，商誉**初始确认时**形成的暂时性差异	

2. 特殊项目递延所得税的确定

（1）企业发生的符合条件的广告费和业务宣传费支出以及可以结转以后年度的未弥补亏损及税款抵减，符合条件的情况下，应确认相关的递延所得税资产。

（2）非同一控制下企业合并中确认了商誉，且按税法规定商誉在初始确认时计税基础等于账面价值的，其后续计量过程中因会计和税法规定不同产生暂时性差异的，应确认相关的所得税影响。

> **┃敲黑板┃**
>
> （1）因适用税收法规的变化，导致企业在某一会计期间适用的所得税税率发生变化的，企业应对已确认的递延所得税资产和递延所得税负债进行重新计量。
>
> （2）资产负债表日，企业应当对递延所得税资产的账面价值进行复核，未来期间很可能无法取得足够的应纳税所得额用以利用递延所得税资产的，应当减记递延所得税资产的账面价值，已减记的递延所得税资产包含的经济利益能够实现的，应相应恢复递延所得税资产的账面价值。『可转回』

【真题实战·多选题】 2020年1月1日，甲公司开始自行研发一项用于生产产品的新技术，研究阶段的支出为400万元，开发阶段满足资本化条件的支出为600万元。2020年7月1日，该新技术研发成功并立即用于P产品的生产。该新技术的预计使用年限为5年，预计净残值为零，采用直线法进行摊销。根据税法规定，该新技术在其预计使用年限5年内每年准予在税前扣除的摊销费用为210万元。甲公司适用的企业所得税税率为25%。不考虑其他因素，甲公司2020年7月1日与该新技术有关的下列各项会计处理表述中，正确的有（　　）。（2021年）

A.该新技术的入账金额为1 000万元

B.该新技术的可抵扣暂时性差异为450万元

C.应确认与该新技术有关的递延所得税资产112.5万元

D.该新技术的计税基础为1 050万元

【解析】 选项A错误，该新技术的入账金额为开发阶段满足资本化条件的支出600万元；选项D正确，该新技术的计税基础为其未来准予税前扣除的金额合计数，即=210×5=1 050（万元）；选项B正确，选项C错误，该新技

术的账面价值（600万元）＜计税基础（1 050万元），产生可抵扣暂时性差异=1 050－600=450（万元），但税法规定自行研发的无形资产初始确认时形成的可抵扣暂时性差异不确认递延所得税资产。综上，本题应选BD。

【答案】 BD

【真题实战·判断题】 对于以公允价值计量且其变动计入当期损益的金融资产，企业不应对因公允价值变动形成的应纳税暂时性差异确认递延所得税负债。（　　）（2021年）

【解析】 企业因公允价值变动形成的应纳税暂时性差异符合递延所得税负债的确认条件，应确认递延所得税负债。因此，本题表述错误。

【答案】 ×

【真题实战·判断题】 企业在处置其他权益工具投资时，转回的该金融资产公允价值变动形成的递延所得税资产（或负债）应当直接计入所得税费用。（　　）（2021年）

【解析】 企业在处置其他权益工具投资时，转回的该金融资产公允价值变动形成的递延所得税资产（或负债）应当计入其他综合收益。因此，本题表述错误。

【答案】 ×

【真题实战·单选题】2018 年 10 月 18 日，甲公司以银行存款 3 000 万元购入乙公司的股票，分类为以公允价值计量且其变动计入当期损益的金融资产。2018 年 12 月 31 日该股票投资的公允价值为 3 200 万元，2019 年 12 月 31 日该股票投资的公允价值为 3 250 万元。甲公司适用的企业所得税税率为 25%。2019 年 12 月 31 日，该股票投资的计税基础为 3 000 万元。不考虑其他因素，甲公司对该股票投资公允价值变动应确认递延所得税负债的余额为（　　）万元。（2020 年）

A.12.5　　　　　　　B.62.5

C.112.5　　　　　　　D.50

【解析】甲公司购入的乙公司股票应作为交易性金融资产核算，采用公允价值模式进行后续计量。2019 年 12 月 31 日，该交易性金融资产的账面价值即为该股票当日的公允价值 3 250 万元，计税基础为 3 000 万元。账面价值＞计税基础，产生应纳税暂时性差异，则应确认递延所得税负债的余额＝（3 250－3 000）×25%＝62.5（万元）。综上，本题应选 B。

【答案】B

【真题实战·判断题】企业应当在资产负债表日对递延所得税资产的账面价值进行复核，如果未来期间很可能无法取得足够的应纳税所得额用以利用递延所得税资产的利益，应当减记递延所得税资产的账面价值。（　　）（2020 年）

【解析】资产负债表日，企业应当对递延所得税资产的账面价值进行复核，如果未来期间很可能无法取得足够的应纳税所得额用以利用递延所得税资产的利益，应当减记递延所得税资产的账面价值。因此，本题表述正确。

【答案】√

【真题实战·判断题】非同一控制下的企业合并中，购买日商誉的账面价值大于计税基础产生应纳税暂时性差异的，应当确认递延所得税负债。（　　）（2018 年）

【解析】会计上作为非同一控制下的企业合并，同时按照税法规定作为免税合并的情况下，商誉的计税基础为 0，其账面价值与计税基础不同形成的应纳税暂时性差异，会计准则规定不确认相关的递延所得税负债。因此，本题表述错误。

【答案】×

【真题实战·多选题】下列关于企业递延所得税负债会计处理的表述中，正确的有（　　）。（2018 年）

A.商誉初始确认时形成的应纳税暂时性差异应确认相应的递延所得税负债

B.与损益相关的应纳税暂时性差异确认的递延所得税负债应计入所得税费用

C.应纳税暂时性差异转回期间超过一年的，相应的递延所得税负债应以现值进行计量

D.递延所得税负债以相关应纳税暂时性差异转回期间适用的企业所得税税率计量

【解析】选项 A 表述错误，因会计与税法的划分标准不同，会计上作为非同一控制下的企业合并，同时按照税法规定作为免税合并的情况下，商誉的计税基础为 0，其账面价值与计税基础不同形成的应纳税暂时性差异，会计准则中规定不确认与其相关的递延所得税负债；选项 B 表述正确，在确认递延所得税负债的同时，应调整所得税费用、其他综合收益、资本公积或者商誉等，其中与损益相关的应纳税暂时性差异确认的递延所得税负债应计入所得税费用；选项 C 表述错误，无论应纳税暂时性差异转回期间如何，递延所得税负债都不要求折现；选项 D 表述正确，递延所得税负债应以相关应纳税暂时性差异转回期间适用的企业所得税税率为基础计算确定。综上，本题应选 BD。

【答案】BD

【沙场练兵·单选题】甲公司于 2019 年 12 月 30 日取得某项固定资产，原价为 2 000 万元，使用年限为 10 年，会计上采用双倍余额递减法计提折旧，净残值为 0。税法规定该类固定资产采用年限平均法计提的折旧可予税前扣除，折旧年限、净残值与会计规定相同。2021 年 12 月 31 日，企业估计该项固定资产的可收回金额为 1 200 万元。假定甲公司适用的所得税税率为 25%，不考虑其他因素。2020 年年初"递延所得税资产"科目无余额，则 2021 年年末"递延所得税资产"科目的余额为（ ）万元。

A.10 B.30
C.50 D.100

【解析】2021 年 12 月 31 日，该项固定资产计提减值准备前的账面价值 = 2 000 − 2 000×2/10 − （2 000 − 2 000×2/10）×2/10 = 1 280（万元），大于可收回金额 1 200 万元，因此应计提 80 万元的固定资产减值准备。则 2021 年 12 月 31 日，该项固定资产计提减值准备后的账面价值为 1 200 万元，计税基础 = 实际成本 − 累计折旧（税法）= 2 000 − 2 000÷10× 2 = 1 600（万元），大于账面价值 1 200 万元，产生可抵扣暂时性差异 400 万元（1 600 − 1 200），则 2021 年年末"递延所得税资产"科目的余额 = 400×25% = 100（万元）。综上，本题应选 D。

【答案】D

【举一反三·单选题】假定上例中其他条件不变，则 2021 年因该事项确认的"递延所得税资产"科目的发生额为（ ）万元。

A.10 B.20
C.30 D.50

【解析】2020 年 12 月 31 日，该项固定资产的账面价值 = 2 000 − 2 000×2/10 = 1 600（万元），计税基础 = 2 000 − 2 000÷10 = 1 800（万元），账面价值＜计税基础，产生可抵扣暂时性差异 200 万元，则 2020 年"递延所得税资产"科目期末余额为 50 万元（200×25%）。由上题可知，2021 年年末，"递延所得税资产"科目期末余额为 100 万元，则 2021 年递延所得税资产发生额为 50 万元。综上，本题应选 D。

【答案】D

【真题实战·综合题】（2020 年）

甲公司适用的企业所得税税率为 25%，预计未来期间适用的企业所得税税率不会发生变化，未来期间能够产生足够的应纳税所得额用以抵减可抵扣暂时性差异。2019 年 1 月 1 日，甲公司递延所得税资产的年初余额为 200 万元、递延所得税负债的年初余额为 150 万元。2019 年度，甲公司发生的与企业所得税有关的交易或事项如下：

资料一：2019 年 2 月 1 日，甲公司以银行存款 200 万元购入乙公司的股票并将其分类为以公允价值计量且其变动计入当期损益的金融资产。该金融资产的初始入账金额与计税基础一致。2019 年 12 月 31 日，该股票投资的公允价值为 280 万元。根据税法规定，甲公司持有的乙公司股票当期的公允价值变动不计入当期应纳税所得额，待转让时将转让收入扣除初始投资成本的差额计入转让当期的应纳税所得额。

资料二：2019 年度甲公司在自行研发 A 新技术的过程中发生支出 500 万元，其中满足资本化条件的研发支出为 300 万元。至 2019 年 12 月 31 日，A 新技术研发活动尚未结束，税法规定，企业费用化的研发支出在据实扣除的基础上再加计75%税前扣除。资本化的研发支出按资本化额的175%确定应予税前摊销扣除的金额。

资料三：2019年12月31日，甲公司成本为90万元的库存B产品出现减值迹象。经减值测试，其可变现净值为80万元。在此之前，B产品未计提存货跌价准备。该库存B产品的计税基础与成本一致。税法规定，企业当期计提的存货跌价准备不允许当期税前扣除，在发生实质性损失时可予税前扣除。

资料四：2019年甲公司通过某县民政局向灾区捐赠400万元。税法规定，企业通过县级民政局进行慈善捐赠的支出，在年度利润总额12%以内的部分准予在当期税前扣除，超过年度利润总额12%的部分，准予在未来3年内税前扣除。甲公司2019年度的利润总额为3 000万元。本题不考虑除企业所得税以外的税费及其他因素。（答案中的金额单位用万元表示）

要求：

（1）分别编制甲公司2019年12月31日对乙公司股票投资按公允价值计量及对所得税影响的会计分录。

（2）判断甲公司2019年12月31日A新技术研发支出的资本化部分形成的是应纳税暂时性差异还是可抵扣暂时性差异，并判断是否需要确认递延所得税资产。

（3）分别编制甲公司2019年12月31日对库存B产品计提减值准备及对所得税影响的会计分录。

（4）计算2019年的捐赠支出所产生的暂时性差异的金额，并判断是否需要确认递延所得税资产。

（5）分别计算甲公司2019年12月31日递延所得税负债的余额和递延所得税资产的余额。

（1）

【解析】2019年12月31日，该股票投资的账面价值等于公允价值280万元，计税基础＝初始成本200万元，账面价值大于计税基础，产生应纳税暂时性差异80万元（280－200），应确认的递延所得税负债金额＝80×25%＝20（万元）。

【答案】相关会计分录为：

借：交易性金融资产——公允价值变动	80
贷：公允价值变动损益	80
借：所得税费用	20
贷：递延所得税负债	20

（2）

【解析】该事项不产生于企业合并交易，确认时既不影响会计利润，也不影响应纳税所得额，所以产生的可抵扣暂时性差异不确认递延所得税资产。

【答案】甲公司 2019 年 12 月 31 日 A 新技术研发支出资本化部分账面价值为 300 万元，计税基础 = 300×175% = 525（万元），账面价值小于计税基础，形成的是可抵扣暂时性差异，但不确认递延所得税资产。

（3）

【解析】库存 B 产品的成本为 90 万元，可变现净值为 80 万元，则应计提存货跌价准备金额 = 90 − 80 = 10（万元）。计提存货跌价准备后其账面价值为 80 万元，小于计税基础 90 万元，产生可抵扣暂时性差异 10 万元（90 − 80），应确认的递延所得税资产金额 = 10×25% = 2.5（万元）。

【答案】相关会计分录为：

借：资产减值损失   10
    贷：存货跌价准备   10
借：递延所得税资产   2.5
    贷：所得税费用   2.5

（4）

【解析】税法规定，企业通过县级民政局进行慈善捐赠的支出，在年度利润总额 12% 以内的部分准予在当期税前扣除，超过年度利润总额 12% 的部分，准予在未来 3 年内税前扣除。则本题中当期不能扣除，以后年度可以扣除的部分为 40 万元（400 − 3 000×12%），形成的可抵扣暂时性差异的金额为 40 万元，应确认递延所得税资产的金额为 10 万元（40×25%）。

【答案】2019 年的捐赠支出所产生的暂时性差异金额 = 400 − 3 000×12% = 40（万元），应确认递延所得税资产的金额 = 40×25% = 10（万元）。

（5）

【答案】2019 年 12 月 31 日：

递延所得税资产余额 = 200 + 2.5 + 10 = 212.5（万元）
递延所得税负债余额 = 150 + 20 = 170（万元）

【真题实战·综合题】（2017 年）

甲公司适用的所得税税率为 25%。相关资料如下：

资料一：2010 年 12 月 31 日，甲公司以银行存款 44 000 万元购入一栋达到预定可使用状态的写字楼并对外出租，租期为 2 年，已办妥相关手续。该写字楼的预计可使用寿命为 22 年，取得时成本和计税基础一致。

资料二：甲公司对该写字楼采用公允价值模式进行后续计量。所得税纳税申报时，该写字楼在其预计使用寿命内每年允许税前扣除的金额均为 2 000 万元。

资料三：2011 年 12 月 31 日和 2012 年 12 月 31 日，该写字楼的公允价值分别为 45 500 万元和 50 000 万元。

资料四：2012 年 12 月 31 日，租期届满，甲公司收回该写字楼，并供本公司行政管理部门使用。甲公司自 2013 年开始对写字楼按年限平均法计提折旧，预计使用寿命 20 年，净残值为 0。在其预计使用寿命内每年允许税前扣除的金额均为 2 000 万元。

假定不考虑所得税外的税费及其他因素。（答案中的金额单位用万元表示）

要求：

（1）编制甲公司 2010 年 12 月 31 日购入并立即出租该写字楼的相关会计分录。

（2）编制 2011 年 12 月 31 日投资性房地产公允价值变动的会计分录。

（3）计算确定 2011 年 12 月 31 日投资性房地产的账面价值、计税基础及暂时性差异（说明是可抵扣暂时性差异还是应纳税暂时性差异）；并计算应确认的递延所得税资产或递延所得税负债的金额。

（4）编制甲公司 2012 年 12 月 31 日将该写字楼转换为自用房地产的会计分录。

（5）计算确定 2013 年 12 月 31 日该写字楼的账面价值、计税基础及暂时性差异（说明是可抵扣暂时性差异还是应纳税暂时性差异）；并计算递延所得税资产或递延所得税负债的余额。

（1）

【答案】相关会计分录为：

借：投资性房地产——成本	44 000	
贷：银行存款		44 000

（2）

【答案】相关会计分录为：

借：投资性房地产——公允价值变动	1 500	
贷：公允价值变动损益		1 500

（3）

【答案】2011 年 12 月 31 日投资性房地产的账面价值为 45 500 万元

计税基础 = 44 000 − 44 000 ÷ 22 = 42 000（万元）

账面价值大于计税基础，产生应纳税暂时性差异，金额 = 45 500 − 42 000 = 3 500（万元），应确认递延所得税负债 = 3 500 × 25% = 875（万元）。

（4）

【答案】相关会计分录为：

借：固定资产	50 000	
贷：投资性房地产——成本		44 000
——公允价值变动		1 500
公允价值变动损益		4 500

（5）

【答案】2013 年 12 月 31 日，该写字楼的账面价值 = 50 000 − 50 000/20 = 47 500（万元），计税基础 = 44 000 − 2 000 × 3 = 38 000（万元）。

资产的账面价值大于计税基础，产生应纳税暂时性差异，金额 = 47 500 − 38 000 = 9 500（万元），递延所得税负债余额 = 9 500 × 25% = 2 375（万元）。

【真题实战·综合题】（2017 年改编）

甲公司系增值税一般纳税人，适用的增值税税率为 13%，所得税税率为 25%，预计未来期间能够取得足够的应纳税所得额用以抵减可抵扣暂时性差异。相关资料如下：

资料一：2019 年 12 月 10 日，甲公司以银行存款购入一台需自行安装的生产设备，取得的增值税专用发票上注明的价款为 495 万元，增值税税额为 64.35 万元。甲公司当日开始进行设备安装，安装过程中发生安装人员薪酬 5 万元，2019 年 12 月 31 日安装完毕并达到预定可使用状态交付使用。

资料二：甲公司预计该设备可使用 10 年，预计净残值为 20 万元，采用双倍余额递减法计提折旧；所得税纳税申报时，该设备在其预计使用寿命内每年允许税前扣除的金额为 48 万元。该设备取得时的成本与计税基础一致。假定不考虑其他因素。（答案中的金额单位用万元表示）

要求：

（1）计算甲公司 2019 年 12 月 31 日该设备安装完毕并达到预定可使用状态的成本，并编制设备购入、安装及达到预定可使用状态的相关会计分录。

（2）分别计算甲公司 2020 年和 2021 年对该设备应计提的折旧额。

（3）分别计算甲公司 2021 年 12 月 31 日该设备的账面价值、计税基础、暂时性差异（需指出是应纳税暂时性差异还是可抵扣暂时性差异），以及相应的递延所得税负债或递延所得税资产的账面余额。

（1）

【解析】外购固定资产的成本 = 买价 + 相关税费 + 装卸费 + 运输费 + 安装费 + 专业人员服务费等，甲公司属于增值税一般纳税人，支付的增值税进项税额可以抵扣，不计入固定资产的成本。

【答案】2019 年 12 月 31 日，甲公司该设备安装完毕并达到预定可使用状态的成本 = 495 + 5 = 500（万元）。相关会计分录为：

借：在建工程　　　　　　　　　　　　　　　　　　　495

　　应交税费——应交增值税（进项税额）　　　　　　64.35

　　贷：银行存款　　　　　　　　　　　　　　　　　　559.35

	借：在建工程		5	
	贷：应付职工薪酬			5
	借：固定资产		500	
	贷：在建工程			500

（2）

【解析】 双倍余额递减法下，年折旧率＝2/预计使用年限×100%，年折旧额＝固定资产账面净值×年折旧率。需要注意的是，双倍余额递减法的折旧率固定，前期折旧时不考虑净残值，但最后两年，需要将固定资产账面价值扣除预计净残值后的余额平均摊销。

【答案】 2020年该设备应计提的折旧额＝500×2÷10＝100（万元）

2021年该设备应计提的折旧额＝（500－100）×2÷10＝80（万元）

（3）

【答案】 2021年年末该设备的账面价值＝500－100－80＝320（万元），计税基础＝500－48×2＝404（万元）；账面价值小于计税基础，产生可抵扣暂时性差异，金额＝404－320＝84（万元），形成递延所得税资产，账面余额＝84×25%＝21（万元）。

高频考点 4 所得税费用的确定

项目		具体内容
所得税费用的构成		所得税费用＝当期所得税＋递延所得税费用（或收益）
当期所得税（税法规定）	计算	应纳税所得额＝会计利润＋纳税调整增加额－纳税调整减少额＋境外应税所得弥补境内亏损－弥补以前年度亏损 当期所得税（应交所得税）＝应纳税所得额×适用税率－减免税额－抵免税额
	账务处理	借：所得税费用 　贷：应交税费——应交所得税
递延所得税费用	计算	递延所得税费用（或收益）＝当期递延所得税负债的增加－当期递延所得税负债的减少＋当期递延所得税资产的减少－当期递延所得税资产的增加 **【提个醒】** 结果为正表示递延所得税费用，结果为负表示递延所得税收益。
	账务处理	借：所得税费用　　　　　　　　　【或贷方】 　　其他综合收益等　　　　　　　【或贷方】 　　递延所得税资产　　　　　　　【或贷方】 　贷：递延所得税负债　　　　　　【或借方】

┃敲黑板┃

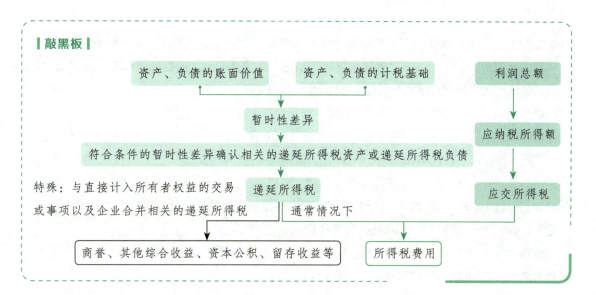

【真题实战·单选题】2017 年甲公司当期应交所得税 15 800 万元，递延所得税资产本期净增加 320 万元（其中 20 万元对应其他综合收益），递延所得税负债未发生变化。不考虑其他因素，2017 年利润表应列示的所得税费用金额为（ ）万元。（2018 年）

A.15 480　　　　B.16 100

C.15 500　　　　D.16 120

【解析】当期所得税费用＝当期应交所得税＋递延所得税。本题中，甲公司当期应交所得税为 15 800 万元，因递延所得税资产本期净增加额中 20 万元对应其他综合收益，不影响递延所得税费用，故对应的递延所得税费用为－300 万元。2017 年甲公司利润表应列示的所得税费用＝15 800－300＝15 500（万元）。

综上，本题应选 C。

【答案】C

【沙场练兵·多选题】下列关于所得税会计处理的表述中，正确的有（ ）。

A.企业应当将当期确认的递延所得税全部计入所得税费用

B.利润表中的所得税费用包括当期所得税和递延所得税

C.当期所得税指的是当期应交所得税

D.企业应采用资产负债表债务法核算所得税

【解析】选项 A 表述错误，与当期及以前期间直接计入所有者权益的交易或事项相关的递延所得税应当计入所有者权益，而非所得税费用；选项 B、C、D 表述正确。综上，本题应选 BCD。

【答案】BCD

【真题实战·计算分析题】（2019 年）

甲公司适用的企业所得税税率为 25%，预计未来期间适用的企业所得税税率不会发生变化，未来期间能够产生足够的应纳税所得额用以抵减可抵扣暂时性差异。2018 年 1 月 1 日，甲公司递延所得税资产、递延所得税负债的年初余额均为零。甲公司 2018 年发生的会计处理与税收处理存在差异的交易或事项如下：

资料一：2017 年 12 月 20 日，甲公司取得并立即提供给行政管理部门使用的一项初始入账金额为 150 万元的固定资产，预计使用年限为 5 年，预计净残值为零。会计处理采用年限平均法计提折旧，该固定资产的计税基础与初始入账金额一致。根据税法规定，2018 年甲公司该固定资产的折旧额能在税前扣除的金额为 50 万元。

资料二：2018 年 11 月 5 日，甲公司取得乙公司股票 20 万股，并将其指定为以公允价值计量且其变动计入其他综合收益的金融资产，初始入账金额为 600 万元。该金融资产的计税基础与初始入账金额一致。2018 年 12 月 31 日，该股票的公允价值为 550 万元。税法规定，金融资产的公允价值变动不计入当期应纳税所得额，待转让时一并计入转让当期的应纳税所得额。

资料三：2018 年 12 月 10 日，甲公司因当年偷税漏税向税务机关缴纳罚款 200 万元，税法规定，偷税漏税的罚款支出不得税前扣除。

甲公司 2018 年度实现的利润总额为 3 000 万元，本题不考虑除企业所得税以外的税费及其他因素。（答案中的金额单位用万元表示）

要求：

（1）计算甲公司 2018 年 12 月 31 日上述行政管理用固定资产的暂时性差异，判断该差异为应纳税暂时性差异还是可抵扣暂时性差异，并编制确认递延所得税资产或递延所得税负债的会计分录。

（2）计算甲公司 2018 年 12 月 31 日对乙公司股票投资的暂时性差异，判断该差异为应纳税暂时性差异还是可抵扣暂时性差异，并编制确认递延所得税资产或递延所得税负债的会计分录。

（3）分别计算甲公司 2018 年度应纳税所得额和应交企业所得税的金额，并编制相关会计分录。

（1）

【解析】2018 年 12 月 31 日，固定资产账面价值＝实际成本－累计折旧＝150－150÷5＝120（万元），计税基础＝150－50＝100（万元），则固定资产的账面价值 120 万元＞计税基础 100 万元，形成应纳税暂时性差异 20 万元，故甲公司应当确认递延所得税负债 5 万元（20×25%），由于该事项与直接计入所有者权益的交易或事项无关，亦不是企业合并产生，因此，确认递延所得税负债的同时应增加所得税费用。

【答案】固定资产的账面价值＝150－150÷5＝120（万元），计税基础＝150－50＝100（万元），资产的账面价值大于计税基础，形成应纳税暂时性差异 20 万元，确认递延所得税负债 5 万元，甲公司应作分录：

借：所得税费用   5

    贷：递延所得税负债   5

（2）

【解析】对于以公允价值进行后续计量的资产，会计上选择公允价值来进行核算，账面价值＝

公允价值＝550（万元），但税法规定，持有期间公允价值的变动不计入应纳税所得额，计税基础＝初始成本＝600（万元），则其他权益工具投资的账面价值550万元＜计税基础600万元，形成可抵扣暂时性差异50万元，故甲公司应当确认递延所得税资产12.5万元（50×25%），由于该事项确认的递延所得税与直接计入所有者权益的交易或事项相关，因此，应当计入所有者权益（其他综合收益）。

【答案】其他权益工具投资的账面价值为550万元，计税基础为600万元，资产的账面价值小于计税基础，形成可抵扣暂时性差异50万元，确认递延所得税资产12.5万元，甲公司应作分录：

借：递延所得税资产   12.5

  贷：其他综合收益   12.5

【敲黑板】与当期及以前期间直接计入所有者权益的交易或事项相关的当期所得税及递延所得税应当计入所有者权益，主要包括：对会计政策变更采用追溯调整法或对前期差错更正采用追溯重述法调整期初留存收益；以公允价值计量且其变动计入其他综合收益的金融资产公允价值的变动金额；自用房地产转为采用公允价值模式计量的投资性房地产时，公允价值大于原账面价值的差额等。

（3）

【解析】资料一：会计上甲公司固定资产计提折旧30万元＜税前允许扣除的金额50万元，因此需纳税调减20万元；

资料二：甲公司确认公允价值变动50万元，计入其他综合收益，未影响当期利润，无须纳税调整；

资料三：因偷税漏税向税务机关缴纳罚款200万元，会计上已计入当期损失，使利润减少，但税法规定偷税漏税的罚款支出不得税前扣除，需要纳税调增。

因此，甲公司应纳税所得额＝3 000－20＋200＝3 180（万元）；应交所得税＝3 180×25%＝795（万元）。

【答案】应纳税所得额＝3 000－20＋200＝3 180（万元）；应交所得税＝3 180×25%＝795（万元），甲公司应作分录：

借：所得税费用   795

  贷：应交税费——应交所得税   795

【真题实战·综合题】（2018年节选）

甲公司适用所得税税率为25%，预计未来期间适用的所得税税率不会发生变化，未来期间能够产生足够的应纳税所得额用以抵减可抵扣暂时性差异，甲公司发生的与某专利技术有关的交易或事项如下：

资料一：2015年1月1日，甲公司以银行存款800万元购入一项专利技术用于新产品的生产，当日投入使用，预计使用年限为5年，预计净残值为零，采用年限平均法摊销，该专利技术的初始入账金额与计税基础一致。根据税法规定，2015年甲公司该专利技术的摊销额能在税前扣除的金额为 160 万元。

资料二：2016 年 12 月 31 日，该专利技术出现减值迹象。经减值测试，该专利技术的可收回金额为 420 万元，预计尚可使用年限为 3 年，预计净残值为零。仍采用年限平均法摊销。

资料三：甲公司 2016 年度实现的利润总额为 1 000 万元。根据税法规定，2016 年甲公司该专利技术的摊销额在税前扣除金额为 160 万元；当年对该专利技术计提的减值准备不允许税前扣除。除该事项外，甲公司无其他纳税调整事项，本题不考虑除企业所得税以外的税费及其他因素。（答案中的金额单位用万元表示）

要求：分别计算甲公司 2016 年应交所得税、递延所得税资产和所得税费用，并编制分录。

【解析】①2016 年年末未计提减值前的无形资产账面价值 = 800 - 800 ÷ 5 × 2 = 480（万元），可收回金额为 420 万元，则应计提减值准备 60 万元（480 - 420），即无形资产期末账面价值 = 480 - 60 = 420（万元）。根据税法规定，2015 年该专利技术的摊销额能在税前扣除的金额为 160 万元，2016 年能在税前扣除的金额为 160 万元，当年对该专利技术计提的减值准备不允许税前扣除，则该专利权的计税基础 = 800 - 160 - 160 = 480（万元）。该无形资产的账面价值小于计税基础，产生可抵扣暂时性差异 60 万元，确认递延所得税资产 = 60 × 25% = 15（万元）。

②税法规定专利技术计提的减值准备不允许税前扣除，应纳税调增 60 万元，则 2016 年应纳税所得额 = 1 000 + 60 = 1 060（万元），故应交所得税 = 1 060 × 25% = 265（万元）。

③所得税费用 = 当期所得税 + 递延所得税 = 当期所得税 +（期末递延所得税负债 - 期初递延所得税负债）-（期末递延所得税资产 - 期初递延所得税资产）= 265 + 0 -（15 - 0）= 250（万元）。

【答案】甲公司 2016 年应纳税所得额 = 1 000 + 60 = 1 060（万元），2016 年应交所得税 = 1 060 × 25% = 265（万元）；2016 年 12 月 31 日，无形资产账面价值为 420 万元，计税基础为 480 万元，产生可抵扣暂时性差异 60 万元（480 - 420），递延所得税资产期末余额 = 60 × 25% = 15（万元），递延所得税资产当期发生额 = 15 - 0 = 15（万元），递延所得税费用为 - 15 万元；当期所得税费用 = 265 - 15 = 250（万元）。相关会计分录为：

借：所得税费用 250

　　递延所得税资产 15

　　贷：应交税费——应交所得税 265

【真题实战·综合题】（2016 年）

甲公司 2015 年年初的递延所得税资产借方余额为 50 万元，与之对应的预计负债贷方余额为 200 万元；递延所得税负债无期初余额。甲公司 2015 年度实现的利润总额为 9 520 万元，适用的企业所得税税率为 25%，且预计在未来期间保持不变；预计未来期间能够产生足够的应纳税所得额用以抵扣可抵扣暂时性差异。甲公司 2015 年度发生的有关交易和事项中，会计处理与税收处理存在差异的相关资料如下：

资料一：2015 年 8 月，甲公司直接向非关联企业捐赠现金 500 万元。

资料二：2015年9月，甲公司以银行存款支付产品保修费用300万元，同时冲减了预计负债年初贷方余额200万元。2015年年末，保修期结束，甲公司不再预提保修费。

资料三：2015年12月31日，甲公司对应收账款计提了坏账准备180万元。

资料四：2015年12月31日，甲公司以定向增发公允价值为10 900万元的普通股股票为对价取得乙公司100%有表决权的股份，形成非同一控制下控股合并。假定该项企业合并符合税法规定的免税合并条件，且乙公司选择进行免税处理。乙公司当日可辨认净资产的账面价值为10 000万元，其中股本2 000万元，未分配利润8 000万元；除一项账面价值与计税基础均为200万元、公允价值为360万元的库存商品外，其他各项可辨认资产、负债的账面价值与其公允价值、计税基础均相同。

假定不考虑其他因素，答案中的金额单位用万元表示。

要求：

（1）计算甲公司2015年度的应纳税所得额和应交所得税。

（2）根据资料一至资料三，逐项分析甲公司每一交易或事项对递延所得税的影响金额（如无影响，也明确指出无影响的原因）。

（3）根据资料一至资料三，逐笔编制甲公司与递延所得税有关的会计分录（不涉及递延所得税的，不需要编制会计分录）。

（4）计算甲公司利润表中应列示的2015年度所得税费用。

（5）根据资料四，分别计算甲公司在编制购买日合并财务报表时应确认的递延所得税和商誉的金额，并编制与购买日合并资产负债表有关的调整抵销分录。

（1）

【解析】资料一：向非关联企业捐赠现金借记"营业外支出"科目，税法不允许在当期和未来抵扣，应调增应纳税所得额。

资料二：税法规定因产品质量保证确认的预计负债实际支出时允许税前扣除，因此需要调减应纳税所得额。

资料三：信用减值损失税法不允许抵扣，所以会计上计提的坏账准备应纳税调增。

综上，2015年度应纳税所得额＝9 520（利润总额）＋500（资料一）－200（资料二）＋180（资料三）＝10 000（万元），2015年度应交所得税＝10 000×25%＝2 500（万元）。

【答案】2015年度应纳税所得额＝9 520＋500－200＋180＝10 000（万元）；2015年度应交所得税＝10 000×25%＝2 500（万元）。

（2）

【解析】资料一：非公益性现金捐赠，本期不允许税前扣除，未来期间也不允许抵扣，未形成暂时性差异，属于永久性差异，不确认递延所得税资产。

资料二：通过资料可知上年确认产品质量保证相关的预计负债为200万元，由于产品质量保相关的预计负债允许在未来期间抵扣，所以其计税基础＝200（账面价值）－200（允许在未来期间抵扣的金额）＝0（万元），上年形成可抵扣暂时性差异，确认递延所得税资产50万元（200×25%）。由于本年度支付产品保修费用300万元，冲减了去年计提的200万元预计负债，所以需要将上年因该预计负债确认的递延所得税资产50万元转回。

资料三：应收账款账面价值与计税基础的差额来源于应收账款的信用减值损失（即坏账准备），因此形成了可抵扣暂时性差异180万元，需确认递延所得税资产45万元（180×25%）。

【答案】资料一，对递延所得税无影响。

分析：非公益性现金捐赠，本期不允许税前扣除，未来间也不允许抵扣，未形成暂时性差异，形成永久性差异，不确认递延所得税资产。

资料二，转回递延所得税资产50万元。

分析：2015年年末保修期结束，不再预提保修费，本期支付保修费用300万元，冲减预计负债年初余额200万元，因期末不存在暂时性差异，需要转回原确认的递延所得税资产50万元（200×25%）。

资料三，确认递延所得税资产45万元。

分析：税法规定，尚未实际发生的预计损失不允许税前扣除，待实际发生损失时才可以抵扣，因此本期计提的坏账准备180万元形成可抵扣暂时性差异，确认递延所得税资产45万元（180×25%）。

（3）

【解析】有关交易或事项发生时，对会计利润或应纳税所得额产生影响的，递延所得税资产所对应的科目是所得税费用。

【答案】

资料一：不涉及递延所得税的处理。

资料二：借：所得税费用　　　　　　　　　　　　　　　　50

　　　　　　贷：递延所得税资产　　　　　　　　　　　　　　50

资料三：借：递延所得税资产　　　　　　　　　　　　　　45

　　　　　　贷：所得税费用　　　　　　　　　　　　　　　45

（4）

【解析】①当期所得税（应交所得税）＝应纳税所得额×适用税率－减免税额－抵免税额

＝10 000×25%＝2 500（万元）

②递延所得税费用（或收益）＝当期递延所得税负债的增加＋当期递延所得税资产的减少－当期递延所得税负债的减少－当期递延所得税资产的增加＝50（当期递延所得税资产的减少）－45（当期递延所得税资产的增加）＝5（万元）

③所得税费用＝当期所得税＋递延所得税费用＝2 500＋5＝2 505（万元）

【答案】当期所得税（应交所得税）＝10 000×25％＝2 500（万元）

递延所得税费用＝50－45＝5（万元）

2015年度所得税费用＝当期所得税＋递延所得税费用＝2 500＋5＝2 505（万元）

（5）

【解析】非同一控制下的企业合并中，母子公司的主体各自存在，所以，购买日合并报表中应将被投资方的资产或负债调整到公允价值，公允价值与账面价值之间的差额计入被投资方的资本公积，并确认相应的递延所得税资产或负债。同时抵销母公司的长期股权投资和子公司的所有者权益。

【答案】购买日合并财务报表中应确认的递延所得税负债＝（360－200）×25％＝40（万元）

商誉＝合并成本－购买日应享有被购买方可辨认净资产公允价值(考虑递延所得税后)的份额＝10 900－［10 000＋（360－200）－40］×100％＝780（万元）

调整分录：

借：存货　　　　　　　　　　　　　　　　　　　　　160

　　贷：资本公积　　　　　　　　　　　　　　　　　　　　160

借：资本公积　　　　　　　　　　　　　　　　　　　40

　　贷：递延所得税负债　　　　　　　　　　　　　　　　　40

抵销分录：

借：股本　　　　　　　　　　　　　　　　　　　　2 000

　　未分配利润　　　　　　　　　　　　　　　　　　8 000

　　资本公积　　　　　　　　　　　　　　　　　　　120

　　商誉　　　　　　　　　　　　　　　　　　　　　780

　　贷：长期股权投资　　　　　　　　　　　　　　　　10 900

注：问题（5）涉及合并报表的知识，考生在此处可先了解，待后续学完合并报表后重点理解掌握。

强化练习

一、单项选择题

1. 2021年1月1日，甲公司取得了一项无形资产，成本为300万元。根据各方面情况判断，无法合理预计其带来未来经济利益的期限，因此甲公司将其作为使用寿命不确定的无形资产。2021年12月31日，对该项无形资产进行减值测试表明未发生减值。税法上规定，对该项无形资产采用直线法按照10年进行摊销，预计净残值为0，有关摊销额允许税前扣除。不考虑其他因素，则2021年12月31日，该项无形资产的计税基础为（　　　）万元。

   A.300　　　　　　　B.270　　　　　　　C.230　　　　　　　D.0

2. 甲公司于2019年12月30日取得某项固定资产，原价为2 000万元，使用年限为10年，会计上采用年限平均法计提折旧，净残值为0。税法规定该类固定资产采用加速折旧法计提的折旧可予税前扣除，该企业在计税时采用双倍余额递减法计提折旧，折旧年限、净残值与会计规定相同。2021年12月31日，企业估计该项固定资产的可收回金额为1 360万元。假定所得税税率为25%，不考虑其他因素。假定2021年年初"递延所得税负债"科目无余额，则2021年年末"递延所得税负债"科目的余额为（　　　）万元。

   A. 10　　　　　　　B. 20　　　　　　　C. 30　　　　　　　D. 50

3. 甲公司采用资产负债表债务法核算企业所得税，适用的企业所得税税率为25%。2021年年末甲公司存货账面余额是100万元，可变现净值为90万元，存货跌价准备的期初余额为4万元。假定不考虑其他因素，甲公司2021年末应确认递延所得税资产（　　　）万元。

   A.0　　　　　　　B.1　　　　　　　C.1.5　　　　　　　D.2.5

4. 2021年，甲公司为研发新技术发生研究开发支出600万元，其中研究阶段支出120万元，开发阶段不符合资本化条件的支出180万元，符合资本化条件的支出300万元。假定该项新技术已经达到预定可使用状态，当期会计摊销额为30万元。税法规定，企业为开发新技术、新产品、新工艺发生的研究开发费用，未形成无形资产计入当期损益的，在按照规定据实扣除的基础上，按照研究开发费用的75%加计扣除；形成无形资产的，按照无形资产成本的175%摊销。假定税法对该项无形资产的摊销方法、年限及净残值与会计相同，甲公司2021年实现的利润总额为800万元，不考虑其他因素，下列表述中错误的是（　　　）。

   A.2021年末该项无形资产的计税基础为472.5万元

   B.2021年末研发形成的无形资产确认递延所得税资产50.63万元

   C.2021年末研发形成的无形资产确认递延所得税资产0元

   D.2021年应交企业所得税为138.13万元

5. 甲公司采用资产负债表债务法进行所得税核算，适用的所得税税率为25%。甲公司2021年度实现利润总额1 800万元，当年取得国债利息收入135万元，当期列入"财务费用"项目的借款费用包括向某非金融企业借款而支付的超过税法扣除标准的金额 60 万元，此外，因违反税收法规支付罚款 5 万元，当期列入"销售费用"项目的折旧额低于税法扣除规定金额 36 万元。2021 年甲公司当期应交所得税为（　　　）万元。

A.423.5　　　　　　　　B.432.5　　　　　　　　C.408.5　　　　　　　　D.450

6. 某企业上年适用的所得税税率为 25%，"递延所得税资产"科目借方余额为 25 万元（按照 25% 的税率计算）。本年及以后期间适用的所得税税率为 15%，本年产生可抵扣暂时性差异 30 万元，期初的暂时性差异在本期末发生转回。不考虑其他因素，该企业本年年末"递延所得税资产"科目余额为（　　　）万元。

A.30　　　　　　　　　　B.29.5　　　　　　　　　C.25　　　　　　　　　　D.19.5

7. 下列交易或事项中，形成的负债的计税基础不等于账面价值的是（　　　）。

A. 企业因销售商品提供售后服务等原因于当期确认了 100 万元的预计负债，按照税法规定该费用应于实际发生时税前扣除

B. 企业为关联方提供债务担保确认了预计负债 1 000 万元，按照税法规定该费用不允许税前扣除

C. 因确认应交的税收滞纳金而形成的其他应付款

D. 税法规定的收入确认时点与会计准则一致，会计确认合同负债 500 万元

8. 甲企业对投资性房地产采用公允价值模式计量。2019 年 12 月 31 日将一栋厂房出租作为投资性房地产核算，入账价值为 1 000 万元，税法采用直线法按 20 年计提折旧，预计净残值为 0。2021 年年末，该厂房的公允价值为 1 300 万元。不考虑其他因素，2021 年年末该项投资性房地产的计税基础为（　　　）万元。

A.1 000　　　　　　　　B.900　　　　　　　　　C.950　　　　　　　　　D.1 300

9. 甲企业采用资产负债表债务法核算所得税，上期适用的所得税税率为 15%，"递延所得税资产"科目的借方余额为 540 万元（按照 15% 的税率计算）。本期及以后期间适用的所得税税率为 25%（非预期税率）。本期计提无形资产减值准备 3 720 万元，上期已经计提的存货跌价准备于本期转回 720 万元。假定不考虑除减值准备外的其他暂时性差异，未来可以取得足够的应纳税所得额用于抵扣可抵扣暂时性差异，则本期"递延所得税资产"科目的发生额为（　　　）万元。

A. 贷方 1 530　　　　　　　　　　　　B. 借方 1 638

C. 借方 1 110　　　　　　　　　　　　D. 贷方 4 500

10. 下列各项资产、负债中，不形成暂时性差异的是（　　　）。

A. 企业因进行债务担保而确认的预计负债

B. 期末计提坏账准备

C. 期末按公允价值调整交易性金融资产的账面价值

D. 其他债权投资公允价值变动

二、多项选择题

1. 在不考虑其他影响因素的情况下，企业发生的下列交易或事项中，期末可能会引起递延所得税

资产增加的有（　　　）。

A. 本期计提固定资产减值准备

B. 本期转回存货跌价准备

C. 企业购入交易性金融资产，当期期末公允价值小于其初始确认金额

D. 实际发生产品售后保修费用，冲减已计提的预计负债

2. 甲公司 2021 年度发生了 4 000 万元的广告费用，在发生时已计入当期损益，税法规定广告费支出不超过当年销售收入 15% 的部分，准予扣除；超过部分允许在以后年度税前扣除。2021 年度甲公司实现销售收入 20 000 万元，会计利润为 10 000 万元。甲公司适用的所得税税率为 25%，不考虑其他纳税调整事项。甲公司 2021 年年末应确认（　　　）。

A. 递延所得税负债 250 万元

B. 应交所得税 2 750 万元

C. 所得税费用 2 500 万元

D. 递延所得税资产 250 万元

3. 下列资产和负债项目的账面价值与其计税基础之间的差额，应确认递延所得税的有（　　　）。

A. 企业自行研究开发并资本化的专利权初始确认时账面价值与计税基础的差额

B. 期末按公允价值调增的其他债权投资的金额

C. 期末按公允价值调减投资性房地产的金额

D. 企业因销售商品提供售后服务确认的预计负债

4. 下列关于企业所得税的表述中，正确的有（　　　）。

A. 如果未来期间很可能无法取得足够的应纳税所得额用以利用递延所得税资产，应以可取得的应纳税所得额为限，确定相关的递延所得税资产

B. 企业应以当期适用的税率计算确定当期应交所得税

C. 企业应以未来转回期间适用的所得税税率（假定未来的适用税率可以预计）为基础计算确定递延所得税

D. 只要产生暂时性差异，就应该确认递延所得税资产或递延所得税负债

5. 采用资产负债表债务法时，不考虑直接计入所有者权益等特殊情况，会使所得税费用减少的项目包括（　　　）。

A. 本期由于税率变动调减的递延所得税资产或调增的递延所得税负债

B. 本期转回前期确认的递延所得税资产

C. 本期由于税率变动调增的递延所得税资产或调减的递延所得税负债

D. 本期转回前期确认的递延所得税负债

6. 关于企业所得税的核算，下列说法中正确的有（　　　）。

A. 资产负债表日，企业应对递延所得税资产的账面价值进行复核

B. 所得税费用包括当期所得税费用和递延所得税费用

C. 由于税率变动对递延所得税资产的调整均应计入所得税费用

D. 即使可抵扣暂时性差异的转回期较长，也不得对递延所得税资产进行折现

7. 下列各项中，能够产生应纳税暂时性差异的有（　　　）。

A. 账面价值大于其计税基础的资产

B. 账面价值小于其计税基础的负债

C. 超过税法扣除标准的业务宣传费

D. 按税法规定可以结转以后年度的未弥补亏损

8. 企业因下列事项确认的递延所得税，计入利润表所得税费用的有（　　）。

A. 交易性金融资产产生的可抵扣暂时性差异

B. 研发支出形成的无形资产初始确认时，因账面价值小于计税基础，产生的可抵扣暂时性差异

C. 以公允价值模式计量的投资性房地产因资产负债表日公允价值变动产生的暂时性差异

D. 其他权益工具投资产生的应纳税暂时性差异

9. 下列关于资产或负债的计税基础的表述中，正确的有（　　）。

A. 资产的计税基础，即在未来期间计税时按照税法规定可以税前扣除的金额

B. 资产的计税基础，即账面价值减去在未来期间计税时按照税法规定可以税前扣除的金额

C. 负债的计税基础，即在未来期间计税时按照税法规定可以税前扣除的金额

D. 负债的计税基础，即账面价值减去在未来期间计税时按照税法规定可以税前扣除的金额

10. 下列关于所得税列报的说法中，正确的有（　　）。

A. 个别财务报表中，递延所得税资产一般应作为非流动资产在资产负债表中列示

B. 个别财务报表中，递延所得税负债一般应作为非流动负债在资产负债表中列示

C. 个别财务报表中，满足一定的条件，递延所得税资产与递延所得税负债应当以抵销后的净额列示

D. 合并报表中，不同企业间的当期所得税和递延所得税一般不能抵销

三、判断题

1. 在计量递延所得税资产和递延所得税负债时，应当保持税率不变。（　　）

2. 企业确认的递延所得税资产或递延所得税负债对所得税的影响金额，均应构成利润表中的所得税费用。（　　）

3. 资产的计税基础是指企业收回资产账面价值过程中，计算应纳税所得额时按照税法规定可以自应纳税经济利益中抵扣的金额。（　　）

4. 所得税费用在利润表中单独列示，不需要在报表附注中披露与所得税相关的信息。（　　）

5. 企业对于产生的可抵扣暂时性差异均应确认相应的递延所得税资产。（　　）

四、计算分析题

1. 甲股份有限公司（以下简称"甲公司"）2021年发生的有关交易或事项中，会计处理与所得税处理存在差异的包括以下几项：

资料一：因销售产品承诺提供3年的保修服务，本期确认产品保修费用200万元，当年未发生任何保修支出。按照税法规定，与产品售后服务相关的费用在实际支付时可以抵扣。

资料二：甲公司2021年发生研发支出2 000万元，其中按照会计准则规定费用化的金额为

800万元,资本化形成无形资产的金额为1 200万元,该研发形成的无形资产于2021年7月1日达到预定用途,预计可使用5年,采用直线法摊销,无残值。税法规定,企业研究开发费用,未形成资产计入当期损益的,在据实扣除的基础上,按照研发费用的75%加计扣除;形成资产的,未来期间按照无形资产摊销金额的175%予以税前扣除,该无形资产摊销方法、摊销年限及净残值的税法规定与会计相同。

资料三:甲公司2021年利润总额为5 890万元。

其他有关资料:

甲公司为我国境内居民企业,适用的所得税税率为25%,预计甲公司未来期间能够产生足够的应纳税所得额用以抵扣可抵扣暂时性差异。甲公司2021年年初递延所得税资产与负债的余额均为零,且不存在未确认递延所得税资产或负债的暂时性差异。

要求(答案中的金额单位用万元表示):

(1)根据资料一、资料二,分别计算各交易或事项截至2021年12月31日所形成资产或负债的账面价值与计税基础,并说明是否应确认相关的递延所得税资产或递延所得税负债,如果不确认,请说明理由。

(2)计算甲公司2021年应交所得税和所得税费用,编制甲公司2021年与应交所得税和递延所得税相关的会计分录。

五、综合题

1. 甲公司2021年年初递延所得税负债的余额为零,递延所得税资产的余额为30万元(系2020年年末应收账款的可抵扣暂时性差异产生)。甲公司2021年度有关交易和事项的会计处理中,与税法规定存在差异的有:

资料一:2021年1月1日,购入一项非专利技术并立即用于生产A产品,成本为200万元,因无法合理预计其带来经济利益的期限,作为使用寿命不确定的无形资产核算。2021年12月31日,对该项无形资产进行减值测试后未发现减值。根据税法规定,企业在计税时,对该项无形资产按照10年的期限摊销,有关摊销额允许税前扣除。

资料二:2021年1月1日,按面值购入当日发行的三年期国债1 000万元,作为债权投资核算。该债券票面年利率为5%,每年年末付息一次,到期偿还面值。2021年12月31日,甲公司确认了50万元的利息收入。根据税法规定,国债利息收入免征企业所得税。

资料三:2021年12月31日,应收账款账面余额为10 000万元,减值测试前坏账准备的余额为200万元,减值测试后补提坏账准备100万元。根据税法规定,提取的坏账准备不允许税前扣除。

资料四:2021年度,甲公司实现的利润总额为10 070万元,适用的所得税税率为15%;预计从2022年开始适用的所得税税率为25%,且未来期间保持不变。

假定甲公司未来期间能够产生足够的应纳税所得额用以抵扣可抵扣暂时性差异,不考虑其他因素。(答案中的金额单位用万元表示)

要求:

（1）分别计算甲公司2021年度应纳税所得额和应交所得税的金额。

（2）分别计算甲公司2021年年末资产负债表"递延所得税资产""递延所得税负债"项目"期末余额"栏应列示的金额。

（3）计算确定甲公司2021年度利润表"所得税费用"项目"本年金额"栏应列示的金额。

（4）编制甲公司与确认应交所得税、递延所得税资产、递延所得税负债和所得税费用相关的会计分录。

答案与解析

一、单项选择题

1.【解析】2021年12月31日，按税法规定的无形资产的计税基础=实际成本-累计摊销（税法）=300-300÷10=270（万元）。综上，本题应选B。

【答案】B

2.【解析】2021年年末，该项固定资产计提减值准备前的账面价值=2 000-2 000÷10×2=1 600（万元），大于可收回金额1 360万元，因此应计提240万元（1 600-1 360）的固定资产减值准备。则2021年年末，该项固定资产计提减值准备后的账面价值为1 360万元，其计税基础=实际成本-累计折旧（税法）=2 000-2 000×2/10-（2 000-2 000×2/10）×2/10=1 280（万元），小于账面价值1 360万元，产生应纳税暂时性差异80万元（1 360-1 280），则2021年年末"递延所得税负债"科目的余额=80×25%=20（万元）。综上，本题应选B。

【答案】B

3.【思路导航】根据账面价值与计税基础产生的暂时性差异和适用税率计算的结果，确认的是递延所得税资产（负债）的"期末余额"，需要进一步与期初余额相比，才能确定当期应确认或转回的递延所得税资产（负债）金额。

【解析】存货期末按照成本与可变现净值孰低计量，则该存货的期末账面价值=可变现净值=90（万元）；根据规定，存货计提的存货跌价准备在资产发生实质性损失前不允许税前扣除，因此，存货的计税基础=账面余额=100（万元）；资产账面价值<计税基础，则产生可抵扣暂时性差异10万元（100-90），形成递延所得税资产的期末余额=10×25%=2.5（万元）。根据题目可知，期初的可抵扣暂时性差异为4万元，则期初的递延所得税资产金额=4×25%=1（万元）。因此，甲公司2021年末应确认递延所得税资产1.5万元（2.5-1）。综上，本题应选C。

【答案】C

4.【解析】选项A表述正确，计税基础=（300-30）×175%=472.5（万元）；选项B表述错误，选项C表述正确，研发形成的无形资产虽然账面价值小于计税基础，产生可抵扣暂时性差异，但由于该无形资产的确认不是产生于企业合并交易，同时在确认时既不影响会计利润也不影响应纳税所得额，因此不确认该暂时性差异的所得税影响；选项 D 表述正确，应交所得税 = [800 – (120 + 180) × 75% – 30 × 75%] × 25% = 138.13（万元）。综上，本题应选 B。

【答案】B

5. 【解析】根据税法规定，纳税人购买国债的利息收入，不计入应纳税所得额，应纳税调减 135 万元；低于税法扣除规定的累计折旧金额应纳税调减 36 万元；非金融企业向非金融企业借款的利息支出，超过按照金融企业同期同类贷款利率计算的数额的部分不能扣除，则超过税法规定扣除标准的费用 60 万元应纳税调增；罚款支出不得税前扣除，应纳税调增 5 万元。因此，甲公司 2021 年应纳税所得额 = 1 800 – 135 – 36 + 60 + 5 = 1 694（万元），甲公司当期应交所得税 = 1 694 × 25% = 423.5（万元）。综上，本题应选 A。

【答案】A

6. 【解析】因适用税收法规的变化，导致企业在某一会计期间适用的所得税税率发生变化的，企业应对已确认的递延所得税资产和递延所得税负债进行重新计量，则递延所得税资产期初余额 = 25 ÷ 25% × 15% = 15（万元），本年递延所得税资产增加额 = 30 × 15% = 4.5（万元）。年末，递延所得税资产科目余额 = 15 + 4.5 = 19.5（万元）。综上，本题应选 D。

【答案】D

7. 【解析】选项 A 符合题意，企业因售后服务确认的预计负债对应的支出在实际发生时准予税前扣除，则计税基础为 0；选项 B 不符合题意，企业因债务担保确认的预计负债对应的支出无论是否实际发生均不允许税前扣除，则账面价值 = 计税基础；选项 C 不符合题意，税法规定，罚款和滞纳金不允许税前扣除，则未来期间计税时可抵扣的金额为 0，即计税基础 = 账面价值；选项 D 不符合题意，税法规定的收入确认时点与会计准则一致，即会计上未确认收入时，计税时一般也不计入应纳税所得额，则合同负债的账面价值 = 计税基础。综上，本题应选 A。

【答案】A

8. 【解析】投资性房地产的计税基础，根据该投资性房地产是土地使用权还是建筑物，相应参照无形资产或固定资产确定。本题中，该建筑物 2021 年末的计税基础 = 初始确认金额 – 累计折旧（税法）= 1 000 – 1 000 ÷ 20 × 2 = 900（万元）。综上，本题应选 B。

【答案】B

9. 【解析】因适用税收法规的变化，导致企业在某一会计期间适用的所得税税率发生变化的，企业应对已确认的递延所得税资产和递延所得税负债进行重新计量，则递延所得税资产期初余额 = 540 ÷ 15% × 25% = 900（万元）；本期计提的无形资产减值准备 3 720 万元会使得资产账面价值 < 计税基础，产生可抵扣暂时性差异 3 720 万元，确认递延所得税资产 = 3 720 × 25% = 930（万元），上期已经计提的存货跌价准备于本期转回 720 万元，则转回递延所得税资产 = 720 × 25% = 180（万元），因此，本期"递延所得税资产"科目的发生额 = 900 + 930 – 180 – 540 = 1 110（万元），即借方登记 1 110 万元。综上，

本题应选 C。

【答案】 C

10. **【解析】** 选项 A，企业因进行债务担保而确认的预计负债当期不允许扣除，以后期间也不允许扣除，故预计负债的计税基础 = 账面价值 − 0 = 账面价值，不产生暂时性差异；选项 B，期末计提坏账准备，账面价值（实际成本 − 坏账准备）< 计税基础（实际成本），产生暂时性差异；选项 C、D，金融资产期末公允价值变动的，账面价值（公允价值）≠ 计税基础（取得成本），产生暂时性差异。综上，本题应选 A。

【答案】 A

二、多项选择题

1. **【解析】** 选项 A 符合题意，计提固定资产减值准备，账面价值减少，但计税基础不考虑减值，因此资产账面价值 < 计税基础，引起递延所得税资产增加；选项 B 不符合题意，转回存货跌价准备需转回递延所得税资产，导致递延所得税资产减少；选项 C 符合题意，公允价值下降使其账面价值减少，小于计税基础（取得成本），引起递延所得税资产增加；选项 D 不符合题意，实际发生产品售后保修费用时，需冲减已计提的预计负债、转回递延所得税资产，导致递延所得税资产减少。综上，本题应选 AC。

【答案】 AC

2. **【解析】** 选项 A 表述错误，选项 D 表述正确，广告费支出在发生时按照会计准则规定计入当期损益，不形成资产负债表中的资产，但按照税法规定，可以确定其计税基础 = 4 000 − 20 000 × 15% = 1 000（万元）> 账面价值（0 万元），产生可抵扣暂时性差异 1 000 万元，形成递延所得税资产 = 1 000 × 25% = 250（万元）；选项 B 表述正确，应交所得税 = （10 000 + 1 000）× 25% = 2 750（万元）；选项 C 表述正确，所得税费用 = 当期所得税 + 递延所得税费用（或收益）= 2 750 − 250 = 2 500（万元）。综上，本题应选 BCD。

【答案】 BCD

3. **【解析】** 选项 A 不符合题意，自行开发的无形资产确认时，既不影响应纳税所得额，也不影响会计利润，按照会计准则规定，不确认该暂时性差异的所得税影响，故不确认相关的递延所得税；选项 B 符合题意，其他债权投资的账面价值（公允价值）> 计税基础（取得成本），产生应纳税暂时性差异，应确认递延所得税负债；选项 C 符合题意，投资性房地产的账面价值（公允价值）与计税基础（税法初始确认金额 − 税法规定累计折旧）的差额，应确认递延所得税；选项 D 符合题意，预计负债的账面价值 > 计税基础 0，产生可抵扣暂时性差异，一般应确认递延所得税资产。综上，本题应选 BCD。

【答案】 BCD

4. **【解析】** 选项 A、B、C 表述正确；选项 D 表述错误，某些特殊情况下，存在暂时性差异，也不确认递延所得税影响，如自行研发的无形资产，该项交易或事项不产生于企业合并，发生时既不影响会计利润，也不影响应纳税所得额，则所研发的无形资产的初始确认金额与其计税基础不同，形成应纳税暂时性差异的，不确认相应的递延所得税。综上，本题应选 ABC。

【答案】 ABC

5. **【解析】** 所得税费用＝当期所得税＋递延所得税费用（或收益）＝当期所得税＋当期递延所得税负债的增加＋当期递延所得税资产的减少。选项 A、B，递延所得税资产的减少和递延所得税负债的增加会增加所得税费用；选项 C、D，递延所得税资产的增加和递延所得税负债的减少会减少所得税费用。综上，本题应选 CD。

【答案】 CD

6. **【解析】** 选项 A 正确，与其他资产相一致，资产负债表日，企业应当对递延所得税资产的账面价值进行复核，如果未来期间很可能无法取得足够的应纳税所得额用以利用递延所得税资产的利益，应当减记递延所得税资产的账面价值；选项 B 正确，所得税费用＝当期所得税＋当期递延所得税负债的增加＋当期递延所得税资产的减少，因此，所得税费用包括当期所得税费用和递延所得税费用；选项 C 错误，直接计入所有者权益的事项产生的可抵扣暂时性差异，其对应的递延所得税资产的调整也计入所有者权益（而非所得税费用）；选项 D 正确，无论可抵扣暂时性差异的转回期如何，企业均不应该对递延所得税资产折现。综上，本题应选 ABD。

【答案】 ABD

7. **【解析】** 选项 A、B 符合题意，产生应纳税暂时性差异；选项 C 不符合题意，企业发生的超过标准的业务宣传费，由于超过部分准予在以后纳税年度结转扣除，使企业未来期间可以减少应纳税所得额，从而减少未来期间的应交所得税，故账面价值与计税基础之间的差异形成可抵扣暂时性差异；选项 D 不符合题意，按税法规定可以结转以后年度的未弥补亏损，能够减少未来期间的应纳税所得额，从而减少未来期间的应交所得税，在会计处理上，视同可抵扣暂时性差异，符合确认条件的情况下，应确认与其相关的递延所得税资产。综上，本题应选 AB。

【答案】 AB

8. **【解析】** 选项 A、C，均计入利润表中所得税费用；选项 B，研发支出形成的无形资产虽然账面价值小于计税基础，产生可抵扣暂时性差异，但由于该事项既不影响会计利润也不影响应纳税所得额，不确认递延所得税，不影响利润表所得税费用金额；选项 D，根据准则规定，如果某项交易或事项按照会计准则规定应计入所有者权益，由该交易或事项产生的递延所得税资产或递延所得税负债及其变化亦应计入所有者权益，不构成利润表中的所得税费用。期末按公允价值调增其他权益工具投资，相应调增其他综合收益，由此确认的递延所得税负债也应调整其他综合收益，不影响利润表所得税费用金额。综上，本题应选 AC。

【答案】 AC

9. **【解析】** 资产的计税基础，是在未来期间计税时按照税法规定可以税前扣除的金额；负债的计税基础，即账面价值减去在未来期间计税时按照税法规定可以税前扣除的金额。综上，本题应选 AD。

【答案】 AD

10. **【解析】** 选项 A、B、C 表述正确，个别财务报表中，递延所得税资产与递延所得税负债一般应作为非流动资产和非流动负债分别进行列示,但满足条件时,企业应当以抵销后的净额列示;选项 D 表述正确,在合并财务报表中,不同企业之间的当期所得税和递延所得税,一般不能予以抵销。综上,本题应选 ABCD。

【答案】ABCD

三、判断题

1.【解析】因适用税收法规的变化,导致企业在某一会计期间适用的所得税税率发生变化的,企业应对已确认的递延所得税资产和递延所得税负债进行重新计量,而不是保持税率不变。因此,本题表述错误。

【答案】×

2.【解析】其他权益工具投资公允价值变动按规定应计入所有者权益(其他综合收益),该事项产生的递延所得税资产或递延所得税负债也需计入所有者权益(其他综合收益),不构成利润表中的所得税费用。因此,本题表述错误。

【答案】×

3.【解析】资产的计税基础指在企业收回资产账面价值过程中,计算应纳税所得额时,按照税法规定可以自应税经济利益中抵扣的金额,即某一项资产在未来期间计税时可以税前扣除的金额。因此,本题表述正确。

【答案】√

4.【解析】所得税费用在利润表中单独列示,同时还需要在报表附注中披露与所得税相关的信息。因此,本题表述错误。

【答案】×

5.【解析】企业对于产生的可抵扣暂时性差异,在估计未来期间能够取得足够的应纳税所得额用以利用该可抵扣暂时性差异时,应当以很可能取得用来抵减可抵扣暂时性差异的应纳税所得额为限,确认相关的递延所得税资产,而不是所有的可抵扣暂时性差异均应确认相应的递延所得税资产。因此,本题表述错误。

【答案】×

四、计算分析题

1.(1)

【答案】

资料一:预计负债账面价值为 200 万元,计税基础 = 200(账面价值)- 200(未来允许扣除部分)= 0(万元),预计负债的账面价值 200 万元 > 预计负债的计税基础 0 万元,产生可抵扣暂时性差异 200 万元,应当确认递延所得税资产 50 万元(200×25%)。

资料二:2021 年 12 月 31 日无形资产的账面价值 = 1 200 - 1 200/5×6/12 = 1 080(万元),计税基础 = 1 080×175% = 1 890(万元),产生可抵扣暂时性差异 = 1 890 - 1 080 = 810(万元),但不应确认相关的递延所得税资产。

理由：该自行研发的无形资产不是产生于企业合并交易，并且交易发生时既不影响会计利润也不影响应纳税所得额，属于不确认递延所得税资产的特殊事项。

（2）

【答案】

2021年度应纳税所得额 = 5 890 + 200（资料一）− 800×75%（资料二：内部研究开发无形资产费用化部分加计扣除）− 1 200÷5×6/12×75%（资料二：内部研究开发形成的无形资产按照税法规定加计摊销）= 5 400（万元），甲公司2021年应交所得税 = 5 400×25% = 1 350（万元）。2021年度应确认所得税费用 = 1 350 − 50 = 1 300（万元）。

会计分录如下：

借：所得税费用   1 300

　　递延所得税资产   50

　　贷：应交税费——应交所得税   1 350

五、综合题

1.（1）

【解析】资料一：该专利技术会计上作为使用寿命不确定的无形资产核算，不进行摊销，但税法对该项无形资产按照10年摊销，年摊销额 = 200÷10 = 20（万元），在当期应纳税调减；

资料二：国债利息收入免征企业所得税，甲公司确认的50万元利息收入应纳税调减；

资料三：本期补提坏账准备100万元，根据税法规定，提取的坏账准备不允许税前扣除，应纳税调增。

综上，甲公司2021年度应纳税所得额 = 10 070 − 20 − 50 + 100 = 10 100（万元），应交所得税 = 10 100×15% = 1 515（万元）。

【答案】甲公司2021年度应纳税所得额 = 10 070 − 20 − 50 + 100 = 10 100（万元）；甲公司2021年度应交所得税 = 10 100×15% = 1 515（万元）。

（2）

【解析】①该无形资产的使用寿命不确定，且2021年年末未计提减值准备，所以该无形资产的账面价值为200万元，税法上按照10年进行摊销，因而计税基础 = 200 − 200/10 = 180（万元），产生应纳税暂时性差异 = 200 − 180 = 20（万元），确认递延所得税负债 = 20×25% = 5（万元）。

②该债权投资的账面价值与计税基础相等，均为1 000万元，不产生暂时性差异，不确认递延所得税。

③该应收账款账面价值 = 10 000 − 200 − 100 = 9 700（万元），由于提取的坏账准备不允许税前扣除，所以计税基础为10 000万元，产生可抵扣暂时性差异，确认递延所得税资产余额 = （10 000 − 9 700）×25% = 75（万元）。

【答案】"递延所得税资产"项目期末余额 = 300×25% = 75（万元）；"递延所得税负债"项目期末余额 = 20×25% = 5（万元）。

（3）

【答案】本期确认的递延所得税负债 = 20 × 25% = 5（万元），本期确认的递延所得税资产 = 75 − 30 = 45（万元），所得税费用本期发生额 = 1 515 + 5 − 45 = 1 475（万元）。

（4）

【答案】

借：所得税费用　　　　　　　　　　　　　　　　　　　1 475

　　递延所得税资产　　　　　　　　　　　　　　　　　　45

　　　贷：应交税费——应交所得税　　　　　　　　　　　1 515

　　　　　递延所得税负债　　　　　　　　　　　　　　　　5

第十五章　外币折算

应试指导

本章围绕着发生外币交易时对外币账户金额的折算与将境外经营纳入本企业财务报表时对外币财务报表的折算展开。备考时，要注意总结不同情形下折算汇率的选择，避免混淆。

历年考情

本章几乎每年都会在客观题中考查，且考点较为单一，主要集中在记账本位币的确定、外币交易的会计处理以及外币报表折算的一般规则，一般在 3 分左右。

题型	2021年（一）		2021年（二）		2020年（一）		2020年（二）		2019年（一）		2019年（二）	
	题量	分值	题量	分值	题量	分值	题量	分值	题量	分值	题量	分值
单选题	1	1.5分	—	—	1	1.5分	1	1.5分	—	—	1	1.5分
多选题	—	—	1	2分	1	2分	—	—	1	2分	1	2分
判断题	1	1分	1	1分	—	—	1	1分	1	1分	—	—
计算分析题	—	—	—	—	—	—	—	—	—	—	—	—
综合题	—	—	—	—	—	—	—	—	—	—	—	—

高频考点列表

考点	单选题	多选题	判断题	计算分析题	综合题
记账本位币的确定	—	2019 年	2018 年	—	—
外币交易的会计处理	2021 年、2020 年、2017 年	2021 年、2017 年	2021 年、2020 年	—	—
外币报表折算	2018 年	2020 年、2019 年、2018 年	2021 年、2018 年、2016 年	—	—

🌲 **章逻辑树**

第十五章 外币折算

外币交易的会计处理

记账本位币的确定
- 企业记账本位币的确定
  - 商品、劳务销售的计价、结算使用的货币
  - 商品、劳务所需材料、人工等的计价、结算使用的货币
  - 融资活动获得的货币及经营活动收款所使用的货币
- 境外经营记账本位币的确定
  - 境外经营："位置 + 选定的记账本位币是否与本企业相同"
  - 记账本位币的确定：确定企业记账本位币的考虑因素 + 境外经营与企业的关系
- 企业记账本位币一经确定，不得随意变更；确需变更的，采用变更当日即期汇率将所有项目折算为变更后的记账本位币，不产生汇兑差额

会计处理
- 初始确认
  - ①外币兑换业务：
    - 本币账户（即银行存款——人民币）采用的汇率买入价或卖出价折算
    - 外币账户（即银行存款——外币）采用交易发生日的即期汇率进行折算
  - ②外币购销业务：采用交易发生日的即期汇率折算
  - ③接受外币投资：采用交易发生日即期汇率折算，不得采用合同约定汇率
  - ④外币借款业务：采用借入外币当日的即期汇率折算
- 资产负债表日或结算日
  - 外币货币性项目·采用资产负债表日或结算当日即期汇率
  - 外币非货币性项目
    - 历史成本计量：不作处理
    - 公允价值计量：汇率变动的影响金额与相应资产的公允价值变动一并反映
    - 存货：汇率变动影响金额一并在"资产减值损失"中反映

外币报表的折算

资产负债表
- 资产和负债项目·采用资产负债表日的即期汇率折算
- 所有者权益项目·实收资本、资本公积和其他综合收益项目采用业务发生日的即期汇率折算

利润表·收入和费用项目·采用交易发生日的即期汇率或近似汇率折算

特别处理
- 包含境外经营合并报表折算差额的处理
  - 按母公司与少数股东各自所享有的份额进行分摊：
    - 归属于母公司的部分，计入其他综合收益
    - 少数股东分担的部分，计入少数股东权益
- 实质构成对子公司净投资的外币货币性项目
  - 以母、子公司一方记账本位币反映（汇兑差额转入其他综合收益）
  - 以第三方货币反映（汇兑差额相抵后转入其他综合收益）

境外经营的处置·按处置比例将外币财务报表折算差额结转至当期损益

高频考点 1 记账本位币的确定

1. 企业记账本位币的确定

企业确定记账本位币，应当考虑以下 3 个因素：

（1）收入角度：主要影响商品和劳务销售价格的货币；

（2）支出角度：主要影响商品和劳务所需人工、材料和其他费用的货币；

（3）收款角度：融资活动获得的货币以及保存从经营活动中收取款项所使用的货币。

2. 境外经营记账本位币的确定

（1）境外经营指企业在境外的子公司、合营企业、联营企业、分支机构；企业在境内的子公司、合营企业、联营企业、分支机构，采用不同于本企业记账本位币的，也视同境外经营。『所在地并非唯一标准』

（2）境外经营确定记账本位币时，除上述 3 个因素外，还需考虑以下 4 个因素：

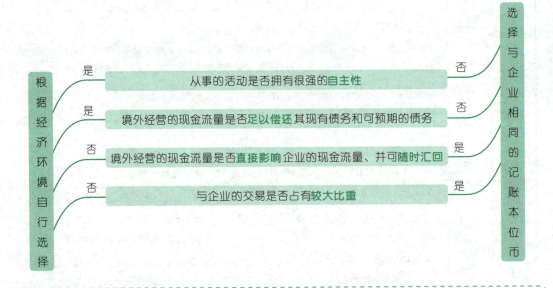

『敲黑板』企业记账本位币一经确定，不得随意变更；确需变更的，采用变更当日即期汇率将所有项目折算为变更后的记账本位币，并在附注中披露。『不产生汇兑差额』

【真题实战·多选题】下列各项中，在企业选择其记账本位币时，应当考虑的因素有（　　）。（2019年）

A. 融资活动获得的货币

B. 从经营活动中收取款项所使用的币种

C. 销售商品时计价和结算所使用的币种

D. 结算职工薪酬通常使用的币种

【思路导航】记账本位币的选择要从"收入、支出、收款"三个角度考虑，掌握这个基本原则即可选出正确答案。

【解析】企业选定记账本位币，应当考虑下列 3 个因素：（1）该货币主要影响商品和劳务的销售价格，即通常以该货币进行商品和劳务的计价和结算（选项C）；（2）该货币主要影响商品和劳务所需人工、材料和其他费用，即通常以该货币进行上述费用的计价和结算（选项D）；（3）融资活动获得的货币及保存从经营活动中收取款项所使用的货币（选项A、B）。综上，本题应选ABCD。

【答案】ABCD

【真题实战·判断题】企业因经营所处的主要经济环境发生重大变化，确需变更记账本位币时，所有项目均应采用变更当日即期汇率折算。（　　）（2018年）

【解析】企业记账本位币一经确定，不得随意变更，除非与确定记账本位币相关的企业经营所处的主要经济环境发生重大变化。企业因经营所处的主要环境发生重大变化，确需变更记账本位币的，应当采用变更当日即期汇率将所有项目折算为变更后的记账本位币。因此，本题表述正确。

【答案】✓

【沙场练兵·判断题】在企业不提供资金的情况下，境外经营活动产生的现金流量难以偿还其现有债务和正常情况下可预期债务的，境外经营应当选择与企业记账本位币相同的货币作为记账本位币。（　　）

【思路导航】境外经营记账本位币的确定无须死记硬背，抓住境外经营在经济上是否实现"独立"进行判断即可，"不独立"则选择与企业相同的记账本位币，反之则根据情况自由选择。

【解析】本题考核境外经营记账本位币的确定。方法一，准确记忆：境外经营难以偿还其现有债务和可预期的债务，则境外经营应当选择与企业记账本位币相同的货币作为记账本位币；方法二，分析理解：根据题干信息，可以明确境外经营需要企业提供资金以偿还债务，表明境外经营未实现"经济独立"，则需要选择与企业相同的记账本位币。因此，本题表述正确。

【答案】✓

【沙场练兵·判断题】我国企业通常应选择人民币作为记账本位币，业务收支以人民币以外的货币为主的企业，可以选定其中一种货币作为记账本位币，但编制的财务报表应当折算为人民币金额。（　　）

【解析】我国《会计法》规定，企业通常应选择人民币作为记账本位币。业务收支以人民币以外的货币为主的企业，可以按规定选定其中一种货币作为记账本位币，但是编报的财务会计报告应当折算为人民币。因此，本题表述正确。

【答案】✓

高频考点 2　外币交易的会计处理

1. 外币交易发生日

	①向银行卖出外币	
兑换业务	借：银行存款——人民币	【卖出外币金额 × 买入价】
	财务费用	【差额】
	贷：银行存款——外币	【外币金额 × 兑换日即期汇率】

（续表）

兑换业务	②自银行购买外币 借：银行存款——外币 　　财务费用 　　贷：银行存款——人民币	【外币金额 × 兑换日即期汇率】 【差额】 【买入外币金额 × 卖出价】	
购销业务 （未收付外币）	①采购业务 借：原材料等 　　应交税费——应交增值税（进项税额） 　　贷：应付账款——外币 　　　　银行存款——人民币 ②销售业务（不考虑相关税费） 借：应收账款——外币 　　贷：主营业务收入	【外币金额 × 交易日即期汇率】 【另支付的款项】 【外币金额 × 交易日即期汇率】	
接受投资	借：银行存款——外币 　　贷：实收资本（或股本） 　　　　资本公积——资本（股本）溢价 【提个醒】外币投资业务无论是否有合同约定汇率，均不得采用合同约定汇率和即期汇率的近似汇率。	【外币投资额 × 交易日即期汇率】	
借款业务	借：银行存款——外币 　　贷：短期借款——外币	【外币金额 × 交易日即期汇率】	

2. 资产负债表日或结算日的会计处理

企业应当区分外币货币性项目和外币非货币性项目进行处理。

项目	特点	举例
外币货币性项目	收取金额固定或可确定	①货币性资产：库存现金、银行存款、应收账款、其他应收款、长期应收款等； ②货币性负债：应付账款、其他应付款、短期借款、应付债券、长期借款、长期应付款等
外币非货币性项目	收取金额不确定	预付账款、预收账款、存货、长期股权投资、交易性金融资产、固定资产等

（1）外币货币性项目

企业应当采用资产负债表日或结算当日**即期汇率**折算外币货币性项目，产生的汇兑差额计入**财务费用**，同时调增或调减外币货币性项目的记账本位币金额。

（2）外币非货币性项目

类型	会计处理
以历史成本计量	不处理

（续表）

类型	会计处理
以成本与可变现净值孰低计量（存货）	记入"资产减值损失"科目：将外币反映的可变现净值金额按资产负债表日即期汇率折算为记账本位币金额，再与以记账本位币反映的存货成本进行比较『不区分存货价值变动和汇率变动』
以公允价值计量	将外币反映的公允价值金额按公允价值确定日的即期汇率折算为记账本位币金额，再与原记账本位币金额进行比较『不区分公允价值变动和汇率变动』： ①交易性金融资产：计入公允价值变动损益； ②其他权益工具投资：计入其他综合收益

▌敲黑板▌汇兑差额＝调整后记账本位币余额－调整前记账本位币余额。对资产项目而言，汇兑差额＞0，为汇兑收益；汇兑差额＜0，为汇兑损失。负债项目与之相反。

【真题实战·单选题】甲公司与境外投资者乙公司约定，乙公司分两次投入甲公司合计 3 000 万美元，合同约定的汇率为 1 美元＝6.85 人民币元。2020 年 4 月 1 日，收到第一笔 2 000 万美元，当日的汇率为 1 美元＝6.91 人民币元；2020 年 6 月 1 日，收到第二笔投资款 1 000 万美元，当日的汇率为 1 美元＝6.88 人民币元。2020 年 12 月 31 日汇率为 1 美元＝6.86 人民币元。则甲公司 2020 年 12 月 31 日与该投资有关的所有者权益的账面金额为（　　）万人民币元。（2021 年 /2019 年）

A. 20 550　　　　　　B. 20 580
C. 20 685　　　　　　D. 20 700

【解析】企业收到投资者以外币投入的资本，应当采用交易发生日的即期汇率折算，不得采用合同约定汇率和即期汇率的近似汇率折算。收到的第一笔 2 000 万美元，折算为人民币＝2 000×6.91＝13 820（万人民币元）；收到第二笔投资款 1 000 万美元时，折算为人民币＝1 000×6.88＝6 880（万人民币元）。则甲公司 2020 年 12 月 31 日与该投资有关的所有者权益的账面金额＝13 820＋6 880＝20 700

（万人民币元）。综上，本题应选 D。

【答案】D

【真题实战·多选题】甲公司的记账本位币为人民币，其外币交易采用交易日的即期汇率折算。2020 年 12 月 10 日，甲公司收到外商投入资本 1 000 万欧元并存入银行，当日的即期汇率为 1 欧元＝8.05 人民币元，其中 8 000 万人民币元作为注册资本，2020 年 12 月 31 日的即期汇率为 1 欧元＝8.06 人民币元。不考虑其他因素，上述外币业务对甲公司 2020 年度财务报表项目影响的表述中，正确的有（　　）。（2021 年）

A. 增加实收资本 8 000 万人民币元
B. 增加财务费用 10 万人民币元
C. 增加资本公积 50 万人民币元
D. 增加货币资金 8 060 万人民币元

【解析】外币交易采用交易日的即期汇率折算，则外商投资的外币 1 000 万欧元，按收到外币的当日即期汇率 1 欧元＝8.05 人民币折算＝1 000×8.05＝8 050（万人民币元），相关分录如下（单位：万元）：

借：银行存款——欧元　　　　8 050

贷：实收资本　　　　　　　8 000
　　资本公积　　　　　　　　50

2020年12月31日将收到的外币1 000万欧元按资产负债表日汇率折算＝1 000×8.06＝8 060（万人民币元），使得2020年度财务报表项目中的货币资金增加8 060万人民币元。综上，本题应选ACD。

【答案】ACD

【真题实战·判断题】在资产负债表日，以外币计价的交易性金融资产折算为记账本位币后的金额与原记账本位币金额之间的差额，计入财务费用。（　）（2021年）

【解析】交易性金融资产的汇率变动的影响金额与相应资产的公允价值变动在"公允价值变动损益"中一并反映。因此，本题表述错误。

【答案】×

【真题实战·单选题】甲公司的记账本位币为人民币，外币交易采用交易日的即期汇率折算。2019年11月1日，甲公司向中国银行借入期限为3个月、年利率为2.4%的1 000万美元，当日即期汇率为1美元＝6.9人民币元。甲公司对该美元借款每月末计提利息，到期一次还本付息。2019年11月30日的即期汇率为1美元＝6.92人民币元，2019年12月31日的即期汇率为1美元＝6.95人民币元。甲公司该美元借款的借款费用不满足资本化条件。该美元借款对甲公司2019年度营业利润的影响金额为（　）万人民币元。（2020年）

A. 47.68　　　　　　B. 77.68

C. 77.8　　　　　　D. 50

【思路导航】外币借款对损益的影响主要包括计提的利息、本金和利息的汇兑差额。

【解析】在资产负债表日或结算日，企业应采用资产负债表日或结算当日即期汇率折算外币货币性项目，因当日即期汇率与初始确认时或者前一资产负债表日即期汇率不同而产生的汇

兑差额，作为财务费用处理。则影响营业利润的金额＝财务费用总额＝本金的汇兑差额＋11月计提的利息及其汇兑差额＋12月计提的利息＝【1 000×（6.92－6.9）＋1 000×（6.95－6.92）】＋【1 000×2.4%×1/12×6.92＋1 000×2.4%×1/12×（6.95－6.92）】＋1 000×2.4%×1/12×6.95＝50＋（13.84＋0.06）＋13.9＝77.8（万人民币元）。综上，本题应选C。

【答案】C

【真题实战·判断题】资产负债表日，对于外币货币性资产产生的汇兑差额，应计入当期损益。（　）（2020年）

【解析】在资产负债表日或结算日，企业应采用资产负债表日或结算当日即期汇率折算外币货币性项目，因当日即期汇率与初始确认时或者前一资产负债表日即期汇率不同而产生的汇兑差额，作为财务费用处理，同时调增或调减外币货币性项目的记账本位币金额。因此，本题表述正确。

【答案】√

【真题实战·单选题】甲公司以人民币作为记账本位币。2016年12月31日，即期汇率为1美元＝6.94人民币元，甲公司银行存款美元账户借方余额为1 500万美元，应付账款美元账户贷方余额为100万美元。两者在汇率变动调整前折算的人民币余额分别为10 350万元和690万元。不考虑其他因素。2016年12月31日因汇率变动对甲公司2016年12月营业利润的影响为（　）万人民币元。（2017年）

A. 增加56　　　　　　B. 减少64

C. 减少60　　　　　　D. 增加4

【解析】外币货币性项目在资产负债表日应当按照资产负债表日的即期汇率折算，其汇兑差额，作为财务费用处理。本题中，银行存款确

认的汇兑收益＝1 500×6.94－10 350＝60（万人民币元），应付账款的汇兑损失＝100×6.94－690＝4（万人民币元）；因此，因汇率变动导致甲公司增加的营业利润＝60－4＝56（万人民币元）。综上，本题应选A。

【答案】A

【真题实战·多选题】下列各项涉及外币业务的账户中，企业因汇率变动需于资产负债表日对其记账本位币余额进行调整的有（　　）。（2017年）

A. 固定资产　　　　B. 长期借款

C. 应收账款　　　　D. 应付债券

【解析】资产负债表日，企业在对外币报表项目进行折算时，需要区分货币性项目和非货币性项目。对于以历史成本计量的外币非货币性项目，资产负债表日不应该改变其原记账本位币金额，不能因汇率变动调整其账面价值。选项A，属于以历史成本计量的外币非货币性项目，不应调整；选项B、C、D，属于货币性项目，需要调整。综上，本题应选BCD。

【答案】BCD

【沙场练兵·单选题】2021年12月1日，甲公司以300万港元取得乙公司在香港联交所挂牌交易的H股100万股，作为其他权益工具投资。2021年12月31日，上述股票的公允价值为350万港元。甲公司以人民币作为记账本位币，假定2021年12月1日和31日，1港元即期汇率分别为0.83人民币元和0.81人民币元。不考虑其他因素，2021年12月31日，甲公司因该资产计入所有者权益的金额为（　　）万人民币元。

A. 34.5　　　　　　B. 40.5

C. 41　　　　　　　D. 41.5

【解析】作为其他权益工具投资核算的股权投资属于外币非货币性资产，应当按公允价值确定当日（即12月31日）的即期汇率折算

为记账本位币金额，再与原记账本位币金额进行比较，差额计入所有者权益（其他综合收益）。则该资产计入所有者权益的金额＝350×0.81－300×0.83＝34.5（万人民币元）。综上，本题应选A。

【答案】A

【沙场练兵·多选题】下列关于企业外币交易会计处理的表述中，正确的有（　　）。

A. 结算外币应收账款形成的汇兑差额应计入财务费用

B. 结算外币应付账款形成的汇兑差额应计入财务费用

C. 出售外币交易性金融资产形成的汇兑差额应计入投资收益

D. 出售外币其他权益工具投资形成的汇兑差额应计入其他综合收益

【解析】选项A、B表述正确，外币应收账款与外币应付账款均属于外币货币性项目，结算时产生的汇兑差额应计入财务费用；选项C表述正确，出售外币交易性金融资产的售价与原账面价值产生的差额，不必区分汇率变动和市价变动，全部计入投资收益；选项D表述错误，出售外币其他权益工具投资形成的汇兑差额，应计入留存收益，不计入其他综合收益。综上，本题应选ABC。

【答案】ABC

【沙场练兵·单选题】下列各项外币资产产生的汇兑差额，不应计入财务费用的是（　　）。

A. 应收账款　　　　B. 银行存款

C. 交易性金融资产　D. 债权投资

【解析】选项A、B、D，属于外币货币性资产，产生的汇兑差额均计入财务费用；选项C，交易性金融资产产生的汇兑差额应计入公允价值变动损益。综上，本题应选C。

【答案】C

高频考点 3 外币报表折算

境外经营的记账本位币不同于本企业记账本位币，且境外经营处于非恶性通货膨胀经济情况时，需要按照下列规定将境外经营的财务报表折算为以企业记账本位币反映的财务报表：

报表项目		折算规定
资产负债表	资产、负债项目	采用资产负债表日的即期汇率折算
	所有者权益项目	①**实收资本、资本公积、其他综合收益**：采用业务发生日的即期汇率折算 ②**盈余公积**：当期计提的盈余公积采用当期平均汇率折算： 期末盈余公积＝期初盈余公积＋本期计提的盈余公积×当期平均汇率 ③**未分配利润**：期末未分配利润＝期初未分配利润＋本期利润表折算净利润－本期计提的按当期平均汇率折算后的盈余公积（假设本期末对外分配利润）
利润表	收入、费用项目	采用交易发生日的即期汇率或交易发生日的即期汇率的近似汇率折算

外币报表折算产生的折算差额在资产负债表所有者权益项目下"**其他综合收益**"项目列示。

┃敲黑板┃

（1）企业境外经营为其子公司的情况下，在编制合并财务报表时，需要将境外经营财务报表折算差额在母公司与子公司少数股东间进行分摊：母公司应分担的部分，在合并资产负债表和合并所有者权益变动表中所有者权益项目下"其他综合收益"项目列示，子公司少数股东应分担的部分，并入"少数股东权益"项目列示。

（2）企业在处置境外经营时，应将相关的外币财务报表折算差额自所有者权益项目转入处置当期损益，部分处置的，按处置的比例进行结转。

【真题实战·判断题】企业对外币资产负债表进行折算时，债权投资项目应当采用取得时的即期汇率进行折算。（　）（2021年）

【思路导航】审题时注意题目表述的是"何时"的即期汇率，以免因错过关键信息而失分。

【解析】企业对外币资产负债表进行折算时，债权投资项目应采用资产负债表日即期汇率折算。因此，本题表述错误。

【答案】×

【真题实战·多选题】企业对外币财务报表进行折算时，下列各项中，应当采用资产负债表日的即期汇率进行折算的有（　）。（2020年）

A. 合同资产　　　　B. 其他综合收益
C. 应付债券　　　　D. 营业收入

【解析】选项A、C符合题意，企业对外币报表进行折算时，资产负债表中的资产和负债项目，采用资产负债表日的即期汇率折算；选项B不符合题意，所有者权益项目除"未分配利润"项目外，其他项目采用发生时的即期汇率折算；选项D不符合题意，利润表中的收入和费用项目，采用交易发生日的即期汇率折算，也可以采用按照系统合理的方法确定的、与交易发生日的即期汇率近似的汇率折算。综上，本题应选 AC。

【答案】AC

【真题实战·多选题】对企业外币财务报表进行折算时，下列各项中，不能采用资产负债表日即期汇率进行折算的有（　　）。（2019年）

A. 债权投资　　　　　B. 盈余公积

C. 实收资本　　　　　D. 合同负债

【解析】选项 A、D，属于资产负债表中的资产和负债项目，采用资产负债表日的即期汇率折算；选项 B，企业当期计提的盈余公积采用当期平均汇率折算，期初盈余公积为以前年度计提的盈余公积按相应年度平均汇率折算后金额的累计；选项 C，实收资本采用发生时的即期汇率折算。综上，本题应选 BC。

【答案】BC

【真题实战·判断题】企业将境外经营全部处置时，应将原计入所有者权益的外币财务报表折算差额，全额转入当期损益。（　　）（2018年）

【解析】企业在处置境外经营时，应当将资产负债表所有者权益项目下列示的、与该境外经营相关的外币财务报表折算差额，自所有者权益项目转入处置当期损益；部分处置境外经营的，应当按照处置的比例计算处置部分的外币财务报表折算差额，转入处置当期损益。因此，本题表述正确。

【答案】√

【真题实战·判断题】企业对外币资产负债表的未分配利润进行折算时，应当采用资产负债表日的即期汇率。（　　）（2016年）

【解析】未分配利润项目的折算属于高频考点，大家一定要注意"未分配利润"项目是根据报表之间的平衡勾稽关系计算出来的，而不是根据某一汇率简单折算。因此，本题表述错误。

【答案】×

【真题实战·单选题】对企业外币财务报表进行折算时，下列各项中，应当采用资产负债表日即期汇率折算的是（　　）。（2018年）

A. 营业收入　　　　　B. 盈余公积

C. 固定资产　　　　　D. 管理费用

【解析】选项 A、D 不符合题意，营业收入和管理费用属于利润表中的收入、费用项目，应采用交易发生日的即期汇率或其近似汇率（而非资产负债表日即期汇率）折算；选项 B 不符合题意，当期计提的盈余公积应采用当期平均汇率（而非资产负债表日即期汇率）折算；选项 C 符合题意，固定资产属于资产负债表中的资产项目，应采用资产负债表日的即期汇率折算。综上，本题应选 C。

【答案】C

【真题实战·多选题】下列关于企业外币财务报表折算的会计处理表述中，正确的有（　　）。（2018年）

A. "营业收入"项目按照资产负债表日的即期汇率折算

B. "货币资金"项目按照资产负债表日的即期汇率折算

C. "长期借款"项目按照借款日的即期汇率折算

D. "实收资本"项目按照收到投资者投资当日的即期汇率折算

【解析】选项 A 表述错误，营业收入属于利润表中的收入项目，应采用交易发生日的即期汇率或其近似汇率折算；选项 B 表述正确，选项 C 表述错误，货币资金、长期借款属于资产负债表资产、负债项目，应采用资产负债表日的即期汇率折算；选项 D 表述正确，实收资本应采用业务发生日的即期汇率折算。综上，本题应选 BD。

【答案】BD

【沙场练兵·多选题】下列关于外币资产负债表折算的表述中，正确的有（   ）。

A. 外币报表折算差额应在所有者权益项目下单独列示

B. 采用历史成本计量的资产项目应按资产确认时的即期汇率折算

C. 采用公允价值计量的资产项目应按资产负债表日即期汇率折算

D. "其他综合收益"项目应按发生时的即期汇率折算

【思路导航】注意区分外币报表折算与资产负债表日外币非货币性项目折算。

【解析】选项A、C表述正确，选项B表述错误，对外币报表进行折算时，资产负债表中的资产和负债项目均采用资产负债表日的即期汇率折算，不区分货币性项目与不同计量模式下的非货币性项目；选项D表述正确，"其他综合收益"项目应按发生时的即期汇率折算。综上，本题应选ACD。

【答案】ACD

【沙场练兵·判断题】企业当期产生的外币报表折算差额，应在利润表"财务费用"项目中列示。（   ）

【解析】根据准则规定，企业当期产生的外币报表折算差额，应在合并资产负债表中所有者权益项目下单独作为"其他综合收益"项目列示。因此，本题表述错误。

【答案】×

第15章

强化练习

一、单项选择题

1. 下列关于我国企业记账本位币的表述中不正确的是（　　）。

A. 通常应当选择人民币作为记账本位币

B. 记账本位币只能是人民币

C. 在我国无论采用哪种货币作为记账本位币，编报的财务报告均应当折算为人民币

D. 企业的记账本位币一经确定，不得随意变更

2. 关于企业确定境外经营活动记账本位币时应考虑的相关因素，下列说法正确的是（　　）。

A. 企业境外经营应选择所在地货币作为记账本位币

B. 企业境外经营活动与企业的交易在境外经营活动中所占的比例较高，境外经营应选择与企业记账本位币相同的货币作为记账本位币

C. 境外经营活动产生的现金流量可以随时汇回，境外经营应选择经营所在地的货币作为记账本位币

D. 境外经营债务可以独立清偿，境外经营应选择与企业记账本位币相同的货币作为记账本位币

3. 企业将收到的投资者以外币投入的资本折算为记账本位币时，应采用的折算汇率是（　　）。

A. 投资合同约定的汇率　　　　　　　　B. 投资合同签订时的即期汇率

C. 收到投资款时的即期汇率　　　　　　D. 收到投资款当月的平均汇率

4. 甲公司存货的可变现净值以外币确定，在确定存货的期末价值时，需要将存货可变现净值折算为记账本位币，对于折算后的金额小于成本的差额中，因汇率变动导致的部分应计入（　　）。

A. 公允价值变动损益　　　　　　　　　B. 财务费用

C. 营业外收入　　　　　　　　　　　　D. 资产减值损失

5. 企业对境外经营的财务报表进行折算时，产生的外币财务报表折算差额应当（　　）。

A. 作为递延收益列示　　　　　　　　　B. 在相关资产类项目下单独列示

C. 在资产负债表上无须反映　　　　　　D. 在所有者权益项目下单独列示

6. 甲公司采用即期汇率的近似汇率折算外币业务，以每月月初汇率作为近似汇率。2021 年 2 月 1 日的即期汇率为 1 美元 = 6.33 人民币元。甲公司 2 月 10 日收到外商投入的设备一台，投资各方确认的价值为 100 万美元，当日即期汇率为 1 美元 = 6.31 人民币元，投资合同约定汇率为 1 美元 = 6.35 人民币元。另支付进口关税 15 万人民币元，安装调试费 8 万人民币元。不考虑增值税等其他因素，则该设备的入账价值为（　　）万人民币元。

A. 633　　　　　　　B. 656　　　　　　　C. 654　　　　　　　D. 658

7. 甲公司以人民币为记账本位币。2021 年 11 月 10 日，以每台 1 500 美元的价格从美国某供货商手中购入国际最新型号 M 商品 20 台，并于当日支付了相应货款（假定甲公司有美元存款）。

2021 年 12 月 31 日，已售出 M 商品 2 台，国内市场仍无 M 商品供应，M 商品国际市场价格已降至每台 1 300 美元。11 月 10 日的即期汇率是 1 美元 = 6.5 人民币元，12 月 31 日的即期汇率是 1 美元 = 6.4 人民币元。假定不考虑增值税等相关税费及其他因素，甲公司 2021 年 12 月 31 日应计提的存货跌价准备为（   ）人民币元。

    A. 0　　　　　　　B. 23 040　　　　　　　C. 25 740　　　　　　　D. 23 400

8. 甲企业银行存款（美元）账户上期期末余额为 50 000 美元，上期末市场汇率为 1 美元 = 6.85 人民币元，该企业外币交易采用当日即期汇率折算，以人民币作为记账本位币，按月计算汇兑损益。该企业 15 日将其中 20 000 美元在银行兑换为人民币，银行当日美元买入价为 1 美元 = 6.89 人民币元，当日即期汇率为 1 美元 = 6.92 人民币元。该企业没有其他涉及美元账户的业务，期末即期汇率为 1 美元 = 6.90 人民币元。则该企业本期美元账户汇兑损失的金额共计（   ）人民币元。

    A. 600　　　　　　　B. 1 900　　　　　　　C. − 2 900　　　　　　　D. − 2 300

9. 甲公司的记账本位币为人民币，对外币交易采用交易日的即期汇率折算，按月计算汇兑损益。2021 年 3 月 4 日，向国外乙公司出口一批商品，货款共计 2 000 万美元，当日的即期汇率为 1 美元 = 6.35 人民币元。假设不考虑相关税费，货款尚未收到。3 月 31 日，甲公司仍未收到该笔销售货款，当日的即期汇率为 1 美元 = 6.32 人民币元。4 月 20 日，甲公司收到上述货款 2 000 万美元存入银行。假定 4 月 20 日的即期汇率为 1 美元 = 6.29 人民币元，4 月 20 日甲公司该笔外币应收账款形成汇兑损失为（   ）万人民币元。

    A. − 60　　　　　　　B. 60　　　　　　　C. − 120　　　　　　　D. 120

10. 下列关于外币财务报表折算的表述中，不正确的是（   ）。

    A. 资产和负债项目应当采用资产负债表日的即期汇率进行折算

    B. 实收资本、资本公积采用业务发生日的即期汇率折算

    C. 收入和费用项目应当采用交易发生日的即期汇率折算，也可以采用与交易发生日即期汇率近似的汇率进行折算

    D. 在部分处置境外经营时，应将资产负债表中所有者权益项目下列示的、与境外经营相关的外币财务报表折算差额全部转入当期损益

二、多项选择题

1. 企业将境外经营的财务报表折算为以企业记账本位币反映的财务报表时，应当采用资产负债表日即期汇率折算的项目有（   ）。

    A. 固定资产　　　　　　　　　　　　B. 应付账款

    C. 营业收入　　　　　　　　　　　　D. 未分配利润

2. 下列关于外币资产负债表折算的表述中，正确的有（   ）。

    A. 外币报表折算差额应在所有者权益项目下列示

    B. 采用历史成本计量的资产项目不应改变其原记账本位币金额

    C. 采用历史成本计量的资产项目应按资产负债表日即期汇率折算

D. 采用公允价值计量的资产项目应按资产负债表日即期汇率折算

3. 下列各项外币资产发生的汇兑差额，应计入财务费用的有（　　　）。

    A. 应收账款   B. 银行存款

    C. 交易性金融资产   D. 库存商品

4. 当期末汇率上升时，下列外币货币性项目会产生汇兑损失的有（　　　）。

    A. 外币银行存款   B. 外币其他应付款

    C. 外币应收账款   D. 外币短期借款

5. 下列有关企业外币交易会计处理的表述中，正确的有（　　　）。

    A. 企业在资产负债表日或结算日时，应当对外币货币性项目，采用资产负债表日或结算当日即期汇率折算。因当日即期汇率与初始确认时或者前一资产负债表日即期汇率不同而产生的汇兑差额，计入财务费用

    B. 外币交易在初始确认时，企业可以采用按照系统合理的方法确定的、与交易发生日即期汇率近似的汇率折算为记账本位币金额

    C. 外币交易在初始确认时，企业可以采用交易发生日的即期汇率将外币金额折算为记账本位币金额

    D. 对于企业发生的外币交易，企业应当将外币金额折算为记账本位币金额

6. 甲公司以人民币作为记账本位币，对外币业务采用当月月初的市场汇率作为即期汇率的近似汇率进行核算，按月计算汇兑损益。2021 年 1 月 10 日，向国外乙公司出口商品一批，货款共计 40 万美元，当日市场汇率为 1 美元 = 6.70 人民币元，双方约定货款于 2021 年 2 月 5 日结算。1 月 1 日的市场汇率为 1 美元 = 6.65 人民币元，1 月 31 日的市场汇率为 1 美元 = 6.82 人民币元。2 月 1 日的市场汇率为 1 美元 = 6.88 人民币元。2 月 5 日，甲公司收到货款 40 万美元并存入银行，当日市场汇率为 1 美元 = 6.88 人民币元。假定不考虑增值税等相关税费，甲公司无其他外币业务，对于上述业务，下列说法中正确的有（　　　）。

    A. 1 月 10 日外币应收账款的入账金额为 266 万人民币元

    B. 1 月的汇兑收益为 6.8 万人民币元

    C. 1 月的汇兑收益为 4.8 万人民币元

    D. 2 月 5 日收款时计入财务费用的金额为 - 2.4 万人民币元

7. 下列各项中，企业应当计入当期损益的有（　　　）。

    A. 外币应付账款账户期末发生的汇兑差额

    B. 外币财务报表折算差额

    C. 外币专门借款应付利息在资本化期间结算产生的汇兑差额

    D. 外币交易性金融资产期末发生的汇兑差额

8. 下列有关外币折算的会计处理方法正确的有（　　　）。

    A. 企业变更记账本位币时，应当采用变更当日的即期汇率将资产、负债项目折算为变更后的记账本位币，所有者权益项目采用发生时的即期汇率折算

B. 企业处置境外经营时，应当将资产负债表中所有者权益项目下列示的、与该境外经营相关的外币财务报表折算差额，自所有者权益项目转入其他资本公积

C. 企业发生外币交易时，应在初始确认时采用交易发生日的即期汇率或即期汇率的近似汇率将外币金额折算为记账本位币金额

D. 记账本位币是企业经营所处的主要经济环境中的货币

9. 下列关于外币财务报表折算，说法正确的有（   ）。

A. 编制合并财务报表时，实质上构成对子公司净投资的外币货币性项目以母公司或子公司的记账本位币反映，则应在抵销长期应收应付项目的同时，将其产生的汇兑差额转入"其他综合收益"项目

B. 编制合并财务报表时，对于境外经营财务报表折算差额，属于母公司应分担的部分，在合并资产负债表和合并所有者权益变动表中所有者权益项目下单独作为"资本公积"项目列示

C. 编制合并财务报表时，对于境外经营财务报表折算差额，属于子公司少数股东应分担的部分应并入"少数股东权益"项目列示

D. 编制合并财务报表时，对于境外经营财务报表折算差额，在合并资产负债表和合并所有者权益变动表中所有者权益项目下单独作为"资本公积"项目列示

10. 下列关于境外经营处置的说法中，正确的有（   ）。

A. 企业可能通过出售、清算、返还股本或放弃全部或部分权益等方式处置其在境外经营中的权益

B. 企业处置全部境外经营时，应当将资产负债表中所有者权益项目下列示的、与该境外经营有关的其他综合收益转入处置当期损益

C. 企业部分处置境外经营的，应当按处置的比例计算处置部分的外币财务报表折算差额，转入处置当期损益

D. 企业部分处置境外经营的，应当将资产负债表中所有者权益项目下列示的、与该境外经营有关的其他综合收益，全部转入处置当期损益

三、判断题

1. 企业编制的合并财务报表涉及境外经营时，实质上构成对境外经营子公司净投资的外币货币性项目以母、子公司记账本位币以外的货币反映的，产生的汇兑差额应先相互抵销，抵销后仍有余额的，再将该余额转入"其他综合收益"科目。（   ）

2. 企业当期产生的外币报表折算差额，应在利润表"财务费用"项目中列示。（   ）

3. 外币交易应当在初始确认时，采用交易发生日的即期汇率或交易发生当期期初汇率将外币金额折算为记账本位币金额。（   ）

4. 企业在处置境外经营时，应当将外币财务报表折算差额转入其他综合收益。（   ）

5. 企业发生记账本位币的变更而产生的汇兑差额计入其他综合收益。（   ）

答案与解析

一、单项选择题

1. 【解析】选项 A、C、D 表述正确；选项 B 表述错误，业务收支以人民币以外的货币为主的企业，可以选定其中一种货币作为记账本位币，但是编报的财务报告应当折算为人民币。综上，本题应选 B。

【答案】B

2. 【解析】在确定境外经营记账本位币时，不仅要考虑企业选定记账本位币应考虑的 3 个因素，还需要考虑下列有关该境外经营与企业之间关系的因素：（1）境外经营对其所从事的活动是否拥有很强的自主性：没有很强的自主性，则选择与企业相同的记账本位币，反之则根据经济环境进行选择；（2）境外经营活动中与企业的交易是否在境外经营活动中占有较大比重：占较大比重的，选择与企业相同的记账本位币，反之则根据经济环境进行选择（选项 B 正确）；（3）境外经营活动产生的现金流量是否直接影响企业的现金流量、是否可以随时汇回：直接影响且可随时汇回的应选择与企业相同的记账本位币，反之则根据经济环境进行选择（选项 C 错误）；（4）境外经营活动产生的现金流量是否足以偿还其现有债务和可预期的债务：不足以偿还的，应选择与企业相同的记账本位币，反之则根据经济环境进行选择（选项 D 错误）。选项 A 错误，境外经营活动的记账本位币的确定与其所在位置无关。综上，本题应选 B。

【答案】B

3. 【解析】企业收到投资者以外币投入的资本，无论是否有合同约定汇率，均不得采用合同约定汇率和即期汇率的近似汇率折算，而是采用交易发生日的即期汇率折算。综上，本题应选 C。

【答案】C

4. 【解析】期末，将以外币反映的存货可变现净值金额按资产负债表日的即期汇率折算为记账本位币金额，再与以记账本位币反映的存货成本进行比较，确定减值金额，汇率变动的影响金额在“资产减值损失”中一并反映。综上，本题应选 D。

【答案】D

5. 【解析】企业对境外经营的财务报表进行折算，产生的外币报表折算差额，应在资产负债表中所有者权益项目中的“其他综合收益”项目下列示。综上，本题应选 D。

【答案】D

6. 【解析】根据规定，企业收到投资者以外币投入的资本，应当采用交易发生日即期汇率折算，不得采用合同约定汇率和即期汇率的近似汇率折算，则该设备的入账价值 = $100 \times 6.31 + 15 + 8 = 654$（万人民币元）。综上，本题应选 C。

【答案】C

7. 【解析】2021 年 12 月 31 日，存货以外币反映的可变现净值 = $1\,300 \times (20 - 2) = 23\,400$

（美元），按资产负债表日的即期汇率进行折算，金额 = 23 400 × 6.4 = 149 760（人民币元）＜存货成本 175 500 人民币元（1 500 × 18 × 6.5），差额 25 740 人民币元即为甲公司应当计提的存货跌价准备金额。综上，本题应选 C。

【答案】 C

8. **【解析】** 甲企业本期外币兑换产生的汇兑损失 =（6.92 − 6.89）× 20 000 = 600（人民币元），银行存款账户产生的汇兑损失 =（50 000 × 6.85 − 20 000 × 6.92）− 30 000 × 6.90 = − 2 900（人民币元）。因此该企业本期产生的汇兑损失金额 = 600 +（− 2 900）= − 2 300（人民币元）。综上，本题应选 D。

【答案】 D

9. **【解析】** 外币货币性项目，在资产负债表日应当按照资产负债表日的即期汇率折算。则 3 月 31 日，"应收账款——美元"的账面价值 = 2 000 × 6.32 = 12 640（万人民币元）；4 月 20 日，甲公司货款 2 000 万美元实际收到的金额 = 2 000 × 6.29 = 12 580（万人民币元），两者的差额 60 万人民币元为发生的汇兑损失，计入财务费用。综上，本题应选 B。

【答案】 B

10. **【解析】** 选项 A、B、C 表述正确；选项 D 表述错误，部分处置境外经营时，应按处置比例将外币财务报表折算差额转入当期损益（而不是全部）。综上，本题应选 D。

【答案】 D

二、多项选择题

1. **【解析】** 选项 A、B 符合题意，对企业外币财务报表进行折算时，资产负债表中的资产和负债项目，采用资产负债表日的即期汇率折算；选项 C 不符合题意，利润表中的收入项目，采用交易发生日的即期汇率折算；选项 D 不符合题意，未分配利润通过报表项目之间的平衡原理倒轧出来，无须折算。综上，本题应选 AB。

【答案】 AB

2. **【思路导航】** 注意区分外币财务报表的折算和资产负债表日外币货币性项目和外币非货币性项目的折算，前者涉及的是境外经营的记账本位币和企业的记账本位币不同时，报表整体的折算规定，根据报表项目不同而有不同的规定；后者是企业发生外币交易中涉及的外币货币性项目和外币非货币性项目在资产负债表日的折算规定，根据项目的性质或者计量属性而有不同的规定。

【解析】 选项 A 表述正确，外币报表折算差额在资产负债表中所有者权益项目下"其他综合收益"项目列示；选项 B 表述错误，选项 C、D 表述正确，外币财务报表折算时，资产负债表中的资产和负债项目，采用资产负债表日的即期汇率折算。综上，本题应选 ACD。

【答案】 ACD

3. **【解析】** 选项 A、B，均属于货币性资产，发生的汇兑差额计入财务费用；选项 C，外币交易性金融资产发生的汇兑差额，与相应资产的公允价值变动在"公允价值变动损益"中一并反映，不计入财务费用；选项 D，库存商品（存货）发生的汇率差额，在"资产减值损失"中反映，不计入财务费用。综上，本题应选 AB。

【答案】AB

4.【解析】汇兑差额 = 调整后记账本位币余额 – 调整前记账本位币余额 = 外币金额 ×（期末即期汇率 – 期初即期汇率），期末汇率上升，则期末即期汇率 > 期初即期汇率，即汇兑差额 > 0。选项 A、C，属于货币性资产，汇兑差额 > 0，产生汇兑收益；选项 B、D，属于货币性负债，汇兑差额 > 0，产生汇兑损失。综上，本题应选 BD。

【答案】BD

5.【解析】选项 A 正确，资产负债表日或结算日时，企业应当采用资产负债表日或结算当日即期汇率折算外币货币性项目，因当日即期汇率与初始确认时或者前一资产负债表日即期汇率不同而产生的汇兑差额，作为财务费用处理，同时调增或调减外币货币性项目的记账本位币金额；选项 B、C 正确，企业发生外币交易时，应在初始确认时采用交易发生日的即期汇率或即期汇率的近似汇率将外币金额折算为记账本位币金额；选项 D 正确，外币交易，是指以外币计价或者结算的交易，核算时要折算为记账本位币反映。综上，本题应选 ABCD。

【答案】ABCD

6.【解析】选项 A 说法正确，甲公司对外币交易采用每月月初市场汇率折算，因此 1 月 10 日外币应收账款的入账金额 = 40 × 6.65 = 266（万人民币元）；选项 B 说法正确，选项 C 说法错误，1 月的汇兑收益 = 40 ×（6.82 – 6.65）= 6.8（万人民币元）；选项 D 说法正确，2 月 5 日收款时计入财务费用（贷方）的金额 = 40 ×（6.88 – 6.82）= 2.4（万人民币元），实际上是汇兑收益。综上，本题应选 ABD。

【答案】ABD

7.【解析】选项 A 符合题意，外币货币性项目（如应付账款、应收账款）在期末产生的汇兑差额，作为财务费用处理，即计入当期损益；选项 B 不符合题意，外币财务报表折算差额，在资产负债表所有者权益项目下"其他综合收益"项目列示；选项 C 不符合题意，外币专门借款资本化期间应付利息结算产生的汇兑差额，应予以资本化，计入在建工程等；选项 D 符合题意，外币交易性金融资产期末发生的汇兑差额和公允价值变动一并计入公允价值变动损益中，即计入当期损益。综上，本题应选 AD。

【答案】AD

8.【解析】选项 A 说法错误，记账本位币变更时，应当采用变更当日的即期汇率将所有项目折算为变更后的记账本位币；选项 B 说法错误，企业在处置境外经营时，应当将资产负债表中所有者权益项目下列示的、与该境外经营相关的外币财务报表折算差额，自所有者权益项目转入处置当期损益（而非其他资本公积）；选项 C、D 说法正确，符合外币交易的规定。综上，本题应选 CD。

【答案】CD

9.【解析】选项 A 说法正确，编制合并财务报表时，实质上构成对子公司净投资的外币货币性项目以母公司或子公司的记账本位币反映，则应在抵销长期应收应付项目的同时，将其产生的汇兑差额转入"其他综合收益"项目，即借记或贷记"财务费用——汇兑差额"科目，贷记或借记"其他综合收益"科目；选项 B、D 说法错误，选项 C 说法正确，编制合并财务报表时，对于境外经营财务报表折算差额，属于母公司应分担的部分，在合并资产负债表和合并所有者权益变动表中所有者权益项目下单独作为"其他综合收益"项目列示；属于子公司少数股东应分担的部分应并入"少数股东权益"项目列示。综上，本题应选 AC。

【答案】AC

10.【解析】企业可能通过出售、清算、返还股本或放弃全部或部分权益等方式处置其在境外经营中的权益（选项 A 正确）；企业在处置境外经营时，应当将资产负债表中所有者权益项目中与该境外经营相关的外币财务报表折算差额，自所有者权益项目转入处置当期损益（选项 B 正确）；企业部分处置境外经营的，应当按处置的比例计算处置部分的外币财务报表折算差额，转入处置当期损益（选项 C 正确，选项 D 错误）。综上，本题应选 ABC。

【答案】ABC

三、判断题

1.【解析】企业存在实质上构成对境外经营子公司净投资的外币货币性项目且该项目以母、子公司的记账本位币以外的货币反映时，在编制合并财务报表时，应将母、子公司此项外币货币性项目产生的汇兑差额相互抵销，差额转入"其他综合收益"项目。因此，本题表述正确。

【答案】√

2.【解析】企业当期产生的外币报表折算差额，应当列示于资产负债表的"其他综合收益"项目中。因此，本题表述错误。

【答案】×

3.【解析】外币交易应当在初始确认时，采用交易发生日的即期汇率将外币金额折算为记账本位币金额；也可以采用按照系统合理的方法确定的、与交易发生日即期汇率近似的汇率折算。因此，本题表述错误。

【答案】×

4.【解析】企业在处置境外经营时，外币财务报表折算差额应自所有者权益项目转入处置当期损益。因此，本题表述错误。

【答案】×

5.【解析】企业因经营所处的主要经济环境发生重大变化，确需变更记账本位币的，应当采用变更当日的即期汇率将所有项目折算为变更后的记账本位币，折算后的金额作为以新的记账本位币计量的历史成本，由于采用同一即期汇率进行折算，不会产生汇兑差额。因此，本题表述错误。

【答案】×

第十六章　租赁

应试指导

本章属于新增章节，并按照新租赁准则进行了重新编写。可考性较强，且难度较之前旧准则有了明显提升，考生应重点掌握承租人和出租人的会计处理和相关计算，尤其是承租人的会计处理，要做到准确区分和熟练运用。

历年考情

本章考试题目难度较大，不太好理解，但属于必考章节。预计 2022 年各种题型均可能出现，分值在 10 分左右。

高频考点列表

考点	题型
租赁概述	单项选择题、多项选择题、判断题、计算分析题、综合题
承租人的会计处理	
出租人的会计处理	
特定租赁业务的会计处理	

 **章逻辑树**

第十六章 租赁

概述
- **租赁的识别** — 三要素：存在一定期间、存在已识别资产、资产供应方向客户转移对已识别资产使用权的控制
- **租赁的分拆与合并**
  - 分拆
    - 单独租赁（同时满足 2 条件）• 一起使用中获利、不存在高度依赖或者高度关联关系
    - 同时包含租赁和非租赁的 • 承租人可以分拆 / 不分拆，出租人应当分拆
  - 合并 • 与同一交易方或其关联方在同一或相近时间订立的两份或多份包含租赁的合同，在满足条件时应当合并
- **租赁期** • 是指承租人有权使用租赁资产且不可撤销的期间，租赁期自**租赁期开始日**起算

承租人的会计处理
- **租赁负债**
  - 初始计量
    - 应当按照租赁期开始日**尚未支付的租赁付款额的现值**进行初始计量
    - 租赁付款额包括 5 项
    - 折现率 • 优先选择租赁内含利率，其次选择增量借款利率
  - 后续计量
    - 确认租赁负债的利息，**增加**租赁负债的账面金额
    - 支付租赁付款额，**减少**租赁负债的账面金额
    - 因重新评估或租赁变更等原因导致租赁付款额发生变动时，**重新计量租赁负债的账面价值**
- **使用权资产**
  - 初始计量 • 按照成本进行初始计量（包括 4 项）
  - 后续计量
    - 计量原则 • **使用权资产账面价值＝成本－累计折旧－资产减值准备**
    - 折旧 • 自租赁期开始的当月计提折旧，采用直线法
    - 减值 • 借记"资产减值损失"科目，贷记"使用权资产减值准备"科目
- **租赁变更的会计处理** • 同时满足两个条件的，作为单独租赁处理；其他未作为单独租赁处理
- **短期租赁和低价值租赁**
  - 短期租赁 • 租赁期**不超过** 12 个月，包含购买选择权的租赁不属于短期租赁
  - 低价值租赁 • 指单项租赁资产为全新资产时价值较低的租赁

出租人的会计处理
- **融资租赁**
  - 初始计量
    - 租赁期开始日，确认应收融资租赁款，并终止确认融资租赁资产
    - **应收融资租赁款＝租赁投资净额＝尚未收到的租赁收款额的现值＋未担保余值的现值**
  - 后续计量 • 计算并确认租赁期内各个期间的利息收入
- **经营租赁** • 租金在租赁期内各个期间采用**直线法**确认收入（免租期内也要确认）；初始直接费用，应当资本化至租赁标的资产的成本，分期计入损益；折旧和减值：采用类似资产的折旧政策计提折旧、确认减值

特殊租赁业务的会计处理
- **转租赁** • 转租出租人对原租赁合同和转租赁合同应当分别根据承租人和出租人进行会计处理
- **生产商或经销商出租人的融资租赁**
  - 确认收入 • 在租赁期开始日，应当按照租赁资产公允价值与租赁收款额按市场利率折现的**现值两者孰低**确认收入
  - 结转成本 • 按照租赁资产账面价值扣除未担保余值的现值后的**余额**结转销售成本
  - 取得融资租赁所发生成本 • 在租赁期开始日将其计入损益（**销售费用**）
- **售后租回**
  - 属于销售
  - 不属于销售

高频考点 1　租赁概述

1. 租赁的识别

（1）租赁，是指在一定期间内，出租人将**资产的使用权**让与承租人以获取对价的合同。

（2）租赁的三要素包括：存在一定期间、存在已识别资产、资产供应方向客户转移对已识别资产使用权的控制。

（3）已识别资产的判断内容包括对资产的指定、物理可区分、实质性替换权三个方面。

2. 租赁的分拆

合同中同时包含租赁和非租赁部分的，承租人和出租人应当将**租赁和非租赁部分**进行分拆。承租人和出租人应当进行如下会计处理：

承租人	出租人
（1）一般处理： 按照各项租赁部分**单独价格**及非租赁部分的**单独价格之和**的相对比例分摊合同对价。 （2）简化处理： ①承租人可以按照租赁资产的类别选择是否分拆合同包含的租赁和非租赁部分。承租人选择不分拆的，应当将各租赁部分及与其相关的非租赁部分分别合并为租赁，按照新租赁准则进行会计处理。 ②对于按照《企业会计准则第 22 号——金融工具确认和计量》（2017）应分拆的嵌入衍生工具，承租人不应将其与租赁部分合并进行会计处理	出租人应当分拆租赁部分和非租赁部分，根据《企业会计准则第 14 号——收入》（2017）关于**交易价格分摊的规定**分摊合同对价 【提个醒】出租人不适用简化处理（简化处理仅限于承租人）。

3. 租赁期

（1）**租赁期**，是指承租人有权使用租赁资产且不可撤销的期间。

（2）**租赁期开始日**，是指出租人提供租赁资产使其可供承租人使用的起始日期。

（3）承租人有**续租选择权**，即有权选择续租该资产，且合理确定将行使该选择权的，租赁期还应当**包括**续租选择权涵盖的期间。

（4）承租人有**终止租赁选择权**，即有权选择终止租赁该资产，但合理确定将不会行使该选择权的，租赁期应当**包括**终止租赁选择权涵盖的期间。

【沙场练兵·判断题】合同中同时包含租赁和非租赁部分的，承租人和出租人应当将租赁和非租赁部分进行分拆，并且均可以采用简化的会计处理。（　　）

【解析】租赁分拆时，只有承租人可以采用简化的会计处理，出租人不适用简化的处理。因此，本题表述错误。

【答案】×

【沙场练兵·单选题】甲公司与乙公司签订租赁合同，乙公司将某商铺租赁给甲公司。乙公司于 2021 年 1 月 1 日将房屋钥匙交付给甲公司，甲公司在收到钥匙后，就可以自主安排装修和搬迁。同时合同约定有 3 个月的免租期，起租日为 4 月 1 日，承租人自起租日开始支付租金。甲公司于1月20日开始对商铺进行装修布置，于2月25日安排搬迁进入商铺。假定不考虑其他因素，租赁期开始日为（　　）。

A. 2021年1月1日

B. 2021年1月20日

C. 2021年2月25日

D. 2021年4月1日

【解析】租赁期开始日，是指出租人提供租赁资产使其可供承租人使用的起始日期。因此，租赁期开始日为2021年1月1日。综上，本题应选A。

【答案】A

【沙场练兵·多选题】一项合同要被分类为租赁，必须要满足的要素包括（　　）。

A. 存在一定期间

B. 存在已识别资产

C. 资产供应方向客户转移对已识别资产的所有权

D. 资产供应方向客户转移对已识别资产使用权的控制

【解析】租赁的三要素包括：存在一定期间、存在已识别资产、资产供应方向客户转移对已识别资产使用权的控制。综上，本题应选ABD。

【答案】ABD

高频考点 2 承租人的会计处理

1. 租赁负债和使用权资产的初始计量

（1）概述

租赁负债，应当按照租赁期开始日**尚未支付的租赁付款额的现值**进行初始计量。

使用权资产，是指承租人可在租赁期内使用租赁资产的**权利**。在租赁期开始日，承租人应当按照**成本**对使用权资产进行初始计量。

（2）初始计量包含的内容：

租赁付款额	使用权资产
①固定付款额及实质固定付款额，存在租赁激励的，扣除租赁激励相关款项。 ②取决于指数或比率的可变租赁付款额。 ③购买选择权的行权价格。 ④行使终止租赁选择权需支付的款项。 ⑤根据承租人提供的担保余值预计应支付的款项	①租赁负债的初始计量金额。 ②在租赁期开始日或之前支付的租赁付款额。存在租赁激励的，应扣除已享受的租赁激励相关金额。 ③承租人发生的初始直接费用。 ④承租人为拆卸及移除租赁资产、复原租赁资产所在场地或将租赁资产恢复至租赁条款约定状态预计将发生的成本

（3）在计算租赁付款额的现值时，承租人应当采用**租赁内含利率**作为折现率；无法确定租赁内含利率的，应当采用承租人**增量借款利率**作为折现率。

（4）账务处理：

借：使用权资产

　　租赁负债——未确认融资费用【差额】

　　贷：租赁负债——租赁付款额【尚未支付的租赁付款额】 　} 尚未支付的租赁付款额现值

预付账款【**租赁期开始日之前支付的租赁付款额，扣除已享受的租赁激励**】

银行存款【**初始直接费用**】

预计负债【**预计将发生的为拆卸及移除租赁资产、复原租赁资产所在场地或将租赁资产恢复至租赁条款约定状态等成本的现值**】（需折现）

2. 租赁负债和使用权资产的后续计量

	后续计量	账务处理
租赁负债	确认租赁负债的利息，**增加**租赁负债的账面金额	借：财务费用 / 在建工程 　　贷：租赁负债——未确认融资费用
	支付租赁付款额，**减少**租赁负债的账面金额	借：租赁负债——租赁付款额 　　贷：银行存款
使用权资产	使用权资产的折旧	借：主营业务成本 / 制造费用 / 销售费用 / 管理费用 / 研发支出等 　　贷：使用权资产累计折旧
	使用权资产的减值	借：资产减值损失 　　贷：使用权资产减值准备

▌敲黑板▐

（1）使用权资产账面价值＝成本－累计折旧－资产减值准备

（2）承租人自**租赁期开始**起对使用权资产计提折旧，使用权资产通常应自租赁期开始的**当月**计提折旧，通常采用直线法计提折旧。

（3）使用权资产减值准备**一旦计提，不得转回**。承租人应当按照扣除减值损失之后的使用权资产的账面价值进行后续折旧。

3. 租赁负债的重新计量

在租赁期开始日后，当发生下列四种情形时，承租人应当按照变动后的租赁付款额的现值重新计量租赁负债，并相应调整使用权资产的账面价值。

变动情形
- 实质固定付款额发生变动
- 担保余值预计的应付金额发生变动
- 用于确定租赁付款额的指数或比率发生变动
- 购买选择权、续租选择权或终止租赁选择权的评估结果或实际使用情况发生变化

敲黑板 折现率的选择

情形		承租人采用的折现率
实质固定付款额发生变动		折现率不变
担保余值预计的应付金额发生变动		折现率不变
用于确定租赁付款额的指数或比率发生变动	浮动利率	修订后的折现率
	除浮动利率外	折现率不变
购买选择权、续租选择权或终止租赁选择权的评估结果或实际使用情况发生变化（承租人可控范围内的重大事件或变化）		修订后的折现率
租赁变更未作为一项单独租赁进行会计处理		变更后的折现率

【沙场练兵·单选题】2021年6月30日，甲公司与乙公司签订租赁合同，从乙公司租入一栋办公楼。根据租赁合同的约定，该办公楼不可撤销的租赁期为5年，租赁期开始日为2021年7月1日，月租金为25万元，于每月月末支付，首3个月免付租金，在不可撤销的租赁期到期后，甲公司拥有3年按市场租金行使的续租选择权。从2021年7月1日起算，该办公楼剩余使用寿命为30年。假定在不可撤销的租赁期结束时甲公司将行使续租选择权，不考虑其他因素，甲公司对该办公楼使用权资产计提折旧的年限是（　　）。

A. 4.75年　　　　　　B. 5年

C. 8年　　　　　　　D. 30年

【解析】承租人有续租选择权，且合理确定将行使该选择权的，租赁期还应当包括续租选择权涵盖的期间，由于不可撤销的租赁期结束时甲公司将行使续租选择权，故甲公司应按8年（5+3）确认租赁期，并按8年对该办公楼使用权资产计提折旧。综上，本题应选C。

【答案】C

【沙场练兵·单选题】甲公司（承租人）就某栋建筑物的某一层楼与乙公司（出租人）签订一项为期10年的租赁协议，并拥有5年的续租选择权。有关资料如下：（1）初始租赁期内的不含税租金为每年15万元，续租期间为每年16万元，所有款项应于每年年初支付；（2）为获得该项租赁，甲公司发生的初始直接费用为4万元，其中，3万元为向该楼层前任租户支付的款项，1万元为向促成此租赁交易的房地产中介支付的佣金；（3）作为对签署此项租赁的承租人的激励，乙公司给予甲公司1万元的佣金；（4）在租赁期开始日，甲公司评估后认为，不能合理确定将行使续租选择权，因此，将租赁期确定为10年；（5）甲公司无法确定租赁内含利率，其增量借款利率为每年5%，该利率反映的是甲公司以类似抵押条件借入期限为10年、与使用权资产等值的相同币种的借款而必须支付的利率。已知（P/A，5%，9）=7.1078。不考虑其他因素，甲公司使用权资产的初始成本为（　　）万元。

A. 120.617　　　　　B. 124.617

C. 125.617　　　　　D. 135

【解析】剩余9期租赁付款额=15×9=135（万元），租赁负债=剩余9期租赁付款额的现值=15×（P/A，5%，9）=15×7.1078=

106.617（万元），使用权资产的初始成本＝15（第1年的付款额）＋106.617（租赁负债）＋4（初始直接费用）－1（租赁激励中的佣金）＝124.617（万元）。相关会计分录为（单位：万元）：

借：使用权资产　　　　　　124.617
　　租赁负债——未确认融资费用 28.383
　　贷：租赁负债——租赁付款额　135
　　　　银行存款　　　　　　　18

【15＋4－1】

综上，本题应选B。

【答案】B

【沙场练兵·单选题】2021年1月1日，甲公司（承租人）与乙公司（出租人）签订了汽车租赁合同，每年年末支付租金20万元，租赁期为5年，甲公司确定租赁内含利率为5%。合同中就担保余值的规定为：如果标的汽车在租赁期结束时的公允价值低于20万元，则甲公司需向乙公司支付20万元与汽车公允价值之间的差额。在租赁期开始日，甲公司预计标的汽车在租赁期结束时的公允价值为15万元。已知（P/A，5%，5）＝4.3295，（P/F，5%，5）＝0.7835。假定不考虑其他因素，2021年1月1日，甲公司应确认的租赁负债为（　　）万元。

A. 95
B. 86.59
C. 90.51
D. 100

【解析】在租赁期开始日，甲公司预计标的汽车在租赁期结束时的公允价值为15万元，即甲公司预计在担保余值下将支付的金额为5万元（20－15）。因此，甲公司在计算租赁负债时，与担保余值相关的付款额为5万元。甲公司应确认的租赁负债＝20×（P/A，5%，5）＋5×（P/F，5%，5）＝20×4.3295＋5×0.7835＝90.51（万元）。综上，本题应选C。

【答案】C

【沙场练兵·多选题】下列情形中，承租人使用不变的折现率重新计量租赁负债的有（　　）。

A. 实质固定付款额发生变动
B. 担保余值预计的应付金额发生变动
C. 用于确定租赁付款额的浮动利率的变动
D. 租赁变更未作为一项单独租赁进行会计处理

【解析】承租人采用不变的折现率的情形有：（1）实质固定付款额发生变动；（2）担保余值预计的应付金额发生变动；（3）用于确定租赁付款额的浮动利率以外的指数或比率发生变动。综上，本题应选AB。

【答案】AB

高频考点 3　出租人的会计处理

1. 出租人对融资租赁的会计处理

（1）融资租赁的判断条件（5＋3）

通常分类为融资租赁的情形	可能分类为融资租赁的情形
①在租赁期届满时，租赁资产的**所有权转移给承租人**。 ②承租人有购买租赁资产的选择权，所订立的购买价款预计将**远低于**行使选择权时租赁资产的公允价值，因而在租赁开始日就可以合理确定承租人将行使该选择权。	①若承租人撤销租赁，撤销租赁对出租人造成的**损失由承租人承担**。

（续表）

通常分类为融资租赁的情形	可能分类为融资租赁的情形
③资产的所有权虽然不转移，但租赁期占租赁资产**使用寿命**的大部分（75％及以上）。 ④在租赁开始日，租赁收款额的现值**几乎相当于**（通常指在90％以上）租赁资产的公允价值。 ⑤租赁资产性质特殊，**如果不作较大改造**，**只有承租人**才能使用	②资产余值的公允价值波动所产生的**利得或损失归属于承租人**。 ③承租人有能力以远低于市场水平的租金**继续租赁**至下一期间

（2）融资租赁的初始计量

出租人对应收融资租赁款进行初始计量时，应当以**租赁投资净额**作为应收融资租赁款的入账价值。租赁投资净额，是指未担保余值和租赁期开始日尚未收到的租赁收款额按照租赁内含利率折现的**现值之和**。即：

租赁投资净额 = 尚未收到的租赁收款额的现值 + 未担保余值的现值

┃敲黑板┃

（1）租赁内含利率，是指使出租人的租赁收款额的现值与未担保余值的现值之和（即租赁投资净额）等于租赁资产公允价值与出租人的初始直接费用之和的利率。则：

租赁投资净额＝租赁开始日租赁资产的公允价值＋出租人的初始直接费用

因此，出租人发生的初始直接费用包括在租赁投资净额中，也即包括在应收融资租赁款的初始入账价值中。

（2）租赁收款额，是指出租人因让渡在租赁期内使用租赁资产的权利而应向承租人收取的款项，包括5部分内容：

租赁收款额
- 固定付款额及实质固定付款额
- 取决于指数或比率的可变租赁付款额
- 购买选择权的行权价格（承租人将行权）
- 行使终止租赁选择权需支付的款项（承租人将行使）
- 由承租人、与承租人有关的一方以及有经济能力履行担保义务的独立第三方向出租人提供的担保余值

情形	会计分录	
初始计量	借：应收融资租赁款——租赁收款额	**【尚未收到的租赁款项】**
	——未担保余值	**【预计租赁期结束时的未担保余值】**
	银行存款	**【已收取的租赁款】**
	贷：应收融资租赁款——未实现融资收益	**【租赁投资总额 – 租赁投资净额】**
	融资租赁资产	**【出租资产的账面价值】**

（续表）

情形	会计分录	
初始计量	资产处置损益	【公允价值 – 账面价值，或借方】
	银行存款	【发生的初始直接费用】
	【提个醒】企业认为有必要对发生的**初始直接费用**进行单独核算的，发生的初始直接费用： 借：应收融资租赁款——初始直接费用 　　贷：银行存款等 借：应收融资租赁款——未实现融资收益 　　贷：应收融资租赁款——初始直接费用	
租赁保证金	出租人收到承租人交来的租赁保证金	借：银行存款 　　贷：其他应付款——租赁保证金
	承租人到期不交租金，以保证金抵作租金	借：其他应付款——租赁保证金 　　贷：应收融资租赁款
	承租人违约，出租人没收保证金	借：其他应付款——租赁保证金 　　贷：营业外收入等

（3）融资租赁的后续计量

出租人应当按照**固定的周期性利率**计算并确认租赁期内各个期间的利息收入，相关会计分录如下：

借：应收融资租赁款——未实现融资收益

　　贷：租赁收入 / 其他业务收入　　【租赁投资净额期初摊余成本 × 固定的周期性利率】

出租人收到租赁收款额时：

借：银行存款

　　贷：应收融资租赁款——租赁收款额

|敲黑板|

（1）纳入出租人租赁投资净额的可变租赁付款额只包含取决于指数或比率的可变租赁付款额。在初始计量时，应当采用租赁期开始日的指数或比率进行初始计量。

（2）出租人取得的未纳入租赁投资净额计量的可变租赁付款额，如与资产的未来绩效或使用情况挂钩的可变租赁付款额，应当在实际发生时计入当期损益（租赁收入或其他业务收入）。

2.出租人对经营租赁的会计处理

情形	处理
租金的处理	在租赁期内各个期间，出租人应采用**直线法**或者其他系统合理的方法将经营租赁的租赁收款额确认为**租金收入**。 借：银行存款 / 应收账款 / 其他应收款等 　　贷：租赁收入——经营租赁收入 / 其他业务收入等 　　　　预收账款

（续表）

情形	处理
出租人对经营租赁提供激励措施	出租人提供**免租期**的，出租人应将租金总额在不扣除免租期的整个租赁期内，按直线法或其他合理的方法进行分配，**免租期内应当确认租金收入。** 各期租金收入 =（租金总额 – 出租人承担的费用）÷ 整个租赁期
初始直接费用	出租人发生的与经营租赁有关的初始直接费用应当**资本化**至租赁标的资产的成本，在租赁期内按照与租金收入相同的确认基础分期**计入当期损益**
折旧和减值	对于经营租赁资产中的固定资产，出租人应当采用类似资产的折旧政策计提折旧；对于其他经营租赁资产，应当根据该资产适用的企业会计准则，采用系统合理的方法进行摊销。出租人应当按照资产减值的规定，确定经营租赁资产是否发生减值，并对已识别的减值损失进行会计处理
可变租赁付款额	出租人取得的与经营租赁有关的可变租赁付款额，如果是**与指数或比率挂钩**的，应在租赁期开始日**计入租赁收款额**；除此之外的，应当在实际发生时计入当期损益
经营租赁的变更	经营租赁发生变更的，出租人应自**变更生效日**开始，将其作为一项**新的租赁**进行会计处理，与变更前租赁有关的预收或应收租赁收款额视为新租赁的收款额

▌敲黑板▐ 初始直接费用

承租人		计入使用权资产的成本
出租人	融资租赁	包括在应收融资租赁款（租赁投资净额）的初始入账价值中
	经营租赁	应当**资本化**至租赁标的资产的成本，在租赁期内按照与租金收入相同的确认基础分期计入当期损益。

【沙场练兵·单选题】甲公司将一闲置机器设备以经营租赁方式租给乙公司使用。租赁合同约定，租赁期开始日为 2021 年 7 月 1 日，租赁期 4 年，年租金为 120 万元，于每年 7 月 1 日支付。租赁期开始日起的前 3 个月免收租金。2021 年 7 月 1 日，甲公司收到乙公司支付的扣除免租期后的租金 90 万元。不考虑其他因素，甲公司 2021 年应确认的租金收入是（　　）万元。

A. 56.25　　　　　　B. 60.00

C. 90.00　　　　　　D. 120.00

【解析】租赁期收取的租金总额 = 120×3 +

90 = 450（万元），2021 年应确认的租金收入 = 450÷4×6/12 = 56.25（万元）。综上，本题应选 A。

【答案】A

【沙场练兵·单选题】2021 年 1 月 1 日，甲公司与乙公司签订租赁合同，将其一栋建筑物租赁给乙公司作为商场使用。根据合同约定，租金为每月 50 万元，于每季末支付，租赁期为 5 年，自合同签订日开始算起，租赁期首 3 个月为免租期，乙公司免予支付租金；如果乙公司每年的营业收入超过 10 亿元，乙公司应向甲公司支付经营分享收入 100 万元。乙公司 2021 年度实现营业收入 12 亿元。甲公司认定上述租赁为经营租赁，甲公司发生的初始直接费用为 15 万元。不考虑增值税及其他因素，上述交易对甲公司 2021 年度营业利润的影响金额为（　　）万元。

A. 567　　　　　　　B. 570

C. 667　　　　　　　D. 670

【解析】甲公司收到的或有租金应计入租赁收入中，影响营业利润，免租期间应确认租赁收入。甲公司发生的初始直接费用在租赁期内按照与租金收入相同的确认基础分期计入当期损益。因此，甲公司 2021 年度营业利润的影响金额 = [50×（12 - 3）+ 50×12×4]/5 - 15/5 + 100 = 667（万元）。综上，本题应选 C。

【答案】C

【沙场练兵·多选题】下列项目中，属于租赁收款额的有（　　）。

A. 仅由承租人向出租人提供的担保余值

B. 取决于指数或比率的可变租赁付款额

C. 购买选择权的行权价格，前提是合理确定承租人将行使该选择权

D. 承租人需支付的固定付款额及实质固定付款额，存在租赁激励的，扣除租赁激励相关金额

【解析】租赁收款额包括：（1）承租人需支付的固定付款额及实质固定付款额。存在租赁激励的，应当扣除租赁激励相关金额。（2）取决于指数或比率的可变租赁付款额。（3）购买选择权的行权价格，前提是合理确定承租人将行使该选择权。（4）承租人行使终止租赁选择权需支付的款项，前提是租赁期反映出承租人将行使终止租赁选择权。（5）由承租人、与承租人有关的一方以及有经济能力履行担保义务的独立第三方向出租人提供的担保余值（选项 A 错误）。综上，本题应选 BCD。

【答案】BCD

高频考点 4　特定租赁业务的会计处理

1. 转租赁

承租人在对转租赁进行分类时，转租出租人应基于原租赁中产生的**使用权资产**，而不是租赁资产（如作为租赁对象的不动产或设备）进行分类。

如果一项转租赁实质上转移了与该项使用权资产有关的几乎全部风险和报酬，转租出租人将该项转租赁分类为**融资租赁**。

原租赁为**短期租赁**，且转租出租人作为承租人已按照本准则采用简化会计处理方法的，应将转租赁分类为**经营租赁**。

情形	会计处理
经营租赁	（1）签订转租赁时：转租出租人在其资产负债表中**继续保留**与原租赁相关的租赁负债和使用权资产。 （2）在转租期间：【**确认利息、收入**】 ①确认使用权资产的折旧费用和租赁负债的利息；②确认转租赁的租赁收入
融资租赁	（1）**终止确认**与原租赁相关且转给转租承租人的使用权资产，并**确认**转租赁投资净额（应收融资租赁款）；

（续表）

情形	会计处理
融资租赁	（2）将使用权资产与转租赁投资净额之间的差额确认为**损益**（资产处置损益）； （3）在资产负债表中**保留**原租赁的租赁负债，该负债代表应付原租赁出租人的租赁付款额。 （4）在转租期间，中间出租人**既要确认**转租赁的融资收益（利息收入），**也要确认**原租赁的利息费用（财务费用等）

2. 生产商或经销商出租人的融资租赁

情形	账务处理
确认收入	在租赁期开始日，应当按照租赁资产公允价值与租赁收款额按市场利率折现的**现值两者孰低**确认收入。 借：应收融资租赁款——租赁收款额 　　贷：主营业务收入　　　　　　　　　　　【租赁资产公允价值与租赁收款额现值孰低者】 　　　　应收融资租赁款——未实现融资收益
结转成本	按照租赁资产账面价值扣除未担保余值的现值后的**余额**结转销售成本。 借：主营业务成本　　　　　　　　　　　　【租赁资产账面价值 – 未担保余值的现值】 　　应收融资租赁款——未担保余值 　　贷：库存商品
取得融资租赁所发生成本的处理	由于取得融资租赁所发生的成本主要与生产商或经销商赚取的销售利得相关，生产商或经销商出租人应当在租赁期开始日将其**计入损益（销售费用）**。即，与其他融资租赁出租人不同，生产商或经销商出租人取得融资租赁所发生的成本不属于初始直接费用，不计入租赁投资净额。相关会计处理如下： 借：销售费用 　　贷：银行存款

3. 售后租回

若企业（卖方兼承租人）将资产转让给其他企业（买方兼出租人），并从买方兼出租人租回该项资产，则卖方兼承租人和买方兼出租人均应按照**售后租回交易**的规定进行会计处理。

（1）售后租回交易中的资产转让属于销售

卖方兼承租人应当按原资产账面价值中与租回获得的使用权有关的部分，计量售后租回所形成的使用权资产，并仅就转让至买方兼出租人的权利确认相关利得或损失。

买方兼出租人根据其他适用的企业会计准则对资产购买进行会计处理，并根据新租赁准则对资产出租进行会计处理。

如果销售对价的公允价值与资产的公允价值不同，或者出租人未按市场价格收取租金，企业应当进行以下调整：

①销售对价**低于**市场价格的款项作为**预付租金**进行会计处理；

②销售对价**高于**市场价格的款项作为买方兼出租人向卖方兼承租人提供的**额外融资**进行会计处理。

同时，**承租人**按照**公允价值**调整相关销售利得或损失，**出租人**按**市场价格**调整租金收入。在进行上述调整时，企业应当按以下二者中**较易确定者**进行：

①销售对价的公允价值与资产的公允价值的差异；

②合同付款额的现值与按市场租金计算的付款额的现值的差异。

（2）售后租回交易中的资产转让不属于销售

项目	处理原则
卖方兼承租人	**不终止确认**所转让的资产，而应当将收到的现金**作为金融负债**（如：长期应付款），并按照《企业会计准则第22号——金融工具确认和计量》进行会计处理
买方兼出租人	**不确认**被转让资产，而应当将支付的现金**作为金融资产**（如：长期应收款），并按照《企业会计准则第22号——金融工具确认和计量》进行会计处理

【沙场练兵·单选题】转租赁中转租出租人将转租赁分类为融资租赁的，下列表述中错误的是（　　）。

A.将使用权资产与转租赁投资净额之间的差额确认为损益

B.在转租期间，要确认转租赁的融资收益，但不需确认利息费用

C.终止确认与原租赁相关的使用权资产，并确认转租赁投资净额

D.在资产负债表中保留原租赁的租赁负债，该负债代表应付原租赁出租人的租赁付款额

【解析】转租赁分类为融资租赁，转租出租人应：（1）终止确认与原租赁相关且转给转承租人的使用权资产，并确认转租赁投资净额；（2）将使用权资产与转租赁投资净额之间的差额确认为损益（资产处置损益）；（3）在资产负债表中保留原租赁的租赁负债，该负债代表应付原租赁出租人的租赁付款额；（4）在转租期间，中间出租人既要确认转租赁的融资收益（利息收入），也要确认原租赁的利息费用（财务费用等）（选项B错误）。综上，本题应选B。

【答案】B

【沙场练兵·多选题】甲生产商将其生产的产品以融资租赁的方式出租给乙公司，在租赁期开始日，租赁资产公允价值为200万元，租赁收款额按市场利率折现的现值为196万元，租赁资产账面价值为160万元，未担保余值的现值为5万元，为取得融资租赁发生的成本为2万元。甲生产商下列会计处理中错误的有（　　）。

A.在租赁期开始日应确认收入200万元

B.在租赁期开始日应结转销售成本155万元

C.为取得融资租赁发生的成本2万元计入当期损益

D.该项租赁在租赁期开始日影响营业利润的金额为41万元

【解析】本题相关会计分录为（单位：万元）：

（1）确认收入：

借：应收融资租赁款——租赁收款额　200

　　贷：主营业务收入　　　　　　　　　196

　　　　应收融资租赁款——未实现融资收益4

（2）结转成本：

借：主营业务成本　　　　　　　　　155

　　应收融资租赁款——未担保余值　5

　　贷：库存商品　　　　　　　　　　160

（3）取得融资租赁所发生成本的处理：

借：销售费用　　　　　　　　　　　2

　　贷：银行存款　　　　　　　　　　2

选项 A 错误，在租赁期开始日应确认的收入为 196 万元；选项 D 错误，在租赁期开始日影响营业利润的金额 = 196 - 155 - 2 = 39（万元）。综上，本题应选 AD。

【答案】AD

【沙场练兵·多选题】下列关于售后租回交易的表述正确的有（　　）。

A. 售后租回交易中的资产转让不属于销售情况下，出租人不确认被转让资产，但应当确认一项与转让收入等额的金融资产

B. 售后租回交易中的资产转让不属于销售情况下，承租人应当继续确认被转让资产，同时确认一项与转让收入等额的金融负债

C. 售后租回交易中的资产转让属于销售的情况下，出租人根据其他适用的企业会计准则对资产购买进行会计处理，并根据新租赁准则对资产出租进行会计处理

D. 售后租回交易中的资产转让属于销售的情况下，承租人应当按原资产账面价值中与租回获得的使用权有关的部分，计量售后租回所形成的使用权资产，并就整个资产确认利得或损失

【解析】选项 A、B 正确，不属于销售时，卖方兼承租人不终止确认所转让的资产，而应当将收到的现金作为金融负债，并按照金融工具确认和计量准则进行会计处理；买方兼出租人不确认被转让资产，而应当将支付的现金作为金融资产，并按照金融工具确认和计量准则进行会计处理。选项 C 正确，选项 D 错误，属于销售时，卖方兼承租人应当按原资产账面价值中与租回获得的使用权有关的部分，计量售后租回所形成的使用权资产，并仅就转让至买方兼出租人的权利确认相关利得或损失；买方兼出租人根据适用的其他准则对资产购买进行会计处理，并根据新租赁准则对资产出租进行会计处理。综上，本题应选 ABC。

【答案】ABC

强化练习

一、单项选择题

1. 下列交易事项中，甲公司应当按照租赁准则进行会计处理的是（ ）。

   A. 取得勘探或使用矿产、石油的租赁

   B. 从乙公司处租赁一台生产用设备，期限为 3 年

   C. 通过出让方式从乙公司处取得一宗土地使用权

   D. 与乙公司签订一份合同，合同约定，乙公司向甲公司授予一项知识产权许可，许可使用期间为 2 年

2. 企业在确定租赁期和评估不可撤销租赁期间时，下列说法中错误的是（ ）。

   A. 在确定租赁期时，如果承租人有续租选择权且合理确定将行使该选择权的，租赁期应包含续租选择权涵盖的期间

   B. 在确定租赁期时，如果只有承租人有权终止租赁，则企业应将该项权利视为承租人可行使的终止租赁选择权予以考虑

   C. 在确定租赁期时，如果只有出租人有权终止租赁，则不可撤销的租赁期不包括终止租赁选择权所涵盖的期间

   D. 在确定租赁期时，如果承租人有终止租赁选择权但合理确定将不会行使该选择权的，租赁期应当包含终止租赁选择权涵盖的期间

3. 2021 年 1 月 1 日，甲公司租入一栋办公楼，租赁期开始日为 2021 年 1 月 1 日，租赁期为 5 年，年租金为 100 万元，于每年年初支付。甲公司租赁期开始日之前支付的租赁付款额为 15 万元，发生的初始直接费用为 2 万元，甲公司将租赁资产恢复至租赁条款约定状态预计将发生成本为 10 万元。已知租赁内含利率为 5%，（P/F，5%，5）= 0.7835，（P/A，5%，4）= 3.5460。不考虑其他因素，2021 年 1 月 1 日该项使用权资产的初始成本为（ ）万元。

   A. 462.44   B. 474.44   C. 477.44   D. 479.44

4. 关于租赁分类，下列说法中错误的是（ ）。

   A. 出租人应当在租赁开始日将租赁分为融资租赁和经营租赁

   B. 承租人应当在租赁开始日将租赁分为融资租赁和经营租赁

   C 在租赁开始日后，出租人无须对租赁的分类进行重新评估，除非发生租赁变更

   D. 如果一项租赁实质上转移了与租赁资产所有权有关的几乎全部风险和报酬，出租人应当将该项租赁分类为融资租赁

5. 甲公司（卖方兼承租人）以银行存款 360 万元的价格向乙公司（买方兼出租人）出售一栋建筑物，交易前该建筑物的账面价值为 300 万元。与此同时，甲公司与乙公司签订了合同，取得了该建筑物 10 年的使用权（全部剩余使用年限为 20 年），年付款额现值为 312 万元，该建筑

物在销售当日的公允价值为 360 万元。根据交易的条款和条件，甲公司转让建筑物符合收入准则中销售成立的条件。假设不考虑初始直接费用和各项税费的影响。甲公司转让至乙公司的权利相关的利得为（　　）万元。

A. 0　　　　　　　　B. 8　　　　　　　　C. 52　　　　　　　　D. 60

6. 甲公司向乙公司出租一台大型设备，甲公司根据准则要求将租赁划分为融资租赁。租赁合同规定：（1）租赁期为 5 年，每年年末收取固定租金 20 万元；（2）除固定租金外，甲公司每年按该设备所生产的产品销售额的 5% 提成；（3）乙公司的母公司提供的租赁资产担保余值为 15 万元；（4）与乙公司和甲公司均无关联关系的第三方提供的租赁资产担保余值为 5 万元。签订租赁合同过程中甲公司发生的可归属于租赁项目的手续费、佣金 1 万元。不考虑其他因素，甲公司租赁期开始日应确认的租赁收款额为（　　）万元。

A. 100　　　　　　　B. 115　　　　　　　C. 120　　　　　　　D. 121

7. 2021 年 1 月 1 日，甲公司从乙公司租入设备 M、N 用于生产产品，租赁期为 3 年。乙公司同意在整个租赁期内维护各项设备。合同固定对价为 180 万元（包括维护费用），按年支付，每年支付 60 万元。假设甲公司租入的设备 M、N 分别属于单独租赁，合同中存在两个租赁部分和对应的两个非租赁部分（维护服务）。甲公司观察到，乙公司将设备 M、N 在市场上单独出租且租赁期为 3 年的价格分别为 80 万元、100 万元，设备 M、N 维护费的单独价格分别为 10 万元、15 万元。假设甲公司未采用简化处理，将非租赁部分和租赁部分拆分别进行会计处理。不考虑其他因素，甲公司设备 M 的租赁付款额为（　　）万元。

A. 80　　　　　　　B. 70.24　　　　　　C. 60　　　　　　　D. 52.68

8. 甲公司是一家设备生产商，与乙公司签订了一份租赁合同，向乙公司出租所生产的设备，合同主要条款如下：租赁一台 A 设备，租赁期 3 年，乙公司每年年末支付 100 万元租金；在租赁期届满时，乙公司可以 100 元的价格购买 A 设备，预计租赁到期日该设备的公允价值为 150 万元。乙公司对此金额提供担保，租赁期内该设备的保险、维修费用等均由乙公司自行承担。合同规定的内含利率为 5%。该设备租赁当日的公允价值为 270 万元，账面价值为 200 万元。甲公司为取得租赁发生的相关成本为 5 000 元。已知（P/A，5%，3）= 2.7232，（P/F，5%，3）= 0.8638。假定不考虑其他因素，则下列关于甲公司的会计处理说法错误的是（　　）。

A. 甲公司应当将租赁划分为融资租赁

B. 甲公司应确认收入为 272.33 万元

C. 甲公司确认的销售成本为 200 万元

D. 对于甲公司为取得租赁发生的相关成本 5 000 元，应当计入当期损益

9. 2021 年 1 月 1 日，甲公司与乙公司签订租赁合同，乙公司将其一台机器设备租赁给甲公司，租期为 10 年，用于甲公司生产经营。甲公司相关使用权资产的初始账面价值为 200 万元，按直线法在 10 年内计提折旧，年折旧费为 20 万元。在第 5 年年末，甲公司确认该使用权资产发生的减值损失 15 万元，计入当期损益。假定不考虑其他因素，在第 6 年甲公司针对该使用权资产应该计提的折旧为（　　）万元。

A. 20　　　　　　　B. 17　　　　　　　C. 15　　　　　　　D. 10

10. 下列有关租赁投资净额和租赁收款额的说法中错误的是（　　　）。

　　A. 租赁收款额包括担保余值

　　B. 租赁收款额包括承租人支付的固定付款额及实质固定付款额

　　C. 出租人应当以租赁投资净额作为应收融资租赁款的入账价值

　　D. 租赁投资净额是担保余值和租赁期开始日尚未收到的租赁收款额按照租赁内含利率折现的现值之和

二、多项选择题

1. 以下选项属于担保余值的有（　　　）。

　　A. 承租人担保的资产余值

　　B. 出租人担保的资产余值

　　C. 与承租人有关的第三方担保的资产余值

　　D. 与承租人和出租人均无关、但在财务上有能力担保的第三方担保的资产余值

2. 下列属于出租人应当分类为融资租赁的情形有（　　　）。

　　A. 在租赁期届满时，租赁资产的所有权转移给承租人

　　B. 承租人有购买租赁资产的选择权，且购买价预计远低于将行使购买选择权时租赁资产的公允价值

　　C. 租赁期占租赁资产使用寿命的 80% 以上

　　D. 在租赁开始日，租赁收款额的现值相当于租赁资产的公允价值的 80% 以上

3. 下列有关承租人和出租人发生初始直接费用的会计处理中表述错误的有（　　　）。

　　A. 承租人发生的初始直接费用，应计入使用权资产的初始成本

　　B. 承租人在租赁期开始日对租赁负债进行初始计量时，应包括发生的初始直接费用

　　C. 出租人经营租赁发生的初始直接费用，应在发生时直接计入当期损益

　　D. 出租人融资租赁发生的初始直接费用，应包括在应收融资租赁款的初始入账价值中

4. 甲公司以公允价值对投资性房地产进行后续计量。甲公司 2021 年度与投资性房地产有关的交易或事项如下：（1）出租厂房 2021 年年末的公允价值为 1 650 万元，该厂房上年末的账面价值为 1 700 万元；（2）2021 年 1 月 1 日，将原拟自用的商品房改为出租，转换日的公允价值小于其账面价值 80 万元；（3）2021 年 1 月 1 日，将原自用乙办公楼改为出租，转换日的公允价值大于账面价值 600 万元；（4）收到出租丙办公楼 2021 年 4 月至 12 月的租金 540 万元。按照租赁协议的约定，丙办公楼的租赁期自 2021 年 1 月 1 日起至 2021 年 12 月 31 日止，2021 年 1 月至 3 月免收租金。不考虑其他因素，下列各项关于甲公司与投资性房地产相关会计处理的表述中，正确的有（　　　）。

　　A. 2021 年年末出租厂房按 1 700 万元计量

　　B. 出租丙办公楼 2021 年度每月确认租金收入 45 万元

　　C. 自用改为出租的乙办公楼转换日的公允价值大于账面价值 600 万元计入其他综合收益

　　D. 拟自用改为出租的商品房转换日的公允价值小于其账面价值的差额 80 万元计入当期损益

5. 关于短期租赁和低价值资产租赁，下列表述中正确的有（　　）。

　　A. 包含购买选择权的租赁也可能按短期租赁处理

　　B. 低价值资产租赁的判定受承租人规模、性质情况的影响

　　C. 对于短期租赁和低价值资产租赁，承租人可以选择不确认使用权资产和租赁负债

　　D. 承租人可以将短期租赁和低价值资产租赁的租赁付款额，在租赁期内各个期间按照直线法或其他系统合理的方法计入相关资产成本或当期损益

6. 下列关于租赁变更的说法中正确的有（　　）。

　　A. 当合同修改了有关租赁对价、租赁范围、租赁期限等条款时，属于租赁合同的变更

　　B. 当租赁变更增加了一项或多项租赁资产的使用权而扩大了租赁范围，且租赁新增的对价与租赁扩大的部分的单独售价按该合同情况调整后的金额相当，则企业应当将该租赁变更作为一项单独租赁进行会计处理

　　C. 租赁变更未作为一项单独租赁的，在租赁变更生效日，承租人应当按照租赁准则进行分摊变更后合同的对价，按照租赁准则重新确定租赁期，并按照变更后的租赁付款额和原租赁合同的折现率计算的现值重新计量租赁负债

　　D. 租赁变更未作为一项单独租赁处理的，在计算变更后租赁付款额的现值时，承租人应当采用剩余租赁期间的租赁内含利率作为修订后的折现率

7. 2021 年 12 月，甲公司与乙公司签署一项租赁协议，甲公司租用乙公司一台闲置生产用设备。租赁合同规定，自 2022 年 1 月 1 日起，甲公司每年年末向乙公司支付 1 000 万元的设备租赁费，租赁期限为 4 年，该设备剩余使用年限为 4 年。该生产用设备的账面价值为 2 000 万元，公允价值为 3 000 万元，未担保余值为 0。假定租赁的内含利率为 10%。除此之外，乙公司为促成合同支付初始直接费用 170 万元。已知（P/A，10%，4）= 3.17，假定不考虑其他因素，则下列有关租赁开始日，乙公司会计处理的说法正确的有（　　）。

　　A. 乙公司应当将该租赁划分为融资租赁

　　B. 乙公司应当终止确认固定资产

　　C. 乙公司应确认的"应收融资租赁款——未实现融资收益"为 1 000 万元

　　D. 乙公司应确认的租赁投资净额为 3 170 万元

8. 甲商贸公司（以下简称"甲公司"）为方便员工日常办公，从乙打印设备租赁公司以年租金 6 000 元的价格租赁一台打印设备。租赁开始日为 2022 年 1 月 1 日，租期为 3 年。下列有关甲公司相关会计处理说法正确的有（　　）。

　　A. 甲公司应当将租赁的打印设备按简化会计处理

　　B. 选择简化会计处理的，甲公司应当按照租赁付款额的现值，确认租赁负债

　　C. 选择简化会计处理的，甲公司应当将租赁付款额，在租赁期内各个期间按照直接法或其他系统合理的方法计入相关资产成本或者当期损益

　　D. 选择简化会计处理的，后续租赁合同发生变更的，甲公司应当将其视为一项新租赁进行会计处理

9. 2021 年 1 月 1 日，甲公司将自有的一栋办公楼以 2 000 万元的价格出售给乙公司，当日办公

楼账面价值为 1 000 万元，公允价值为 1 800 万元。同时，双方签订了对该办公楼 18 年的使用权（假设剩余使用年限为 40 年），甲公司每年年末支付租金 120 万元。双方约定的内含利率为 4.5%，乙公司将该租赁分类为经营租赁。已知（P/A，4.5%，18）= 12.16，假设甲公司转让办公楼属于销售，不考虑其他因素，下列说法正确的有（　　）。

A. 甲公司应按照公允价值调整相关销售利得或损失，乙公司按照市场价格调整租金收入

B. 租赁开始日，甲公司确认的使用权资产入账价值为 699.54 万元

C. 租赁开始日，甲公司确认的租赁负债入账价值为 1 259.17 万元

D. 甲公司出售该建筑物的全部利得为 800 万元

10. 关于租赁和租赁期，下列表述中正确的有（　　）。

A. 租赁期，是指承租人有权使用租赁资产且不可撤销的期间

B. 租赁期自租赁期开始日起计算，包括出租人为承租人提供的免租期

C. 一项合同被分类为租赁要满足存在一定期间的要素。"一定期间"也可以表述已识别资产的使用量

D. 承租人有续租选择权，且合理确定将行使该选择权的，租赁期还应当包含续租选择权涵盖的期间

三、判断题

1. 出租人应当在租赁期开始日将租赁分为融资租赁和经营租赁。（　　）

2. 承租人有终止租赁选择权，且合理确定将会行使该选择权的，租赁期不应当包含终止租赁选择权涵盖的期间。（　　）

3. 出租人发生的与经营租赁有关的初始直接费用在租赁开始日直接计入当期损益。（　　）

4. 转租赁分类为经营租赁的，在签订转租赁时转租出租人在其资产负债表中继续保留与原租赁相关的租赁负债和使用权资产。（　　）

5. 在标的资产的法定所有权转移给出租人并将资产租赁给承租人之前，如果承租人在资产转移给出租人之前已经取得对标的资产的控制，则该交易属于售后租回交易。（　　）

四、计算分析题

1. 2021 年 1 月 1 日，承租人甲公司与出租人乙公司签订一项为期 10 年的商铺租赁协议，并拥有 5 年的续租选择权。有关资料如下：

（1）初始租赁期内的不含税租金为每年 10 万元，续租期间为每年 11 万元，所有款项应于每年年末支付。

（2）为获得该项租赁，甲公司发生的初始直接费用为 3 万元，其中，2 万元为向该楼层前任租户支付的款项，1 万元为向促成此租赁交易的房地产中介支付的佣金。

（3）作为对甲公司的激励，乙公司同意补偿甲公司 1 万元的佣金。

（4）在租赁期开始日，甲公司评估后认为，不能合理确定将行使续租选择权，因此，将租赁期确定为 10 年，采用直线法对使用权资产计提折旧。

（5）甲公司无法确定租赁内含利率，其增量借款利率为每年 5%，该利率反映的是甲公司以类似抵押条件借入期限为 10 年、与使用权资产等值的相同币种的借款而必须支付的利率。

（6）除固定付款额外，合同还规定租赁期间甲公司商铺当年销售额超过 200 万元的，当年应再支付按销售额的 2% 计算的租金，于当年年末支付。

（7）如果商铺在租赁期结束时的公允价值低于 500 万元，则甲公司需向乙公司支付 500 万元与商铺公允价值之间的差额（租赁开始日甲公司预计租赁标的在租赁期结束时的公允价值为 500 万元）。

已知（P/A，5%，10）= 7.7217，（P/F，5%，9）= 0.6446，为简化处理，假设不考虑相关税费影响。

要求：

（1）请写出甲公司在租赁期开始日的账务处理并计算使用权资产的初始成本。

（2）2021 年 12 月 31 日甲公司向乙公司支付第一年租金，写出承租人的账务处理。

（3）假设 2021 年甲公司销售额为 360 万，写出甲公司的相关账务处理。

（4）假设 2021 年 12 月 31 日甲公司预计租赁标的在租赁期结束时的公允价值为 450 万元，写出甲公司的相关账务处理。

答案与解析

一、单项选择题

1.【解析】选项 A，勘探或使用矿产、石油、天然气及类似不可再生资源的租赁，适用其他相关准则，不适用租赁准则；选项 B，企业租入设备适用租赁准则；选项 C，取得的土地使用权适用无形资产准则；选项 D，授予客户知识产权许可适用收入准则。综上，本题应选 B。

【答案】B

2.【解析】选项 C 错误，在确定租赁期时，如果只有出租人有权终止租赁，则不可撤销的租赁期应包括终止租赁选择权所涵盖的期间。综上，本题应选 C。

【答案】C

3.【解析】使用权资产的初始成本 = 15 +（100 + 100×3.5460）+ 2 + 10×0.7835 = 479.44（万元）。

借：使用权资产	479.44	
租赁负债——未确认融资费用	45.4	
贷：租赁负债——租赁付款额		400
预付账款		15
银行存款		102【100 + 2】
预计负债		7.84【10×0.7835】

综上，本题应选 D。

【答案】 D

4.**【解析】** 选项 B 错误，出租人应当在租赁开始日将租赁分为融资租赁和经营租赁。承租人对所有租赁（选择简化处理的短期租赁和低价值资产租赁除外）确认使用权资产和租赁负债，并分别确认折旧和利息费用，不进行分类。综上，本题应选 B。

【答案】 B

5.**【解析】** 售后租回交易属于销售时，卖方兼承租人应当按原资产账面价值中与租回获得的使用权有关的部分，计量售后租回所形成的使用权资产，**并仅就**转让至买方兼出租人的权利确认相关利得或损失。本题中，甲公司出售该建筑物的全部利得 = 360 − 300 = 60（万元），则与该建筑物使用权相关利得 = 60 ×（312 ÷ 360）= 52（万元），与转让至乙公司的权利相关的利得 = 60 − 52 = 8（万元）。综上，本题应选 B。

【答案】 B

6.**【解析】** 租赁收款额包括：（1）承租人需支付的固定付款额及实质固定付款额。存在租赁激励的，应当扣除租赁激励相关金额。（2）取决于指数或比率的可变租赁付款额。（3）购买选择权的行权价格，前提是合理确定承租人将行使该选择权。（4）承租人行使终止租赁选择权需支付的款项，前提是租赁期反映出承租人将行使终止租赁选择权。（5）由承租人、与承租人有关的一方以及有经济能力履行担保义务的独立第三方向出租人提供的担保余值。甲公司租赁期开始日应确认的租赁收款额 = 5 × 20 + 15 + 5 = 120（万元）。综上，本题应选 C。

【答案】 C

7.**【解析】** 在分拆合同包含的租赁和非租赁部分后，承租人按照各项租赁部分单独价格及非租赁部分的单独价格之和的相对比例分摊合同对价。甲公司设备 M 的租赁付款额 = 80 × 180/（80 + 100 + 10 + 15）= 70.24（万元）。综上，本题应选 B。

【答案】 B

8.**【解析】** 选项 A 正确，租赁期届满时设备的公允价值为 150 万元，乙公司可以 100 元的价格购买，故在租赁开始日即可合理预期乙公司将行使购买选择权，故甲公司应当将租赁划分为融资租赁；选项 B 错误，租赁收款额现值 = 100 ×（P/A，5%，3）+ 0.01 ×（P/F，5%，3）= 272.33（万元），收入按照租赁资产公允价值 270 万元与租赁收款额的现值 272.33 万元孰低计量，故甲公司应当确认收入 270 万元；选项 C 正确，销售成本 = 账面价值 − 未担保余值现值 = 200（万元）；选项 D 正确，由于取得融资租赁所发生的成本主要与生产商赚取的销售利得相关，故应当在租赁期开始日计入当期损益。综上，本题应选 B。

【答案】 B

9.**【解析】** 在第 5 年末未计提减值前使用权资产的账面价值 = 200 ÷ 10 × 5 = 100（万元），计提减值后该使用权资产的账面价值 = 100 − 15 = 85（万元），则第 6 年的折旧费 = 85 ÷ 5 = 17（万元）。综上，本题应选 B。

【答案】 B

10.【解析】选项 A、B、C 说法正确，选项 D 说法错误，租赁投资净额是未担保余值和租赁期开始日尚未收到的租赁收款额按照租赁内含利率折现的现值之和。综上，本题应选 D。

【答案】D

二、多项选择题

1.【解析】担保余值，是指与出租人无关的一方向出租人提供担保，保证在租赁结束时租赁资产的价值至少为某指定的金额。因此，选项 A、C、D 均属于。综上，本题应选 ACD。

【答案】ACD

2.【解析】选项 A 属于，选项 B 属于，承租人有购买租赁资产的选择权，且购买价预计远低于行使购买选择权时租赁资产的公允价值，则承租人预期会行使购买选择权，应作为融资租赁；选项 C 属于，当租赁期占租赁资产使用寿命的 75% 以上时，即可分类为融资租赁；选项 D 不属于，应当是租赁收款额的现值相当于租赁资产的公允价值的 90% 以上。综上，本题应选 ABC。

【答案】ABC

3.【解析】选项 A、D 正确；选项 B 错误，承租人对租赁负债进行初始计量时，不包括发生的初始直接费用；选项 C 错误，出租人发生的与经营租赁有关的初始直接费用应当资本化至租赁标的资产的成本，在租赁期内按照与租金收入相同的确认基础分期计入当期损益。综上，本题应选 BC。

【答案】BC

4.【解析】选项 A 错误，以公允价值计量的投资性房地产期末按照公允价值计量，即 2021 年年末出租厂房按 1 650 万元计量；选项 B 正确，免租期内仍需要确认租金收入，2021 年每月租金收入 = 540 ÷ 12 = 45（万元）；选项 C、D 正确，非投资性房地产转为投资性房地产，转换日公允价值大于账面价值的，差额计入其他综合收益；公允价值小于账面价值的，差额计入公允价值变动损益。综上，本题应选 BCD。

【答案】BCD

5.【解析】选项 A 错误，包含购买选择权的租赁，即使租赁期不超过 12 个月，也不属于短期租赁；选项 B 错误，低价值资产租赁的判定仅与资产的绝对价值有关，不受承租人规模、性质或其他情况影响。综上，本题应选 CD。

【答案】CD

6.【解析】选项 A、B、D 正确，选项 C 错误，租赁变更未作为一项单独租赁的，重新计量的租赁负债应当按照变更后的租赁付款额和**修订后的折现率**（即剩余租赁期间的租赁内含利率）计算。综上，本题应选 ABD。

【答案】ABD

7.【解析】选项 A、B 正确，由于租赁期与剩余使用寿命的比例为 100%，所以乙公司应作为融资租赁，故应当终止确认固定资产。选项 C 错误，选项 D 正确，由于未担保余值为 0，则租赁投资净额 = 尚未收到的租赁收款额现值 = 1 000 × (P/A, 10%, 4) = 3 170（万元）。乙公司应确认的"应收融资租赁款——未实现融资收益"= 4 000 – 3 170 = 830（万元）。本题相关分录为：

借：应收融资租赁款——租赁收款额　　　　　　　　　4 000

　　贷：应收融资租赁款——未实现融资收益　　　　　　830

　　　　融资租赁资产　　　　　　　　　　　　　　　2 000

　　　　资产处置损益　　　　　　　　　　　　　　　1 000

　　　　银行存款　　　　　　　　　　　　　　　　　170

综上，本题应选 ABD。

【答案】ABD

8.【解析】选项 A 错误，对于短期租赁或者低价值资产租赁，承租人可以选择简化的会计处理，也可以不选择，不是应当；选项 B 错误，选择简化会计处理的，承租人不确认使用权资产和租赁负债。综上，本题应选 CD。

【答案】CD

9.【解析】选项 A 正确，甲公司应当将销售对价高于公允价值的款项 200 万元（2 000 – 1 800），作为乙公司向甲公司提供的额外融资进行会计处理，同时甲公司应按照公允价值调整相关销售利得或损失，乙公司按照市场价格调整租金收入。选项 B、C 正确，甲公司年付款额现值 = 120 ×（P/A，4.5%，18）= 1 459.2（万元），额外融资年付款额 = 200/1 459.2 × 120 = 16.45（万元），租赁相关的年付款额 = 120 – 16.45 = 103.55（万元），租赁负债 = 103.55 ×（P/A，4.5%，18）= 1 259.17（万元）；甲公司应当按照其保留的与使用权资产有关的建筑物的原账面价值的比例计量售后租回的使用权资产，使用权资产 = 1 000 ×（1 259.17/1 800）= 699.54（万元）。选项 D 正确，出售该建筑物的全部利得 = 1 800 – 1 000 = 800（万元）。综上，本题应选 ABCD。

【答案】ABCD

10.【答案】ABCD

三、判断题

1.【解析】出租人应当在**租赁开始日**将租赁分为融资租赁和经营租赁。因此，本题表述错误。

【答案】×

2.【解析】承租人有终止租赁选择权，即有权选择终止租赁该资产，但合理确定将**不会行使**该选择权的，租赁期**应当包含**终止租赁选择权涵盖的期间；但合理确定**会行使**终止租赁选择权的，则租赁期**应当不包含**终止租赁选择权涵盖的期间。因此，本题表述正确。

【答案】√

3.【解析】出租人发生的与经营租赁有关的初始直接费用应当**资本化**至租赁标的资产的成本，在租赁期内按照与租金收入相同的确认基础分期计入当期损益。因此，本题表述错误。

【答案】×

4.【解析】转租赁分类为经营租赁的，签订转租赁时，转租出租人在其资产负债表中继续保留与原租赁相关的租赁负债和使用权资产。在转租期间，确认使用权资产的折旧费用和租赁负债的利息；确认转租赁的租赁收入。因此，本题表述正确。

【答案】√

5.【解析】在标的资产的法定所有权转移给出租人并将资产租赁给承租人之前，承租人可能会先获得标的资产的法定所有权。如果承租人在资产转移给出租人之前已经取得对标的资产的控制，则该交易属于售后租回交易。因此，本题表述正确。

【答案】√

四、计算分析题

1.（1）

【解析】在租赁期开始日，承租人应当按照**成本**对使用权资产进行初始计量。使用权资产包括：

①租赁负债的初始计量金额。

②在租赁期开始日或之前支付的租赁付款额。存在租赁激励的，应扣除已享受的租赁激励相关金额。『**预付账款，银行存款**』

③承租人发生的初始直接费用。『**银行存款**』

④承租人为拆卸及移除租赁资产、复原租赁资产所在场地或将租赁资产恢复至租赁条款约定状态预计将发生的成本。『**拆除复原成本**』

使用权资产 = 租赁负债（即尚未支付的租赁付款额现值）+ 已支付的租赁付款额现值 + 承租人初始直接费用 + 承租人拆除复原成本

【答案】

①确认租赁负债和使用权资产

借：使用权资产	77.217【10×7.7217】	
租赁负债——未确认融资费用	22.783	
贷：租赁负债——租赁付款额		100【10×10】

②初始直接费用计入使用权资产

借：使用权资产	3	
贷：银行存款		3

③将已收的租赁激励金从使用权资产中扣除

借：银行存款	1	
贷：使用权资产		1

因此，使用权资产的初始成本 = 77.217 + 3 - 1 = 79.217（万元）。

（2）

【解析】承租人后续支付租金，应自租赁期开始日起对使用权资产计提折旧，使用权资产通常应自租赁期开始的当月计提折旧。

确认租赁负债的利息：

借：财务费用等
　　贷：租赁负债——未确认融资费用
支付租赁付款额，减少租赁负债的账面金额：
借：租赁负债——租赁付款额
　　贷：银行存款

【答案】
①使用权资产计提折旧
借：销售费用　　　　　　　　　　　　　　　　7.9217
　　贷：使用权资产——累计折旧　　　　　　　　　7.9217【79.217/10】
②支付租金
借：租赁负债——租赁付款额　　　　　　　　　10
　　贷：银行存款　　　　　　　　　　　　　　　　10
借：财务费用　　　　　　　　　　　　　　　　3.86（77.217×5%）
　　贷：租赁负债——未确认融资费用　　　　　　　3.86

（3）
【解析】出租人取得的未纳入租赁投资净额计量的可变租赁付款额，如与资产的未来绩效或使用情况挂钩的可变租赁付款额，应当在实际发生时计入当期损益（租赁收入或其他业务收入）。承租人在实际发生时计入当期损益。
出租人的相关账务处理为：
借：银行存款　　　　　　　　　　　　　　　　7.2
　　贷：租赁收入　　　　　　　　　　　　　　　　7.2
【答案】承租人（甲公司）的相关账务处理为：
借：销售费用　　　　　　　　　　　　　　　　7.2【360×2%】
　　贷：银行存款　　　　　　　　　　　　　　　　7.2

（4）
【解析】在租赁开始日后，承租人应对其在担保余值下预计支付的金额进行估计。该金额发生变动的，承租人应当按照变动后租赁付款额的现值重新计量租赁负债。此时，承租人采用的折现率不变。

【答案】2021年12月31日甲公司预计租赁标的在租赁期结束时的公允价值为450万元，低于公允价值500万元，甲公司应确认50万元的差额。
甲公司的相关账务处理为：
借：使用权资产　　　　　　　　　　　　　　　32.23【50×（P/F，5%，9）】
　　租赁负债——未确认融资费用　　　　　　　17.77
　　　贷：租赁负债——租赁付款额　　　　　　　　50

第16章

第十七章 持有待售的非流动资产、处置组和终止经营

🎯 应试指导

本章为新增章节，2022 年将持有待售的非流动资产、处置组结合原有的终止经营单独成章，属于近几年的实务热点问题，主观题和客观题均会考查。内容难度适中，但理解起来较为晦涩，提醒考生注意把握主要考点：持有待售类别的计量和列报以及终止经营，方能做到游刃有余。

📈 历年考情

本章考试题目难度较大，内容较为晦涩，较难理解，属于必考章节。预计 2022 年各种题型均可能出现，分值在 8 分左右。

✅ 高频考点列表

考点	题型
持有待售类别的分类原则	
持有待售的长期股权投资	单项选择题、多项选择题、判断题、计算分析题、综合题
持有待售类别的计量	
终止经营	

第十七章 持有待售的非流动资产、处置组和终止经营

持有待售的非流动资产、处置组

持有待售类别的分类原则
- 相关定义及分类的基本原则
- 划分为持有待售类别应满足的具体条件
- 延长一年期限的例外条款

某些特定持有待售类别分类的具体应用
- 专为转售而取得的非流动资产或处置组
- 持有待售的长期股权投资
- 拟结束使用而非出售的非流动资产或处置组

持有待售类别的计量
- 划分为持有待售类别前的计量
- 划分为持有待售类别时的计量
- 划分为持有待售类别后的计量
- 不再继续划分为持有待售类别的计量
- 终止确认

持有待售类别的列报

终止经营
- 终止经营的定义
- 终止经营的列报

高频考点 1 持有待售类别的分类原则

1. 划分为持有待售类别应满足的具体条件

非流动资产或处置组划分为持有待售类别，应当同时满足以下条件：

（1）当前状态下，该非流动资产或处置组**可立即出售**。

为满足该条件，企业应当具有在当前状态下出售该非流动资产或处置组的意图和能力。『**有想法，有能力**』

（2）出售**极可能**发生。即企业已经就一项出售计划作出决议且获得确定的购买承诺，预计出售将在**一年内**完成。『**板上钉钉，速度快**』

具体包括以下三个方面：

①已经由管理层作出出售决议，并获得批准；

②出售将在一年内完成；

③企业已经获得确定的购买承诺，使协议作出重大调整或撤销的可能性极小。

2. 延长一年期限的例外条款

因企业无法控制的下列原因之一，导致**非关联方**之间的交易未能在一年内完成，且有充分证据表明企业仍然承诺出售非流动资产或处置组的，企业应当继续将非流动资产或处置组划分为持有待售类别：

（1）**意外设定条件**：买方或其他方意外设定导致出售延期的条件，企业针对这些条件已经及时采取行动，且预计能够自设定导致出售延期的条件起**一年内**顺利化解延期因素。

（2）**发生罕见情况**：因发生罕见情况，导致持有待售的非流动资产或处置组未能在一年内完成出售，企业在最初一年内已经针对这些新情况采取必要措施，且重新满足了持有待售类别的划分条件。这里的罕见情况，主要指因不可抗力引发的情况、宏观经济形势发生急剧变化等不可控情况。

> **│敲黑板│** 不是所有的无法控制的原因都允许放松一年期限条件。如果涉及的出售是**关联方**交易，则不允许延长一年期限。

【沙场练兵·单选题】 由于甲企业经营范围发生改变，企业计划将生产某款产品的全套生产线出售，甲企业尚有一批积压的未完成客户订单。下列情形可以使该生产线划分为持有待售类别的是（   ）。

A. 甲企业决定在出售生产线的同时，将尚未完成的客户订单移交给买方

B. 甲企业决定对有意向客户，先出售积压的订单，但对方暂时不确定是否购买

C. 甲企业决定在完成所积压的客户订单后再将生产线转移给买方

D. 甲企业决定先出售积压订单再转移生产线，已与买方签订协议，但约定一年后再交钱交货

【解析】 选项 B 不符合题意，未获得确定的购

买承诺，不满足划分条件；选项 C 不符合题意，不满足可立即出售条件；选项 D 不符合题意，不满足预计自划分为持有待售类别起一年内，出售交易能够完成条件。综上，本题应选 A。

【答案】A

【沙场练兵·多选题】下列表明出售极可能发生的有（　　）。

A. 有关规定要求企业相关权力机构或监管机构批准后方可出售的，已获监管机构批准

B. 企业已与其他方签订具有法律约束力的购买协议，协议出现重大调整或者撤销的可能性极小

C. 预计自划分为持有待售类别起一年内，出售交易能够完成

D. 有关规定要求企业相关权力机构或者监管部门批准后方可出售，还未批准，但企业预计很可能会获得批准

【解析】选项 D 错误，有关规定要求企业相关权力机构或者监管部门批准后方可出售的，应当已经获得批准。综上，本题应选 ABC。

【答案】ABC

【沙场练兵·单选题】甲公司拟将一栋自用的办公楼转让，于 2021 年 12 月 6 日与乙公司签订了房产转让协议，预计将于 10 个月内完成转让，假定该办公楼于协议签订当日符合划分为持有待售类别的条件。2022 年发生的下列情形中，甲公司可以继续将该办公楼划分为持有待售类别的是（　　）。

A. 2022 年 3 月，发生金融危机，市场情况恶化，乙公司认为原协议价格过高，遂放弃购买，并支付了违约金，甲公司降低办公楼的价格，积极开展市场营销，于 2022 年 5 月重新与丙公司签订了转让协议，预计将于 8 个月内完成

B. 2022 年 3 月，发生金融危机，市场情况恶化，乙公司认为原协议价格过高，遂放弃购买并支付了违约金，甲公司降低办公楼的价格，积极开展市场营销，但没有找到合适的买家

C. 2022 年 3 月，突发地震，该办公楼在地震中毁损，乙公司与甲公司解约

D. 2022 年 3 月，甲公司与丙公司发生经济纠纷，该办公楼被法院判决抵债给丙公司

【解析】选项 A，发生罕见情况，甲公司针对此情况在最初一年内已经采取必要措施，积极开展市场营销，于 2022 年 5 月重新与丙公司签订了转让协议获得购买承诺，出售极可能发生，满足持有待售条件；选项 B、C、D，虽发生罕见情况，但不满足再次划分为持有待售条件。综上，本题应选 A。

【答案】A

高频考点 2　持有待售的长期股权投资

（1）企业因出售对子公司的权益性投资等原因导致其**丧失**对子公司的控制权，出售后企业可能保留对原子公司的部分权益性投资，也可能丧失所有权益。无论企业是否保留非控制的权益性投资，应当在拟出售的对子公司投资满足持有待售类别划分条件时，在**母公司个别财务报表中**将对子公司投资**整体**划分为持有待售类别，而不是仅将拟处置的投资划分为持有待售类别；在**合并财务报表中**将子公司**所有资产和负债**划分为持有待售类别，而不是仅将拟处置的投资对应的资产和负债划分为持有待售类别。

（2）对**联营企业或者合营企业**的权益性投资全部或部分分类为持有待售资产的，应当**停止权益法核算**；对于未划分为持有待售类别的剩余权益性投资，应当在划分为持有待售的那部分权益性投资出售前继续采用权益法进行会计处理。

具体会计处理如下表：

持有待售的长期股权投资	出售比例	出售导致结果	会计处理原则
子公司	全部出售	丧失控制权，不再拥有	母公司个别报表：将子公司全部股权划分为持有待售类别 合并报表：将子公司所有资产和负债划分为持有待售类别
	出售 55% 股权	丧失控制权，仍具有重大影响	
	出售 25% 股权	仍具有控制权	不应当将拟处置的部分股权划分为持有待售类别
联营企业（35% 股权）	出售 30% 股权	不具有重大影响	应当将拟出售的股权划分为持有待售类别，剩余的股权在前述的股权处置前，应当采用权益法进行会计处理，在前述的股权处置后，应当按照《企业会计准则第 22 号——金融工具确认和计量》有关规定进行会计处理
合营企业（50% 股权）	出售 35% 股权	不具共同控制或有重大影响	

【敲黑板】 仅仅出售部分子公司股权，并没有丧失对子公司控制的情况下，该长期股权投资不满足"**主要通过出售而非持续使用收回其账面价值**"的条件。不符合持有待售类别的定义，因此不应当将拟处置的部分股权划分为持有待售类别。

【沙场练兵·单选题】甲公司拟出售持有的部分长期股权投资，假设拟出售的股权符合持有待售类别的划分条件。情形一：甲公司拥有子公司 100% 的股权，拟出售全部股权；情形二：甲公司拥有子公司 100% 的股权，拟出售 55% 的股权，出售后将丧失对子公司的控制权，但对其具有重大影响。下列说法错误的是（　　）。

A. 情形一中甲公司应当在母公司个别财务报表中将拥有的子公司全部股权划分为持有待售类别

B. 情形一中甲公司应当在合并财务报表中将子公司所有资产和负债划分为持有待售类别

C. 情形二中甲公司应当在母公司个别财务报表中将剩余的 45% 的子公司股权划分为持有待售类别

D. 情形二中甲公司应当在合并财务报表中将子公司所有资产和负债划分为持有待售类别

【解析】选项 A、B 说法正确，情形一属于丧失控制权，不再拥有，甲公司应当在母公司个别财务报表中将拥有的子公司全部股权划分为持有待售类别，在合并财务报表中将子公司所有资产和负债划分为持有待售类别；选项 C 说法错误，选项 D 说法正确，情形二属于丧失控制权，仍具有重大影响，甲公司应当在母公司个别财务报表中将拥有的子公司全部股权划分为持有待售类别，在合并财务报表中将子公司所有资产和负债划分为持有待售类别。综上，本题应选 C。

【答案】C

【沙场练兵·多选题】假设拟出售的股权符合持有待售类别的划分条件。下列有关甲公司出售部分子公司股权，相关持有待售非流动资产划分的会计处理表述正确的有（   ）。

A. 甲公司拟出售 A 公司 100% 股权，甲公司在个别财务报表中将拥有的子公司全部股权划分为持有待售类别，在合并财务报表中将子公司所有资产和负债划分为持有待售类别

B. 甲公司拟出售 B 公司 80% 的股权，出售后将丧失对子公司的控制权，但对其具有重大影响。甲公司应当个别财务报表中将拥有的子公司全部股权划分为持有待售类别，在合并财务报表中将子公司所有资产和负债划分为持有待售类别

C. 甲公司拟出售 C 公司 20% 的股权，仍然拥有对子公司的控制权，甲公司应当个别财务报表中将拥有的子公司全部股权划分为持有待售类别，在合并财务报表中将子公司所有资产和负债划分为持有待售类别

D. 甲公司拟出售 D 公司 5% 的股权，仍然拥有对子公司的控制权，不应当将拟处置的部分股权划分为持有待售类别

【解析】选项 C 错误，由于甲公司仍然拥有对 C 公司的控制权，因此不应当将拟处置的部分股权划分为持有待售类别。综上，本题应选 ABD。

【答案】ABD

高频考点 3 持有待售类别的计量

1. 划分为持有待售类别时的计量

在划分日，根据持有待售非流动资产或处置组的**账面价值**，与其**公允价值减去出售费用后的净额**的高低，判断其是否发生减值，如果发生减值需要确认资产减值损失，同时对账面价值进行调整。

（1）如果持有待售的非流动资产或处置组整体的账面价值**低于**其公允价值减去出售费用后的净额，企业不需要对账面价值进行调整；

（2）如果账面价值**高于**其公允价值减去出售费用后的净额，企业应当将账面价值减记至公允价值减去出售费用后的净额，减记的金额确认为资产减值损失，计入当期损益，同时计提持有待售资产减值准备。

即：对已经划分为持有待售类别的资产应按以下两项金额中的**孰低者**计量：①账面价值；②公允价值减去出售费用后的净额。

划分日相关会计处理如下：

情形	会计处理
将原非流动资产或资产组转入持有待售	借：持有待售资产——固定资产/无形资产等 　　累计折旧/累计摊销 　　固定资产减值准备/无形资产减值准备等 　贷：固定资产/无形资产等

第 17 章

（续表）

情形	会计处理
持有待售资产计提减值	借：**资产减值损失**——持有待售资产 贷：持有待售资产减值准备——固定资产/无形资产等 【账面价值-（公允价值-出售费用）】

┃敲黑板┃

（1）出售费用是企业发生的可以直接归属于出售资产或处置组的增量费用，包括为出售发生的特定法律服务、评估咨询等中介费用，也包括相关的消费税、城市维护建设税、土地增值税和印花税等，但不包括财务费用和所得税费用。

（2）有些情况下，公允价值减去出售费用后的净额可能为负值，持有待售的非流动资产或处置组中资产的账面价值应当以减记至零为限。是否需要确认相关预计负债，应当按照《企业会计准则第13号——或有事项》的规定进行会计处理。

2. 划分为持有待售类别后的计量

（1）持有待售的非流动资产的后续计量

企业在资产负债表日，需要重新计量持有待售的非流动资产。

①减值的计提

如果其账面价值**高于**公允价值减去出售费用后的净额，应当将账面价值减记至公允价值减去出售费用后的净额，减记的金额确认为资产减值损失，计入当期损益，同时计提持有待售资产减值准备。

②减值的转回

如果后续资产负债表日持有待售的非流动资产公允价值减去出售费用后的净额增加，以前减记的金额应当予以**恢复**，并在划分为持有待售类别**后**非流动资产确认的资产减值损失金额内转回，转回金额计入当期损益，划分为持有待售类别**前**确认的资产减值损失不得转回。

③折旧和摊销

持有待售的非流动资产**不应计提折旧或摊销**。

┃敲黑板┃ 非流动资产划分持有待售类别前后折旧、摊销与减值的问题

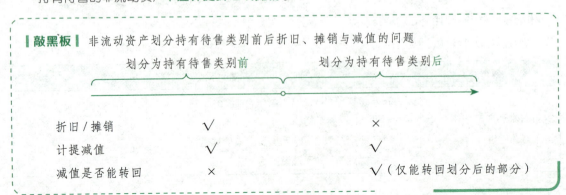

（2）持有待售的**处置组**的后续计量

资产负债表日，首先应当按照相关会计准则规定计量处置组中的流动资产、适用其他准则计量规定的非流动资产和负债的账面价值。然后对持有待售的处置组，按照本准则规定考虑相应减值核算。

①减值的计提

在考虑相关处置组减值时，企业应当比较持有待售的处置组整体账面价值与公允价值减去出售费用后的净额，如果账面价值**高于**其公允价值减去出售费用后的净额，应当将账面价值减记至公允价值减去出售费用后的净额，减记的金额确认为资产减值损失，计入当期损益，同时计提持有待售资产减值准备。

其中，持有待售处置组如果包含商誉时，计提减值时应当**首先抵减处置组中含有的商誉**，然后对处置组中的非流动资产按照**账面价值比例**分摊计提减值损失。确认的资产减值损失金额应当以处置组中包含的**适用本章计量规定**的各项资产的**账面价值**为限，不应分摊至处置组中的流动资产或适用其他准则计量规定的非流动资产。

②减值的转回

如果后续资产负债表日持有待售的处置组公允价值减去出售费用后的净额增加，以前减记的金额应当予以**恢复**，并在划分为持有待售类别**后**适用本章计量规定的非流动资产确认的资产减值损失金额内转回，转回金额计入当期损益，且不应当重复确认适用其他准则计量规定的资产和负债按照相关准则规定已经确认的利得。

已抵减的商誉账面价值，以及适用本章计量规定的非流动资产在划分为持有待售类别**前**确认的资产减值损失不得转回。对于持有待售的处置组确认的资产减值损失后续转回金额，应当根据处置组中**除商誉外**适用本章计量规定的各项非流动资产**账面价值**所占比重，按比例增加其账面价值。

3.不再继续划分为持有待售类别的计量

非流动资产或处置组因不再满足持有待售类别划分条件而不再继续划分为持有待售类别或非流动资产从持有待售的处置组中移除时，应当按照以下两者**孰低**计量：

（1）划分为持有待售类别**前**的账面价值，按照假定不划分为持有待售类别情况下本应确认的折旧、摊销或减值等进行调整后的金额；

（2）可收回金额。

由此产生的差额计入当期损益，可以通过"资产减值损失"科目进行会计处理。这样处理的结果是，原来划分为持有待售的非流动资产或处置组在重新分类后的账面价值，与其从未划分为持有待售类别情况下的账面价值相一致。『类似追溯调整，当作一切都没有发生过』

4.终止确认

（1）持有待售的非流动资产或处置组在终止确认时，企业应当分情况确认处置损益。相关会计处理如下：

类型	会计处理
持有待售非流动资产为金融工具或长期股权投资的	借：银行存款 　　　　　　　　　　　　　【取得的价款－相关税费】 　　持有待售资产减值准备 　贷：持有待售资产 　　　投资收益
持有待售非流动资产为投资性房地产的	借：银行存款 　贷：其他业务收入 借：其他业务成本 　　持有待售资产减值准备 　贷：持有待售资产
除此之外的持有待售非流动资产和处置组	借：银行存款 　　　　　　　　　　　　　【取得的价款－相关税费】 　　持有待售负债 　　　　　　　　　　　　　　　　　【结平余额】 　　持有待售资产减值准备 　　　　　　　　　　　　　【结平余额】 　贷：持有待售资产 　　　　　　　　　　　　　　　　【结平余额】 　　　资产处置损益 　　　　　　　　　　　　　　　　　【或借记】

（2）企业终止确认持有待售的非流动资产或处置组时，还应当将尚未确认的利得或损失计入当期损益。相关会计处理如下：

借：其他综合收益等 　　　　　　　　　　　　　　　　　　　　　　　　　　　　　　【或贷记】
　贷：投资收益／其他业务成本／资产处置损益等 　　　　　　　　　　　　　　　　　　【或借记】

5. 持有待售类别的列报

持有待售资产和负债**不应当相互抵销**。"持有待售资产"和"持有待售负债"应当分别作为流动资产和流动负债列示。

对于当期**首次**满足持有待售类别划分条件的非流动资产或划分为持有待售类别的处置组中的资产和负债，**不应当调整可比会计期间**资产负债表，即不对其符合持有待售类别划分条件前各个会计期间的资产负债表进行项目的分类调整或重新列报。企业还应当在附注中披露有关持有待售的非流动资产或处置组的相关信息。

【沙场练兵·单选题】2021 年 12 月 15 日，甲公司与乙公司签订具有法律约束力的股权转让协议，拟将其持有子公司——丙公司 70% 股权转让给乙公司。甲公司原持有丙公司 90% 股权，转让完成后，甲公司将失去对丙公司的控制，但能够对丙公司实施重大影响。截至 2021 年 12 月 31 日止，上述股权转让的交易尚未完成，假定甲公司拟出售的对丙公司投资满足持有待售类别的条件。不考虑其他因素，下列各项关于甲公司 2021 年 12 月 31 日合并资产负债表列报的表述中，正确的是（　　　）。

A. 将丙公司全部资产和负债按其净额在持有待售资产或持有待售负债项目列报

B. 将丙公司全部资产在持有待售资产项目列报，全部负债在持有待售负债项目列报

C. 将拟出售的丙公司 70% 股权部分对应的净资产在持有待售资产或持有待售负债项目列报，其余丙公司 20% 股权部分对应的净资产

在其他流动资产或其他流动负债项目列报

D. 将丙公司全部资产和负债按照其在丙公司资产负债表中的列报形式在各个资产和负债项目分别列报

【解析】选项 A，"持有待售资产"和"持有待售负债"应分别以流动资产和流动负债列示，不应相互抵销，即不应以净额列报；选项 B、C、D，在合并报表中，将子公司（丙公司）所有资产和负债划分为持有待售类别，即丙公司全部资产在持有待售资产项目列报，全部负债在持有待售负债项目列报；而不应仅将拟处置（70%）的投资对应的资产和负债划分为持有待售类别。综上，本题应选 B。

【答案】B

【沙场练兵·单选题】甲公司计划出售一项固定资产，该固定资产于 2021 年 6 月 30 日被划分为持有待售固定资产，公允价值为 320 万元，预计处置费用为 5 万元。该固定资产购买于 2014 年 12 月 11 日，原值为 1 000 万元，预计净残值为零，预计使用寿命为 10 年，采用年限平均法计提折旧，取得时已达到预定可使用状态。不考虑其他因素，该固定资产 2021 年 6 月 30 日应予列报的金额是（　　）。

A. 315 万元　　　　B. 320 万元

C. 345 万元　　　　D. 350 万元

【解析】划分为持有待售类别时该固定资产的账面价值＝1 000－1 000/10×6.5＝350（万元）；划分为持有待售类别时该固定资产的公允价值减去处置费用的净额＝320－5＝315（万元）；划分为持有待售固定资产应按照按上述两者孰低计量，即 315 万元。综上，本题应选 A。

【答案】A

【沙场练兵·多选题】2021 年 9 月末，甲公司董事会通过一项决议，拟将持有的一项闲置管理用设备对外出售。该设备为甲公司于 2019 年 7 月购入，原价为 6 000 万元，预计使用 10 年，预计净残值为零，至董事会决议出售时已计提折旧 1 350 万元，未计提减值准备。甲公司 10 月 30 日与独立第三方签订出售协议，拟将该设备以 4 100 万元的价格出售给独立第三方，预计出售过程中将发生的处置费用为 100 万元。至 2021 年 12 月 31 日，该设备出售尚未完成，但甲公司预计将于 2022 年第一季度完成。不考虑其他因素，下列各项关于甲公司因该设备对其财务报表影响的表述中，正确的有（　　）。

A. 甲公司 2021 年年末因持有该设备应计提 650 万元减值准备

B. 甲公司 2021 年对该设备计提的折旧 600 万元计入当期损益

C. 甲公司 2021 年末资产负债表中因该交易应确认 4 100 万元应收款

D. 该设备在 2021 年末资产负债表中应以 4 000 万元的价值列报为流动资产

【解析】选项 A、D 正确，企业应将该设备划分为持有待售的非流动资产，其公允价值减去处置费用后的净额＝4 100－100＝4 000（万元），账面价值＝6 000－1 350＝4 650（万元），大于公允价值减去处置费用后的净额 4 000 万元，则应计提的减值准备＝4 650－4 000＝650（万元）。因此应该在"持有待售资产"项目中列示 4 000 万元；选项 B 错误，2021 年 1-10 月该设备应计提折旧的金额＝6 000/10×10/12＝500（万元），2021 年 10 月满足划分为持有待售的条件，自划分为持有待售的非流动资产起停止计提折旧，则 2021 年应计提折旧 500 万元计入当期损益；选项 C 错误，2021 年年末资产负债表中不确认应收款。综上，本题应选 AD。

【答案】AD

高频考点 4 终止经营

1. 终止经营是指企业满足下列条件**之一**的、能够单独区分的组成部分，且该组成部分已经处置或划分为持有待售类别：

（1）该组成部分代表一项独立的主要业务或一个单独的主要经营地区；

（2）该组成部分是拟对一项独立的主要业务或一个单独的主要经营地区进行处置的一项相关联计划的一部分；

（3）该组成部分是专为转售而取得的子公司。

2. 企业应当在利润表中分别列示**持续经营损益**和**终止经营损益**。

终止经营的相关损益应当作为终止经营损益列报，列报的终止经营损益应当**包含整个报告期间**，而不仅包含认定为终止经营后的报告期间。具体包括：

（1）终止经营的经营活动损益，如销售商品、提供服务的收入、相关成本和费用等。

（2）企业初始计量或在资产负债表日重新计量符合终止经营定义的持有待售的处置组时，因账面价值高于其公允价值减去出售费用后的净额而确认的资产减值损失。

（3）后续资产负债表日符合终止经营定义的持有待售处置组的公允价值减去出售费用后的净额增加，因恢复以前减记的金额而转回的资产减值损失。

（4）终止经营的处置损益。

（5）终止经营处置损益的调整金额。

【沙场练兵·多选题】下列各项关于终止经营列报的表述中，错误的有（   ）。

A. 终止经营的相关损益作为持续经营损益列报

B. 终止经营的处置损益以及调整金额作为终止经营损益列报

C. 对于当期列报的终止经营，在当期财务报表中将处置日前原来作为持续经营损益列报的信息重新作为终止经营损益列报，但不调整可比会计期间利润表

D. 拟结束使用而非出售的处置组满足终止经营定义中有关组成部分条件的，自停止使用日起作为终止经营列报

【解析】选项A错误，终止经营的相关损益应当作为终止经营损益列报；选项C错误，从财

务报表可比性出发，对于当期列报的终止经营，企业应当在当期财务报表中将原来作为持续经营损益列报的信息重新作为可比会计期间的终止经营损益列报，调整可比期间利润表。综上，本题应选AC。

【答案】AC

【沙场练兵·多选题】下列选项中，能够划分为终止经营的有（   ）。

A. 麦当劳决定关闭在B国500家连锁店中的1家

B. 肯德基决定关闭在A国的全部连锁店

C. 甲公司决定关闭一家子公司H，已经处置了该子公司，但目前H公司尚有一些债权等待收回，部分门店租约尚未到期仍需要支付租金

D. 乙公司决定关闭一家从事放贷的子公司G，

当月起 G 公司不再提供放贷业务，但仍会继续收回未结贷款和本息，直到原设定的贷款期结束

【解析】选项 A 不符合题意，选项 B 符合题意，划分为终止经营的组成部分应当具有一定规模；选项 C 符合题意，"目前 H 公司尚有一些债权等待收回，部分门店租约尚未到期仍需要支付租金"，仅仅是收回和支付现金的活动，不继续创造日常经营活动收入，因此不影响作为终止经营处理；选项 D 不符合题意，"但仍会继续收回未结贷款和本息，直到原设定的贷款期结束"，业务未完结，在此期间，该子公司不能被认为已经处置，因此不能划分为终止经营。综上，本题应选 BC。

【答案】BC

强化练习

一、单项选择题

1. 2021 年 12 月 31 日，甲公司将一台设备转让给乙公司，协议约定的转让价款为 500 万元，为转让设备发生了中介评估费 5 万元，相关税费 3 万元，甲公司预计转让将在 3 个月内完成。2021 年 12 月 31 日，该设备的市场售价为 480 万元。该台设备为甲公司于 2018 年 12 月 24 日取得，原价 600 万元，预计使用年限 10 年，预计净残值为 0。假设该设备符合划分为持有待售类别的条件，不考虑其他因素，甲公司将设备划分为持有待售类别时的入账价值为（　　）万元。

   A. 492　　　　　　　　　B. 420　　　　　　　　　C. 500　　　　　　　　　D. 472

2. 甲公司 2021 年末，持有待售资产余额为 840 万元，持有待售负债余额为 300 万元，下列对于甲公司 2021 年资产负债表中对持有待售类别的列报说法正确的是（　　）。

   A. 持有待售资产和负债以抵销后的金额 540 万元列示

   B. 持有待售资产在非流动资产项目下列示

   C. 持有待售负债在非流动负债项目下列示

   D. 持有待售资产列示 840 万元，持有待售负债列示 300 万元

3. 下列关于终止经营列报的相关表述，不正确的是（　　）。

   A. 列报的终止经营损益应当仅包含认定为终止经营后的报告期间

   B. 终止经营的相关损益应当作为终止经营损益列报

   C. 企业应当在利润表中分别列示持续经营损益和终止经营损益

   D. 企业处置终止经营过程中发生的增量费用应当作为终止经营损益列报

4. 下列关于持有待售类别的计量，表述不正确的是（　　）。

   A. 在划分日，如果持有待售的非流动资产或处置组整体的账面价值低于其公允价值减去出售费用后的净额，企业不需要对账面价值进行调整

   B. 持有待售处置组如果包含商誉时，计提减值时应当首先抵减处置组中含有的商誉

   C. 在划分日，如果持有待售的非流动资产或处置组整体的账面价值高于其公允价值减去出售费用后的净额，企业计提持有待售资产减值准备，并确认资产减值损失

   D. 持有待售的处置组进行减值转回时，最先恢复已抵减的商誉的账面价值

5. 由于资金周转问题，甲公司决定关闭 C 省 500 多家门店中的人流量最差的 1 家门店，并于 2022 年 2 月签订了转让协议，且预计出售将在 1 年内完成，该出售决议董事会已经批准通过。则下列说法正确的是（　　）。

   A. 该门店不能划分为持有待售类别

   B. 该门店可以划分为持有待售类别

C. 该门店可以同时划分为持有待售类别和终止经营

D. 该门店可以划分成终止经营

6. 对于企业专为转售而新取得的非流动资产或处置组，如果在取得日满足"预计出售将在一年内完成"的规定条件，且短期，通常为（　　　）个月内很可能满足划分为持有待售类别的其他条件，企业应当在取得日将其划分为持有待售类别。

A. 1　　　　　　　B. 2　　　　　　　C. 3　　　　　　　D. 4

7. 以下关于拟结束使用而非出售的非流动资产或处置组，表述不正确的是（　　　）。

A. 对于暂时停止使用的非流动资产，不应当认为其拟结束使用

B. 对于暂时停止使用的非流动资产，不应当将其划分为持有待售类别

C. 因已经使用至经济寿命期结束而将某机器设备报废属于结束使用

D. 因技术进步而将某子公司关停不属于结束使用

8. 下列各项交易，应当将固定资产划分为持有待售的是（　　　）。

A. 甲公司 2020 年 10 月 1 日与 A 公司签订不可撤销的销售协议，约定于 2022 年 11 月 30 日将一台生产设备转让给 A 公司

B. 乙公司管理层作出决议，计划将一栋自用办公楼于本月底出售给 B 公司

C. 丙公司与 C 公司签订一项销售协议，约定于次月 1 日将一条生产线出售给 C 公司，双方均已通过管理层决议

D. 丁公司 2022 年 1 月 1 日与 D 公司达成协议，计划将于本年 10 月 31 日将一台管理用设备转让给 D 公司，但是此协议为口头协议，尚未签订正式的书面协议

9. 持有待售非流动资产预计自划分为持有待售类别起（　　　）内，出售交易能够完成。

A. 半年　　　　　　B. 一年　　　　　　C. 二年　　　　　　D. 三年

10. 关于持有待售非流动资产和处置组的会计处理，下列说法正确的是（　　　）。

A. 持有待售非流动资产可以包括固定资产、无形资产和长期股权投资等

B. 非流动资产或处置组因不再满足持有待售类别划分条件而不再继续划分为持有待售类别应当按照可收回金额进行计量

C. 只有单项非流动资产可以划分为持有待售资产

D. 持有待售非流动资产或处置组整体的账面价值高于其公允价值减去出售费用后的净额，企业应当将账面价值减记至公允价值减去出售费用后的净额，减记的金额计入营业外支出

二、多项选择题

1. 甲公司持有乙公司 80% 股权，能够对乙公司实施控制。2021 年 12 月 20 日，甲公司与无关联关系的丙公司签订股权转让协议，拟将所持乙公司 60% 股权转让给丙公司，转让后甲公司将丧失对乙公司的控制，但能够对乙公司施加重大影响。截至 2021 年 12 月 31 日，上述股权转让尚未成功，甲公司预计将在 3 个月内完成转让。假定甲公司所持乙公司股权投资在 2021 年 12 月 31 日满足划分为持有待售类别的条件，不考虑其他因素，下列各项关于甲公司会计处理的表述中，错误的有（　　　）。

A. 在 2021 年 12 月 31 日个别财务报表中将所持乙公司 60% 股权投资在"持有待售资产"项目中列示，将所持有乙公司 20% 股权投资在"长期股权投资"项目列示

B. 在 2021 年 12 月 31 日个别财务报表中将所持乙公司 80% 股权投资在"一年内到期的非流动资产"项目列示

C. 自满足划分为持有待售类别的条件起不再将乙公司纳入 2021 年度合并财务报表的合并范围

D. 在 2021 年 12 月 31 日合并财务报表中将所持乙公司 60% 股权投资在"持有待售资产"项目中列示，将所持有乙公司 20% 股权投资在"长期股权投资"项目列示

2. 下列各项损益中，应当作为终止经营损益列报的有（ ）。

A. 终止经营时销售商品、提供服务的收入

B. 终止经营的处置损益

C. 终止经营处置损益的调整金额

D. 后续资产负债表日符合终止经营定义的持有待售处置组的公允价值减去出售费用后的净额增加，因恢复以前减记的金额而转回的资产减值损失

3. 甲企业将其拥有的一栋办公大楼转让给乙公司，并签订了转让合同，附带约定条款。下列情形中该办公楼可以划分为持有待售类别的有（ ）。

A. 签订协议后突发台风，持续半月，甲企业由于台风不方便立即搬迁，但承诺台风过后立即腾空

B. 签订协议后此办公大楼的权属发生纠纷，纠纷解决的时间不能合理预计

C. 甲企业将在兴建的新办公大楼竣工前继续使用现有办公大楼，竣工后再将此办公楼交付乙企业

D. 甲企业将在腾空办公大楼后将其交付给乙企业，且腾空办公大楼所需时间正常且符合交易惯例

4. 下列关于持有待售处置组的会计核算，说法不正确的有（ ）。

A. 持有待售处置组确认的资产减值损失金额，如果处置组包含商誉，应当先抵减处置组中适用持有待售规定的各项非流动资产账面价值所占比重，然后再抵减商誉的账面价值

B. 已计提减值损失的持有待售处置组的公允价值减去出售费用后的净额增加，以前减记的商誉价值也应恢复

C. 持有待售处置组确认的资产减值损失金额，如果处置组包含商誉，应当先抵减商誉的账面价值，再根据处置组中适用持有待售规定的各项非流动资产账面价值所占比重，按比例抵减其账面价值

D. 划分为持有待售处置组中负债的利息、支出应当停止予以确认

5. 为整合资产，甲公司 2020 年 9 月经董事会决议处置部分生产线。2020 年 12 月 31 日，甲公司与乙公司签订某生产线出售合同。合同约定：该项交易自合同签订之日起 10 个月内完成，原则上不可撤销，但因外部审批及其他不可抗力因素影响的除外。如果取消合同，主动提出取消的一方应向对方赔偿损失 360 万元。生产线出售价格为 2 600 万元，甲公司负责生产线的拆

除并运送至乙公司指定地点，经乙公司验收后付款。甲公司该生产线 2020 年年末账面价值为 3 200 万元，预计拆除、运送等费用为 120 万元。2021 年 3 月，在合同实际执行过程中，因乙公司所在地方政府出台新的产业政策，乙公司购入资产属于新政策禁止行业，乙公司提出取消合同并支付了赔偿款。不考虑其他因素，下列关于甲公司对于上述事项的会计处理中，正确的有（   ）。

A. 自 2021 年 1 月起对拟处置生产线停止计提折旧

B. 2020 年资产负债表中该生产线列报为 3 200 万元

C. 2021 年将取消合同取得的乙公司赔偿款确认为营业外收入

D. 自 2021 年 3 月知晓合同将予取消时起，对生产线恢复计提折旧

6. 企业将非流动资产或处置组划分为持有待售时，应满足的条件有（   ）

A. 非流动资产或处置组拟结算费用

B. 出售极可能发生，预计将在一年内完成

C. 根据类似交易出售此类资产或处置组的惯例，在当前状况下即可立即出售

D. 出售该资产应具有商业实质

7. 下列关于企业划分为持有待售的处置组进行列报时，表述正确的有（   ）。

A. 持有待售资产和持有待售负债以抵销后的净额列报

B. "持有待售资产"应在流动资产中列报

C. 对于当期首次满足持有待售类别报划分条件的非流动资产或处置组中的资产和负债，不应当调整可比会计期间资产负债表

D. 非流动资产在资产负债表日后期间满足划分为持有待售类别划分条件的，应当作为资产负债表日后非调整事项处理

8. 甲公司拥有联营企业乙公司 35% 的股权，拟出售 30% 的股权，甲公司持有剩余的 5% 股权，且对被投资方不具有重大影响。另甲公司拥有合营企业丙公司 50% 的股权，拟出售 35% 的股权，甲公司持有剩余的 15% 股权，且对被投资方不具有共同控制或重大影响。二者均符合划分为持有待售的条件，下列表述正确的有（   ）。

A. 甲公司应当将拟出售乙公司的 30% 股权划分为持有待售类别，不再按权益法核算

B. 甲公司应当将持有乙公司剩余 5% 的股权在前述 30% 的股权处置前，应当采用权益法进行会计处理

C. 甲公司应当将拟出售丙公司的 35% 股权划分为持有待售类别，不再按权益法核算

D. 甲公司应当将丙公司剩余 15% 的股权在前述 35% 的股权处置前，应当采用权益法进行会计处理

9. 下列各项中，不应划分为持有待售类别的有（   ）。

A. 甲公司与乙公司签订办公大楼转让合同，约定甲公司于 3 个月内搬离该办公楼，并将其交付给乙公司

B. 甲公司与丙公司签订办公大楼转让合同，约定甲公司将其在办公楼所在地经营业务清算后，

将该办公楼转移给丙公司

C. 甲公司与丁公司签订生产线转让合同，约定甲公司将与该生产线相关的订单与该生产线一并移交给丁公司

D. 甲公司与戊公司签订 X 生产线转让合同，约定甲公司新建 Y 生产线完工可使用后，将 X 生产线转让给戊公司

10. 关于处置组，下列表述中不正确的有（　　　）。

　　A. 处置组中不包括负债

　　B. 处置组中只包括非流动资产

　　C. 处置组中不包括商誉

　　D. 处置组中可能包括流动资产、非流动资产和负债

三、判断题

1. 持有待售的非流动资产按规定计提折旧或摊销。（　　　）

2. 出售部分子公司股权，在不丧失控制权的情况下，应将拟处置的部分股权划分为持有待售类别。（　　　）

3. 企业列报的终止经营损益，为认定为终止经营后的报告期间与终止经营相关的损益。（　　　）

4. 如果后续资产负债表日持有待售的非流动资产公允价值减去出售费用后的净额增加，导致账面价值低于公允价值减去出售费用后的净额，以前计提的持有待售资产减值准备应当予以冲回。（　　　）

5. 由于持有待售资产和负债已经作为流动资产和流动负债列示，则企业无须在附注中披露有关持有待售的非流动资产或处置组的相关信息。（　　　）

四、计算分析题

1. 2022 年 3 月 1 日，甲公司自外部购入乙公司全部股权，支付价款 3 600 万元。购入该股权之前，甲公司的管理层已经做出决议，一旦购入乙公司，将在一年内将其出售给丙公司，乙公司当前状况下即可立即出售。预计甲公司还将为出售该子公司支付 40 万元的出售费用。甲公司与丙公司计划于 2022 年 3 月 31 日签署股权转让合同。可能出现的情形如下：

（1）假定甲公司与丙公司初步议定股权转让价格为 4 000 万元。

（2）假定甲公司尚未与丙公司议定转让价格，购买日股权公允价值与支付价款一致。

要求（答案中的金额单位用万元表示）：

（1）根据情形（1）编制甲公司的账务处理。

（2）根据情形（2）编制甲公司的账务处理。

答案与解析

一、单项选择题

1.【解析】本题该设备划分为持有待售类别前，该设备的账面价值 = 600 − 600/10/12 × 36 = 420（万元），公允价值减去出售费用后的净额 = 500 − 5 − 3 = 492（万元），划分为持有待售资产的账面价值 < 公允价值减去出售费用后的净额，不需要对账面价值进行调整，所以划分为持有待售类别时的入账价值应为 420 万元。综上，本题应选 B。

【答案】B

2.【解析】选项 A 错误，持有待售资产和负债不能以抵销后的金额列示；选项 B、C 错误，持有待售资产和持有待售负债应当分别作为流动资产和流动负债列示；选项 D 正确，持有待售资产列示 840 万元，持有待售负债列示 300 万元。综上，本题应选 D。

【答案】D

3.【解析】选项 A 错误，选项 B、C、D 正确，终止经营的相关损益应当作为终止经营损益列报，列报的终止经营损益应当**包含整个报告期间**，而不仅包含认定为终止经营后的报告期间。综上，本题应选 A。

【答案】A

4.【解析】**已抵减的商誉账面价值**，以及适用持有待售类别计量规定的非流动资产在划分为持有待售类别**前**确认的资产减值损失不得转回。综上，本题应选 D。

【答案】D

5.【解析】该门店是一个处置组，已经签署了转让协议，且预计出售将在 1 年内完成，符合持有待售类别划分条件。但该门店只是 500 多家门店中的一家，不具有一定规模。所以不能划分为终止经营。综上，本题应选 B。

【答案】B

6.【解析】对于企业专为转售而新取得的非流动资产或处置组，如果在取得日满足"预计出售将在一年内完成"的规定条件，且短期（通常为 3 个月）内很可能满足划分为持有待售类别的其他条件，企业应当在取得日将其划分为持有待售类别。综上，本题应选 C。

【答案】C

7.【解析】非流动资产或处置组可能因为种种原因而结束使用，且企业并不会将其出售，或仅获取其残值，例如，因已经使用至经济寿命期结束而将某机器设备报废（选项 C 正确），因技术进步而将某子公司关停（选项 D 错误）或转产。由于对该非流动资产或处置组的使用几乎贯穿其整个经济使用寿命期，其账面价值并非主要通过出售收回，企业不应当将其划分为持有待售类别。对于暂时停止使用的非流动资产，不应当认为其拟结束使用（选项 A 正确），也不应当将其划分为持有待售类别（选项 B 正确）。综上，本题应选 D。

【答案】D

8.**【解析】**企业将固定资产划分为持有待售，应同时满足下列条件：（1）根据类似交易中出售此类资产或处置组的惯例，在当前状况下即可立即出售；（2）出售极可能发生，即企业已经就一项出售计划作出决议且获得确定的购买承诺，预计出售将在一年内完成。综上，本题应选 C。

【答案】C

9.**【解析】**持有待售非流动资产预计自划分为持有待售类别起一年内（特殊情形除外），出售交易能够完成。综上，本题应选 B。

【答案】B

10.**【解析】**选项 B 错误，非流动资产或处置组因不再满足持有待售类别划分条件而不再继续划分为持有待售类别或非流动资产从持有待售的处置组中移除时，应当按照以下两者孰低计量：（1）划分为持有待售类别前的账面价值，按照假定不划分为持有待售类别情况下本应确认的折旧、摊销或减值等进行调整后的金额；（2）可收回金额。选项 C 错误，持有待售固定资产包括单项资产和处置组。选项 D 错误，持有待售非流动资产或处置组整体的账面价值高于其公允价值减去出售费用后的净额的部分，应确认为资产减值损失。综上，本题应选 A。

【答案】A

二、多项选择题

1.**【解析】**选项 A 错误，出售对子公司的投资满足持有待售类别的条件，无论企业是否保留非控制的权益性投资，应当在拟出售的对子公司投资满足持有待售类别划分条件时，在母公司个别财务报表中将对子公司投资整体划分为持有待售类别，而不是仅将拟处置的投资划分为持有待售类别；选项 B 错误，在 2021 年 12 月 31 日个别财务报表中将所持乙公司 80% 股权投资在"持有待售资产"项目列示；选项 C 错误，在未转让 60% 股权投资前仍应编制合并财务报表；选项 D 错误，在合并财务报表中将子公司所有资产和负债划分为持有待售类别，而不是仅将拟处置的投资对应的资产和负债划分为持有待售类别。综上，本题应选 ABCD。

【答案】ABCD

2.**【解析】**终止经营的相关损益应当作为终止经营损益列报。具体包括：

（1）终止经营的经营活动损益，如销售商品、提供服务的收入、相关成本和费用等。（选项 A）

（2）企业初始计量或在资产负债表日重新计量符合终止经营定义的持有待售的处置组时，因账面价值高于其公允价值减去出售费用后的净额而确认的资产减值损失。

（3）后续资产负债表日符合终止经营定义的持有待售处置组的公允价值减去出售费用后的净额增加，因恢复以前减记的金额而转回的资产减值损失。（选项 D）

（4）终止经营的处置损益。（选项 B）

（5）终止经营处置损益的调整金额。（选项 C）

综上，本题应选 ABCD。

【答案】ABCD

3. 【解析】选项 B 不可以，由于该办公大楼发生权属纠纷，纠纷解决的时间不能预计，权属所有也不能确定，不能划分为持有待售类别；选项 C 不可以，"在兴建的新办公大楼竣工前继续使用现有办公大楼"的条件不属于类似交易中出售此类资产的惯例，使得办公大楼在当前状况下不能立即出售，在新大楼竣工前甲企业虽然已取得确定的购买承诺，办公大楼仍然不符合持有待售类别的划分条件。综上，本题应选 AD。

【答案】AD

4. 【解析】选项 A 不正确，选项 C 正确，对于持有待售处置组确认的资产减值损失金额，如果处置组包含商誉，应当先抵减商誉的账面价值，再根据处置组中适用《企业会计准则第 42 号——持有待售的非流动资产、处置组和终止经营》规定的各项非流动资产账面价值所占比重，按比例抵减其账面价值；选项 B 不正确，后续资产负债表日持有待售的处置组公允价值减去出售费用后的净额增加，以前减记的金额应当予以恢复，但是已抵减的商誉账面价值，以及适用《企业会计准则第 42 号——持有待售的非流动资产、处置组和终止经营》计量规定的非流动资产在划分为持有待售类别前确认的资产减值损失不得转回；选项 D 不正确，持有待售的处置组中的负债和适用其他准则计量规定的非流动资产的利息或租金收入、支出以及其他费用应当继续予以确认。综上，本题应选 ABD。

【答案】ABD

5. 【解析】选项 A 正确，划分持有待售固定资产后不再计提折旧，因此自 2021 年 1 月起对拟处置生产线停止计提折旧；选项 B 错误，2020 年资产负债表中该生产线列报金额 = 2 600 – 120 = 2 480（万元）；选项 C 正确，收到的赔偿款应确认营业外收入；选项 D 错误，对于持有待售类别的重分类，应采用追溯调整法处理，不是知晓合同将予取消时恢复计提折旧。综上，本题应选 AC。

【答案】AC

6. 【解析】非流动资产或处置组划分为持有待售类别，应当同时满足两个条件：
（1）可立即出售。根据类似交易中出售此类资产或处置组的惯例，在当前状况下即可立即出售
（2）出售极可能发生。出售极可能发生，即企业已经就一项出售计划作出决议且获得确定的购买承诺预计出售将在一年内完成。
综上，本题应选 BC。

【答案】BC

7. 【解析】选项 A 错误，选项 B、C、D 表述正确，持有待售资产和负债不应当相互抵销"持有待售资产"和"持有待售负债"应分别作为流动资产和流动负债列示。综上，本题应选 BCD。

【答案】BCD。

8. 【解析】按照《企业会计准则第 2 号——长期股权投资》规定，对联营企业或合营企业的权益性投资全部或部分分类为持有待售资产的应当停止采用权益法核算，对于未划分为持有待售资产的剩余权益性投资，应当在划分为持有待售的那部分权益性投资出售前继续采用权益法进行

会计处理。企业出售后若对被投资单位不具有控制、共同控制、重大影响，应当按照《企业会计准则第 22 号——金融工具确认和计量》进行会计处理。

选项 A、B 正确，甲公司应当将拟出售乙公司的 30% 股权划分为持有待售类别，不再按权益法核算，剩余 5% 的股权在前述 30% 的股权处置前，应当采用权益法进行会计处理。在前述 30% 的股权处置后，应当按照《企业会计准则第 22 号——金融工具确认和计量》有关规进行会计处理；选项 C、D 正确，甲公司应当将拟出售丙公司的 35% 股权划分为持有待售类别，不再按权益法核算，剩余 15% 的股权在前述 35% 的股权处置前，应当采用权益法进行会计处理，在前述 35% 的股权处置后，应当按照《企业会计准则第 22 号——金融工具确认和计量》有关规定进行会计处理。

综上，本题应选 ABCD。

【答案】 ABCD

9.**【解析】** 选项 A，出售建筑物前将其腾空属于出售建筑物的惯例，腾空办公楼是出售必须经过的步骤，故不影响其满足在当前状况下立即可出售的条件，应划分为持有待售类别；选项 B、D，约定甲公司将其在办公楼所在地经营业务清算后再转移办公楼和新建 Y 生产线完工可使用后转让 X 生产线，都不满足在当前状况下立即可出售的条件；选项 C，在出售日移交未完成客户订单不会影响对该生产线的转让时间，故不影响其满足在当前状况下立即可出售的条件，应划分为持有待售类别。综上，本题应选 BD。

【答案】 BD

10.**【解析】** 处置组，是指在一项交易中作为整体通过出售或其他方式一并处置的一组资产，以及在该交易中转让的与这些资产直接相关的负债。综上，本题应选 ABC。

【答案】 ABC

三、判断题

1.**【解析】** 持有待售的非流动资产不应计提折旧或摊销。因此，本题表述错误。

【答案】 ×

2.**【解析】** 仅仅出售部分子公司股权，并没有丧失对子公司控制的情况下，该长期股权投资不满足"主要通过出售而非持续使用收回其账面价值"的条件。不符合持有待售类别的定义，因此不应当将拟处置的部分股权划分为持有待售类别。因此，本题表述错误。

【答案】 ×

3.**【解析】** 终止经营的相关损益应当作为终止经营损益列报，列报的终止经营损益应当包含整个报告期间，而不仅包含认定为终止经营后的报告期间。因此，本题表述错误。

【答案】 ×

4.**【解析】** 如果后续资产负债表日持有待售的非流动资产公允价值减去出售费用后的净额增加，以前减记的金额应当予以恢复，并在划分为持有待售类别后非流动资产确认的资产减值损失金额内转回，转回金额计入当期损益，划分为持有待售类别前确认的资产减值损失不得转回。因此，本题表述正确。

【答案】√

5.【解析】持有待售资产和负债不应当相互抵销。"持有待售资产"和"持有待售负债"应当分别作为流动资产和流动负债列示。企业还应当在附注中披露有关持有待售的非流动资产或处置组的相关信息。因此，本题表述错误。

【答案】×

四、计算分析题

1.（1）

【解析】专为转售而取得的非流动资产或处置组，对于取得日划分为持有待售类别的非流动资产或处置组，企业应当在初始计量时比较假定其不划分为持有待售类别情况下的初始计量金额和公允价值减去出售费用后的净额，以两者孰低计量。本题中初始计量金额 3 600 万元小于公允价值减去出售费用后的净额 = 4 000 − 40 = 3 960（万元）。

【答案】

借：持有待售资产——长期股权投资   3 600
  贷：银行存款   3 600

（2）

【解析】专为转售而取得的非流动资产或处置组，对于取得日划分为持有待售类别的非流动资产或处置组，企业应当在初始计量时比较假定其不划分为持有待售类别情况下的初始计量金额和公允价值减去出售费用后的净额，以两者孰低计量。由以公允价值减去出售费用后的净额作为持有待售资产入账价值，其与初始计量金额而产生的差额，应当计入当期损益。本题中公允价值减去出售费用后的净额 = 3 600 − 40 = 3 560（万元），与初始计量金额 3 600 万元的差额计入资产减值损失。

【答案】

借：持有待售资产——长期股权投资   3 560
  资产减值损失   40
  贷：银行存款   3 600

第17章

第十八章　企业合并

🎯 应试指导

　　本章属于重难点章节，在客观题与主观题均有可能出现，与长期股权投资和合并财务报表相关内容联系紧密，经常结合进行考查。本章应主要关注的问题有：①企业合并类型的判断；②企业合并成本的确定；③商誉的计算；④或有对价的会计处理。

📈 历年考情

　　本章内容多且难度大，理解起来较为困难，属于必考章节。预计 2022 年各种题型均可能出现，分值在 4 分左右。

📋 高频考点列表

考点	题型
企业合并概述	单项选择题、多项选择题、判断题、计算分析题、综合题
同一控制下企业合并	
非同一控制下企业合并	
反向购买	

第十八章 企业合并

- 企业合并概述
  - 企业合并的界定
    - 被购买方是否构成业务
    - 交易发生前后是否涉及对标的业务控制权的转移
  - 企业合并的方式
    - 控股合并
    - 吸收合并
    - 新设合并
  - 企业合并类型的划分
    - 同一控制下企业合并
    - 非同一控制下企业合并
  - 业务的判断
    - 构成业务的要素
    - 构成业务的判断条件
    - 集中度测试
- 同一控制下企业合并的会计处理
  - 同一控制下企业合并的判断
  - 同一控制下企业合并的会计处理原则
  - 同一控制下控股合并的会计处理
  - 同一控制下吸收合并的会计处理
  - 合并方为进行企业合并发生的有关费用的处理
- 非同一控制下企业合并的会计处理
  - 非同一控制下企业合并的处理原则
  - 非同一控制下控股合并的会计处理
  - 非同一控制下吸收合并的会计处理
  - 通过多次交易分步实现的非同一控制下企业合并的会计处理
  - 反向购买的会计处理
    - 企业合并成本
    - 合并财务报表的编制
    - 每股收益的计算
  - 购买子公司少数股权的会计处理
    - 母公司个别财务报表的会计处理
    - 合并财务报表的会计处理

高频考点 1　企业合并概述

（一）构成企业合并至少要符合两个要素：

一是，被购买方构成业务；『形成企业合并的前提』

二是，交易发生前后涉及对标的业务控制权的转移。

业务，是指企业内部某些生产经营活动或资产负债的组合，该组合具有**投入、加工处理过程**和**产出**能力，能够独立计算其成本费用或所产生的收入。

（二）企业合并方式

合并方式	具体内容
控股合并 A + B = A + B	（1）合并方（或购买方，下同）取得了对被合并方的控制权，被合并方（或被购买方，下同）成为其子公司，在企业合并发生后，被合并方在企业合并后仍维持其独立法人资格继续经营； （2）编制个别财务报表以及合并财务报表； （3）控制权表现为取得的被合并方的股权
吸收合并 A + B = A	（1）被合并方在合并发生以后被注销，合并方取得被合并方的全部净资产； （2）只编制个别财务报表； （3）控制权表现为取得的被合并方的净资产
新设合并 A + B = C	（1）参与合并的各方在企业合并后法人资格均被注销，重新注册成立一家新的企业； （2）只编制个别财务报表； （3）控制权表现为取得的被合并方的净资产

（三）企业合并类型

同一控制下的企业合并，是指参与合并的企业在合并前后均受**同一方或相同的多方**最终控制且该控制并非暂时性的。同一控制下企业合并的定义包含两个核心要素：合并方与被合并方在合并前后受同一方或相同的多方最终控制；二是该最终控制并非暂时性的（通常指 **1 年以上**）。

非同一控制下企业合并，是指参与合并各方在合并前后**不受**同一方或相同的多方最终控制的合并交易，即除判断属于同一控制下企业合并的情况以外其他的企业合并。

【沙场练兵·多选题】甲公司吸收合并乙公司，下列表述正确的是（　　）。

A.甲公司和乙公司的法律地位没有改变，甲公司控制了乙公司

B.甲公司和乙公司的法律地位都发生了改变，甲公司控制了乙公司

C.甲公司继续存在，乙公司丧失法律地位

D.甲公司 + 乙公司 = 甲公司

【解析】企业吸收合并完成后，注销被合并方的法人资格，由合并方持有合并取得的被合并方的资产、负债，在新的基础上继续经营。综上，本题应选 CD。

【答案】CD

【沙场练兵·多选题】下列关于同一控制下的企业合并的说法中，正确的有（ ）。

A. 能够对参与合并各方在合并前后均实施最终控制的一方通常指企业集团的母公司

B. 参与合并的企业在合并前后均受同一方或相同的多方最终控制且该控制并非暂时性的

C. 能够对参与合并的企业在合并前后均实施最终控制的相同多方，是指根据合同或协议的约定，拥有最终决定参与合并企业的财务和经营政策，并从中获取利益的投资者群体

D. 实施控制的时间性要求，是指参与合并各方在合并前后在一年以上（含1年）为最终控制方所控制

【解析】选项A、B、C、D均为教材对同一控制下企业合并的表述，均正确。综上，本题应选ABCD。

【答案】ABCD

高频考点 2 同一控制下企业合并

（一）初始投资成本的计算

长期股权投资初始投资成本 = 取得被合并方所有者权益在最终控制方合并财务报表中可辨认净资产的账面价值的份额 + 原最终控制方收购被合并方而形成的商誉

（二）同一控制下企业合并的会计处理原则

1. 合并方在合并中确认取得的被合并方的资产和负债仅限于被合并方账面上原已确认的资产和负债，合并中**不产生新的资产和负债**。

同一控制下的企业合并中**不产生新的商誉**，原最终控制方取得被合并方控制权时确认的商誉应作为合并方合并中取得的资产确认。

2. 合并方在合并中取得的被合并方各项资产和负债应维持其在被合并方的**原账面价值不变**。

┃敲黑板┃ 当被合并方的会计政策与合并方不同时，应按合并方的会计政策调整被合并方的资产、负债，并以调整后的口径纳入合并数据。

3. 合并方在合并中取得的净资产账面价值与支付的合并对价账面价值（或发行股份面值总额）的差额，应当调整**资本公积**；资本公积不足冲减的，调整**留存收益**。

（三）同一控制下企业合并处理

情形	新设合并/吸收合并	控股合并
合并方取得的净资产入账价值	按照相关资产、负债在被合并方的原账面价值入账	按照合并日享有的被合并方在最终控制方合并财务报表中所有者权益账面价值的份额作为初始投资成本

（续表）

情形	新设合并／吸收合并	控股合并
合并方支付的合并对价	按账面价值结转其作为合并对价所付出的资产、发生或承担的费用及发行的股份面值	
合并差额的处理	调整资本公积（资本溢价或股本溢价），资本公积不足冲减的，调整留存收益	
合并费用（审计、法律服务、评估咨询等中介费用）的处理	计入当期损益（管理费用）	

【沙场练兵·多选题】同一控制下吸收合并在合并日的会计处理正确的是（　　）。

A. 合并方取得的资产和负债应当按照合并日被合并方的公允价值计量

B. 以支付现金、非现金资产作为合并对价的，发生的各项直接相关费用计入管理费用

C. 合并方取得的资产和负债应当按照合并日被合并方的账面价值计量

D. 合并方取得可辨认净资产账面价值与支付的合并对价账面价值的差额调整资本公积

【解析】选项A错误，选项B、C、D正确，同一控制下企业合并本质上是集团内部企业之间的资产或权益的转移，合并方取得的资产和负债应采用合并日的账面价值进行计量。综上，本题应选BCD。

【答案】BCD

【沙场练兵·单选题】下列有关同一控制下企业合并的处理原则的表述中，不正确的是（　　）。

A. 合并方在合并中确认取得的被合并方的资产、负债仅限于被合并方账面上原已确认的资产和负债，合并中不产生新的资产和负债

B. 合并方在合并中取得的被合并方各项资产、负债应维持其在被合并方的原账面价值不变

C. 同一控制下的企业合并中不产生新的商誉

D. 同一控制下的企业合并中支付的合并对价大于取得的净资产账面价值份额的部分，计入商誉

【解析】选项A、B、C表述正确，选项D错误，同一控制下的企业合并中不产生新的商誉，支付的合并对价大于取得的净资产账面价值份额的部分应当调整资本公积；资本公积不足冲减的，调整留存收益。综上，本题应选D。

【答案】D

【沙场练兵·单选题】同一控制下以发行权益性证券作为合并对价取得股权，关于发行过程支付的相关佣金、手续费等的处理说法中，正确的有（　　）。

A. 溢价发行股票的情况下，计入管理费用

B. 溢价发行股票的情况下，冲减发行溢价

C. 溢价发行股票的情况下，计入长期股权投资成本

D. 溢价发行债券的情况下，冲减应付债券

【解析】发行股票的手续费不计入长期股权投资成本，发行股票的手续费应当从股票溢价中扣除。综上，本题应选B。

【答案】B

高频考点 3 非同一控制下企业合并

1. 通过一次交易取得股权，形成非同一控制下企业合并的，购买方会计处理如下：

取得方式	会计处理
固定资产	借：长期股权投资　　　　　　　　　　　　　　　　【初始投资成本】 　　　应收股利　　　　　　　　　　　　【已宣告但尚未发放的现金股利】 　　　贷：固定资产清理　　　　　　　　　　　　【固定资产的账面价值】 　　　　　资产处置损益　　　　【固定资产公允价值与账面价值的差额，或借方】 借：管理费用　　　　　　　【审计、法律服务、评估咨询等中介及其他相关费用】 　　贷：银行存款
存货	借：长期股权投资　　　　　　　　　　　　　　　　【初始投资成本】 　　　应收股利　　　　　　　　　　　　【已宣告但尚未发放的现金股利】 　　　贷：主营（其他）业务收入　　　　　　　　　　【存货的公允价值】 　　　　　应交税费——应交增值税（销项税额） 同时结转存货成本
发行权益性工具	借：长期股权投资　　　　　　　　　　　　　　　　【初始投资成本】 　　　应收股利　　　　　　　　　　　　【已宣告但尚未发放的现金股利】 　　　贷：股本 　　　　　资本公积——股本溢价 借：资本公积——股本溢价　　　　　　　　　　【支付给券商的手续费、佣金】 　　贷：银行存款

2. 企业通过多次交易分步实现非同一控制下企业合并的，应当区分**个别财务报表和合并财务报表**进行会计处理。

个别财务报表处理的原则如下表：

原投资资产	购买日长期股权投资的初始成本	备注
原投资为采用权益法核算的长期股权投资	购买日长期股权投资的初始成本 = 原投资**账面价值** + 新增对价**公允价值**	购买日之前因权益法形成的其他综合收益或其他资本公积暂时不作处理，待到处置该项投资时将与其相关的其他综合收益或其他资本公积采用与被购买方直接处置相关资产或负债相同的基础进行会计处理
原投资为以金融工具准则计量的金融资产	购买日长期股权投资的初始成本 = 原投资**公允价值** + 新增对价**公允价值**	购买日之前持有的股权投资按照金融工具确认和计量准则的有关规定进行会计处理的，原计入其他综合收益的累计公允价值变动应当在改按成本法核算时转入留存收益

合并财务报表处理的原则如下表：

公允价值计量→成本法	权益法→成本法
（1）对于购买日之前持有的被购买方的股权，应当按照该股权在购买日的公允价值进行重新计量，公允价值与其账面价值之间的差额计入当期投资收益，购买日该金融资产的公允价值与其账面价值相等，不存在差额，所以合并报表无需调整	（1）对于购买日之前持有的被购买方的股权，应当按照该股权在购买日的公允价值进行重新计量，公允价值与其账面价值之间的差额计入当期投资收益 借：长期股权投资　　　　　【购买日的公允价值】 　贷：长期股权投资　　　【购买日的原账面价值】 　　　投资收益　　　　　　　　　　【或借方】
（2）购买日原持有股权指定为以公允价值计量且其变动计入其他综合收益的非交易性权益工具投资，原计入其他综合收益的金额已在个别报表中转入留存收益，合并报表无需调整	（2）购买日之前持有的被购买方的股权涉及权益法核算下的其他综合收益（可转损益）、其他所有者权益变动的，应当转为购买日所属当期损益等 借：其他综合收益／资本公积 　贷：投资收益
（3）计算合并成本和合并商誉 合并财务报表中的合并成本＝购买日之前所持被购买方的股权于购买日的公允价值＋购买日新购入股权所支付对价的公允价值 合并商誉＝合并成本－购买日应享有被购买方可辨认净资产公允价值的份额	——

【沙场练兵·单选题】2022 年 1 月 1 日，A 公司以增发的 500 万股普通股（每股市价 3 元）和一批存货作为对价，从 C 公司处取得 B 公司 80% 的股权，能够对 B 公司实施控制。该批存货的成本为 80 万元，公允价值（等于计税价格）为 130 万元。当日，B 公司可辨认净资产账面价值为 1 500 万元，B 公司所持有的资产、负债中除一项固定资产账面价值与公允价值不一致外，其他资产、负债的公允价值与账面价值一致。该项固定资产的账面价值为 600 万元，公允价值为 1 100 万元。A 公司与 B、C 公司不具有关联方关系，不考虑其他因素，A 公司 2022 年 1 月 1 日合并资产负债表中应列示的商誉金额为（　　）万元。

A. 0　　　　　　　　B. 430

C. 30　　　　　　　D. 300

【解析】合并商誉＝合并成本－购买日应享有

被购买方可辨认净资产公允价值的份额＝500×3＋130－（1 500＋1 100－600）×80%＝30（万元）。综上，本题应选 C。

【答案】C

【沙场练兵·多选题】非同一控制下的企业合并中，计入管理费用的直接相关费用包括（　　）。

A. 发行债券手续费

B. 发行股票佣金

C. 为企业合并支付的审计费、资产评估费

D. 为企业合并支付的法律服务费

【解析】选项 A 不符合题意，发行债券手续费计入负债的初始确认金额；选项 B 不符合题意，发行股票佣金冲减发行溢价，即资本公积——股本溢价；选项 C、D 符合题意，非同一控制下的企业合并中，为企业合并支付的审计费、资产评估费和法律服务费均计入管理费用。综上，本题应选 CD。

【答案】CD

【沙场练兵·单选题】非同一控制下控股企业合并，应在购买日按企业合并成本，借记长期股权投资科目，按支付合并对价的固定资产账面价值，贷记固定资产清理科目，其差额处理方法是（　　）。

A. 贷记营业外收入或借记营业外支出

B. 贷记或借记资产处置损益

C. 借记或贷记商誉

D. 贷记或借记资本公积——资本溢价（股本溢价）

【解析】企业正常处置固定资产所取得的收入扣除处置费用及固定资产账面价值后的余额计入资产处置损益。综上，本题应选 B。

【答案】B

高频考点 4 反向购买

（一）反向购买有三个必备要素：

1. 属于**非同一控制下**的企业合并；『**反向购买涉及控制权的转移**』

2. 双方以发行权益性证券交换股权的方式进行合并；

3. 合并后，被购买方成为购买方的控股股东，取得了购买方的控制权。

> **▎敲黑板▎**反向购买在资本市场中一般称为"借壳上市"，通常被借壳的公司（壳公司）是资产规模较小的上市公司，所处行业多为夕阳行业，盈利水平微薄甚至亏损，而拟借壳公司通常是相对资产规模较大、处于上升期的新兴企业。可以将反向购买理解为"蛇吞大象"。

（二）反向购买的会计处理原则

1. 构成业务

在反向购买交易中，如果被购买方（即上市公司，下同）保留的资产、负债构成业务，购买方应按照**非同一控制下企业合并**的原则进行会计处理。反向购买交易所确定的企业合并成本大于该项交易购买方取得的被购买方可辨认净资产公允价值份额，应确认为**商誉**；反之，计入**当期损益**。

2. 不构成业务

在反向购买交易发生时，被购买方未持有任何资产、负债或仅持有现金、交易性金融资产等不构成业务的资产或负债的，被购买方在编制合并财务报表时，购买方应按照**权益性交易**的原则进行处理，不得确认商誉或计入当期损益。

（三）每股收益的计算

发生反向购买当期，用于计算每股收益的发行在外普通股加权平均数为：

（1）自当期期初至购买日，发行在外的普通股数量应假定为在该项合并中**法律上母公司**向法律上子公司股东发行的普通股数量。

（2）自购买日至期末，发行在外的普通股数量为**法律上母公司**实际发行在外的普通股股数。

反向购买后对外提供比较合并财务报表的，其比较前期合并财务报表中的基本每股收益，应以**购买方**在每一比较报表期间归属于普通股股东的净损益除以在反向购买中被购买方向购买方股东发行的普通股股数计算确定。

> **▌敲黑板▐** 上述假定法律上子公司发行的普通股股数在比较期间内和自反向购买发生期间的期初至购买日之间未发生变化。如果法律上子公司发行的普通股股数在此期间发生了变动，计算每股收益时应适当考虑其影响进行调整。

【沙场练兵·多选题】下列关于反向购买的表述中，不正确的有（　　）。

A.反向购买是非同一控制下企业合并

B.企业实现反向购买后，应该将法律上子公司的资产、负债按照公允价值纳入合并报表

C.企业实现反向购买后对外提供比较合并财务报表的，其比较前期合并财务报表中的基本每股收益与法律上母公司个别报表的基本每股收益相同

D.企业实现反向购买后，不会产生新的资产或负债

【解析】选项A正确，反向购买属于非同一控制下的企业合并；选项B错误，企业实现反向购买后，应将法律上子公司的资产、负债按照原账面价值确认和计量；选项C错误，企业实现反向购买后对外提供比较合并财务报表的，其比较前期合并财务报表中的基本每股收益，应以法律上子公司在每一比较报表期间归属于普通股股东的净损益除以在反向购买中法律上母公司向法律上子公司股东发行的普通股股数计算确定；选项D错误，企业实现反向购买后，会产生新的资产或负债。综上，本题应选BCD。

【答案】BCD

【沙场练兵·判断题】反向购买交易所确定的企业合并成本大于该项交易购买方取得的被购买方可辨认净资产公允价值份额，应确认为商誉。（　　）

【解析】反向购买交易所确定的企业合并成本大于该项交易购买方取得的被购买方可辨认净资产公允价值份额，应确认为商誉；反之，计入当期损益。因此，本题表述正确。

【答案】√

强化练习

一、单项选择题

1. 下列关于企业合并的表述中，符合企业会计准则规定的是（　　）。

　　A. 甲公司和乙公司形成合营企业的股权投资属于企业合并

　　B. 企业合并是将两个或两个以上单独的企业合并形成一个企业的交易或事项

　　C. 购买子公司的少数股权不属于企业合并

　　D. 企业合并的被购买方一定是一个企业

2. 在反向购买中，对于法律上子公司发行的普通股股数在比较期间内和自反向购买发生期间的期初至购买日之间未发生变化的情况下，下列关于每股收益分母的计算中正确的是（　　）。

　　A. 发生反向购买当期，用于计算每股收益的发行在外普通股加权平均数应区分自当期期初至购买日和自购买日至期末发行在外的普通股数量进行考虑

　　B. 发生反向购买当期，用于计算每股收益的发行在外普通股加权平均数为法律上母公司实际发行在外的普通股数量

　　C. 发生反向购买当期，用于计算每股收益的发行在外普通股加权平均数为法律上母公司向法律上子公司股东发行的普通股数量

　　D. 比较合并财务报表的基本每股收益，应以在反向购买中法律上子公司向法律上母公司股东发行的普通股股数计算确定

3. 企业合并过程中发生的各项直接相关费用，不正确的会计处理方法是（　　）。

　　A. 同一控制下企业合并进行过程中发生的各项直接相关费用，应于发生时计入管理费用

　　B. 以发行的权益性证券作为合并对价的，与所发行的权益性证券相关的佣金、手续费计入长期股权投资成本

　　C. 以发行债券方式进行的企业合并，与发行债券相关的佣金手续费等应计入负债的初始计量金额

　　D. 非同一控制下企业合并进行过程中发生的各项直接相关费用，应于发生时计入管理费用

4. 同一控制下的企业合并，合并资产负债表中被合并方的资产、负债，应按（　　）进行计量。

　　A. 公允价值　　　　　B. 市场价值　　　　　C. 原账面价值　　　　　D. 现值

5. 甲公司和乙公司属于非同一控制下的两家独立的公司，2022 年 1 月 1 日，甲公司以一栋厂房投资取得乙公司所有者权益的 60%，并达到控制。该厂房的公允价值为 2 000 万元，账面价值为 1 800 万元，同日乙公司所有者权益的账面价值为 3 100 万元，可辨认净资产的公允价值为 3 500 万元。则 2022 年 1 月 1 日，甲公司的合并成本为（　　）万元。

　　A. 1 860　　　　　B. 1 800　　　　　C. 2 100　　　　　D. 2 000

6. 甲公司和乙公司同为 A 集团的子公司,2022 年 1 月 10 日,甲公司以银行存款 900 万元取得乙公司 80%的有表决权股权,同日乙公司所有者权益的账面价值为 1 000 万元,可辨认净资产的公允价值为 1 100 万元。2022 年 1 月 10 日,甲公司"资本公积——资本溢价"科目余额为 90 万元,"盈余公积"科目余额为 20 万元。2022 年 1 月 10 日,甲公司应确认的资本公积为(   )万元。

A. 借方 100　　　　　　B. 贷方 100　　　　　　C. 借方 90　　　　　　D. 借方 20

7. 购买方对于企业合并成本小于合并中取得的被购买方可辨认净资产公允价值份额的部分,下列会计处理方法不正确的有(   )。

A. 首先要对合并中取得的资产、负债的公允价值,作为合并对价的非现金资产或发行的权益性证券等的公允价值进行复核,复核结果表明所确定的各项可辨认资产和负债的公允价值确定是恰当的,应将企业合并成本低于取得的被购买方可辨认净资产公允价值份额之间的差额,计入合并当期的营业外收入

B. 在吸收合并的情况下,应计入合并当期购买方的个别利润表

C. 在控股合并的情况下,应计入合并当期的合并利润表

D. 在控股合并的情况下,应计入合并当期的个别利润表

8. 关于同一控制下的企业合并,下列说法中错误的是(   )。

A. 合并方在合并中会产生新的资产和负债

B. 参与合并的企业在合并前后均受同一方或相同的多方最终控制,且该控制是非暂时的,一般为 1 年以上(含 1 年)

C. 以发行权益性证券作为合并对价的,与所发行权益性证券相关的佣金、手续费等,应冲减资本公积(股本溢价)

D. 合并中取得的净资产入账价值与为进行企业合并支付的对价账面价值之间的差额应调整所有者权益相关项目

9. 参与合并各方合并后法人资格均被注销,重新注册成立一家新公司,这种合并形式是(   )。

A. 控股合并　　　　　　B. 换股合并　　　　　　C. 新设合并　　　　　　D. 吸收合并

二、多项选择题

1. 下列关于反向购买的说法中,不正确的有(   )。

A. 法律上母公司取得对子公司的长期股权投资,按照合并财务报表中确定的合并成本计量

B. 法律上母公司的有关可辨认资产、负债在并入合并财务报表时,应以其在购买日确定的公允价值进行合并,企业合并成本大于合并中取得的法律上母公司(被购买方)可辨认净资产公允价值的份额体现为商誉,小于合并中取得的法律上母公司(被购买方)可辨认净资产公允价值的份额确认为合并当期损益

C. 编制合并财务报表时,比较信息应当是法律上母公司的比较信息

D. 法律上子公司的有关股东在合并过程中未将其持有的股份转换为对法律上母公司股份的,该部分股东享有的权益份额在合并财务报表中应作为少数股东权益列示

2. 构成业务的必要条件有（　　）。

    A. 必须具有投入   B. 必须具有加工处理的过程

    C. 必须具有专业团队   D. 必须具有产出能力

3. 关于购买子公司少数股权的处理，下列说法中不正确的有（　　）。

    A. 在合并报表中，购买子公司少数股权属于权益性交易

    B. 在合并财务报表中，子公司的资产、负债应以公允价值反映

    C. 在合并财务报表中，子公司的资产、负债应以合并报表日的账面价值反映

    D. 购买子公司少数股权的在合并报表中的入账价值为其付出对价的公允价值

4. 下列事项中属于企业合并准则中所界定的企业合并的有（　　）。

    A. 甲公司通过发行普通股自乙公司原股东处取得乙公司全部股权，交易事项发生后乙公司仍维持其独立法人资格持续经营

    B. 甲公司以其资产作为出资投入乙公司，取得对乙公司的控制权，交易事项发生后乙公司仍维持其独立法人资格继续经营

    C. 甲公司支付对价取得乙公司的净资产，交易事项发生后乙公司失去法人资格

    D. 甲公司购买乙公司30%的股权，对乙公司生产经营决策有重大影响

5. 同一控制下的吸收合并，合并方取得的净资产账面价值与支付的合并对价账面价值的差额，按其借方差额，依次冲减（　　）。

    A. 资本公积   B. 盈余公积

    C. 利润分配——未分配利润   D. 其他综合收益

6. 同一企业集团内部的（　　）合并属于同一控制下的企业合并。

    A. 各子公司之间   B. 母子公司之间

    C. 各分公司之间   D. 总分公司之间

7. 下列关于购买日的说法不正确的是（　　）。

    A. 购买日是被投资方确认被投资的日期

    B. 购买日是购买方获得对被购买方控制权的日期

    C. 购买日是指购买方与被购买方签订协议书的日期

    D. 购买日是企业合并交易过程中，发生控制权移交的日期

8. 下列有关企业合并的说法中，正确的有（　　）。

    A. 只有控股合并才能形成母子公司的关系，在合并日需要编制合并财务报表

    B. 新设合并、控股合并均能形成母子公司的关系，在合并日均需要编制合并财务报表

    C. 同一控制下企业合并产生的直接费用，反映在合并利润表的管理费用中

    D. 非同一控制下企业合并日，只编制合并资产负债表

9. 下列有关商誉的表述中，正确的有（　　）。

    A. 非同一控制下控股合并中，购买方合并成本大于合并中取得的可辨认净资产公允价值份额的部分，应确认为商誉

B. 同一控制下企业合并中，企业合并对价的账面价值大于取得的被合并方账面净资产份额的部分，应确认为商誉

C. 非同一控制下吸收合并中，仅确认被购买方的资产、负债，不确认商誉

D. 企业合并所形成的商誉，至少应于每年年度终了进行减值测试

10. 根据企业会计准则的规定，下列有关企业合并的表述中，正确的有（　　）。

A. 同一控制下的控股合并发生当期，合并方编制合并报表时应调整合并报表的期初数

B. 没有关联关系的两个企业之间进行的合并，通常属于非同一控制下的企业合并

C. 同一控制下的控股合并发生当期，合并方于期末编制合并利润表时应包括被合并方自合并当期期初至期末的净利润

D. 非同一控制下的企业合并中，购买成本大于取得的可辨认净资产账面价值份额的部分，确认为商誉

三、判断题

1. 通过多次交易分步实现的非同一控制下企业合并，购买方对于购买日之前持有的被购买方的股权，按照该股权在购买日的公允价值进行重新计量，公允价值与账面价值的差额计入当期资本公积。（　　）

2. 一个企业对其他企业某些业务的合并也应视同企业合并，按企业合并的原则进行处理。（　　）

3. 非同一控制下，购买方在合并过程中的差额，应调整所有者权益相关项目，不影响企业合并当期利润表。（　　）

4. 吸收合并中，参与合并各方的法律地位均丧失。（　　）

5. 对同一控制下的企业合并，合并方以发行权益性证券作为合并对价的，应在合并日按发行权益性证券的公允价值作为长期股权投资的初始投资成本。（　　）

四、综合题

1. 甲公司为一上市的集团公司，原持有乙公司30%股权，能够对乙公司施加重大影响。甲公司2021年及2022年发生的交易事项相关资料如下：

资料一：2021年1月1日，甲公司以发行股份10 000万股为对价从乙公司的控股股东——丙公司处受让乙公司50%股权，该日股票收盘价为1.3元，并办理了股东变更登记手续。购买日，乙公司可辨认净资产的账面价值为19 000万元，公允价值为20 000万元（含原未确认的无形资产公允价值1 000万元），除原未确认入账的无形资产外，其他各项可辨认资产及负债的公允价值与账面价值相同。上述无形资产系一项商标权，自购买日开始尚可使用10年，预计净残值为零，采用直线法摊销。甲公司受让乙公司50%后，共计持有乙公司80%股权，能够对乙公司实施控制。甲公司受让乙公司50%股权时，所持乙公司30%股权的账面价值为6 400万元，其中投资成本5 500万元，损益调整800万元，其他权益变动100万元；公允价值为7 600万元。

资料二：2021年1月1日，乙公司个别财务报表中所有者权益的账面价值为19 000万元，其

中实收资本 16 000 万元，资本公积 100 万元，盈余公积为 290 万元，未分配利润 2 610 万元。该项交易中，甲公司以银行存款支付法律、评估等中介机构费用 60 万元。

资料三：2021 年度，乙公司因以公允价值计量且其变动计入其他综合收益的金融资产（债权投资）公允价值上升产生其他综合收益 80 万元，无其他所有者权益变动。

资料四：2022 年 1 月 1 日，甲公司向丁公司转让所持乙公司股权 70%，转让价格为 21 000 万元，款项已经收到，并办理了股东变更登记手续。出售日，甲公司所持乙公司剩余下 10% 股权的公允价值为 3 000 万元。转让乙公司 70% 股权后，甲公司不能对乙公司实施控制、也不能够对乙公司施加重大影响，将剩余股权作为以公允价值计量且其变动计入当期损益的金融资产核算。

其他相关资料：

甲公司与乙公司、丙公司和丁公司于交易发生前无任何关联方关系。甲公司受让乙公司 50% 股权后，甲公司与乙公司无任何关联方交易。

乙公司按照净利润的 10% 计提法定盈余公积，不计提任意盈余公积。

不考虑相关税费及其他因素。

要求：

（1）计算甲公司 2021 年度个别报表中受让乙公司 50% 股权后长期股权投资的初始投资成本，并编制与取得该股权相关的会计分录。

（2）计算甲公司 2021 年度合并财务报表中因购买乙公司发生的合并成本及应列报的商誉。

（3）计算甲公司 2021 年度合并财务报表中因购买乙公司 50% 股权应确认的投资收益。

（4）根据上述资料，计算甲公司 2022 年度个别财务报表中因处置 70% 股权应确认的投资收益，并编制相关会计分录。

答案与解析

一、单项选择题

1.【解析】选项 A 错误，企业合并的结果通常是一个企业取得了对一个或多个业务的控制权，而两方或多方形成合营企业的股权投资，因合营企业的各合营方中，并不存在占主导地位的控制方，不属于会计准则中的企业合并；选项 B 错误，企业合并是将两个或两个以上单独的企业合并形成一个报告主体（而非一个企业）的交易或事项；选项 C 正确，购买子公司的少数股权，考虑到该交易或事项发生前后，不涉及控制权的转移，报告主体未发生变化，不属于企业合并；选项 D 错误，企业合并，被购买方一定构成业务，而不一定构成一个企业。综上，本题应选 C。

【答案】C

2.【解析】选项 A 正确，选项 B、C 错误，发生反向购买当期，用于计算每股收益的发行在外普通股加权平均数为：（1）自当期期初至购买日，发行在外的普通股数量应假定为在该项合并中法律上母公司向法律上子公司股东发行的普通股数量；（2）自购买日至期末发行在外的普通股数量为法律上母公司实际发行在外的普通股股数；选项 D 错误，比较合并财务报表的基本每股收益，应以在反向购买中法律上母公司向法律上子公司股东发行的普通股股数计算确定。综上，本题应选 A。

【答案】A

3.【解析】选项 A、C、D 表述均正确，选项 B 错误，以发行的权益性证券作为合并对价的，与所发行的权益性证券相关的佣金、手续费冲减发行溢价，不计入长期股权投资成本。综上，本题应选 B。

【答案】B

4.【解析】同一控制下的企业合并一般发生于企业集团内部，如集团内母子公司之间、子公司与子公司之间，该类合并从本质上是集团内部企业之间的资产或权益的转移，所以被合并方的资产、负债，应继续按原账面价值进行计量。综上，本题应选 C。

【答案】C

5.【解析】非同一控制下合并中，合并成本为购买方支付的对价的公允价值，则本题中的合并成本为厂房的公允价值 2 000 万元。综上，本题应选 D。

【答案】D

6.【解析】同一控制下企业合并，合并方支付对价的账面价值和取得的被合并方净资产账面价值的份额之间的差额，应当调整资本公积（资本溢价或股本溢价），资本公积（资本溢价或股本溢价）不足冲减的，依次冲减盈余公积和利润分配——未分配利润。合并日，甲公司账务处理如下：

借：长期股权投资　　　　　　　　　　　　　　　800【1 000×80%】

　　资本公积——资本溢价　　　　　　　　　　　　90

　　盈余公积　　　　　　　　　　　　　　　　　　10

　　贷：银行存款　　　　　　　　　　　　　　　　　　　900

综上，本题应选 C。

【答案】C

7.【解析】选项 A、B、C 正确，选项 D 错误，吸收合并和控股合并的不同在于，吸收合并完成后会注销被合并方的法人资格，由合并方持有合并取得的被合并方的资产、负债，在新的基础上继续经营。所以吸收合并下企业合并成本小于合并中取得的被购买方可辨认净资产公允价值份额的部分只能计入个别报表，而控股合并下则计入合并报表。综上，本题应选 D。

【答案】D

8.【解析】选项 A 错误，选项 B、C、D 正确，同一控制企业合并中，不产生新的资产和负债。综上，本题应选 A。

【答案】A

9.【解析】参与合并的各方在企业合并后法人资格均被注销，重新注册成立一家新的企业，由新注册成立的企业持有参与合并各企业的资产、负债，并在新的基础上经营，为新设合并。综上，本题应选 C。

【答案】C

二、多项选择题

1. 【解析】选项 A 错误，法律上母公司在该项合并中形成的对法律上子公司长期股权投资成本的确定，应当遵从《企业会计准则第 2 号——长期股权投资》的相关规定；选项 C 错误，编制合并财务报表时，比较信息应当是法律上子公司的比较信息。综上，本题应选 AC。

【答案】AC

2. 【解析】业务，是指企业内部某些生产经营活动或资产负债的组合，该组合具有投入、加工处理过程和产出能力，能够独立计算其成本费用或所产生的收入。综上，本题应选 ABD。

【答案】ABD

3. 【解析】选项 A 正确，在合并报表中，购买子公司少数股权，属于权益性交易；选项 B、C 错误，在合并报表中，子公司的资产、负债应以购买日开始持续计算的金额反映；选项 D 错误，购入少数股东权益在合并报表中的入账价值为以购买日持续计算的子公司的可辨认净资产的公允价值份额计算的金额。综上，本题应选 BCD。

【答案】BCD

4. 【解析】选项 A、B，为控股合并；选项 C，为吸收合并；选项 D，尚未取得控制权，不属于企业合并。综上，本题应选 ABC。

【答案】ABC

5. 【解析】同一控制下的吸收合并，合并方在企业合并中取得的资产和负债，应当按照合并日在最终控制方的账面价值计量，合并方取得的净资产账面价值与支付的合并对价账面价值的差额，按其借方差额，依次冲减资本公积、盈余公积和利润分配——未分配利润。综上，本题应选 ABC。

【答案】ABC

6. 【解析】同一控制下的企业合并，是指参与合并的企业在合并前后均受同一方或相同的多方最终控制且该控制并非暂时性的。综上，本题应选 AB。

【答案】AB

7. 【解析】《企业会计准则第 20 号——企业合并》规定：合并日或购买日是指合并方或购买方实际取得对被合并方或被购买方控制权的日期，即被合并方或被购买方的净资产或生产经营决策的控制权转移给合并方或购买方的日期。综上，本题应选 AC。

【答案】AC

8. 【解析】选项 A 正确，选项 B 错误，新设合并参与合并的各方在企业合并后法人资格均被注销，重新注册成立一家新的企业，不形成母子公司的关系，无需编制合并财务报表；选项 C、D 正确。综上，本题应选 ACD。

【答案】ACD

9.【解析】选项 A、D 正确，选项 B 错误，同一控制下企业合并中不产生商誉，不应确认商誉；选项 C 错误，非同一控制下吸收合并中，企业合并成本大于合并中取得的可辨认净资产公允价值份额的部分，应确认为商誉。综上，本题应选 AD。

【答案】AD

10.【解析】选项 A、C 正确，在同一控制下的企业合并中，应视同合并后形成的报告主体自最终控制方开始实施控制时起，一直是一体化存续下来的。即视同自最终控制方开始实施控制时，合并方与被合并方就是合并在一起的；选项 B 正确；选项 D 错误，非同一控制下的企业合并中，购买成本大于取得的可辨认净资产公允价值（而非账面价值）份额的部分，确认为商誉。综上，本题应选 ABC。

【答案】ABC

三、判断题

1.【解析】通过多次交易分步实现的非同一控制下企业合并，购买方对于购买日之前持有的被购买方的股权，按照该股权在购买日的公允价值进行重新计量，公允价值与账面价值的差额计入当期投资收益。因此，本题表述错误。

【答案】×

2.【解析】企业合并的结果通常是一个企业取得了对一个或多个业务的控制权。要形成会计意义上的"企业合并"，前提是被购买的资产或资产负债组合要形成"业务"。如果一个企业取得了对另一个或多个企业的控制权，而被购买方（或被合并方）并不构成业务，则该交易或事项不形成企业合并。因此，本题表述正确。

【答案】√

3.【解析】同一控制下（不是非同一控制下），购买方在合并过程中的差额，应调整所有者权益相关项目，不影响企业合并当期利润表。非同一控制下企业合并过程中的差额计入商誉或当期损益，影响企业合并当期利润表。因此，本题表述错误。

【答案】×

4.【解析】企业吸收合并完成后，注销被合并方的法人资格，由合并方持有合并取得的被合并方的资产、负债，在新的基础上继续经营，其法律地位未丧失。因此，本题表述错误。

【答案】×

5.【解析】对非同一控制下（不是同一控制下）的企业合并，合并方以发行权益性证券作为合并对价的，应在合并日按发行权益性证券的公允价值作为长期股权投资的初始投资成本。因此，本题表述错误。

【答案】×

四、综合题

1.（1）【解析】本题在甲公司原持有乙公司 30% 股权的基础上，又购入 50% 的股权，甲公司与乙公司无任何关联方关系，构成非同一控制下的企业合并。原投资为权益法核算的长期股权投

资：初始投资成本（个别报表）＝原投资于追加投资日的账面价值＋新增对价的公允价值

【答案】甲公司 2021 年度个别报表中受让乙公司 50% 股权后长期股权投资的初始投资成本 =
6 400 + 10 000 × 1.3 = 19 400（万元）。

借：长期股权投资　　　　　　　　　　　　　　　　　　　　　19 400

　　贷：长期股权投资——投资成本　　　　　　　　　　　　　　　5 500

　　　　　　　　　　——损益调整　　　　　　　　　　　　　　　800

　　　　　　　　　　——其他权益变动　　　　　　　　　　　　　100

　　　　股本　　　　　　　　　　　　　　　　　　　　　　　10 000

　　　　资本公积　　　　　　　　　　　　　　　　　　　　　 3 000

借：管理费用　　　　　　　　　　　　　　　　　　　　　　　　60

　　贷：银行存款　　　　　　　　　　　　　　　　　　　　　　　　60

（2）【解析】原投资为权益法核算的长期股权投资：

合并成本（合并报表）＝原投资于追加投资日的公允价值＋新增对价的公允价值

商誉＝初始投资时点的投资成本 − 投资时点子公司可辨认净资产的公允价值 × 持股比例

【答案】合并成本 = 7 600 + 13 000 = 20 600（万元）；

商誉 = 20 600 − 20 000 × 80% = 4 600（万元）。

（3）【解析】合并报表中，因购买乙公司 50% 股权，甲公司对乙公司的影响：由原来的不控
制变为控制，跨越了界限，视同原有股权全部处置，确认相关处置损益。

【答案】应确认的投资收益 =（7 600 − 6 400）+ 100 = 1 300（万元）。

（4）【解析】个别报表中，按处置成本法下的长期股权投资进行处理，原持有的 30% 股权如
含有可转损益的其他综合收益、资本公积的，应相应结转入投资收益。剩余 10% 股权作为以
公允价值计量且其变动计入当期损益的金融资产核算，转入交易性金融资产。

【答案】甲公司 2022 年度个别财务报表中因处置 70% 股权应确认的投资收益 =（21 000 +
3 000）− 19 400 + 100 = 4 700（万元）。

借：银行存款　　　　　　　　21 000

　　贷：长期股权投资　　　　　　16 975（19 400 × 70% /80%）

　　　　投资收益　　　　　　　　 4 025

借：资本公积　　　　　　　　　 100

　　贷：投资收益　　　　　　　　　 100

借：交易性金融资产　　　　　 3 000

　　贷：长期股权投资　　　　　　 2 425（19 400 × 10% /80%）

　　　　投资收益　　　　　　　　　 575

第十九章　财务报告

🎯 应试指导

　　本章内容较多，且难度较大，是历年考试中的重点章节。考生在学习本章时，要立足重点，掌握合并报表中的相关调整抵销的账务处理，对本章内容进行全面把握，理解相关知识点。预计2022年有很大概率考查综合题。

📈 历年考情

　　本章内容相对难度较大，历年考试中主客观题均有出现，主要以综合题形式进行考查，以合并财务报表中的调整抵销分录为主，分值平均在15分左右。

题型	2021年（一）		2021年（二）		2020年（一）		2020年（二）		2019年（一）		2019年（二）	
	题量	分值	题量	分值	题量	分值	题量	分值	题量	分值	题量	分值
单选题	—	—	—	—	—	—	1	1.5分	—	—	2	3分
多选题	—	—	—	—	—	—	1	2分	2	4分	1	2分
判断题	—	—	1	1分	—	—	—	—	—	—	1	1分
计算分析题	—	—	—	—	—	—	—	—	—	—	—	—
综合题	1	13分	1	18分	1	13分	—	—	—	—	—	—

✅ 高频考点列表

考点	单项选择题	多项选择题	判断题	计算分析题	综合题
合并财务报表概述	2019年	—	—	—	2020年
对子公司的个别财务报表进行调整	—	—	—	—	2018年、2017年
按权益法调整对子公司的长期股权投资	2017年	—	—	—	2018年、2017年
内部投资交易的抵销	2018年	—	2018年	2020年	2018年、2017年
内部债权债务的抵销	—	—	2020年	—	—

考点	单项选择题	多项选择题	判断题	计算分析题	综合题
内部存货交易的抵销	2020 年	—	—	—	2018 年、2017 年
内部固定资产交易的抵销	—	2017 年	2020 年	—	2021 年、2018 年
合并现金流量表的编制	—	—	2021 年	—	—

🌲 章逻辑树

第十九章 财务报告
- 概述
  - 财务报表 • 由"四表一注"构成
  - 合并财务报表 • 反映企业集团整体财务状况、经营成果和现金流量的财务报表
  - 合并范围的确定
    - 能控制的子公司，均纳入合并范围
    - 控制 •（投资方拥有对被投资方的权力，通过参与被投资方的相关活动而享有可变回报，并且有能力运用对被投资方的权力影响其回报金额）
    - 不纳入合并的范围
      - 已宣告被清理整顿的原子公司
      - 已宣告破产的原子公司
      - 不能控制的其他被投资单位
    - 合并范围的豁免：不向投资性主体提供服务的子公司，不予合并
- 合并报表的编制程序
  - 对子公司的个别财务报表进行调整
    - 同一控制下企业合并取得的子公司 • 若会计政策和期间与母公司一致，只需抵销内部交易
    - 非同一控制下企业合并取得的子公司
      - 对会计政策和会计期间不一致的情况，进行调整
      - 对公允价值与账面价值不一致的可辨认资产、负债及或有负债，进行调整
  - 按权益法调整长期股权投资
    - 先调整子公司的净损益（净利润）
    - 子公司调整后的净利润→母公司按享有份额，借记"长期股权投资"，贷记"投资收益"
    - 宣告发放现金股利或利润→借记"投资收益"，贷记"长期股权投资"
    - 所有者权益其他变动→借记"长期股权投资"，贷记"其他综合收益""资本公积"
  - 内部投资的抵销
    - 抵销长期股权投资与子公司所有者权益
      - 将母公司对子公司长期股权投资与子公司所有者权益予以抵销
      - 非全资子公司时，确认少数股东权益
      - 确认商誉 = 合并成本 − 享有被投资方可辨认净资产公允价值份额
    - 抵销母公司的投资收益与子公司的利润分配
      - 将权益法下确认的投资收益抵销
      - 抵销少数股东损益
      - 对利润分配项目进行抵销

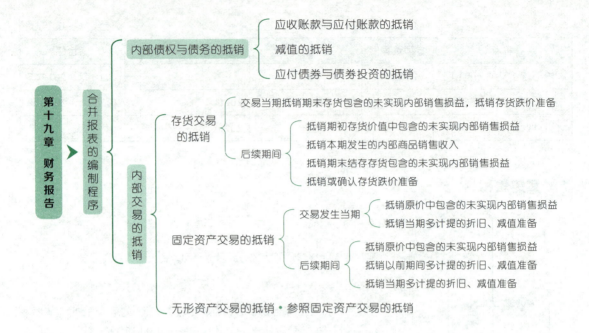

第十九章 财务报告

合并报表的编制程序

内部债权与债务的抵销
- 应收账款与应付账款的抵销
- 减值的抵销
- 应付债券与债券投资的抵销

内部交易的抵销

存货交易的抵销
- 交易当期抵销期末存货包含的未实现内部销售损益，抵销存货跌价准备
- 后续期间
  - 抵销期初存货价值中包含的未实现内部销售损益
  - 抵销本期发生的内部商品销售收入
  - 抵销期末结存存货包含的未实现内部销售损益
  - 抵销或确认存货跌价准备

固定资产交易的抵销
- 交易发生当期
  - 抵销原价中包含的未实现内部销售损益
  - 抵销当期多计提的折旧、减值准备
- 后续期间
  - 抵销原价中包含的未实现内部销售损益
  - 抵销以前期间多计提的折旧、减值准备
  - 抵销当期多计提的折旧、减值准备

无形资产交易的抵销·参照固定资产交易的抵销

Scan
下载这个App
别告诉别人!

配套免费

视频 题库 模考 答疑

高频考点 1　合并财务报表概述

1. 合并范围的确定

合并财务报表的合并范围是指纳入合并财务报表编报的子公司的范围。合并财务报表的合并范围应当**以控制为基础**予以确定。

（1）控制是指企业拥有对被投资方的权力，通过参与被投资方的相关活动而享有可变回报，并且有能力运用对被投资方的权力影响其回报金额。当投资方同时满足三个要素时，投资方控制了被投资方；投资方应当在综合考虑所有相关事实和情况的基础上对是否控制被投资方进行判断。具体如下：

项目	内容
三要素	①拥有对被投资方的权力； ②因参与被投资方的相关活动而享有可变回报； ③有能力运用对被投资方的权力影响其回报金额
相关事实和情况	①被投资方的设立目的和设计； ②被投资方的相关活动以及如何对相关活动作出决策； ③投资方享有的权利是否使其目前有能力主导被投资方的相关活动； ④投资方是否通过参与被投资方的相关活动而享有可变回报； ⑤投资方是否有能力运用对被投资方的权力影响其回报金额； ⑥投资方与其他方的关系

（2）合并范围的具体规定

①一般规定

不论子公司的规模大小、子公司向母公司转移资金能力是否受到严格限制，也不论子公司的业务性质与母公司或企业集团内其他子公司是否有显著差别，只要是能够被母公司施加控制的子公司，都应纳入合并范围。但已宣告被清理整顿的或已宣告破产的子公司除外。

②合并范围的豁免

a.母公司不是投资性主体，则应当将其控制的全部主体，包括投资性主体以及通过投资性主体间接控制的主体，纳入合并财务报表范围。

b.母公司是投资性主体，则只应将那些为投资性主体的投资活动提供相关服务的子公司纳入合并范围，其他子公司不应予以合并，母公司对其他子公司的投资应当按照**公允价值计量且其变动计入当期损益**。

2. 合并财务报表的编制

项目	具体内容
编制原则	①以个别财务报表为基础编制； ②一体性原则； ③重要性原则

第19章

（续表）

项目	具体内容
前期准备事项	①统一母子公司的会计政策； ②统一母子公司的资产负债表日及会计期间； ③对子公司以外币表示的财务报表进行折算； ④收集编制合并财务报表的相关资料
编制程序	①设置合并工作底稿； ②将母公司、纳入合并范围的子公司个别财务报表数据过入合并工作底稿； ③编制调整分录和抵销分录； ④计算合并财务报表各项目的合并数额； ⑤填列合并财务报表

【真题实战·单选题】母公司是投资性主体的，对不纳入合并范围的子公司的投资应当按照公允价值进行后续计量，公允价值变动应当计入的财务报表项目是（　　）。（2019年）

A. 其他综合收益　　　B. 公允价值变动收益

C. 资本公积　　　　　D. 投资收益

【思路导航】注意题目问的是报表项目，应为"公允价值变动收益"，如果是科目，则为"公允价值变动损益"。

【解析】母公司是投资性主体的，则只应将那些为投资性主体的投资活动提供相关服务的子公司纳入合并范围，其他子公司不应予以合并，母公司对其他子公司的投资应当按照公允价值计量且其变动计入当期损益，所以对其公允价值变动应计入公允价值变动收益项目中。综上，本题应选B。

【答案】B

【沙场练兵·多选题】母公司在编制合并财务报表前，对子公司所采用会计政策与其不一致的情形进行的下列会计处理中，正确的有（　　）。

A. 按照子公司的会计政策另行编报母公司的财务报表

B. 要求子公司按照母公司的会计政策另行编

报子公司的财务报表

C. 按照母公司自身的会计政策对子公司财务报表进行必要的调整

D. 按照子公司的会计政策对母公司自身财务报表进行必要的调整

【解析】对于一些境外子公司，由于所在国或地区法律、会计准则等方面的原因，确实无法使其采用的会计政策与母公司所采用的会计政策保持一致，则应当要求其按照母公司所采用的会计政策，重新编报财务报表（选项B正确），也可以由母公司根据自身所采用的会计政策对境外子公司报送的财务报表进行调整，以重编或调整编制的境外子公司财务报表，作为编制合并财务报表的基础（选项C正确）。综上，本题应选BC。

【答案】BC

【沙场练兵·多选题】下列各项中，投资方在确定合并财务报表合并范围时应予考虑的因素有（　　）。

A. 被投资方的设立目的

B. 投资方是否拥有对被投资方的权力

C. 投资方是否通过参与被投资方的相关活动而享有可变回报

D. 投资方是否有能力运用对被投资方的权力

影响其回报金额

【解析】合并财务报表的合并范围应当以控制为基础予以确定，投资方应当在综合考虑所有相关事实和情况的基础上对是否控制被投资方进行判断。相关事实和情况主要包括：被投资方的设立目的和设计；被投资方的相关活动以及如何对相关活动作出决策；投资方享有的权利是否使其目前有能力主导被投资方的相关活动；投资方是否通过参与被投资方的相关活动而享有可变回报；投资方是否有能力运用对被投资方的权力影响其回报金额；投资方与其他方的关系。综上，本题应选 ABCD。

【答案】ABCD

【沙场练兵·多选题】下列各项中，被投资方不应纳入投资方合并财务报表合并范围的有（　　）。

A. 投资方和其他投资方对被投资方实施共同控制

B. 投资方拥有被投资方半数以上表决权但不能控制被投资方

C. 投资方未拥有被投资方半数以上表决权但有权决定其财务和经营政策

D. 投资方直接拥有被投资方半数以上表决权但被投资方已经被宣告清理整顿

【解析】选项 A、B 不应纳入，纳入投资方合并范围的前提是能够实施控制，此处注意共同控制≠控制；选项 C 能够实施控制，应纳入；选项 D，已宣告被清理整顿的原子公司不是母公司的子公司，不纳入合并财务报表范围。综上，本题应选 ABD。

【答案】ABD

【沙场练兵·多选题】下列被投资企业中，母公司在编制合并财务报表时，应纳入合并范围的有（　　）。

A. 经营规模较小的子公司

B. 已宣告破产的原子公司

C. 资金调度受到限制的境外子公司

D. 经营业务性质有显著差别的子公司

【解析】一般情况下，不论子公司的规模大小、子公司向母公司转移资金能力是否受到严格限制，也不论子公司的业务性质与母公司或企业集团内其他子公司是否有显著差别，凡是能够被母公司施加控制的，都应纳入合并范围，但已宣告被清理整顿的或已宣告破产的原子公司除外。综上，本题应选 ACD。

【答案】ACD

高频考点 2　对子公司的个别财务报表进行调整

1. 同一控制下企业合并中取得的子公司

对于属于同一控制下企业合并中取得的子公司的个别财务报表，如果不存在与母公司会计政策和会计期间不一致的情况，则不需要对该子公司的个别财务报表进行调整，只需要抵销内部交易对合并财务报表的影响即可。

2. 非同一控制下的企业合并中取得的子公司

（1）与母公司会计政策和会计期间不一致的，应调整一致。

（2）如果母公司购买日设置的备查簿中登记的该子公司的可辨认资产（固定资产、存货等）、负债及或有负债等的公允价值与账面价值存在差额，则应对子公司的个别财务报表进行调整，以使子公司的个别财务报表反映为**在购买日公允价值基础上**确定的可辨认资产、负债及或有负债等在本期资产负债表日应有的金额。调整分录（以管理用固定资产为例，假定固定资产公允价值＞账面价值，且考虑所得税的影响）：

投资当年	①将子公司固定资产的账面价值调整为公允价值： 借：固定资产——原价　　　　　　　　　【购买日固定资产公允价值－账面价值】 　　贷：资本公积 ②购买日子公司固定资产的公允价值与计税基础形成暂时性差异，且符合递延所得税的条件： 借：资本公积　　　　　　　　　　　　　　【（公允价值－账面价值）×25%】 　　贷：递延所得税负债 ③调整子公司当期应补提的折旧： 借：管理费用　　　　　　　　　　　　　　　　【按公允价值应补提的折旧】 　　贷：固定资产——累计折旧 ④因补提折旧计入管理费用，影响利润总额，转回补提折旧对应的递延所得税负债： 借：递延所得税负债 　　贷：所得税费用　　　　　　　　　　　　　　　　　　【补提折旧×25%】
以后年度	①将子公司固定资产的账面价值调整为公允价值： 借：固定资产——原价　　　　　　　　　【购买日固定资产公允价值－账面价值】 　　贷：资本公积——年初 ②子公司固定资产的公允价值与计税基础形成暂时性差异，且符合递延所得税的条件： 借：**资本公积——年初**　　　　　　　　　【（公允价值－账面价值）×25%】 　　贷：递延所得税负债 ③调整子公司应补提的折旧： 借：**未分配利润——年初**　　　　　　　　【以前年度累计应补提的折旧】 　　管理费用　　　　　　　　　　　　　　　　　【本期应补提的折旧】 　　贷：固定资产——累计折旧 ④应补提折旧所带来的所得税影响： 借：递延所得税负债 　　贷：**未分配利润——年初**　　　【以前年度累计补提折旧所带来的所得税影响】 　　　　所得税费用　　　　　　　　　【本期补提折旧所带来的所得税影响】

> ▌**敲黑板** ▌由于企业集团的合并财务报表是根据母子公司的个别财务报表来编制的，因此在编制调整分录的时候，采用的是财务报表项目，而不是会计科目。

【**沙场练兵·判断题**】非同一控制下的企业合并中，对于购买日子公司可辨认净资产的公允价值与账面价值的差额，在编制合并财务报表时应计入营业外收入。（　　）

【**解析**】非同一控制下的企业合并中，对于购买日子公司可辨认净资产的公允价值与账面价值的差额，在编制合并财务报表时应计入资本公积，而非营业外收入。因此，本题表述错误。

【**答案**】×

高频考点 3 　按权益法调整对子公司的长期股权投资

按照合并财务报表准则讲解的做法，合并报表中成本法改为权益法计算投资收益时，只考虑被购买方购买日可辨认资产、负债及或有负债的公允价值和账面价值不一致的差额对当期损益的影响，不考虑内部交易的影响。如果内部交易损益涉及少数股东损益和少数股东权益，则单独编制调整分录处理。

1. 投资当年的调整

调整事项	调整分录
应享有子公司净损益的份额（不考虑内部交易）	借：长期股权投资 　　【子公司调整后净利润 × 母公司持股比例】 　　贷：投资收益 亏损时，作相反分录
子公司宣告分派的现金股利或利润	借：投资收益 　　　　　　　　　　　　　　　【母公司享有份额】 　　贷：长期股权投资
子公司其他综合收益变动	借：长期股权投资 　　　　　　　　　　　　　【母公司享有份额】 　　贷：其他综合收益 其他综合收益减少时，作相反分录
子公司除净损益、分配股利、其他综合收益以外的所有者权益的其他变动	借：长期股权投资 　　　　　　　　　　　　　【母公司享有份额】 　　贷：资本公积 减少时，作相反分录

2. 以后年度的调整

调整事项	调整分录	
	以前年度数	本年数
应享有子公司净损益的份额（不考虑内部交易）	借：长期股权投资 　　贷：未分配利润——年初	借：长期股权投资 　　贷：投资收益
	【提个醒】亏损时，作相反分录。	
子公司宣告分派的现金股利或利润	借：未分配利润——年初 　　贷：长期股权投资	借：投资收益 　　贷：长期股权投资
子公司其他综合收益变动	借：长期股权投资 　　贷：其他综合收益——年初	借：长期股权投资 　　贷：其他综合收益——本年
	【提个醒】其他综合收益减少时，作相反分录。	
子公司除净损益、分配股利、其他综合收益以外的所有者权益的其他变动	借：长期股权投资 　　贷：资本公积——年初	借：长期股权投资 　　贷：资本公积——本年
	【提个醒】减少时，作相反分录。	

第
19
章

【真题实战 · 单选题】2016年1月1日，甲公司从本集团内另一企业处购入乙公司80%有表决权的股份，构成了同一控制下企业合并，2016年度，乙公司实现净利润800万元，分派现金股利250万元。2016年12月31日，甲公司个别资产负债表中所有者权益总额为9 000万元。不考虑其他因素，甲公司2016年12月31日合并资产负债表中归属于母公司所有者权益的金额（   ）万元。（2017年）

A. 9 550

B. 9 440

C. 9 640

D. 10 050

【思路导航】解答按权益法调整对子公司长期股权投资的题，可遵循四个步骤：①调整净利润；②用调整后的净利润确认享有的长期股权投资份额；③调整其他综合收益；④调整其他所有者权益的变动。

【解析】同一控制下的企业合并达到了控制，在母公司个别财务报表中应采用成本法进行长期股权投资的后期计量，当子公司分配现金股利时，借记"应收股利"科目，贷记"投资收益"科目。而编制合并财务报表时，需要按权益法进行调整。因此，本题中甲公司需要将原记入"投资收益"科目的现金股利调整至"长期股权投资"科目；需要按子公司实现的净利润中母公司享有的份额确定投资收益。归属于母公司的所有者权益＝9 000＋（800－250）×80%＝9 440（万元）。综上，本题应选B。

【相关分录】（单位：万元）

①调整子公司净利润的影响：

借：长期股权投资　　640【800×80%】
　　贷：投资收益　　　　　　640

②调整子公司分配现金股利的影响：

借：投资收益　　200【250×80%】
　　贷：长期股权投资　　　　200

【答案】B

【沙场练兵 · 单选题】甲公司于2021年1月1日取得乙公司60%的股权。取得投资时被投资单位的一项管理用固定资产公允价值为600万元，账面价值为300万元，固定资产的预计尚可使用年限为10年，预计净残值为零，按照年限平均法计提折旧，除该项资产外，乙公司其他可辨认资产、负债的公允价值均与账面价值相等。乙公司2021年年度利润表中净利润为1 300万元。取得投资前甲公司与乙公司不存在关联方关系，不考虑所得税及其他相关影响因素，则2021年年末甲公司在编制合并报表调整分录时按权益法核算应确认的投资收益为（   ）万元。

A. 753

B. 780

C. 762

D. 771

【思路导航】合并报表中成本法转为权益法，涉及调整后净利润的，不考虑内部交易的影响，只考虑评估增值减值后续变动对净利润的影响。

【解析】合并财务报表调整分录中，2021年甲公司按权益法核算应确认的投资收益＝［1 300－（600÷10－300÷10）］×60%＝762（万元）。综上，本题应选C。

【相关分录】（单位：万元）

①调整固定资产账面价值：

借：固定资产——原价　　　　300
　　贷：资本公积　　　　　　　　300

②调整应补提的折旧：

借：管理费用　　　　　　　　30
　　贷：固定资产——累计折旧　　30

经上述调整后乙公司净利润＝1 300－30＝1 270（万元）

③按权益法调整对子公司的长期股权投资：

借：长期股权投资　　　　　　762
　　贷：投资收益　　　　　　　762

【答案】C

高频考点 4　内部投资交易的抵销

1. 母公司长期股权投资与子公司所有者权益的抵销

借：实收资本（股本）

资本公积

盈余公积

其他综合收益

未分配利润——年末

商誉　　　　　　　　　　　　　　　　　　　　　　【借方差额】

贷：长期股权投资

少数股东权益　　　　　　　　　　　　　　【超额亏损时，可为负数】

2. 母公司与子公司、子公司相互之间持有对方长期股权投资的投资收益的抵销

借：投资收益　　　　　　　　　　　【子公司调整后的净利润 × 母公司持股比例】

少数股东损益　　　　　　　　【子公司调整后的净利润 × 少数股东持股比例】

未分配利润——年初

贷：提取盈余公积

对所有者（或股东）的分配

未分配利润——年末

注：若是同控形成的合并，无需使用调整后的净利润。

┃敲黑板┃

（1）一般而言，子公司未分配利润年末数＝未分配利润年初数＋调整后的净利润—分配的现金股利—提取的盈余公积。

（2）子公司持有母公司的长期股权投资，应视为企业集团的库存股，在合并资产负债表所有者权益"减：库存股"项目下列示。

（3）子公司少数股东分担的当期亏损超过了少数股东在该子公司期初所有者权益中所享有的份额，其余额仍应当冲减少数股东权益，即少数股东权益可以出现负数。

（4）若为全资子公司，则上述调整分录不涉及少数股东权益和少数股东损益。

【真题实战·单选题】乙公司为甲公司的全资子公司，且甲公司无其他子公司。乙公司 2017 年实现净利润 500 万元，提取盈余公积 50 万元，宣告分派现金股利 150 万元，2017 年甲公司个别利润表中投资收益为 480 万元。不考虑其他因素，2017 年甲公司合并利润表中"投资收益"项目应填列的金额是（　　）万元。（2018 年）

A. 330　　　　　　B. 630

C. 500　　　　　　D. 480

【思路导航】合并报表中的投资收益要考虑：①母公司个别报表中的投资收益；②母公司享有子公司调整后净利润的部分；③分配的现金股利等；④投资收益的抵销。

【解析】乙公司为甲公司的全资子公司，在编制合并报表时，调整抵销分录如下（单位：万元）：

（1）将母公司长期股权投资从成本法调整为权益法

①对于子公司实现的净利润：

借：长期股权投资　　　　　　　500

　　贷：投资收益　　　　　　　　　　500

②子公司宣告分派现金股利：

借：投资收益　　　　　　　　　150

　　贷：长期股权投资　　　　　　　　150

（2）母公司投资收益与子公司分配利润相抵销

借：投资收益　　　　　　　　　500

　　贷：提取盈余公积　　　　　　　　50

　　　　对所有者（或）股东的分配　　150

　　　　未分配利润——年末　　　　　300

因此，甲公司合并利润表中"投资收益"项目应填列的金额 = 480【母公司个别报表中投资收益】+（500 - 150 - 500）【合并报表调整抵销】= 330（万元）。综上，本题应选 A。

【答案】A

【真题实战·判断题】合并财务报表中，少数股东权益项目的列报金额不能为负数。（　　）（2018年）

【解析】合并报表中如果被投资单位净资产为负数，则相应少数股东权益应当为负数。因此，本题表述错误。

【答案】×

【沙场练兵·多选题】甲公司于2021年1月20日从非关联方丙公司处取得其所持有的乙公司80%股权，成本为18 000万元。此前，甲公司不持有乙公司股权，无其他子公司。购买日乙公司可辨认净资产账面价值总额为19 000万元，公允价值总额为20 000万元，差异为一项固定资产评估增值。2021年甲公司实现投资收益500万元，乙公司实现调整后的净利润为1 000万元，不考虑其他因素，以下选项正确的有（　　）。

A. 年末合并财务报表中投资收益列示金额为500万元

B. 购买日产生的商誉为2 000万元

C. 购买日产生的商誉为1 000万元

D. 年末合并资产负债表中少数股东权益为4 000万元

【解析】选项A正确，年末合并财务报表中列示的投资收益 = 500 +（1 000×80% - 1 000×80%）= 500（万元）；选项B正确，选项C错误，商誉 = 合并成本 - 购买日持有被投资单位可辨认净资产份额的公允价值 = 18 000 - 20 000×80% = 2 000（万元）；选项D错误，少数股东权益 = 购买日少数股东权益 + 少数股东权益后续变动 = 20 000×20% + 1 000×20% = 4 200（万元）。综上，本题应选 AB。

【答案】AB

高频考点 5　内部债权债务的抵销

1. 应收账款与应付账款的抵销

①初次编制合并财务报表时，应收账款与应付账款的抵销处理，如下表。

项目	抵销处理
抵销内部应收账款与应付账款	借：应付账款　　　　　　　　　　　　　　　　　　　　【期末余额】 　　贷：应收账款　　　　　　　　　　　　　　　　　　【期末余额】
抵销内部应收账款计提的坏账准备	借：应收账款——坏账准备　　　　　　　【本期计提的坏账准备】 　　贷：信用减值损失 发生坏账冲回时则作相反分录
抵销所得税影响	借：所得税费用 　　贷：递延所得税资产　　　【本期坏账准备计提数 × 所得税税率】

②连续编制合并财务报表时，应收账款与应付账款的抵销处理，如下表。

项目	抵销处理
抵销内部应收账款与应付账款	借：应付账款　　　　　　　　　　　　　　　　　　　　【期末余额】 　　贷：应收账款　　　　　　　　　　　　　　　　　　【期末余额】
抵销内部应收账款计提的坏账准备	借：应收账款——坏账准备 　　贷：未分配利润——年初　　　　　　【抵销**期初**坏账准备余额】 　　　　信用减值损失　　　　　　【抵销**本期**计提的坏账准备】
抵销所得税影响	借：未分配利润——年初　　　【期初坏账准备余额 × 所得税税率】 　　　所得税费用　　　　【本期坏账准备计提数 × 所得税税率】 　　贷：递延所得税资产

┊**敲黑板**┊预付款项与合同负债、其他应收款（含应收股利、应收利息）与其他应付款（含应付股利、应付利息）等比照上述方法进行抵销处理。

2. 债券投资与应付债券的抵销

①初次编制合并财务报表时，债券投资与应付债券的抵销处理，如下表。

抵销项目	抵销处理
债券投资与应付债券	借：应付债券　　　　　　　　　　　　　　【个别报表的摊余成本】 　　　投资收益　　　　　　　　　　　　　　　　　　【借方差额】 　　贷：债权投资　　　　　　　　　　　　【个别报表的摊余成本】 　　　　财务费用　　　　　　　　　　　　　　　　　【贷方差额】

（续表）

抵销项目	抵销处理
债券投资与应付债券	【提个醒】在某些情况下，因债券投资而持有的企业集团内部成员企业的债券并不是从发行债券的企业直接购进的，而是在证券市场上从第三方手中购进的。在这种情况下，债权投资（其他债权投资）中的债券投资与发行债券企业的应付债券抵销时，可能会出现差额，此时若是借方差额，计入投资收益；若是贷方差额，计入财务费用。
投资收益与利息费用（孰低抵销）	借：投资收益　　　　　　　　　　　　【A 期初摊余成本 × 实际利率】 　　贷：财务费用/在建工程等　　　　　　　　　　　　　　【B】 【提个醒】如果 A、B 这两项不相等，则就低不就高（按照低的那个进行抵销），高出的部分是集团总部认可的部分。
应付利息与应收利息	借：其他应付款——应付利息　　　　　　　　　　　【面值 × 票面利率】 　　贷：其他应收款——应收利息

②连续编制合并财务报表时，债券投资与应付债券的抵销处理，仅仅是将影响以前年度的损益数用"未分配利润——年初"代替而已。

【真题实战·判断题】母公司对子公司的债权投资与子公司应付债券抵销时出现的差额，应当计入合并利润表的投资收益或财务费用项目。（　　）（2020 年）

【解析】在某些情况下，债券投资而持有的企业集团内部成员企业的债券并不是从发行债券的企业直接购进的，而是在证券市场上从第三方手中购进的。在这种情况下，债权投资（其他债权投资）中的债券投资与发行债券企业的应付债券抵销时，可能会出现差额，应当计入合并利润表的投资收益或财务费用项目。因此，本题表述正确。

【答案】√

【沙场练兵·单选题】甲公司是乙公司的母公司，甲、乙公司适用的所得税税率均为 25%。甲公司采用应收账款余额百分比法计提坏账准备，计提比例为 1%，2021 年内部应收账款余额为 1 500 万元，税法规定，计提的减值准备不得税前扣除。2021 年合并报表中就该项内部应收账款计提的坏账准备和递延所得税所编制的抵销分录是（　　）。

A. 借：应收账款——坏账准备　　　15
　　贷：信用减值损失　　　　　　　　　15
　借：递延所得税资产　　　3.75
　　贷：所得税费用　　　　　　　　3.75

B. 借：坏账准备　　　　　　　15
　　贷：信用减值损失　　　　　　　15
　借：递延所得税负债　　　15
　　贷：所得税费用　　　　　　　15

C. 借：应收账款——坏账准备　　　15
　　贷：信用减值损失　　　　　　　　　15
　借：所得税费用　　　3.75
　　贷：递延所得税资产　　　　　3.75

D. 不作抵销处理

【解析】选项 A、D 错误，选项 C 正确，应抵销的信用减值损失金额 = 1 500×1% = 15（万元），应抵销的所得税影响 = 15×25% = 3.75（万元）；选项 B 错误，抵销分录抵的都是报表项目，非会计科目。综上，本题应选 C。

【相关分录】（单位：万元）

借：应付账款　　　　　　　　　　1 500
　　贷：应收账款　　　　　　　　　　　　1 500

借：应收账款——坏账准备 15【1 500×1%】

　　贷：信用减值损失　　　　　　15

借：所得税费用　　　　3.75【15×25%】

　　贷：递延所得税资产　　　　　3.75

【答案】C

【举一反三·多选题】接上例，2022年内部应收账款余额为2 000万元，合并报表中2022年就该项内部应收账款的坏账准备和递延所得税的账务处理中正确的有（　　　）。

A.合并资产负债表中应抵销累计计提的坏账准备20万元

B.合并利润表中应抵销信用减值损失5万元

C.合并利润表中应抵销所得税费用5万元

D.合并资产负债表中应抵销递延所得税资产5

万元

【解析】合并报表中就该项业务应编制的抵销分录为（单位：万元）：

借：应付账款　　　　　　　　2 000

　　贷：应收账款　　　　　　　　2 000

借：应收账款——坏账准备 20【2 000×1%】

　　贷：未分配利润——年初　　　　15

　　　　信用减值损失　　　　　　　5

借：未分配利润——年初　　　3.75

　　所得税费用　　　　　　　1.25

　　贷：递延所得税资产　　　5【20×25%】

综上，本题应选ABD。

【答案】ABD

高频考点 6　内部存货交易的抵销

1.说明

（1）为了不掺杂债权债务的抵销，以下内部交易均假设集团内交易不存在赊购赊销的情形。

（2）为了简化处理，后文所述内部交易的抵销均不考虑所得税的影响；除另有说明外，均假设子公司均为全资子公司、不考虑少数股东的影响。

（3）由于内部无形资产交易与内部固定资产交易很类似，因此，本书只着重讲解内部存货交易和内部固定资产交易所涉及的抵销。

‖敲黑板‖ 考试中如果题目是非全资子公司时，少数股东是否承担未实现内部交易损益，合并财务报表准则第36条有如下规定：

（1）母公司向子公司出售资产（顺流交易）所发生的未实现内部交易损益，应当全额抵销"归属于母公司所有者的净利润"；

（2）子公司向母公司出售资产（逆流交易）所发生的未实现内部交易损益，应当按照母公司对子公司的分配比例在"归属于母公司所有者的净利润"和"少数股东损益"之间分配抵销；

（3）子公司之间出售资产（平流交易）所发生的未实现内部交易损益，应当按照母公司对出售方子公司的分配比例在"归属于母公司所有者的净利润"和"少数股东损益"之间分配抵销。

2.具体抵销

（1）发生内部存货交易的当年

抵销项目	抵销处理
抵销存货中未实现的内部收益	借：营业收入 　贷：营业成本 　　　存货　　　　　　　【期末存货中包含的未实现内部销售利润X】 【提个醒】 ①若期末该存货全部对外出售，则X＝0。 ②X＝未实现销售收入－未实现销售成本 　　＝购货方内部交易存货结存价值×销售方毛利率 ③销售方毛利率＝（销售收入－销售成本）÷销售收入
存货跌价准备的抵销	借：营业成本　　　　　　　【抵销本期销售存货结转的存货跌价准备】 　贷：存货——存货跌价准备 借：存货——存货跌价准备 　贷：资产减值损失　　　　　　　【抵销本期计提的存货跌价准备】 若本期个报是减值转回，则作相反分录

（2）连续编制合并财务报表时，内部购进存货的抵销

抵销项目	抵销处理
抵销期初存货价值中 包含的未实现内部销售损益	借：未分配利润——年初 　贷：**营业成本**
抵销本期发生的内部销售商品收入	借：营业收入　　　　　　　　　【本期内部销售方销售额】 　贷：营业成本
抵销期末结存的存货价值中的 未实现内部销售损益	借：营业成本 　贷：存货　【期末结存的存货价值中包含的未实现内部销售损益】
存货跌价准备的抵销	借：未分配利润——年初　【抵销上期销售存货结转的存货跌价准备】 　贷：存货——存货跌价准备 借：存货——存货跌价准备 　贷：未分配利润——年初　　　　　【抵销存货跌价准备期初数】 借：营业成本　　　　　　　【抵销本期销售存货结转的存货跌价准备】 　贷：存货——存货跌价准备 借：存货——存货跌价准备 　贷：资产减值损失　　　　　　　【抵销本期计提的存货跌价准备】

【真题实战·单选题】2018年12月31日，甲公司从非关联方取得乙公司70%有表决权股份并能够对乙公司实施控制。2019年6月1日，甲公司将一批成本为40万元的产品以50万元的价格销售给乙公司。至2019年12月31日，乙公司已对外出售该批产品的40%。2019年度乙公司按购买日公允价值持续计算的净利润为500万元。不考虑其他因素。

甲公司 2019 年度合并利润表中少数股东损益的金额为（　　）万元。（2020 年）

A. 147　　　　　　　　B. 148.2

C. 148.8　　　　　　　D. 150

【解析】甲公司从非关联方取得乙公司 70% 有表决权股份并能够对乙公司实施控制，说明甲公司成为乙公司的母公司。母公司向子公司销售产品属于顺流交易，未实现的内部交易损益不影响少数股东损益，计算少数股东损益时无需对乙公司的净利润进行调整。则合并利润表中少数股东损益的金额 = 500 × （1 − 70%）= 150（万元）。综上，本题应选 D。

【答案】D

【沙场练兵·判断题】母公司编制合并财务报表时，应将非全资子公司向其出售资产所发生的未实现内部交易损益全额抵销"归属于母公司所有者的净利润"。（　　）

【解析】母公司向子公司出售资产所发生的未实现内部交易损益，应当全额抵销"归属于母公司所有者的净利润"。子公司向母公司出售资产所发生的未实现内部交易损益，应当按照母公司对该子公司的分配比例在"归属于母公司所有者的净利润"和"少数股东损益"之间分配抵销。因此，本题表述错误。

【答案】×

【沙场练兵·单选题】2021 年 10 月 12 日，甲公司向其子公司乙公司销售一批商品，不含增值税的销售价格为 3 000 万元，增值税税额为 390 万元，款项尚未收到；该批商品成本为 2 200 万元，至当年 12 月 31 日，乙公司已将该批商品对外销售 80%。不考虑其他因素，甲公司在编制 2021 年 12 月 31 日合并资产负债表时，"存货"项目应抵销的金额为（　　）万元。

A. 160　　　　　　　　B. 440

C. 600　　　　　　　　D. 640

【解析】甲公司在编制 2021 年 12 月 31 日合并资产负债表时，"存货"项目应抵销未实现的内部销售损益，金额 = （3 000 − 2 200）×（1 − 80%）= 160（万元）。综上，本题应选 A。

【相关分录】（单位：万元）

借：营业收入　　　　　　　　　3 000

　　贷：营业成本　　　　　　　　2 840

　　　　存货　　　　　　　　　　160

【答案】A

【沙场练兵·单选题】甲公司是乙公司的母公司，2021 年甲公司当期出售 200 件商品给乙公司，每件售价 6 万元，每件成本 3 万元。当期期末，乙公司向甲公司购买的上述商品尚有 100 件未对外出售，其可变现净值为每件 3.2 万元。假定甲公司和乙公司适用的所得税税率均为 25%，均采用资产负债表债务法核算所得税。不考虑增值税等其他因素的影响，当年末，甲公司编制合并财务报表时，调整抵销分录中确认的递延所得税资产为（　　）万元。

A. 0　　　　　　　　　B. 5

C. 30　　　　　　　　D. 75

【思路导航】内部交易形成的存货，其产生的递延所得税资产的余额在合并财务报表中的列报金额 = （计税基础 − 合并财务报表中的账面价值）× 25%；合并财务报表账面价值是按照成本与可变现净值孰低计量的，成本就是销售方个别财务报表中的成本，计税基础是销售方的售价；内部交易形成的存货，其产生的递延所得税资产在合并财务报表中的调整金额 = 合并财务报表中递延所得税资产的余额 − 个别报表中因减值确认的递延所得税资产余额 − 合并财务报表中递延所得税资产的期初余额。

【解析】

（1）抵销存货未实现内部销售损益（单位：万元）：

借：营业收入　　　　　　　　　1 200

贷：营业成本　　　　　　　　900

　　　存货　　　　300【100×（6－3）】

（2）抵销存货跌价准备（单位：万元）：

站在购买企业（乙公司）角度，成本＝100×6＝600（万元），可变现净值＝100×3.2＝320（万元），成本大于可变现净值，说明发生减值，应计提减值准备＝600－320＝280（万元）；站在企业集团（甲公司）角度，成本＝100×3＝300（万元），可变现净值＝100×3.2＝320（万元），可变现净值大于成本，未发生减值，不计提减值准备。

因此，在合并报表中应抵销个别报表中存货跌价准备280万元。

借：存货——存货跌价准备　　　280

　　　贷：资产减值损失　　　　　　280

（3）确认递延所得税资产（单位：万元）：

站在购买企业（乙公司）角度，账面价值＝320（万元），计税基础＝100×6＝600（万元），资产账面价值小于计税基础，形成可抵扣的暂时性差异，因此应确认递延所得税资产＝（600－320）×25%＝70（万元）。

站在企业集团（甲公司）角度，账面价值＝300（万元），计税基础＝100×6＝600（万元），资产账面价值小于计税基础，形成可抵扣的暂时性差异，因此应确认递延所得税资产＝（600－300）×25%＝75（万元）。

因此，在合并报表中，应调整确认递延所得税资产＝75－70＝5（万元）。

借：递延所得税资产　　　　　　5

　　　贷：所得税费用　　　　　　　5

综上，本题应选B。

【答案】B

高频考点 7　内部固定资产交易的抵销

1. 说明

为便于大家学习，除另有说明外，本书所指内部固定资产交易的固定资产均假定为按直线法计提折旧的管理用固定资产，且均为母公司出售给其全资子公司形成该全资子公司的固定资产，且售出价＞账面价值，抵销时不考虑所得税等税费的影响。

2. 具体抵销

（1）购入当期，内部交易形成固定资产的抵销处理，如下表。

项目	抵销处理	
抵销当期内部交易固定资产原价中未实现内部销售损益	出售方的固定资产，购买方作为固定资产	借：资产处置收益 　贷：固定资产——原价　　【内部交易未实现利润】 若为损失，则作相反分录
	出售方的存货，购买方作为固定资产	借：营业收入　　　　【出售方不含税的销售价】 　贷：营业成本　　　　　　【出售方的成本】 　　　固定资产——原价　【内部交易未实现利润】
抵销当期多计提的折旧	借：固定资产——累计折旧　　【当期多计提的累计折旧】 　贷：管理费用等	

（2）连续编制合并财务报表时，内部交易形成固定资产的抵销处理，如下表。

项目	抵销处理
抵销期初内部交易固定资产原价中的未实现内部销售损益	借：未分配利润——年初 　　贷：固定资产——原价　【期初原价中的未实现内部销售损益】
抵销多计提的折旧	借：固定资产——累计折旧 　　贷：未分配利润——年初　【抵销以前年度多计提的累计折旧】 　　　　管理费用　　　　　　【抵销当期多计提的累计折旧】

【真题实战·判断题】 在编制合并财务报表时，抵销母子公司间未实现内部销售损益形成的暂时性差异不应确认递延所得税。（　　）（2020年）

【解析】 企业在编制合并财务报表时，因抵销未实现内部销售损益导致合并资产负债表中资产、负债的账面价值与其在纳入合并范围的企业按照适用税法规定确定的计税基础之间产生暂时性差异的，在合并资产负债表中应当确认递延所得税资产或递延所得税负债，同时调整合并利润表中的所得税费用，但与直接计入所有者权益的交易或事项及企业合并相关的递延所得税除外。因此，本题表述错误。

【答案】 ×

【真题实战·多选题】 下列各项中，企业编制合并财务报表时，需要进行抵销处理的有（　　）。（2017年）

A. 母公司对子公司长期股权投资与对应子公司所有者权益中所享有的份额

B. 子公司对母公司销售商品价款中包含的未实现内部销售利润

C. 母公司和子公司之间的债权与债务

D. 母公司向子公司转让无形资产价款中包含的未实现内部销售利润

【解析】 编制合并资产负债表时需要进行抵销处理的项目主要有：①母公司对子公司长期股权投资与子公司所有者权益；②母公司与子公司、子公司相互之间产生的内部债权与债务；③存货项目，即内部购进存货成本中包含的未实现内部销售损益；④固定资产项目，即内部购进商品形成的固定资产、内部购进的固定资产成本中包含的未实现内部销售损益；⑤无形资产项目，即内部购进商品形成的无形资产、内部购进商品成本中包含的未实现内部销售损益；⑥与抵销的长期股权投资、应收账款、存货、固定资产、无形资产等资产相关的减值准备的抵销。综上，本题应选ABCD。

【答案】 ABCD

【沙场练兵·单选题】 甲公司拥有乙公司和丙公司两家子公司。2020年9月30日，乙公司将其产品以市场价格销售给丙公司，售价为200万元（不考虑相关税费），销售成本为176万元。丙公司购入后作为管理用固定资产，按4年的期限、采用年限平均法计提折旧，预计净残值为零。假定不考虑所得税的影响，甲公司在编制2021年年末合并资产负债表时，应调减"固定资产"项目的金额为（　　）万元。

A. 25　　　　　　　　　B. 29.17

C. 16.5　　　　　　　 D. 7.5

【解析】 甲公司在编制2021年年末合并资产负债表时，应调减"固定资产"项目的金额＝内部交易未实现的损益（200－176）－以折旧的方式实现的损益【（200－176）÷4÷12×（3＋12）】＝16.5（万元）。综上，本题应选 C。

【答案】C

【举一反三·单选题】接上例，不考虑其他因素，2021 年末甲公司编制合并财务报表时，该固定资产项目的列报金额为（ ）万元。

A.25　　　　　　　　B.29.17

C.121　　　　　　　　D.137.5

【思路导航】内部交易形成的固定资产在合并财务报表中的列报金额是指按照原成本持续计量和计提折旧后的结果，不考虑内部销售价格。内部交易形成的固定资产在合并财务报表中的抵销金额是以销售价格减去账面价值之后的金额持续计量和计提折旧后的结果，也可以用购买方个别财务报表中固定资产的列报金额减去合并财务报表中固定资产的列报金额计算，即固定资产项目应抵销的金额＝个别财务报表账面价值－合并财务报表账面价值。

【解析】2021 年 12 月 31 日，甲公司在编制合并财务报表时，该项固定资产项目的列报金额＝176－176÷4÷12×（3＋12）＝121（万元）。综上，本题应选 C。

【答案】C

【真题实战·综合题】（2021 年）

甲公司和乙公司适用的企业所得税税率均为 25%，预计未来期间适用的企业所得税税率均不会发生变化，未来期间均能够产生足够的应纳税所得额用以抵减可抵扣暂时性差异。

2020 年度，甲公司和乙公司发生的相关交易或事项如下：

资料一：2020 年 1 月 1 日，甲公司定向增发普通股 2 000 万股从非关联方取得乙公司 60% 的有表决权股份，能够对乙公司实施控制；定向增发的普通股每股面值为 1 元、公允价值为 7 元。当日，乙公司可辨认净资产的账面价值为 22 000 万元，除一项账面价值为 400 万元、公允价值为 600 万元的行政管理用 A 无形资产外，其他各项可辨认资产、负债的公允价值与其账面价值均相同；乙公司所有者权益的账面价值为 22 000 万元，其中，股本 14 000 万元，资本公积 5 000 万元，盈余公积 1 000 万元，未分配利润 2 000 万元。本次投资前，甲公司不持有乙公司股份且与乙公司不存在关联方关系。该企业合并不构成反向购买。甲公司和乙公司的会计政策、会计期间均相同。

资料二：2020 年 1 月 1 日，甲公司与乙公司均预计 A 无形资产的尚可使用年限为 5 年，残值为零，采用直线法摊销。在 A 无形资产尚可使用年限内，其计税基础与乙公司个别财务报表中的账面价值相同。

资料三：2020 年 12 月 1 日，乙公司以银行存款 500 万元购买丙公司股票 100 万股，将其指定为以公允价值计量且其变动计入其他综合收益的金融资产；该金融资产的初始入账金额与计税基础一致。2020 年 12 月 31 日，乙公司持有的丙公司 100 万股股票的公允价值为 540 万元。根据税法规定，乙公司所持有丙公司股票的公允价值变动不计入应纳税所得额，待转让时将转让收入扣除初始投资成本的差额计入当期的应纳税所得额。

资料四：2020 年度，乙公司实现净利润 3 000 万元，提取法定盈余公积 300 万元。

甲公司以甲、乙公司个别财务报表为基础编制合并财务报表，合并工作底稿中将甲公司对乙公司的长期股权投资由成本法调整为权益法。本题不考虑除企业所得税以外的税费及其他因素。

要求：

（1）编制甲公司 2020 年 1 月 1 日定向增发普通股取得乙公司 60％股权的会计分录。

（2）编制乙公司 2020 年 12 月 1 日取得丙公司股票的会计分录。

（3）分别编制乙公司 2020 年 12 月 31 日对所持丙公司股票按公允价值计量的会计分录和确认递延所得税的会计分录。

（4）编制甲公司 2020 年 12 月 31 日与合并资产负债表、合并利润表相关的调整和抵销分录。

（1）

【解析】该情形属于非同一控制下企业合并，甲公司应按照增发普通股的公允价值确认长期股权投资。

【答案】

借：长期股权投资	14 000	
贷：股本		2 000
资本公积——股本溢价		12 000

（2）

【答案】

借：其他权益工具投资——成本	500	
贷：银行存款		500

（3）

【解析】其他权益工具投资的公允价值变动计入其他综合收益，就此产生的暂时性差异确认递延所得税时，对方科目应为"其他综合收益"。

【答案】

借：其他权益工具投资——公允价值变动	40	
贷：其他综合收益		40
借：其他综合收益	10【40×25％】	
贷：递延所得税负债		10

（4）

【答案】

借：无形资产	200	
贷：资本公积		200

借：资本公积　　　　　　　　　　　　　　　　　　　　　50【200×25%】

　　贷：递延所得税负债　　　　　　　　　　　　　　　　　　　50

调整后的净利润＝3 000－（600－400）/5×（1－25%）＝2 970（万元）

按权益法调整长期股权投资：

借：长期股权投资——损益调整　　　　　　　　　　　1 782【2 970×60%】

　　　　　　　　　——其他综合收益　　　　　　　　　　　18【（40－10）×60%】

　　贷：投资收益　　　　　　　　　　　　　　　　　　　1 782

　　　　其他综合收益　　　　　　　　　　　　　　　　　　18

考虑递延所得税后的可辨认净资产公允价值＝22 000＋（600－400）－（600－400）×25%＝22 150（万元）

商誉＝14 000－22 150×60%＝710（万元）

借：股本　　　　　　　　　　　　　　　　　　14 000

　　资本公积　　　　　　　　　　　　　　　　5 150【5 000＋200－50】

　　盈余公积　　　　　　　　　　　　　　　　1 300【1 000＋300】

　　其他综合收益　　　　　　　　　　　　　　　30【40－10】

　　未分配利润——年末　　　　　　　　　　　4 670【2 000＋2970－300】

　　商誉　　　　　　　　　　　　　　　　　　　710

　　贷：长期股权投资　　　　　　　　　　　　15 800【14 000＋1 782＋18】

　　　　少数股东权益　　　　　　　　　　　　10 060

借：投资收益　　　　　　　　　　　　　　　　1 782

　　少数股东损益　　　　　　　　　　　　　　1 188

　　未分配利润——年初　　　　　　　　　　　2 000

　　贷：提取盈余公积　　　　　　　　　　　　　300

　　　　未分配利润——年末　　　　　　　　　4 670

【真题实战·综合题】（2021年）

2020年至2021年，甲公司对乙公司进行股权投资的相关交易或事项如下：

资料一：2020年1月1日，甲公司以银行存款2 300万元从非关联方取得乙公司70%的有表决权股份，能够对乙公司实施控制。当日，乙公司可辨认净资产的账面价值为3 000万元，各项可辨认资产、负债的公允价值与其账面价值均相同。本次投资前，甲公司不持有乙公司股份且与乙公司不存在关联方关系。甲公司和乙公司的会计政策、会计期间均相同。

资料二：2020年3月10日，乙公司宣告分派现金股利300万元。2020年4月1日，甲公司按其持股比例收到乙公司发放的现金股利并存入银行。

资料三：2020年4月10日，乙公司将其生产成本为45万元的A产品以60万元的价格销

售给甲公司，款项已收存银行，甲公司将购入的 A 产品作为存货进行核算。2020 年 12 月
31 日，甲公司该批 A 产品的 80% 已对外出售。

资料四：2020 年度乙公司实现净利润 500 万元。

资料五：2021 年 3 月 1 日，甲公司将所持乙公司股份全部对外出售给非关联方，所得价款
2 600 万元存入银行。甲公司以甲、乙公司个别财务报表为基础编制合并财务报表，不需要
编制与合并现金流量表相关的抵销分录。本题不考虑增值税、企业所得税等相关税费及其他
因素，答案中的金额单位用万元表示。

要求：

（1）编制甲公司 2020 年 1 月 1 日取得乙公司 70% 股份时的会计分录，并计算购买日的
商誉。

（2）分别编制甲公司 2020 年 3 月 10 日在乙公司宣告分配现金股利和 4 月 1 日收到现金股
利时的会计分录。

（3）编制 2020 年 12 月 31 日与存货内部交易相关的抵销分录。

（4）分别计算 2020 年 12 月 31 日合并资产负债表中少数股东权益的金额和 2020 年度合
并利润表中少数股东损益的金额。

（5）编制甲公司 2021 年 3 月 1 日出售乙公司股份的相关会计分录。

（1）

【解析】甲公司能够对乙公司实施控制，应当通过成本法下的长期股权投资进行核算。

【答案】

借：长期股权投资　　　　　　　　　　　　　　　　　　　　　2 300

　　贷：银行存款　　　　　　　　　　　　　　　　　　　　　　　　2 300

商誉＝2 300－3 000×70%＝200（万元）

（2）

【解析】在成本法核算下，子公司宣告分派现金股利时，按照持股比例确认投资投资收益。

【答案】

宣告分配现金股利：

借：应收股利　　　　　　　　　　　　　　　　　　　　210【300×70%】

　　贷：投资收益　　　　　　　　　　　　　　　　　　　　　　210

收到现金股利：

借：银行存款　　　　　　　　　　　　　　　　　　　　　　210

　　贷：应收股利　　　　　　　　　　　　　　　　　　　　　　210

（3）

【解析】该批 A 产品的 80% 已对外出售，则还剩 20% 未出售，未实现的内部交易损益＝（60－

45）×20％。乙公司将A产品销售给甲公司属于逆流交易，还需抵销少数股东权益、少数股东损益。

【答案】

借：营业收入   60

    贷：营业成本   57

        存货   3【（60－45）×20％】

借：少数股东权益   0.9【3×30％】

    贷：少数股东损益   0.9

（4）

【解析】少数股东损益＝子公司净利润×少数股东持股比例，期末少数股东权益＝期初少数股东权益＋（当期子公司的净利润－当期分配的现金股利）×少数股东持股比例。另外还需注意逆流交易中，对少数股东权益、少数股东损益的抵销。

【答案】少数股东权益＝[3 000【期初少数股东权益】＋（500－300）【当期子公司的净利润－当期分配的现金股利】]×30％－（60－45）×20％×30％【逆流交易抵销的少数股东权益】＝959.1（万元）

少数股东损益＝500×30％【子公司净利润×少数股东持股比例】－（60－45）×20％×30％【逆流交易抵销的少数股东损益】＝149.1（万元）

（5）

【解析】甲公司2021年3月1日出售乙公司股份，站在甲公司角度编制会计分录时，收到的价款计入银行存款，长期股权投资在个别报表以成本法计量，将所持乙公司股份全部对外出售时，应全额冲减成本法下的长期股权投资，借贷方差额计入投资收益。

【答案】

借：银行存款   2 600

    贷：长期股权投资   2 300

        投资收益   300

【真题实战·综合题】（2020年）

2019年，甲公司对乙公司进行股权投资的相关交易或事项如下：

资料一：2019年1月1日，甲公司以定向增发3 000万股普通股（每股面值为1元、公允价值为6元）的方式从非关联方取得乙公司90％的有表决权股份，能够对乙公司实施控制。当日，乙公司可辨认净资产的账面价值为20 000万元。各项可辨认资产、负债的公允价值均与其账面价值相同。乙公司所有者权益的账面价值为20 000万元。其中：股本10 000万元，资本公积8 000万元，盈余公积500万元，未分配利润1 500万元。本次投资前，甲公司不持有乙公司股份且与乙公司不存在关联方关系。甲公司的会计政策、会计期间与乙公司的相同。

资料二：2019年9月20日，甲公司将其生产的成本为700万元的A产品以750万元的价格出售给乙公司。当日，乙公司以银行存款支付全部货款。至2019年12月31日，乙公司已将上述从甲公司购买的A产品对外出售了80%。

资料三：2019年度，乙公司实现净利润800万元。提取法定盈余公积80万元。甲公司以甲、乙公司个别财务报表为基础编制合并财务报表，合并工作底稿中将甲公司对乙公司的长期股权投资由成本法调整为权益法。

本题不考虑增值税、企业所得税等相关税费及其他因素。

要求（答案中的金额单位用万元表示）：

（1）计算甲公司2019年1月1日取得乙公司90%股权的初始投资成本，并编制相关会计分录。

（2）编制甲公司2019年1月1日与合并资产负债表相关的抵销分录。

（3）编制甲公司2019年12月31日与合并资产负债表、合并利润表相关的调整和抵销分录。

（1）

【解析】由于甲公司、乙公司在合并前不存在关联方关系，因此本题属于非同一控制下企业合并。长期股权投资的初始投资成本＝合并对价的公允价值。

【答案】甲公司2019年1月1日取得乙公司90%股权的初始投资成本＝3 000×6＝18 000（万元）。相关会计分录为：

借：长期股权投资　　　　　　　　　　　18 000

　　贷：股本　　　　　　　　　　　　　　　3 000

　　　　资本公积——股本溢价　　　　　　　15 000

（2）

【解析】由于本题中购买日被投资方（乙公司）各项可辨认资产、负债的公允价值均与其账面价值相同，因此，购买日与合并资产负债表相关的抵销分录主要是甲公司股权投资与乙公司所有者权益的抵销，其中股本、资本公积、盈余公积、未分配利润的金额直接从资料一抄写过来，由（1）可知，长期股权投资金额为18 000万元，贷方差额计入少数股东权益。

【答案】甲公司2019年1月1日与合并资产负债表相关的抵销分录如下：

借：股本　　　　　　　　　　　　　　　10 000

　　资本公积　　　　　　　　　　　　　　8 000

　　盈余公积　　　　　　　　　　　　　　　500

　　未分配利润　　　　　　　　　　　　　1 500

　　贷：长期股权投资　　　　　　　　　　　18 000

　　　　少数股东权益　　　　　　　　　　　2 000

（3）

【解析】①由于乙公司各项可辨认资产、负债的公允价值均与其账面价值相同，不涉及投资时点的评估增值、减值以及其后续变动的影响。则调整后的净利润就等于乙公司个别财务报表中确认的2019年净利润，即为800万元。

②期末按权益法调整对子公司的长期股权投资，应按《企业会计准则第2号——长期股权投资》所规定的权益法进行调整。由于乙公司无其他变动事项，则在合并工作底稿中编制的调整分录仅有当期乙公司实现净利润，甲公司按照持股比例确认相应的份额。本题中甲公司应享有子公司净损益＝800（调整后的净利润）×90%（甲公司的持股比例）＝720（万元）。

③长期股权投资与子公司所有者权益的抵销处理。

在编制合并财务报表时，应当在母公司与子公司财务报表数据简单相加的基础上，将母公司对子公司长期股权投资与子公司所有者权益予以抵销。在子公司为非全资子公司的情况下，母公司对子公司长期股权投资的金额和子公司所有者权益中母公司享有的份额相抵销。在合并工作底稿中编制的抵销分录为：借记"股本""资本公积""盈余公积"和"未分配利润——年末"项目，贷记"长期股权投资"和"少数股东权益"项目。其中，属于商誉的部分，还应借记"商誉"项目。

本题中，应抵销的盈余公积＝500（购买日乙公司期初盈余公积）＋80（本年提取的盈余公积）＝580（万元）；应抵销的未分配利润＝1 500（购买日乙公司期初未分配利润）＋800（调整后净利润）－80（本年提取盈余公积）＝2 220（万元），乙公司其他所有者权益科目按购买日金额抵销。

④母公司的投资收益与子公司利润分配的抵销。

本题中，抵销甲公司应享有的投资收益＝800（调整后净利润）×90%＝720（万元），少数股东损益＝800（调整后净利润）×10%＝80（万元），年末未分配利润为2 220万元（详见③）。

⑤编制合并利润表时，应将销售企业由于该内部交易产生的销售收入和销售成本予以抵销。编制合并资产负债表时，应将购买企业期末存货价值中包含的未实现内部销售损益予以抵销。

本题内部交易的营业收入为750万元，营业成本为700万元，则期末存货价值中包含的未实现内部销售损益＝（750－700）×（1－80%）＝10（万元）。

【答案】相关的调整分录为：

借：长期股权投资　　　　　　　　　720【800×90%】
　　贷：投资收益　　　　　　　　　　720

相关的抵销分录为：

借：股本　　　　　　　　　　10 000
　　资本公积　　　　　　　　8 000
　　盈余公积　　　　　　　　580【500＋80】
　　年末未分配利润　　　　　2 220【1 500＋800－80】

```
    贷：长期股权投资                        18 720【18 000＋720】
        少数股东权益                        2 080【2 000＋800×10％】
借：投资收益                        720
    少数股东损益                    80
    年初未分配利润                1 500
        贷：提取盈余公积                    80
            年末未分配利润                2 220
借：营业收入                      750
        贷：营业成本                       740【差额】
            存货                           10【（750－700）×（1－80％）】
```

【真题实战·综合题】（2018年）

2017年1月1日，甲公司以银行存款5 700万元自非关联方取得乙公司80％的有表决权的股份，对乙公司进行控制。本次投资前，甲公司不持有乙公司股份且与乙公司不存在关联方关系，甲公司、乙公司的会计政策和会计期间相一致。

资料一：2017年1月1日，乙公司所有者权益的账面价值为5 900万元，其中：股本为2 000万元，资本公积1 000万元，盈余公积900万元，未分配利润2 000万元。除存货的公允价值高于账面价值100万元外，乙公司其余各项可辨认资产、负债的公允价值与其账面价值相同。

资料二：2017年6月30日，甲公司将其生产的成本为900万元的设备以1 200万元的价格出售给乙公司，当期，乙公司以银行存款支付货款，并将该设备作为行政管理用固定资产立即投入使用，乙公司预计设备的使用年限为5年，预计净残值为0，采用年限平均法计提折旧。

资料三：2017年12月31日乙公司将2017年1月1日库存的存货全部对外出售。

资料四：2017年度，乙公司实现净利润600万元，提取法定盈余公积60万元，宣告发放现金股利200万元。

假设不考虑增值税、企业所得税等相关因素，甲公司编制合并报表时以甲、乙公司个别财务报表为基数在合并工作底稿中将甲公司对乙公司的长期股权投资由成本法调整为权益法。

要求：（答案中的金额单位用万元表示）

（1）分别计算甲公司在2017年1月1日合并财务报表中应确认的商誉金额和少数股东权益的金额。

（2）编制2017年1月1日合并工作底稿中与乙公司资产相关的调整分录。

（3）编制甲公司2017年1月1日与合并资产负债表相关的抵销分录。

（4）编制2017年12月31日与合并资产负债表、合并利润表相关的调整和抵销分录。

（1）

【解析】由于甲公司、乙公司在合并前不存在关联方关系，因此属于非同一控制下企业合并。

商誉＝合并成本－取得被投资方可辨认净资产公允价值份额，少数股东权益＝取得被投资方自购买日开始持续计算的可辨认净资产公允价值×少数股东持股比例。本题乙公司是甲公司取得的非全资子公司，涉及少数股东权益，其占股份额为20%（1－80%）。取得被投资方可辨认净资产公允价值＝其取得被投资方可辨认净资产账面价值（5 900）＋评估增值（100）＝6 000（万元）

【答案】2017年1月1日乙公司可辨认净资产的公允价值＝5 900＋100＝6 000（万元），商誉＝5 700－6 000×80%＝900（万元），少数股东权益＝6 000×20%＝1 200（万元）。

（2）

【解析】编制合并报表时，需要根据购买日子公司可辨认资产、负债的公允价值与账面价值之间的差额，调整子公司相关资产、负债及资本公积项目；本题购买日乙公司存货公允价值与账面价值差额为100万元，在编制调整分录时需将乙公司存货账面价值调整为公允价值，计入资本公积。其调整分录如下：

借：存货 【公允价值－账面价值】

    贷：资本公积

【答案】

借：存货 100

    贷：资本公积 100

（3）

【解析】编制购买日合并报表时，应将母公司对子公司长期股权投资与子公司所有者权益予以抵销。子公司为非全资子公司的，母公司对子公司长期股权投资的金额和子公司所有者权益中母公司所享有的份额相抵销，差额计入商誉。其中子公司的资本公积（1 100）＝购买日资本公积＋评估增值，其他的依据子公司购买日可辨认净资产金额照抄，少数股东权益（1 200）＝自购买日开始持续计算的子公司可辨认净资产公允价值（6 000）×少数股东持股比例（20%）。

【答案】

借：股本 2 000

    资本公积 1 100【1 000＋100】

    盈余公积 900

    未分配利润 2 000

    商誉 900【5 700－6 000×80%】

    贷：长期股权投资 5 700

        少数股东权益 1 200【6 000×20%】

第19章

（4）

【解析】编制购买日后合并报表调整抵销分录如下：

①期末编制合并报表时，根据购买日乙公司可辨认资产、负债的公允价值与账面价值之间的差额，对乙公司个别报表进行调整。本题期末将子公司存货账面价值调整为公允价值，计入资本公积。购买日的存货期末全部对外出售，计入利润表中"营业成本"。

②期末按权益法调整对子公司的长期股权投资，应按《企业会计准则第2号——长期股权投资》所规定的权益法进行调整。在确认应享有子公司净损益的份额时，只考虑购买方购买日可辨认资产、负债的公允价值和账面价值不一致的差额对当期损益的影响，不考虑内部交易的影响。

③长期股权投资与子公司所有者权益的抵销处理。在合并工作底稿中编制的抵销分录为：借记"股本""资本公积""盈余公积"和"未分配利润——年末"项目，贷记"长期股权投资"和"少数股东权益"项目，差额部分借记"商誉"项目。

④母公司的投资收益与子公司利润分配的抵销。本题投资收益是抵销母公司享有的投资收益＝调整后净利润500×80%＝400（万元），少数股东损益＝调整后净利润500×20%＝100（万元），"未分配利润——年末"项目照抄③中的，其他照抄。

⑤内部交易的抵销。在企业集团内母公司与子公司之间将自身的产品销售给其他企业作为固定资产使用的情况下，从整个企业集团来说，只能以销售企业生产该产品的成本作为固定资产原价在合并报表中反映。

【答案】

①对子公司个别报表进行调整：

借：存货　　　　　　　　　　　　　　　　　100
　　贷：资本公积　　　　　　　　　　　　　　100
借：营业成本　　　　　　　　　　　　　　　100
　　贷：存货　　　　　　　　　　　　　　　　100

②将成本法核算的结果调整为权益法核算的结果：调整后的净利润＝600－100＝500（万元）

借：长期股权投资　　　　　　　400【（600－100）×80%】
　　贷：投资收益　　　　　　　　　　　　　　400
借：投资收益　　　　　　　　　160【200×80%】
　　贷：长期股权投资　　　　　　　　　　　　160

③母公司长期股权投资与子公司所有者权益相抵销：

借：股本　　　　　　　　　　　　　　　2 000
　　资本公积　　　　　　　　　　　　　1 100
　　盈余公积　　　　　　　　　　　　　　960【900＋60】
　　未分配利润——年末　　　　　　　　2 240【2 000＋600－100－60－200】
　　商誉　　　　　　　　　　　　　　　　900

贷：长期股权投资	5 940【5 700 + 400 − 160】	
少数股东权益	1 260【6 300×20%】	

④母公司投资收益与子公司利润分配相抵销：

借：投资收益	400【500×80%】	
少数股东损益	100【500×20%】	
未分配利润——年初	2 000	
贷：未分配利润——年末	2 240	
对所有者（或股东）的分配	200	
提取盈余公积	60	

⑤内部交易的抵销：

借：营业收入	1 200	
贷：营业成本	900	
固定资产——原价	300	
借：固定资产——累计折旧	30【300÷5÷2】	
贷：管理费用	30	

【沙场练兵·综合题】

甲公司和乙公司采用的会计政策和会计期间相同，甲公司和乙公司2020年至2021年有关长期股权投资及其内部交易或事项如下：

资料一：2020年度资料

①1月1日，甲公司以银行存款18 400万元自非关联方购入乙公司80%有表决权的股份。交易前，甲公司不持有乙公司的股份且与乙公司不存在关联方关系；交易后，甲公司取得乙公司的控制权。乙公司当日可辨认净资产的账面价值为23 000万元，其中股本6 000万元、资本公积4 800万元、盈余公积1 200万元、未分配利润11 000万元；各项可辨认资产、负债的公允价值与其账面价值均相同。

②3月10日，甲公司向乙公司销售A产品一批，售价为2 000万元，生产成本为1 400万元。至当年年末，乙公司已向集团外销售A产品的60%。剩余部分形成年末存货，其可变现净值为600万元，计提了存货跌价准备200万元；甲公司应收款项2 000万元尚未收回，计提坏账准备100万元。

③7月1日，甲公司将其一项专利权以1 200万元的价格转让给乙公司，款项于当日收存银行。甲公司该专利权的原价为1 000万元，预计使用年限为10年、残值为零，采用年限平均法进行摊销，至转让时已摊销5年。乙公司取得该专利权后作为管理用无形资产核算，预计尚可使用5年，残值为零，采用年限平均法进行摊销。

④乙公司当年实现的净利润为6 000万元，提取法定盈余公积600万元，向股东分配现金

股利 3 000 万元；因持有的其他权益工具投资公允价值上升计入当期其他综合收益的金额为 400 万元。

资料二：2021 年度资料

2021 年度，甲公司与乙公司之间未发生内部购销交易。至 2021 年 12 月 31 日，乙公司上年自甲公司购入的 A 产品剩余部分全都向集团外售出；乙公司支付了上年所欠甲公司货款 2 000 万元。

假定：不考虑增值税、所得税等相关税费及其他因素。

要求：（答案中的金额单位用万元表示）

（1）编制甲公司 2020 年 12 月 31 日合并乙公司财务报表时按照权益法调整长期股权投资的调整分录以及该项投资直接相关的（含甲公司内部投资收益）抵销分录。

（2）编制甲公司 2020 年 12 月 31 日合并乙公司财务报表时与内部购销交易相关的抵销分录。（不要求编制与合并现金流量表相关的抵销分录）

（3）编制甲公司 2021 年 12 月 31 日合并乙公司财务报表时与内部购销交易相关的抵销分录。（不要求编制与合并现金流量表相关的抵销分录）

（1）

【解析】由于购买日被投资单位乙公司各项可辨认资产、负债的账面价值与其公允价值相等，所以无需调整具体资产或负债，只需按权益法调整后续计量。将对子公司长期股权投资调整为权益法核算的结果后，开始编制抵销分录，抵销母公司长期股权投资与子公司所有者权益等。

【答案】

①合并财务报表中按照权益法调整，取得投资当年应确认的投资收益 = 6 000×80% = 4 800（万元）。

借：长期股权投资　　　　　　　　　4 800

　　贷：投资收益　　　　　　　　　　4 800

②应确认的其他综合收益 = 400×80% = 320（万元）

借：长期股权投资　　　　　　　　　320

　　贷：其他综合收益　　　　　　　　320

③分配现金股利调整减少长期股权投资 = 3 000×80% = 2 400（万元）

借：投资收益　　　　　　　　　　　2 400

　　贷：长期股权投资　　　　　　　　2 400

④调整后长期股权投资的账面价值 = 18 400 + 4 800 + 320 − 2 400 = 21 120（万元）。

抵销长期股权投资和子公司所有者权益：

借：股本　　　　　　　　　　　　　6 000

　　资本公积　　　　　　　　　　　4 800

盈余公积	1 800【1 200＋600】
未分配利润——年末	13 400【11 000＋6 000－600－3 000】
其他综合收益	400
贷：长期股权投资	21 120【18 400＋4 800＋320－2 400】
少数股东权益	5 280【（23 000＋6 000－3 000＋400）×20%】

借：投资收益　　　　　　　　　4 800【6 000×80%】

　　少数股东损益　　　　　　　1 200【6 000×20%】

　　未分配利润——年初　　　　11 000

　　　贷：提取盈余公积　　　　　　　　　600

　　　　　对所有者（或股东）的分配　　3 000

　　　　　未分配利润——年末　　　　　13 400

（2）

【解析】2020年度，甲公司向乙公司销售的存货，有40%部分未对外出售，所以形成了期末存货列示在乙公司个别财务报表中，列示的金额是计提存货跌价准备后的金额600万元；但是站在合并报表角度，该批存货的成本应为560万元（1 400×40%），小于其可变现净值600万元，所以该批存货未发生减值，应冲回已确认的减值损失200万元。

【答案】2020年12月31日内部购销交易相关的抵销分录：

借：营业收入　　　　　　　　　2 000

　　　贷：营业成本　　　　　　　　　　2 000

借：营业成本　　　　　　　　　240

　　　贷：存货　　　　　　　　　　　　240【（2 000－1 400）×（1－60%）】

借：存货——存货跌价准备　　　200

　　　贷：资产减值损失　　　　　　　　200

借：应付账款　　　　　　　　　2 000

　　　贷：应收账款　　　　　　　　　　2 000

借：应收账款——坏账准备　　　100

　　　贷：信用减值损失　　　　　　　　100

借：资产处置收益　　　　　　　700【1 200－（1 000－1 000÷10×5）】

　　　贷：无形资产——原价　　　　　　700

借：无形资产——累计摊销　　　70【700÷5×6÷12】

　　　贷：管理费用　　　　　　　　　　70

【敲黑板】本题中的调整分录使用的应是报表项目"资产处置收益"而非会计科目。

（3）

【解析】由于抵销分录只是在合并工作底稿中进行，而个别财务报表中的报表项目并未发生增减，因此，在连续编制合并财务报表时，母公司是在合并范围内的所有个别财务报表基础上再进行报表项目的汇总，故需要将上一期末反映在个别报表的数据进行抵销，这样才能保证未分配利润的本年年初数和上年年末数保持一致。

【答案】2021 年 12 月 31 日内部购销交易相关的抵销分录：

借：未分配利润——年初　　　　　　 240
　　贷：营业成本　　　　　　　　　　　　　　 240

借：存货——存货跌价准备　　　　　 200
　　贷：未分配利润——年初　　　　　　　　　 200

借：营业成本　　　　　　　　　　　 200
　　贷：存货——存货跌价准备　　　　　　　　 200

借：应收账款　　　　　　　　　　　 100
　　贷：未分配利润——年初　　　　　　　　　 100

借：信用减值损失　　　　　　　　　 100
　　贷：应收账款——坏账准备　　　　　　　　 100

借：未分配利润——年初　　　　　　 700
　　贷：无形资产——原价　　　　　　　　　　 700

借：无形资产——累计摊销　　　　　 70
　　贷：未分配利润——年初　　　　　　　　　 70

借：无形资产——累计摊销　　　　　 140【700/5】
　　贷：管理费用　　　　　　　　　　　　　　 140

高频考点 8　合并现金流量表的编制

1. 母公司与子公司、子公司相互之间的现金流量——予以抵销

集团内部之间	抵销处理
当期以现金投资或收购股权增加的投资所产生的现金流量	借：投资支付的现金 　　贷：吸收投资收到的现金
当期取得投资收益收到的现金与分配股利、利润或偿付利息支付的现金	借：分配股利、利润或偿付利息支付的现金 　　贷：取得投资收益收到的现金
以现金结算应收款项或应付款项等债权与债务所产生的现金流量	借：购买商品、接受劳务支付的现金 　　贷：销售商品、提供劳务收到的现金
当期销售商品所产生的现金流量	借：购买商品、接受劳务支付的现金 　　贷：销售商品、提供劳务收到的现金

（续表）

集团内部之间	抵销处理
处置长期资产收回的现金净额与购建长期资产支付的现金	借：购建固定资产、无形资产和其他长期资产支付的现金 　　贷：处置固定资产、无形资产和其他长期资产收回的现金净额

2. 子公司与少数股东之间的现金流量——不需抵销

子公司的少数股东	列示
增加在子公司中的权益性投资	"吸收投资收到的现金"项目下的"其中：子公司吸收少数股东投资收到的现金"项目反映
收到子公司支付的现金股利或利润	"分配股利、利润或偿付利息支付的现金"项目下的"其中：子公司支付给少数股东的股利、利润"项目反映
依法抽回在子公司中的权益性投资	"支付其他与筹资活动有关的现金"项目反映

【真题实战·判断题】编制合并现金流量表时，应当将母公司从全资子公司取得投资收益收到的现金与子公司分配股利支付的现金进行抵销。（　　）（2021年）

【解析】编制合并现金流量表时，对于母公司与子公司、子公司相互之间发生的下列交易或事项，需要进行抵销处理：

（1）当期以现金投资或收购股权增加的投资所产生的现金流量；

（2）当期取得投资收益收到的现金与分配股利、利润或偿付利息支付的现金；（和本题表述一致）

（3）以现金结算债权与债务所产生的现金流量；

（4）当期销售商品所产生的现金流量；

（5）处置固定资产、无形资产和其他长期资产收回的现金净额与购建固定资产、无形资产和其他长期资产支付的现金等。

因此，本题表述正确。

【答案】√

【沙场练兵·判断题】母公司在编制合并现金流量表时，应将其直接以现金对子公司进行长期股权投资形成的现金流量，与子公司筹资活动形成的与之对应的现金流量相互抵销。（　　）

【解析】本题考核编制合并现金流量表时应进行的抵销处理。从企业整体看，母公司以现金对子公司进行的长期股权投资实际上相当于母公司将资本拨付下属核算单位，并不引起整个企业集团的现金流量增减变动，应予以抵销。因此，本题表述正确。

【答案】√

【沙场练兵·单选题】2021年12月5日，甲公司向其子公司乙公司销售一批商品，不含增值税的销售价格为2 000万元，增值税税额为260万元，款项已收存银行；该批商品成本为1 600万元，不考虑其他因素，甲公司在编制2021年度合并现金流量表时，"销售商品、提供劳务收到的现金"项目应抵销的金额为（　　）万元。

A.1 600　　　　　　　B.1 860

C.2 000　　　　　　　D.2 260

【解析】甲公司在编制2021年度合并现金流量表时，"销售商品、提供劳务收到的现金"项目应抵销的金额为内部交易发生的现金流量，金额＝2 000＋260＝2 260（万元）。综上，本题应选D。

【答案】D

第19章

强化练习

一、单项选择题

1. 下列关于合并范围的说法中，错误的是（　　）。

A. 在判断企业是否拥有对被投资方的权利时，应仅考虑企业和其他方享有的实质性权利

B. 在判断企业是否拥有对被投资方的权利时，应考虑企业和其他方享有的保护性权利和实质性权利

C. 实质性权利通常是当前可执行的权利，但某些情况下目前不可行使的权利也可能是实质性权利

D. 企业仅持有保护性权利不能对被投资方实施控制，也不能阻止其他方对被投资方实施控制

2. 2021年1月1日，甲公司以银行存款2 000万元取得乙公司80%的股份，能够对乙公司形成控制。当日乙公司可辨认净资产账面价值为1 500万元，可辨认净资产公允价值为2 500万元，差额由一项管理用固定资产所引起。当日，该项固定资产原价为600万元，已计提折旧100万元，公允价值为1 500万元，采用年限平均法计提折旧，预计净残值为零，预计尚可使用年限为5年。甲公司与乙公司在此之前不存在关联方关系，不考虑其他因素，则该项固定资产在2021年编制的合并财务报表中应列示的金额为（　　）万元。

A. 500　　　　　　　B. 1 000　　　　　　　C. 1 200　　　　　　　D. 400

3. 2021年年末甲公司长期股权投资账面余额为2 000万元，其中对乙公司投资1 200万元；乙公司是甲公司同一控制下取得的全资子公司，乙公司账上所有者权益构成为：实收资本1 000万元，资本公积100万元，盈余公积50万元和未分配利润50万元。乙公司是甲公司唯一子公司，在甲公司合并财务报表中，合并财务报表"长期股权投资"项目的金额是（　　）万元。

A. 3 200　　　　　　　B. 1 200　　　　　　　C. 2 000　　　　　　　D. 800

4. 甲公司为乙公司的母公司，至2021年12月31日，甲公司尚未收回对乙公司销售产品的款项合计300万元。甲公司对该应收账款计提了20万元坏账准备。甲公司适用的所得税税率为25%，假定税法规定计提的坏账准备未发生实质损失时不得在税前扣除。则在编制2021年合并财务报表时，下列抵销分录中，不正确的是（　　）。

A. 借：应付账款　　　　　　　　　　　　　　　　　300

　　　贷：应收账款　　　　　　　　　　　　　　　　　　300

B. 借：应收账款——坏账准备　　　　　　　　　　　20

　　　贷：信用减值损失　　　　　　　　　　　　　　　　20

C. 借：信用减值损失　　　　　　　　　　　　　　　20

　　　贷：应收账款——坏账准备　　　　　　　　　　　20

D. 借：所得税费用　　　　　　　　　　　　　　　　　5

　　贷：递延所得税资产　　　　　　　　　　　　　　　　　　　　　　　　　5

5. 不考虑其他特殊因素，下列被投资企业中不应纳入甲公司合并财务报表合并范围的是（　　）。

　　A. 甲公司直接或通过子公司间接拥有被投资单位半数以上的表决权，且甲公司能够控制被投资单位

　　B. 甲公司拥有被投资单位半数或以下的表决权，无权决定被投资单位的财务和经营政策

　　C. 甲公司拥有被投资单位半数或以下的表决权，但有权任免被投资单位的董事会或类似机构的多数成员

　　D. 甲公司在被投资单位的董事会或类似机构占多数表决权

6. 下列有关编制中期财务报告的表述中，符合会计准则规定的是（　　）。

　　A. 中期财务报告会计计量以本报告期期末为基础

　　B. 在报告中期内新增子公司的中期末不应将新增子公司纳入合并范围

　　C. 中期财务报告会计要素确认和计量原则应与本年度财务报告相一致

　　D. 中期财务报告的重要性判断应以预计的年度财务报告数据为基础

7. 甲公司拥有乙公司 80% 有表决权的股份，能够控制乙公司的财务和经营决策。2021 年 1 月 15 日，甲公司将本公司生产的一批产品销售给乙公司，售价为 1 500 万元，其成本为 1 000 万元。至 2021 年 12 月 31 日，乙公司对外售出该批产品的 60%，确认收入 1 200 万元。甲公司 2021 年应在合并财务报表中确认的存货的未实现内部销售损益为（　　）万元。

　　A.200　　　　　　B.600　　　　　　C.480　　　　　　D.500

8. 甲公司拥有乙公司 80% 的股权，甲、乙公司适用的所得税税率均为 25%。甲公司 2020 年 11 月 1 日从乙公司购进其生产的设备一台，成本 1 500 万元，售价 2 000 万元（不考虑增值税），甲公司购入该设备于当月投入使用，预计使用年限为 5 年（与税法相同），预计净残值为零，采用直线法计提折旧（与税法相同）。2021 年年末甲公司编制合并财务报表时，应抵销的"固定资产——累计折旧"科目的金额为（　　）万元。

　　A.50　　　　　　B.100　　　　　　C.500　　　　　　D.108.33

9. 下列关于合并现金流量表中有关少数股东权益项目表述不正确的是（　　）。

　　A. 母公司与子公司、子公司相互之间的现金流量在编制合并现金流量表时需要进行抵销处理

　　B. 我国企业会计准则规定企业应当采用直接法编报现金流量表，同时要求在附注中提供以净利润为基础调节经营活动现金流量的信息

　　C. 子公司与少数股东之间的现金流量应抵销，不予单独反映

　　D. 企业合并当期，母公司购买子公司及其他营业单位支付对价中以现金支付的部分与子公司及其他营业单位在购买日持有的现金和现金等价物应当相互抵销

10. 甲公司 2021 年 1 月 12 日以 22 200 万元取得乙公司 70% 的股权，形成非同一控制下的企业合并。购买日乙公司可辨认净资产公允价值为 23 000 万元。不考虑其他因素，本次企业合并在合并报表中应确认商誉（　　）万元。

　　A.0　　　　　　B.7 440　　　　　　C.6 100　　　　　　D.10 440

二、多项选择题

1. 在确定对被投资单位能够实施控制时，应考虑的因素有（　　）。

　　A. 有能力运用对被投资方的权力影响其回报金额

　　B. 通过参与被投资方的相关活动而享有可变回报

　　C. 从被投资单位获得固定回报

　　D. 拥有对被投资方的权力

2. 以下有关财务报表表述中说法正确的有（　　）。

　　A. 利润表是反映企业在某一特定日期的经营成果和综合收益的会计报表

　　B. 现金流量表是反映企业在一定会计期间的现金和现金等价物流入和流出的会计报表

　　C. 资产负债表是反映企业在某一特定日期的财务状况的会计报表

　　D. 所有者权益变动表是反映构成企业所有者权益的各组成部分当期的增减变动情况的报表

3. 集团编制合并财务报表时应遵循的原则有（　　）。

　　A. 重要性原则　　　　　　　　　　　B. 一体性原则

　　C. 真实可靠、内容完整　　　　　　　D. 便利性

4. 乙公司是甲公司的母公司，2021 年 6 月 30 日，乙公司将其 2019 年 12 月 10 日购入的一台管理用设备出售给甲公司，销售价格为 1 000 万元，增值税税额为 130 万元，出售时该设备账面价值为 850 万元（购入时入账价值为 1 000 万元，预计使用年限为 10 年，采用年限平均法计提折旧，无残值），相关款项已收存银行。甲公司将购入的设备确认为管理用固定资产（增值税进项税额可抵扣），甲公司对取得设备的折旧方法、预计尚可使用年限和净残值与其在乙公司时相同。不考虑其他因素。乙公司 2021 年末合并财务报表中相关会计处理不正确的有（　　）。

　　A. 抵销增值税税额 130 万元　　　　　B. 抵销资产处置收益 150 万元

　　C. 抵销固定资产 150 万元　　　　　　D. 抵销固定资产 850 万元

5. 甲公司持有乙公司 80% 的股权，能够对乙公司实施控制，2021 年 12 月 31 日，乙公司无形资产中包含一项从甲公司购入的商标权，该商标权系 2021 年 4 月 1 日从甲公司购入，购入价格为 860 万元。乙公司购入该商标权后立即投入使用，预计使用年限为 6 年，采用直线法摊销。甲公司该商标权于 2018 年 4 月注册，有效期为 10 年。该商标权的入账价值为 100 万元，至出售日已累计摊销 40 万元。甲公司和乙公司对商标权的摊销均计入管理费用。下列会计处理中正确的有（　　）。

　　A. 2021 年 12 月 31 日甲公司合并报表上该项无形资产应列示为 52.5 万元

　　B. 2021 年 12 月 31 日甲公司编制合并报表时应抵销该无形资产价值 700 万元

　　C. 抵销该项内部交易的结果将减少合并利润 700 万元

　　D. 乙公司购入无形资产时包含内部交易利润为 800 万元

6. 甲公司 2021 年 1 月 1 日购入乙公司 80% 股权（非同一控制下控股合并形成），能够对乙公司的财务和经营政策实施控制，除乙公司外，甲公司无其他子公司，当日乙公司可辨认净资产公允价值为 4 000 万元。2021 年度，乙公司按照购买日可辨认净资产公允价值为基础计算实

现的净利润为 600 万元，分派现金股利 200 万元，无其他所有者权益变动。2021 年年末，甲公司个别财务报表中所有者权益总额 8 000 万元，假定不考虑内部交易等因素。下列关于甲公司 2021 年度合并财务报表列报的表述中正确的有（　　　）。

A.2021 年 12 月 31 日归属于母公司的股东权益为 8 320 万元

B.2021 年 12 月 31 日少数股东权益为 880 万元

C.2021 年 12 月 31 日股东权益总额为 9 200 万元

D.2021 年度少数股东损益为 120 万元

7. 乙公司系甲公司的母公司，2021 年 6 月 30 日，乙公司向甲公司销售一件产品，销售价格为 1 000 万元，增值税税额为 130 万元，账面价值为 900 万元，相关款项已收存银行。甲公司将购入的该产品作为管理用固定资产（增值税进项税额可抵扣）核算，并于当日投入使用，预计使用寿命为 10 年，预计净残值为零，采用年限平均法计提折旧。乙公司适用的所得税税率为 25%，不考虑其他因素。乙公司编制 2021 年合并财务报表时对于该项内部交易的抵销处理正确的有（　　　）。

A. 抵销固定资产 100 万元　　　　　　B. 抵销管理费用 5 万元

C. 调增递延所得税资产 23.75 万元　　D. 抵销营业外收入 1 000 万元

8. 将集团内部利息收入与内部利息支出抵销时，可能编制的抵销分录包括（　　　）。

A. 借记"投资收益"项目，贷记"财务费用"项目

B. 借记"营业外收入"项目，贷记"财务费用"项目

C. 借记"管理费用"项目，贷记"财务费用"项目

D. 借记"投资收益"项目，贷记"在建工程"项目

9. 甲公司持有乙公司 70% 股权并控制乙公司，甲公司 2020 年度合并财务报表中少数股东权益为 950 万元，2021 年度，乙公司发生净亏损 3 500 万元，无其他所有者权益变动。除乙公司外，甲公司没有其他子公司。不考虑其他因素，下列关于甲公司在编制 2021 年度合并财务报表中的处理中，正确的是（　　　）。

A. 甲公司承担乙公司亏损 2 450 万元

B. 少数股东承担乙公司亏损 950 万元

C. 少数股东权益的列报金额为 – 100 万元

D. 母公司所有者权益减少 950 万元

10. 2019 年 12 月 31 日，甲公司以某项固定资产及现金与其他三家公司共同出资设立乙公司，甲公司持有乙公司 60% 股权并能够对其实施控制。当日，双方办理了与固定资产所有权转移的相关手续。该固定资产的账面价值为 2 000 万元，公允价值为 2 600 万元。乙公司预计上述固定资产尚可使用 10 年，预计净残值为零，采用年限平均法计提折旧，每年计提折旧额直接计入当期管理费用。不考虑其他因素，下列各项关于甲公司在编制合并财务报表时会计处理的表述中，正确的有（　　　）。

A. 2019 年合并利润表资产处置收益项目抵销 600 万元

B. 2020 年合并利润表管理费用项目抵销 60 万元

C. 2021 年末合并资产负债表未分配利润项目的年初数抵销 540 万元

D. 2021 年末合并资产负债表固定资产项目抵销 480 万元

三、判断题

1. 在编制合并财务报表时，按照权益法调整长期股权投资，应相应调整母公司的账簿记录和个别财务报表列报。（　　）

2. 母公司应将其全部子公司纳入合并范围，编制合并报表。（　　）

3. 子公司之间出售资产所形成的未实现内部交易损益，应当按照母公司对出售方子公司的分配比例在"归属于母公司所有者的净利润"和"少数股东损益"之间分配抵销。（　　）

4. 在不考虑内部交易及其他因素情况下，若子公司为非全资子公司，母公司本期对子公司股权投资收益与本期少数股东损益之和等于调整后子公司本期实现的净利润。（　　）

5. 如果子公司有"专项储备"项目，在长期股权投资与子公司所有者权益相互抵销后，应当恢复子公司的专项储备金额，借记"其他综合收益"项目，贷记"专项储备"项目。（　　）

四、计算分析题

1. 2020 年 1 月 1 日，甲公司以银行存款购入乙公司 80% 的股份，能够对乙公司实施控制。当月，甲公司销售给乙公司 A 商品 500 件，销售价格为每件 3 万元，商品成本为每件 2.5 万元。截至年底，甲公司未收到乙公司货款，甲公司对此笔应收账款计提坏账准备 10 万元。2020 年乙公司对外销售 A 商品 300 件，每件销售价格为 4 万元，2020 年年末结存 A 商品 200 件。2020 年 12 月 31 日，A 商品每件可变现净值为 2.8 万元，乙公司对 A 商品计提存货跌价准备 40 万元。2021 年乙公司对外销售 A 商品 100 件，每件销售价格为 2.8 万元。2021 年 12 月 31 日，乙公司年末存货中包括从甲公司购进的 A 商品 100 件，A 商品每件可变现净值为 2.6 万元。乙公司个别财务报表中 A 商品存货跌价准备的期末余额为 40 万元。乙公司已于本年度将上年度货款结清。本题不考虑增值税、所得税及其他因素。

要求：（答案中的金额单位以万元表示）

编制合并报表中，甲公司 2020 年和 2021 年与存货、应收账款等相关的抵销分录。

五、综合题

1. 甲公司、乙公司 2021 年有关交易或事项如下：

（1）1 月 1 日，甲公司向乙公司控股股东丙公司定向增发本公司普通股股票 1 400 万股（每股面值为 1 元，市价为 15 元），以取得丙公司持有的乙公司 70% 股权，实现对乙公司财务和经营政策的控制，股权登记手续于当日办理完毕，交易后丙公司拥有甲公司发行在外普通股的 5%。甲公司为定向增发普通股股票，支付券商佣金及手续费 300 万元；为核实乙公司资产价值，支付资产评估费 20 万元；相关款项已通过银行支付。当日，乙公司可辨认净资产账面价值为 24 000 万元，其中：股本 6 000 万元、资本公积 5 000 万元、盈余公积 1 500 万元、未分配利润 11 500 万元；乙公司可辨认净资产的公允价值为 27 000 万元。乙公司可辨认净资产账面价值与公允价值的差额系由以下两项资产所致：①一批库存商品，成本为 8 000 万元，未计提存货跌价准备，公允价值为 8 600 万元；②一栋办公楼，成本为 20 000 万元，累计折旧 6 000 万元，未计提减值准备，公允价值为 16 400 万元。上述库存商品于 2021 年 12 月 31 日前全部实现对外销售；上述办公楼预计自 2021 年 1 月 1 日起剩余使用年限为 10 年，预计净残值为零，采用年限平均法计提折旧。

（2）2 月 5 日，甲公司向乙公司销售一批产品，销售价格为 2 500 万元（不含增值税，下同），产品成本为 1 750 万元，款项尚未收回。至年末，乙公司已对外销售 70%，另 30% 部分形成存货，期末未发生减值损失。

（3）6 月 15 日，甲公司以 2 000 万元的价格将其生产的产品销售给乙公司，销售成本为 1 700 万元，款项已于当日收存银行。乙公司取得该产品后作为管理用固定资产并于当月投入使用，采用年限平均法计提折旧，预计使用年限为 5 年，预计净残值为零。至当年年末，该项固定资产未发生减值。

（4）12 月 31 日，甲公司应收账款账面余额为 2 500 万元，计提坏账准备 200 万元。该应收账款系 2 月份向乙公司赊销产品形成。

（5）2021 年度，乙公司个别利润表中实现净利润 9 000 万元，提取盈余公积 900 万元，其他综合收益增加 500 万元。当年，乙公司向股东宣告分配现金股利 4 000 万元。

（6）其他有关资料：① 2021 年 1 月 1 日前，甲公司与乙公司、丙公司均不存在任何关联方关系。②甲公司与乙公司均以公历年度作为会计年度，采用相同的会计政策。③假定不考虑所得税、增值税及其他因素，甲公司和乙公司均按当年净利润的 10% 提取法定盈余公积，不提取任意盈余公积。

要求：（答案中的金额单位用万元表示）

（1）计算甲公司取得乙公司 70% 股权的初始入账价值，并编制甲公司个别报表中相关会计分录。

（2）计算甲公司在编制购买日合并财务报表时因购买乙公司股权应确认的商誉。

（3）编制甲公司 2021 年 12 月 31 日合并乙公司财务报表时按照权益法调整对乙公司长期股权投资的会计分录。

（4）编制甲公司 2021 年 12 月 31 日合并乙公司财务报表相关的抵销分录（不要求编制与合并现金流量表相关的抵销分录）。

答案与解析

一、单项选择题

1. 【解析】选项 B 说法错误，在判断企业是否拥有对被投资方的权利时，应仅考虑企业及其他方享有的实质性权利，不考虑保护性权利。综上，本题应选 B。

【答案】B

2. **【解析】**该项固定资产在合并财务报表的列示金额＝1 500－1 500/5＝1200（万元）。综上，本题应选 C。

【答案】C

3. **【解析】**在纳入合并范围的子公司为全资子公司的情况下，母公司对子公司权益性资本投资的数额和子公司所有者权益各项目的数额应全部抵销。则在甲公司合并财务报表中长期股权投资项目的金额＝2 000－1 200＝800（万元）。综上，本题应选 D。

【答案】D

4. **【解析】**选项 A、B、D 正确，选项 C 错误，抵销坏账准备时，应借记"应收账款——坏账准备"科目，贷记"信用减值损失"科目。综上，本题应选 C。

【答案】C

5. **【解析】**选项 A、C、D 都达到了控制，应纳入甲公司合并财务报表范围，选项 B，甲公司无权决定被投资单位的财务和经营政策，未达到控制，所以不能纳入甲公司合并财务报表范围。综上，本题应选 B。

【答案】B

6. **【解析】**选项 A 不符合，在编制中期财务报告时，中期会计计量应当以年初至中期末为基础；选项 B 不符合，在报告中期内新增子公司的，则在中期末应当将该子公司财务报表纳入合并财务报表的合并范围中；选项 C 符合，中期财务报告会计要素确认和计量原则应与本年度财务报告相一致；选项 D 不符合，中期财务报告的重要性判断应当以中期财务报告数据为基础。综上，本题应选 C。

【答案】C

7. **【解析】**期末包含在存货中的未实现内部销售损益＝（1 500－1 000）×40%＝200（万元）。综上，本题应选 A。

【答案】A

8. **【解析】**2021 年年末甲公司编制合并财务报表时，抵销的累计折旧应为 2020 年 12 月至 2021 年末多计提的折旧，应抵销的"固定资产——累计折旧"项目的金额＝（2 000－1 500）× 1/5×13/12＝108.33（万元）。综上，本题应选 D。

【答案】D

9. **【解析】**选项 A、B、D 表述正确；选项 C 表述错误，子公司与少数股东之间的现金流量，不予抵销，应在合并现金流量表中单独反映。综上，本题应选 C。

【答案】C

10. **【解析】**甲公司在合并财务报表中应确认的商誉＝22 200－23 000×70%＝6 100（万元）。综上，本题应选 C。

【答案】C

二、多项选择题

1. 【解析】控制，是指企业拥有对被投资方的权力，通过参与被投资方的相关活动而享有可变回报，并且有能力运用对被投资方的权力影响其回报金额。综上，本题应选 ABD。

【答案】ABD

2. 【解析】选项 A 说法错误，利润表是反映企业在一定会计期间的经营成果和综合收益的会计报表，选项 B、C、D 说法正确。综上，本题应选 BCD。

【答案】BCD

3. 【解析】合并财务报表的编制除应遵循财务报表编制的一般原则和要求，如真实可靠、内容完整之外，还应遵循以下原则和要求：①以个别财务报表为基础编制；②一体性原则；③重要性原则。选项 D，不是编制合并财务报表时应遵循的原则。综上，本题应选 ABC。

【答案】ABC

4. 【解析】合并财务报表中，应抵销资产处置收益 = 1 000 – 850 = 150（万元）；合并财务报表中不抵销增值税税额；应抵销固定资产 = 150 – 150 ÷（10 – 1.5）× 6/12 = 141.18（万元）。综上，本题应选 ACD。

【相关分录】（单位：万元）

合并财务报表层面的抵销分录列示如下：

借：资产处置收益	150
贷：固定资产	150
借：固定资产——累计折旧	8.82【150 ÷（10 – 1.5）× 6/12】
贷：管理费用	8.82

【答案】ACD

5. 【解析】选项 A 正确，从合并报表层面看，无形资产应以 60 万元为基础来进行摊销，则应列示的金额 = 60 – 60/6 × 9/12 = 52.5（万元）；选项 B 正确，抵销无形资产原价 800 万元（860 – 60），同时，抵销多计提的累计摊销 100 万元【（860 – 60）/6 × 9/12】，合计影响抵销无形资产价值 700 万元；选项 C 正确，应抵销无形资产原价中包含的内部销售利润以及后续变动的影响 = 800 – 800/6 × 9/12 = 700（万元）；选项 D 正确，乙公司购入无形资产时，销售价格为 860 万元，账面价值为 60 万元，因此，包含的内部交易利润 = 860 –（100 – 40）= 800（万元）。综上，本题应选 ABCD。

【相关分录】（单位：万元）

借：资产处置收益	800【860 – 60】
贷：无形资产——原价	800
借：无形资产——累计摊销	100
贷：管理费用	100【800/6 × 9/12】

【答案】ABCD

6. 【解析】2021 年度少数股东损益 = 600 × 20% = 120（万元），2021 年 12 月 31 日少数股

第19章

东权益 = 4 000×20% +（600 – 200）×20% = 880（万元）；2021 年 12 月 31 日归属于母公司的股东权益 = 8 000 +（600 – 200）×80% = 8 320（万元）；2021 年 12 月 31 日股东权益总额 = 8 320 + 880 = 9 200（万元）。综上，本题应选 ABCD。

【答案】 ABCD

7. **【解析】** ①抵销营业收入 1 000 万元；②抵销营业成本 900 万元；③抵销管理费用 =（1 000 – 900）÷10×6/12 = 5（万元）；④抵销固定资产 = 100 – 5 = 95（万元）；⑤调增递延所得税资产 =（100 – 5）×25% = 23.75（万元）。综上，本题应选 BC。

【相关分录】（单位：万元）

借：营业收入	1 000
贷：营业成本	900
固定资产——原价	100
借：固定资产——累计折旧	5【（1 000 – 900）÷10×6/12】
贷：管理费用	5
借：递延所得税资产	23.75【95×25%】
贷：所得税费用	23.75

【答案】 BC

8. **【解析】** 本题考核内部债权债务的抵销。对于集团内部借款企业或债券发行方来说，其筹集的资金的利息支出可能计入财务费用，也可能计入在建工程等。而对于投资方而言，取得的利息收入可计入投资收益。综上，本题应选 AD。

【答案】 AD

9. **【解析】** 2021 年度，母公司所有者权益减少 = 3 500×70% = 2 450（万元），少数股东承担乙公司亏损 = 3 500×30% = 1 050（万元），母公司承担乙公司亏损 = 3 500×70% = 2 450（万元），少数股东权益的列报金额 = 950 – 1 050 = – 100（万元）。综上，本题应选 AC。

【答案】 AC

10. **【解析】** 甲公司向乙公司投出资产属于内部交易，其抵销分录为：

2019 年：

借：资产处置收益	600【2 600 – 2 000】
贷：固定资产——原价	600

2020 年：

借：年初未分配利润	600
贷：固定资产——原价	600
借：固定资产——累计折旧	60【600/10】
贷：管理费用	60

2021 年：

借：年初未分配利润   600

  贷：固定资产——原价   600

借：固定资产——累计折旧   60

  贷：年初未分配利润   60

借：固定资产——累计折旧   60

  贷：管理费用   60

因此，2019 年抵销利润表中资产处置收益 600 万元；2020 年合并利润表中管理费用抵销 60 万元；2021 年年末合并资产负债表中未分配利润抵销金额 = 600 − 60 = 540（万元）；2021 年年末合并资产负债表中抵销固定资产项目的金额 = 600 − 60 − 60 = 480（万元）。

综上，本题应选 ABCD。

【答案】 ABCD

三、判断题

1. **【解析】** 在编制合并财务报表时，按照权益法调整长期股权投资，这项调整工作应在合并财务报表的工作底稿中进行，不得据此改变母公司的账簿记录和个别财务报表列报。因此，本题表述错误。

  【答案】 ×

2. **【解析】** 当母公司是投资性主体时，且不存在为其投资活动提供相关服务的子公司，则不应编制合并财务报表，该母公司按照公允价值计量其对所有子公司的投资，且公允价值变动计入当期损益。因此，本题表述错误。

  【答案】 ×

3. **【解析】** 子公司之间出售资产，参照逆流交易处理。因此，本题表述正确。

  【答案】 √

4. **【解析】** 子公司本期调整后的净利润 = 母公司本期确认的净利润份额 + 少数股东确认的净利润份额。因此，本题表述正确。

  【答案】 √

5. **【解析】** 如果子公司有"专项储备"项目，在长期股权投资与子公司所有者权益相互抵销后，应当恢复子公司的专项储备金额，借记"未分配利润"项目，贷记"专项储备"项目。因此，本题表述错误。

  【答案】 ×

四、计算分析题

1.（1）2020 年抵销分录

  【解析】 甲公司销售给乙公司产品，属于顺流交易，要对收入进行全额抵销，其中 200 件商品形成存货，需对期末存货包含的未实现内部销售损益进行抵销。由于乙公司对 A 产品计提了减值准备，而从合并报表中看，该商品成本为每件 2.5 万元，每件可变现净值为 2.8 万元，A 产品并没有减值，要对减值准备进行抵销。甲公司 2020 年对乙公司销售价款并没有收回，同时计提了减值准备，在合并报表中，内部债权债务应予以抵销。

【答案】

①抵销内部存货交易未实现内部销售损益。

借：营业收入	1 500	
贷：营业成本		1 500
借：营业成本	100	
	【（3 – 2.5）×（500 – 300）】	
贷：存货		100

②抵销存货减值准备，存货在乙公司个别财务报表中减值 40 万元【（3 – 2.8）×200】，在合并财务报表中并未减值，因此需要抵销。

| 借：存货——存货跌价准备 | 40 | |
| 贷：资产减值损失 | | 40 |

③抵销应收账款和应付账款及坏账损失。

借：应付账款	1 500	
贷：应收账款		1 500
借：应收账款——坏账准备	10	
贷：信用减值损失		10

（2）2021 年抵销分录

【解析】本年度属于连续编制合并报表，需要对期初存货中包含的内部交易损益进行抵销，同时抵销本年度期末存货的未实现内部交易损益。存货跌价准备的抵销，需要格外注意销售商品结转的存货跌价准备的抵销以及本年度新增的存货跌价准备的抵销。对于坏账准备的抵销，需要抵销期初的坏账准备，同时冲回坏账准备。

【答案】①抵销期初存货中包含的未实现的内部交易损益。

| 借：未分配利润——年初 | 100 | |
| 贷：营业成本 | | 100 |

②抵销年末存货包含的未实现的内部交易损益。

| 借：营业成本 | 50 | |
| 贷：存货 | | 50 |

③抵销期初存货跌价准备。

| 借：存货——存货跌价准备 | 40 | |
| 贷：未分配利润——年初 | | 40 |

④抵销本期销售商品结转的存货跌价准备。

| 借：营业成本 | 20 | |

$$\text{贷：存货——存货跌价准备} \qquad 20$$

⑤抵销本期存货跌价准备。

$$\text{借：存货——存货跌价准备} \qquad 20$$

$$\text{【〔（3－2.6）－（3－2.8）〕×100】}$$

$$\text{贷：资产减值损失} \qquad 20$$

⑥抵销坏账准备。

$$\text{借：应收账款——坏账准备} \qquad 10$$

$$\text{贷：未分配利润——年初} \qquad 10$$

$$\text{借：信用减值损失} \qquad 10$$

$$\text{贷：应收账款——坏账准备} \qquad 10$$

五、综合题

1.（1）

【解析】非同一控制下企业合并，甲公司对乙公司长期股权投资的入账价值是按照甲公司对乙公司能够实施控制的时点确认股票的发行对价＝15×1 400＝21 000（万元），佣金及手续费300万元确认为"资本公积——股本溢价"，支付资产评估费20万元确认为"管理费用"。

【答案】甲公司对乙公司长期股权投资的入账价值＝15×1 400＝21 000（万元），相关分录列示如下：

$$\text{借：长期股权投资} \qquad 21\,000$$

$$\text{管理费用} \qquad 20$$

$$\text{贷：股本} \qquad 1\,400$$

$$\text{资本公积——股本溢价} \qquad 19\,300$$

$$\text{银行存款} \qquad 320$$

（2）

【解析】合并商誉＝企业合并成本－合并中取得被购买方可辨认净资产公允价值份额＝21 000－27 000×70%＝2 100（万元）。

【答案】购买日合并财务报表中应确认的商誉＝21 000－27 000×70%＝2 100（万元）。

（3）

【解析】①首先要调整乙公司个别报表的净利润，净利润调整为乙公司按照购买日公允价值持续计算的金额。既要考虑固定资产评估增值后补提折旧对损益的影响，也要考虑存货评估增值对外销售后对损益的影响。

②然后甲公司在2021年12月31日合并乙公司财务报表时按照权益法调整对乙公司长期股权投资。

【答案】调整后的乙公司2021年度净利润＝9 000－（8 600－8 000）－〔16 400－（20 000－6 000）〕÷10＝8 160（万元）。相关会计分录如下：

借：长期股权投资	5 712【8 160×70%】
贷：投资收益	5 712
借：长期股权投资	350【500×70%】
贷：其他综合收益	350
借：投资收益	2 800【4 000×70%】
贷：长期股权投资	2 800

（4）

【解析】① 2021 年 2 月 5 日，甲公司向乙公司销售一批产品属于顺流交易，不存在"少数股东权益/损益"的问题，销售价格为 2 500 万元，产品成本为 1 750 万元，至年末，乙公司已对外销售 70%，则 30% 的未售存货包括未实现内部交易损益，站在合并报表层面来看，这部分收入与成本需要抵销掉。

② 2021 年 6 月 15 日，甲公司以 2 000 万元的价格将其生产的产品销售给乙公司，销售成本为 1 700 万元，乙公司取得该产品后作为管理用固定资产并于当月投入使用，站在合并报表层面来看，甲公司存货实现的收入，结转的成本，乙公司固定资产本年多计提的折旧需要抵销掉。

③ 2021 年 12 月 31 日，甲公司应收账款账面余额为 2 500 万元，计提坏账准备 200 万元，站在合并报表层面来看，甲公司应收乙公司账款与甲公司计提的坏账都是不存在的，所以要分别抵销掉。

④ 2021 年 12 月 31 日将甲公司的"长期股权投资"与乙公司的所有者权益总额进行抵销，"商誉"倒挤出来。这里乙公司的所有者权益即"股本""资本公积""盈余公积""未分配利润"按照调整之后的数字全额抵销。"少数股东权益"按照乙公司年末调整之后的所有者权益乘少数股东持股比例来计算。

⑤"投资收益"的金额是甲公司按权益法对乙公司净利润调整之后的数字乘甲公司持股比例，"少数股东损益"的金额是甲公司按权益法对乙公司净利润调整之后的数字乘少数股东持股比例。

【答案】①抵销 2 月 5 日内部交易形成的未实现内部销售损益：

借：营业收入	2 500
贷：营业成本	2 500
借：营业成本	225【（2 500 − 1 750）×30%】
贷：存货	225

②抵销固定资产相关的销售收入、销售成本以及原价中包含的未实现内部销售损益，以及固定资产当期多计提折旧：

借：营业收入	2 000
贷：营业成本	1 700
固定资产——原价	300
借：固定资产——累计折旧	30【300÷5×6/12】
贷：管理费用	30

③抵销内部应收账款和应付账款以及内部计提的坏账准备：

借：应付账款　　　　　　　　　　　　　　2 500

　　贷：应收账款　　　　　　　　　　　　2 500

借：应收账款——坏账准备　　　　　　　　 200

　　贷：信用减值损失　　　　　　　　　　 200

④抵销长期股权投资与子公司所有者权益：

借：股本　　　　　　　　　　　　　　　　6 000

　　资本公积　　　　　　　　　　　　　　8 000【5 000 +（27 000 – 24 000）】

　　其他综合收益　　　　　　　　　　　　 500

　　盈余公积　　　　　　　　　　　　　　2 400【1 500 + 900】

　　未分配利润　　　　　　　　　　　　 14 760【11 500 + 8 160 – 900 – 4 000】

　　商誉　　　　　　　　　　　　　　　　2 100

　　贷：长期股权投资　　　　　　　　　 24 262

　　　　　　　　　　　　　　　　　　　【21 000 + 5 712 + 350 – 2 800】

　　　　少数股东权益　　　　　　　　　　9 498

　　　　　　　　【（6 000 + 8 000 + 500 + 2 400 + 14 760）×30%】

⑤抵销母子公司之间内部投资收益

借：投资收益　　　　　　　　　　　　　　5 712

　　少数股东损益　　　　　　　　　　　　2 448【8 160×30%】

　　未分配利润——年初　　　　　　　　 11 500

　　贷：提取盈余公积　　　　　　　　　　 900

　　　　对所有者（或股东）的分配　　　　4 000

　　　　未分配利润——年末　　　　　　 14 760

【提个醒】甲公司的"长期股权投资"与乙公司的所有者权益总额的抵销分录中，倒挤出来的"商誉"金额与合并日计算出来的"商誉"金额一样，如果金额不一样，则计算过程有错误。

第19章

第二十章 会计政策、会计估计变更和差错更正

应试指导

本章主要介绍了会计政策变更、会计估计变更和差错更正的处理原则,知识偏理论,难度不大。备考时,注意总结区分几种情况的典型示例。

历年考情

本章知识较少,内容也相对较简单,但几乎是每年必考内容,主要以客观题形式出现,考查会计政策变更与会计估计变更的区分、前期差错更正的判定等,分值在 2 分左右;2021 年在综合题中考查具体的差错更正处理,建议考生重点理解掌握差错更正的原理。

题型	2021 年（一）		2021 年（二）		2020 年（一）		2020 年（二）		2019 年（一）		2019 年（二）	
	题量	分值	题量	分值	题量	分值	题量	分值	题量	分值	题量	分值
单选题	—	—	—	—	1	1.5 分	—	—	—	—	—	—
多选题	—	—	—	—	—	—	1	2 分	1	2 分	1	2 分
判断题	1	1 分	—	—	1	1 分	—	—	1	1 分	1	1 分
计算分析题	—	—	—	—	—	—	—	—	—	—	—	—
综合题	—	—	1	8 分	—	—	—	—	—	—	—	—

高频考点列表

考点	单选题	多选题	判断题	计算分析题	综合题
会计政策变更和会计估计变更	2020 年、2018 年、2017 年	2019 年、2017 年	2020 年、2015 年	—	—
会计政策变更及会计估计变更的会计处理	—	—	2016 年	—	—
前期差错更正	2016 年	2020 年	2021 年、2019 年	—	2021 年

🌲 章逻辑树

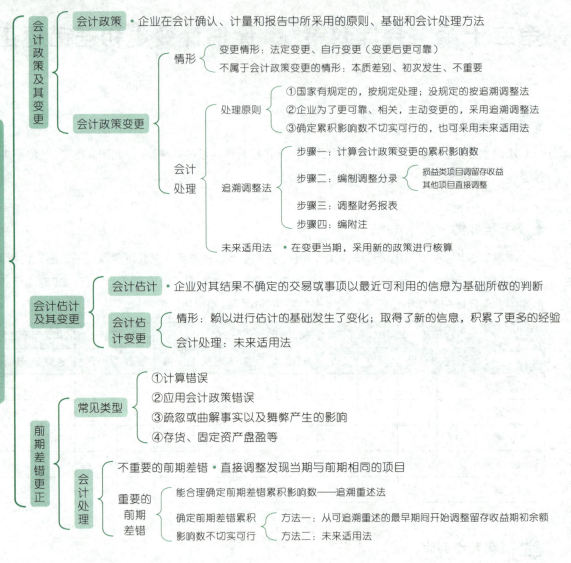

第二十章 会计政策、会计估计变更和差错更正

会计政策及其变更

- 会计政策 · 企业在会计确认、计量和报告中所采用的原则、基础和会计处理方法
- 会计政策变更
  - 情形
    - 变更情形：法定变更、自行变更（变更后更可靠）
    - 不属于会计政策变更的情形：本质差别、初次发生、不重要
  - 会计处理
    - 处理原则
      - ①国家有规定的，按规定处理；没规定的按追溯调整法
      - ②企业为了更可靠、相关，主动变更的，采用追溯调整法
      - ③确定累积影响数不切实可行的，也可采用未来适用法
    - 追溯调整法
      - 步骤一：计算会计政策变更的累积影响数
      - 步骤二：编制调整分录
        - 损益类项目调留存收益
        - 其他项目直接调整
      - 步骤三：调整财务报表
      - 步骤四：编附注
    - 未来适用法 · 在变更当期，采用新的政策进行核算

会计估计及其变更

- 会计估计 · 企业对其结果不确定的交易或事项以最近可利用的信息为基础所做的判断
- 会计估计变更
  - 情形：赖以进行估计的基础发生了变化；取得了新的信息，积累了更多的经验
  - 会计处理：未来适用法

前期差错更正

- 常见类型
  - ①计算错误
  - ②应用会计政策错误
  - ③疏忽或曲解事实以及舞弊产生的影响
  - ④存货、固定资产盘盈等
- 会计处理
  - 不重要的前期差错 · 直接调整发现当期与前期相同的项目
  - 重要的前期差错
    - 能合理确定前期差错累积影响数——追溯重述法
    - 确定前期差错累积影响数不切实可行
      - 方法一：从可追溯重述的最早期间开始调整留存收益期初余额
      - 方法二：未来适用法

Scan
下载这个App
别告诉别人!
配套免费
视频 题库 模考 答疑

高频考点 1 会计政策变更和会计估计变更

1. 会计政策与会计估计项目列举（包括但不限于）

会计政策
①财务报表的编制基础、计量基础和会计政策的确定依据等； ②**存货的计价方法**； ③固定资产的初始计量方法； ④无形资产的确认方法； ⑤**投资性房地产的后续计量方法**； ⑥长期股权投资的核算方法； ⑦非货币性资产交换的计量； ⑧收入的确认方法； ⑨借款费用的处理方法； ⑩外币折算采用的方法及汇兑损益的处理； ⑪编制合并财务报表所采用的原则

会计估计
①**估值**：公允价值的确定； ②**减值**：存货可变现净值、可收回金额的确定； ③**折旧（摊销）**：折旧（摊销）方法、预计使用寿命、净残值的确定； ④其他：合同履约进度的确定、预计负债初始计量最佳估计数的确定

2. 会计政策与会计估计变更条件

企业对交易或事项采用的会计政策（会计估计）方法的改变即为会计政策（会计估计）变更。

会计政策变更的条件
①法律、行政法规或国家统一的会计制度等要求变更； ②会计政策的变更能够提供更可靠、更相关的会计信息 【提个醒】本期发生的交易或者事项与以前相比具有本质差别而采用新的会计政策以及对初次发生的或不重要的交易或者事项采用新的会计政策均不属于会计政策变更。

会计估计变更的条件
①赖以进行估计的基础发生了变化； ②取得了新的信息，积累了更多的经验

｜敲黑板｜ 某项变更难以区分为会计政策变更或会计估计变更的，将其作为会计估计变更处理。

【真题实战·单选题】下列各项中，属于企业会计政策变更的是（　　）。（2020年）

A. 将固定资产的折旧方法由年数总和法变更为年限平均法

B. 将无形资产的摊销方法由直线法变更为产量法

C. 将产品保修费用的计提比例由销售收入的1.5%变更为1%

D. 将政府补助的会计处理方法由净额法变更为总额法

【思路导航】会计政策变更和会计估计变更的区分在考试中通常是以案例的形式进行考查，考生可以直接用排除法快速解答，如对于折旧（摊销）方法、折旧率、比例等的变更通常属于会计估计变更，其他的一般是会计政策变更。

【解析】选项A、B和C均属于会计估计变更，选项D，将政府补助的会计处理方法由净额法变更为总额法属于会计政策变更。综上，本题应选D。

【答案】D

【真题实战·判断题】企业因追加投资导致长期股权投资的核算由权益法转为成本法的，应当作为会计政策变更进行处理。（　　）（2020年）

【解析】因追加投资导致长期股权投资的核算由权益法转为成本法的，应作为企业当期新事项进行处理，不属于会计政策变更。因此，本题表述错误。

【答案】×

【真题实战·多选题】下列各项中，属于企业会计政策变更的有（　　）。（2019年）

A. 固定资产折旧方法由年限平均法改为双倍余额递减法

B. 发出存货的计量方法由移动加权平均法改为先进先出法

C. 投资性房地产的后续计量由成本模式变为公允价值模式

D. 政府补助的会计处理方法由总额法变为净额法

【思路导航】本题考查了会计政策变更、会计估计变更的辨析，相较而言，会计估计分为四大类，判断起来更加容易，可以采用排除法。

【解析】会计政策变更，是指企业对相同的交易或者事项由原来采用的会计政策改用另一会计政策的行为。选项A不符合题意，属于会计估计变更；选项B、C、D符合题意，均属于会计政策变更。综上，本题应选BCD。

【答案】BCD

【真题实战·多选题】下列各项中，属于会计估计的有（　　）。（2019年）

A. 固定资产预计使用寿命的确定

B. 无形资产预计净残值的确定

C. 投资性房地产采用公允价值计量

D. 确认收入时合同履约进度的确定

【思路导航】会计计量基础的选择或指定，如对资产采用历史成本、现值或是公允价值计量，属于常见的会计政策。

【解析】会计估计，是指企业对其结果不确定的交易或事项以最近可利用的信息为基础所作的判断。选项A、B，折旧（摊销）相关指标的确定属于会计估计；选项C，企业对投资性房地产的后续计量是采用成本模式，还是公允价值模式属于会计政策；选项D，确认收入时合同履约进度的确定属于会计估计。综上，本题应选ABD。

【答案】ABD

【真题实战·判断题】企业难以将某项变更区分为会计政策变更还是会计估计变更的，应将其作为会计政策变更处理。（　　）（2015年）

【解析】难以区分属于会计政策变更还是会计估计变更的，应将该事项作为会计估计变更处理。因此，本题表述错误。

【答案】×

【真题实战·单选题】下列事项中，属于企业会计估计变更的是（　　）。（2018年）

A. 无形资产摊销方法由年限平均法变为产量法

B. 发出存货的计价方法由移动加权平均法改为先进先出法

C. 投资性房地产的后续计量由成本模式变为公允价值模式

D. 政府补助的会计处理方法由总额法变为净额法

【思路导航】折旧、摊销、减值相关数值的确定，均属于会计估计事项。

【解析】选项A属于，无形资产摊销方法由年限平均法变为产量法，是企业对其结果的不确定性以最近可利用的信息为基础所做的判断,从而对资产的账面价值或定期消耗金额进行的调整,属于会计估计变更;选项B不属于,发出存货的计价方法由移动加权平均法改为先进先出法,是对相同的事项由原来的会计处理方法改用另一种会计处理方法,属于会计政策变更;选项C不属于,投资性房地产的后续计量模式由成本模式变为公允价值模式,是会计计量基础的变更,属于会计政策变更;选项D不属于,政府补助的会计处理方法由总额法变为净额法属于会计政策变更。综上,本题应选A。

【答案】A

【真题实战·单选题】下列各项中,属于企业会计政策变更的是（ ）。（2017年改编）

A. 固定资产的残值率由7%改为4%

B. 投资性房地产后续计量由成本模式变为公允价值模式

C. 使用寿命确定的无形资产的预计使用年限由10年变更为6年

D. 合同履约进度的确定由产出法改为投入法

【思路导航】会计政策变更着重于会计原则、基础和处理方法的更换,而会计估计变更着重于对估计金额的调整。

【解析】企业会计政策变更是指企业对相同交易或事项由原来采用的会计政策（包括会计原则、计量基础、会计处理方法）改用另一会计政策的行为。选项A、C、D,固定资产残值率的调整、无形资产使用寿命的调整、合同履约进度的确定均属于会计估计变更;选项B,投资性房地产后续计量由成本模式变为公允价值模式,计量基础发生变化,属于会计政策变更。综上,本题应选B。

【答案】B

【真题实战·多选题】下列各项中,属于企业

会计估计的有（ ）。（2017年）

A. 劳务合同履约进度的确定

B. 预计负债初始计量的最佳估计数的确定

C. 无形资产减值测试中可收回金额的确定

D. 投资性房地产公允价值的确定

【解析】会计估计,是指企业对其结果不确定的交易或事项以最近可利用的信息为基础所做出的判断。选项A、B、C、D均属于会计估计。综上,本题应选ABCD。

【答案】ABCD

【沙场练兵·单选题】下列各项中,属于会计政策变更的是（ ）。

A. 低值易耗品的处理方法由一次摊销法改为五五摊销法

B. 固定资产改造完成后将其使用年限由6年延长至9年

C. 投资性房地产的后续计量从成本模式转换为公允价值模式

D. 根据最新客户财务状况,调整坏账准备计提比例

【解析】选项A不符合题意,企业改变低值易耗品处理方法后,对损益的影响并不大,并且低值易耗品通常在企业生产经营中所占的比例不大,属于不重要的事项,不属于会计政策变更;选项B不符合题意,固定资产改造完成后将其使用年限由6年延长至9年属于新的事项采用新的使用年限,既不属于会计政策变更,也不属于会计估计变更;选项C符合题意,投资性房地产的后续计量从成本模式转换为公允价值模式属于会计政策变更;选项D不符合题意,坏账准备计提比例属于会计估计,其变更属于会计估计变更。综上,本题应选C。

【答案】C

高频考点 2 会计政策变更及会计估计变更的会计处理

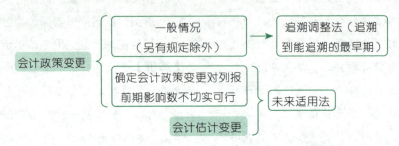

1. 追溯调整法

步骤	说明
计算会计政策变更的累积影响数	会计政策变更的累积影响数可通过以下步骤进行确定： ①根据新的会计政策重新计算受影响的前期交易或事项； ②计算两种会计政策下的差异（税前）； ③计算差异的所得税影响金额：一般不会影响以前年度应交所得税，但涉及计税基础和账面价值不一致的，需要考虑调整递延所得税资产或递延所得税负债； ④确定前期中每一期的税后差异； ⑤计算会计政策变更的累积影响数
编制调整分录（调账）	①涉及损益调整的事项：通过"利润分配——未分配利润"科目进行核算； ②其他项目：直接进行调整
调整财务报表的相关项目（调表）	①资产负债表：调整期初余额； ②利润表：调整上期金额； ③所有者权益变动表：调整"会计政策变更"行、"盈余公积"和"未分配利润"的本年金额和上年金额
编附注	——

2. 未来适用法

在变更当期和未来期间，采用新的会计政策（估计）进行核算。

【真题实战·判断题】企业对会计政策变更采用追溯调整法时，应当按照会计政策变更的累积影响数调整当期期初的留存收益。（　　）（2016 年）

【解析】追溯调整法指对某项交易或事项变更会计政策，视同该项交易或事项初次发生时即采用变更后的会计政策，并以此对财务报表相关项目进行调整的方法。所以应当按照会计政

策变更的累积影响数调整列报前期最早期初的留存收益（而不是当期期初留存收益）。因此，本题表述错误。

【答案】×

【沙场练兵·多选题】下列关于会计政策及其变更的表述中，正确的有（　　）。

A. 会计政策涉及会计原则、会计基础和具体会计处理方法

B. 变更会计政策能够更好地反映企业的财务政策和经营成果

C. 变更会计政策表明以前会计期间采用的会计政策存在错误

D. 本期发生的交易或事项与前期相比具有本质差别而采用新的会计政策，不属于会计政策变更

【解析】选项 A、B、D 表述正确；选项 C 表述错误，会计政策变更并不意味着以前的会计政策是错误的，而是采用变更后的会计政策会使会计信息更加具有可靠性和相关性。综上，本题应选 ABD。

【答案】ABD

高频考点 3 前期差错更正

前期差错		要点
内容		①计算错误。 ②应用会计政策错误。 ③疏忽或曲解事实以及舞弊产生的影响。 ④存货、固定资产盘盈等
会计处理	重要的前期差错	①能合理确定前期差错累积影响数：追溯重述法。 ②确定前期差错累积影响数不切实可行：未来适用法或从可追溯重述的最早期间开始调整留存收益的期初余额，其他相关项目的期初余额也应当一并调整
	不重要的前期差错	无须调整财务报表相关项目的期初数，但应调整发现当期与前期相同的相关项目。属于影响损益的，应直接计入本期与上期相同的净损益项目

┃敲黑板┃追溯重述法实际上就是视同该项前期差错从未发生过，自始即按照正确的方法处理，将正确方法下的处理与错误方法下的处理进行对比，对两者的差异进行调整的一种方法。

【真题实战·判断题】对于不重要的、影响损益的前期差错，企业应将涉及损益的金额直接调整发现当期的利润表项目。（ ）（2021 年）

【解析】前期差错按照重要程度分为重要的前期差错和不重要的前期差错。对于不重要的前期差错，企业无须调整财务报表相关项目的期初数，但应调整发现当期与前期相同的相关项目。属于影响损益的，应直接计入本期与上期

相同的净损益项目。因此，本题表述正确。

【答案】√

【真题实战·多选题】2019 年 12 月 31 日，甲公司发现 2017 年 12 月收到投资者投入的一项行政管理用固定资产尚未入账，投资合同约定该固定资产价值为 1 000 万元（与公允价值相同）。预计使用年限为 5 年，预计净残值为零，采用年限平均法计提折旧。甲公司将漏记该固定资产事项认定为重要的前期差错。

不考虑其他因素，下列关于该项会计差错更正的会计处理表述中，正确的有（　　）。（2020年）

A. 增加2019年度管理费用200万元

B. 增加固定资产原价1 000万元

C. 增加累计折旧400万元

D. 减少2019年初留存收益200万元

【思路导航】对于重要的前期差错：

（1）能合理确定累积影响数的前期差错，采用追溯重述法进行会计处理。

（2）确定累积影响数不切实可行的前期差错，从可追溯重述的最早期间开始调整留存收益的期初余额，并对财务报表其他相关项目的期初余额一并进行调整，也可以采用未来适用法。

【解析】该项会计差错更正的会计分录为（单位：万元）：

①确认固定资产和实收资本/股本的增加

借：固定资产　　　　　　　　1 000

　　贷：实收资本/股本　　　　　　　1 000

②确认以前年度未确认的固定资产折旧费

借：以前年度损益调整——管理费用　200
　　　　　　　　　　　　　【1 000/5】

　　贷：累计折旧　　　　　　　　　　200

借：盈余公积　　　　　　　　　　　20
　　　　　　【假定按照10%计提盈余公积】

　　利润分配——未分配利润　　　180

　　贷：以前年度损益调整　　　　　　200

③确认2019年的固定资产折旧费

借：管理费用　　　　　　　　　　200

　　贷：累计折旧　　　　　　　　　　200

综上，本题应选ABCD。

【答案】ABCD

【真题实战·判断题】如果以前期间由于没有正确运用当时已掌握的相关信息而导致会计估计有误，则属于差错，按前期差错更正的规定

进行会计处理。（　　）（2019年）

【解析】前期差错，是指由于没有运用或错误运用以下两种信息，而对前期财务报表造成省略或错报：（1）编报前期财务报表时预期能够取得并加以考虑的可靠信息；（2）前期财务报告批准报出时能够取得的可靠信息。因此，本题表述正确。

【答案】√

【真题实战·判断题】对于属于前期差错的政府补助退回，企业应当按照前期差错更正进行追溯调整。（　　）（2019年）

【解析】对前期差错进行更正时，需要进行追溯调整。政府补助退回属于前期差错的，也应按照前期差错的相关规定处理。因此，本题表述正确。

【答案】√

【真题实战·单选题】2015年12月31日，甲公司发现应自2014年12月开始计提折旧的一项固定资产从2015年1月才开始计提折旧，导致2014年度管理费用少计200万元，被认定为重大差错，税务部门允许调整2015年度的应交所得税。甲公司适用的企业所得税税率为25%，无其他纳税调整事项，甲公司利润表中的2014年度净利润为500万元，并按10%提取了法定盈余公积。不考虑其他因素，甲公司更正该差错时应将2015年12月31日资产负债表"未分配利润"项目年初余额调减（　　）万元。（2016年）

A.15　　　　　　　B.50

C.135　　　　　　D.150

【解析】2015年12月31日，资产负债表未分配利润项目年初余额调减金额＝200×（1－25%）×（1－10%）＝135（万元）。综上，本题应选C。

【相关分录】（单位：万元）

（1）补提折旧：

借：以前年度损益调整——管理费用　200

　　贷：累计折旧　　　　　　　　　　　200

（2）调整应交所得税：

借：应交税费——应交所得税　　　　50

　　贷：以前年度损益调整——所得税费用　50

（3）结转以前年度损益调整科目：

借：利润分配——未分配利润　　　135

　　盈余公积　　　　　　　　　　15

　　贷：以前年度损益调整——本年利润　150

【答案】C

【沙场练兵·单选题】下列用以更正能够确定累积影响数的重要前期差错的方法中，正确的是（　　）。

A.追溯调整法　　　　B.未来适用法

C.红字更正法　　　　D.追溯重述法

【思路导航】追溯调整法，指对某项交易或事项变更会计政策，视同该项交易或事项初次发生时即采用变更后的会计政策，并以此对财务报表相关项目进行调整的方法。追溯重述法是指在发现前期差错时，视同该项前期差错从未发生过，从而对财务报表相关项目进行调整的

方法。

【解析】对于能够合理确定前期差错累积影响数的前期差错，应采用追溯重述法进行更正。综上，本题应选D。

【答案】D

【沙场练兵·多选题】企业能有效获得相关资料的情况下，对上年度财务报告批准报出后发生的下列事项，应当采用追溯重述法进行会计处理的有（　　）。

A.公布上年度利润分配方案

B.因业务模式发生变更，企业将债权投资重分类为其他债权投资

C.发现上年度应费用化的借款费用计入了在建工程成本（金额较大）

D.发现上年度对使用寿命不确定且金额重大的无形资产按10年平均摊销

【解析】选项A、B，均属于正常事项，无须采用追溯重述法进行会计处理；选项C、D，属于前期差错事项，在企业能够获得相关资料的情况下，应采用追溯重述法进行会计处理。综上，本题应选CD。

【答案】CD

强化练习

一、单项选择题

1. 2021 年 1 月 1 日起，企业对其确认为无形资产的某项非专利技术按照 5 年的期限进行摊销，由于替代技术研发进程的加快，2022 年 1 月，企业将该无形资产的剩余摊销年限缩短为 2 年。这一变更属于（   ）。

    A. 会计政策变更   B. 会计估计变更

    C. 前期差错更正   D. 本期差错更正

2. 下列前期差错更正的会计处理，说法不正确的是（   ）。

    A. 对于不重要的前期差错，一般应视同为本期发生的差错

    B. 确定前期差错影响数不切实可行的，只能采用未来适用法

    C. 企业应当在重要的前期差错发现当期的财务报表中，调整前期比较数据

    D. 对于不重要的前期差错，企业不需要调整财务报表相关项目的期初数，但应调整发现当期的相关项目的金额

3. 甲上市公司发生的下列交易或事项中，属于会计政策变更的是（   ）。

    A. 因固定资产改良将其折旧年限由 8 年延长至 10 年

    B. 期末对按业务发生时的汇率折算的外币长期借款余额按期末市场汇率进行调整

    C. 年末根据当期发生的暂时性差异所产生的递延所得税负债调整本期所得税费用

    D. 发出存货的计价方法由先进先出法改为移动加权平均法

4. 下列关于会计估计及其变更的表述中，正确的是（   ）。

    A. 会计估计应以最近可利用的信息或资料为基础

    B. 对结果不确定的交易或事项进行会计估计会削弱会计信息的可靠性

    C. 会计估计变更应根据不同情况采用追溯重述法或追溯调整法进行处理

    D. 进行会计估计时，往往以未来可利用的信息或资料为基础

5. 甲公司于 2020 年 1 月 15 日取得一项无需安装的大型设备，作为固定资产核算，2021 年 6 月 7 日，甲公司发现 2020 年对该设备计提了 12 个月的折旧。甲公司 2020 年度的财务会计报告已于 2021 年 4 月 20 日批准报出。假定该事项涉及的金额较大，不考虑其他因素，则甲公司正确的做法是（   ）。

    A. 按照会计政策变更处理，调整 2020 年 12 月 31 日资产负债表的年初数和 2020 年度利润表、所有者权益变动表的上年数

    B. 按照重要会计差错处理，调整 2021 年 12 月 31 日资产负债表的期末数和 2021 年度利润表、所有者权益变动表的本期数

    C. 按照重要会计差错处理，调整 2021 年 12 月 31 日资产负债表的年初数和 2021 年度利润表、

所有者权益变动表的上年数

D. 按会计估计变更处理,不需追溯调整

6. 关于会计政策变更,下列表述中正确的是(   )。

A. 企业采用的会计政策一经确定,不得变更

B. 对于初次发生的交易或事项采用新的会计政策,属于会计政策变更,应采用未来适用法处理

C. 会计政策变更涉及损益时,应该通过"以前年度损益调整"科目核算

D. 连续、反复的自行变更会计政策,应按照前期差错更正的方法处理

7. 下列交易或事项中,属于会计政策变更的是(   )。

A. 投资性房地产由成本模式改为公允价值模式

B. 期末存货跌价准备由单项计提改为分类计提

C. 固定资产折旧方法由直线法改为双倍余额递减法

D. 年末根据当期产生的递延所得税负债调整本期所得税费用

8. 关于会计政策变更的累积影响数,下列表述正确的是(   )。

A. 会计政策变更对当期税后净利润的影响数

B. 会计政策变更对当期投资收益、累计折旧等相关项目的影响数

C. 会计政策变更对以前各期追溯计算的列报前期最早期初留存收益应有金额与现有金额之间的差额

D. 会计政策变更对以前各期追溯计算后各有关项目的调整数

9. 本期发现以前期间发生的下列事项中,应采用追溯重述法处理的是(   )。

A. 由于客户财务状况改善,将坏账准备的计提比例由原来的 5% 降为 1%

B. 考虑到利润指标超额完成太多,根据谨慎性原则,多提了存货跌价准备

C. 由于技术进步,将电子设备的折旧方法由直线法变更为年数总和法

D. 甲企业持有乙企业 5% 的股权,将其划分为交易性金融资产进行核算,后因持股比例增加至 61%,将其作为长期股权投资进行核算

10. 下列事项均发生于前期,不应作为前期差错的是(   )。

A. 会计人员将管理费用 1 000 元误算为 10 000 元

B. 由于经营指标的变化,缩短长期待摊费用的摊销年限

C. 由于技术进步,将电子设备的折旧方法由直线法变更为年数总和法

D. 将应计入财务费用的利息支出予以资本化,以增加利润

二、多项选择题

1. 下列项目中,属于会计估计变更的有(   )。

A. 将固定资产的折旧方法由直线法改为年数总和法

B. 对产品质量担保费提取比例的修正

C. 合同履约进度确定方法的改变

D. 投资性房地产公允价值估计方法的改变

2. 下列各项中，应采用未来适用法处理的有（   ）。

A. 企业因账簿超过法定保存期限而销毁，导致会计政策变更累积影响数只能确定账簿保存期限内的部分

B. 企业账簿因不可抗力因素而毁坏，引起会计政策变更累积影响数无法确定

C. 会计政策变更累积影响数能够确定，但法律或行政法规要求对会计政策的变更采用未来适用法

D. 难以区分会计政策变更或会计估计变更的事项

3. 下列各项中，属于会计政策的有（   ）。

A. 存货的计价方法

B. 外币折算所采用的方法

C. 合同收入的确认方法

D. 借款费用的处理方法

4. 下列有关会计估计变更的表述中，正确的有（   ）。

A. 对于会计估计变更，企业应采用未来适用法进行会计处理

B. 会计估计变更，不改变以前期间的会计估计，也不调整以前期间的报告结果

C. 会计估计变更的当年，如企业发生重大盈利，企业应将这种变更作为重大会计差错予以更正

D. 会计估计变更的当年，如企业发生重大亏损，企业应将这种变更作为重大会计差错予以更正

5. 下列各项中，属于会计政策变更的有（   ）。

A. 坏账准备的提取比例发生改变

B. 无形资产摊销年限的改变

C. 所得税核算方法由应付税款法改为资产负债表债务法

D. 投资性房地产的后续计量由成本模式改为公允价值模式

6. 下列会计事项中，可能会影响企业期初留存收益的有（   ）。

A. 因车流量不均衡，将高速公路收费权的摊销方法由直线法改为车流量法

B. 盘盈一项重置价值为 20 万元的固定资产

C. 发现上年度销售费用少记 20 万元（重要）

D. 在上年度将研究开发项目的费用化部分记入当期损益，本年度将符合资本化条件的部分确认为无形资产

7. 下列关于会计政策、会计估计及其变更的表述中，正确的有（   ）。

A. 企业应在国家统一的会计制度规定的会计政策范围内选择适用的会计政策

B. 会计估计变更，不改变以前期间的会计估计，也不调整以前期间的报告结果

C. 对初次发生的或不重要的交易或事项采用新的会计政策，不属于会计政策变更

D. 使用寿命不确定的无形资产改为使用寿命有限的无形资产，属于会计政策变更

8. 企业发生的如下情形中，一般属于会计前期差错的有（   ）。

A. 计算错误

B. 固定资产盘亏

C. 应用会计政策错误

D. 疏忽或曲解事实以及舞弊产生的影响

9. 下列项目中，属于会计估计项目的有（　　　）。

A. 存货可变现净值的确定

B. 固定资产的预计使用寿命和净残值的确定

C. 借款费用的处理方法，即采用资本化还是采用费用化

D. 长期股权投资的后续计量，即是采用成本法，还是采用权益法

10. 下列各项中，不需要采用追溯调整法进行会计处理的有（　　　）。

A. 无形资产因预计使用年限发生变化而变更其摊销年限

B. 低值易耗品摊销方法的改变

C. 由于技术进步，将电子设备的折旧方法由直线法变更为年数总和法

D. 采用成本模式计量的投资性房地产改按公允价值模式计量

三、判断题

1. 对于比较财务报表可比期间以前的会计政策变更的累积影响数，应调整比较财务报表最早期间的期初留存收益，财务报表其他相关项目的金额也应一并调整。（　　　）

2. 企业的会计政策变更均应该根据累积影响数调整报表期初数。（　　　）

3. 固定资产预计使用寿命、预计净残值的调整应作为会计估计变更处理；折旧方法的变更，则作为会计政策变更处理。（　　　）

4. 本期发现的属于以前年度的非重要会计差错，不调整会计报表相关项目的期初数，但应调整发现当期与前期相同的相关项目。（　　　）

5. 除了法律或者会计制度等行政法规、规章要求外，企业不得自行变更会计政策。（　　　）

四、综合题

1. 甲公司系增值税一般纳税人，适用的增值税税率为13%，适用的所得税税率为25%，预计在未来期间保持不变，按净利润的10%提取法定盈余公积，不提取任意盈余公积。甲公司已按2021年度实现的利润总额6 000万元计算确认了当年的所得税费用和应交所得税1 500万元，甲公司2021年度财务报告批准报出日为2022年3月25日；2021年度的企业所得税汇算清缴在2022年4月20日完成。2022年1月28日，甲公司对与2021年度财务报告有重大影响的经济业务及其会计处理进行检查，发现如下问题：

资料一：2021年12月20日，甲公司与丙公司签订合同，向其销售M、N两项商品，合同价款为800万元（不含增值税）。合同约定，M商品于合同开始日交付，N商品在2个月之后交付，且只有当M、N两项商品全部交付之后，甲公司才有权收取800万元的合同对价。假定M商品和N商品构成两项履约义务，其控制权在交付时转移给客户，M商品和N商品的单独售价分别为400万元和600万元。甲公司对上述业务进行了如下会计处理（单位：万元）：

借：应收账款　　　　　　　　　　　　　　　　　361.6

　　贷：主营业务收入　　　　　　　　　　　　　320

　　　　应交税费——应交增值税（销项税额）　　41.6

资料二：2021 年 11 月 5 日，甲公司申请一项用于制造导航芯片技术的国家级研发补贴。申请书中的相关内容如下：甲公司拟于 2021 年 12 月 1 日起开始对导航芯片制造技术进行研发，期限 24 个月，预计研发支出为 1 200 万元（其中计划自筹 600 万元，申请财政补贴 600 万元）；科研成果的所有权归属于甲公司。2021 年 12 月 15 日，有关主管部门批准了甲公司的申请，同意给予补贴款 600 万元，但不得挪作他用。2021 年 12 月 20 日，甲公司收到上述款项后开始研发，至 2021 年 12 月 31 日该项目还处于研发过程中，预计能如期完成。甲公司对该项补贴难以区分与资产相关的部分和与收益相关的部分。根据税法规定，该财政补贴款属于不征税收入。

甲公司 2021 年 12 月 20 日对上述财政补贴业务进行了如下会计处理，且年末并未按照税法规定进行相应调整：

借：银行存款   600

    贷：其他收益   600

资料三：甲公司发现 2021 年度漏记某项管理用设备折旧费用 100 万元（应纳税所得额同样漏记），金额较大。假定税法与会计关于管理用设备的折旧年限、折旧方法及预计净残值均相同。

要求：对资料一至资料三的会计差错进行更正。（答案中的金额单位用万元表示）

答案与解析

一、单项选择题

1.【解析】会计估计是指企业对其结果不确定的交易或事项以最近可利用的信息为基础所做的判断，无形资产摊销年限的确定属于会计估计事项。本题中，由于替代技术研发进程的加快，导致摊销年限缩短，属于赖以估计的基础发生变化导致会计估计变更的情形。综上，本题应选 B。

【答案】B

2.【解析】选项 A、C、D 说法正确；选项 B 说法错误，确定前期差错影响数不切实可行的，可以采用未来适用法，也可以从可追溯重述的最早期间开始调整留存收益的期初余额和财务报表其他相关项目的期初余额。综上，本题应选 B。

【答案】B

3.【解析】选项 A，改良后的固定资产相当于一项新的固定资产，与以前相比具有本质差别，不属于会计政策变更；选项 B、C，属于正常的业务核算；选项 D，存货计价方法的改变属于典型的会计政策变更。综上，本题应选 D。

【答案】D

4.【解析】选项 A 表述正确；选项 B 表述错误，进行合理的会计估计是会计核算中必不可少的部分，不会削弱会计信息的可靠性；选项 C 表述错误，会计估计变更应采用未来适用法；选项 D 表述错误，进行会计估计时，往往以最近可利用的信息或资料为基础。综上，本题应选 A。

【答案】A

5.【解析】该事项属于本期发现前期重大会计差错,应采用追溯重述法,将其对损益的影响调整发现当期的期初留存收益,同时调整会计报表其他相关项目的期初数额。综上,本题应选 C。

【答案】C

6.【解析】选项 A 表述错误,法律、行政法规或国家统一的会计制度等要求变更或会计政策的变更能够提供更可靠、更相关的会计信息时,企业可以变更会计政策;选项 B 表述错误,初次发生的交易或事项采用新的会计政策不属于会计政策变更;选项 C 表述错误,会计政策变更涉及损益时直接调整留存收益,不通过"以前年度损益调整"科目核算;选项 D 表述正确,企业会计政策一经确定,不得随意变更,连续、反复的自行变更会计政策,应按照前期差错进行更正。综上,本题应选 D。

【答案】D

7.【解析】会计政策变更,是指企业对相同的交易或者事项由原来采用的会计政策改用另一会计政策的行为。选项 A,属于会计计量模式的改变,属于会计政策变更;选项 B、C,会计估计变更,是指由于资产和负债的当前状况及预期经济利益和义务发生了变化,从而对资产或负债的账面价值或者资产的定期消耗金额进行调整,折旧、摊销、减值方法的改变以及相关指标的确定均属于会计估计变更;选项 D,属于当期正常的处理,与会计政策变更和会计估计变更无关。综上,本题应选 A。

【答案】A

8.【解析】会计政策变更的累积影响数,是假设与会计政策变更相关的交易或事项在初次发生时即采用新的会计政策,而得出的列报前期最早期初留存收益应有金额与现有金额之间的差额。综上,本题应选 C。

【答案】C

9.【解析】能合理确定前期差错累积影响数的重要前期差错,应当采用追溯重述法进行会计处理。选项 A、C,属于会计估计变更,应采用未来适用法处理;选项 B,滥用会计政策,有舞弊嫌疑,应当作为前期差错采用追溯重述法进行处理;选项 D,因本期发生的交易或者事项与以前相比具有本质差别而采用新的会计政策,属于正常的业务处理,既不属于会计政策变更也不属于前期差错,无需追溯调整。综上,本题应选 B。

【答案】B

10.【解析】选项 A,属于计算错误,应作为前期差错;选项 B、D,属于滥用会计政策和会计估计,应作为前期差错;选项 C,属于会计估计变更,不应作为前期差错。综上,本题应选 C。

【答案】C

二、多项选择题

1.【解析】会计估计变更,是指由于资产和负债的当前状况及预期经济利益和义务发生了变化,从而对资产或负债的账面价值或者资产的定期消耗金额进行调整。选项 A、B、C、D 均属于会计估计变更。综上，本题应选 ABCD。

【答案】ABCD

2.【解析】选项 A，保存期限内的影响数可以获得，应采用追溯调整法；选项 B，会计政策变更累积影响数无法确定的，应当采用未来适用法；选项 C、D，均采用未来适用法。综上，本题应选 BCD。

【答案】BCD

3.【解析】会计政策，是指企业在会计确认、计量和报告中所采用的原则、基础和会计处理方法。选项 A、B、C、D 均属于会计政策。综上，本题应选 ABCD。

【答案】ABCD

4.【解析】选项 A、B 表述正确，会计估计变更应采用未来适用法进行会计处理，不改变以前期间的会计估计，也不调整以前期间的报告结果；选项 C、D 表述错误，会计差错是指在会计核算时，由于计量、确认、记录等方面出现的错误，企业发生重大亏损或重大盈利不属于会计差错。综上，本题应选 AB。

【答案】AB

5.【解析】会计政策变更，是指企业对相同的交易或事项由原来采用的会计政策改用另一会计政策的行为。选项 A、B，与折旧（摊销）、减值相关的数据的确定均属于会计估计变更；选项 C、D，属于会计政策变更。综上，本题应选 CD。

【答案】CD

6.【解析】选项 A，属于会计估计变更，应采用未来适用法处理，不影响期初留存收益；选项 B，盘盈固定资产，应按重置成本确定其入账价值，借记"固定资产"科目，贷记"以前年度损益调整"科目，最终"以前年度损益调整"会转入留存收益，因此影响期初留存收益；选项 C，属于重要的前期差错，需要进行调整，会影响期初留存收益；选项 D，属于正常的业务处理，将费用化部分记入当期损益，符合资本化条件的部分确认为无形资产，不影响期初留存收益。综上，本题应选 BC。

【答案】BC

7.【解析】选项 A、B、C 表述均正确；选项 D 表述错误，属于会计估计变更。综上，本题应选 ABC。

【答案】ABC

8.【解析】前期差错通常包括以下四个方面：计算错误（选项 A）；应用会计政策错误（选项 C）；疏忽或曲解事实以及舞弊产生的影响（选项 D）；存货、固定资产盘盈等。选项 B，固定资产盘亏，不属于会计差错，通过"待处理财产损溢"科目进行核算。综上，本题应选 ACD。

【答案】ACD

9.【解析】会计估计是指企业对结果不确定的交易或事项以最近可利用的信息为基础所做出的判断。选项 A、B，属于会计估计项目；选项 C、D，属于会计政策项目。综上，本题应选 AB。

【答案】AB

10.【解析】选项 A、C，属于会计估计变更，不需要进行追溯调整；选项 B，低值易耗品处理方法的改变，属于对不重要的交易或事项而采用新的会计政策的情形，不属于会计政策变更，不需要进行追溯调整；选项 D，属于会计政策变更，需要进行追溯调整。综上，本题应选 ABC。

【答案】ABC

三、判断题

1.【解析】采用追溯调整法时，会计政策变更的累积影响数应包括在变更当期期初留存收益中，但如果提供可比财务报表的：（1）对于比较财务报表期间的会计政策变更，应调整各该期间净利润各项目和财务报表其他相关项目，视同该政策在比较财务报表期间一直采用；（2）对于比较财务报表可比期间以前的会计政策变更的累积影响数，应调整比较财务报表最早期间的期初留存收益，财务报表其他相关项目的数字也应一并调整。因此，本题表述正确。

【答案】√

2.【解析】累积影响数不能可靠确定的会计政策变更应当采用未来适用法，不需要调整报表的期初数。因此，本题表述错误。

【答案】×

3.【解析】固定资产预计使用寿命、预计净残值的调整以及折旧方法的变更，均应作为会计估计变更处理。因此，本题表述错误。

【答案】×

4.【解析】前期差错按照重要程度分为重要的前期差错和不重要的前期差错。对于不重要的前期差错，不用追溯调整，即不需要调整财务报表相关项目的期初数，不属于影响损益的，调整当期与前期相关项目即可，属于影响损益的，应直接计入本期与上期相同的净损益项目。因此，本题表述正确。

【答案】√

5.【解析】会计政策的变更能够提供更可靠、更相关的会计信息的，企业可以变更其会计政策。因此，本题表述错误。

【答案】×

四、综合题

1.（1）

【答案】甲公司将 M 商品交付给客户之后，与该商品相关的履约义务已经履行，但是需要等到后续交付 N 商品时，企业才具有无条件收取合同对价的权利。因此，甲公司应当将因交付 M 商品而有权收取的对价确认为合同资产，待交付 N 商品后，确认应收账款。因此，甲公司应作的调整分录为：

借：合同资产　　　　　　　　　　　　　　　361.6
　　贷：应收账款　　　　　　　　　　　　　　　361.6

（2）

【答案】对综合性项目的政府补助由于难以区分与资产相关的部分和与收益相关的部分，所以应将整体作为与收益相关的政府补助处理，在取得时先确认为递延收益，然后在确认相关费用的期间计入其他收益。另外，政府补助属于不征税收入，在计算应纳税所得额时将这部分收入进行纳税调减。因此，甲公司应作的调整分录为：

借：以前年度损益调整——其他收益　　　　　　　　　　　　600

　　贷：递延收益　　　　　　　　　　　　　　　　　　　　　　600

借：应交税费——应交所得税　　　　　　　　　150【600×25%】

　　贷：以前年度损益调整——所得税费用　　　　　　　　　　150

借：盈余公积　　　　　　　　　　　　　　　　　　　　　　45

　　利润分配——未分配利润　　　　　　　　　　　　　　　405

　　　贷：以前年度损益调整　　　　　　　　　　　　　　　　450

（3）

【答案】甲公司应作的调整分录为：

借：以前年度损益调整——管理费用　　　　　　　　　　　　100

　　贷：累计折旧　　　　　　　　　　　　　　　　　　　　　100

借：应交税费——应交所得税　　　　　　　　　　25【100×25%】

　　贷：以前年度损益调整——所得税费用　　　　　　　　　　25

借：盈余公积　　　　　　　　　　　　　　　　　　　　　7.5

　　利润分配——未分配利润　　　　　　　　　　　　　　67.5

　　　贷：以前年度损益调整　　　　　　　　　　　　　　　　75

第二十一章　资产负债表日后事项

🎯 应试指导

　　本章重点讲述资产负债表日后调整和非调整事项的辨析和会计处理原则，考试中常以客观题形式考查调整事项和非调整事项的辨析，也可以和其他章节（如收入、或有事项、差错更正、所得税等）结合考查主观题。预计 2022 年客观题、主观题均会出现，考生应重点掌握常见的日后调整事项的会计处理原则。

📈 历年考情

　　本章内容不多，相对比较简单，属于每年必考章节，重点是日后调整事项和非调整事项的辨析和日后调整事项的会计处理原则，平均分值为 6 分左右。

题型	2021 年（一）		2021 年（二）		2020 年（一）		2020 年（二）		2019 年（一）		2019 年（二）	
	题量	分值	题量	分值	题量	分值	题量	分值	题量	分值	题量	分值
单选题	—	—	—	—	1	1.5 分	–	–	—	—	—	—
多选题	1	2 分	—	—	1	2 分	1	2 分	—	—	1	2 分
判断题	—	—	—	—	—	—	1	1 分	—	—	—	—
计算分析题	—	—	—	—	—	—	—	—	—	—	—	—
综合题	—	—	1	5 分	–	–	—	—	1	10 分	—	—

✅ 高频考点列表

考点	单项选择题	多项选择题	判断题	计算分析题	综合题
资产负债表日后事项涵盖期间及内容	2020 年、2018 年	2021 年、2020 年、2019 年	2020 年	—	—
资产负债表日后调整事项的处理	2016 年	2019 年	2016 年	—	2021 年、2019 年、2018 年、2017 年
资产负债表日后非调整事项的处理	—	—	2016 年	—	—

章逻辑树

第二十一章 资产负债表日后事项

概述
- **概念** • 指资产负债表日（年度末、中期期末）至财务报告批准报出日之间发生的有利或不利事项
- **涵盖的期间** • 资产负债表日次日～董事会或类似机构（再次）批准财务报告对外公布的日期
- **内容** • 调整事项、非调整事项

资产负债表日后调整事项
- **概念** • 是指对资产负债表日已经存在的情况提供了新的或进一步证据的事项
- **处理原则**
  - 调账
    - 涉及损益的事项，通过"以前年度损益调整"科目核算
    - 涉及利润分配调整的事项，直接在"利润分配——未分配利润"科目核算
    - 不涉及损益及利润分配的事项，调整相关科目
  - 调表
    - 资产负债表日编制的报表 • 调整相关项目的期末数或本年发生数
    - 当期编制的报表 • 调整相关项目的期初数或上年数
- **常见的调整事项**
  - ①资产负债表日后诉讼案件结案；
  - ②资产负债表日后取得确凿证据，表明某项资产在资产负债表日发生了减值或需调整原确认的减值金额；
  - ③资产负债表日后进一步确定了资产负债表日前购入资产的成本或售出资产的收入；
  - ④资产负债表日后发现了财务报告舞弊或差错

资产负债表日后非调整事项
- **概念** • 是指表明资产负债表日后发生的情况的事项
- **特点**
  - 资产负债表日并未发生或存在，完全是资产负债表日后才发生的事项
  - 不影响资产负债表日企业的财务报表数字
- **处理原则** • 不调整报表，但重大事项需要在附注中披露
- **常见的非调整事项**
  - ①资产负债表日后发生的重大诉讼、仲裁、承诺；
  - ②资产负债表日后资产价格、税收政策、外汇汇率发生重大变化；
  - ③资产负债表日后因自然灾害导致资产发生重大损失；
  - ④资产负债表日后发行股票和债券以及其他巨额举债；
  - ⑤资产负债表日后企业以资本公积转增资本；
  - ⑥资产负债表日后发生巨额亏损；
  - ⑦资产负债表日后发生企业合并或处置子企业；
  - ⑧资产负债表日后，企业利润分配方案中拟分配的以及经审议批准宣告发放的股利或利润

Scan
下载这个App
别告诉别人！

配套免费
视频　题库　模考　答疑

高频考点 1 资产负债表日后事项涵盖期间及内容

1. 资产负债表日后事项涵盖期间

资产负债表日后事项涵盖期间是自资产负债表日次日起至董事会或类似机构（再次）批准财务报告对外公布的日期止的一段时间。

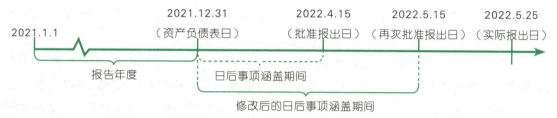

2. 资产负债表日后事项的内容

项目	调整事项	非调整事项
含义	对资产负债表日**已经存在的情况**提供了新的或进一步证据的事项	资产负债表日并**未发生或存在**，完全是资产负债表日后才发生的事项
举例	①资产负债表日后诉讼案件结案，法院判决证实了企业在资产负债表日已经存在现时义务，需要调整原先确认的与该诉讼案件相关的预计负债，或确认一项新负债；（调整"负债"） ②资产负债表日后取得确凿证据，表明某项资产在资产负债表日发生了减值或者需要调整该项资产原先确认的减值金额；（调整"减值"） ③资产负债表日后进一步确定了资产负债表日前购入资产的成本或售出资产的收入；（调整"成本或收入"） ④资产负债表日后发现了财务报告舞弊或差错（"差错更正"）	①资产负债表日后发生重大诉讼、仲裁、承诺； ②资产负债表日后资产价格、税收政策、外汇汇率发生重大变化； ③资产负债表日后因自然灾害导致资产发生重大损失； ④资产负债表日后发行股票和债券以及其他巨额举债； ⑤资产负债表日后资本公积转增资本； ⑥资产负债表日后发生巨额亏损； ⑦资产负债表日后发生企业合并或处置子公司； ⑧资产负债表日后，企业利润分配方案中拟分配的以及经审议批准宣告发放的股利或利润

【真题实战·多选题】2020 年 12 月 1 日，甲公司以赊销方式向乙公司销售一批产品，满足收入确认条件，分别确认应收账款和主营业务收入 2 000 万元。2020 年 12 月 31 日，甲公司对该应收账款计提坏账准备 10 万元。甲公司 2020 年的年度财务报告于 2021 年 3 月 20 日经董事会批准对外报出。不考虑其他因素，甲公司发生的下列各项交易或事项中，属于资产负债表日后调整事项的有（　　）。（2021 年）

A. 2021 年 2 月 10 日，甲公司 2020 年 12 月 1 日销售给乙公司的产品因质量问题被退回 10%

B. 2021 年 1 月 10 日，甲公司取得确凿证据表明 2020 年 12 月 31 日对乙公司的应收账款应计提坏账准备 15 万元

C. 2021 年 3 月 10 日，甲公司收到乙公司支付的 1 000 万元货款

D. 2021 年 3 月 31 日，因乙公司出现严重财

务困难，甲公司对乙公司的剩余应收账款计提坏账准备20万元

【解析】资产负债表日后调整事项，指对资产负债表日已经存在的情况提供了新的或进一步证据的事项。选项A、B均属于资产负债表日后调整事项；选项C属于正常的款项收回，不属于日后调整事项；选项D发生在日后事项涵盖期间之后，不属日后事项。综上，本题应选AB。

【答案】AB

【真题实战·单选题】企业下列各项资产负债表日后事项中，属于调整事项的是（　　）。（2020年）

A. 发现报告年度重要会计差错

B. 处置子公司

C. 发生重大诉讼

D. 董事会通过利润分配方案

【思路导航】调整事项和非调整事项的本质区别：前者是对资产负债表日已经存在的情况提供了新的或进一步证据的事项，后者是资产负债表日后发生的情况或事项（即资产负债表日不存在的情况或事项）。

【解析】选项A，发现报告年度舞弊或差错均属于资产负债表日后调整事项；选项B、C和D均属于资产负债表日后新发生的事项，均为资产负债表日后非调整事项。综上，本题应选A。

【答案】A

【真题实战·多选题】下列各项关于企业资产负债表日后事项会计处理的表述中，正确的有（　　）。（2020年）

A. 重要的非调整事项应当在报告年度财务报表附注中披露

B. 调整事项涉及损益的，应调整报告年度利润表相关项目的金额

C. 发生在报告年度企业所得税汇算清缴后涉及损益的调整事项，不应调整报告年度的应纳

所得税税额

D. 调整事项涉及现金收支的，应调整报告年度资产负债表的货币资金项目的金额

【解析】选项A、B、C表述均正确，选项D表述错误，资产负债表日后事项如涉及现金收支项目，均不调整报告年度资产负债表的货币资金项目和现金流量表各项目数字。综上，本题应选ABC。

【答案】ABC

【真题实战·多选题】甲公司2020年发生的下列各项资产负债表日后事项中，属于调整事项的有（　　）。（2020年）

A. 外汇汇率发生重大变化导致外币存款出现巨额汇兑损失

B. 因火灾导致原材料发生重大损失

C. 发现2019年确认的存货减值损失出现重大差错

D. 2019年12月已全额确认收入的商品因质量问题被全部退回

【解析】资产负债表日后调整事项，是指对资产负债表日已经存在的情况提供了新的或进一步证据的事项。选项A、B不属于，外汇汇率发生重大变化以及火灾均是资产负债表日后发生的情况，属于资产负债表日后非调整事项；选项C、D属于，确认的存货减值损失以及确认商品的收入均是2019年发生的事项，2020年又出现新的情况，属于调整事项。综上，本题应选CD。

【答案】CD

【真题实战·单选题】下列各项资产负债表日后事项中，属于非调整事项的是（　　）。（2020年）

A. 发现报告年度高估了固定资产的弃置费用

B. 以资本公积转增资本

C. 发现报告年度虚增收入

D. 发现报告年度低估了应收账款的信用减值损失

【解析】选项 A、C 和 D 不符合题意，均属于在资产负债表日后期间发现的财务报告舞弊或差错，属于调整事项；选项 B，资产负债表日后期间资本公积转增资本为资产负债表日后发生情况的事项，该情况在资产负债表日不存在，属于非调整事项。综上，本题应选 B。

【答案】B

【真题实战·判断题】资产负债表日至财务报表报批日之间，股东会批准董事会拟定的股利分配方案属于资产负债表日后调整事项。（　　）（2020 年）

【解析】资产负债表日至财务报表报批日之间，股东会批准董事会拟定的股利分配方案属于资产负债表日后新发生的事项，并非是对资产负债表日已经存在的情况提供新的或进一步证据的事项，所以属于资产负债表日后非调整事项。因此，本题表述错误。

【答案】×

【真题实战·多选题】下列各项企业资产负债表日后事项中，属于非调整事项的有（　　）。（2019 年）

A. 发现报告年度的财务报表重大差错

B. 将资本公积转增资本

C. 因火灾导致厂房毁损

D. 发行债券

【解析】选项 A，发现报告年度的财务报表重大差错，表明该事项在资产负债表日已经存在，属于资产负债表日后调整事项；选项 B、C、D，均属于非调整事项。综上，本题应选 BCD。

【答案】BCD

【真题实战·单选题】甲公司 2017 年度财务报告批准报出日为 2018 年 4 月 25 日。甲公司发生的下列交易事项中，属于资产负债表日

后调整事项的是（　　）。（2018 年）

A. 2018 年 3 月 7 日，因发生自然灾害导致一条生产线报废

B. 2018 年 3 月 1 日，定向增发股票

C. 2018 年 4 月 12 日，发现上年度少计提了金额较大的存货跌价准备

D. 2018 年 4 月 28 日，因一项非专利技术纠纷引发诉讼

【思路导航】做此类题有两处关键点，一是判断某事项是否发生在资产负债表日后事项的涵盖期间；二是判断某事项是否在资产负债表日前已存在。

【解析】选项 A 不符合题意，因发生自然灾害导致一条生产线报废是资产负债表日后才发生的事项，属于资产负债表日后非调整事项；选项 B 不符合题意，2018 年 3 月 1 日定向增发股票，是资产负债表日后才发生的事项，在资产负债表日并未发生或存在，不影响资产负债表日存在的情况，属于非调整事项；选项 C 符合题意，资产负债表日后期间取得确凿证据表明某项资产需要调整原先确认的减值金额的，应作为调整事项处理；选项 D 不符合题意，该事项未发生在资产负债表日后事项涵盖期间，不属于资产负债表日后事项。综上，本题应选 C。

【答案】C

【真题实战·单选题】甲公司 2017 年财务报告批准报出日为 2018 年 3 月 20 日，下列属于资产负债表日后调整事项的是（　　）。（2018 年）

A. 2018 年 3 月 9 日公布资本公积转增资本

B. 2018 年 2 月 10 日外汇汇率发生重大变化

C. 2018 年 1 月 5 日地震造成重大财产损失

D. 2018 年 2 月 20 日发现上年度重大会计差错

【思路导航】发生在批准报出日（本题为 2018 年 3 月 20 日）前 + 关键词"上年度"，可以判断属于日后调整事项。

【解析】选项A，资产负债表日后资本公积转增资本，在资产负债表日不存在，完全是资产负债表日后才发生的事项，属于资产负债表日后非调整事项；选项B，资产负债表日后外汇汇率发生重大变化，不影响资产负债表日存在的情况，属于资产负债表日后非调整事项；选项C，资产负债表日后因自然灾害导致资产发生重大损失，是资产负债表日后才发生的事项，在资产负债表日并不存在，属于非调整事项；选项D，资产负债表日后发现了财务报告舞弊或差错，表明该事项在资产负债表日已经存在，且对财务报告产生重大影响，属于资产负债表日后调整事项。综上，本题应选D。

【答案】D

【沙场练兵·单选题】甲上市公司2020年的年度财务报告于2021年3月10日编制完成，注册会计师完成年度财务报表审计工作并签署审计报告的日期为2021年4月10日，董事会批准财务报告对外公布的日期为2021年4月20日，财务报告实际对外公布的日期为2021年4月25日，股东大会召开日期为2021年5月12日。4月20日发生重大事项，经调整后的财务报告的再次批准报出日为4月28日，并于4月30日实际报出。下列关于资产负债表日后事项涵盖期间的说法中，正确的是（　　）。

A.日后事项涵盖期间为2021年1月1日至4月20日

B.日后事项涵盖期间为2021年1月1日至4月25日

C.日后事项涵盖期间为2021年1月1日至4月28日

D.日后事项涵盖期间为2021年1月1日至4月30日

【思路导航】判断日后事项涵盖期间时，盯紧最后一次批准报出日。

【解析】财务报告批准报出以后、实际报出之前又发生与资产负债表日后事项有关的事项，并由此影响财务报告对外公布日期的，应以董事会或类似机构再次批准财务报告对外公布的日期为截止日期。综上，本题应选C。

【答案】C

第21章

高频考点2 资产负债表日后调整事项的处理

资产负债表日后调整事项应视同资产负债表所属期间发生的事项进行账务处理，并对资产负债表日已经编制的财务报表进行调整。

步骤	说明
编制调整分录 （调账）	①涉及损益调整的事项：通过"以前年度损益调整"科目核算→调整所得税费用→将"以前年度损益调整"科目余额转入"利润分配——未分配利润"和"盈余公积"； ②涉及利润分配的事项：通过"利润分配——未分配利润"科目核算； ③不涉及损益和利润分配的事项：直接进行调整
调整财务报表 的相关项目 （调表）	经过上述账务处理后，应同时调整财务报表相关项目的数字，包括： ①资产负债表日编制的财务报表相关项目的期末数或本年发生数； ②当期编制的财务报表相关项目的期初数或上年数

（续表）

步骤	说明
编附注	——

┃敲黑板┃ 所得税的处理

（1）发生在资产负债表日所属年度（即报告年度）所得税汇算清缴前的损益类调整事项，应调整报告年度应纳税所得额、应纳所得税税额。借记或贷记"以前年度损益调整——所得税费用"科目，贷记或借记"应交税费——应交所得税"科目。

（2）调整事项的发生，导致资产、负债的账面价值与计税基础之间的暂时性差异发生变动的，需要考虑调整递延所得税。

【真题实战·多选题】 甲公司适用的企业所得税税率为25%，预计未来期间适用的企业所得税税率不会发生变化且能够产生足够的应纳税所得额以抵减可抵扣暂时性差异，其2018年年度财务报表批准报出日为2019年4月15日。2019年2月10日，甲公司调减了2018年计提的坏账准备100万元，该调整事项发生时，企业所得税汇算清缴尚未完成。不考虑其他因素，上述调整事项对甲公司2018年年度财务报表项目产生的影响有（　　）。（2019年）

A. 递延所得税资产减少25万元

B. 所得税费用增加25万元

C. 应交税费增加25万元

D. 应收账款增加100万元

【解析】 计提了减值准备的资产，计算账面价值时需扣除减值准备，计算计税基础时不扣除减值准备，使得账面价值小于计税基础，产生可抵扣暂时性差异，应当确认递延所得税资产。本题中，调减了2018年计提的坏账准备，使得应收账款账面价值增加100万元，计税基础不变，则递延所得税资产金额减少25万元（100×25%），企业计提的坏账准备不得税前扣除，调减坏账准备不影响应交所得税的金

额，故所得税费用增加25万元。综上，本题应选ABD。

【相关分录】（单位：万元）

（1）调减已计提的坏账准备：

借：坏账准备　　　　　　　　　　100

　　贷：以前年度损益调整——信用减值损失

　　　　　　　　　　　　　　　　100

（2）调减递延所得税资产：

借：以前年度损益调整——所得税费用　25

　　贷：递延所得税资产　　　　　　　25

【答案】ABD

【真题实战·判断题】 企业涉及现金收支的资产负债表日后调整事项，应当调整报告年度的资产负债表货币资金项目的金额。（　　）（2016年）

【解析】 涉及现金收支的资产负债表日后调整事项，不能调整资产负债表货币资金项目的金额，而应作为报告年度次年的事项处理。因此，本题表述错误。

【答案】×

【真题实战·单选题】 2015年12月31日，甲公司对一项未决诉讼确认了预计负债50万元，2016年3月15日，人民法院判决甲公司败诉，需要支付赔偿款60万元，2016年4

月 15 日，甲公司董事会批准年报报出，甲公司应将上述 10 万元的差额调整计入 2015 年报表的（　　）项目。（2016 年）

A. 管理费用　　　　B. 其他综合收益

C. 营业外支出　　　D. 营业外收入

【解析】报告年度未决诉讼在日后期间判决生效，实际赔偿损失与预计赔偿损失的差额，应当调整报告年度（即 2015 年）的营业外支出项目。综上，本题应选 C。

【答案】C

【真题实战 · 综合题】（2021 年）

甲公司适用的企业所得税税率为 25%，预计未来期间适用的企业所得税税率不会发生变化，未来期间能够产生足够的应纳税所得额用以抵减可抵扣暂时性差异。甲公司 2020 年度财务报告批准报出日为 2021 年 4 月 10 日，2020 年度企业所得税汇算清缴日为 2021 年 4 月 20 日。甲公司按净利润的 10% 提取法定盈余公积。2021 年 1 月 1 日至 2021 年 4 月 10 日，甲公司发生的相关交易或事项如下：

资料一：2021 年 1 月 20 日，甲公司发现 2020 年 6 月 15 日以赊购方式购入并于当日投入行政管理用的一台设备尚未入账，该设备的购买价格为 600 万元，预计使用年限为 5 年，预计净残值为零，采用年限平均法计提折旧，该设备的初始入账金额与计税基础一致。根据税法规定，2020 年甲公司该设备准予在税前扣除的折旧费用为 60 万元，但甲公司在计算 2020 年度应交企业所得税时未扣除该折旧费用。

资料二：2021 年 1 月 25 日，甲公司发现其将 2020 年 12 月 1 日收到的用于购买研发设备的财政补贴资金 300 万元直接计入了其他收益，至 2021 年 1 月 25 日，甲公司尚未购买该设备。根据税法规定，甲公司收到的该财政补贴资金属于不征税收入。甲公司在计算 2020 年度应交企业所得税时已扣除该财政补贴资金。

资料三：2021 年 2 月 10 日，甲公司收到法院关于乙公司 2020 年起诉甲公司的判决书，判定甲公司因合同违约应向乙公司赔偿 500 万元，甲公司服从判决。2020 年 12 月 31 日，甲公司根据律师意见已对该诉讼确认了 400 万元的预计负债。根据税法规定，因合同违约确认预计负债产生的损失不允许在预计时税前扣除，在损失实际发生时，才允许税前扣除。2020 年 12 月 31 日，甲公司对该预计负债确认了递延所得税资产 100 万元。

本题涉及的差错均为重要前期差错，不考虑除企业所得税以外的税费及其他因素。

要求：

（1）编制甲公司对其 2021 年 1 月 20 日发现的会计差错进行更正的会计分录。

（2）编制甲公司对其 2021 年 1 月 25 日发现的会计差错进行更正的会计分录。

（3）判断甲公司 2021 年 2 月 10 日收到法院判决是否属于资产负债表日后调整事项，并编制相关会计分录。

（1·）

【解析】财务报表批准报出日之前发现报告年度的会计差错，属于资产负债表日后调整事项。

由于涉及到计提折旧费用（影响当期损益），应当通过"以前年度损益调整"科目进行调整，同时，调整报告年度应纳税所得额、应纳所得税税额。还需注意将"以前年度损益调整"科目余额结转至留存收益。

【答案】①更正未入账的固定资产和累计折旧：

借：固定资产　　　　　　　　　　　　　　　　　　　　　600
　　贷：应付账款　　　　　　　　　　　　　　　　　　　　　　600
借：以前年度损益调整——管理费用　　　　　　60【600÷5×6/12】
　　贷：累计折旧　　　　　　　　　　　　　　　　　　　　　　60

②更正应交所得税：

"应交税费——应交所得税"应调减金额＝60×25％＝15（万元），会计分录为：

借：应交税费——应交所得税　　　　　　　　　　　　　　　15
　　贷：以前年度损益调整——所得税费用　　　　　　　　　　　15

③损益结转的更正分录：

借：盈余公积　　　　　　　　　　　　　　　　　　　　　　4.5
　　利润分配——未分配利润　　　　　　　　　　　　　　　40.5
　　贷：以前年度损益调整　　　　　　　　　　　　　　　　　　45

（2）

【解析】财务报表批准报出日之前发现报告年度的会计差错，属于资产负债表日后调整事项。先将确认的其他收益转入正确的会计科目（"递延收益"），由于甲公司在2020年在计算调整后的应纳税所得额时，已经将计入会计利润中的其他收益金额扣除，而如果将政府补助金额确认为递延收益时，无须计入应纳税所得额，所以无须调整应纳税所得额、应纳所得税税额。

【答案】

借：以前年度损益调整——其他收益　　　　　　　　　　　300
　　贷：递延收益　　　　　　　　　　　　　　　　　　　　　300
借：盈余公积　　　　　　　　　　　　　　　　　　　　　　30
　　利润分配——未分配利润　　　　　　　　　　　　　　　270
　　贷：以前年度损益调整　　　　　　　　　　　　　　　　　300

（3）

【解析】甲公司在财务报表批准报出日之前收到法院判决，即2020年的未决诉讼有了确定的结果，属于资产负债表日后调整事项。需要将之前确认的预计负债、递延所得税资产转销，由于涉及损益，还应调整应纳税所得额、应纳所得税税额。

【答案】属于日后调整事项，会计分录为：

借：以前年度损益调整——营业外支出　　　　　　　　　　100
　　预计负债　　　　　　　　　　　　　　　　　　　　　　400
　　贷：其他应付款　　　　　　　　　　　　　　　　　　　　500

借：以前年度损益调整——所得税费用　　　　　　　　　　100

　　贷：递延所得税资产　　　　　　　　　　　　　　　　100

借：应交税费——应交所得税　　　　　　　　125【500×25%】

　　贷：以前年度损益调整——所得税费用　　　　　　　　125

借：盈余公积　　　　　　　　　　　　　　7.5【75×10%】

　　利润分配——未分配利润　　　　　　　　　　　　　67.5

　　贷：以前年度损益调整　　　　　　　75【100＋100－125】

【真题实战·综合题】（2019年）

甲公司系增值税一般纳税人，2018年度财务报告批准报出日为2019年4月20日。甲公司在2019年1月1日至2019年4月20日期间发生的相关交易事项如下：

资料一：2019年1月5日，甲公司于2018年11月3日销售给乙公司的一批产品，并已确认收入和收讫款项，由于质量问题，乙公司提出货款折让要求。经双方协商，甲公司以银行存款向乙公司退回100万元的货款及相应的增值税税款13万元，并取得税务机关开具的红字增值税专用发票。

资料二：2019年2月5日，甲公司以银行存款55 000万元从非关联方处取得丙公司55%的股权，并取得对丙公司的控制权，在此之前甲公司持有丙公司5%的股权，并将其分类为以公允价值计量且其变动计入当期损益的金融资产，原5%股权投资的初始入账金额为4 500万元，在2019年2月5日的账面价值和公允价值分别为4 900万元和5 000万元。甲公司原购买丙公司5%的股权和后续购买55%的股权不构成"一揽子"交易。

资料三：2019年3月10日，注册会计师就甲公司2018年度财务报表审计中发现的商誉减值问题与甲公司进行沟通。注册会计师认为甲公司2018年多计提商誉减值20 000万元。并要求甲公司予以调整，甲公司接受了该意见。

甲公司按净利润的10%提取法定盈余公积。不考虑除增值税以外的税费及其他因素。

要求（答案中的金额单位用万元表示）：

（1）判断甲公司2019年1月5日给予乙公司的货款折让是否属于资产负债表日后调整事项，并编制相关会计分录。

（2）判断甲公司2019年2月5日购买丙公司股权是否属于资产负债表日后调整事项，并编制相关会计分录。

（3）判断甲公司2019年3月10日调整商誉减值是否属于资产负债表日后调整事项，并编制相关会计分录。

（1）

【解析】资产负债表日后调整事项，是指对资产负债表日已经存在的情况提供了新的或进一步证据的事项。本题中甲公司2019年1月5日给予乙公司的货款折让，是对2018年的销售情况进行的调整，即资产负债表日后进一步确定了资产负债表日前售出资产的收入，属于资产负债表日后调整事项。

【答案】甲公司2019年1月5日给予乙公司的货款折让属于资产负债表日后调整事项。相关会计分录为：

借：以前年度损益调整——主营业务收入　　　　　　　　　　　100

　　应交税费——应交增值税（销项税额）　　　　　　　　　　 13

　　　贷：其他应付款　　　　　　　　　　　　　　　　　　　　　　113

借：其他应付款　　　　　　　　　　　　　　　　　　　　　　113

　　　贷：银行存款　　　　　　　　　　　　　　　　　　　　　　　113

借：盈余公积　　　　　　　　　　　　　　　　　　　　　　　 10

　　利润分配——未分配利润　　　　　　　　　　　　　　　　　 90

　　　贷：以前年度损益调整——主营业务收入　　　　　　　　　　　100

（2）

【解析】2019年2月5日甲公司购买丙公司的股权，虽然在资产负债表日后期间，但是该事项属于日后新发生的事项，不属于资产负债表日后调整事项。

【答案】2019年2月5日购买丙公司股权不属于资产负债表日后调整事项，相关会计分录为：

借：长期股权投资　　　　　　　　　　　　　　　　　　　 60 000

　　　贷：银行存款　　　　　　　　　　　　　　　　　　　　　 55 000

　　　　　交易性金融资产——成本　　　　　　　　　　　　　　　4 500

　　　　　　　　　　　　　——公允价值变动　　　　　　　　　　　400

　　　　　投资收益　　　　　　　　　　　　　　　　　　　　　　100

（3）

【解析】甲公司2019年3月10日调整商誉减值，属于在资产负债表日后取得确凿证据，表明商誉在资产负债表日需要调整原先确认的减值金额的情形，属于资产负债表日后调整事项。

【答案】2019年3月10日调整商誉减值属于资产负债表日后调整事项，相关会计分录为：

借：商誉减值准备　　　　　　　　　　　　　　　　　　　 20 000

　　　贷：以前年度损益调整——资产减值损失　　　　　　　　　 20 000

借：以前年度损益调整——资产减值损失　　　　　　　　　 20 000

　　　贷：盈余公积　　　　　　　　　　　　　　　　　　　　　2 000

　　　　　利润分配——未分配利润　　　　　　　　　　　　　　18 000

【真题实战·综合题】（2018年）

甲企业为上市公司，2017年财务报表于2018年4月30日对外报出。该企业2018年日后期间对2017年财务报表审计时发现如下问题：

资料一：2017年年末，该企业的一批存货已经完工，成本为48万元/件，市场售价为47

万元/件，共200件，其中50件签订了不可撤销的合同，合同价款为51万元/件，产品预计销售费用为1万元/件。企业对该批存货计提了200万元的减值，并确认了递延所得税。

资料二：该企业的一项管理用无形资产使用寿命不确定，但是税法规定使用年限为10年。企业2017年按照税法年限对其计提了摊销120万元。

其他资料：该企业适用的所得税税率为25%，按照10%的比例计提法定盈余公积，不计提任意盈余公积。

要求：判断上述事项处理是否正确，说明理由，并编制会计差错的更正分录。（答案中的金额单位用万元表示）

（1）

【解析】如果企业持有的同一项存货数量多于销售合同或劳务合同订购数量的，应分别确定其可变现净值，并与其相对应的成本进行比较，分别确定存货跌价准备的计提或转回金额，合同内数量的存货的可变现净值应以合同价格为基础计算，超出合同部分的存货的可变现净值应当以一般销售价格为基础计算。本题中，合同内数量（50件）的存货的可变现净值应以合同价格（51万元/件）为基础计算，超出合同部分（150件）的存货的可变现净值应当以市场售价（47万元/件）为基础计算。

【答案】资料一处理不正确。理由：同一项存货中有合同部分和无合同部分应该分别考虑计提存货跌价准备，不得相互抵销。

有合同部分：每件存货可变现净值＝51－1＝50（万元），大于单位成本48万元，未发生减值，不需计提存货跌价准备；

无合同部分：每件存货的可变现净值＝47－1＝46（万元），小于单位成本48万元，发生减值，应计提的存货跌价准备＝（48－46）×（200－50）＝300（万元）。

综上，该企业需要计提存货跌价准备的金额为300万元。

更正分录：

借：以前年度损益调整——资产减值损失　　　　　100

　　贷：存货跌价准备　　　　　　　　　　　　　　　100

借：递延所得税资产　　　　　　　　　　　　　25【100×25%】

　　贷：以前年度损益调整——所得税费用　　　　　25

借：盈余公积　　　　　　　　　　　　7.5【100×（1－25%）×10%】

　　利润分配——未分配利润　　　　67.5【100×（1－25%）×90%】

　　贷：以前年度损益调整　　　　　　　75【100×（1－25%）】

（2）

【解析】使用寿命有限的无形资产，按期摊销；使用寿命不确定的无形资产，无需摊销。本题中，甲企业该项无形资产使用寿命不确定，在会计上不摊销。但是甲企业错误的计提了120万元的摊销额，应作为前期差错处理。

【答案】资料二处理不正确。理由：使用寿命不确定的无形资产在会计上无需摊销。

更正分录：

借：累计摊销　　　　　　　　　　　　　　　　120

　　贷：以前年度损益调整——管理费用　　　　　　120

借：以前年度损益调整——所得税费用　　　30【120×25%】

　　贷：递延所得税负债　　　　　　　　　　　　　30

借：以前年度损益调整　　　　　　90【120×（1－25%）】

　　贷：盈余公积　　　　　　　　9【120×（1－25%）×10%】

　　　　利润分配——未分配利润　81【120×（1－25%）×90%】

【真题实战·综合题】（2017年改编）

甲公司系增值税一般纳税人，适用的增值税税率为13%，适用的所得税税率为25%，按净利润的10%计提法定盈余公积。甲公司2019年度财务报告批准报出日为2020年3月5日，2019年度所得税汇算清缴于2020年4月30日完成，预计未来期间能够取得足够的应纳税所得额用以抵减可抵扣暂时性差异，相关资料如下：

资料一：2019年6月30日，甲公司库存无订单的W商品500件，单位成本为2.1万元/件，市场销售价格为2万元/件，估计销售费用为0.05万元/件。甲公司未曾对W商品计提存货跌价准备。

资料二：2019年10月15日，甲公司以每件1.8万元的销售价格将500件W商品全部销售给乙公司，并开具了增值税专用发票，商品已发出，付款期为1个月，甲公司此项销售业务满足收入确认条件。

资料三：2019年12月31日，甲公司仍未收到乙公司上述货款，经减值测试，按照应收账款余额的10%计提坏账准备。

资料四：2020年2月1日，因W商品质量缺陷，乙公司要求甲公司在原销售价格基础上给予10%的折让，当日，甲公司同意了乙公司的要求，开具了红字增值税专用发票，并据此调整原坏账准备的金额。假定上述销售价格和销售费用均不含增值税，且不考虑其他因素。

要求（答案中的金额单位用万元表示）：

（1）计算甲公司2019年6月30日对W商品应计提存货跌价准备的金额，并编制相关会计分录。

（2）编制2019年10月15日销售商品并结转成本的会计分录。

（3）计算2019年12月31日甲公司应计提坏账准备的金额，并编制相关分录。

（4）编制2020年2月1日发生销售折让及相关所得税影响的会计分录。

（5）编制2020年2月1日因销售折让调整坏账准备及相关所得税的会计分录。

（6）编制2020年2月1日因销售折让结转损益及调整盈余公积的会计分录。

（1）

【解析】W商品的可变现净值＝市场价格－估计销售费用－估计税金＝500×（2－0.05）＝975（万元）＜W商品成本1 050万元（500×2.1），则2019年6月30日，应计提存货跌价准备75万元（1 050－975）。

【答案】W商品成本＝500×2.1＝1 050（万元）

W商品可变现净值＝500×（2－0.05）＝975（万元）

计提存货跌价准备的金额＝1 050－975＝75（万元）

相关会计分录为：

借：资产减值损失   75

  贷：存货跌价准备   75

（2）

【解析】企业计提了存货跌价准备，如果其中有部分存货已经销售，则企业在结转销售成本时，应同时结转对其已计提的存货跌价准备。

【答案】相关会计分录为：

借：应收账款   1 017

  贷：主营业务收入   900【500×1.8】

    应交税费——应交增值税（销项税额）   117

借：主营业务成本   975

  存货跌价准备   75

  贷：库存商品   1 050

（3）

【解析】甲公司应计提的坏账准备金额＝1 017×10％＝101.7（万元），此时，应收账款的账面价值为915.3万元（1 017－101.7）＜计税基础1 017万元，产生可抵扣暂时性差异，应确认递延所得税资产并计入当期所得税费用。

【答案】应计提坏账准备的金额＝1 017×10％＝101.7（万元）

借：信用减值损失   101.7

  贷：坏账准备   101.7

借：递延所得税资产   25.43

  贷：所得税费用   25.43【101.7×25％】

（4）

【解析】甲公司2019年已确认收入的销售业务因产品质量问题发生销售折让，且该事项发生在财务报表批准报出日之前，所以属于资产负债表日后调整事项。资产负债表日后发生的调整事项，涉及损益的，应通过"以前年度损益调整"科目核算。由于该事项发生在所得税汇算清缴之前，所以可以调整2019年度的应交所得税。

【答案】相关会计分录为：

借：以前年度损益调整——主营业务收入　　　　　　　　　　　90【900×10%】

　　应交税费——应交增值税（销项税额）　　　　　　　　　　11.7【117×10%】

　　贷：应收账款　　　　　　　　　　　　　　　　　　　　　101.7

借：应交税费——应交所得税　　　　　　　　　　　　　　　　22.5【90×25%】

　　贷：以前年度损益调整——所得税费用　　　　　　　　　　22.5

（5）

【解析】发生销售折让导致应收账款金额减少101.7万元，需要同时冲减已经确认的坏账准备，同时转回已确认的递延所得税资产。

【答案】相关会计分录为：

借：坏账准备　　　　　　　　　　　　　　　　　　　　　　　10.17

　　贷：以前年度损益调整——信用减值损失　　　　　　　　　10.17

借：以前年度损益调整——所得税费用　　　　　　　　　　　　2.54

　　贷：递延所得税资产　　　　　　　　　　　　　　　　　　2.54【10.17×25%】

（6）

【解析】调整事项追溯处理的最后一步，就是将"以前年度损益调整"科目的余额转入"利润分配——未分配利润"科目，同时调整相应的盈余公积科目。

【答案】以前年度损益调整借方金额＝90－22.5－10.17＋2.54＝59.87（万元）

借：利润分配——未分配利润　　　　　　　　　　　　　　　　59.87

　　贷：以前年度损益调整　　　　　　　　　　　　　　　　　59.87

借：盈余公积　　　　　　　　　　　　　　　　　　　　　　　5.99【59.87×10%】

　　贷：利润分配——未分配利润　　　　　　　　　　　　　　5.99

【沙场练兵·综合题】

甲公司系增值税一般纳税人，销售商品适用的增值税税率为13%，适用的所得税税率为25%。预计在未来期间保持不变。甲公司已按2021年度实现的利润总额6 000万元计算确认了当年的所得税费用和应交所得税，金额均为1 500万元，按净利润的10%提取了法定盈余公积。甲公司2021年度财务报告批准报出日为2022年3月25日；2021年度的企业所得税汇算清缴在2022年4月20日完成。2022年1月28日，甲公司对与2021年度财务报告有重大影响的经济业务及其会计处理进行检查，有关资料如下：

2021年12月1日，甲公司委托乙公司销售A商品1 000件，商品已全部移交乙公司，每件成本为500元，合同约定，乙公司应按每件不含增值税的固定价格600元对外销售，甲公司按每件30元向乙公司支付代销商品的手续费；代销期限为6个月，代销期限结束时，乙公司可以将尚未售出的A商品退回甲公司；每月月末，乙公司向甲公司提交代销清单。

2021年12月31日，甲公司收到乙公司开具的代销清单，注明已售出A商品400件，乙公司对外开具的增值税专用发票上注明的销售价格为24万元，增值税税额为3.12万元，当日，甲公司向乙公司开具了一张相同金额的增值税专用发票，按扣除手续费 1.2 万元后的净额 25.92 万元与乙公司进行了货款结算，甲公司已将款项收存银行。根据税法规定，甲公司增值税纳税义务在收到代销清单时产生。甲公司 2021 年对上述业务进行了如下会计处理（单位：万元）：

借：应收账款   60
　　贷：主营业务收入   60
借：主营业务成本   50
　　贷：库存商品   50
借：银行存款   25.92
　　销售费用   1.2
　　贷：应收账款   24
　　　　应交税费——应交增值税（销项税额）   3.12

要求（答案中的金额单位用万元表示）：

判断甲公司对委托代销业务的会计处理是否正确，并判断该事项是否属于资产负债表日后调整事项，如果属于调整事项，编制相关的调整分录。

【解析】甲公司应当按照清单上注明的数量确认收入 24 万元，则甲公司应当冲减多确认的收入 36 万元（60 － 24），并转回对应部分的成本 30 万元［（1 000 － 400）×500÷10 000］。涉及损益的，通过"以前年度损益调整"科目核算。

由于所得税汇算清缴还未完成，需要调整报告当年的应交所得税，2021 年营业利润调减 6 万元（36 － 30），则所得税相应调减 1.5 万元（6×25%）；最后，将"以前年度损益调整"科目的余额转入"利润分配——未分配利润"科目，并调整相应的盈余公积科目。

【答案】甲公司的相关处理不正确。理由：该交易属于收取手续费方式代销商品，所以甲公司应在收到商品代销清单的时候按清单上注明的数量确认收入。

该事项属于资产负债表日后调整事项。理由：该事项表明的情况在资产负债表日以前已经存在，属于调整事项。调整分录为：

借：以前年度损益调整——主营业务收入   36
　　贷：应收账款   36
借：发出商品   30
　　贷：以前年度损益调整——主营业务成本   30
借：应交税费——应交所得税   1.5
　　贷：以前年度损益调整——所得税费用   1.5
借：利润分配——未分配利润   4.05
　　盈余公积   0.45
　　贷：以前年度损益调整   4.5

高频考点 3 资产负债表日后非调整事项的处理

对于资产负债表日后发生的非调整事项，不应调整资产负债表日的财务报表，但应当在报表附注中披露每项重要的资产负债表日后非调整事项的性质、内容及其对财务状况和经营成果的影响；无法作出估计的，应当说明原因。

【真题实战·判断题】对于资产负债表日后至财务报告批准报出前处置子公司产生的损益，企业应当调整报告年度财务报表，合并报表角度应当确认相关处置损益。（　　）（2016年）

【解析】资产负债表日后至财务报告批准报出前处置子公司属于资产负债表日后非调整事项，不应调整资产负债表日的财务报表。因此，本题表述错误。

【答案】×

【沙场练兵·判断题】企业在资产负债表日至财务报告批准报出日之间发生的对外巨额举债应在财务报表附注中披露，但不需要对报告期的财务报表进行调整。（　　）

【解析】企业在资产负债表日至财务报告批准报出日之间发生的对外巨额举债属于资产负债表日后非调整事项，这一事项与企业资产负债表日存在状况无关，不应当调整报告期的财务报表。但由于举债金额较大，不加以说明将不利于财务报告使用者作出正确估计和决策，故应当在报表附注中予以披露。因此，本题表述正确。

【答案】√

强化练习

一、单项选择题

1. 在资产负债表日后至财务报告批准报出日前发生的下列事项中，属于资产负债表日后非调整事项的是（　　）。

   A. 因汇率发生重大变化导致企业持有的外币资金出现重大汇兑损失

   B. 企业报告年度销售给某主要客户的一批产品因存在质量缺陷被退回

   C. 报告年度未决诉讼经人民法院判决败诉，企业需要赔偿的金额大幅超过已确认的预计负债

   D. 企业获悉某主要客户在报告年度发生重大火灾，需要大额补提报告年度应收该客户账款的坏账准备

2. 甲公司 2020 年度财务报告批准报出日为 2021 年 4 月 20 日。甲公司在 2021 年 5 月 20 日，向乙公司销售一批商品并确认收入；6 月 10 日，乙公司因产品质量原因将上述商品退回。下列有关甲公司该事项会计处理的表述中，正确的是（　　）。

   A. 作为资产负债表日后调整事项处理

   B. 作为资产负债表日后非调整事项处理

   C. 冲减 2021 年 5 月相关收入、成本和税金等相关项目

   D. 冲减 2021 年 6 月相关收入、成本和税金等相关项目

3. 甲公司为增值税一般纳税人，适用的增值税税率为 13%，2021 年度所得税汇算清缴工作于 2022 年 2 月 15 日完成，财务报告批准报出日为 2022 年 4 月 30 日。则甲公司 2022 年 1 月 1 日至 4 月 30 日发生的下列事项中，属于 2021 年度资产负债表日后调整事项的是（　　）。

   A. 2022 年 1 月 30 日发现 2020 年年末在建工程余额 200 万元，于 2021 年 6 月已达到预定可使用状态，但尚未转入固定资产

   B. 2022 年 3 月持有的美国国债因外汇汇率发生变动，价格下降 150 万元

   C. 2022 年 4 月 10 日发生严重火灾，损失仓库一栋，价值 500 万元

   D. 2022 年 4 月 18 日，与丁公司 2022 年 1 月签订的债务重组协议执行完毕

4. 下列关于资产负债表日后事项的说法中，不正确的是（　　）。

   A. 资产负债表日后非调整事项不需要披露

   B. 资产负债表日后事项分为调整事项与非调整事项

   C. 非调整事项可能会影响财务报告使用者作出正确估计和决策

   D. 调整事项与非调整事项的区别在于该事项表明的情况在资产负债表日是否已经存在

5. 2021 年 12 月 31 日，甲公司应收乙公司账款余额为 2 000 万元，已计提坏账准备 400 万元。2022 年 3 月 10 日，乙公司遭遇洪水灾害，造成严重损失，甲公司预计该应收账款的 80% 将

无法收回。假定甲公司 2021 年度财务报告于 2022 年 4 月 10 日批准对外报出，则甲公司下列
处理中正确的是（　　）。

A. 该事项属于资产负债表日后调整事项

B. 该事项属于资产负债表日后非调整事项

C. 应在 2021 年资产负债表中调整减少应收账款 1 200 万元

D. 应在 2021 年资产负债表中补提坏账准备 1 200 万元

6. 资产负债表日至财务报告批准报出日之间发生的调整事项在进行调整处理报告年度项目时，不
能调整的项目是（　　）。

A. 涉及损益的事项　　　　　　　　　　　B. 涉及利润分配的事项

C. 涉及现金收支的事项　　　　　　　　　D. 涉及应交税费的事项

7. 2021 年 12 月 31 日，甲公司对一起未决诉讼确认的预计负债为 1 000 万元。2022 年 3 月 6 日，
法院对该起诉讼判决，甲公司应赔偿乙公司 800 万元，甲公司和乙公司均不再上诉。甲公司的
所得税税率为 25%，按净利润的 10% 提取法定盈余公积，2021 年度财务报告批准报出日为
2022 年 3 月 31 日，2021 年度所得税汇算清缴于 2022 年 4 月 30 日完成，预计未来期间能够
取得足够的应纳税所得额用以抵扣可抵扣暂时性差异。则该事项导致甲公司 2021 年 12 月 31
日资产负债表"未分配利润"项目期末余额调整增加的金额为（　　）万元。

A. 135　　　　　　　B. 150　　　　　　　C. 180　　　　　　　D. 200

8. 2021 年 12 月 31 日，甲公司应收乙公司账款 5 000 万元，当日对其计提坏账准备 600 万元。
2022 年 3 月 10 日，甲公司获悉乙公司已向法院申请破产，应收乙公司账款预计全部无法收回。
已知甲公司 2021 年度财务报表于 2022 年 4 月 20 日经董事会批准对外报出，按照净利润的
10% 提取法定盈余公积。不考虑其他因素，上述日后事项对 2021 年末分配利润的影响金额是
（　　）万元。

A. – 5 000　　　　　　B. – 4 500　　　　　　C. – 4 400　　　　　　D. – 3 960

9. 甲公司 2021 年 12 月销售一批商品给乙公司，预计退货率为 0，取得收入 1 000 万元（不含增
值税），并结转成本 800 万元，2021 年 12 月 31 日，货款尚未收到，甲公司未对该应收账款
计提坏账准备。2022 年 1 月 10 日，由于产品质量问题，本批货物被全部退回，已开具增值税
红字发票。已知甲公司 2021 年度财务报告于 2022 年 3 月 10 日批准报出，适用的所得税税率
为 25%，增值税税率为 13%，甲公司下列会计处理错误的是（　　）。

A. 属于资产负债表日后调整事项　　　　　B. 冲减 2021 年度的营业收入 1 000 万元

C. 冲减 2021 年度的营业成本 800 万元　　D. 冲减 2021 年度的递延所得税资产 50 万元

10. 甲上市公司 2021 年度财务报告于 2022 年 2 月 5 日编制完成，注册会计师完成审计并签署审
计报告日是 2022 年 4 月 15 日；董事会批准报表对外公布的日期为 4 月 20 日，股东大会召
开日为 4 月 26 日。按照准则规定，甲公司 2021 年资产负债表日后事项的涵盖期间为（　　）。

A. 2022 年 1 月 1 日至 2022 年 2 月 5 日　　　B. 2022 年 1 月 1 日至 2022 年 4 月 20 日

C. 2022 年 2 月 5 日至 2022 年 4 月 15 日　　　D. 2022 年 2 月 5 日至 2022 年 4 月 26 日

第
21
章

二、多项选择题

1. 自年度资产负债表日至财务报告批准报出日之间发生的下列事项中，属于资产负债表日后非调整事项的有（　　）。

   A. 发行大额可转换公司债券

   B. 税收政策发生重大变化

   C. 资产负债表日以前销售的商品被退回

   D. 资产负债表日后发生的企业资产价格大幅度下跌

2. 下列关于资产负债表日后事项的表述中，正确的有（　　）。

   A. 资产负债表日后非调整事项不应当调整资产负债表日的财务报表

   B. 在资产负债表日后期间发生的所有事项均需要调整报告年度的财务报表

   C. 资产负债表日后事项既包括有利事项也包括不利事项，但二者处理原则不同

   D. 资产负债表日后调整事项是在资产负债表日已经存在，在日后期间得以证实的事项

3. 甲上市公司 2021 年度财务会计报告批准报出日为 2022 年 4 月 20 日。公司在 2022 年 1 月 1 日至 4 月 20 日发生的下列事项中，属于资产负债表日后调整事项的有（　　）。

   A. 2021 年已确认收入的商品销售业务，因产品质量问题于 2022 年 2 月 8 日发生销售折让

   B. 发生重大企业合并

   C. 2022 年 1 月 2 日盘盈一项固定资产

   D. 2022 年 1 月 12 日销售的一批商品因型号不合适于 2 月 15 日发生销售退回

4. 下列关于资产负债表日后事项的说法中不正确的有（　　）。

   A. 资产负债表日后事项中的调整事项，涉及损益调整的，直接通过"利润分配——未分配利润"科目核算

   B. 在资产负债表日已确认预计负债的或有事项在日后期间转化为确定事项时，应依据资产负债表日后事项准则作出相应处理

   C. 资产负债表日后事项中的调整事项，涉及利润分配的，直接通过"利润分配——未分配利润"科目核算

   D. 资产负债表日后事项是指所有发生在资产负债表日后期间的不利事项

5. 对于重要的资产负债表日后非调整事项，应披露其（　　）。

   A. 非调整事项性质　　　　　　　　　　　　B. 非调整事项内容

   C. 非调整事项对财务状况的影响　　　　　　D. 非调整事项如无法作出估计，应说明原因

6. 下列表述中，正确的有（　　）。

   A. 影响重大的资产负债表日后非调整事项应在附注中披露

   B. 对资产负债表日后调整事项应当调整资产负债表日财务报表有关项目

   C. 资产负债表日后事项包括资产负债表日至财务报告批准报出日之间发生的全部事项

   D. 判断资产负债表日后调整事项的标准在于该事项对资产负债表日存在的情况提供了新的或进一步的证据

7. 甲公司的 2021 年度财务报表于 2022 年 3 月 31 日经董事会批准对外报出，2021 年度所得税汇算清缴于 2022 年 4 月 30 日完成，预计未来期间能够取得足够的应纳税所得额用以抵扣可抵扣暂时性差异。甲公司按照净利润的 10% 提取法定盈余公积，适用的所得税税率为 25%。2021 年 12 月 31 日，甲公司根据当时所掌握的信息和资料，确定其持有的一批存货的可变现净值为 350 万元，该批存货的成本为 400 万元。2022 年 3 月 21 日，甲公司进一步获得的确凿证据表明，甲公司在 2021 年末估计的该批存货的可变现净值不准确，经重新估计后，确定该批存货在 2021 年年末的可变现净值为 310 万元。不考虑其他因素，则甲公司的下列会计处理中，正确的有（　　）。

A. 该事项属于资产负债表日后调整事项

B. 该事项对甲公司留存收益的影响金额为 30 万元

C. 甲公司应当调增应交所得税 10 万元

D. 甲公司应该调减 2021 年资产负债表中"存货"项目金额 40 万元

8. 甲上市公司在其年度资产负债表日后至财务报告批准报出日前发生的下列事项中，属于非调整事项的有（　　）。

A. 以前年度售出的 M 商品发生退货 　　　　B. 因发生火灾导致存货严重损失

C. 董事会提出股票股利分配方案 　　　　D. 董事会提出现金股利分配方案

9. 2021 年甲公司为乙公司的 1 000 万元债务提供 70% 的担保，乙公司因到期无力偿还债务被起诉，至 12 月 31 日，法院尚未作出判决，甲公司根据有关情况预计很可能承担部分担保责任，且金额能够可靠计量，2022 年 2 月 6 日甲公司财务报告批准报出之前法院作出判决，甲公司承担全部担保责任，需为乙公司偿还债务的 70%，甲公司已执行，下列关于甲公司的处理中，正确的有（　　）。

A. 2021 年 12 月 31 日应对此担保事项进行披露

B. 2021 年 12 月 31 日应对此或有负债进行披露

C. 2021 年 12 月 31 日按照很可能承担的担保责任确认预计负债

D. 2022 年 2 月 6 日按照资产负债表日后调整事项处理，调整会计报表相关项目

10. 甲公司 2021 年度财务报告经董事会批准于 2022 年 4 月 20 日报出，甲公司在 2022 年 1 月 1 日至 4 月 20 日之间发生的下列事项中，属于资产负债表日后非调整事项的有（　　）。

A. 2022 年 3 月 10 日，法院判决某项诉讼败诉，并需支付赔偿金额 80 万元，甲公司在 2021 年年末已经就该诉讼确认预计负债 65 万元

B. 2022 年 2 月 10 日发生产品销售退回，该批产品系 2021 年 11 月对外销售的产品

C. 2022 年 2 月 18 日董事会提出资本公积转增资本方案

D. 2022 年 3 月 18 日公司仓库发生火灾导致存货部分毁损

三、判断题

1. 资产负债表日后事项中的调整事项，涉及损益的直接通过"利润分配——未分配利润"科目核算。

（　　）

2. 如果董事会或类似机构批准财务报告对外公布的日期，与实际对外公布日之间发生与资产负债表日后事项有关的事项，由此影响财务报告对外公布日期的，应以财务报告实际对外公布的日期作为资产负债表日后期间的截止日。（　　）

3. 资产负债表日至财务报告批准报出日之间企业发生巨额亏损，应调整报告年度财务报表。（　　）

4. 企业在资产负债表日后期间发现报告年度以前存在重大差错的，应当调整报告年度相关报表项目的期末数等，不需要调整其期初数。（　　）

5. 投资性房地产的公允价值在资产负债表日后发生严重下跌，企业应将其视为资产负债表日后调整事项。（　　）

四、综合题

1. 甲公司为增值税一般纳税人，适用的增值税税率为13%，适用的所得税税率为25%，按净利润的10%计提盈余公积。甲公司与收入有关的资料如下：

2022年1月18日，因产品质量问题，甲公司收到乙公司退回的一批商品，红字增值税专用发票上注明的价款为400万元，增值税税额为52万元，该批商品系2021年12月19日售出，销售成本为320万元，已于当日全部确认为收入，款项仍未收到，未计提坏账准备，甲公司2021年度财务报告批准报出日为2022年3月10日，2021年度所得税汇算清缴于2022年4月30日完成。除上述资料外，不考虑其他因素。

要求：根据资料，判断该事项是否属于资产负债表日后调整事项，如为调整事项，编制相应的会计分录。（"应交税费"科目要求写出明细科目及专栏名称；答案中的金额单位用万元表示）。

答案与解析

一、单项选择题

1. 【解析】选项A，资产负债表日后资产价格、税收政策、外汇汇率发生重大变化属于非调整事项；选项B、C、D，相关事项在资产负债表日已经存在，在日后事项涵盖期间提供了新的或进一步证据，属于资产负债表日后调整事项。综上，本题应选A。

【答案】A

2. 【解析】此项退货业务收入的确认与实际退货均发生在2021年4月20日之后，不属于资产负债表日后事项，属于2021年正常发生的业务，应冲减退货当月，即冲减2021年6月的收入、成本和税金等相关项目。综上，本题应选D。

【答案】D

3. 【解析】选项A，资产负债表日后发现了前期差错，表明该事项在资产负债表日已经存在，且对财务报告产生重大影响，属于资产负债表日后调整事项；选项B、C、D，虽然与资产负债表日存在状况无关，但对企业财务状况具有重大影响，属于资产负债表日后非调整事项。综上，本题应选 A。

【答案】A

4.【解析】选项 A 说法不正确，部分非调整事项，由于事项重大，对财务报告使用者具有重大影响，不加以说明将不利于财务报告使用者作出正确估计和决策，需要在附注中披露；选项 B、C、D 说法均正确。综上，本题应选 A。

【答案】A

5.【解析】乙公司在 2022 年遭遇洪水灾害，在资产负债表日不存在，完全是资产负债表日后才发生的事项，属于资产负债表日后非调整事项，不能调整 2021 年度的报表项目，但由于影响重大，需要在附注中披露。综上，本题应选 B。

【答案】B

6.【解析】资产负债表日后发生的调整事项，尽管涉及现金的流入和流出，但并不会改变企业在报告年度内的现金流入和流出的总量，因此，不应当改变报告年度资产负债表的货币资金项目和现金流量表正表各项目的数字。综上，本题应选 C。

【答案】C

7.【解析】该事项导致甲公司 2021 年 12 月 31 日资产负债表中"未分配利润"项目期末余额调整增加的金额 =（1 000 – 800）×（1 – 25%）×（1 – 10%）= 135（万元），甲公司账务处理如下（单位：万元）：

借：预计负债　　　　　　　　　　　　　　　　　　　　　　　　1 000
　　贷：以前年度损益调整——营业外支出　　　　　　　　　　　　　　200
　　　　其他应付款　　　　　　　　　　　　　　　　　　　　　　　800
借：以前年度损益调整——所得税费用　　　　　　　　　　　　　　　250
　　贷：递延所得税资产　　　　　　　　　　　　　　　　　　　　　250

所得税汇算清缴前，实际发生损失 800 万元，使得应交税费减少 = 800×25% = 200（万元）：

借：应交税费——应交所得税　　　　　　　　　　　　　　　　　　200
　　贷：以前年度损益调整——所得税费用　　　　　　　　　　　　　200
借：以前年度损益调整　　　　　　　　　　　　　　　　　　　　　150
　　贷：盈余公积　　　　　　　　　　　　　　　　　　　　　　　　15
　　　　利润分配——未分配利润　　　　　　　　　　　　　　　　　135

综上，本题应选 A。

【答案】A

8.【解析】该事项属于资产负债表日后调整事项，甲公司原对应收乙公司账款计提了 600 万元的坏账准备，按照新的证据，应计提的坏账准备金额为 5 000 万元，差额 4 400 万元应当调整 2021 年财务报表，则该事项对 2021 年未分配利润的影响金额 = – 4 400×（1 – 10%）= – 3 960（万元）。综上，本题应选 D。

【答案】D

9.【解析】该事项属于在资产负债表日后进一步确定了资产负债表日前售出资产的收入和成本，是资产负债表日后调整事项。甲公司的账务处理如下（单位：万元）：

借：以前年度损益调整——主营业务收入　　　　　　　　　1 000
　　应交税费——应交增值税（销项税额）　　　　　　　　130
　　　贷：应收账款　　　　　　　　　　　　　　　　　　　　　1 130
借：库存商品　　　　　　　　　　　　　　　　　　　　　800
　　　贷：以前年度损益调整——主营业务成本　　　　　　　　　800
借：应交税费——应交所得税　　　　　　　　　　　　　　50
　　　贷：以前年度损益调整——所得税费用　　　　　　　　　　50
借：盈余公积　　　　　　　　　　　　　　　　　　　　　15
　　利润分配——未分配利润　　　　　　　　　　　　　　135
　　　贷：以前年度损益调整　　　　　　　　　　　　　　　　　150

综上，本题应选 D。

【答案】D

10.【解析】资产负债表日后事项涵盖的期间是自资产负债表日次日（即报告年度次年的 1 月 1 日或报告期下一期间的第一天）起至财务报告批准报出日（即董事会或类似机构批准财务报告对外公布的日期，本题为 2022 年 4 月 20 日）止的一段时间。综上，本题应选 B。

【答案】B

二、多项选择题

1.【解析】资产负债表日后发生的某一事项究竟是调整事项还是非调整事项，主要取决于该事项表明的情况在资产负债表日或资产负债表日以前是否已经存在。若存在，则属于调整事项；反之，则属于非调整事项。选项 A、B、D，均属于资产负债表日后非调整事项；选项 C，资产负债表日已经存在，属于调整事项。综上，本题应选 ABD。

【答案】ABD

2.【解析】选项 A、D 表述正确；选项 B 表述错误，资产负债表日后非调整事项，一般不需要调整报告年度财务报表；选项 C 表述错误，资产负债表日后事项既包括有利事项也包括不利事项，两者的处理原则是相同的（而非不同）。综上，本题应选 AD。

【答案】AD

3.【解析】选项 A，属于资产负债表日后进一步确定了资产负债表日前售出产品的收入的情形，是资产负债表日后调整事项；选项 B，资产负债表日后发生企业合并或处置子公司属于资产负债表日后非调整事项；选项 C，资产负债表日后期间发现前期会计差错，属于资产负债表日后调整事项；选项 D，属于资产负债表日后非调整事项。综上，本题应选 AC。

【答案】AC

4.【解析】选项 A 说法错误，选项 C 说法正确，涉及损益调整的通过"以前年度损益调整"科目核算，涉及利润分配的，通过"利润分配——未分配利润"科目核算；选项 B 说法正确；选项 D 说法错误，资产负债表日后事项包含日后期间发生的有利事项和不利事项。综上，本题应选 AD。

【答案】AD

5.【解析】对于资产负债表日后发生的非调整事项，应当在报表附注中披露每项重要的资产负债表日后非调整事项的性质、内容，及其对财务状况和经营成果的影响。无法作出估计的，应当说明原因。综上，本题应选 ABCD。

【答案】ABCD

6.【解析】选项 A、B、D 表述均正确；选项 C 表述错误，资产负债表日后事项不是在特定期间内发生的全部事项，而是与资产负债表日存在状况有关的事项，或虽然与资产负债表日存在状况无关，但对企业财务状况具有重大影响的事项。综上，本题应选 ABD。

【答案】ABD

7.【解析】甲公司应当将该事项作为资产负债表日后调整事项，补提存货跌价准备 40 万元，同时确认递延所得税资产 10 万元。由于该存货的减值损失尚未实际发生，不允许税前扣除，所以甲公司无需调整应交所得税，甲公司应作分录（单位：万元）：

借：以前年度损益调整——资产减值损失　　　　　　40

　　贷：存货跌价准备　　　　　　　　　　　　　　　　　　40

借：递延所得税资产　　　　　　　　　　　　　　10

　　贷：以前年度损益调整——所得税费用　　　　　　　　　10

借：盈余公积　　　　　　　　　　　　　　　　　3

　　利润分配——未分配利润　　　　　　　　　　27

　　贷：以前年度损益调整　　　　　　　　　　　　　　　　30

综上，本题应选 ABD。

【答案】ABD

8.【解析】资产负债表日后调整事项，是指对资产负债表日已经存在的情况提供了新的或进一步证据的事项。选项 A，以前年度售出 M 商品发生退货，属于调整事项；选项 B、C、D，属于非调整事项。综上，本题应选 BCD。

【答案】BCD

9.【解析】选项 A、C 符合题意，选项 B 不符合题意，在 2021 年 12 月 31 日，该事项应确认一项预计负债，同时作为一项担保事项，在附注进行披露；选项 D 符合题意，该事项属于资产负债表日后调整事项，需要调整会计报表相关项目。综上，本题应选 ACD。

【答案】ACD

10.【解析】选项 A，资产负债表日后诉讼案件结案，法院判决证实了企业在资产负债表日已经存在现时义务，需要调整原先确认的与该诉讼案件相关的预计负债，属于资产负债表日后调整事项；选项 B，退回 2021 年度销售的商品属于资产负债表日后调整事项；选项 C、D，在资产负债表日不存在，完全是资产负债表日后才发生的事项，属于资产负债表日后非调整事项。综上，本题应选 CD。

【答案】CD

三、判断题

1.【解析】资产负债表日后事项中的调整事项，涉及损益的通过"以前年度损益调整"科目核算，期末转入"利润分配——未分配利润"科目。因此，本题表述错误。

【答案】×

2.【解析】如果董事会或类似机构批准财务报告对外公布的日期，与实际对外公布日之间发生与资产负债表日后事项有关的事项，由此影响财务报告对外公布日期的，应以董事会或类似机构再次批准财务报告对外公布的日期作为资产负债表日后期间的截止日。因此，本题表述错误。

【答案】×

3.【解析】资产负债表日后发生巨额亏损在资产负债表日并未发生，且对理解和分析财务报告有重大影响，属于资产负债表日后非调整事项，不调整报告年度财务报表，但需要在附注中予以披露。因此，本题表述错误。

【答案】×

4.【解析】企业在资产负债表日后期间发现报告年度以前存在重大差错的，属于资产负债表日后调整事项，应当调整报告年度相关报表项目的期初数等。因此，本题表述错误。

【答案】×

5.【解析】资产负债表日后投资性房地产的公允价值发生严重下跌，在资产负债表日并不存在，但如果不披露会影响财务报告使用者理解和分析财务报告，应作为资产负债表日后非调整事项处理。因此，本题表述错误。

【答案】×

四、综合题

1.【解析】资产负债表日后调整事项，是指对资产负债表日已经存在的情况提供了新的或进一步证据的事项。资产负债表日后发生的调整事项涉及损益的，通过"以前年度损益调整"科目核算。调整完成后，应将"以前年度损益调整"科目的贷方或借方余额转入"利润分配——未分配利润"科目。

【答案】该销售退回发生在财务报告批准报出日以前，并且是对资产负债表日之前事项作出进一步说明，所以属于资产负债表日后调整事项。调整分录为：

借：以前年度损益调整——主营业务收入　　　　　　　　　400
　　应交税费——应交增值税（销项税额）　　　　　　　　52
　　　贷：应收账款　　　　　　　　　　　　　　　　　　　　　452
借：库存商品　　　　　　　　　　　　　　　　　　　　　320
　　　贷：以前年度损益调整——主营业务成本　　　　　　　　　320

借：应交税费——应交所得税　　　　　　　　　　　　　　20【（400－320）×25%】

　　　贷：以前年度损益调整——所得税费用　　　　　　　　20

借：盈余公积　　　　　　　　　　　　　　　　　　　　　6

　　利润分配——未分配利润　　　　　　　　　　　　　　54

　　　贷：以前年度损益调整　　　　　　　　　　　　　　60

第二十二章　公允价值计量

🎯 应试指导

　　本章属于 2022 年新增章节，也是非重要章节，主要介绍了公允价值的相关概念，估值技术的运用，公允价值层次的判断以及企业相关资产、负债以及自身权益工具的公允价值计量等内容。考生须重点理解掌握主要市场或最有利市场以及公允价值层次的内容，着重理解相应的例题，加深对基础知识的理解。

📈 历年考情

　　本章知识内容比较抽象，不太好理解，但属于非重要章节，预计本章以客观题形式进行考查，分值在 2 分左右。

📋 高频考点列表

考点	题型
公允价值计量概述	单项选择题、多项选择题、判断题
主要市场或最有利市场	
公允价值层次	

章逻辑树

第二十二章 公司法律制度

基本概念和一般应用

概述
- **定义**：指市场参与者在计量日发生的有序交易中，出售一项资产所能收到或者转移一项负债所需支付的价格
- **总体要求**：相关资产或负债；主要市场或最有利市场；市场参与者；恰当的估值技术；输入值和公允价值层次

相关资产或负债的特征
- 资产状况和所在位置**应当考虑**；恰当的估值技术；输入值和公允价值层次
- 对资产出售或使用的限制
  - 针对资产本身→**应当考虑**
  - 针对资产持有者→**不考虑**
- 计量单元·是指相关资产或负债以单独或者组合方式进行计量的**最小单位**

有序交易
- 是在计量日前一段时期内该资产或负债具有惯常市场活动的交易，不包括被迫清算和抛售

主要市场或最有利市场
- 主要市场
  - 指相关资产或负债**交易量最大和交易活跃程度最高的市场【优先选择】**
  - 主要市场下的公允价值 = 主要市场的价格 – 运输费用（**不减交易费用**）
- 最有利市场
  - 指在考虑**交易费用和运输费用**后，能够以**最高金额**出售相关资产或者以**最低金额**转移相关负债的市场
  - 最有利市场下的公允价值 = 最有利市场的价格 – 运输费用（**不减交易费用**）

市场参与者
- 相互独立的、熟悉资产或负债情况的、有能力且愿意进行资产或负债交易的买方和卖方

公允价值初始计量
- 交易价格·是取得该资产所支付或者承担该负债所收到的价格，即**进入价格**
- 公允价值·是出售该资产所能收到的价格或者转移该负债所需支付的价格，即**脱手价格**

估值技术
- 通常包括**市场法、收益法和成本法**。『**优先使用活跃市场的公开报价，若无，则三种方法没有优先顺序**』

输入值
- 可观察输入值『**优先使用**』
- 不可观察输入值『**仅当相关可观察输入值无法取得或取得不切实可行时才使用**』

公允价值层次
- 第一层次输入值·是企业在计量日能够取得的**相同资产**或负债在活跃市场上**未经调整**的报价
- 第二层次输入值·是除第一层次输入值外相关资产或负债**直接或间接可观察**的输入值
- 第三层次输入值·是相关资产或负债的**不可观察输入值**

非金融资产、负债和企业自身权益工具的公允价值计量
- 非金融资产的公允价值计量
- 负债和企业自身权益工具的公允价值计量

高频考点 1 公允价值计量概述

项目	内容
定义	公允价值，是指市场参与者在计量日发生的有序交易中，出售一项资产所能收到或者转移一项负债所需支付的价格『脱手价格』
涉及公允价值计量的资产或负债	（1）投资性房地产准则中规范的以公允价值进行后续计量的投资性房地产； （2）生物资产准则中规范的以公允价值进行后续计量的生物资产； （3）资产减值准则中规范的使用公允价值确定可收回金额的资产； （4）企业年金基金准则中规范的以公允价值计量的企业年金基金投资； （5）政府补助准则中规范的以非货币性资产形式取得的政府补助；『首选公允价值』 （6）企业合并准则中规范的非同一控制下企业合并中取得的可辨认资产和负债以及作为合并对价发行的权益工具； （7）金融工具确认和计量准则中规范的以公允价值计量且其变动计入当期损益或其他综合收益的金融资产或金融负债等； （8）套期保值中规范的以公允价值计量的套期工具和被套期项目等

『敲黑板』

（1）计量日不一定特指资产负债表日，可以为重组日、交换日等。

（2）存货准则中规范的可变现净值、资产减值准则中规范的预计未来现金流量现值等计量属性，与公允价值类似但并不遵循公允价值计量的有关规定，股份支付和租赁业务相关的计量也不遵循公允价值计量的有关规定。

【沙场练兵·单选题】关于公允价值的表述，下列说法正确的是（　　）。

A. 公允价值是市场参与者在某个时日发生的有序交易中，出售一项资产所能收到或者转移一项负债所需支付的价格

B. 公允价值是市场参与者在计量日发生的有序交易中，出售一项资产所能收到或者转移一项负债所需支付的价格

C. 公允价值是市场参与者在计量日发生的有序交易中，购买一项资产所能收到或者接收一项负债所需支付的价格

D. 公允价值是市场参与者在计量日发生的无序交易中，出售一项资产所能收到或者转移一项负债所需支付的价格

【解析】公允价值是指市场参与者在计量日发生的有序交易中，出售一项资产所能收到的价格或者转移一项负债所需支付的价格。综上，本题应选 B。

【答案】B

【沙场练兵·多选题】按照现行会计准则规定，下列各项应遵循公允价值计量的有（　　）。

A. 以公允价值模式进行后续计量的投资性房地产

B. 存货准则中的可变现净值

C. 以非货币性资产形式取得的政府补助

D. 以分期付款方式购买的固定资产的初始

计量

【解析】选项 A 符合题意，投资性房地产的后续计量可以按照公允价值计量；选项 B 不符合题意，存货的可变现净值＝销售价格(合同价)—估计的销售费用—相关税费，因此，不是按照公允价值计量；选项 C 符合题意，政府补助准则中规范的以非货币性资产形式取得的政府补助，首选公允价值进行计量；选项 D 不符合题意，以分期付款方式购买的固定资产是按照购买价款的现值进行初始计量的。综上，本题应选 AC。

【答案】AC

高频考点 2　主要市场或最有利市场

	主要市场	最有利市场
概念	指相关资产或负债**交易量最大和交易活跃程度最高**的市场	指在考虑**交易费用和运输费用**后，能够以**最高**金额出售相关资产或者以**最低**金额转移相关负债的市场
选择	优先选择	没有主要市场时选择
识别	企业根据可合理取得的信息，能够在交易日确定相关资产或负债交易量最大和交易活跃程度最高的市场	企业根据可合理取得的信息，无法在交易日确定主要市场的，在考虑交易费用和运输费用后，能够以最高金额出售该资产或者以最低金额转移该负债的市场
应用	（1）企业应当以主要市场上相关资产或负债的价格为基础，计量该资产或负债的公允价值。 （2）主要市场是资产或负债流动性最强的市场，能够为企业提供最具代表性的参考信息。 （3）主要市场下的公允价值＝主要市场的价格–运输费用（**不减交易费用**）	（1）不存在或无法确定主要市场的，企业应当以相关资产或负债最有利市场的价格为基础计量其公允价值。 （2）最有利市场的选择标准是"市场价格–交易费用–运输费用"最高者。 （3）最有利市场下的公允价值＝最有利市场的价格–运输费用（**不减交易费用**）

┃敲黑板┃

（1）交易费用，是指企业发生的可直接归属于资产出售或者负债转移的费用。交易费用是在进行相关资产或负债交易时不可避免会发生的费用。

（2）企业在根据主要市场或最有利市场的交易价格确定相关资产或负债的公允价值时，不应根据交易费用对该价格进行调整。

（3）交易费用不包括运输费用。相关资产所在地理位置是该资产的特征，企业应当根据该资产从当前位置转移到主要市场（或者最有利市场）的运输费用调整主要市场（或者最有利市场）的价格。（确定公允价值时应当考虑运输费用，但不考虑交易费用）

【沙场练兵·单选题】甲公司在非同一控制下企业合并中取得 10 台生产设备，购买日以公允价值计量这些生产设备，甲公司可以进入 X 市场或 Y 市场出售这些生产设备，购买日相同生产设备每台交易价格分别为 180 万元和 175 万元。如果甲公司在 X 市场出售这些合并中取得的生产设备，需要支付相关交易费用 100 万元。将这些生产设备运到 X 市场需要支付运费 60 万元。如果甲公司在 Y 市场出售这些合并中取得的生产设备，需要支付相关交易费用的 80 万元，将这些生产设备运到 Y 市场需要支付运费 20 万元。假定上述生产设备不存在主要市场，不考虑增值税及其他因素，甲公司上述生产设备的公允价值总额是（　　　）万元。

A. 1 650　　　　　　B. 1 640

C. 1 740　　　　　　D. 1 730

【解析】由于该项生产设备不存在主要市场，则需要判断最有利市场。在 X 市场出售该生产设备能够收到的净额 $= 10 \times 180 - 100 - 60 = 1\ 640$（万元），Y 市场出售该生产设备能够收到的净额 $= 10 \times 175 - 80 - 20 = 1\ 650$（万元），则 Y 市场为最有利市场。甲公司上述生产设备的公允价值总额 $= 10 \times 175 -$

$20 = 1\ 730$（万元）。综上，本题应选 D。

【答案】D

【沙场练兵·多选题】下列关于主要市场或最有利市场的表述中，错误的有（　　　）。

A. 企业应当以主要市场上相关资产或负债的价格为基础，计量资产或负债的公允价值

B. 最有利市场是资产或负债流动性最强的市场，能够为企业提供最具代表性的参考信息

C. 企业在确定最有利市场时，应当考虑交易费用和运输费用

D. 企业在根据主要市场或最有利市场的交易价格确定相关资产或负债的公允价值时，应根据交易费用对该价格进行调整

【解析】选项 A 正确，企业应当以主要市场上相关资产或负债的价格为基础，计量资产或负债的公允价值；选项 B 错误，主要市场是资产或负债流动性最强的市场，能够为企业提供最具代表性的参考信息；选项 C 正确，企业在确定最有利市场时，应当考虑交易费用和运输费用；选项 D 错误，企业在根据主要市场或最有利市场的交易价格确定相关资产或负债的公允价值时，不应根据交易费用对该价格进行调整。综上，本题应选 BD。

【答案】BD

高频考点 3　公允价值层次

企业应当将估值技术所使用的输入值划分为**三个层次**，并**最优先**使用活跃市场上相同资产或负债**未经调整**的报价（第一层次输入值），**最后使用**不可观察输入值（第三层次输入值）。

层次	含义
第一层次输入值	是企业在计量日能够取得的相同资产或负债在活跃市场上未经调整的报价

（续表）

层次	含义
第二层次输入值	（1）是除第一层次输入值外相关资产或负债**直接或间接可观察**的输入值。 （2）对于具有合同期限等特定期限的相关资产或负债，第二层次输入值必须在其几乎整个期限内是可观察的，第二层次输入值包括： ①活跃市场中类似资产或负债的报价。 ②非活跃市场中相同或类似资产或负债的报价。 ③除报价以外的其他可观察输入值，包括在正常报价间隔期间可观察的利率和收益率曲线等。 ④市场验证的输入值等
第三层次输入值	（1）是相关资产或负债的**不可观察输入值**。 （2）包括：不能直接观察和无法由可观察市场数据验证的利率、股票波动率、企业合并中承担的弃置义务的未来现金流量、企业使用自身数据作出的财务预测等

敲黑板 公允价值计量结果所属的层次，由对公允价值计量整体而言重要的输入值所属的最低层次决定。公允价值计量结果所属的层次，取决于估值技术的输入值，而不是估值技术本身。

【沙场练兵·单选题】公允价值计量所使用的输入值划分为三个层次，下列各项输入值中，不属于第二层输入值的是（　）。

A. 活跃市场中相同资产或负债的报价
B. 活跃市场中类似资产或负债的报价
C. 非活跃市场中类似资产或负债的报价
D. 非活跃市场中相同资产或负债的报价

【解析】第二层次输入值是除第一层次输入值外相关资产或负债直接或间接可观察的输入值，包括：（1）活跃市场中类似资产或负债的报价；（2）非活跃市场中相同或类似资产或负债的报价；（3）除报价以外的其他可观察输入值，包括在正常报价间隔期间可观察的利率和收益率曲线等；（4）市场验证的输入值等。选项A属于第一层次输入值。综上，本题应选A。

【答案】A

【沙场练兵·多选题】下列各项关于公允价值层次的表述中，符合企业会计准则规定的有（　）。

A. 在计量日能够取得的相同资产或负债在活跃市场上未经调整的报价属于第一层次输入值
B. 除第一层次输入值之外相关资产或负债直接或间接可观察的输入值属于第二层次输入值
C. 公允价值计量结果所属的层次，由对公允价值计量整体而言重要的输入值所属的最高层次确定
D. 不能直接观察和无法由可观察市场数据验证的相关资产或负债的输入值属于第三层次输入值

【解析】选项C错误，公允价值计量结果所属的层次，由对公允价值计量整体而言重要的输入值所属的最低层次决定。综上，本题应选ABD。

【答案】ABD

【沙场练兵·多选题】下列有关公允价值计量结果所属层次的表述中，正确的有（　）。

A. 公允价值计量结果所属层次，取决于估值技术的输入值

B. 公允价值计量结果所属层次由对公允价值计量整体而言重要的输入值所属的最高层次决定

C. 使用第二层次输入值对相关资产进行公允价值计量时，应当根据资产的特征进行调整

D. 对相同资产或负债在活跃市场上的报价进行调整的公允价值计量结果应划分为第二层次或第三层次

【解析】选项 A 正确，公允价值计量结果所属的层次，取决于估值技术的输入值，而不是估值技术本身；选项 B 错误，公允价值计量结果所属的层次，由对公允价值计量整体而言重要的输入值所属的最低层次决定；选项 C 正确；选项 D 错误，企业使用相同资产或负债在活跃市场的公开报价对资产或负债进行公允价值计量的，通常不应进行调整。综上，本题应选 AC。

【答案】AC

强化练习

一、单项选择题

1. 下列各项中的交易价格可以作为公允价值计量的是（　　）。

A. 甲公司向其母公司以 1 200 万元出售一台设备，该台设备的市场售价为 1 450 万元

B. 乙公司陷入财务困境被迫出售价值 600 万元固定资产

C. 丙公司向其联营企业以 300 万元出售一项固定资产，等于其市场价格

D. 某商业银行是银行间债券市场的做市商，既可以与其他做市商在银行间债券市场进行交易，也可以与客户在交易所市场进行交易

2. 2021 年 12 月 31 日，甲公司对其一台设备进行减值测试，估计其公允价值，此设备为生产用机器设备。根据市场交易情况，该机器设备在 M 城市和 N 城市有两个活跃的交易市场，甲公司能够进入这两个市场，但甲公司无法获得这批存货在 M 城市和 N 城市的历史交易情况。假定在 M 城市的市场出售该机器设备的价格为 2 500 万元，预计发生的交易费用（如相关税费等）为 140 万元，将其运抵 M 城市的成本为 20 万元；在 N 城市的市场出售该机器设备的价格为 2 700 万元，预计发生的交易费用为 140 万元，将其运抵 N 城市的成本为 30 万元。则甲公司 2021 年 12 月 31 日确定的该机器设备的公允价值为（　　）万元。

A. 2 670　　　　　　B. 2 880　　　　　　C. 2 700　　　　　　D. 2 340

3. 甲公司持有非上市公司的乙公司 5% 股权。以前年度，甲公司采用上市公司比较法、以市盈率为市场乘数估计所持乙公司股权投资的公允价值。由于客观情况发生变化，为使计量结果更能代表公允价值，甲公司从 2022 年 1 月 1 日起变更估值方法，采用以市净率为市场乘数估计所持乙公司股权投资的公允价值。对于上述估值方法的变更，甲公司正确的会计处理方法是（　　）。

A. 作为会计估计变更进行会计处理，并按照《企业会计准则第 28 号——会计政策、会计估计变更和差错更正》的规定对会计估计变更进行披露

B. 作为前期差错更正进行会计处理，并按照《企业会计准则第 28 号——会计政策、会计估计变更和差错更正》的规定对前期差错更正进行披露

C. 作为会计估计变更进行会计处理，并按照《企业会计准则第 39 号——公允价值计量》的规定对估值技术及其应用的变更进行披露

D. 作为会计政策变更进行会计处理，并按照《企业会计准则第 28 号——会计政策、会计估计变更和差错更正》的规定对会计政策变更进行披露

4. 关于计量单元，下列说法正确的是（　　）。

A. 是相关资产或负债单独进行计量的最小单位

B. 是相关资产或负债组合方式进行计量的最小单位

C. 是相关资产或负债以单独或者组合方式进行计量的最小单位

D. 是相关资产或负债以单独或者组合方式进行计量的单位

5. 企业在按照会计准则规定采用公允价值计量相关资产或负债时，下列各项有关确定公允价值的表述中，正确的是（　　）。

A. 对资产出售或使用的限制是针对资产持有者的，企业以公允价值计量该资产时应当考虑该限制特征

B. 使用估值技术确定公允价值时，应当使用市场上可观察输入值，在无法取得或取得可观察输入值不切实可行时才能使用不可观察输入值

C. 在根据选定市场的交易价格确定相关资产或负债的公允价值时，应当根据交易费用对有关价格进行调整

D. 以公允价值计量资产或负债，应当首先假定出售资产或转移负债的有序交易在该资产或负债的最有利市场进行

6. 下列关于主要市场与最有利市场的说法中，错误的是（　　）。

A. 不存在最有利市场的，企业应当假定该交易在相关资产或负债的主要市场进行

B. 主要市场，是指相关资产或者负债交易量最大和交易活跃程度最高的市场

C. 最有利市场，是指在考虑交易费用和运输费用后，能够以最高金额出售相关资产或者以最低金额转移相关负债的市场

D. 企业以公允价值计量的相关资产或者负债，应当假定出售资产或者转移负债的有序交易在该资产或者负债的主要市场进行

7. 下列应作为第三层次输入值的是（　　）。

A. 不可观察输入值

B. 第三方报价机构的估值

C. 活跃市场中类似资产或负债的报价

D. 非活跃市场中相同或类似资产或负债的报价

8. 下列关于有序交易的说法中，正确的是（　　）。

A. 企业应用于相关资产或负债公允价值计量的有序交易，是在计量日前一段时期内该资产或负债具有惯常市场活动的交易，包括被迫清算和抛售

B. 企业应用于相关资产或负债公允价值计量的有序交易，是在计量日后一段时期内该资产或负债具有惯常市场活动的交易，不包括被迫清算和抛售

C. 企业应用于相关资产或负债公允价值计量的有序交易，是在计量日前一段时期内该资产或负债具有惯常市场活动的交易，不包括被迫清算和抛售

D. 企业应用于相关资产或负债公允价值计量的有序交易，是在计量日前一段时期内该资产或负债具有非惯常市场活动的交易，不包括被迫清算和抛售

9. 下列项目中不属于资产特征的是（　　）。

A. 资产所在位置　　　　　　　　　　B. 资产的新旧程度

C. 对资产出售的限制   D. 出售资产发生的交易费用

10. 下列关于估值技术的说法中正确的是（ ）。

  A. 相关资产或负债存在活跃市场公开报价的，企业应当优先使用该报价确定该资产或负债的公允价值

  B. 企业在应用估值技术估计相关资产或负债的公允价值时，应当根据可观察的市场信息不定期校准估值模型

  C. 企业使用估值技术的目的是估计市场参与者在计量日当前市场情况下的无序交易中出售资产或者转移负债的价格

  D. 即使企业所使用的估值技术未能考虑市场参与者在对相关资产或负债估值时所考虑的所有因素，企业通过该估值技术获得的金额也能作为对计量日当前交易价格的估计

二、多项选择题

1. 下列资产或负债适用公允价值计量准则确认其公允价值的有（ ）。

  A. 以非货币性资产形式取得的政府补助

  B. 以公允价值计量且其变动计入其他综合收益的金融资产

  C. 以公允价值进行后续计量的生物资产

  D. 以分期付款方式购买的固定资产

2. 下列项目中，属于估值技术的有（ ）。

  A. 成本法   B. 市场法

  C. 毛利率法   D. 现金流量折现法

3. 估值技术中所使用的第二层次输入值包括（ ）。

  A. 活跃市场中相同资产或负债的报价

  B. 相关资产或负债的不可观察输入值

  C. 活跃市场中类似资产或负债的报价

  D. 非活跃市场中相同或类似资产或负债的报价

4. 下列关于非金融资产公允价值计量的表述中，错误的有（ ）。

  A. 企业应当从自身角度确定非金融资产的最佳用途

  B. 企业应当从市场参与者的角度确定非金融资产的最佳用途

  C. 最佳用途，是指市场参与者实现一项非金融资产或其所属的一组资产和负债的价值最小化时该非金融资产的用途

  D. 通常情况下，企业对非金融资产的当前用途不可视为最佳用途，除非市场因素或者其他因素表明市场参与者按照其他用途使用该非金融资产可以实现价值最大化

5. 下列各项中，属于相关资产或负债的特征的有（ ）。

  A. 资产的状况   B. 资产所在的位置

  C. 对资产出售的限制   D. 对资产使用的限制

6. 企业在确定市场参与者时应当考虑的因素包括（   ）。

    A. 所计量的相关资产或负债

    B. 市场参与者应当相互独立，不存在关联方关系

    C. 企业将在主要市场或最有利市场进行交易的市场参与者

    D. 该资产或负债的主要市场（或者在不存在主要市场情况下的最有利市场）

7. 下列各项关于公允价值层次的表述中，符合企业会计准则规定的有（   ）。

    A. 企业应最先使用第一层输入值，最后使用第三层次输入值

    B. 除第一层次输入值之外相关资产或负债直接或间接可观察的输入值属于第二层次输入值

    C. 公允价值计量结果所属的层次，由对公允价值计量整体而言重要的输入值所属的最高层次确定

    D. 不能直接观察和无法由可观察市场数据验证的相关资产或者负债的输入值属于第三层次输入值

8. 非金融资产的最佳用途，需要考虑的因素有（   ）。

    A. 法律上是否允许   B. 非金融资产的最佳使用年限

    C. 非金融资产的最佳使用环境   D. 实物上可能以及财务上可行的使用方式

9. 下列关于资产的限制说法中，正确的有（   ）。

    A. 如果该限制是针对资产持有者的，则此类限制并不是该资产的特征

    B. 如果该限制是针对资产持有者的，则此类限制是该资产具有的一项特征

    C. 如果该项限制是针对相关资产本身的，则此类限制并不是该资产的特征

    D. 如果该项限制是针对相关资产本身的，则此类限制是该资产具有的一项特征

10. 下列关于不履约风险的表述中，正确的有（   ）。

    A. 不履约风险，是指企业不履行义务的风险，包括但不限于企业自身信用风险

    B. 企业以公允价值计量相关负债时，应当考虑其信用状况的影响，以及其他可能影响负债履行的因素

    C. 企业以公允价值计量相关负债，应当考虑不履约风险，并假定不履约风险在负债转移前后保持不变

    D. 企业以公允价值计量相关负债，应当基于该负债的计量单元考虑不履约风险对负债公允价值的影响

三、判断题

1. 公允价值是指市场参与者在计量日发生的有序交易中，出售一项资产所能收到或者转移一项负债所需支付的价格。其中，计量日不一定特指资产负债表日，可以为重组日、交换日等。（   ）

2. 市场参与者以公允价值计量一项非金融资产时会考虑该资产的特征（如资产的地理位置和环境、使用功能、可使用状况等），企业在计量其公允价值时，可以不考虑这些特征。（   ）

3. 企业判定相关资产或负债的交易为有序交易的，以公允价值计量该资产或负债时，应当考虑该交易价格。（   ）

4. 企业公允价值计量中应用的估值技术应当在前后各会计期间保持一致，不得变更。（　　　）

5. 如果存在相同或类似负债或企业自身权益工具可观察市场报价，企业应当以该报价为基础确定负债或企业自身权益工具的公允价值。（　　　）

答案与解析

一、单项选择题

1.【解析】选项 A 错误，选项 C 正确，关联方之间的交易一般不能把交易价格作为公允价值，但企业有证据表明，关联方之间的交易是按照市场条款进行的，该交易价格可作为确定其公允价值的基础；选项 B 错误，被迫进行的交易，或者资产出售方（或负债转移方）在交易中被迫接受价格的交易，交易价格不可以作为公允价值计量；选项 D 错误，进行交易的市场不是该资产或负债的主要市场（或者在不存在主要市场情况下的最有利市场）。综上，本题应选 C。

【答案】C

2.【解析】由于甲公司无法获得该机器设备在 M 城市和 N 城市的历史交易情况，无法确定其主要市场，则甲公司应当在考虑交易费用和运输费用后将能够获得经济利益最大化的市场确定为最有利市场。由于甲公司在 N 城市的市场中出售该机器设备能够收到的净额为 2 530 万元（2 700 − 140 − 30），高于在 M 城市的市场出售该机器设备能够收到的净额 2 340 万元（2 500 − 140 − 20）。因此，N 城市的市场为最有利市场。甲公司应当以 N 城市的市场价格为基础估计该机器设备的公允价值，从而该机器设备的公允价值为 2 670 万元（2 700 − 30）。综上，本题应选 A。

【答案】A

3.【解析】企业变更估值技术或其应用的，应当按照《企业会计准则第 28 号——会计政策、会计估计变更和差错更正》的规定作为会计估计变更，并根据《企业会计准则第 39 号——公允价值计量》的披露要求对估值技术及其应用的变更进行披露，而不需要按照《企业会计准则第 28 号——会计政策、会计估计变更和差错更正》的规定对相关会计估计变更进行披露。综上，本题应选 C。

【答案】C

4.【解析】选项 A、B、D 错误，选项 C 正确，计量单位是相关资产或负债以单独或者组合方式进行计量的最小单位。综上，本题应选 C。

【答案】C

5.【解析】选项 A 错误，对资产出售或使用的限制是针对资产持有者的，只会影响当前持有该资产的企业，而其他企业可能不会受到该限制的影响，企业以公允价值计量该资产时，不应考虑针对该资产持有者的限制因素；选项 C 错误，在根据选定市场的交易价格确定相关资产或负债的公允价值时，不应根据交易费用对有关价格进行调整；选项 D 错误，以公允价值计量资产或负债，应当首先假定出售资产或转移负债的有序交易在该资产或负债的主要市场进行。综上，本题应选 B。

【答案】B

6.【解析】选项 A 说法错误，不存在主要市场的，企业应当假定该交易在相关资产或负债的最有利市场进行；选项 B 说法正确，主要市场，是指相关资产或负债交易量最大和交易活跃程度最高的市场；选项 C 说法正确，最有利市场，是指在考虑交易费用和运输费用后，能够以最高金额出售相关资产或者以最低金额转移相关负债的市场；选项 D 说法正确，企业以公允价值计量的相关资产或者负债，应当假定出售资产或者转移负债的有序交易在该资产或者负债的主要市场进行。综上，本题应选 A。

【答案】A

7.【解析】选项 A 符合题意，不可观察输入值属于第三层次输入值，包括不能直接观察和无法由可观察市场数据验证的利率、股票波动率、企业合并中承担的弃置义务未来现金流量、企业使用自身数据做出的财务预测等。选项 B 不符合题意，企业即使使用了第三方报价机构提供的估值，也不应简单将该公允价值计量结果划入第三层次输入值。企业应当了解估值服务中应用到的输入值，并根据该输入值的可观察性和重要性，确定相关资产或负债公允价值计量结果的层次。选项 C、D 不符合题意，属于第二层次输入值，除了活跃市场相同资产或负债的报价和不可观察输入值，其他属于第二层次输入值。综上，本题应选 A。

【答案】A

8.【解析】选项 A、B、D 错误，选项 C 正确，企业应用于相关资产或负债公允价值计量的有序交易，是在计量日前一段时期内该资产或负债具有惯常市场活动的交易，不包括被迫清算和抛售。综上，本题应选 C。

【答案】C

9.【解析】资产的状况（使用功能、结构、新旧程度、可使用状况等）及所在位置、出售或使用资产的限制等属于资产的特征。交易费用由交易直接引起，如果企业未出售资产，该费用将不会发生，不属于资产的特征。综上，本题应选 D。

【答案】D

10.【解析】选项 A 正确，相关资产或负债存在活跃市场公开报价的，企业应当优先使用该报价确定该资产或负债的公允价值，其他情况下准则未规定企业应当优先使用何种估值技术；选项 B 错误，企业在应用估值技术估计相关资产或负债的公允价值时，应当根据可观察的市场信息定期校准估值模型，以确保所使用的估值模型能够反映当前市场状况，并识别估值模型本身可能存在的潜在缺陷；选项 C 错误，企业使用估值技术的目的是估计市场参与者在计量日当前市场情况下的有序交易中出售资产或者转移负债的价格；选项 D 错误，如果企业所使用的估值技术未能考虑市场参与者在对相关资产或负债估值时所考虑的所有因素，那么企业通过该估值技术获得的金额不能作为对计量日当前交易价格的估计。综上，本题应选 A。

【答案】A

二、多项选择题

1. 【解析】选项 A 正确，以非货币性资产形式取得的政府补助，可以按照公允价值计量，公允价值不能可靠计量的，按照名义价格计量；选项 B 正确，以公允价值计量且其变动计入其他综合收益的金融资产，按照公允价值计量；选项 C 正确，以公允价值进行后续计量的生物资产，按照公允价值计量；选项 D 错误，以分期付款方式购买的固定资产是按照购买价款的现值进行初始计量的。综上，本题选 ABC。

【答案】ABC

2. 【解析】估值技术通常包括市场法、收益法和成本法。收益法包括现金流量折现法、多期超额收益折现法、期权定价模型等估值方法。综上，本题应选 ABD。

【答案】ABD

3. 【解析】第二输入值包括：（1）活跃市场中类似资产或负债的报价（选项 C）；（2）非活跃市场中相同或类似资产或负债的报价（选项 D）；（3）除报价以外的其他可观察输入值，包括在正常报价间隔期间可观察的利率和收益率曲线等；（4）市场验证的输入值等。选项 A 错误，活跃市场中相同资产或负债的报价属于第一层次输入值；选项 B 错误，相关资产或负债的不可观察输入值属于第三层次输入值。综上，本题选 CD。

【答案】CD

4. 【解析】选项 A 表述错误，选项 B 表述正确，企业应当从市场参与者的角度确定非金融资产的最佳用途，即使企业已经或者计划将非金融资产用于不同于市场参与者的用途；选项 C 表述错误，最佳用途，是指市场参与者实现一项非金融资产或其所属的一组资产和负债的价值最大化时该非金融资产的用途；选项 D 表述错误，通常情况下，企业对非金融资产的当前用途可视为最佳用途，除非市场因素或者其他因素表明市场参与者按照其他用途使用该非金融资产可以实现价值最大化。综上，本题选 ACD。

【答案】ACD

5. 【解析】相关资产或负债的特征，是指市场参与者在计量日对该资产或负债进行定价时考虑的特征，包括资产的状况和所在位置、对资产出售或使用的限制等。综上，本题应选 ABCD。

【答案】ABCD

6. 【解析】选项 A、C、D 符合题意，企业在确定市场参与者时，应当考虑所计量的相关资产或负债；该资产或负债的主要市场（或者在不存在主要市场情况下的最有利市场）以及企业将在该市场上与之进行交易的市场参与者。选项 B 不符合题意，属于市场参与者的特征。综上，本题应选 ACD。

【答案】ACD

7. 【解析】选项 A、B、D 符合规定，选项 C 不符合规定，公允价值计量结果所属的层次，由对公允价值计量整体而言重要的输入值所属的最低层次决定，而非最高层次决定。综上，本题应选 ABD。

【答案】ABD

8.【解析】选项 A、D 正确，选项 B、C 错误，非金融资产的最佳用途需要考虑：法律上是否允许、实物上可能以及财务上可行的使用方式。综上，本题应选 AD。

【答案】AD

9.【解析】选项 A 正确，选项 B 错误，如果该限制是针对资产持有者的，则此类限制并不是该资产的特征；选项 C 错误，选项 D 正确，如果该项限制是针对相关资产本身的，则此类限制是该资产具有的一项特征。综上，本题应选 AD。

【答案】AD

10.【解析】选项 A 正确，不履约风险，是指企业不履行义务的风险，包括但不限于企业自身信用风险；选项 B 正确，企业以公允价值计量相关负债时，应当考虑其信用状况的影响，以及其他可能影响负债履行的因素；选项 C 正确，企业以公允价值计量相关负债，应当考虑不履约风险，并假定不履约风险在负债转移前后保持不变；选项 D 正确，企业以公允价值计量相关负债，应当基于该负债的计量单元考虑不履约风险对负债公允价值的影响。综上，本题应选 ABCD。

【答案】ABCD

三、判断题

1.【解析】公允价值定义中的计量日不一定特指资产负债表日，可以为重组日、交换日等。因此，本题表述正确。

【答案】√

2.【解析】市场参与者以公允价值计量一项非金融资产时会考虑该资产的特征（如资产的地理位置和环境、使用功能、可使用状况等），企业在计量其公允价值时，也应考虑这些特征。因此，本题表述错误。

【答案】×

3.【解析】如果企业判定相关资产或负债的交易是：（1）是有序交易的，在确定公允价值时，应考虑交易价格，以交易价格为基础确定该资产或负债的公允价值。（2）不是有序交易的，在确定公允价值时，不应将该交易的价格作为计量公允价值的唯一或主要依据，并且赋予该交易价格较低权重。因此，本题表述正确。

【答案】√

4.【解析】企业公允价值计量中应用的估值技术应当在前后各会计期间保持一致，不得随意变更。除非变更估值技术或其应用方法能使计量结果在当前情况下同样或者更能代表公允价值。因此，本题表述错误。

【答案】×

5.【解析】具有可观察市场报价的相同或类似负债或企业自身权益工具，企业应当以该报价为基础确定负债或企业自身权益工具的公允价值。因此，本题表述正确。

【答案】√

第二十三章 政府会计

应试指导

本章内容较多，但分值占比较低，且通常在客观题中出现。考生在复习时，可根据时间精力，从框架到细节逐步进行，必要时可以直接从真题切入，战略性放弃理论内容。

历年考情

本章内容相对考生来讲，比较陌生。一般题型为客观题，主要考查政府会计概述和特定业务的会计处理，分值在 3 分左右。

题型	2021年（一）		2021年（二）		2020年（一）		2020年（二）		2019年（一）		2019年（二）	
	题量	分值	题量	分值	题量	分值	题量	分值	题量	分值	题量	分值
单选题	1	1.5分	1	1.5分	—	—	—	—	—	—	1	1.5分
多选题	—	—	1	2分	1	2分	1	2分	1	2分	—	—
判断题	1	1分	—	—	—	—	1	1分	—	—	—	—
计算分析题	—	—	—	—	—	—	—	—	—	—	—	—
综合题	—	—	—	—	—	—	—	—	—	—	—	—

高频考点列表

考点	单选题	多选题	判断题	计算分析题	综合题
政府会计概述	—	2020年、2019年	2021年、2018年	—	—
财政拨款收支业务	—	2021年	—	—	—
非财政拨款收支业务	—	—	—	—	—
预算结转结余及分配业务	—	—	—	—	—
资产业务	2021年、2017年	—	—	—	—
负债业务	—	—	—	—	—
PPP 项目合同	—	—	—	—	—

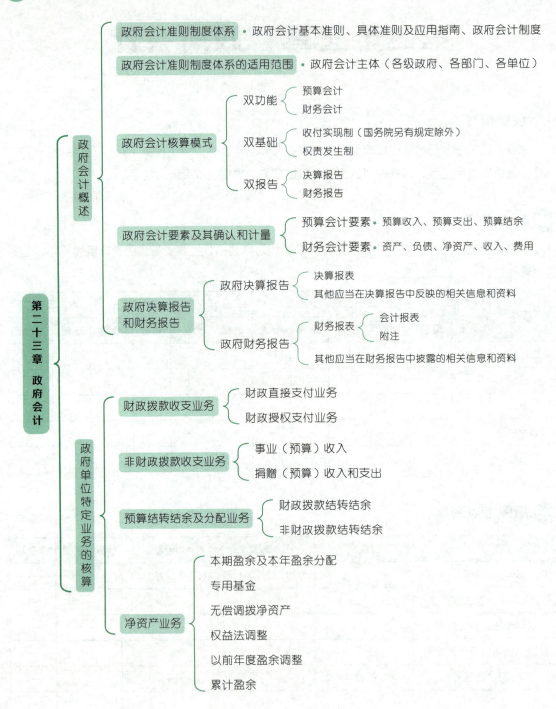

章逻辑树

政府会计准则制度体系・政府会计基本准则、具体准则及应用指南、政府会计制度

政府会计准则制度体系的适用范围・政府会计主体（各级政府、各部门、各单位）

政府会计概述

政府会计核算模式
- 双功能
  - 预算会计
  - 财务会计
- 双基础
  - 收付实现制（国务院另有规定除外）
  - 权责发生制
- 双报告
  - 决算报告
  - 财务报告

政府会计要素及其确认和计量
- 预算会计要素・预算收入、预算支出、预算结余
- 财务会计要素・资产、负债、净资产、收入、费用

政府决算报告和财务报告
- 政府决算报告
  - 决算报表
  - 其他应当在决算报告中反映的相关信息和资料
- 政府财务报告
  - 财务报表
    - 会计报表
    - 附注
  - 其他应当在财务报告中披露的相关信息和资料

第二十三章 政府会计

政府单位特定业务的核算

财政拨款收支业务
- 财政直接支付业务
- 财政授权支付业务

非财政拨款收支业务
- 事业（预算）收入
- 捐赠（预算）收入和支出

预算结转结余及分配业务
- 财政拨款结转结余
- 非财政拨款结转结余

净资产业务
- 本期盈余及本年盈余分配
- 专用基金
- 无偿调拨净资产
- 权益法调整
- 以前年度盈余调整
- 累计盈余

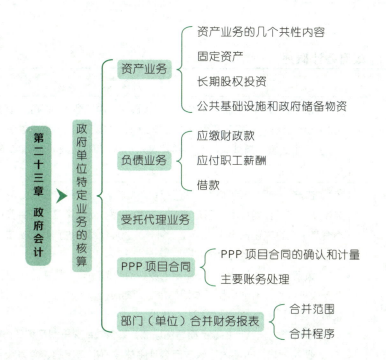

第二十三章 政府会计

政府单位特定业务的核算

- 资产业务
  - 资产业务的几个共性内容
  - 固定资产
  - 长期股权投资
  - 公共基础设施和政府储备物资
- 负债业务
  - 应缴财政款
  - 应付职工薪酬
  - 借款
- 受托代理业务
- PPP 项目合同
  - PPP 项目合同的确认和计量
  - 主要账务处理
- 部门（单位）合并财务报表
  - 合并范围
  - 合并程序

Scan
下载这个App
别告诉别人！

配套免费

视频　题库　模考　答疑

高频考点 1 政府会计概述

双功能	预算会计	（1）预算收入：一般在实际收到时予以确认，以实际收到的金额计量。 （2）预算支出：一般在实际支付时予以确认，以实际支付的金额计量 （3）预算结余：指预算年度内预算收入扣除预算支出后的资金余额，以及历年滚存的资金余额
	财务会计	（1）**资产**：分为流动资产（货币资金、短期投资、应收及预付款项、存货等）和非流动资产（长期投资、固定资产、在建工程、无形资产、公共基础设施、政府储备资产、文物文化资产、保障性住房等），其计量属性包括历史成本、重置成本、现值、公允价值和名义金额。 （2）**负债**：分为流动负债（短期借款、应付短期政府债券、应付及预收款项、应缴款项等）和非流动负债（长期借款、长期应付款、应付长期政府债券等），其计量属性包括历史成本、现值和公允价值。 （3）**净资产**：指资产扣除负债后的净额，其金额取决于资产和负债的计量。 （4）**收入**：指报告期内导致政府会计主体净资产增加的、含有服务潜力或者经济利益的经济资源的流入。 （5）**费用**：指报告期内导致政府会计主体净资产减少的、含有服务潜力或者经济利益的经济资源的流出
双基础		除另有规定外，预算会计实行**收付实现制**，财务会计实行**权责发生制**
双报告	决算报告	以收付实现制为基础，以预算会计核算生成的数据为准，包括决算报表和其他应当在决算报告中反映的相关信息和资料
	财务报告	以权责发生制为基础，以财务会计核算生成的数据为准，包括财务报表和其他应当在财务报告中披露的相关信息和资料

‖敲黑板‖

（1）军队、已纳入企业财务管理体系的单位和执行《民间非营利组织会计制度》的社会团体，其会计核算不适用政府会计标准体系。

（2）对于纳入部门预算管理的现金收支业务，在采用财务会计核算的同时应当进行预算会计核算；对于其他业务，仅需进行财务会计核算。

（3）对于不涉及现金收支的业务，仅需要进行财务会计处理，不需要进行预算会计处理；对于单位受托代理的现金以及应上缴财政的现金所涉及的收支业务，由于不纳入部门预算管理，仅需要进行财务会计处理，不需要进行预算会计处理。

【真题实战·判断题】政府单位对于纳入部门预算管理的现金收支业务在采用财务会计核算的同时应当进行预算会计核算。（　　）（2021年）

【思路导航】预算会计仅针对纳入部门预算管理的现金收支业务，不涉及现金的一律不考虑。

【解析】平行记账的基本规则是"单位对于纳入部门预算管理的现金收支业务，在采用财务会计核算的同时，应当进行预算会计核算；对于其他业务，仅需进行财务会计核算"。因此，本题表述正确。

【答案】√

【真题实战·多选题】下列各项中，属于政府会计中资产计量属性的有（　　）。（2020年）

A. 公允价值　　　　　B. 可变现净值

C. 历史成本　　　　　D. 名义金额

【思路导航】此题属于记忆型考题，可进行对比记忆：

①政府会计资产的计量属性：历史成本、重置成本、公允价值、现值、名义金额

②企业会计资产的计量属性：历史成本、重置成本、公允价值、现值、可变现净值

【解析】政府会计中资产的计量属性主要包括历史成本（选项C）、重置成本、现值、公允价值（选项A）和名义金额（选项D）。综上，本题应选ACD。

【答案】ACD

【真题实战·多选题】下列关于政府会计要素的表述中，正确的有（　　）。（2020年）

A. 收入是指报告期内导致政府会计主体净资产增加的，含有服务潜力或者经济利益的经济资源的流入

B. 负债是指政府会计主体过去的经济业务或者事项形成的，预期会导致经济资源流出政府会计主体的现时义务

C. 净资产是指政府会计主体资产扣除负债后的净额

D. 资产是指政府会计主体过去的经济业务或者事项形成的，由政府会计主体控制的，预期能够产生服务潜力或者带来经济利益流入的经济资源

【解析】选项A、B、C、D表述均正确，均为教材原文。综上，本题应选ABCD。

【答案】ABCD

【真题实战·多选题】在政府会计中，下列属于预算会计要素的有（　　）。（2019年）

A. 预算收入　　　　　B. 预算支出

C. 净资产　　　　　　D. 预算结余

【解析】政府预算会计要素包括预算收入（选项A）、预算支出（选项B）与预算结余（选项D）；选项C不符合题意，其属于政府财务会计要素。综上，本题应选ABD。

【答案】ABD

【真题实战·判断题】政府财务会计要素包括资产、负债、净资产、收入和费用。（　　）（2018年）

【解析】根据政府会计制度，政府财务会计的要素分为资产、负债、净资产、收入和费用；而企业的会计要素分为资产、负债、所有者权益、收入、费用和利润。因此，本题表述正确。

【答案】√

【沙场练兵·单选题】下列关于政府会计相关说法中，不正确的是（　　）。

A. 政府预算会计要素包括预算收入、预算支出与预算结余

B. 政府财务会计要素包括资产、负债、净资产、收入、费用和利润

C. 财务会计核算实行权责发生制，预算会计核算实行收付实现制

D. 对于单位受托代理的现金及应上缴财政的

现金所涉及的收支业务，不需要进行预算会计处理

【解析】选项A、C、D说法正确，选项B说法不正确，政府单位会计具有非营利性，因此相

对于企业会计要素没有"利润"要素。政府财务会计要素包括资产、负债、净资产、收入和费用。综上，本题应选B。

【答案】B

高频考点 2 财政拨款收支业务

实行国库集中支付的政府单位，财政资金的支付方式包括财政直接支付和财政授权支付。

1. 财政直接支付

业务	财务会计	预算会计
单位收到相关支付凭证	借：库存物品/固定资产/应付职工薪酬/业务活动费用/单位管理费用等 贷：财政拨款收入	借：行政支出/事业支出等 贷：财政拨款预算收入
年末，补记指标	本年度财政直接支付预算指标数 > 实际支出数	
	借：财政应返还额度 贷：财政拨款收入	借：资金结存——财政应返还额度 贷：财政拨款预算收入
下年度恢复直接支付额度后，发生实际支出	借：库存物品/固定资产/应付职工薪酬/业务活动费用/单位管理费用等 贷：财政应返还额度	借：行政支出/事业支出等 贷：资金结存——财政应返还额度

2. 财政授权支付

业务		财务会计	预算会计
政府单位收到相关支付凭证		借：零余额账户用款额度 贷：财政拨款收入	借：资金结存——零余额账户用款额度 贷：财政拨款预算收入
按规定支用额度		借：库存物品/固定资产/应付职工薪酬/业务活动费用/单位管理费用等 贷：零余额账户用款额度	借：行政支出/事业支出 贷：资金结存——零余额账户用款额度
年末	注销额度	根据银行提供的对账单，注销零余额账户用款额度『未使用』	
		借：财政应返还额度——财政授权支付 贷：零余额账户用款额度	借：资金结存——财政应返还额度 贷：资金结存——零余额账户用款额度
	补记指标	本年度财政授权支付预算指标数 > 零余额账户用款额度下达数『未下达』	
		借：财政应返还额度——财政授权支付 贷：财政拨款收入	借：资金结存——财政应返还额度 贷：财政拨款预算收入

（续表）

业务	财务会计	预算会计
下年初恢复额度或收到财政部门批复的上年末未下达零余额账户用款额度	借：零余额账户用款额度 　　贷：财政应返还额度——财政授权支付	借：资金结存——零余额账户用款额度 　　贷：资金结存——财政应返还额度

> **┃敲黑板┃** 在财政授权方式下，应设置"零余额账户用款额度"科目，期末借方余额反映尚未支用的零余额用款额度，年度终了注销后，该科目应无余额。

【真题实战·多选题】 2020年12月31日，甲行政单位财政直接支付指标数与当年财政直接支付实际支出数之间的差额为30万元。2021年1月1日，财政部门恢复了该单位的财政直接支付额度。2021年1月15日，该单位以财政直接支付方式购买一批办公用品（属于上年预算指标数），支付给供应商10万元。不考虑其他因素，甲行政单位对购买办公用品的下列会计处理表述中，正确的有（　　）。（2021年）

A. 减少财政应返还额度10万元

B. 减少资金结存10万元

C. 增加行政支出10万元

D. 增加库存物品10万元

【解析】（1）2020年12月31日补记指标：

借：财政应返还额度——财政直接支付

　　　　　　　　　　　　　　300 000

　　贷：财政拨款收入　　　　300 000

同时，

借：资金结存——财政应返还额度300 000

　　贷：财政拨款预算收入　　　300 000

（2）2021年1月15日使用上年预算指标购买办公用品：

借：库存物品　　　　　　　100 000

　　贷：财政应返还额度——财政直接支付

　　　　　　　　　　　　　　100 000

同时，

借：行政支出　　　　　　　100 000

　　贷：资金结存——财政应返还额度

　　　　　　　　　　　　　　100 000

综上，本题应选ABCD。

【答案】 ABCD

【沙场练兵·多选题】 某事业单位2022年收到财政部门批复的2021年年末未下达零余额账户用款额度300万元，下列财务会计处理中，正确的有（　　）。

A. 贷记"财政拨款收入"300万元

B. 借记"财政拨款结转"300万元

C. 贷记"财政应返还额度"300万元

D. 借记"零余额账户用款额度"300万元

【解析】 事业单位本年度收到财政部门批复的上年末未下达零余额账户用款额度时，在财务会计中借记"零余额账户用款额度"科目，贷记"财政应返还额度"科目。综上，本题应选CD。

【相关分录】（单位：万元）

财务会计中：

借：零余额账户用款额度　　　　　300

　　贷：财政应返还额度——财政授权支付300

同时，在预算会计中：

借：资金结存——零余额账户用款额度300

贷：资金结存——财政应返还额度　　300

【答案】CD

【沙场练兵·单选题】某科研所（事业单位）实行国库集中收付制度，2022年1月1日，根据经过批准的部门预算和用款计划，向财政部门申请财政授权支付用款额度100万元。3月6日，财政部门经过审核后，采用财政授权支付方式下达了100万元用款额度。3月10日，收到代理银行盖章的"授权支付到账通知书"。3月20日，购入不需要安装的科研设备一台，实际成本为60万元。下列关于该科研所会计处理表述中，不正确的是（　　）。

A.3月10日在预算会计中确认财政拨款预算收入增加100万元

B.3月10日在财务会计中确认财政拨款收入增加100万元

C.3月20日在预算会计中确认事业支出增加60万元

D.3月20日在财务会计中确认银行存款减少60万元

【解析】正确会计处理如下（单位：万元）：

（1）3月10日收到代理银行盖章的"授权支付到账通知书"：

在财务会计中

借：零余额账户用款额度　　　　　　100

　　贷：财政拨款收入　　　　　　　　　100

同时，在预算会计中

借：资金结存——零余额账户用款额度100

　　贷：财政拨款预算收入　　　　　　　100

（2）3月20日按规定支用额度时，按照实际支用的额度：

在财务会计中

借：固定资产　　　　　　　　　　　　60

　　贷：零余额账户用款额度　　　　　　60

同时，在预算会计中

借：事业支出　　　　　　　　　　　　60

　　贷：资金结存——零余额账户用款额度 60

综上，本题应选D。

【答案】D

高频考点 3　非财政拨款收支业务

1. 事业（预算）收入

	业务	财务会计	预算会计
采用财政专户返还方式	实际应上缴财政专户的事业收入	借：银行存款/应收账款等 贷：应缴财政款	——
	向财政专户上缴款项	借：应缴财政款 贷：银行存款等	——
	收到从财政专户返还的事业收入	借：银行存款等 贷：事业收入	借：资金结存——货币资金 贷：事业预算收入
采用预收款方式	实际收到预收款项	借：银行存款 贷：预收账款	借：资金结存——货币资金 贷：事业预算收入

（续表）

业务		财务会计	预算会计
采用预收款方式	以合同完成进度确认事业收入	借：预收账款 　　贷：事业收入	——
采用应收款方式	根据合同完成进度计算本期应收的款项	借：应收账款 　　贷：事业收入	——
	实际收到款项	借：银行存款/库存现金 　　贷：应收账款	借：资金结存——货币资金 　　贷：事业预算收入
涉及增值税业务		事业收入按照实际收到的金额扣除增值税销项税之后的金额（不含税）入账，事业预算收入按照实际收到的金额（含税）入账	

2. 捐赠（预算）收入和支出

（1）捐赠（预算）收入

业务	财务会计	预算会计
单位接受捐赠的现金资产	借：银行存款/库存现金等【实收金额】 　　贷：捐赠收入	借：资金结存——货币资金　【实收金额】 　　贷：其他预算收入——捐赠预算收入
接受捐赠的非现金资产（存货、固定资产等）	借：库存物品/固定资产等 　　贷：银行存款 　　【发生的相关税费、运输费等】 　　捐赠收入　　　　　　【差额】	借：其他支出【发生的相关税费、运输费等】 　　贷：资金结存——货币资金

‖敲黑板‖

（1）单位取得捐赠的货币资金按规定应当上缴财政的，应当按照"应缴财政款"科目相关规定进行财务会计处理，预算会计不作处理。

（2）单位接受捐赠人委托转赠的资产，应当按受托代理业务相关规定进行财务会计处理，预算会计不作处理。

（2）捐赠（支出）费用

业务	财务会计	预算会计
单位对外捐赠现金资产	借：其他费用 　　贷：银行存款/库存现金等	借：其他支出 　　贷：资金结存——货币资金
单位对外捐赠库存物品、固定资产等非现金资产	借：资产处置费用　　　　【账面价值】 　　固定资产累计折旧等 　　贷：库存物品/固定资产【账面余额】 　　银行存款　　　　　【支付的税费等】	借：其他支出 　　【发生的相关税费、运输费等】 　　贷：资金结存——货币资金

【沙场练兵·多选题】关于事业（预算）收入，下列表述中正确的有（　　）。

A.事业活动中涉及增值税业务的事业收入按照实际收到的金额扣除增值税销项税之后的金额入账

B.单位在预算会计中应当设置"事业预算收入"科目，采用收付实现制核算

C.单位在财务会计中应当设置"事业收入"科目，采用权责发生制核算

D."事业收入"科目发生额与"事业预算收入"科目发生额一定相等

【解析】选项A、B、C正确，选项D错误，事业活动中涉及增值税业务的，事业收入按照实际收到的金额扣除增值税销项税之后的金额入账，事业预算收入按照实际收到的金额入账，"事业收入"科目发生额与"事业预算收入"科目发生额不相等。综上，本题应选ABC。

【答案】ABC

【沙场练兵·单选题】下列各项中，事业单位对外捐赠现金在财务会计中借记的会计科目是（　　）。

A.其他费用　　　　B.资产处置费用

C.其他支出　　　　D.无偿调拨净资产

【解析】单位对外捐赠现金资产的，按照实际捐赠的金额：

在财务会计中

借：其他费用

　　贷：银行存款/库存现金等

综上，本题应选A。

【答案】A

高频考点 4 预算结转结余及分配业务（以非财政拨款结转结余为例）

1.非财政拨款结转的核算

业务		财务会计	预算会计
年末结转	结转非财政拨款专项资金收入	——	借：事业预算收入/上级补助预算收入/附属单位上缴预算收入/非同级财政拨款预算收入/债务预算收入/其他预算收入　　贷：非财政拨款结转——本年收支结转
	结转非财政拨款专项资金支出	——	借：非财政拨款结转——本年收支结转　　贷：行政支出/事业支出/其他支出
按规定从科研项目预算收入中提取项目管理费或间接费		借：单位管理费用　　贷：预提费用——项目间接费或管理费	借：非财政拨款结转——项目间接费用或管理费　　贷：非财政拨款结余——项目间接费用或管理费
按照规定缴回非财政拨款结转资金		借：累计盈余　　贷：银行存款	借：非财政拨款结转——缴回资金　　贷：资金结存——货币资金
因会计差错更正等事项调整非财政拨款结转资金（按照收到或支出的金额）		借：银行存款等【或贷记】　　贷：以前年度盈余调整【或借记】	借：资金结存——货币资金【或贷记】　　贷：非财政拨款结转——年初余额调整【或借记】

（续表）

业务	财务会计	预算会计
年末冲销相关明细科目金额	——	借：非财政拨款结转——年初余额调整/本年收支结转/缴回资金/项目间接费用或管理费　【或贷记】 　　贷：非财政拨款结转——累计结转　【或借记】
年末完成上述结转后，将留归本单位使用的非财政专项剩余资金转入非财政拨款结余	——	借：非财政拨款结转——累计结转 　　贷：非财政拨款结余——结转转入

2. 非财政拨款结余的核算

业务		财务会计	预算会计
实际缴纳企业所得税		借：其他应交税费——单位应交所得税 　　贷：银行存款等	借：非财政拨款结余——累计结余 　　贷：资金结存——货币资金
因会计差错更正等调整非财政拨款结余资金		借：银行存款　　　　【或贷记】 　　贷：以前年度盈余调整　【或借记】	借：资金结存——货币资金　【或贷记】 　　贷：非财政拨款结余——年初余额调整　【或借记】
年末冲销明细科目余额		——	借：非财政拨款结余——年初余额调整/项目间接费用或管理费/结转转入【或贷记】 　　贷：非财政拨款结余——累计结余　【或借记】
事业单位	年末将"非财政拨款结余分配"科目余额转入非财政拨款结余	——	借：非财政拨款结余——累计结余 　　贷：非财政拨款结余分配
		——	借：非财政拨款结余分配 　　贷：非财政拨款结余——累计结余
行政单位	年末，将"其他结余"科目余额转入非财政拨款结余	——	借：非财政拨款结余——累计结余 　　贷：其他结余
		——	借：其他结余 　　贷：非财政拨款结余——累计结余

【沙场练兵·单选题】下列各项中，事业单位预算会计按规定提取专用结余应借记的会计科目是（　　）。

A. 非财政拨款结余　　B. 非财政拨款结余分配

C. 非财政拨款结转　　D. 财政拨款结转

【解析】专用结余是指事业单位按照规定从非财政拨款结余中提取的具有专门用途的资金。按照提取金额，应该借记"非财政拨款结余分配"科目，贷记"专用结余"科目。综上，本题应选B。

【答案】B

【沙场练兵·判断题】年末，将留归本单位使用的非财政拨款专项（项目已完成）的剩余资

金转入"非财政拨款结余"科目，借记"非财政拨款结转——累计结转"科目，贷记"非财政拨款结余——结转转入"科目。（　　）

【解析】年末，分析将留归本单位使用的非财政专项剩余资金转入非财政拨款结余：

借：非财政拨款结转——累计结转

　　贷：非财政拨款结余——结转转入

因此，本题表述正确。

【答案】√

【沙场练兵·判断题】"非财政拨款结余"和"非财政拨款结转"都有"项目间接费用或管理费"明细科目。（　　）

【解析】按照规定从科研项目预算收入中提取项目管理费或间接费时，借记"非财政拨款结转——项目间接费用或管理费"科目，贷记"非财政拨款结余"科目（项目间接费用或管理费）。因此，本题表述正确。

【答案】√

高频考点 5　资产业务（以长期股权投资为例）

长期投资是事业单位取得的持有时间超过1年（不含1年）的债权和股权性质的投资。

1. 长期股权投资的取得

（1）处理原则

长期股权投资在取得时，应当按照实际成本作为初始投资成本。实际支付价款中包含的已宣告但尚未发放的现金股利，应当单独确认为应收股利，不计入初始投资成本。

取得方式	初始投资成本的确定
以现金取得	初始投资成本 = 实际支付的全部价款（包括购买价款和相关税费）
以现金以外的其他资产置换取得	初始投资成本 = 换出资产的评估价值 + 支付的补价（或 – 收到的补价） + 为换入资产发生的其他相关支出

2. 长期股权投资持有期间的处理

长期股权投资在持有期间，通常应当采用**权益法**进行核算。事业单位无权决定被投资单位的财务和经营政策或无权参与被投资单位的财务和经营政策决策的，应当采用**成本法**进行核算。

（1）成本法

成本法，是指投资按照投资成本计量的方法。采用成本法核算时，除非追加或收回投资，长期股权投资的账面余额通常保持不变。

业务	财务会计	预算会计
被投资单位宣告分派现金股利或利润	借：应收股利　　贷：投资收益	——
实际收到现金股利或利润	借：银行存款等　　贷：应收股利	借：资金结存——货币资金　　贷：投资预算收益【取得价款中包含的】　　　　投资支出【持有期间确认的】

（2）权益法

权益法，是指投资最初以投资成本计量，以后根据事业单位在被投资单位所享有的所有者权益份额的变动对投资的账面余额进行调整的方法。

采用权益法核算时，事业单位应当根据其在被投资单位所享有的所有者权益份额的变动对长期股权投资的账面余额进行调整。

业务	财务会计	预算会计
被投资单位实现净利润或发生净亏损	借：长期股权投资——损益调整 　　贷：投资收益 发生亏损时作相反分录	——
被投资单位宣告分派现金股利或利润	借：应收股利 　　贷：长期股权投资——损益调整	——
	【提个醒】实际收到现金股利或利润的处理，参照成本法，此处略。	
被投资单位除净损益和利润分配以外的所有者权益变动	借：长期股权投资——其他权益变动 　　贷：权益法调整 或作相反分录	——

┃敲黑板┃ 事业单位确认被投资单位发生的净亏损，应当以长期股权投资的账面余额减记至零为限，负有承担额外损失义务的除外。被投资单位发生净亏损，但以后年度又实现净利润的，事业单位应当在其收益分享额弥补未确认的亏损分担额后，恢复确认。

【真题实战·单选题】2019年1月1日，甲事业单位以银行存款2 000万元取得乙公司40%的有表决权股份，对该股权投资采用权益法核算。2019年度乙公司实现净利润500万元。2020年3月1日，乙公司宣告发放现金股利200万元，2020年3月20日乙公司支付了现金股利。2020年度乙公司发生亏损100万元。不考虑其他因素，甲事业单位2020年12月31日长期股权投资的账面余额为（　　）万元。（2021年）

A. 2 120　　　　　　B. 2 000
C. 2 080　　　　　　D. 2 200

【解析】事业单位以现金取得长期股权投资的，应当按照实际支付的全部价款（包括购买价款和相关税费）作为实际成本。甲事业单位对该

股权投资采用权益法核算，则2020年12月31日长期股权投资的账面余额＝2 000＋（500－200－100）×40%＝2 080（万元）。综上，本题应选C。

【答案】C

【真题实战·单选题】2017年5月10日，甲事业单位以一项原价为50万元，已计提折旧10万元、评估价值为100万元的固定资产对外投资，取得一项长期股权投资，在投资过程中另以银行存款支付直接相关费用1万元。不考虑其他因素，甲事业单位该业务应计入长期投资成本的金额为（　　）万元。（2017年）

A. 41　　　　　　　B. 100
C. 40　　　　　　　D. 101

【解析】事业单位以固定资产取得的长期股

权投资，按照评估价值加上相关税费，确认长期投资的成本。因此，该项长期投资成本＝100 ＋ 1 ＝ 101（万元）。综上，本题应选 D。

【答案】D

【沙场练兵·单选题】下列关于事业单位长期股权投资的会计处理的表述正确的是（ ）。

A. 以现金取得的长期股权投资应以实际支付的购买价款作为长期股权投资的成本

B. 以现金取得的长期股权投资，实际支付价款中包含的已宣告但尚未发放的现金股利，单独确认为应收股利

C. 以固定资产置换取得的长期股权投资，其成本应按固定资产的公允价值确定

D. 有权决定被投资单位的财务和经营管理的，应当采用成本法进行核算

【解析】选项 A 表述错误，选项 B 表述正确，事业单位以现金方式取得长期股权投资的，应当按照实际支付的全部价款（包括购买价款和相关税费）作为实际成本。实际支付价款中包含的已宣告但尚未发放的现金股利，应当单独确认为应收股利；选项 C 表述错误，以固定资产、无形资产取得长期股权投资的，应当在财务会计中，按照固定资产、无形资产的评估价值和相关税费的合计金额确定长期股权投资成本；选项 D 表述错误，事业单位无权决定或无权参与被投资单位的财务和经营政策的，应该采用成本法进行核算。综上，本题应选 B。

【答案】B

高频考点 6 负债业务

1. 应缴财政款

业务	财务会计	预算会计
取得或应收按照规定应缴财政的款项时	借：银行存款/应收账款等 　贷：应缴财政款	——
上缴财政款项时	借：应缴财政款 　贷：银行存款等	——

2. 借款

业务	财务会计	预算会计
取得借款	借：银行存款 　贷：短期借款 　　长期借款——本金	借：资金结存——货币资金 　贷：债务预算收入
计提利息	借：在建工程/其他费用 　贷：应付利息 　【短期借款利息和分期付息、到期还本长期借款利息】 　　长期借款——应计利息 　【到期一次还本付息的长期借款利息】	——

（续表）

业务	财务会计	预算会计
实际支付分期付息借款利息	借：应付利息 　　贷：银行存款等	借：其他支出 　　贷：资金结存——货币资金
偿还借款	借：短期借款 　　长期借款——本金 　　　　　——应计利息【到期一次还本付息长期借款利息】 　　贷：银行存款	借：债务还本支出【支付的本金】 　　其他支出　【支付的利息】 　　贷：资金结存——货币资金

【沙场练兵·单选题】事业单位取得银行分期付息、到期还本的长期借款后（非工程项目专门借款），每期计提借款利息时应借记（　　）。

A. 财务费用　　　　　　B. 其他费用

C. 业务活动费用　　　　D. 单位管理费用

【解析】选项 A、C、D 错误，选项 B 正确，事业单位除工程项目专门借款以外的其他借款计提的利息，应当计入其他费用。综上，本题应选 B。

【相关分录】

借：其他费用

　　贷：应付利息

　　【分期付息、到期还本长期借款利息】

【答案】B

【沙场练兵·判断题】某事业单位为购建固定资产借入了专门借款，工程项目建设期间，发生了 2 个月的正常中断，事业单位应将中断期间的借款费用计入当期费用。（　　）

【解析】事业单位借入专门借款，工程项目建设期间发生非正常中断且中断时间连续超过 3 个月（含 3 个月）的，应将非正常中断期间的借款费用计入当期费用；正常中断期间的借款费用计入工程成本。因此，本题表述错误。

【答案】×

【沙场练兵·判断题】由于应缴财政的款项不属于纳入部门预算管理的现金收支，因此不进行预算会计处理。（　　）

【解析】本题属于教材对应缴财政款的表述，应缴财政的款项不纳入部门预算管理，所以不需要进行预算会计处理。因此，本题表述正确。

【答案】√

【沙场练兵·多选题】下列属于应缴财政款的有（　　）。

A. 应缴国库的款项

B. 应缴财政专户的款项

C. 应缴纳的各种税费

D. 应缴利息费用

【解析】单位应缴财政款是指单位取得或应收的按照规定应当上缴财政的款项，包括应缴国库的款项和应缴财政专户的款项。综上，本题应选 AB。

【答案】AB

高频考点 7 PPP 项目合同

（一）PPP 项目合同的确认和计量

1. PPP 项目合同，是指政府方与社会资本方依法依规就 PPP 项目合作所订立的合同，该合同应具有如下两个特征（简称"**双特征**"）：

（1）社会资本方在合同约定的运营期间内代表政府方**使用** PPP 项目资产提供公共产品和服务；

（2）社会资本方在合同约定的期间内就其提供的公共产品和服务获得**补偿**。

2. 政府方确认的 PPP 项目合同应当满足以下两个条件（简称"**双控制**"）：

（1）政府方控制或管制社会资本使用 PPP 项目资产必须提供的公共产品和服务的类型、对象和价格；

（2）PPP 项目合同终止时，政府方通过所有权、收益权或其他形式控制 PPP 项目资产的重大剩余权益。

3. 符合"双特征、双控制"的 PPP 项目资产，在同时满足以下条件时，应当由政府方予以确认：

（1）与该资产相关的服务潜力很可能实现或者经济利益**很可能**流入；

（2）该资产的成本或者价值能够**可靠地计量**。

> **|敲黑板|** 政府方在取得 PPP 项目资产时一般应当按照**成本**进行初始计量，按规定需要进行资产评估的，应当按照评估价值进行初始计量。

（二）取得 PPP 项目资产

PPP 项目资产的来源		项目	账务处理
社会资本方投资建造形成的	验收合格交付使用	按确定的成本（自建造开始至验收合格交付使用前的全部必要支出）	借：PPP 项目资产 　贷：PPP 项目净资产
	已交付使用但尚未办理竣工财务决算手续	按暂估价值	借：PPP 项目资产　　　　【或贷方】 　贷：PPP 项目净资产【或借方】
		待办理竣工财务决算后，按照实际成本与暂估价值的差额	
社会资本方从第三方购买形成的		按确定的成本（购买价款、相关税费以及可归属于该项资产的运输费、装卸费、安装费和专业人员服务费等）	借：PPP 项目资产 　贷：PPP 项目净资产
使用社会资本方现有资产形成的		按评估价值	

（续表）

PPP 项目资产的来源	项目	账务处理
使用政府方现有资产形成的	无须进行资产评估	借：PPP 项目资产　　【账面价值】 　　公共基础设施累计折旧（摊销） 　贷：公共基础设施【账面余额】
	需要进行资产评估	借：PPP 项目资产　　【评估价值】 　　公共基础设施累计折旧（摊销） 　　其他费用　　　　　【借方差】 　贷：公共基础设施【账面余额】 　　其他收入　　　　　【贷方差】
社会资本方对政府方原有资产进行改建、扩建形成的	验收合格交付使用	借：PPP 项目资产【资产改建、扩建前的账面价值 + 改建、扩建发生的支出 – 被替换部分账面价值】 　　公共基础设施累计折旧（摊销） 　贷：公共基础设施【账面余额】 　　PPP 项目净资产

第23章

【沙场练兵·判断题】PPP 项目资产在项目运营期间，为维护 PPP 项目资产的正常使用而发生的日常维修、养护等后续支出，计入 PPP 项目资产的成本。（　　）

【解析】PPP 项目资产在项目运营期间，为维护 PPP 项目资产的正常使用而发生的日常维修、养护等后续支出，不计入（而非计入）PPP 项目资产的成本。因此，本题表述错误。

【答案】×

【沙场练兵·多选题】PPP 项目合同应具有如下（　　）特征。

A. 政府方控制或管制社会资本方使用 PPP 项目资产必须提供的公共产品和服务的类型、对象和价格

B. 社会资本方在合同约定的运营期间内代表政府方使用 PPP 项目资产提供公共产品和服务

C. PPP 项目合同终止时，政府方通过所有权、收益权或其他形式控制 PPP 项目资产的重大剩余权益

D. 社会资本方在合同约定的期间内就其提供的公共产品和服务获得补偿

【解析】PPP 项目合同，是指政府方与社会资本方依法依规就 PPP 项目合作所订立的合同，该合同应具有如下两个特征（简称"双特征"）：

（1）社会资本方在合同约定的运营期间内代表政府方使用 PPP 项目资产提供公共产品和服务；

（2）社会资本方在合同约定的期间内就其提供的公共产品和服务获得补偿。

选项 A、C 为政府方确认的 PPP 项目合同应当满足的两个条件，即"双控制"。

综上，本题应选 BD。

【答案】BD

强化练习

一、单项选择题

1. 下列各要素中，不属于政府会计要素的是（　　）。

　A.资产 　　　　　　　　B.负债 　　　　　　　C.净资产 　　　　　　　D.利润

2. 下列关于政府会计核算的表述中，不正确的是（　　）。

　A.政府会计由财务会计与预算会计构成

　B.除另有规定外，预算会计实行收付实现制，财务会计实行权责发生制

　C.财务会计要素包括资产、负债、净资产、收入和费用，预算会计要素包括预算收入、预算支出和预算结余

　D.政府单位对于发生的所有现金收支业务，在采用财务会计核算的同时应当进行预算会计核算

3. 因发生会计差错等事项调整以前年度财政拨款结余资金的，按照调整的金额，在财务会计中计入的会计科目是（　　）。

　A.资金结存 　　　　　　　　　　　　　B.累计盈余

　C.财政拨款结转 　　　　　　　　　　　D.以前年度盈余调整

4. 政府负债的计量属性不包括（　　）。

　A.历史成本 　　　　　B.现值 　　　　　　C.名义金额 　　　　　D.公允价值

5. 2021年8月28日，某事业单位根据经过批准的部门预算和用款计划，向主管财政部门申请财政授权支付用款额度800 000元。9月1日，财政部门经审核后，以财政授权支付方式下达了680 000元用款额度。9月10日，该事业单位收到相关支付凭证时，不考虑其他因素，下列会计处理中正确的是（　　）。

　A. 2021年8月28日

　　借：资金结存——零余额账户用款额度　　　　　　　　　　800 000

　　　　贷：财政拨款收入　　　　　　　　　　　　　　　　　　　800 000

　B. 2021年9月10日

　　借：零余额账户用款额度　　　　　　　　　　　　　　　　800 000

　　　　贷：财政拨款收入　　　　　　　　　　　　　　　　　　　800 000

　C. 2021年9月10日

　　借：零余额账户用款额度　　　　　　　　　　　　　　　　680 000

　　　　贷：财政拨款预算收入　　　　　　　　　　　　　　　　　680 000

　D. 2021年9月10日

　　借：资金结存——零余额账户用款额度　　　　　　　　　　680 000

　　　　贷：财政拨款预算收入　　　　　　　　　　　　　　　　　680 000

6. 下列各项中，关于"无偿调拨净资产"科目的说法中，**不正确**的是（   ）。

    A. 贷方登记无偿调入净资产   B. 借方登记无偿调出净资产

    C. 年末科目余额全部转入累计盈余   D. 结账后，本科目会存在贷方余额

7. 下列各项中，不属于政府会计中事业单位合并财务报表体系组成部分的是（   ）。

    A. 合并收入费用表   B. 合并资产负债表

    C. 附注   D. 合并利润表

8. 下列关于政府单位长期股权投资的说法中，正确的是（   ）。

    A. 实际支付价款中包含的已宣告但尚未发放的现金股利应计入成本

    B. 长期股权投资在持有期间，通常应当采用成本法进行核算

    C. 以现金以外的其他资产置换取得的长期股权投资，所涉及的补价，应计入当期损益

    D. 采用权益法核算的长期股权投资，被投资单位实现净利润的，事业单位应按其享有的份额确认投资收益

二、多项选择题

1. 政府单位的预算会计报表包括（   ）。

    A. 预算收入支出表   B. 预算结转结余变动表

    C. 预算资产负债表   D. 财政拨款预算收入支出表

2. 下列关于政府会计核算模式的说法中，正确的有（   ）。

    A. "双功能"是指政府会计应当实现预算会计和财务会计双重功能

    B. 政府会计中所有的经济业务均需进行预算会计和财务会计处理

    C. "双报告"是指政府会计主体应当编制预算报告和财务报告

    D. "双基础"是指预算会计实行收付实现制（国务院另有规定的，从其规定），财务会计实行权责发生制

3. 下列关于公共基础设施的会计处理的表述中，正确的有（   ）。

    A. 公共基础设施在取得时，应当按照其成本入账，其账务处理与固定资产基本相同

    B. 公共基础设施不计提折旧

    C. 对外捐赠公共基础设施时，将其账面价值转入资产处置费用

    D. 无偿调出公共基础设施时，将其账面价值转入无偿调拨净资产

4. 2021 年 6 月，甲事业单位根据经过批准的部门预算和用款计划，向同级财政部门申请支付第二季度水费 10 000 元。7 月 2 日，财政部门经审核后，以财政直接支付的方式向自来水公司支付了甲单位的水费 10 000 元。7 月 8 日，甲单位收到相关支付凭证。下列会计处理中正确的有（   ）。

    A. 借：事业支出   10 000

           贷：零余额账户用款额度   10 000

    B. 借：事业支出   10 000

           贷：财政拨款预算收入   10 000

C. 借：业务活动费用　　　　　　　　　　　　　　　10 000

贷：财政拨款收入　　　　　　　　　　　　　　　　　　10 000

D. 借：单位管理费用　　　　　　　　　　　　　　　10 000

贷：财政拨款收入　　　　　　　　　　　　　　　　　　10 000

5. 政府单位取得的长期股权投资采用成本法核算时，下列事项会导致其账面余额发生变化的有（　　）。

A. 被投资单位当年实现净利润　　　　　　B. 追加被投资单位投资

C. 收回被投资单位投资　　　　　　　　　D. 被投资单位宣告发放现金股利或利润

6. 下列关于无偿调拨净资产的说法中，错误的有（　　）。

A. 无偿调拨资产业务属于政府间净资产的变化，调入调出方不确认相应的收入和费用

B. 无偿调拨非现金资产时，不论是否以现金支付相关费用，均需要进行预算会计核算

C. 单位按规定取得的无偿调入的非现金资产，其入账价值按照相关资产的公允价值加上相关税费确定

D. 单位按规定经批准无偿调出非现金资产，按调出资产的公允价值记入"无偿调拨净资产"科目

7. 按照合并级次划分，合并财务报表可以分为（　　）。

A. 部门（单位）合并财务报表　　　　　　B. 本级政府合并财务报表

C. 行政区政府合并财务报表　　　　　　　D. 合并资产负债表

8. 政府单位处置公共基础设施时，可能涉及的科目有（　　）。

A. 资产处置费用　　　　　　　　　　　　B. 无偿调拨净资产

C. 待处理财产损溢　　　　　　　　　　　D. 公共基础设施累计折旧

9. 以下关于政府单位合并财务报表的说法中，正确的有（　　）。

A. 部门（单位）所属的企业不纳入部门（单位）合并财务报表的合并范围

B. 合并财务报表不包括附注

C. 各级财政部门负责编制本级政府合并财务报表

D. 合并财务报表以收付实现制为基础

三、判断题

1. 政府决算报告和财务报告均以收付实现制为基础，以预算会计核算生成的数据为准。（　　）

2. 单位以置换方式取得资产，其成本应按照换出资产的评估价值，加上支付的补价或减去收到的补价，加上为换入资产发生的其他相关支出确定。（　　）

3. 合并主体和其合并范围内被合并主体个别财务报表应当采用收付实现制基础编制。（　　）

4. 政府单位应上缴财政的现金等收支业务，不需进行预算会计处理。（　　）

答案与解析

一、单项选择题

1.【解析】政府会计要素包括预算会计要素和财务会计要素。预算会计要素包括预算收入、预算支出和预算结余。财务会计要素包括资产、负债、净资产、收入和费用。综上，本题应选 D。

【答案】D

2.【解析】选项 A、B、C 正确，选项 D 错误，政府单位对于纳入部门预算管理的现金收支业务（而非所有的现金收支业务），在采用财务会计核算的同时应当进行预算会计核算。综上，本题应选 D。

【答案】D

3.【解析】因发生会计差错等事项调整以前年度财政拨款结余资金的，按照调整的金额，在财务会计中，借记或贷记"以前年度盈余调整"科目，贷记或借记"零余额账户用款额度""银行存款"科目。综上，本题应选 D。

【答案】D

4.【解析】政府负债的计量属性包括历史成本、现值和公允价值。政府资产的计量属性主要包括历史成本、重置成本、现值、公允价值和名义金额。综上，本题应选 C。

【答案】C

5.【解析】在财政授权支付方式下，单位收到相关支付凭证时，根据支付凭证所列数额，在预算会计中：

借：资金结存——零余额账户用款额度　　　　　　　680 000

　　贷：财政拨款预算收入　　　　　　　　　　　　　　680 000

同时，在财务会计中：

借：零余额账户用款额度　　　　　　　　　　　　680 000

　　贷：财政拨款收入　　　　　　　　　　　　　　　　680 000

综上，本题应选 D。

【答案】D

6.【解析】选项 A、B、C 表述正确，选项 D 表述错误，结账后，本科目应无余额。综上，本题应选 D。

【答案】D

7.【解析】政府会计中事业单位合并财务报表至少包括合并资产负债表、合并收入费用表和附注，不包括合并利润表。综上，本题应选 D。

【答案】D

8.【解析】选项 A 说法错误，实际支付价款中包含的已宣告但尚未发放的现金股利应单独确认为应收项目；选项 B 说法错误，长期股权投资在持有期间，通常应当采用权益法进行核算；选项 C 说法错误，涉及到的补价，应计入长期股权投资的成本；选项 D 说法正确，采用权益法核算

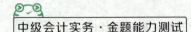

的长期股权投资，被投资单位实现净利润的，事业单位按照应享有的份额，借记"长期股权投资——损益调整"科目，贷记"投资收益"科目。综上，本题应选 D。

【答案】D

二、多项选择题

1.【解析】根据《政府会计制度》规定，预算会计报表至少包括预算收入支出表、预算结转结余变动表和财政拨款预算收入支出表。综上，本题应选 ABD。

【答案】ABD

2.【解析】选项 B 说法错误，政府单位对纳入部门预算管理的现金收支业务，在采用财务会计核算的同时应当进行预算会计核算，对于其他业务，仅需进行财务会计核算；选项 C 说法错误，"双报告"是指政府会计主体应当编制决算报告和财务报告。综上，本题应选 AD。

【答案】AD

3.【解析】政府选项 A、C、D 表述正确；选项 B 表述错误，政府单位按月计提公共基础设施折旧时，按照应计提的折旧额借记"业务活动费用"科目，贷记"公共基础设施累计折旧"科目。综上，本题应选 ACD。

【答案】ACD

4.【解析】政府单位支付的水费通过"单位管理费用"科目核算，在财政直接支付方式下，单位收到相关支付凭证时，根据通知书所列数额，在预算会计中：

借：事业支出　　　　　　　　　　　　　　　　　　　10 000
　　贷：财政拨款预算收入　　　　　　　　　　　　　　　　10 000

同时，在财务会计中：

借：单位管理费用　　　　　　　　　　　　　　　　　　10 000
　　贷：财政拨款收入　　　　　　　　　　　　　　　　　　10 000

综上，本题应选 BD。

【答案】BD

5.【解析】选项 A 不会导致，采用成本法进行核算时，被投资单位当年实现净利润，事业单位无须进行账务处理，故不影响长期股权投资账面余额；选项 B、C 会导致，追加和收回投资均影响长期股权投资账面余额；选项 D 不会导致，被投资单位宣告发放现金股利或利润时，事业单位按照应享有份额借记"应收股利"科目，贷记"投资收益"科目。综上，本题应选 BC。

【答案】BC

6.【解析】选项 B 错误，如果无偿调拨非现金资产时，不以现金支付相关费用，则不需要进行预算会计核算；选项 C 错误，单位按规定取得的无偿调入的非现金资产，其入账价值按照相关资产在调出方的账面价值加上相关税费确定（资产账面价值为零或该资产以名义金额计量的除外）；选项 D 错误，单位按规定经批准无偿调出非现金资产，按调出资产的账面余额或账面价值记入"无偿调拨净资产"科目。综上，本题应选 BCD。

【答案】BCD

7.【解析】选项 A、B、C 属于按照合并级次划分的分类。选项 D 是合并财务报表的内容，合并财务报表至少包括合并资产负债表、合并收入费用表和附注。综上，本题应选 ABC。

【答案】ABC

8.【解析】处置公共基础设施时，按照所处置公共基础设施的账面价值，借记"资产处置费用""无偿调拨净资产""待处理财产损溢"等科目，按照已提取的折旧和摊销，借记"公共基础设施累计折旧（摊销）"科目，按照公共基础设施账面余额，贷记"公共基础设施"科目。综上，本题应选 ABCD。

【答案】ABCD

9.【解析】选项 B 说法错误，合并财务报表至少包括合并资产负债表、合并收入费用表和附注；选项 D 说法错误，合并财务报表以权责发生制为基础进行编制。综上，本题应选 AC。

【答案】AC

三、判断题

1.【解析】政府决算报告以收付实现制为基础，以预算会计核算生成的数据为准；而政府财务报告以权责发生制为基础。因此，本题表述错误。

【答案】×

2.【解析】置换取得的资产，其成本按照换出资产的评估价值，加上支付的补价或减去收到的补价，加上为换入资产发生的其他相关支出确定。因此，本题表述正确。

【答案】√

3.【解析】合并财务报表应当以权责发生制为基础编制。合并主体和其合并范围内被合并主体个别财务报表应当采用权责发生制基础编制，按规定未采用权责发生制基础编制的，应当先调整为权责发生制基础的财务报表，再由合并主体进行合并。因此，本题表述错误。

【答案】×

4.【解析】应上缴财政的现金等收支业务，由于不纳入部门预算管理，仅需要进行财务会计处理，不需要进行预算会计处理。因此，本题表述正确。

【答案】√

第二十四章　民间非营利组织会计

应试指导

本章阐述民间非营利组织会计及其会计处理，主要考点在受托代理业务、捐赠活动收入，重点掌握相关概念及其会计处理。

历年考情

本章内容相对简单且篇幅较少，历年考试中涉及的题目不多，分值占比较小。主要涉及的出题点在民间非营利组织会计概述、捐赠收入和净资产。预计分数在 2 分左右。

题型	2021 年（一）		2021 年（二）		2020 年（一）		2020 年（二）		2019 年（一）		2019 年（二）	
	题量	分值	题量	分值	题量	分值	题量	分值	题量	分值	题量	分值
单选题	1	1.5 分	—	—	—	—	—	—	1	1.5 分	—	—
多选题	—	—	1	2 分	—	—	—	—	—	—	—	—
判断题	—	—	—	—	1	1 分	1	1 分	—	—	1	1 分
计算分析题	—	—	—	—	—	—	—	—	—	—	—	—
综合题	—	—	—	—	—	—	—	—	—	—	—	—

高频考点列表

考点	单选题	多选题	判断题	计算分析题	综合题
民间非营利组织会计概述	—	—	2019 年	—	—
受托代理业务	—	—	2020 年	—	—
捐赠收入的核算	—	2017 年	2020 年、2018 年	—	—
净资产的核算	2021 年	2021 年	—	—	—

章逻辑树

第二十四章 民间非营利组织会计

- **民间非营利组织会计概述**
  - 民间非营利组织的特征
  - 民间非营利组织会计的特点
    - 以权责发生制为会计核算基础
    - 采用历史成本计价的基础上，引入公允价值计量基础
    - 会计要素不包括所有者权益和利润，设置了净资产
  - 基本原则
  - 会计要素
    - 反映财务状况的会计要素：资产、负债、净资产
    - 会计等式：资产 – 负债 = 净资产
    - 反映业务活动情况的会计要素：收入、费用
    - 会计等式：收入 – 费用 = 净资产变动额

- **民间非营利组织特定业务的会计核算**
  - 受托代理业务 · 通过"受托代理资产"科目和"受托代理负债"科目核算
  - 捐赠收入
    - 按限定性收入和非限定性收入进行核算
    - 民间非营利组织对于捐赠承诺，不应予以确认
    - 政府补助收入与捐赠收入的区别
    - 捐赠是无偿转让资产或者清偿或取消负债，属于非交换交易
  - 业务活动成本 · 期末余额转入非限定性净资产
  - 净资产
    - 分为限定性净资产和非限定性净资产
    - 期末限定性收入转入限定性净资产，非限定性收入转入非限定性净资产

高频考点 1 民间非营利组织会计概述

特点	①以权责发生制为会计核算基础； ②在采用历史成本计价的基础上，引入公允价值计量基础； ③会计要素划分为资产、负债、净资产、收入和费用
核算原则	客观性、相关性、实质重于形式、一贯性、可比性、及时性、可理解性、配比性、历史成本、谨慎性、划分费用性支出与资本性支出以及重要性等原则
要素	①反映财务状况的：资产、负债和净资产【资产－负债＝净资产】 ②反映业务活动情况的：收入和费用【收入－费用＝净资产变动额】
会计报表	资产负债表、业务活动表、现金流量表、会计报表附注

【真题实战·判断题】民间非营利组织接受捐赠的固定资产，捐赠方没有提供有关凭据的，应以公允价值计量。（　　）（2019年）

【解析】民间非营利组织接受捐赠的固定资产，捐赠方没有提供有关凭据的，很难或无法确定其实际成本。此时，历史成本原则无法满足计量要求，采用公允价值可以解决计量问题。因此，本题表述正确。

【答案】√

【沙场练兵·多选题】下列属于民间非营利组织会计要素的有（　　）。

A. 净资产　　　　　B. 净资产变动额

C. 预算支出　　　　　D. 收入

【解析】选项B不属于，民间非营利组织会计要素包括：资产、负债、净资产（而非净资产变动额）、收入、费用；选项C不属于，预算支出属于政府会计中预算会计要素。综上，本题应选AD。

【答案】AD

【沙场练兵·判断题】民间非营利组织应当采用收付实现制作为会计核算基础。（　　）

【解析】民间非营利组织采用权责发生制为会计核算基础。因此，本题表述错误。

【答案】×

高频考点 2 受托代理业务

情形	受托代理资产为货币资金	受托代理资产为非货币资金
收到时	借：现金——受托代理资产 　　银行存款——受托代理资产 　　其他货币资金——受托代理资产 　贷：受托代理负债	借：受托代理资产 　贷：受托代理负债

（续表）

情形	受托代理资产为货币资金	受托代理资产为非货币资金
转赠或转出时	借：受托代理负债 　　贷：现金——受托代理资产 　　　　银行存款——受托代理资产 　　　　其他货币资金——受托代理资产	借：受托代理负债 　　贷：受托代理资产

┃敲黑板┃

（1）在受托代理业务中，委托人通常明确指出具体受益人的姓名或受益单位的名称，民间非营利组织只是起到了中介人的作用，帮助委托方将资产转赠或转交给指定的受益人，不是受托代理财产的最终受益人，没有权力改变受益人和受托代理资产的用途。注意与捐赠活动区分。

（2）受托代理资产为短期投资、存货、固定资产等非现金资产：

①委托方提供了有关凭证（发票、报关单、有关协议等）：按照凭据上标明的金额作为受托代理资产的入账价值；

②委托方没有提供有关凭据或凭据上标明的金额与公允价值相差较大：以公允价值作为受托代理资产的入账价值。

【真题实战·判断题】甲基金会与乙企业签订协议，约定乙企业通过甲基金会向丙希望小学捐款30万元，甲基金会应当将来自于乙企业的捐赠款确认为捐赠收入。（　　）（2020年）

【思路导航】解答此题的关键是先判断是否构成受托代理业务，再考虑是否确认收入。如为受托代理业务，则无需确认收入。

【解析】此项交易对于甲基金会属于受托代理交易，应当将来自于乙企业的捐赠款确认为受托代理负债，不应确认捐赠收入，相关会计分录为（单位：万元）：

借：银行存款——受托代理资产　　30
　　贷：受托代理负债　　　　　　　　30

因此，本题表述错误。

【答案】×

【沙场练兵·判断题】民间非营利组织对其受托代理的非现金资产，如果资产凭据上标明的金额与其公允价值相差较大，应以该资产的公允价值作为入账价值。（　　）

【解析】受托代理的非现金资产，如果没有凭据或凭据上标明的金额与公允价值相差较大的，应当以公允价值作为其入账价值。因此，本题表述正确。

【答案】√

【沙场练兵·多选题】下列关于民间非营利组织会计受托代理业务的说法中，不正确的有（　　）。

A.受托代理业务中，民间非营利组织没有权力改变受托代理资产的用途

B.受托代理业务没有指定的受益人

C.受托代理业务可以不签订明确的书面协议

D."受托代理资产"科目期末无余额，转入非限定性净资产

【解析】选项B说法错误，受托代理业务有指

定的受益人；选项 D 说法错误，"受托代理资产"科目的期末借方余额，反映民间非营利组织尚未转出的受托代理资产价值。综上，本题

应选 BD。

【答案】BD

高频考点 3 捐赠收入的核算

接受捐赠时	限定性解除时或不满足条件退回时	期末结转时
借：银行存款等 　贷：捐赠收入——非限定性收入 　　　　——限定性收入	解除： 借：捐赠收入——限定性收入 　贷：捐赠收入——非限定性收入 退回： 借：管理费用 　贷：其他应付款	借：捐赠收入——非限定性收入 　　　　——限定性收入 　贷：非限定性净资产 　　　限定性净资产

┃**敲黑板**┃ 民间非营利组织对其接受的劳务捐赠（属于捐赠）不应予以确认，但应当在会计报表附注中作相关披露。对其收到的捐赠承诺（不属于捐赠）也不予以确认，但可以在会计报表附注中作相关披露。

【真题实战·判断题】民间非营利组织对于捐赠承诺，应作为捐赠收入予以确认。（　）（2020 年）

【解析】捐赠承诺是指捐赠现金或其他资产的书面协议或口头约定等，不满足非交换交易收入的确认条件，不应确认收入。因此，本题表述错误。

【答案】×

【真题实战·判断题】民间非营利组织接受劳务捐赠时，按公允价值确认捐赠收入。（　）（2018 年）

【解析】民间非营利组织对于其接受的劳务捐赠，不予确认，但应当在会计报表附注中作相关披露。因此，本题表述错误。

【答案】×

【真题实战·判断题】民间非营利组织接受捐款后，因无法满足捐赠所附条件而将部分捐款退还捐赠人时，应冲减收入。（　）（2018 年）

【解析】对于接受的附条件捐赠，如果存在需要偿还全部或部分捐赠资产或者相应金额的现时义务时（比如因无法满足捐赠所附条件而必须将部分捐赠款退还给捐赠人时），按照需要偿还的金额，借记"管理费用"科目，贷记"其他应付款"等科目。因此，本题表述错误。

【答案】×

【真题实战·多选题】下列各项中，民间非营利组织应确认捐赠收入的有（　）。（2017 年）

A. 接受志愿者无偿提供的劳务
B. 收到捐赠人未限定用途的物资
C. 收到捐赠人的捐赠承诺函
D. 收到捐赠人限定了用途的现金

【解析】选项 A 不符合题意，民间非营利组织

对于其接受的劳务捐赠，不予以确认；选项B符合题意，收到捐赠人未限定用途的物资，确认捐赠收入，记入"捐赠收入——非限定性收入"科目；选项C不符合题意，捐赠承诺不满足非交换交易收入的确认条件，民间非营利组织对

于捐赠承诺，不予以确认；选项D符合题意，收到捐赠人限定了用途的现金，确认捐赠收入，借记"现金"科目，贷记"捐赠收入——限定性收入"科目。综上，本题应选BD。

【答案】BD

高频考点 4 净资产的核算

1. 限定性净资产的核算

期末结转限定性收入	限定性净资产重分类
借：捐赠收入——限定性收入 政府补助收入——限定性收入 贷：限定性净资产	借：限定性净资产 贷：非限定性净资产

2. 非限定性净资产的核算

期末结转非限定性收入	期末结转成本费用	非限定性净资产重分类
借：捐赠收入——非限定性收入 政府补助收入——非限定性收入 会费收入——非限定性收入 提供服务收入——非限定性收入 商品销售收入——非限定性收入 投资收益——非限定性收入 其他收入——非限定性收入 贷：非限定性净资产	借：非限定性净资产 贷：业务活动成本 管理费用 筹资费用 其他费用	有些情况下，资源提供者或者国家法律、行政法规会对以前期间末设置限制的资产增加时间或用途限制，应将非限定性净资产转入限定性净资产： 借：非限定性净资产 贷：限定性净资产

┃敲黑板┃ 如果因调整以前期间非限定性收入、费用项目而涉及调整非限定性净资产的，应当就需要调整的金额：

借：相关科目

贷：非限定性净资产

【真题实战·单选题】民间非营利组织发生的下列业务中，不影响其资产负债表净资产项目列报金额的是（　　　）。（2021年）

A.收到个人会员缴纳的当期会费

B.收到乙公司委托向丙学校捐赠的款项

C.收到甲公司捐赠的款项

D.收到现销自办刊物的款项

【解析】净资产是指政府会计主体资产扣除负

债后的净额,其金额取决于资产和负债的计量。选项A、C、D均影响其资产负债表净资产项目列报金额;选项B属于受托代理业务,民间非营利组织仅作为"中间人"代受益人保管这些资产,不影响其净资产项目的列报金额。综上,本题应选B。

【答案】B

【真题实战·多选题】甲小学系一所政府举办的公益性学校。2020年6月甲小学发生的下列各项业务活动中,将增加其限定性净资产的有（　　）。(2021年)

A.收到政府部门实拨的教学设备采购补助款50万元

B.收到被指定用于学生午餐补贴的现金捐款100万元

C.收到用于学校科研竞赛奖励的现金捐款10万元

D.收到捐赠的一批价值为5万元的学生用助听器

【解析】限定性净资产是指资源提供者或者国家有关法律、行政法规对资产或资产所产生的经济利益的使用所设置的时间限制或者(和)用途限制,主要来源于限定性收入(主要是限

定性捐赠收入和政府补助收入),选项BCD均对捐赠物进行了用途限制,都会使甲小学的限定性净资产增加。综上,本题应选BCD。

【答案】BCD

【沙场练兵·单选题】民间非营利组织下列项目中,期末不一定转入非限定性净资产的是（　　）。

A.业务活动成本　　　B.管理费用

C.筹资费用　　　　　D.捐赠收入

【解析】期末,将"捐赠收入"科目所属的限定性收入明细科目转入限定性净资产,非限定性收入明细科目转入非限定性净资产。综上,本题应选D。

【答案】D

【沙场练兵·多选题】下列各项中,属于民间非营利组织净资产的有（　　）。

A.限定性净资产　　　B.非限定性净资产

C.本期盈余　　　　　D.专用基金

【解析】民间非营利组织的净资产根据资产是否受到限制分为限定性净资产和非限定性净资产。综上,本题应选AB。

【答案】AB

强化练习

一、单项选择题

1. 下列各项中，不属于民间非营利组织特征的是（　　）。

　　A. 该组织不以营利为宗旨和目的

　　B. 资源提供者向该组织投入资源不取得经济回报

　　C. 资源提供者享有该组织有关资产出售、转让、处置以及清算时剩余财产的分配权

　　D. 资源提供者不享有该组织的所有权

2. 下列关于民间非营利组织会计的说法中不正确的是（　　）。

　　A. 在采用历史成本计价的基础上，引入公允价值计量基础

　　B. 会计要素不包括所有者权益

　　C. 以收付实现制为会计核算基础

　　D. 以权责发生制为会计核算基础

3. 下列各项中，不属于民间非营利组织的会计要素的是（　　）。

　　A. 资产　　　　　　　　B. 净资产　　　　　　　　C. 收入　　　　　　　　D. 支出

4. 民间非营利组织发生的业务活动成本，应按其发生额计入当期费用，借记（　　）科目。

　　A. 非限定性净资产　　　　　　　　　　B. 业务活动成本

　　C. 限定性净资产　　　　　　　　　　　D. 筹资费用

5. 期末，民间非营利组织应当将捐赠收入中非限定性收入明细科目的期末余额转入（　　）科目。

　　A. 限定性净资产　　　　　　　　　　　B. 财政补助收入

　　C. 结余分配　　　　　　　　　　　　　D. 非限定性净资产

6. 下列关于民间非营利组织受托代理业务相关说法中，不正确的是（　　）。

　　A. 受托代理业务是指民间非营利组织从委托方收到受托资产，并转赠给其他人的活动

　　B. 受托代理业务是指民间非营利组织从委托方收到受托资产，并按照委托人的意愿将资产转赠给指定的其他组织或个人的受托代理过程

　　C. 民间非营利组织接受委托方委托从事受托代理业务而收到的资产即为受托代理资产

　　D. 民间非营利组织因从事受托代理业务，接受受托代理资产而产生的负债即为受托代理负债

7. 甲民间非营利组织与丙企业签订一份捐赠协议，协议约定，2021 年 6 月 5 日丙企业通过甲民间非营利组织捐赠给乙福利院一项专利权，捐赠方提供凭据上标明的金额为 20 万元，公允价值为 100 万元，金额相差较大。专利权于当日完成相关变更手续。则正确的会计处理是（　　）。

　　A. 借记"无形资产"科目 20 万元，贷记"捐赠收入"科目 20 万元

　　B. 借记"受托代理资产"科目 20 万元，贷记"受托代理负债"科目 20 万元

　　C. 借记"无形资产"科目 100 万元，贷记"捐赠收入"科目 100 万元

D. 借记"受托代理资产"科目 100 万元，贷记"受托代理负债"科目 100 万元

8. 下列各项中，不属于民间非营利组织应确认为捐赠收入的是（　　　）。

    A. 固定资产捐赠   B. 货币资金捐赠

    C. 办公用品捐赠   D. 接受劳务捐赠

9. 甲民间非营利组织 2021 年年初"限定性净资产"科目余额为 400 万元。2021 年年末有关科目贷方余额如下："捐赠收入——限定性收入"1 000 万元、"政府补助收入——限定性收入"300 万元，不考虑其他因素，2021 年年末民间非营利组织积存的限定性净资产为（　　　）万元。

    A.1 400   B.700   C.1 300   D.1 700

二、多项选择题

1. 下列关于民间非营利组织特定业务的会计处理表述中，错误的有（　　　）。

    A. 捐赠收入均属于非限定性收入

    B. 对于捐赠承诺，不应予以确认收入

    C. 当期为政府专项资金补助项目发生的费用应计入管理费用

    D. 捐赠收入一般属于非交换交易收入

2. 2022 年 3 月 10 日，甲民间非营利组织与乙企业共同签订了一份捐赠协议，协议规定：乙企业将通过该民间非营利组织向 10 家儿童福利院（附有具体的受赠福利院名单）捐赠全新的台式电脑 100 台，每家福利院 10 台。每台电脑的账面价值为 5 000 元。乙企业应当在协议签订后的 10 日内将电脑运至该民间非营利组织。该民间非营利组织应当在电脑运抵后的 15 日内派志愿者将电脑送至各福利院，并负责安装。2022 年 3 月 15 日，乙企业按照协议规定将电脑送至该民间非营利组织，该民间非营利组织收到乙企业捐赠的电脑时进行的下列会计处理，正确的有（　　　）。

    A. 确认固定资产   B. 确认受托代理资产

    C. 确认捐赠收入   D. 确认受托代理负债

3. 下列各项中，民间非营利组织不应确认捐赠收入的有（　　　）。

    A. 收到捐赠人未限定用途的现金   B. 接受劳务捐赠

    C. 收到捐赠人的书面捐赠承诺   D. 收到捐赠人未限定用途的固定资产

4. 民间非营利组织的会计报表包括（　　　）。

    A. 资产负债表   B. 利润表

    C. 现金流量表   D. 业务活动表

5. 甲企业 2021 年 5 月 1 日承诺捐赠给乙民办学校 100 万元用于购买体育用品，乙民办学校于 8 月 15 日收到此笔捐款，下列选项正确的有（　　　）。

    A. 乙民办学校于 2021 年 5 月 1 日确认捐赠收入

    B. 乙民办学校于 2021 年 8 月 15 日确认捐赠收入

    C. 该笔捐赠收入属于非限定性收入

    D. 该笔捐赠收入属于非交换交易收入

6. 下列收入中，属于民间非营利组织收入的有（　　　）。

    A. 捐赠收入

    B. 政府补助收入

    C. 事业收入

    D. 会费收入

7. 下列关于民间非营利组织"业务活动成本"科目的表述中，正确的有（　　　）。

    A. 借方反映当期业务活动成本的实际发生额

    B. 期末结转后该科目应无余额

    C. 期末将该科目借方发生额转入"限定性净资产"科目

    D. 当期为专项资金补助项目发生的费用，不计入"业务活动成本"科目

8. 下列关于民间非营利组织净资产的说法中，正确的有（　　　）。

    A. 按照是否受限，民间非营利组织的净资产分为限定性净资产和非限定性净资产

    B. 影响净资产成为限定性净资产的限制分为用途限制、时间限制和金额限制

    C. 非限定性净资产的限制解除后，应对净资产进行重新分类

    D. 非限定性净资产期末无余额

9. 下列关于民间非营利组织财务会计报告中的说法，正确的有（　　　）。

    A. 民间非营利组织会计报告编制基础和政府决算报告编制基础一致

    B. 民间非营利组织的会计报表至少包括资产负债表、收入费用表和现金流量表

    C. 民间非营利组织应当编制会计报表附注

    D. 编制财务会计报告能够提高民间非营利组织的透明度，增强其社会公信力

三、判断题

1. 民间非营利组织限定性捐赠收入的限制在确认收入的当期得以解除的，应在该限制得以解除时，将该项捐赠收入直接转入非限定性净资产。（　　　）

2. 民间非营利组织的净资产是指民间非营利组织的收入减去费用后的余额，包括限定性净资产和非限定性净资产。（　　　）

3. 民间非营利组织在取得资产的同时会导致自身净资产的增加。（　　　）

4. 民间非营利组织的资源提供者享有该组织有关资产出售、转让、处置以及清算时剩余财产的分配权。（　　　）

5. 民间非营利组织受托代理业务在有些情况下可以没有书面协议。（　　　）

四、计算分析题

1. 2020 年 12 月 5 日，某残疾人基金会取得一项捐款 500 000 元，捐赠人限定将该款项的 460 000 元用于资助本市困难的残疾市民，40 000 元用于本次捐赠活动的管理。2021 年 5 月 10 日，该基金会将 460 000 元转赠给本市部分困难的残疾市民，并发生了 20 000 元的管理费用。2021 年 6 月 1 日，经与捐赠人协商，捐赠人同意将剩余的款项 20 000 元，留给该基金会自主使用。

    要求：写出该基金会相关账务处理。

答案与解析

一、单项选择题

1. 【解析】选项 A、B、D 属于，选项 C 不属于民间非营利组织的特征，民间非营利组织的资源提供者不享有该组织的所有权，不享有该组织有关资产出售、转让、处置以及清算时剩余财产的分配权等。综上，本题应选 C。

   【答案】C

2. 【解析】选项 A、B、D 说法正确；选项 C 说法错误，民间非营利组织以权责发生制为基础进行会计核算。综上，本题应选 C。

   【答案】C

3. 【解析】民间非营利组织的会计要素划分为反映财务状况的会计要素：资产、负债和净资产，反映业务活动情况的会计要素：收入和费用。综上，本题应选 D。

   【答案】D

4. 【解析】民间非营利组织发生的业务活动成本，借记"业务活动成本"科目，会计期末，将"业务活动成本"科目余额转入非限定性净资产。综上，本题应选 B。

   【答案】B

5. 【解析】期末，民间非营利组织应当将所有非限定性收入明细科目的期末余额转入非限定性净资产。综上，本题应选 D。

   【答案】D

6. 【解析】选项 B、C、D 说法正确；选项 A 说法错误，受托代理业务是指民间非营利组织从委托方收到受托资产，并按照委托人的意愿将资产转赠给指定的其他组织或个人的受托代理过程。综上，本题应选 A。

   【答案】A

7. 【解析】此项交易属于受托代理业务，甲民间非营利组织在收到受托代理资产时，按照应确认的入账金额，借记"受托代理资产"科目，贷记"受托代理负债"科目。本题中，丙企业提供的凭证上的金额与公允价值相差较大，应当以公允价值 100 万元作为入账价值。综上，本题应选 D。

   【答案】D

8. 【解析】选项 A、B、C 属于；选项 D 不属于，民间非营利组织对于其接受的劳务捐赠，不予确认为捐赠收入，但应在会计报表附注中作相关披露。综上，本题应选 D。

   【答案】D

9. 【解析】民间非营利组织 2021 年年末积存的限定性净资产 = 400 + （1 000 + 300）= 1 700（万元）。综上，本题应选 D。

   【答案】D

二、多项选择题

1. 【解析】选项 A 表述错误，捐赠收入按是否存在时间或者（和）用途限制，分为限定性收入和非限定性收入，如果捐赠人对捐赠资产设置了限制，则属于限定性收入；选项 B 表述正确，捐赠承诺不满足非交换交易收入的确认条件，不应予以确认；选项 C 表述错误，当期为政府专项资金补助项目发生的费用通过"业务活动成本——专项补助成本"科目核算；选项 D 表述正确，捐赠收入一般属于非交换交易收入。综上，本题应选 AC。

   【答案】AC

2. 【解析】对于甲民间非营利组织而言，此项交易属于受托代理交易。2022 年 3 月 15 日收到电脑时，应以其凭据上标明的金额确认为受托代理资产和受托代理负债。综上，本题应选 BD。

   【相关分录】

   借：受托代理资产   500 000
   　　贷：受托代理负债   500 000

   【答案】BD

3. 【解析】选项 B 不确认，民间非营利组织对于其接受的劳务捐赠，不予确认，但应当在会计报表附注中作相关披露；选项 C 不确认，捐赠承诺不满足非交换交易收入的确认条件，民间非营利组织不应予以确认，但可以在会计报表附注中作相关披露。综上，本题应选 BC。

   【答案】BC

4. 【解析】民间非营利组织会计要素中不包含利润要素，所以不编制利润表。民间非营利组织的会计报表至少应包含：资产负债表（选项 A）、业务活动表（选项 D）、现金流量表（选项 C）。综上，本题应选 ACD。

   【答案】ACD

5. 【解析】选项 A、C 错误，选项 B、D 正确，捐赠承诺不满足非交换交易收入的确认条件，不确认为捐赠收入，只有在真正收到捐赠资产时才可以确认，因该笔捐赠有限定用途，属于限定性收入。综上，本题应选 BD。

   【答案】BD

6. 【解析】民间非营利组织的收入包括：捐赠收入（选项 A）、会费收入（选项 D）、提供服务收入、政府补助收入（选项 B）、投资收益、商品销售收入及其他收入。综上，本题应选 ABD。

   【答案】ABD

7. 【解析】选项 A 表述正确；选项 B 表述正确，选项 C 表述错误，期末，将业务活动成本科目借方发生额转入"非限定性净资产"科目，结转后科目无余额；选项 D 表述错误，当期为政府专项资金补助项目发生的费用通过"业务活动成本——专项补助成本"科目核算。综上，本题应选 AB。

   【答案】AB

8. 【解析】选项 A、C 说法正确；选项 B 说法错误，金额限制不影响净资产是否分类为限定性净资产；选项 D 说法错误，非限定性净资产的期末的贷方余额反映民间非营利组织历年积存的非限定性净资产金额。综上，本题应选 AC。

【答案】 AC

9.**【解析】** 选项 A 说法错误，民间非营利组织会计报告编制基础为权责发生制，政府决算报告编制基础为收付实现制；选项 B 说法错误，民间非营利组织的会计报表至少包括资产负债表、业务活动表和现金流量表；选项 C、D 说法正确。综上，本题应选 CD。

【答案】 CD

三、判断题

1.**【解析】** 如果限定性捐赠收入的限制在确认收入的当期得以解除，应在该限制得以解除时，编制如下分录：

借：捐赠收入——限定性收入

    贷：捐赠收入——非限定性收入

期末，再将捐赠收入各明细科目余额分别转入限定性净资产和非限定性净资产。因此，本题表述错误。

【答案】 ×

2.**【解析】** 民间非营利组织净资产指民间非营利组织的资产减去负债后的余额，包括限定性净资产和非限定性净资产。因此，本题表述错误。

【答案】 ×

3.**【解析】** 民间非营利组织在取得资产的同时即产生了向具体受益人转赠或转交资产的现时义务，不会导致自身净资产的增加。因此，本题表述错误。

【答案】 ×

4.**【解析】** 民间非营利组织的资源提供者不享有该组织的所有权，这一特征强调资金或者其他资源提供者在将资源投入到民间非营利组织后不再享有相关所有者权益，如与所有者权益有关的资产出售、转让、处置权以及清算时剩余财产的分配权等。因此，本题表述错误。

【答案】 ×

5.**【解析】** 受托代理业务通常应当签订明确的书面协议，但在有些情况下也可能没有书面协议，应结合具体情况进行判断。因此，本题表述正确。

【答案】 √

四、计算分析题

1.**【答案】**

（1）2020 年 12 月 5 日，收到捐赠款项，确认捐赠收入：

借：银行存款   500 000

    贷：捐赠收入——限定性收入   500 000

（2）2020 年 12 月 31 日，期末结转收入至限定性净资产：

借：捐赠收入——限定性收入　　　　　　　　　　　500 000

　　贷：限定性净资产　　　　　　　　　　　　　　　　500 000

（3）2021 年 5 月 10 日，确认业务活动成本：

借：业务活动成本　　　　　　　　　　　　　　　460 000

　　管理费用　　　　　　　　　　　　　　　　　 20 000

　　贷：银行存款　　　　　　　　　　　　　　　　　480 000

由于该捐赠的限定条件已满足，将限定性资产重分类：

借：限定性净资产　　　　　　　　　　　　　　　480 000

　　贷：非限定性净资产　　　　　　　　　　　　　　480 000

（4）2021 年 6 月 1 日，将限定性净资产进行重分类：

借：限定性净资产　　　　　　　　　　　　　　　 20 000

　　贷：非限定性净资产　　　　　　　　　　　　　　 20 000

第
24
章